江苏法院
高质量司法探索与实践

夏道虎　主编

JIANGSU FAYUAN
GAOZHILIANG SIFA TANSUO YU SHIJIAN

法律出版社
LAW PRESS · CHINA
北京

图书在版编目(CIP)数据

江苏法院高质量司法探索与实践／夏道虎主编. --
北京：法律出版社，2023
ISBN 978-7-5197-7427-1

Ⅰ. ①江… Ⅱ. ①夏… Ⅲ. ①法院－工作－江苏－文
集 Ⅳ. ①D926.22-53

中国版本图书馆 CIP 数据核字(2022)第 241996 号

江苏法院高质量司法探索与实践
JIANGSU FAYUAN GAOZHILIANG SIFA TANSUO YU SHIJIAN

夏道虎　主编

策划编辑 朱海波　蒋　橙
责任编辑 朱海波　蒋　橙
装帧设计 汪奇峰

出版发行 法律出版社
编辑统筹 法律应用出版分社
责任校对 似　玉
责任印制 刘晓伟
经　　销 新华书店

开本 710 毫米×1000 毫米　1/16
印张 36.25　　**字数** 650 千
版本 2023 年 1 月第 1 版
印次 2023 年 1 月第 1 次印刷
印刷 北京盛通印刷股份有限公司

地址：北京市丰台区莲花池西里 7 号(100073)
网址：www.lawpress.com.cn
投稿邮箱：info@lawpress.com.cn
举报盗版邮箱：jbwq@lawpress.com.cn

销售电话：010-83938349
客服电话：010-83938350
咨询电话：010-63939796

书号：ISBN 978-7-5197-7427-1
定价：128.00 元

凡购买本社图书，如有印装错误，我社负责退换。电话：010-83938349

编辑委员会

前　言

高质量发展是全面建设社会主义现代化国家的首要任务，关系我国社会主义现代化建设全局。高质量发展不仅是一个经济要求，而且是对经济社会发展方方面面的总要求，人民法院工作同样要坚定不移走高质量发展之路。江苏法院于2018年提出“打造高质量司法、服务高质量发展”工作思路，在全省法院开展“努力打造高质量司法”专题调研，制定出台《关于精心打造高质量司法服务和保障江苏高质量发展走在前列的实施意见》，采取一系列具体工作举措，持续深化高质量司法实践，着力提升服务大局、司法为民、公正司法能力水平，努力实现法院工作与江苏在全国大局中的地位相匹配，始终保持与全省发展大局同频共振，始终保持走在全国法院前列。2018年至2021年，江苏法院受理案件分别为216.6万件、226万件、202.5万件、204.8万件，审执结案件分别为186.2万件、198.8万件、179.6万件、180.8万件，审判质效呈现良好态势，“9+1”环境资源审判机制建设、扫黑除恶专项斗争、职务犯罪大要案审理、涉军停偿案件审理、企业破产处置府院联动、执行“854”模式、智慧法院建设等多项工作，得到中央、省委和最高人民法院表彰和肯定。

为全面总结江苏法院高质量司法实践成果，我们组织江苏省高级人民法院一批有着坚实理论功底和丰富实践经验的同志，编写了《江苏法院高质量司法探索与实践》一书。本书包括高质量司法之总体构想、高质量司法之政治方向、高质量司法之服务大局、高质量司法之司法为民、高质量司法之公正司法、高质量司法之司法改革、高质量司法之队伍建设、高质量司法之基层基础八章,其中穿插延伸阅读、拓展资料·发布、拓展资料·数据、拓展资料·案例、拓展资料·调研等板块,以数据、案例、规范性文件等多种形式,力求对江苏法院高质量司法的探索与实践进行全景式的展示。

本书编写时间紧、任务重,参与编写人员集中精力,全心投入,编辑人员认真负责、加班加点,保证了本书的顺利完成和出版。当然,囿于时间和能力所限,书中难免存在疏漏和不妥之处,敬请读者批评指正。

目 录

第 4 章 高质量司法之司法为民

第 5 章 高质量司法之公正司法

第 6 章 高质量司法之司法改革

第 7 章 高质量司法之队伍建设

第 8 章 高质量司法之基层基础

第
1
章

高质量司法之总体构想

党的二十大报告指出，高质量发展是全面建设社会主义现代化国家的首要任务。2021 年 1 月，习近平总书记对政法工作作出重要指示，并首次提出推动政法工作高质量发展，强调更加注重系统观念、法治思维、强基导向，切实推动政法工作高质量发展。

近年来，江苏法院坚持以习近平新时代中国特色社会主义思想为指导，深入贯彻习近平法治思想，深刻领悟“两个确立”的决定性意义，增强“四个意识”、坚定“四个自信”、做到“两个维护”，毫不动摇坚持党对司法工作的绝对领导，坚定不移走中国特色社会主义法治道路，紧紧围绕努力让人民群众在每一个司法案件中感受到公平正义的目标，坚持服务大局、司法为民、公正司法，深入推进司法体制改革和智慧法院建设，持续深化高质量司法实践，为坚决扛起“争当表率、争做示范、走在前列”光荣使命，奋力谱写“强富美高”新江苏现代化建设新篇章作出了积极贡献。

第一节 提出背景

一、习近平法治思想为高质量司法提供了根本遵循

新时代孕育新思想,新思想指导新实践。党的十八大以来,以习近平同志为核心的党中央站在治国理政的战略高度,立足“五位一体”总体布局和“四个全面”战略布局,着眼“两个一百年”奋斗目标,围绕为什么要全面依法治国、怎样全面依法治国、如何建设社会主义法治国家等中国特色社会主义法治建设的重大问题,从法治理论上作出深刻回答,从顶层设计上作出战略部署,从改革实践上着力全面推进,开启了党领导人民依照宪法和法律治理国家、保证人民当家作主的新征程,提出一系列全面依法治国新理念新思想新战略,创新发展了中国特色社会主义法治理论,在社会主义法治实践中创立了习近平法治思想。习近平法治思想是习近平新时代中国特色社会主义思想的重要组成部分,是坚持和发展中国特色社会主义在法治领域的理论体现,是全面依法治国的根本遵循和行动指南,标志着我们党对社会主义法治建设和人类法治文明发展的规律性认识达到新的历史高度。习近平法治思想顺应实现中华民族伟大复兴的时代要求而生,为时代和实践提出的重大任务、重大问题、重大挑战提供了法治解决之道,为高质量司法提供了根本遵循。

二、全面依法治国战略为高质量司法明确了新方位

党的十八大以来,以习近平同志为核心的党中央从全局和战略高度对全面依法治国作出一系列重大战略部署,推动我国社会主义法治建设发生历史性变革、取得历史性成就。党的十八届四中全会通过了《中共中央关于全面推进依法治国若干重大问题的决定》(以下简称《决定》),明确了“坚持走中国特色社会主义法治道路、建设中国特色社会主义法治体系”的方向,提出了“完善以宪法为核心的中国特色社会主义法律体系,加强宪法实施”“深入推

进依法行政,加快建设法治政府”“保证公正司法,提高司法公信力”“增强全民法治观念,推进法治社会建设”“加强法治工作队伍建设”“加强和改进党对全面推进依法治国的领导”等一系列要求。习近平总书记在对《决定》的说明中,进一步强调要提高司法公信力,推进以审判为中心的诉讼制度改革。党的十九大重申并进一步明确要求,必须坚持全面依法治国,必须坚定不移走中国特色社会主义法治道路,完善以宪法为核心的中国特色社会主义法律体系,建设中国特色社会主义法治体系,建设社会主义法治国家,发展中国特色社会主义法治理论,坚持依法治国、依法执政、依法行政共同推进,坚持法治国家、法治政府、法治社会一体建设。党的二十大指出全面依法治国是国家治理的一场深刻革命,必须更好地发挥法治固根本、稳预期、利长远的保障作用,在法治轨道上全面建设社会主义现代化国家。党的十九大、二十大及《决定》明确的诸多基本思想理念和原则性要求,从多个方面为高质量司法明确了新方位。党和国家高度重视法治工作,人民法院作为法律实施机关,在全面推进依法治国进程中发挥着越来越重要的作用,高质量发展的道路也必将越走越宽广。

三、经济高质量发展对高质量司法提出新需求

党的十九大报告指出:“我国经济已由高速增长阶段转向高质量发展阶段,正处在转变发展方式、优化经济结构、转换增长动力的攻关期。”党的二十大报告指出,未来五年经济高质量发展要取得新突破。高质量发展是经济发展新常态的主动选择,是适应我国社会主要矛盾变化的必然要求,也是建设现代化经济体系的必由之路。市场经济是法治经济,经济高质量发展离不开强有力的法治保障。当前,我国经济发展前景向好,但发展不平衡、不充分的问题仍然突出,特别是在新冠疫情冲击下,百年变局加速演进,外部环境的不稳定不确定性与国内发展的不平衡和不充分性交织叠加,更加需要我们正确认识和处理市场经济与法治的关系,充分发挥法治固根本、稳预期、利长远的作用,善于运用法治思维和法治方式推动经济高质量发展,以法治方式确认和保护产权,以法治方式规范公平竞争的市场环境,着力优化法治化营商

环境。

四、坚持以人民为中心的发展思想对高质量司法提出新要求

随着我国经济社会持续发展和人民生活水平不断提高,人民群众对民主、法治、公平、正义、安全、环境等方面的要求日益增长,进而产生了一系列司法新需求。近年来,一些涉及正当防卫、虐待儿童等热点问题的突发公共事件,引发社会普遍关注热议,折射出新时代人民群众对公平正义的强烈呼唤。人民群众的新需求、新期待,对司法审判工作质量与效率、法律效果与社会效果、实体公正与程序公正、司法产品供给精细化与个性化提出了更高要求,需要人民法院采取有力措施,作出有效回应。人民法院工作必须坚持以人民为中心,努力倾听人民呼声,积极回应社会关切,依法保障人民群众合法权益,更好满足人民群众司法需求,不断增强人民群众的获得感、幸福感、安全感,努力让人民群众在每一个司法案件中感受到公平正义。

五、全面深化司法改革为高质量司法提供新动力

党的十八大以来,党中央对司法体制改革高度重视,2013 年 11 月,党的十八届三中全会对“建设法治中国”作出整体部署,启动新一轮司法体制改革;2014 年 10 月,党的十八届四中全会提出保证公正司法、提高司法公信力的 111 项改革部署;至此,党中央绘就一张有 129 项任务的司法体制改革蓝图。综观我国司法改革的总体进程,其作用不容低估,不论是对人民法院还是对整个社会,影响都深刻而持久,实现了司法理念、司法工作机制、司法职业化建设、司法规范化建设的创新与发展,做成了想了很多年、讲了很多年但没有做成的改革。可以说,逐渐深入的司法改革,有力助推人民法院实现各项工作的阶梯式、跨越式发展。党的二十大报告指出,严格公正司法,深化司法体制综合配套改革,全面准确落实司法责任制,加快建设公正高效权威的社会主义司法制度,这对人民法院深入推进司法体制改革、深化高质量司法提出了新的更高要求。

〈 延伸阅读 〉

【人民法院五年改革纲要及其背景】从20世纪80年代初到党的十五大，人民法院改革的重点是以强化庭审功能、当事人举证责任、公开审判等为中心的审判方式改革。从20世纪90年代末开始，我国法院开始了以强化庭审功能、扩大审判公开、推进司法职业化建设为重点的改革历程。党的十五大首次将“依法治国”作为基本治国方略，并首次将司法改革上升为党和国家的重大发展战略。1999年最高人民法院发布了“人民法院五年改革纲要”，司法改革真正进入全面、系统的改革阶段。自1999年到2013年的15年里，最高人民法院先后发布了3个五年改革纲要，司法改革进入“快车道”，许多重要的司法理念、司法制度、司法机制都在这一时期得以建立和发展，初步形成了中国特色社会主义司法制度体系。党的十八大从发展社会主义民主政治、加快建设社会主义法治国家的高度，作出了进一步深化司法体制改革的重大战略部署。党的十八届三中全会通过《中共中央关于全面深化改革若干重大问题的决定》，确定了推进法治中国建设、深化司法体制改革的主要任务。党的十八届四中全会通过《中共中央关于全面推进依法治国若干重大问题的决定》，司法改革成为全面深化改革的重要组成部分，纳入国家整体发展战略。为深化各项法院改革，最高人民法院制定《关于全面深化人民法院改革的意见》，将之作为《人民法院第四个五年改革纲要(2014—2018)》，从职能定位、管辖制度、运行机制、司法公开、人权保障、人事改革、职业保障、政务保障等方面，对健全完善中国特色的审判权力运行体系的主要任务进行了系统、全面的部署。党的十九大作出“深化司法体制综合配套改革，全面落实司法责任制，努力让人民群众在每一个司法案件中感受到公平正义”的重大战略部署。为进一步深化各项改革，最高人民法院结合实际制定《关于深化人民法院司法体制综合配套改革的意见》，即《人民法院第五个五年纲要(2019—2023)》，作为指导人民法院深化司法体制综合配套改革工作的重要纲领。

第二节 内涵意义

习近平总书记在中央全面依法治国工作会议、中央政法工作会议上作出一系列重要指示,强调要更加注重系统观念、法治思维、强基导向,切实推动政法工作高质量发展,为做好当前和今后一个时期人民法院高质量发展指明了方向、明确了主题、提供了根本遵循。一方面,要坚持用新发展理念统揽法院工作,在贯彻新发展理念、构建新发展格局、推动高质量发展上找准司法工作精准发力的切入点、结合点。另一方面,要科学谋划推进人民法院工作高质量发展,坚持系统观念,谋划法院工作要通盘考虑各领域、各环节,加强前瞻性思考、全局性谋划、战略性布局、整体性推进;坚持法治思维,任何时候都要坚守法治底线,以事实为根据,以法律为准绳;坚持强基导向,把抓基层、打基础作为长远之计和固本之策,抓好基础工作,提升基本能力。

一、总体要求

党的十九大报告中指出,我国经济已由高速增长阶段转向高质量发展阶段。省委统筹高质量发展和“强富美高”新江苏建设,明确提出“经济发展高质量、改革开放高质量、城乡建设高质量、文化建设高质量、生态环境高质量、人民生活高质量”的发展任务。面对人民法院工作面临的新形势、新任务,江苏法院于2018年提出“打造高质量司法、服务高质量发展”工作思路。打造高质量司法是新时代人民法院工作发展的必由之路,也是走好中国式现代化道路赋予人民法院的新使命、新任务。理解和推进高质量司法,必须放置在“全面建设社会主义现代化国家”这个宏阔背景下来进行,其显著特征是新时代新征程上人民法院工作的全面现代化,即党的领导更加有力,社会主义法治理念牢固树立,组织体系更加健全,审判权运行机制更加科学高效,中国特色社会主义司法制度更加成熟、更加定型,司法质量、效率和公信力全面提升,人民法院各项工作深度融入党和国家工作大局,在法治国家、法治政府、法治社会建设中的职能作用得到充分发挥，人民群众日益增长的司法需求得到有效满足，社会公平正义进一步彰显。具体体现在以下几个方面。

（一）司法理念现代化

司法理念是指导司法制度设计和司法实际运作的理论基础和主导的价值观，是做好人民法院工作的强大理论武器。司法理念现代化，意味着随着司法文明的历史性转变，传统司法理念向现代司法理念的革命性转型发展。新发展理念指明了当前乃至更长时期我国的发展思路、发展方向和发展着力点，是管全局、管根本、管长远的导向，具有战略性、纲领性、引领性。完整、准确、全面贯彻新发展理念，既是新发展阶段经济社会发展的工作要求，是我国现代化建设的指导原则，也是十分重要的政治要求。人民法院必须坚持讲政治与讲法治相统一，在以新发展理念蕴含的立场、观点、方法为指导的前提下，还应牢固树立谦抑、审慎、善意、文明、规范的司法办案理念，把满足人民群众日益增长的美好生活需要作为奋斗目标，努力让人民群众在每一个司法案件中感受到公平正义。具体来讲，谦抑，意味着司法权应当保持谦和、紧缩和节减，尊重社会自身的净化作用，尊重行政机关、其他国家机关在法律规定的裁量权范围内对权力的行使；审慎，意味着司法是公平正义的最后一道防线，而非第一或者唯一防线，在经济、行政、道德、自治等其他手段和方式调整社会关系更为适宜时，应当隐忍、克制行使司法权的冲动；善意，意味着司法权的行使应当充分考虑受众的主观感受，考虑裁判后果的合理可接受性；文明，意味着司法人员与人民群众交往的过程中，应当展现出人民法院良好的司法形象、司法礼仪和精神风貌，既体现司法的严肃性和专业性，又体现司法的便民与亲民；规范，意味着司法人员严格依照法律规定的权限和程序履行审判职责，严守规则意识、程序意识、证据意识和底线意识，在立案、审判、执行等各个流程和环节，都符合法治的规定性，把“司法权关进制度的笼子里”。深刻认识和把握谦抑、审慎、善意、文明、规范的司法办案理念，要求严防利用刑事手段干预经济纠纷、将民事责任变为刑事责任等现象，尽可能多地传递和表达司法的人文关怀，彰显司法的亲和为民、善良温暖，避免僵化、生硬和机械司法，切实保护人民群众合法权益。

(二)司法审判现代化

司法审判是人民法院主责主业。司法审判现代化是高质量司法的核心要义,没有司法审判的现代化,高质量司法只能是无源之水、无本之木。公平正义是司法的灵魂和生命。中国特色社会主义进入新时代,人民群众对公正司法的价值认识和现实需求也相应发生变迁,不仅要求司法案件彰显公平正义,还要求及时地实现公正,不仅要在法律上给个说法,还要求实体利益诉求得到回应和妥善解决。司法审判现代化,标志着司法公正的内涵从单一的实体公正向公正、效率和效果有机统一的深刻转变。

1. 公正是法治的生命线。司法公正对社会公正具有重要引领作用,司法不公对社会公正具有致命破坏作用。公正司法,就是受到侵害的权利一定会得到保护和救济,违法犯罪活动一定要受到制裁和惩罚。实现高质量司法,应当始终坚持把促进社会公平正义作为核心价值追求,准确领会法律精神,恪守法律思维和法治底线,使裁判结果经得起历史检验,让法治观念更深入人心,更好地维护公平正义;应当深化司法体制综合配套改革,全面准确落实司法责任制,加快建设公正高效权威的社会主义司法制度,努力让人民群众在每一个司法案件中感受到公平正义。

2. 司法效率是司法公正的题中之义。“迟来的正义非正义。”长期以来,司法审判效率不高成为制约高质量司法的主要因素之一,并成为本轮司法改革着力解决的重点问题。近年来,随着社会转型升级,各类社会矛盾纠纷高发、频发,人民法院的案件数量也高位运行,给审判效率提升带来持久挑战。新时代司法高质量发展的价值目标之一是实现“有效率的公正”,这要求司法过程更加简捷便利,司法运行成本低,司法活动高效展开,让正义更快、更好实现。

3. 司法效果是司法公正的重要价值追求。司法效果反映了司法在定分止争,有效化解社会矛盾、协调平衡利益关系等方面所发挥的重要功能,反映了司法审判的社会有效性。如果人民群众通过司法程序不能保证自己的合法权利,那司法就没有公信力,人民群众也不会相信司法。追求司法效果,主要表现为追求司法审判的政治效果、法律效果和社会效果的有机统一,这要求人民法院在司法审判过程中,坚持把个案审判置于“天理、国法、人情”之中综合考量和权衡,做到司法裁判“依国法、应天理、顺人情”,使人民群众由衷感到权利受到了公平对待、利益得到了有效维护。

(三)司法效能现代化

人民法院并不是真空中的法院,司法也不是悬置在真空中的司法;相反,人民法院永远都镶嵌在国家和社会的体系中。作为党领导下的国家审判机关,融入大局、服务大局、保障大局是高质量司法的应有之义。为此,人民法院实现司法效能现代化,应当着眼于科学认识大局、准确把握大局、依法服务大局,做到中央、省委决策部署到哪里,司法服务保障就跟进到哪里,以实际行动当好法治建设“主力军”、安全稳定“守护者”、改革发展“稳定阀”。

1. 科学认识大局。党和国家大局涉及的是国家和社会全局性、根本性的重点问题,代表的是人民群众的根本利益、整体利益,具有全局性、宏观性和战略性。科学认识大局,要求人民法院看问题、作决策、抓工作自觉胸怀“国之大者”,深刻领会什么是党和国家最重要的利益、什么是最需要坚定维护的立场,不断提高把握新发展阶段、贯彻新发展理念、构建新发展格局的政治能力、战略眼光和专业水平。坚决摒弃诉讼“主客场”,坚决防止以服务大局为名行地方保护之实,坚决防止损害党和国家的整体大局、长远大局。

2. 准确把握大局。“十四五”规划和2035年远景目标纲要提出了各项社会经济改革任务和目标。人民法院准确把握大局,深化高质量司法实践,离不开对这个中心大局的密切关注和现实跟进。人民法院只有更加精准地把握大局、融入大局、服务大局,紧紧围绕服务保障国家重大战略实施,才能切实履行好维护国家安全、社会安定、人民安宁的重大责任,也才能发挥法治固根本、稳预期、利长远的保障作用。

3. 依法服务大局。人民法院依法服务大局,关键要抓住一个“实”字、落在“实”处。一是通过具体执法办案依法服务大局,自觉用大局眼光考量案件办理效果,真正让司法审判工作成为经济社会发展的“晴雨表”和“风向标”。二是通过制定完善司法政策依法服务大局。根据四级法院职能定位改革要求,高层级法院更加注重于通过制定司法政策发挥统一法律适用的功能。为此,应当切实增强服务高质量发展的主动性和前瞻性,健全完善司法政策的跟踪、督促、反馈、整改机制,以“钉钉子”精神把司法政策措施落到实处。三是通过延伸审判职能作用依法服务大局,善于运用法治宣传、案例发布、专题报告、司法建议等多种方式,发挥司法的教育、规范、引导功能,推动形成管用实用的社会管理长效机制。

(四)司法运行现代化

科学、高效的司法权力运行机制是人民法院高质量发展的重要支撑,是司法改革成果的重要体现,涉及立案、审判、执行等审判权运行的全过程和人民法院审判事务管理的各个方面。司法运行现代化,就是要坚持目标导向、问题导向和结果导向,在更高站位、更深层次、更宽领域,以更大力度深化新时代人民法院司法体制改革,实现司法运行“权责一致、协同高效、阳光透明”,推动公正高效权威的中国特色社会主义司法制度更加成熟、更加定型。至少有以下几个方面:

1. 完善的审判权制约监督体系。全面准确落实司法责任制,加快构建权责清晰、权责统一、监管有效、保障有力的司法责任体系,实现有权必有责、用权必担责、失职必问责、滥权必追责,真正把“让审理者裁判,由裁判者负责”落到实处。

2. 健全的诉讼制度体系。推进民事、行政、刑事等各领域改革,打造顺应时代、多元精细、公正高效的诉讼制度。深化以审判为中心的诉讼制度改革,保证庭审在查明事实、认定证据、保护诉权、公正裁判中发挥决定性作用,促进优化司法职权配置。

3. 完备的诉讼服务体系。坚持把非诉讼纠纷解决机制挺在前面,完善集约、集成、在线、融合的一站式多元纠纷解决机制,加强诉讼与非诉讼机制衔接,充分发挥替代性纠纷解决机制和在线纠纷解决机制作用,不断提升解纷效能和服务品质。

4. 科学的审级职能分工体系。在不同层级法院之间厘清各自职能定位,构建完善的监督指导体系,有效解决长期以来四级法院审级职能定位不清、案件自下而上过滤分层功能不足等问题。基层人民法院重在准确查明事实、实质化解纠纷;中级人民法院重在二审有效终审、精准定分止争;高级人民法院重在再审依法纠错、统一裁判尺度;最高人民法院监督指导全国审判工作、确保法律正确统一适用。同时,在人民法院机关内部通过内设机构改革,实现机构精简、职能明晰、效能提升。

(五)司法保障现代化

司法保障现代化主要体现为司法保障的智能化、精细化和规范化,要求人民法院坚持强基导向,持续加强基层基础建设,坚持用科技手段赋能司法,夯实高质量司法的根基。

1. 司法保障智能化。"十四五"规划和2035年远景目标纲要明确提出"加强智慧法院建设",这既是对近年来人民法院智慧法院建设成果的充分肯定,也是未来持续深化智慧法院建设的重大历史机遇。人民法院应当牢牢把握新一轮科技革命历史机遇,坚持强化科技驱动,全面推进高度信息化、数字化、智慧化法院建设,着力提升智慧法院大脑的基础、应用、智能服务能力,为群众诉讼和法官办案提供更加智能化、一体化、协同化的智慧服务。

2. 司法保障精细化。全面推进依法治国,推进国家治理体系和治理能力现代化,工作的基础在基层。目前,全国有3000多个基层法院、10000多个人民法庭,可以说,人民法院绝大部分案件、人员都在基层。夯实人民法庭发展基础,切实提升支持保障水平,不仅需要推进人才、资源向基层倾斜,切实加强人民法庭基础设施建设、规范化标准化建设,不断改善基层人民法院和人民法庭的工作条件;更需要积极回应"全面推进乡村振兴、服务基层社会治理、服务人民群众高品质生活需要"等多元化、类型化司法需求,因地制宜,明晰功能定位、优化法庭布局、健全运行机制,实施精细化保障,有序推进新时代人民法庭专业化建设,提升人民法庭建设现代化水平,切实发挥新时代人民法庭的重要作用。

3. 司法保障规范化。只有持续加强基层基础建设,才能夯实高质量司法的根基。在坚持强基导向方面,应当注重体现司法保障的规范化、标准化,推动物质装备、后勤保障长效机制建设,包括健全完善人民法院预算编制体系,预算执行标准化体系、办案业务经费成本核算体系以及业务装备经费支出规划体系等。通过统筹推进传统和新型基础设施融合发展，打造系统完备、高效实用、智能绿色、安全可靠的现代化人民法院基础设施体系，为审判执行提供更加优质的服务和保障。

（六）司法队伍现代化

现代化的本质是人的现代化。作为司法活动的主体，司法队伍现代化对高质量司法具有决定性作用。司法队伍现代化是人民法院各类人员的全面现代化，人民法院在新的历史方位上，必须全面贯彻新时代党的建设总要求，以革命化、正规化、专业化、职业化为方向，深入推进队伍建设，努力打造一支党中央放心、人民群众满意的现代化司法队伍。

1. 司法队伍革命化。人民法院的政治属性决定了法院队伍建设必须坚持革命化方向，始终把党的绝对领导作为最高原则，增强"四个意识"，坚定"四个自信"，做到"两个维护"，在政治立场、政治方向、政治原则、政治道路上同以习近平同志为核心的党中央保持高度一致，确保绝对忠诚、绝对纯洁、绝对可靠。把对党忠诚、为党分忧、为党尽职、为民造福作为根本政治担当，在大是大非问题面前旗帜鲜明、敢于亮剑，在急难险重任务面前豁得出来、顶得上去，在体制机制改革面前勇于涉险滩、啃硬骨头。

2. 司法队伍正规化。人民法院队伍肩负责任重、掌握权力大、面临诱惑多，必须加强正规化建设，打造一支纪律严明、行为规范、作风优良的过硬队伍。一是以忠诚、为民、担当、公正、廉洁为主要内容，健全职业道德准则，完善职业道德评估机制，完善铁规禁令，形成切实管用的纪律条令体系。二是发挥党内监督、法律监督、社会监督、舆论监督、群众监督作用。三是完善树立先进典型常态化工作机制，建立违纪违法典型案件定期通报制度，引导干警见贤思齐，知敬畏、存戒惧、守底线。对滥用职权、以案谋利等司法腐败问题，坚决严肃查处，决不姑息迁就。

3. 司法队伍专业化。主动适应新时代政法工作新任务新要求，坚持实战、实用、实效导向，把专业化建设摆到更加重要的位置抓紧、抓好。一是引导干警树立崇尚法治、恪守良知、理性公允的职业品格，精益求精钻研业务，把每个案件都办成经得起检验的铁案。二是构建响应需求、适应实战、全面发展的素能培养体系,在办大案、处急事、破难题中提升专业本领。三是切实提升司法人员的复杂斗争能力、法律政策运用能力、改革创新能力、科技应用能力、舆论引导能力五个方面能力。

4. 司法队伍职业化。司法职业化主要指向司法的标准化、规范化和制度化。实现高质量司法,应当有一个先进的司法队伍职业管理体制。在已有改革举措的基础上,可以从以下三方面进一步深化司法队伍职业化。一是加强职业化建设理论和政策研究,提升司法队伍职业化建设水平。二是进一步健全完善司法人员招录培养制度、分类管理制度、履职保护制度、职业保障制度等司法人员职业保障制度体系和运行机制。三是完善抚恤优待政策,落实带薪休假、调休轮休、心理疏导等制度,出台更多保障司法人员身心健康的举措,切实增强司法队伍的职业荣誉感和归属感。

二、价值取向

党的十八大以来,我国社会主义法治建设发生历史性变革、取得历史性成就的实践充分证明,习近平法治思想是指引中国特色社会主义法治建设的科学指南。人民法院不折不扣贯彻习近平法治思想,推动司法审判工作实现高质量发展,应当始终坚持以习近平法治思想中蕴含的马克思主义立场观点方法,指导树立新时代鲜明的司法立场和正确的司法价值目标。

(一)更加注重司法的政治性

习近平总书记指出:“每一种法治形态背后都有一套政治理论,每一种法治模式当中都有一种政治逻辑,每一条法治道路底下都有一种政治立场。”① 习近平总书记多次强调要把党的政治建设摆在首位,要善于从政治上认识问题、推动工作。党的十八大以来,最高人民法院鲜明提出“维护核心、绝对忠诚、听党指挥、勇于担当”的十六字政治要求,带领全国法院加强政治建设,引

① 中共中央文献研究室:《习近平关于全面依法治国论述摘编》,中央文献出版社2015年版,第34页。

导广大干警把习近平总书记提出的“努力让人民群众在每一个司法案件中感受到公平正义”目标记在心里、扛在肩上、落实到行动中，推动人民司法事业沿着正确方向砥砺前行。

实践证明，党的领导是我国社会主义法治之魂。凝心聚力投身新时代高质量司法实践，必须牢牢坚持党对司法工作的绝对领导，坚定不移走中国特色社会主义法治道路，坚决维护习近平总书记党中央的核心、全党的核心地位，坚决维护党中央权威和集中统一领导，坚定信赖核心、忠诚核心、维护核心，切实把“两个维护”体现在履职尽责、做好本职工作的实效上，确保党中央决策部署在人民法院得到不折不扣的贯彻执行。要增强用党的创新理论武装头脑的政治自觉，深刻感悟习近平新时代中国特色社会主义思想的强大真理力量、独特思想魅力和巨大实践伟力，坚持不懈用以武装头脑、指导实践、推动工作。

（二）更加注重司法的服务性

“人民法院所践行的司法活动，永远都会与整体性的国家和社会发生交往关系，永远都会与国家、社会中的其他部分发生交往关系。正是在这种绵延不绝的交往过程中，司法必然会以各种方式服务于整体、服务于大局，这是无法避免、只能接受的规律。”①站在新的历史起点，人民法院必须完整、准确、全面理解和贯彻新发展理念，更加注重司法的服务性，积极服务构建新发展格局、推动高质量发展，并在服务经济社会高质量发展过程中，谋划推进法院高质量司法。

党的十九届五中全会对“十四五”时期经济社会发展作出全面部署。2021 年 6 月，最高人民法院印发《“十四五”时期人民法院工作规划纲要》，就“十四五”时期人民法院更好发挥司法服务保障经济社会发展职能作用，提出了具体要求。人民法院应当紧扣“十四五”规划和 2035 年远景目标纲要确定的经济社会发展目标任务，切实找准司法工作精准发力的切入点、结合点。要围绕深化供给侧结构性改革和扩大内需，强化司法服务供给，推动建立便

---

① 喻中：《服务大局的司法：一个基于功能理论的解释》，载《法学论坛》2012 年第 5 期。

利、高效、有序的市场主体退出制度；加大对关键核心技术及新兴产业、重点领域等保护力度；健全产权司法保护制度，加强反垄断和反不正当竞争司法，促进市场化法治化国际化营商环境建设；深入践行“绿水青山就是金山银山”理念，推动改善城乡环境，加强生态环境治理。跟进完善司法服务举措，加强专业化审判组织建设，以高水平司法服务促进区域协调发展，保障重大战略实施。

当然，不同层级法院职能不同，行使的职权不同，承担的任务不同，发挥的作用不同，服务大局的方式和职能作用也有所不同。基层法院服务大局的基本方式就是依法、公正、高效地处理各类案件，指导其他纠纷解决机制有效发挥解决纠纷作用，实现案结事了。中级法院不仅通过公正审理一审案件服务大局，而且通过公正审理二审案件支持、服务、指导一审法院服务大局，分担一审法院所面临的审判压力，以及支持一审法院依法裁判。高级法院主要审理二审案件和再审案件，除重在发挥纠错和救济功能以外，还尽可能多地形成指导辖区内法院审判工作的典型案例，承担维护法律统一适用的功能。“从高标准严要求的角度看，高层级的法院，应当具有更自觉的服务大局意识，更强的服务大局能力，更高的服务大局水平。”①

（三）更加注重司法的人民性

司法的人民性是党全心全意为人民服务根本宗旨在司法工作中的具体体现，是中国特色社会主义司法制度的本质特征。人民性的基本内涵是指司法权源于人民、服务人民、受人民监督。② 人民司法从诞生之日起，就把服务人民作为自己的根本宗旨。董必武同志在抗日战争和解放战争时期就提出了“人民司法”理念，要求在苏区“尽可能采取最便利于人民的方法解决人民所要求我们解决的问题”“从便利于人民着想，尽量使手续简化”。陕甘宁边区高等法院明确规定：“司法机关从受理案件一直到解决，一切要便利当事人。”“马锡五审判方式”是人民司法的典范。马锡五将司法制度与群众路线

① 胡云腾：《构建人民法院服务大局观》，载《法制日报》2008年8月17日，第12版。
② 江必新：《司法理念的辩证思考》，载《法学》2011年第1期。

相结合、将审判与调解相结合、将法庭与群众相结合，形成了以“注重调查研究、方便群众诉讼、就地解决纠纷”为主要特征的审判方式。他审理的“封芝琴抢婚案”等一批案件，之所以深受群众拥护和好评，就在于他在办案中倾听群众感受、照顾民间习惯，善于用群众的方式化解群众的矛盾，让当事人心悦诚服。

习近平总书记指出：“要坚持司法为民，改进司法工作作风，通过热情服务，切实解决好老百姓打官司难问题，特别是要加大对困难群众维护合法权益的法律援助。司法工作者要密切联系群众，规范司法行为，加大司法公开力度，回应人民群众对司法公正公开的关注和期待。”①新时代，人民群众对美好生活的向往更多向民主、法治、公平、正义、安全、环境等方面延伸，人民法院应当准确把握人民群众的新要求、新期待，更加自觉地把党的群众路线作为法院工作的生命线，不断提升新时代人民法院化解矛盾纠纷、服务人民群众的能力水平，依法保障权利公平、机会公平、规则公平，努力让人民群众感受到更高层次、更实质性的公平，更符合时代特点，法、理、情相统一的正义，更贴近生产生活、内涵丰富的安全，让公平正义提速、触手可及，努力提升人民群众司法获得感。特别是在利益多元化的背景下，法院处理的纠纷就是不同利益的博弈，一个司法决策往往牵涉各方利益，这就需要司法在不同利益、不同诉求间做好平衡，平等保护各方当事人合法权益，不能因为局部、少数人利益影响整体、多数人利益，也不能忽视、牺牲少数人、个别人正当利益。大量涉及公益和私益平衡问题，都需要加强司法应对，用精准审慎的司法裁判回应时代需求、人民期盼。

（四）更加注重司法的实效性

法律的生命在于实践。司法回应社会转型的需求、解决社会转型中的各类问题，实现政治、经济、社会、文化及其他目的，均以司法功能的有效发挥为前提。伯尔曼所言“法律必须被信仰，否则将形同虚设”，②法律之所以被信

---

① 习近平：《习近平谈治国理政》第一卷，外文出版社 2018 年版，第 145 页。

② ［美］哈罗德·伯尔曼：《法律与宗教》，梁治平译，三联书店 1991 年版，第 28 页。

仰，是因为司法裁判可以将抽象的公正具象为可感知的判决结果，社会公众基于个案判决获得公正的感受，进而选择信赖法律，愿意选择以诉讼的方式解决纠纷并服从其约束。

随着全面依法治国进入新时代，社会主要矛盾出现新变化，对司法机关的功能作用提出了新的、更高的要求，更加注重司法的实效性，更加注重纠纷的有效解决，深刻反映了转型社会条件下司法的时代使命与责任担当，对于坚持和实现司法高质量发展至为关键。面对大量以诉讼形式表现出来的矛盾纠纷，司法机关要充分发挥社会利益关系调节器的职能作用，依法协调平衡诉讼案件所关涉的利益关系，妥善化解涉诉纠纷，实现定分止争的基本司法目的。只有着力解决纠纷，才能把满足新时代人民司法新需求的司法使命落到实处，促进社会的有效治理，进而实现司法规则之治的功能目标。因此，有效解决纠纷是衡量新时代司法高质量发展的重要客观测度标准。一方面，要遵循司法活动的客观规律，确保司法权力充分、有效、规范运行，构建新型的司法解纷体制，依法准确界定不同层级司法机关的解纷功能，进一步健全完善多元、便利、正当、合意的司法解纷机制。另一方面，要打破“司法万能论”的神话，积极推进多元纠纷解决机制的健全完善与有效运行，按照“党委领导、政府支持、多方参与、基层自治、司法推动”的司法社会化的工作思路，协调配合有关部门大力发展替代性纠纷解决机制，为人民群众提供更多可选择的纠纷解决方式，大力推广新时代“枫桥经验”，努力形成把矛盾化解在源头、化解在当地、化解在诉前的社会善治局面。

司法的实效性还取决于司法的可接受性、终局性、高效性和时代性等方面。司法的可接受性要求司法裁判能够辨法析理，胜败皆服。司法的终局性要求尊重、执行和维护法院的生效裁判，尊重生效裁判的既判力。坚持裁判终局性，应当在法律程序上进行改造，破解阻滞司法公正的体制性因素，防止司法程序空转，加强裁判终局性的社会认同。司法的高效性要求对案件按类型、性质进行分流、分离、分道，充分运用数字科技发展成果，防止因司法效率低下过分消耗社会资源，让权利处于不稳定状态，影响社会的持续发展和人民权益的保护。司法的时代性要求司法契合时代之需与时俱进。随着互联网、大数据、人工智能等科技的加速融合创新与聚变发展,新技术、新产业、新业态与人们新的工作方式、交往方式、生活方式并存,司法所面对的社会结构悄然发生变化,如何面对智慧社会中不断涌现的新问题,进行司法治理理念与方式革新,将成为司法功能有效发挥的时代课题。

(五)更加注重司法的公正性

公平正义是社会主义司法制度的灵魂和生命。习近平总书记指出:“公平正义是我们党追求的一个非常崇高的价值,全心全意为人民服务的宗旨决定了我们必须追求公平正义,保护人民权益、伸张正义。”①在公正链条中,司法公正具有特殊的意义,司法是社会公正的最后一道防线。无论司法寄寓着人们多少不同的价值追求,公正肯定是司法的根本价值之一。

司法公正涵盖了司法活动的价值理想,构成了司法价值系统的终极依托,司法活动中的一切行为和现象都必须面临和接受司法公正的评判。② 在中国特色社会主义司法发展进入新时代的历史条件下,社会主要矛盾的深刻变化在司法领域的基本要求就是着力提升司法发展质量、切实解决司法发展不平衡、不充分的问题,以更好地满足人民群众不断增长的公平正义需求。

人民法院维护和促进社会公平正义,必须坚持法律面前人人平等,切实保证法律的有效实施,坚决纠正有法不依、执法不严、违法不究的行为,绝不允许任何个人以任何借口或任何形式以言代法、以权压法、徇私枉法。不仅要坚持依法司法,严格执行法律,正确地理解和适用法律,增强法律的严肃性,而且要符合社会主流价值观念,通过对具体案件的审理体现社会公平正义,从而形成有机和谐的社会生活秩序。在公正与效率的关系上,必须强化司法公正价值准则对于提升司法效率的价值引领。

“对法官行为公正的要求应从关注法官司法履职行为向日常行为延伸、

---

① 习近平:《习近平谈治国理政》第二卷,外文出版社 2017 年版,第 129 页。

② 参见公丕祥:《社会主要矛盾变化:新时代人民司法的高质量发展》,载《浙江大学学报》(人文社会科学版)2019 年第 1 期。

从规范法官业内行为向业内行为与业外行为并重拓展。”[①]从制度上解决司法腐败的突出问题，要打通案件评查、监督执纪、责任追究等制度机制，构建全方位、科学化的法官管理模式和评估体系，通过实施院庭长主导、审判管理部门专责、纪检监察协同和院、庭、团队分级分层管理，推进绩、效、责共振发力，以“完善的监督管理机制、有效的权力制衡机制、严肃的责任追究机制，加强对司法权的监督制约，最大限度减少权力出轨、个人寻租的机会”。[②] 要增强主动公开、主动接受监督的意识，完善机制、创新方法、畅通渠道，依法及时公开执法司法依据、程序、流程、结果和裁判文书，坚持以公开促公正、以透明保廉洁。只有这样，才能为保证司法公正、提高司法公信力奠定坚实的制度基础，为社会公众确立对司法的认同与信任提供重要的制度条件。

（六）更加注重司法的创新性

司法不能停滞不前，也不能因循守旧，必须根据时代和社会发展的需要不断改革创新。创新发展是司法航船的动力引擎，是新时代高质量司法的内在要求。近年来，党中央高度重视司法改革，对司法改革进行了顶层设计，在多个地区和多个领域开展了司法改革试点，并不断总结经验进行推广，推动司法体制发生革命性转变。

习近平总书记指出：“要深化司法责任制综合配套改革，加强司法制约监督，健全社会公平正义法治保障制度，努力让人民群众在每一个司法案件中感受到公平正义。”[③]当前，司法改革已进入“深水区”，司法要涉险滩、闯难关，破浪前进，这要求我们深刻把握新时代司法面临的国内外复杂形势和社会发展的新要求，深入调查研究，科学分析司法的现实条件和环境，认清制约司法公正的体制机制障碍，坚持创新先导，科技引领。创新司法权运行新模式，建立权责统一的司法权运行机制，健全权力责任清单，保证各项司法权依法独立行使，推动权力之间相互制约监督。找准司法改革的重点领域和关键环

① 孙辙、张龑：《司法的实体公正、程序公正及法官的行为公正》，载《法律适用》2022年第3期。

② 中共中央文献研究室编：《习近平关于全面依法治国论述摘编》，中央文献出版社2015年版，第76页。

③ 习近平：《论坚持全面依法治国》，中央文献出版社2020年版，第5页。

节,创新专业化、智能化司法运用新技术,完善对权利的司法保护机制,提高司法审判执行效果。将司法改革与现代科技应用有机融合,通过信息技术更好地实现司法信息的公开和司法行为的可溯源性,保持司法行为在内部、外部必要的透明,保证司法行为全程留痕,为各方面实施监督提供条件,在更高起点和更高层次上推进司法体制改革。

第三节 基本遵循

一、坚持把党的绝对领导作为最高原则

党的领导是社会主义法治最根本的保证,是推进全面依法治国的根本保证,也是人民法院工作高质量发展的根本保证。江苏法院始终自觉践行、忠诚捍卫“两个确立”,增强“四个意识”,坚定“四个自信”,做到“两个维护”,在思想上、政治上、行动上同以习近平同志为核心的党中央保持高度一致,不断加强和改善党的领导,确保各项工作始终沿着正确政治方向前进。自觉接受党委领导,围绕地方党委贯彻落实党中央大政方针的部署安排,依法履职尽责。把贯彻落实党中央决策部署作为重大政治任务,积极担当,主动作为,确保党中央决策部署到哪里,法院工作就跟进到哪里,法院职能作用就发挥到哪里。法院重要会议、重要工作、重大事项等,都按规定及时向同级党委请示报告,确保法院工作始终在党的领导下进行。

二、坚持把服务经济社会发展大局作为重要使命

服务保障江苏高质量发展,始终为全省经济社会发展大局服务,是江苏法院高质量司法的重要任务。省第十四次党代会强调,坚决扛起“争当表率、争做示范、走在前列”光荣使命,奋力谱写“强富美高”新江苏现代化建设新篇章。省委全面依法治省委员会第一次会议强调,高质量发展要走在前列,法治建设首先要走在前列。在建设“强富美高”新江苏新征程上,在“高质量发

展走在前列"的新要求下,高质量司法的服务保障不可或缺。江苏法院锚定推动江苏高质量发展走在全国前列的目标,始终致力于为江苏发展营造良好的法治环境,在为市场建立规则、为社会确立导向、为行为树立标杆的过程中,推动法治成为江苏发展核心竞争力的重要标志。在服务保障疫情防控和经济社会发展、维护国家安全和社会稳定、优化法治化营商环境、服务诚信江苏建设以及服务保障创新驱动发展、生态文明建设、重大战略实施等方面,江苏法院都体现出了应有的司法担当。近年来,省法院出台了《关于精心打造高质量司法服务和保障江苏高质量发展走在前列的实施意见》《关于为实施乡村振兴战略提供司法服务和保障的意见》等一系列政策文件,充分体现了司法服务经济社会发展大局的效能,并在更好发挥司法服务保障功能上不断进行探索实践。

〈 拓展资料 · 发布 〉

【《江苏省高级人民法院关于精心打造高质量司法服务和保障江苏高质量发展走在前列的实施意见》】为深入贯彻党的十九大精神、省委十三届三次全会和全省政法工作会议精神,全面落实《中共中央、国务院关于开展质量提升行动的指导意见》(中发〔2017〕24号)及《中共江苏省委关于进一步落实高质量发展走在全国前列要求的通知》(苏发〔2018〕6号)要求,充分发挥审判职能作用服务和保障江苏高质量发展走在全国前列,结合全省法院实际,制定本实施意见。

一、增强服务和保障江苏高质量发展走在前列的责任感和使命感

1. 深刻认识服务和保障江苏高质量发展走在前列的重大意义。党的十九大报告提出,中国特色社会主义进入新时代,我国经济也由高速增长阶段转向高质量发展阶段。中央经济工作会议上,习近平总书记发表重要讲话,强调"推动高质量发展"这一根本要求,为推动高质量发展指明前进方向、提供根本遵循。省委十三届三次全会上,省委主要领导提出了经济发展、改革开放、城乡建设、文化建设、生态环境、人民生活"六个高质量"的发展任务。近

期,省委专门下发通知,就落实高质量发展走在全国前列提出明确要求。高质量发展是一场涉及发展方式、经济结构、增长动力等诸多方面的系统性重大变革。推动高质量发展,是保持经济持续健康发展的必然要求,是适应我国社会矛盾变化所作出的必然选择,更是江苏作为东部发达省份必须扛起的重大责任。推动江苏高质量发展走在全国前列,需要营造一个良好的法治环境,更需要充分认识和发挥法治的积极作用,在为市场建立规则、为社会确立导向、为行为树立标杆的过程中,推动法治成为发展核心竞争力重要标志,而高质量司法是其中的必然要求。服务和保障经济发展高质量,需要发挥司法在保护市场竞争、维护市场秩序、激发市场活力中的功能作用,通过司法更加公平公正地配置市场资源。服务和保障改革开放高质量,需要司法充分发挥保障和引领作用,通过保证规则得以有效实施,依靠司法推进改革、巩固改革成果。服务和保障城乡建设高质量,需要司法有效化解矛盾纠纷,依法妥善处理好新型城镇化和城乡发展一体化进程中出现的各种利益冲突,将城乡建设纳入法治轨道。服务和保障文化建设高质量,需要司法引导人们自觉履行法定义务、社会责任、家庭责任,推动社会主义核心价值观更加深入人心。服务和保障生态环境高质量,需要司法发挥促进和保障作用,依法维护环境权益,为实现江苏的天更蓝、地更绿、水更清提供有力保障。服务和保障人民生活高质量,需要司法切实保障群众最关心、最直接、最现实的利益问题,让人民群众更有获得感、幸福感、安全感。

2. 准确把握服务和保障江苏高质量发展走在前列的基本要求。推动高质量发展是一项系统工程,要以习近平新时代中国特色社会主义思想为指导,准确把握高质量发展的内在要求和基本特点,把推动高质量发展作为破解发展难题、构筑发展优势的关键之举,把审判职能作用贯穿于统筹推进"五位一体"总体布局、协调推进"四个全面"战略布局的全过程和各方面,主动适应发展方式的历史性转变,推动全省法院工作不断迈上新台阶,努力使江苏法院的司法水平与高质量发展的要求相适应,切实增强服务、引领和保障高质量发展的针对性、实效性。要在服务和保障江苏高质量发展走在前列中始终坚持党的领导,不折不扣落实省委和省委政法委关于服务和保障江苏高质量发展走在前列的部署,增强服务和保障高质量发展工作的统一性、权威性。要在服务和保障江苏高质量发展走在前列中坚持司法为民,紧紧抓住人民群众日益增长的司法需求与人民法院工作发展不平衡、保障群众权益不充分之间的矛盾,满足人民群众多元司法需求,让老百姓有更强的获得感、幸福感、安全感。要在服务和保障江苏高质量发展走在前列中坚持依法履职,运用法治思维和法治方式处理涉及高质量发展的各类矛盾纠纷,精心打造与推动服务和保障江苏高质量发展走在前列相适应的司法服务和保障体系。要在服务和保障江苏高质量发展走在前列中坚持问题导向,突出重点抓落实,聚焦全局和长远工作中起决定性、关键性作用的方面、环节和因素,切实解决好最迫切、最突出的问题。

二、服务和保障经济发展高质量

3. 积极助推自主创新。树立保护知识产权就是保护创新、保护人才的司法理念,实现知识产权司法保护的提档升级。加大对关键核心技术、互联网、文化创意等新兴产业以及新能源、新材料、植物新品种等新兴领域的知识产权保护力度,促进重大科技创新和新兴产业、新兴领域健康发展。加强对职务发明、技术合同、计算机软件侵权、商业秘密保护等对创新具有重大影响的纠纷案件的审理,合理平衡知识产权权利人、其他权利人及社会公共利益。加大对知名商业品牌的保护力度,助推品牌培育与创新。依法认定不正当竞争行为和垄断行为,维护公平竞争市场环境。密切关注"互联网+"时代下信息技术与产业发展带来的各类新问题,加强网络服务提供商、网络电子商务平台经营商(微商)的法律义务责任研究。坚持严格保护的主基调和基本导向,加大对制假源头、重复侵权、恶意侵权的打击力度;以实现市场价值为指引,进一步加大损害赔偿力度,推进惩罚性赔偿的适用;合理运用证据规则,适度加大被控侵权方的证据披露义务及举证妨碍制度的适用,加大证据保全和行为保全的力度,降低权利人的维权难度。明确发明创造完成人享有获得奖励及许可使用费等经济收益的权利,在全社会营造保护创新、激励发明创造的良好氛围。推进南京、苏州知识产权法庭建设,深化知识产权审判"三合一"改革,建立健全科学的知识产权综合保护体系,力争把江苏法院打造成在国际上具有一定影响力的知识产权司法保护高地。

4.促进培育经济发展新动能。妥善审理传统产业转型升级中形成的买卖、承揽、定作合同纠纷案件,推动供给质量提升。妥善审理与先进制造、中高端消费、共享经济、现代供应链有关的合同纠纷案件,依法妥善平衡利益冲突,支持企业健康发展,推动形成新增长点。妥善处理买卖合同、加工承揽合同等纠纷中的质量争议,严格质量违约责任,推动市场主体提升质量意识。依法保护融资担保方式创新,针对实践中出现的各种新类型担保方式,尽量维护合同效力,及时发布相关案例稳定预期。

5.大力加强产权司法保护。坚持平等保护,积极促进市场公平竞争。坚持全面保护,既保护物权、债权、股权,也保护知识产权及其他各种无形财产权,为各种财产权利及财产权益提供全面的司法保护。坚持依法保护,统一行政征收类案件的审查标准和尺度,妥善审理涉及产权保护的各类案件。严格区分经济纠纷与刑事犯罪,稳妥做好涉案财产处置工作,严格区分个人财产和企业法人财产、涉案人员个人财产和家庭成员财产,依法维护涉案企业和人员的合法权益。加强产权保护相关法律法规的宣传教育,推动形成依法保护产权的社会共识。

6.积极助推企业家创新创业。严厉打击盗窃、抢劫、敲诈勒索、侵占、挪用等侵犯企业家财产的犯罪活动,重点惩治黑恶势力以强揽工程、强买强卖、串通招投标等手段侵犯企业家财产的违法犯罪行为,依法保护企业家的人身自由和财产权利,依法审慎适用查封、扣押、冻结、拘传及限制出境等措施。充分尊重市场主体的交易习惯和商事惯例,依法保护和鼓励企业家通过正当竞争手段和合法投资途径获取经济利益,加大企业家自主经营权、知识产权等权益保护力度。加强与工商联、企业家协会的联系沟通,建立联席会议、定期通报情况等制度,建立涉及企业家权益保护的专业化、个性化诉调对接机制,妥善化解各类矛盾纠纷。

7.优化营商法治环境。充分尊重和保护市场主体的意思自治,正确处理意思自治与行政审批的关系,促进市场在资源配置中起决定性作用,提升市场经济活力。依法加强股东权利保护,推动完善公司治理结构。强化市场主体的诚信意识、契约意识、规则意识和责任意识。严格依据相关竞争法律法规，规制各类垄断行为和不正当竞争行为，妥善审理破坏市场竞争规则案件，充分发挥司法裁判对公平竞争市场环境的维护和指引作用，依法严惩破坏市场经济秩序犯罪。

8. 积极防控经济领域风险。强化监测预警，运用数据化资源和手段，严格防范涉地方交易所、金融不良债权、房地产交易、地方政府性债务、企业破产等特定类型案件可能引发的金融风险传递。加大惩治和预防非法集资、非法证券期货、保险诈骗等金融犯罪力度，依法公正高效审理涉及互联网金融或以互联网金融为名义的金融犯罪，依法严厉打击以金融创新为名实施的集资诈骗、组织领导传销活动等严重犯罪，加快非法集资重点案件和跨省跨地区案件审理进程。慎重处理因企业“互保联保”引发的纠纷，采取集中管辖、多元化解等形式，防范和控制系统性金融风险发生。高度重视房地产市场波动对金融债权的影响，妥善审理相关案件，有效防范房地产市场潜在风险对金融稳定安全的传导冲击。切实规范经济金融秩序，有效防控非法放贷引发金融风险。依法保护有效降低交易成本、促进普惠金融、合法合规的金融创新业务，依法规制资产管理业务及其他金融创新活动中规避监管、掩盖风险、制度套利的行为，促进金融服务实体经济。建立法院与金融监管机构沟通机制，定期通报涉及金融风险防范的重要案件情况，强化金融监管和金融审判的衔接配合。

三、服务和保障改革开放高质量

9. 保障供给侧结构性改革。健全以法治化为保障、以市场化为导向的破产案件审判工作机制，加强与政府部门沟通协调，推动省、市、县三级企业破产工作府院联动机制建设，联动解决破产案件涉及的维护稳定、信用修复、税收减免、工商注销等突出问题，为企业破产工作营造良好外部环境。充分发挥破产程序依法处置“僵尸企业”的制度功能，对于已不具备市场竞争力和营运价值的“僵尸企业”，及时进行破产清算，有序退出市场，切实减少无效供给、化解过剩产能、释放生产要素、降低企业杠杆率。健全完善破产企业识别机制，对于虽然丧失清偿能力，但仍能适应市场需要、具有营运价值的企业，综合运用破产重整、和解制度手段进行拯救,优化资源配置,实现企业再生。破产重整程序运用坚持市场化导向,更加重视重整中的营业整合和资产重组,严格依法审慎适用重整计划强制批准权。严格把握关联企业合并破产的条件。加大借破产逃废债务行为惩治力度,综合运用民事赔偿、司法制裁、信用惩戒等手段震慑不法行为,提升破产债权清偿比率和清偿效果。推进执行转破产工作落地见效,出台《关于执行移送破产案件简化审理程序的指导意见》,畅通"执破衔接"渠道。

10. 积极深化"放管服"改革。坚持监督和支持并重,支持行政执法体制机制改革和"放管服"改革。积极参与重大项目建设、重大政策以及重大决策的法律风险评估工作,加强法律风险分析研判,从源头上预防和减少行政纠纷。加大合法性审查力度,依法对行政机关违法行为予以纠正,对不规范行为予以指引,加强行政不作为案件审理,监督行政机关依法履职。把行政争议实质性化解作为工作出发点,坚持依法裁判和协调化解相结合,进一步加强调解、和解工作。提升专业化审判水平,推进集中管辖改革,完善行政公益诉讼受理审理机制。提升行政机关负责人出庭应诉实效,坚持和完善行政审判年度报告制度,督促司法建议的有效反馈和落实。

11. 积极推进社会治理体制改革。注重发挥人民法庭在基层社会治理体系中的作用,通过巡回审判、组织培训、参与考核等方式,加强对人民调解工作的指导,推进矛盾纠纷预防和化解工作,促进乡镇、县域治理法治化。学习借鉴"枫桥经验",支持人民调解组织、行业协会、乡贤等社会力量发挥作用,积极推动无讼村(社)区建设。依法适用好非监禁刑和假释制度,实现与社区矫正机构全面对接。完善未成年人刑事案件诉讼程序制度,积极参与肇事肇祸等严重精神障碍患者救治救助工作。主动发挥司法在矛盾纠纷多元化解机制中的引领、推动和保障作用,促进矛盾纠纷前端治理,推动建立不唯立案数而主要以促进地区经济社会和谐发展为主导的科学评价体系,引导更多民商事纠纷以非诉方式解决。深化涉诉信访法治化改革,推动第三方参与化解涉诉信访,积极推进律师调解试点工作,引导当事人理性申诉、依法维权。推动矛盾纠纷多元化解工作和创新网格化社会治理机制工作相衔接,推进与全省政法大数据共享平台对接，用好平台资源，提升人民法院参与社会治理成效。

12. 积极护航"一带一路"建设。充分发挥审判职能作用，服务和保障"一带一路"交汇点建设。发挥刑事审判职能作用，为"一带一路"建设营造和谐稳定的社会环境。密切关注江苏与"一带一路"国家间的国际经济合作，依法及时审理相关的基础设施建设、经贸往来、产业投资、能源资源合作、货物运输、劳务合作等涉外民商事案件，积极推动"走出去""引进来"战略实施。依法行使司法管辖权，加强国际司法协助，进一步完善承认和执行外国法院判决和外国仲裁裁决的审查机制，严格遵守国际条约，积极适用互惠原则，为中外市场主体提供及时、有效的司法救济，助推全球经济贸易发展。推动完善商事调解、仲裁调解、人民调解、行政调解、行业调解、司法调解联动工作体系，探索建立国际商事争端解决机制，推动贸易强省建设。

四、服务和保障城乡建设高质量

13. 保障城乡区域一体化发展。结合"1 + 3"重点功能区战略的实施，服务保障扬子江城市群发挥好龙头带动作用，推动沿海经济带、江淮生态经济区、徐州淮海经济区中心城市分工协作、特色发展、优势互补。支持城乡建设管理体制创新，推动形成布局合理、城乡一体、区域协同发展的新格局。依法审理涉及城市总体规划中发生的信息公开、规划许可等行政案件，依法支持城市规划调整和完善。妥善化解城乡建设中发生的建设工程合同纠纷、劳动争议纠纷，依法平等维护各方权益，大力助推基础设施建设。统筹兼顾城市建设发展与被征收人合法权益保护的关系，妥善审理土地征收、国有土地上房屋征收等民事、行政案件，加大对失地农民和被征收人合法利益的保护力度。

14. 保障乡村振兴战略实施。妥善审理涉及农村承包地、宅基地"三权分置"案件，完善农村基本经营制度，促进农村土地制度改革。妥善审理涉及农村产权保护、基础设施建设、基本公共服务、投资融资权益、农村科技创新、劳动就业保护等民商事案件，依法维护农民权益，规范土地承包经营权流转，保障农村土地制度改革和集体产权制度改革。规范现代农业产业园、农副产品物流配送中心、农村专业合作组织等主体的经营活动，加强对农业高新技术研究开发、农业科技创新和科技成果转化的司法保护，引导农业向规模化和产业化的方向转变，促进农业结构战略性调整和现代农业的发展。妥善审理涉及美丽乡村、特色田园乡村、农业特色小镇建设的环境保护、投资经营、旅游文娱等案件，支持发展农村新产业新业态新模式。妥善审理涉及农村征收征用、乡村规划建设、农村经济管理等行政案件。妥善审理破坏农村社会秩序、扰乱农业市场秩序、危害农村投融资环境、妨碍农业基础设施建设等刑事案件，依法打击制裁犯罪行为，为乡村全面振兴营造安全有序的环境。

15. 保障打好精准脱贫攻坚战。依法惩处生产、销售假冒伪劣农药、化肥、种子等坑害农民利益的犯罪行为，维护农业生产秩序和农村社会稳定。依法严厉打击侵占、挪用、贪污农业投资、种粮补贴等专项资金的违法犯罪行为，确保国家对农业支持保护政策的有效落实。充分关注涉诉贫困群众的司法需求，加大涉农民工讨薪等案件审执力度，采取缓、减、免交诉讼费的措施，确保符合救助条件的农民当事人打得起官司，保障农民当事人不因合法权益被侵害而影响生产生活。深入开展巡回审判，加大法律援助和司法救助力度，增强贫困地区群众的司法获得感，为决胜精准脱贫攻坚战贡献司法力量。

五、服务和保障文化建设高质量

16. 弘扬社会主义核心价值观。妥善审理婚姻家庭、继承、赡养、抚养以及相邻关系等民事纠纷案件，通过司法手段，倡导崇尚科学、诚信守法、抵制迷信、移风易俗的社会主义道德规范，促进形成尊老爱幼、家庭和睦、邻里和谐、勤劳致富、扶贫济困的社会风尚。依法保障见义勇为人员合法权益，妥善审理扶危济困、扶弱助残等公义行为案件，促进人心教化，提升社会公德。注重对风俗习惯中的积极因素进行广泛深入的收集整理与研究，使其转化为有效的司法裁判资源。坚持合法性、合理性、正当性、普遍性原则，倡导公序良俗，将善良风俗习惯作为法律规范的有益补充，确保实现法律效果与社会效果有机统一。充分发挥调解、和解、协调等方式在纠纷解决中的重要作用，努力营造人与人之间相互尊重、相互理解、相互宽容、和谐相处、友善相待的社会氛围。切实维护人民群众人格权益，对于侵犯姓名、肖像、隐私、名誉、荣誉、个人信息等侵犯人格利益的行为,依法给予否定性评价。依法审理侵害英雄烈士姓名、肖像、名誉、荣誉的案件,涉及英雄烈士形象、事迹等商标权、著作权案件和涉及英雄烈士保护的刑事案件,依法认定行为人承担相应的法律责任,通过司法裁判旗帜鲜明地维护广大人民群众对英雄烈士事迹的价值认同和英雄烈士公知公认的光辉形象,最大限度地实现案件裁判的政治效果、法律效果、社会效果的有机统一。

17. 大力推进法治文化建设。深入落实"谁执法谁普法"责任制,全面推进庭审互联网直播,努力让庭审互联网直播成为全民共享的"法治公开课"。加大以案释法力度,把法官以案释法作为落实司法环节普法责任制的重要抓手,加强组织领导,健全工作机制,强化督促检查,形成院长统一领导、审判业务部门各尽其责、新闻宣传部门协调配合、齐抓共管的普法工作格局。建立法官以案释法案例资源库,在诉讼服务中心探索建立模拟裁判系统,引导当事人正确预期诉讼利益和诉讼风险。加强典型案例的收集、分析、整理、研究和发布,充分发挥以典型案例释法的引导、规范、预防与教育功能。加强法院文化建设,坚持改进创新,运用群众喜闻乐见的方式,搭建群众便于参与的平台,开辟群众乐于参与的渠道,构建对普通群众开放的法院文化教育阵地。

18. 积极保障文化事业发展。加大对优秀科研成果和原创性文艺作品知识产权司法保护力度,重视文化创意、动漫游戏、网络、软件、数据库等新兴文化产业和文化业态的著作权保护,积极推动非物质文化遗产的保护、传承和开发利用。根据文学艺术类作品和科学事实类作品的不同特点,立足保护精神权利与经济权利的双重需求,合理界定作品独创性的尺度及保护范围,实现作品保护范围和强度与其独创性范围和尺度相适应。加强与文化单位的沟通联系,定期召开联席会议,通报有关知识产权诉讼情况。有针对性地组织文化单位工作人员旁听涉及公益性文化事业、知识产权保护等案件。对审判工作中发现的文化单位管理中存在的漏洞和薄弱环节,及时提出司法建议,帮助其完善制度,加强行业自律,共同维护文化事业健康发展。

六、服务和保障生态环境高质量

19. 切实维护生态环境权益。积极稳妥推进社会组织公益诉讼、检察公益诉讼、生态环境损害赔偿诉讼审判工作,进一步探索和完善审判程序、审理规则和裁判标准。依法追究污染环境、破坏生态和自然资源责任主体的民事责任、行政违法行为责任主体的行政责任,保障生态环境恢复改善和自然资源合理开发利用。强化公众参与生态环境保护,充分发挥环境公益诉讼和生态损害赔偿诉讼在救济环境权益、终结矛盾纠纷、生态环境保护评价指引、规范公共权力行使及公共政策形成等方面的功能作用。

20. 依法监督和支持环境监管行政行为。严格审查资源环境行政行为的合法性,依法对不合法、不合理的行政行为予以变更或撤销,对消极不作为行为确认违法,促进行政机关依法履职。依法支持"两减六治三提升"专项行动("两减"即减少煤炭消费总量和减少落后化工产能;"六治"即治理太湖水环境、治理生活垃圾、治理黑臭水体、治理畜禽养殖污染、治理挥发性有机物污染、治理环境隐患;"三提升"即提升生态保护水平、提升环境经济政策调控水平、提升环境执法监管水平)开展,促进行政机关打好治水、治气、治土攻坚战,提升专项治理成效。妥善处理因同一环境资源纠纷引发的民事诉讼与行政诉讼的关系,积极探索合并审理规则,完善证据规则和法律适用,统一裁判尺度。加大环境污染行政处罚、排污费征收等非诉行政案件执行力度,维护行政执法效力,排除行政执法障碍。

21. 探索建立司法生态修复机制。充分落实修复理念和补偿机制,加大破坏环境及自然资源责任人的生态修复责任。推动建立环境保护专项资金,及时督促、跟踪、评估环境修复责任的执行。推进生态环境修复基地建设,实现环境司法与生态环境修复工作的有效对接。

22. 依法严惩破坏生态环境犯罪行为。从严从快打击违法排污、跨境倾倒垃圾、走私固体废物、非法捕猎捕捞、滥伐林木等犯罪行为。落实最严格的司法保护措施,制定环境污染刑事案件审理指南,准确适用刑法和司法解释定罪量刑,加大财产刑适用力度,严格缓刑适用条件。贯彻宽严相济的刑事司法政策,遵循恢复性司法要求,将有效承担生态环境修复责任、积极修复受损环境、主动缴纳损害赔偿金等情形纳入量刑的重要参考因素。探索建立环境污染刑事案件办案辅助系统,促进执法与司法的协调与衔接,统一执法标准和司法尺度。

七、服务和保障人民生活高质量

23. 切实改善和保障民生。坚定巩固立案登记制改革成果，升级换挡诉讼服务中心建设，将诉讼服务中心打造成纠纷预防、矛盾化解、繁简分流、全民普法合作的新平台。妥善审理与人民群众密切相关的婚姻家庭、就业、医疗、交通事故、食品药品、物业服务等民生纠纷，保障人民群众安居乐业。积极推进家事审判改革工作，综合运用社会调查、心理咨询、反家暴联动防控等措施，维护家庭和谐稳定。深入推进道路交通事故网上数据一体化处理改革试点工作，为道赔案件当事人提供便捷的一站式司法服务。妥善处理消费者公益诉讼案件，依法保护消费者合法权益。妥善处理劳动争议纠纷，维护农民工合法权益，促进劳资关系健康有序发展。通过依法纠错，保障民生权益，增强人民群众获得感、满足感。

24. 破解执行难助推诚信社会建设。继续攻坚克难，确保如期完成"基本解决执行难"目标任务。建立健全跨部门协同配合和联合惩戒机制，完善与公安机关协作配合机制，推进基层协助执行网络建设，加大对拒不执行判决裁定等犯罪的惩治力度。深化以执行指挥中心为核心的执行信息化平台建设，加强信息公开与共享，提高执行查控能力建设，实现省内"点对点"查控系统与省内各保险公司、证券公司、基金公司、省人社厅养老金管理机构的对接，探索推进与公安查控系统的对接。推广手机执行App和被执行人履行能力大数据智能分析系统，开发基于"微法院"平台的执行案件管理和服务系统。积极协调、推动有关部门加快办公平台建设，将失信被执行人名单信息嵌入有关部门工作系统，实现对相关信息自动比对、自动拦截、自动监督、自动惩戒。

25. 维护公共安全和社会稳定。依法严惩杀人、抢劫、绑架、强奸等严重暴力犯罪，加大对制贩吸毒、涉黄涉赌、拐卖人口、非法传销等犯罪打击力度，保障人民群众安居乐业。把对涉众型经济犯罪案件的办理和维护稳定结合起来，综合运用民事、行政、刑事等法律手段做好追赃挽损工作，加快涉案资产处置返还进度，减轻投资者损失，维护好群众利益。聚焦群众反映强烈的民生案件，坚决打击盗窃、抢夺、诈骗、销赃等多发性侵财犯罪，组织开展食品、药品、环境等重点民生领域的专项行动，切实解决群众身边的"小案"，进一步增强人民群众安全感。深入开展扫黑除恶专项斗争，建立健全重大案件督办指导和沟通协调机制，严格落实责任，统一执法标准，形成强大打击合力。积极参与社会治安综合治理，加大对"民转刑"命案的分析研判，提出矛盾预防与化解的司法建议，积极延伸司法职能，促进社会治安防控体系建设，坚决铲除黑恶势力滋生蔓延的土壤。深入推进反腐败斗争，依法稳妥做好重大职务犯罪案件审判工作。

26. 努力增强人民群众信息化司法服务获得感。坚持让群众"少跑腿，少受累，少花钱"，健全"互联网 + 诉讼服务"体系，完善"江苏法院诉讼服务网"功能，建立诉讼案件正卷同步向当事人网上公开制度，实现网上立案、网上缴费、网上递交材料、网上证据交换、网上预约法官、网上阅卷、网上送达、网上信访等一体化办理。开发诉讼服务微信平台，实现微信送达、微信调解、智能导诉等司法功能。深化诉讼风险评估系统建设，指导当事人理性选择纠纷解决方式，形成合理诉讼预期。抓好审判流程节点信息公开全国试点工作，深入推进执行信息公开，保障诉讼参与人对审判执行工作的知情权、参与权、监督权。

八、提升服务和保障江苏高质量发展走在前列的能力和水平

27. 强化与服务和保障江苏高质量发展走在前列相适应的组织领导和工作机制。各级法院要增强全局观念和责任意识，把服务和保障江苏高质量发展走在前列摆在突出位置，切实做好法院各项工作。加强调查研究机制，将服务和保障江苏高质量发展走在前列作为一项常规性工作抓紧抓实，注重从末端处理社会矛盾的过程中发现前端治理带有普遍性、趋势性的问题，及早研究，统筹应对，加强对新类型、疑难问题案件的调研、指导，善于运用大数据梳理研究案件背后折射出的经济社会发展情况，及时提出分析报告和司法建议，为党委、政府科学决策提供参考依据。健全审判权力运行机制，按照审判专业化、法官职业化、管理扁平化要求，结合内设机构改革，以员额法官为骨干，合理组建新型审判团队，妥善审理好每一个服务和保障高质量发展案件。

加强智慧法院建设,坚持信息技术与司法改革的深度融合,充分运用现代科技手段,促进服务和保障江苏高质量发展走在前列的科学化、精细化。建立完善重大事项报告制度和沟通协作机制,对服务和保障过程中的重大工作决策、重要司法举措,及时向各级党委报告,通过加强沟通联络,有效落实服务和保障江苏高质量发展走在前列的各项工作措施。完善宣传机制,围绕充分发挥审判职能作用服务和保障江苏高质量发展走在前列,强化互联网思维,主动顺应媒体融合大趋势,创新传播模式,拓展传播渠道,通过全媒体、立体化的信息传播,大力宣传法院服务和保障江苏高质量发展走在前列工作中的新举措、新进展、新成效、先进典型及其感人事迹,树立崇尚法治的价值导向。完善舆情引导机制,妥善处理服务和保障江苏高质量发展走在前列中的敏感案(事)件,严格落实"三同步"原则,提升重大敏感案(事)件舆情应对处置水平,准确把握"时、度、效"要求,适时适度发声,提供权威信息,回应公众关切,引导社会舆论。

28. 提升与服务和保障江苏高质量发展走在前列相适应的司法能力。提高站位认识,补齐服务大局上的意识短板,增强服务和保障江苏高质量发展走在前列的责任感和使命感。着力提高法院干警推进高质量发展的能力,培训教育聚焦高质量发展这一习近平新时代中国特色社会主义思想的重要内容,提高干警思想政治素质、业务工作能力、职业道德水准,努力为服务和保障江苏高质量发展走在前列提供坚实的队伍保障。

三、坚持把以人民为中心作为根本立场

司法为民是人民法院人民性的根本要求,只有践行以人民为中心的司法理念,司法事业才会呈现蓬勃生机和无限活力。司法应始终秉持为民理念,高质量司法更强调司法的人民属性,更应坚持司法为民,始终以人民为中心。进入新时代,坚持以人民为中心对江苏法院工作高质量发展提出了新要求,如解决人民群众关心的现实利益问题、维护人民的合法权益、满足人民的司法新需要、回应人民的司法新期盼等。江苏法院始终坚持"司法为民、公正司

法”理念,深入践行司法为民宗旨,急群众之所急,想群众之所想,围绕群众的“急难愁盼”问题,持续推进以人民为中心的高质量司法,不断提升人民群众司法获得感。按照习近平总书记“把人民拥护不拥护、赞成不赞成、高兴不高兴、答应不答应作为衡量一切工作得失的根本标准”①的要求,把体现人民利益、反映人民愿望、维护人民权益、增进人民福祉落实到江苏法院高质量发展的实践中,把人民群众的满意度作为衡量司法工作质量的最终标准。持续强化民生权益保障,加大对困难群众的司法救助力度,切实维护群众合法权益;持续深化“家门口”式诉讼服务体系建设,诉讼服务实现从“有没有”向“好不好”的跨越,体现了高质量司法在“从无到有”的基础上实现“从有向好”的题中之义;大力弘扬忠诚为民文化,始终站稳人民立场,依法忠诚履职,用有力量、有是非、有温度的新时代司法回应人民期待。

四、坚持把公正司法作为价值追求

公正是司法的灵魂和生命,是司法制度的首要价值目标,也是高质量司法的重要价值目标。高质量司法,必须是公正的司法、公信力高的司法。如今,广大人民群众的民主意识、法治意识、权利意识普遍增强,全社会对公平正义的渴望比以往任何时候都更加强烈,对公正司法的要求也相应提高。江苏法院始终牢记“公正司法是维护社会公平正义的最后一道防线”,在高质量司法实践中,坚持守正创新,为更好实现公正司法进行不懈探索。坚持崇法尚德,把社会主义核心价值观融入公正司法,把中华优秀传统文化融入审判、执行全过程各方面,坚守法治精神、维护法治权威,努力实现法安天下、德润人心。坚持刚正不阿,忠于法律、捍卫法律,守住法治底线,不为任何压力所迫,不为任何利诱所动,依法独立公正行使审判权。坚持公正廉洁,坚守程序公正、实体公正、形象公正,坚持司法理性,发扬自我革命精神,以公开促公正、树公信,充分展示人民司法公正公开、廉洁透明良好形象。

---

① 《十三届全国人大一次会议在京闭幕　习近平发表重要讲话》,载《人民日报》2018 年 3 月 21 日,第 1 版。

五、坚持把改革创新作为强大动力

党的十八大以来,以习近平同志为核心的党中央进行了高屋建瓴、思路宏阔、内涵丰富的全面深化改革,司法体制改革作为全面深化改革的一部分搭建起了新的司法体制框架。党的十九大、二十大均提出深化司法体制综合配套改革,在司法管理体制、司法权运行机制以及司法便民利民方面取得了新的成效。江苏法院在高质量司法实践中,充分吸收利用改革过程中所形成的理论成果、制度成果、实践成果,使各项改革成果朝着推动法院高质量发展聚焦发力。在本轮司法改革初期,江苏法院作为司法体制改革试点,在司法责任制改革、法院人员分类管理及职业保障制度改革等方面探索出台了一系列制度,这些制度集合形成江苏法院司法改革制度体系,有力推动了司法改革的实践进程。坚持改革不停顿、创新不止步,着力解决影响司法公正和制约司法能力的深层次问题,司法责任制综合配套改革落细落实,审级职能定位改革试点有序推进,司法权制约监督机制不断完善,民事诉讼程序繁简分流改革成果为民诉法修改贡献江苏智慧,与个人破产制度功能相当的改革试点持续推进。持续进行的改革创新,为高质量司法实践提供了强大动力。司法改革推陈出新的过程,也是高质量司法不断发展完善的过程。

六、坚持把队伍建设作为组织保证

实施依法治国基本方略,建设社会主义法治国家,必须有一支高素质的法治工作队伍。江苏法院始终按照政治过硬、业务过硬、责任过硬、纪律过硬、作风过硬的要求,推进队伍单命化、正规化、专业化、职业化,努力建设一支信念坚定、执法为民、敢于担当、清正廉洁的法院队伍,确保做到忠于党、忠于国家、忠于人民、忠于法律。新形势下,人民群众要求更高,政法队伍肩负的任务更重,高质量司法也对队伍建设提出了更高要求。江苏法院坚持以自我革命推动自身建设新发展,持续推进全面从严治党、从严治院、从严管理,着力锻造绝对忠诚、绝对纯洁、绝对可靠的过硬法院队伍。2021年,按照党中央部署要求,在前期试点的基础上,开展了两个批次的全省法院队伍教育整顿,着力筑牢政治忠诚、清除害群之马、整治顽瘴痼疾、弘扬英模精神,并将教育整顿的要求与高质量司法实践融会贯通。经过教育整顿,全省法院整体面貌和法院干警整体素质有了明显提升,增强了高质量司法的自觉,提升了高质量司法实践的能力水平。其后,中央、省委和最高人民法院巩固深化政法队伍教育整顿成果的一系列部署,为江苏法院全面从严管党治警、持续加强队伍建设明确了新的方向。江苏法院队伍建设永远在路上。

第
2
章

高质量司法之政治方向

坚持以习近平新时代中国特色社会主义思想为指导，深入贯彻习近平法治思想，深刻领会“两个确立”的决定性意义，增强“四个意识”、坚定“四个自信”、做到“两个维护”，毫不动摇坚持党对司法工作的绝对领导，自觉在思想上、政治上、行动上同以习近平同志为核心的党中央保持高度一致，坚持把对党忠诚作为政治建设第一标准，坚定不移走中国特色社会主义法治道路，牢牢坚持高质量司法的正确政治方向。

第一节　强化理论武装

一、严格落实政治轮训制度

省法院以学习贯彻习近平法治思想为主要内容，依托“人民法院大讲堂”“党员大讲堂”“法学名家大讲堂”，围绕党的十九大及十九届历次全会精神、党的二十大、“七一”重要讲话精神等主题，举办系列专题辅导讲座，组织全省三级法院干警同步视频学习，党员领导干部带头到所在支部和分管部门、条线讲党课，确保政治培训的常态化和全覆盖，不断提升干警的政治判断力、政治领悟力、政治执行力。推动经常性思想政治工作创新，落实组织生活、谈心谈话等制度，完善干警思想动态定期分析机制，各级法院每年至少开展一次干警思想调查，切实增强思想教育的针对性。积极开展个性化思想教育，进一步发挥机关团委作用，策划推出“75 号青年学堂”系列活动，加强对青年干警的思想引导，统筹解决思想问题与实际问题。强化互联网思维、新媒体意识，积极运用法院网站、微信、微博等信息化平台，开展理论学习和教育培训。

在政治轮训中，江苏法院始终把学懂、弄通、做实习近平新时代中国特色社会主义思想作为首要任务，在思想上、政治上、行动上与以习近平同志为核心的党中央保持高度一致。深入学习党的百年奋斗重大成就和历史经验，突出读原著、学原文、悟原理，以《习近平谈治国理政》《习近平法治思想学习纲要》等为基本教材，紧扣习近平新时代中国特色社会主义思想“十个明确”、习近平法治思想“十一个坚持”，持续开展系统化、经常性理论学习，真正做到学深悟透、融会贯通、真信笃行。深入学习领会习近平总书记视察江苏重要讲话指示，努力把学习成果转化为不忘初心、牢记使命的思想动力和依法履职、担当作为的实际成效。立足法院审判职能，深入开展习近平法治思想学习、宣传、研讨、实践活动，持续跟进学习习近平总书记新发表的重要讲话、新作出的重要指示，确保全体干警坚定执行党的政治路线，坚决站稳政治立场。组织开展专题培训、集中研讨等活动，持续兴起学习热潮，学出坚定信仰、学出绝对忠诚、学出使命担当。

二、完善党组理论学习中心组学习制度

深化思想认识，健全制度机制，省法院党组修订完善《关于加强省法院党组理论学习中心组学习的实施意见》。严格落实“第一议题”制度，对习近平总书记发表的重要讲话、作出的重要指示，中央、省委召开的重要会议，及时传达学习、抓好贯彻。围绕“弘扬伟大建党精神，推动学习贯彻习近平法治思想走深走实”主题，举办省法院领导干部专题读书班，结合参加“省部级、厅局级政法干部学习贯彻习近平法治思想专题研讨班”期间的学习体会，省法院

党组书记、院长夏道虎作专题辅导,院领导干部撰写学习体会、开展研讨交流。围绕深入学习贯彻"七一"重要讲话精神,党组中心组成员在《人民法院报》《中国审判》等媒体刊物上发表多篇理论文章;党组理论学习中心组在省委党史学习教育简报上刊发学习体会文章,汇编形成中心组成员学习体会文章 30 万余字。强化责任落实,将严格执行中心组学习制度作为院党组落实全面从严治党主体责任清单和落实意识形态工作责任制的重要内容,保证中心组学习制度得到有效贯彻落实。邀请省委政法委、省委省级机关工委相关人员莅临指导,认真听取意见建议,不断提高中心组学习的制度化规范化水平和学习成效。结合法院重点工作开展"学党史、悟思想""学党史、办实事"等专题调研交流会,把理论学习与专题调研结合起来,针对调研发现的问题,研究提出解决方案和具体措施,将学习成果转化为高质量司法的实践。

三、深入开展主题教育

(一)扎实开展"不忘初心、牢记使命"主题教育

聚焦"不忘初心、牢记使命"这个主题,紧扣深入学习贯彻习近平新时代中国特色社会主义思想这条主线,贯彻"守初心、担使命、找差距、抓落实"总要求,一体推进学习教育、调查研究、检视问题、整改落实四项重点举措,基本实现理论学习有收获、思想政治受洗礼、干事创业敢担当、为民服务解难题、清正廉洁做表率的目标。省法院党组开展 1 周以上集中学习研讨,召开对照党章党规找差距专题会议、专题民主生活会,明确守初心、担使命的努力方向。省法院集中梳理党的十九大以来习近平总书记重要指示批示,制定贯彻落实工作制度。围绕努力打造高质量司法、关系人民法院长远发展的重大问题,群众关注的热点、难点问题认真开展调查研究,形成 13 份高质量调研报告。突出对标对表,抓细检视问题,梳理汇总 4 个方面 20 条意见建议,制定整改措施,明确整改期限,扎实开展整改。通过此次主题教育,引导全体干警进一步用习近平新时代中国特色社会主义思想武装头脑、指导工作,将"不忘初心、牢记使命"作为全体党员干警的终身课题,坚定了理想信念,激发了履职

尽责的使命感,推出了一批为民服务解难题的务实司法举措,为新时代法院推动全面从严治党向纵深发展积累了宝贵经验。

(二)扎实开展党史学习教育

坚持学史明理、学史增信、学史崇德、学史力行,把学党史、悟思想、办实事、开新局贯穿全过程,紧扣“六专题一实践”重点任务,创新教育形式,丰富学习内容,组织三级法院“一把手”讲党课266次,运用“党员大讲堂”“75号青年学堂”等载体,开展“学习恩来精神,践行忠诚为民”“老法院人讲优良传统”等活动,组织1.4万人次到红色教育基地实境见学,开展“节日里的党史学习教育”“云祭奠英烈活动”“点亮红色地图”“打卡红色印记”等活动,与南京法院开展“红色青春520”等共学共建活动,举办“75号好声音红歌耀法徽”歌唱比赛,教育引导干警增强历史自觉、历史自信,赓续红色血脉,坚定理想信念。融合推进“两在两同”建新功行动和“我为群众办实事”实践活动,办理实事2127件,省法院班子成员带头领办10件,着力解决群众“急难愁盼”问题。通过党史学习教育,广大干警受到全面深刻的政治教育、思想淬炼、精神洗礼,政治忠诚更加筑牢,宗旨观念更加厚植,斗争精神更加昂扬,担当作为更加主动,有力推动了江苏法院高质量司法实践。

(三)扎实开展“深刻领悟‘两个确立’决定性意义,坚决做到‘两个维护’”主题教育

省法院精心研究制定主题教育方案,召开“两个确立”主题教育专题学习会,组织开展专题辅导,开展“学正史、凝共识”读书交流等活动。“七一”前后,开展重温入党誓词、集体过政治生日等丰富多彩的主题党日活动,营造喜迎二十大浓厚氛围。积极开展“践行‘两个维护’、本职岗位建功”评比争创活动,持续铸牢忠诚根基,通过举办执法办案竞赛、业务技能比武、先锋模范岗创建等活动,激励干警在主题教育中强担当、长才干、作贡献。各地法院迅速行动,掀起学习热潮。南京中院创办“宁法每月一讲”,组织干警学思践悟新思想,深刻领悟“两个确立”决定性意义。无锡中院在“新思想e一起学”活动中,每周推出1篇辅导文章、每月组织1次学习研讨、每季度推出1批学习成果,营造浓厚学习氛围。

（四）扎实开展“两个坚持”专题教育

2020 年 3 月，最高人民法院党组在全国法院系统部署开展“坚持党对司法工作的绝对领导、坚持中国特色社会主义法治道路”专题教育。省法院党组把“两个坚持”专题教育作为加强全省法院队伍建设的重点工作，与打造江苏法院高质量司法结合起来，全员覆盖、深入推进。召开专题会议研究部署，制定专题教育方案，把理论学习、政治轮训、讨论辨析、专题党课、检视整改等有机衔接起来。按照方案确定的 6 个方面学习内容，制定学习计划，配发学习资料，组织干警开展学习。围绕实施方案明确的 10 个研讨问题，通过民主生活会、党组中心组集体学习、党支部“三会一课”、召开“两个坚持”专题教育座谈会、各中院院长述职述廉汇报会、专题教育征文评选等形式，组织干警深入开展讨论辨析，推动“两个坚持”专题教育走深、走实。2021 年 7 月 1 日，省法院党组书记、院长夏道虎以“坚持讲政治与讲法治的统一，以‘两个坚持’引领高质量司法实践”为主题，为省法院全体干警上专题党课。省法院党组以上率下，先后组织意识形态工作、疫情防控和经济社会发展、“三项队建”、党的十九届四中全会、民法典等 9 次集体学习研讨。积极开展检视整改，全面查找政治建设、思想建设、意识形态工作和队伍管理等方面存在的薄弱环节，有针对性地完善制度机制，抓好整改落实。各级法院领导干部广泛开展谈心谈话，及时了解干警思想状况，把准思想脉搏，开展思想纠偏。将专题教育作为“三项队建”活动督察重点内容，成立 11 个督察组，由院领导带队，赴市、县两级法院进行专项督察。

〈 延伸阅读 〉

【“三项队建”活动专项督察】为切实贯彻落实最高人民法院“三项队建”活动（“两个坚持”专题教育、以张坚案为典型开展“以案释德、以案释纪、以案释法”警示教育、落实“三个规定”情况专项整治等队建活动）决策部署，深入了解全省法院“三项队建”活动开展情况，督促推动“三项队建”活动向纵深发展，2020 年 7 月，省法院党组决定对全省法院“三项队建”活动开展情况进行专项督察。省法院成立了由党组书记、院长夏道虎以及其他院领导分别担任组长的11个督察组,抽调了院机关相关部门业务骨干49人参与督察工作。各督察组按照督察工作方案和培训要求,采取"四不两直"方式,先后督察了12个中级法院、南京海事法院,27个基层法院,抽查了118个部门和9个基层法庭,访谈干警362人,较为全面地掌握了全省法院"三项队建"活动开展情况。

第二节　牢牢坚持党对法院工作的绝对领导

一、深入贯彻政法工作条例

省法院党组理论学习中心组专题学习《中国共产党政法工作条例》,并将学习贯彻《中国共产党政法工作条例》列入党组落实全面从严治党主体责任清单、机关党建三级责任清单。及时转发省委《关于贯彻〈中国共产党政法工作条例〉的实施意见》,要求全省各级法院切实把思想和行动统一到中央、省委的决策部署上来,牢牢坚持党对法院工作的绝对领导,落实接受党的领导的各项制度机制,推动把党的领导优势更好转化为服务大局、司法为民、公正司法的效能。举办《中国共产党政法工作条例》专题辅导讲座,将《中国共产党政法工作条例》作为应知应会内容,通过编发学习材料、微信推送等形式,组织全体党员学习。对标对表狠抓落实,完善党对法院工作绝对领导的制度体系,把中央决策部署与江苏法院实际结合起来,找准贯彻落实结合点和切入点,切实做到审判执行工作与中央、省委决策部署始终保持同频共振,确保中央、省委令行禁止、政令畅通。

二、完善重大事项请示报告制度

把请示报告作为重要政治纪律和政治规矩,把讲政治要求贯穿请示报告工作全过程和各方面。省法院党组于 2021 年 11 月制定出台《关于落实重大事项请示报告制度的实施办法》，对省法院党组应当向省委、省委政法委请示报告的具体事项、流程规范、责任落实等内容予以细化，并要求各级法院干警旗帜鲜明讲政治，准确把握重大事项请示报告的重要意义、基本原则、主要内容和工作要求，强化思想自觉和行动自觉，不折不扣地严格执行制度规定。指导各市中院党组出台向市委、市委政法委请示报告重大事项的意见，按规定请示报告重大事项、汇报重要工作情况。

三、落实党管干部原则

坚持把政治标准作为选拔干部的“第一标准”，从政治忠诚、政治定力、政治担当、政治能力、政治自律等方面明确和细化考察内容，对政治不合格的实行“一票否决”。在中层干部选任和法官入额遴选工作中均开展政治体检，综合运用干部队伍调研、年度考核、任职考察、巡视巡查、个人有关事项报告核查等多种方法，通过实施正反向清单式测评，考准、考实干部政治表现。把强化党组的主体地位和主导作用贯穿选拔任用始终，从研判动议到方案制定，从组织领导到具体实施，从推荐考察到决定人选，都在院党组领导下组织开展，严格按照民主集中制和党组议事规则、决策程序讨论决定干部任免事项。省法院研究出台《处级领导干部选拔任用工作办法》，规范研判动议、民主推荐、组织考察、讨论决定、任职等选任程序，严格执行“双签字”、工作全程纪实等选任制度，努力营造风清气正的选人用人环境。组织开展省法院干部队伍调研，为选人用人提供科学依据和参考。

四、加强对下协管

省法院党组积极协助地方党委全面加强对中级法院领导班子协管工作，严格落实中级法院领导班子成员任前报告制度。与地方党委组织部门加强沟通，完成 13 家中级法院和 95 家基层法院领导班子换届工作。建立重大事项向省法院报告制度，进一步明确中级法院发生重大、突发事件以及重要舆情等情况必须在第一时间向省法院报告，影响较大的事后及时书面报告。建立中级法院领导班子成员履职考核制度,省法院每年对各中院班子履职情况进行一次全面考核,同时提出整改意见。建立上级法院党组派员列席下级法院党组民主生活会制度,省法院党组制定出台《上级法院党组派员列席下级法院党组民主生活会的意见》,派员参加中级法院党组民主生活会,切实加强上级法院对下级法院党组的监督指导。

五、落实意识形态工作责任制

省法院制定进一步落实人民法院意识形态工作责任制的实施意见,将意识形态工作纳入党组民主生活会和班子成员述职内容,加强对全省法院意识形态工作的督查和定期通报,教育引导广大干警坚决抵制西方错误思潮。组织开展意识形态风险点排查整改,切实抓好阵地管理,严格落实"三同步"工作要求,妥善处置重大敏感案事件,进一步规范裁判文书上网等工作,切实维护司法领域意识形态安全。

第三节　提升法院党组领导能力水平

一、切实发挥党组领导作用

切实发挥党组把方向、管大局、保落实的领导作用,始终把法院工作融入大局考量谋划。健全在执法办案中发挥领导作用制度、党组成员依照工作程序参与重要业务和重要决策制度,确保党的路线方针政策和宪法、法律正确统一实施。研究影响国家政治安全和社会稳定的重大事项或者重大案件,制定依法处理的原则、政策和措施。研究推动全面深化改革及相关司法政策,提高执法司法质量、效率和公信力。出台《关于建设全省法院"五好五强"领导班子的实施意见》,细化法院领导班子建设要求和具体措施,推进落实法院领导班子综合研判和建设规划。

二、严格履行全面从严治党主体责任

省法院每年制定全面从严治党主体责任清单，全面落实新时代党的建设总要求和党的组织路线，突出政治建设、强化理论武装、筑牢组织基础、严格正风肃纪、完善责任机制。每年召开全省法院党风廉政建设和反腐败工作会议，部署党风廉政建设各项工作。建立下级法院党组书记向上一级法院党组年度述责述廉制度，督促抓好评议反馈问题整改落实。省法院出台《关于加强对法院"一把手"和领导班子监督的实施意见》，着力破解"一把手"监督和同级监督难题。派驻纪检监察组组长与法院党组书记、领导班子成员常态化沟通，经常性约谈部门主要负责人，推动各级领导干部始终把责任抓在手里、扛在肩上，形成"一级抓一级、层层抓落实、责任全覆盖"的工作格局。

三、带头严肃党内政治生活

始终坚持民主集中制，严格执行新形势下党内政治生活若干准则和党内监督条例，修订省法院党组工作规则、党组会议事规则和院长办公会议议事规则。着力增强党内政治生活的政治性、时代性、原则性，严肃认真召开民主生活会，深入开展批评与自我批评。严格落实领导干部双重组织生活制度，党员领导干部以普通党员身份积极参加所在支部"三会一课"、主题党日等活动，班子成员带头上党课、进支部、解决突出问题。强化组织观念，工作中重大问题和个人有关事项按规定程序向组织请示报告。

第
3
章

高质量司法之服务大局

在高质量司法实践中，江苏法院紧扣把握新发展阶段、贯彻新发展理念、构建新发展格局履职尽责，始终注重找准服务大局结合点、切入点，依法护航高质量发展，坚决做到江苏经济社会发展推进到哪里，司法服务保障就跟进到哪里，在服务中心大局中充分展现江苏法院的司法担当。

第一节　维护国家安全和社会稳定

坚决贯彻国家总体安全观，自觉维护我国主权、安全、发展利益，切实履行好维护国家安全、社会安定、人民安宁的重大责任，确保社会大局安全稳定，推动建设更高水平平安江苏。

一、切实维护人民群众生产生活安全

（一）依法惩治各类侵害群众权益犯罪

一是依法严厉打击严重侵害人民群众安全感的暴力犯罪。2018 年以来，江苏法院一审共审结故意杀人、抢劫、强奸等严重犯罪案件 21956 件，判处被

告人五年有期徒刑以上刑罚重刑率16.97%，全省严重暴力犯罪案件数量呈现逐年下降的态势。依法判处“原南京医学院女学生被杀案”“马氏兄弟暴力抗法案”被告人死刑，除恶务尽，绝不手软，取得良好的法律效果和社会效果。从严惩处“单手飙车时速250公里”、抢夺方向盘等危害公共交通安全犯罪，审结全国首例“高空抛物案”，维护车轮上、头顶上的安全，促进人民群众安全感不断提升。

〈 拓展资料 · 数据 〉

2018年以来，在江苏法院受理的刑事案件中，故意杀人、故意伤害、强奸、抢劫、绑架、放火、爆炸、以危险方法危害公共安全犯罪等严重暴力犯罪的案件数量呈现逐年下降的趋势，相较于2018年，2021年此类犯罪案件总量下降了23.76%（1484件）。

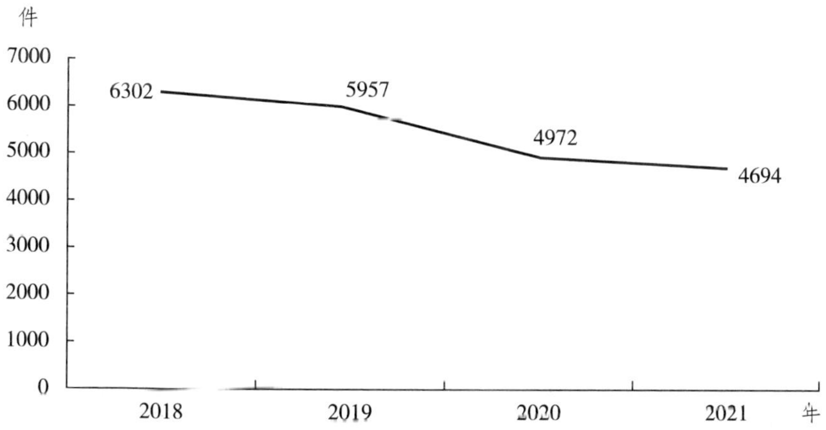

图1　2018年至2021年江苏法院受理严重暴力犯罪案件数量情况

〈 拓展资料 · 案例 〉

【原南京医学院女学生被杀案】1992年3月24日，南京警方接到原南京医学院报警，称该校学生林某于3月20日晚自习后失踪。当天下午，林某的尸体在学校教学楼天井内的窨井中被发现，经鉴定，被害人林某系被他人用钝器击打头部致颅脑损伤合并溺水引起机械性窒息而死亡。案发后，囿于当时条件所限，案件没有侦破。2020年2月23日，警方发现居住在南京市玄武区某小区的麻某钢(男，54岁，原籍江苏沛县，南京某公司驾驶员)DNA数据与嫌疑人完全一致，具有重大作案嫌疑，公安机关随即将其抓获归案。归案后，麻某钢如实交代了其在28年前强奸并杀害原南京医学院女学生林某的事实。

经最高人民检察院核准追诉，南京中院经审理查明相关犯罪事实，以故意杀人罪判处被告人麻某钢死刑，剥夺政治权利终身，以强奸罪判处被告人麻某钢有期徒刑七年，数罪并罚，决定执行死刑，剥夺政治权利终身，附带民事诉讼原告人朱某某(被害人母亲)提起的附带民事诉讼请求，法院依法予以支持。一审宣判后，被告人麻某钢提起上诉，省高院经审理查明相关犯罪事实，裁定驳回上诉，维持原判，依法报请最高人民法院核准。最高人民法院依法核准了省高院维持一审对被告人麻某钢判处死刑的刑事裁定。2021年6月10日，南京中院遵照最高人民法院下达的执行死刑命令，依法对麻某钢执行死刑。

本案时隔28年被侦破，麻某钢被抓获后，引发了全国舆论的广泛关注。本案从严从快依法判处被告人麻某钢死刑，取得了良好的法律效果和社会效果，充分彰显了公平正义。

〈 拓展资料·案例 〉

【常州溧阳徐某某高空抛物案】2020年某日，徐某某(家住三楼)与王某某因言语不和发生争执，徐某某一时激愤，从厨房拿出一把菜刀，王某某见状上前夺刀未果，徐某某将菜刀抛掷至楼下公共租赁房附近。楼下居民发觉后向楼上质问，徐某某听到质问声后，又去厨房拿出第二把菜刀，抛掷至楼下公共租赁房附近，楼下居民见状报警。

2021 年 3 月 1 日，溧阳法院经审理后认为，被告人徐某某高空抛物行为虽未造成人身伤害或重大财产损失的严重后果，其从建筑物抛掷物品行为已经构成高空抛物罪，以高空抛物罪依法判处被告人徐某某有期徒刑六个月，并处罚金 2000 元。

高空抛物、坠物行为严重损害人民群众生命财产安全，极易引发社会矛盾纠纷，溧阳法院依法妥善审理高空抛物案件，体现了刑事司法领域对于高空抛物治理的积极回应，对于有效防范、遏制高空抛物行为的发生，引领正向社会价值，形成良好社会风尚具有重要作用。本案系全国首例高空抛物案，入选 2021 年度人民法院十大案例。

二是依法打击危害食品药品犯罪。坚持“四个最严”要求，把“最严厉的处罚”体现在人民群众反映强烈、社会影响恶劣、舆论高度关注的危害药品安全违法犯罪案件中，严格依照法律、司法解释的规定定罪量刑，该重判的坚决重判；强化财产刑适用，在依法没收犯罪违法所得的基础上，加大罚金刑处罚力度，剥夺犯罪分子再犯能力；强化资格刑适用，对法律、法规规定禁止违法犯罪的自然人在一定期限内从事药品生产经营活动，或者从事药品安全管理工作的，对违法企业及其法定代表人、实际控制人、主要负责人等依法判决从业禁止；注重“两法衔接”，对情节轻微不构成犯罪或免予刑事处罚的危害药品安全违法行为，在作出判决后及时移送行政机关依法给予行政处罚；强化部门协作，与江苏省农业农村厅等联合出台《江苏省食用农产品“治违禁　控药残　促提升”三年行动方案》，协同做好专项工作。依法严惩新冠疫情防控期间生产、销售用于防治新冠感染的假药、劣药行为，严厉打击新冠感染疫苗注册申请材料造假以及利用虚假的药物、疫苗信息诈骗公私财物的犯罪行为，切实担负起刑事司法社会公平正义最后一道防线的职责，确保依法从严打击，有力维护人民群众生命健康安全。

拓展资料·数据

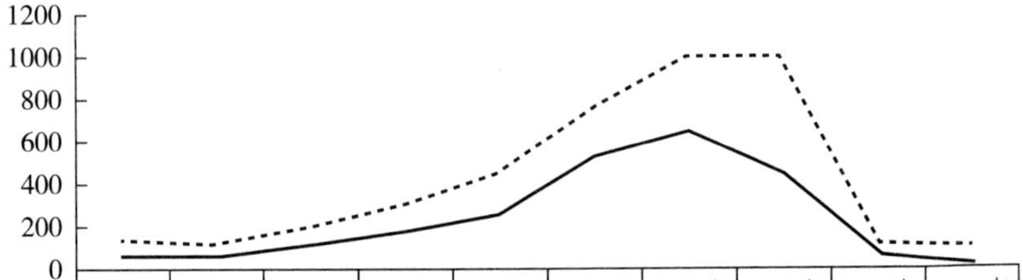

	2012年	2013年	2014年	2015年	2016年	2017年	2018年	2019年	2020年	2021年
—— 件数（件）	66	58	124	187	261	526	634	450	67	22
------ 人数（人）	142	113	210	312	461	779	1000	986	140	107

图2　近十年江苏法院判决生效生产、销售假药案件量趋势

拓展资料·调研

江苏高院针对危害食品、药品安全犯罪案件数量热点不断增多、疑难问题不断涌现、司法实践亟待规范等情况，选取无锡、泰州、盐城作为实地调研地区，以问题为导向广泛开展研究，形成《危害药品安全犯罪法律适用相关问题研究》调研报告，此份报告也为2022年出台的危害药品安全司法解释提供了借鉴和参考。在调研基础上，联合省检察院、省公安厅、省食药监局共同召开专题研讨会，就办理危害食品、药品安全违法犯罪案件中有关案件管辖、主观明知认定、犯罪形态界定、行为性质认定、“两法衔接”以及刑事政策把握等问题进行充分交流讨论。

拓展资料·发布

2018年10月18日，为进一步加强危害食品、药品安全犯罪案件的办理质量，确保定罪准确，量刑适当，省法院、省检察院、省公安厅共同制定了《关于办理危害食品、药品安全犯罪案件若干问题的座谈会纪要》，就危害食品、药品安全犯罪案件管辖、法律适用、定罪量刑标准以及刑事政策把握等有关问题达成共识。针对骗取财政专项补贴、资金犯罪案件的法律适用和刑事政策把握问题进行专项研究，制定《关于审理涉财政专项补贴、资金犯罪案件相关问题的指导意见》，指导司法实践。

三是持续从严打击电信网络诈骗犯罪。认真贯彻落实习近平总书记关于打击治理电信网络诈骗犯罪的重要指示精神，着力把打击治理电信网络诈骗犯罪作为深化“我为群众办实事”“我为基层解难题”活动的重要方面抓紧、抓好，依法从严惩治电信网络诈骗犯罪，坚决遏制此类犯罪多发、高发态势。

延伸阅读

【江苏法院打击电信网络诈骗犯罪的主要做法】在打击电信网络诈骗犯罪工作中，江苏法院主要从三方面着力：

一是加强案件指导，确保审判质效。重点统筹指导蒙古国移送我国的“10·30”重大跨境电信网络诈骗犯罪系列案件审判工作，全案涉及被告人800余人，诈骗金额6亿余元。截至2022年3月，指导一审审结53件692人。编写的被告人罗某等人跨境电信网络诈骗案入选江苏法院2021年度十大典型案例。指导南通地区法院在全国首次采用远程视频“无接触”方式，率先审结被告人张某防疫物资诈骗案。积极参与“长城2号”“断卡”等打击电信网络诈骗犯罪及其关联犯罪的专项行动，加强对国务院部署的打击整治中缅边境电信网络诈骗犯罪专案行动相关案件（“5·10”专案）商请管辖等问题，对法律适用疑难问题及时给予指导。

二是开展调研培训，统一办案标准。融合推进“我为群众办实事”“我为基层解难题”实践活动，院领导带队分别前往南京江北新区法院、淮安涟水法院、金湖法院等基层法院实地调研电信网络诈骗犯罪案件审判工作。总结撰写的《张正诈骗案——疫情防控期间使用速裁程序实行远程视频“无接触”式开庭应当注意的问题》,入选《刑事审判参考》指导案例。统一办案尺度,与省检察院、省公安厅、人民银行南京分行会签下发《关于严厉打击防范开立、贩卖单位银行结算账户用于通讯网络新型违法犯罪的通告》,与省检察院、省公安厅、省司法厅联合举办全省打击治理电信网络诈骗犯罪培训班,组织全省刑事法官参加"两高一部"《办理电信网络诈骗等刑案意见(二)》视频培训会。

三是延伸审判职能,促进综合治理。2018 年以来,省法院先后召开有关电信网络诈骗专题新闻发布会两次,通报全省法院打击电信网络诈骗犯罪;组织集中宣判三次,形成打击电信网络诈骗犯罪的强大声势。开展法治宣传,通过微信公众号推送反诈防骗提示信息,揭露诈骗手法,总结防范提示,多次发布典型案例。赴南京江东街道、常熟东南街道、琴川街道开展防范电信网络诈骗宣讲,切实提高广大群众反诈防骗意识。

(二)深入推进各类专项行动

积极参与禁毒、净网、断卡、扫黄打非、枪爆整治、打击治理跨境赌博等专项工作,依法严惩相关犯罪,深入开展专项整治,加强法治宣传教育,推进社会治安综合治理,有力营造和谐稳定的社会环境。2018 年,省法院刑一庭被表彰为 2015~2018 年度全省社会治安综合治理先进集体、全省政法系统先进集体,获"全省扫黄打非先进集体"荣誉称号。

一是深入开展禁毒专项行动。近五年,省法院每年开展"6·26"国际禁毒日主题活动,通过组织全省法院开展毒品犯罪案件集中宣判、召开新闻发布会、公布典型案例等方式开展禁毒普法宣传,并分别于 2018 年、2022 年两次发布《江苏法院禁毒工作白皮书》,7 件案件入选最高人民法院发布的毒品犯罪典型案例,数量位居全国前列。2019 年,省法院被国家禁毒委评为 2015~2019 年"全国禁毒工作先进集体",系全国法院系统唯一一家获奖单位;2019 年至 2021 年,省法院连续三年作为优秀禁毒成员单位被省禁毒委表扬。

〈 拓展资料 · 数据 〉

2018 年以来,江苏法院受理的毒品犯罪案件数量呈逐年下降态势,2021 年毒品犯罪案件总量已经不到 2018 年总量的 1/3。

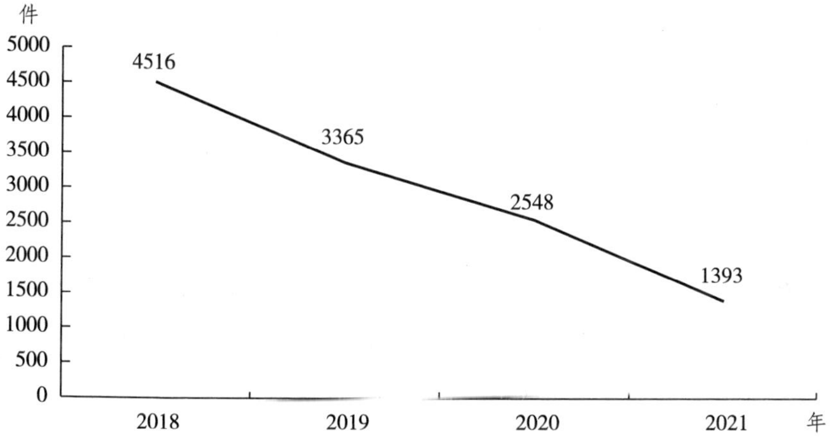

图 3　2018 年至 2021 年江苏法院受理毒品犯罪案件数量变化趋势

〈 拓展资料 · 案例 〉

【陈某某贩卖新型毒品“蓝精灵”(氟硝西泮)案】2018 年 3 月至 6 月,被告人陈某某通过微信联系等方式,在苏州市姑苏区观前街酒吧、酒店等处,先后 24 次向吕某某、宋某某、张某贩卖毒品氟硝西泮片剂(俗称“蓝精灵”)104 粒,违法所得共计人民币 4110 元。

苏州市姑苏区人民法院判决认定被告人陈某某犯贩卖毒品罪,依法判处其有期徒刑三年,并处罚金人民币 5000 元。一审宣判后,被告人陈某某未上诉,检察机关亦未抗诉,该案已发生法律效力。

氟硝西泮俗称“蓝精灵”,系国家管制的精神药品,溶于水后有的呈淡蓝色,有的无色无味,不易被人发现,具有极强的伪装性。氟硝西泮具有催眠、遗忘、镇定、抗焦虑、肌肉松弛和抗惊厥作用,其中催眠和遗忘的作用尤为显著，与酒精合用时可出现过度镇静、错乱等反应，危害性较大，一些不法分子甚至利用氟硝西泮会使人产生"顺行性遗忘"的特性，将它作为"蒙汗药"，使受害人失去意识，以达到实施违法犯罪的目的。近年来，"蓝精灵"在酒吧等娱乐场所较为流行，青少年群体是其侵害的主要目标。本案被告人陈某某明知吕某某等人购买氟硝西泮片剂是提供给酒吧客人饮酒时使用，仍多次贩卖，情节严重。人民法院根据其犯罪的事实、性质、情节和对社会的危害程度，依法对其进行了惩处。

二是有力有序开展打击整治养老诈骗专项行动。江苏法院坚决贯彻党中央开展打击整治养老诈骗专项行动决策部署，强化责任担当，细化任务措施，坚持依法打击、宣传发动、推进整治规范同步发力。省法院研究制定《全省法院打击整治养老诈骗专项行动实施方案》，组织成立专项办，设立工作专班。下发《关于加强涉养老诈骗刑事案件审判工作的意见》等文件，建立健全案件审判、新闻宣传、涉财执行等方面工作机制。全省各级法院及时跟进，形成了上下联动、运转高效的工作体系。

〈 **延伸阅读** 〉

【江苏法院打击整治养老诈骗的主要做法】江苏法院主要从三方面推进打击养老诈骗专项行动走深走实：

一是坚持从严从快，掀起打击养老诈骗强大攻势。坚持把"稳、准、狠"总要求贯穿打击整治工作始终，用足、用好刑罚手段，切实维护老年人合法权益。专项行动共受理养老诈骗犯罪案件149件362人，审结141件330人，共追缴到案金额2.06亿余元。对实施养老诈骗造成严重经济损失以及其他严重后果或者恶劣社会影响的犯罪分子，坚决依法予以从重处罚，并严格把握适用缓刑条件和范围，依法加大财产刑的适用力度，最大限度剥夺被告人的再犯能力；对具有退赃退赔、认罪认罚等从宽情节的，也从严把握政策、严格掌握从宽幅度。专项行动开展以来，共对60名被告人判处五年以上有期徒刑、无期徒刑，重刑率为18.2%。加强与公安、检察、行政主管机关等部门协调配合，全面查清涉案财物情况，及时予以查封、扣押、冻结，并积极促使被告人应退尽退、应赔尽赔；案件生效后，依法快立快执，综合运用网络查控和线下调查等多种方式追缴财物，最大限度实现追赃挽损。

二是推进综合整治，坚决铲除养老诈骗滋生土壤。第一，广泛开展线索摸排。从以“养老”为名欺诈老年人民事、行政、执行案件中进行养老诈骗犯罪线索梳理排查，并移交有关部门处理，切实增强打击整治养老诈骗犯罪力度。专项行动以来，共移送线索235条，移送公安机关核查50条。第二，加强司法建议工作。审理案件同时深入分析养老诈骗犯罪成因，梳理行政监管、企业管理等方面的薄弱环节，及时提出司法建议，推动源头治理。在专项行动中共发出司法建议94件，涉及保健品市场监管整治、老年公寓管理服务、旅行社及酒店管理、网络平台监管等领域，其中77件已得到相关部门整改反馈。针对当地在菜市场发生多起养老诈骗案件情况，苏州常熟法院联合菜市场经营企业，打出“与企业座谈、提出司法建议、零距离宣传”的“1+1+1”组合拳，倡导企业共同担起反诈防骗责任。第三，建立协作长效机制。积极与卫健委、市场监管、民政等部门合作，加强涉养老诈骗问题信息共享、宣传共建等工作，建立常态化工作交流协作机制，提升防范整治合力。无锡中院联合网信办、老龄委挂牌成立“锡阳红”老年人权益保障中心，定期开展法治讲堂、健康讲座等活动，将依法打击与源头治理相结合，延伸治理侵害老年人合法权益的涉诈乱象问题。

三是广泛宣传发动，全力营造反诈防骗浓厚氛围。第一，拓展宣传方式。通过公布举报平台、设置举报窗口、张贴宣传海报、发放宣传手册等多种方式，依靠广播、电视、报纸、网络等新闻媒体及自媒体推送等多种途径，全方位开展打击整治养老诈骗宣传活动，共制作宣传片75部，推送宣传稿5393篇，发送宣传册7.2万余份，宣传覆盖超过2亿人次。第二，突出宣传主题。充分发挥典型案例的警示教育作用，强化“案例式”宣传，共发布典型案例275件次。常州新北法院审理的徐正等人以销售“收藏品”为名实施诈骗犯罪案入选最高人民法院首批发布的6个典型案例。省法院两次组织开展集中宣判活动,宣判案件 20 件 52 人,发布反诈提示 7 条,央视新闻客户端等 90 余家中央和省级媒体进行报道。其中,朱某华等人虚构“地宫穴位”进行非法集资案被新华社、《法治日报》、“中央政法委长安剑”等深度报道,江苏卫视荔枝新闻微博信息位列南京同城榜第 1 位,阅读量达 1.7 亿次。此外,省法院联合江苏广电总台《法治在线》栏目,录制专题《法官说法》节目,深入揭露养老诈骗犯罪手法、套路,提出防范识别策略,节目播出后广受好评。第三,注重宣传实效。积极分析研判养老诈骗犯罪特点,有针对性送宣进社区、进公园、进养老院等现场宣传 539 场次。积极利用老年受众较多的《银潮》杂志、《农村大众报》等载体开展宣传,使反诈防骗更深入人心,共组织现场宣传活动 378 场次。常州天宁法院与 CCTV《今日说法》共同主办“少年普法官、常伴夕阳红”活动,由少年儿童担任普法员宣传普及反诈知识。镇江中院与社区开展“反诈在行动、守护夕阳红”共建共创活动,深入老年群体开展普法宣教,取得良好效果,最高人民法院新闻传媒总社予以转发报道。

(三)强化人权司法保障

始终树立科学刑事司法理念,精准把握宽严相济刑事政策,坚决守住冤假错案底线。落实刑事辩护全覆盖要求,对刑事案件中未委托辩护人的被告人依法指派法律援助律师,强化对被告人及辩护人的辩护权保障,更加注重程序规范。坚持证据裁判原则,注重强化证据审查、严格非法证据排除,对杨某非法持有毒品案等存在取证瑕疵的案件,公诉机关经补查补证后仍然无法弥补证据瑕疵的,依法作出有利于被告人的认定。对于死刑等重大刑事案件,坚持最严格证据标准和证明标准,注重强化证据审查、严格非法证据排除、贯彻案件质量把关机制、落实疑难案件合议庭交叉阅卷、命案现场复勘等工作机制,有效保证了死刑等重大刑事案件的审判质量。对仇某某故意杀人案等案件依法判决被告人无罪或准许检察机关撤回起诉。2018 年以来,江苏死刑案件核准率始终保持较高水平,省法院发改各中院案件数和发改率亦维持在较低水平。

二、扎实开展扫黑除恶斗争

2018 年至 2020 年扫黑除恶专项斗争期间，江苏法院充分发挥审判职能，依法严惩黑恶势力犯罪，一审审结涉黑涉恶案件 1125 件 8063 人，对 2156 名被告人判处五年以上有期徒刑乃至死刑，黑恶犯罪得到了有效遏制。2 次在全国性会议上介绍工作经验，14 篇信息、3 篇司法建议入选全国性会议材料或被全国扫黑办、最高人民法院信息简报刊发推广。《人民日报》等 10 余家中央媒体开展集中采访，宣传报道江苏法院扫黑除恶特色经验及工作成效。省法院连续三年被表彰为全国扫黑除恶专项斗争先进单位；全省 12 名干警、5 个集体获得国家级表彰或被最高人民法院通报表扬；徐州中院作为先进集体唯一代表在全国法院扫黑除恶专项斗争总结表彰大会上作交流发言。江苏法院多项特色经验和创新做法得到上级肯定和推广。

（一）提高政治站位，切实加强组织领导

省法院坚持高位推动，层层压实责任，切实加强对扫黑除恶工作的组织领导，从工作指导、案件指导、职能延伸指导等多角度、全方位加强对下监督指导。

一是坚持高位推动。成立扫黑除恶专项斗争领导小组，通过印发工作方案，分阶段制定工作要点及重点任务分解方案，召开党组会、推进会、领导小组会等方式，强化组织部署，共召开 26 次党组会、15 次领导小组会、5 次全省法院推进会。各中基层法院党组切实抓好部署落实，协调解决堵点、难点问题；院长、分管院领导深入一线作战，带头审理重大黑恶案件，有效提升办案质效。

二是层层压实责任。通过约谈、督导、通报等方式，持续向下传导压力，压紧压实工作责任。省法院党组两次集体约谈各市中院院长，开展 5 轮对下督导，实现 13 个设区市法院全覆盖，促进各地法院在思想认识、办案质效、打伞打财、队伍建设、综合治理等方面取得明显提升。加大督促力度，省法院下发涉黑恶案件审判、执行工作通报 10 余期，督促质效落后法院加大力度、改进方法，实现全省法院扫黑除恶工作均衡发展。将专项斗争与“不忘初心、牢记

使命”主题教育紧密结合，进一步学深悟透习近平总书记关于扫黑除恶系列重要指示精神，以扎实有效的斗争举措践行初心使命。

三是专班实体化运作。充实扫黑办工作力量，配备专门办公场所，开展实体化运作。建立“1 + N”（“1”即扫黑办，“N”即扫黑除恶斗争领导小组各成员部门）分工合作机制，扫黑办牵头抓总，刑事、民事、执行、督察等各成员部门积极参与、分工负责、协调联动，形成齐抓共管的工作格局。建立台账及信息报送机制，明确专人负责案件台账、数据及信息收报，报送各类台账数据200 余期；2018 年 2 月 6 日，在全国法院率先创办扫黑除恶专项斗争工作专刊，共刊发 93 期，14 篇信息入选全国性会议参阅材料或被全国扫黑办、最高人民法院、省委信息简报采用推广。加强内外沟通协调，做好上传下达、工作协调、案件会商及线索交办、核查、移送等各项工作，召开全省法院扫黑办主任会议、工作调度会等各类会议 20 余次。全力配合中央督导，向督导组报送典型案例、调研报告、经验总结等材料 30 余篇，制定整改落实工作方案，牵头各级法院各部门抓好整改落实。

（二）严格依法办案，确保打准打实

省法院建立健全工作机制，指导全省法院严格依法办案，从严惩处黑恶势力及其“保护伞”，攻破了一批骨头案、钉子案，办理了一批在全国具有指导意义的典型案件，得到最高人民法院、中央扫黑除恶督导组充分肯定。宿迁嵇玉东等 5 起全国扫黑办挂牌督办案件全部审结生效，苏州龚品文案、无锡方悦案等 5 起案件入选全国扫黑办编印的法律政策指导案例、最高人民法院《刑事审判参考》黑恶犯罪案件专辑。2019 年、2020 年，省法院 2 次在全国法院扫黑除恶专项斗争推进会上作经验交流发言。

一是坚持依法严惩，保持高压态势。始终保持对黑恶势力及其“保护伞”的严惩高压态势，依法从严从重惩处黑恶势力组织者、领导者、骨干成员，涉黑涉恶被告人，重刑率分别为 63.6% 和 27.0%。淮安聂元元等 10 名黑恶犯罪分子被判处无期徒刑乃至死刑。综合运用追缴、没收、判处财产刑、资格刑等法律手段，摧毁黑恶势力经济基础。落实“打伞破网”，审结涉黑涉恶腐败及“保护伞”犯罪案件 270 件 290 人。从严掌握涉黑涉恶罪犯减刑、假释及暂予监外执行适用条件,确保刑罚执行效果。

二是严把案件质量,确保打准打实。在专项斗争过程中坚持法治思维,遵循罪刑法定、证据裁判、罪责刑相适应等刑法基本原则,充分保障当事人诉讼权利和律师依法履职,确保专项斗争始终在法治轨道上运行。严格依法办案,加强审查把关,依法对 25 件涉黑涉恶案件改变定性,依法建议变更起诉 22 件,防止拔高认定、降格处理。坚持宽严相济,对黑恶势力的边缘人员、未成年人,符合法定酌定从宽处罚条件的,依法从宽处罚,分化瓦解犯罪,对 10 名犯罪情节轻微的未成年人依法不予认定为黑社会性质组织成员。

三是坚持多措并举,狠抓"案件清结"。省法院坚持案件质量和效率并重,成立"六清"行动攻坚指挥部,下设"案件清结"工作组,建立周例会周通报制度,督促加快办案进度。面对涉黑恶案件开庭受新冠疫情影响较大等问题,积极谋划、探索创新、分类施策,综合运用线上、线下方式抓好案件审理。创新推行"入所审判",在全省推行驻所科技法庭建设,破解涉黑恶案件线下开庭难题,新冠疫情以来全省已建成 68 个驻所科技法庭。大力推开"云端审判",依托智慧法院建设成果,指导相关法院利用远程视频、多点连线等线上方式审理了宿迁嵇玉东、常州陈照华等多起涉黑大案,取得良好庭审效果。最高人民法院主要领导来苏调研时,对江苏创新推行驻所科技法庭建设有关做法给予高度评价。2020 年年底,全省法院 2020 年 10 月底前受理的一审、二审涉黑涉恶案件全部审结,高质量圆满完成"案件清结"任务。"多措并举破解开庭难　助力'案件清结'提质增效"的做法得到全国扫黑办简报推广。

〈 延伸阅读 〉

【江苏法院全力推进"案件清结"的主要做法】"六清"行动开展以来,江苏各级法院认真贯彻中央部署要求,在各级党委坚强领导和最高人民法院有力指导下,聚焦主责主业,强化责任担当,多措并举破解疫情防控形势下涉黑恶案件开庭难题,全力推进"案件清结"。一是创新推行驻所法庭审判。在省委政法委坚强领导下,江苏法院聚焦新冠疫情期间被告人"出不来、进不去"

等堵点、难点问题，积极谋划、创新实践，制定驻所科技法庭建设规范，与省公安厅联合下发通知，部署开展驻所科技法庭建设，实现无须将被告人提押出所即可满足现场庭审、网络庭审、被告人分散关押时多点连线以及远程观摩（旁听）等功能需求，不仅立足当下，更是着眼长效，能够克服疫情反复潜在风险对审判工作的未知影响。江苏法院共利用驻所科技法庭线下开庭、宣判涉黑恶案件123件。二是同步推进线上、线下审判。依托智慧法院建设成果，在切实保障诉讼权利的前提下，积极推行远程视频庭审，采用视频连线、隔离会见等方式保障辩护人会见权，充分听取控辩双方意见，顺利完成宿迁嵇玉东、常州陈照华等重大涉黑案庭审。稳妥推进线下现场审判，主动对接公安机关，在确保新冠疫情防控到位的前提下，将被告人提押到庭线下开庭。新冠疫情期间，江苏法院线下开庭、宣判涉黑恶案件68件。三是加强指导严把案件质量。牢牢守住案件质量生命线，对于涉黑恶案件定性严格审查把关，防止拔高认定、降格处理，确保专项斗争始终沿着法治轨道运行。省法院开展涉恶案件调研评查活动，共评查案件603件、案卷1000余册，结合发现的问题，有针对性地加强培训指导。组织“扫黑除恶疑难问题及长效机制建设专题研讨班”，邀请全省公安、检察机关代表参加，共同研究相关法律疑难问题，提升专业化水平，推动健全长效机制，为“案件清结”扫清法律疑难障碍。

【江苏法院集中宣判一批涉黑恶案件】扫黑除恶“六清”行动进入最后冲刺阶段，为顺利完成“六清”任务目标，形成专项斗争强大声势，2020年9月15日至21日，江苏法院集中公开宣判了25起涉黑恶案件，141名被告人获刑，分别被判处22年及以下不等的有期徒刑，涉黑恶被告人重刑率为44.44%；2人被判处没收个人全部财产，共判处罚金或没收个人部分财产1826万余元，追缴、没收违法所得6505万余元。

此次集中宣判的案件包括充当“沙霸”、扰乱基层群众自治组织管理活动的宿迁嵇玉东黑社会性质组织案，以黑护赌、充当地下执法队的盐城戴维宏黑社会性质组织案，充当“保护伞”的南京李敏包庇黑社会性质组织案等，其中，宿迁市宿豫区人民法院公开宣判的嵇玉东等31人组织、领导、参加黑社会性质组织案系全国扫黑办挂牌督办案件。2006年年初，被告人嵇玉东纠集冯汉东、魏文兵、魏巍、徐永等人在新沂河沭阳县颜集段北叉水域擅自强行对运砂船只收取费用，逐步形成以被告人嵇玉东为组织者、领导者，以冯汉东、魏巍、魏文兵、徐永为骨干成员的黑社会性质组织。2006年至2015年，该组织以暴力、威胁等手段有组织地多次实施聚众斗殴、寻衅滋事、敲诈勒索、强迫交易、非法采矿、非法侵入住宅、故意伤害、诈骗、行贿等违法犯罪活动，致多人受伤，给400余名被害人造成经济损失，攫取经济利益1800万余元，在新沂河颜集段水域内，垄断了采砂船的柴油销售，对非法采砂行业形成重要影响，造成当地非法采砂活动更加猖獗，多次干扰、破坏沭阳河道管理局等部门打击非法采砂工作，致使上述单位不能正常行使管理职能，矿产资源遭受严重破坏。该组织还利用组织成员参与村委会管理活动，在征收税费过程中随意殴打村民，破坏基层群众自治组织工作秩序，侵蚀基层政权，在沭阳县颜集镇境内称霸一方，为非作恶，欺压、残害群众，严重破坏经济、社会生活秩序。宿迁市宿豫区人民法院以组织、领导黑社会性质组织罪，聚众斗殴罪，寻衅滋事罪，敲诈勒索罪，强迫交易罪，非法采矿罪，非法侵入住宅罪，故意伤害罪，诈骗罪，行贿罪，数罪并罚判处被告人嵇玉东有期徒刑二十二年，剥夺政治权利四年，并处没收个人全部财产；其余30名被告人分别被判处十三年六个月及以下不等的有期徒刑，并处罚金。

（三）深化“打财断血”，铲除黑恶势力经济基础

省法院组建工作专班，实行领导分片包干，加强督促指导，带领各级法院全力攻坚“黑财清底”，取得显著成效，截至2020年年底，共执结涉黑恶财产刑案件1636件，执行到位29.5亿元。

一是明确工作目标，严格办案标准。省法院常态化组织开展“打财断血”行动，2019年10月，下发《关于组织开展“‘打财断血’专项执行活动月”的通知》，2019年10月11日至11月10日组织开展为期一个月的“打财断血”专项执行行动。2020年8月，再次下发通知，组织开展“黑财清底”专项执行行动，明确将“三个100%”作为“黑财清底”工作的阶段性目标，即随案移送或查控到的财产能够满足执行要求的，执行到位率及执行完毕率均必须达到

100%；已查控财产不能满足执行需要的，穷尽执行措施后，执行结案率必须达到100%；无财产可供执行案件必须做到“三必到”，终本合格率必须达到100%。全省各级法院围绕该目标积极开展“黑财清底”工作。专项斗争期间，全省法院组织各种形式及规模的专项执行行动1600余次，出动干警7000余人次。

二是细化工作举措，决战资产处置。全省三级法院强化立审执衔接配合，建立健全涉黑恶案件执行绿色通道。在财产查控方面，实行被执行人服刑地、住所地、家庭“三个必到”，案件提审率、实地调查率、亲属走访率做到100%；充分运行数字化执行手段，采取悬赏执行等方法，全链条核查涉案财产流转轨迹，将显性“浮财”、隐性“暗财”一网打尽。在财产处置方面，加快处置进度，银行存款、证券原则上48小时内扣划完毕；具备处置条件的车辆、房产，通过网络询价、自主定价方式快速确定处置参考价并启动网拍程序；对于重大黑恶案件，在党委政法委牵头下，推动成立由公、检、法等部门成立的财产处置专班，通过代管、托管等方式依法处置经营性资产。在结案审查方面，将涉黑恶案件终本结案审批权上提至中院，并要求各法院对涉黑恶执行终本案件每半年组织一次“回头看”，全面复查被执行人财产状况，发现新的可供执行财产立即恢复执行。

三是强化规范管理，依法“打财断血”。省法院坚持规范指导，出台文件规范审执衔接工作，同时指导徐州、苏州等地法院出台《黑恶势力刑事案件涉案资产处置工作指引》等多个文件，推进“黑财清底”规范有序进行。正确处理“打财断血”与依法保护民营企业合法权益的关系，准确把握法律政策界限，严格区分合法财产和非法财产界限。如苏州中院在索春瑞涉黑案件审理过程中，就涉案财产性质在庭审中进行专门质证和辩论，对涉案的160余项财产逐项查明财产来源、资金流转明细，明确财产权属、性质，在准确界定涉案财产性质的基础上，以清单形式在裁判文书中予以认定，为后续执行工作打下坚实基础。执行部门在全面查控黑恶财产基础上，着眼依法服务“六稳”“六保”工作，严格规范执行行为，严防不分具体情况对涉案企业经营者一律羁押、对企业财产一律查封、扣押、冻结处置，充分保障案外人对有争议财产的执行异议权利。

（四）强化对下指导，持续提升业务水平

省法院组建扫黑除恶专业审判团队，通过业务培训、调研评查等方式加强对下指导，提升全省法院扫黑除恶专业化水平。

一是建强专业审判团队。省法院组建由院庭长、全国扫黑除恶专家库成员及资深法官组成的跨部门扫黑除恶专业审判团队，专门负责涉黑恶案件审理及业务指导，通过大要案件督办、授课培训、调研评查等方式，加强对下业务指导。2019 年 7 月，从全省选取 33 名业务骨干组建全省法院扫黑除恶专家库，为涉黑涉恶重大疑难复杂案件提供业务指导和专业支持。督促各级法院配齐配强扫黑除恶审判力量，专项斗争开展以来，全省法院充实 100 余名干警到扫黑除恶战线，建立了一支能打硬仗的扫黑除恶专业化审判队伍。

二是加强业务培训指导。省法院通过开展视频培训、扫黑除恶专题授课、联合培训等多元化培训活动，着力提升扫黑除恶队伍政治素养和专业化水平，先后举办全省法院扫黑除恶专项斗争视频培训会、专题培训班等专项培训 4 次，期间邀请省纪委、省检察院、省公安厅相关职能部门办案人员参加，加强"两高两部"系列规范性文件的培训，促进业务能力共同提升。省法院高度重视涉黑恶案件办案质量，组织开展全省黑恶势力犯罪案件评查及涉黑恶罪犯减刑、假释案件评查，结合评查发现的问题，通过召开座谈会、下发通知等方式予以反馈，提出指导意见，提升办案质量。

三是深入开展调查研究。省法院聚焦"软暴力""套路贷""网络涉黑涉恶"犯罪等新情况、新问题及涉案财物处置疑难问题，加强调查研究，提高应对新型疑难问题司法能力，相继完成《涉黑涉恶犯罪疑难问题及司法应对研究》《全省法院近三年涉黑恶罪犯减刑假释案件调研评查报告》《关于"打财断血"有关情况的调研报告》《民间借贷纠纷中涉虚假诉讼与"套路贷"案件风险防范及问题对策情况调研报告》等全省法院重点调研课题和专项调研报告 15 项，为破解涉黑涉恶犯罪认定标准、"打财断血"、"套路贷"虚假诉讼治理等方面疑难争议问题提供重要参考，为后续成果转化，出台相关规范性文件打下了基础。

（五）坚持打防并举，推动完善社会综合治理

省法院聚焦社会治理薄弱环节，指导全省法院延伸职能，以案促治、以案促建，主动参与对重点行业领域的专项整治，着力铲除黑恶势力滋生土壤。

一是积极延伸审判职能。深挖犯罪线索，通过下发通知、开展“大排查大起底”等方式，组织全省法院在审判、执行工作中深挖涉黑涉恶等违法犯罪线索，形成了全方位、立体化的线索摸排格局，共发现和移送涉黑涉恶、“保护伞”线索7801条。统筹推进“线索清仓”，全省法院共核查中央督导组、各级扫黑办交办线索及举报材料2497件。坚持以案促治，指导全省法院针对办案中发现的社会治理薄弱环节，及时以司法建议形式向有关部门反馈，推动堵漏建制，各级法院共发送司法建议938条，得到反馈928条。连云港赣榆法院针对网络物流行业监管薄弱环节发送的司法建议，得到国家交通运输部采纳并书面复函，促进网络平台货运健康规范发展，最高人民法院将其作为典型予以推广。加强犯罪态势分析，定期对全省黑恶势力犯罪新态势、新动向进行分析，找准参与综合治理、专项整治的着力点，先后完成《涉黑恶犯罪案件审判态势分析报告》《关于网络涉黑涉恶犯罪案件审理情况的报告》等多份分析报告。

二是加强扫黑除恶法治宣传。规范扫黑除恶宣传舆论工作，切实把握好宣传报道的时度效，推动扫黑除恶宣传工作健康有序开展。为营造浓厚斗争氛围，省法院先后召开3次新闻发布会、组织集中宣判活动，发布7起黑恶势力犯罪典型案例，各中基层法院共召开新闻发布会89场，开展地市级以上规模的集中宣判55次310余件，取得良好社会反响。2019年5月15日，《人民日报》等10余家中央媒体对省法院开展集中采访，宣传报道江苏法院扫黑除恶特色经验做法及工作成效。加强扫黑除恶普法宣传，帮助广大群众增强防范风险能力，积极与黑恶势力作斗争。通过社区宣传宣讲、送法下乡等方式开展各类扫黑除恶普法宣教活动1009次，创作并发布扫黑除恶主题的短视频、微电影、微动漫等宣传作品47部，诗歌、小品等文艺作品13部。徐州邳州法院审理刘旺涉恶案件时，邀请24个乡镇的127名村支部书记旁听庭审，唱响了打击农村宗族恶势力的“正气歌”。南京六合法院“行走的天平”青年法

官宣讲团深入街镇社区开展专题宣讲17场,通过鲜活案例展示“村霸”“保护伞”“欺行霸市”等涉黑涉恶现象,揭示黑恶势力的巨大危害。

三是常态化开展扫黑除恶斗争。2021年以来,不断巩固深化专项斗争成果,推动常态化扫黑除恶斗争取得明显成效。全省法院始终保持对黑恶势力及其“保护伞”的严惩高压态势,不断深化“打财断血”。抓好《反有组织犯罪法》宣传贯彻,采取“云端培训”与“线下教学”相结合,加强对《反有组织犯罪法》的学习培训,组织开展集中宣传月活动,综合运用传统媒体和新媒体,线上、线下同步开展普法宣传。积极参与重点行业领域整治,坚持以案促治、以案促建。坚持边扫边建,制定《常态化开展扫黑除恶斗争巩固专项斗争成果的贯彻落实意见》,出台《进一步健全涉黑涉恶案件审判及执行工作督办指导机制的办法》,不断完善常态化扫黑除恶工作机制。

三、坚定不移惩治腐败

紧紧围绕党中央全面依法治国、全面从严治党的战略布局,坚持有腐必反、有贪必肃,坚持“打虎”“拍蝇”“猎狐”多管齐下,以强烈的政治责任感和使命感,充分发挥审判职能作用,贯彻落实宽严相济的刑事政策,依法高效有序地开展职务犯罪案件审判工作。2018年以来,江苏法院审结生效贪污贿赂、渎职等职务犯罪案件4397件,严厉打击和震慑腐败犯罪分子,为反腐败斗争取得压倒性胜利并全面巩固提供了强有力的刑事司法保障。

(一)高质量完成重大职务犯罪审判

江苏法院坚决贯彻党中央反腐败斗争决策部署,始终保持对职务犯罪特别是重大职务犯罪严惩高压态势,坚持办案质量、效率和效果的统一,依法履行刑事审判法定职能,先后依法审结河北省委原常委、政法委原书记张越,河北省政协原副主席艾文礼,贵州省原副省长蒲波,原中国保监会主席项俊波,中国科协原党组成员陈刚,新疆维吾尔自治区政府原副主席任华,国家烟草专卖局原副局长赵洪顺,全国人大环境与资源保护委员会原副主任委员孟伟8名原中管干部职务犯罪案件,案件审理取得良好的政治效果、法律效果和社会效果,充分彰显了党中央惩治腐败的坚强决心。

作为办理职务犯罪案件的最后一道环节，充分发挥审判程序的把关作用，依法严格把握证据关、事实关、量刑关，确保把重大职务犯罪案件办成经得起历史检验的“铁案”。坚持严格证据裁判原则，突出庭审实质化，严格按照“事实证据调查在法庭、定罪量刑辩论在法庭、裁判结果形成在法庭”的标准和要求，依法依序开展举证、质证、法庭辩论、最后陈述等庭审活动，通过法庭公正审判依法准确认定事实，对证据不足的事实，依法不予认定。在项俊波案中，因部分证据不符合证据要求，达不到法定证明标准，对受贿约 80 万元的犯罪事实依法不予认定。坚持严格依法推进程序，强化诉权保障，不在诉讼环节上简化处理、不在程序标准上降低要求，充分保障当事人及其律师的各项诉讼权利，主动邀请人大代表、政协委员和社会群众代表旁听庭审，通过公开、透明、规范的审判程序，最大限度彰显司法权威。

作为反腐败斗争重要职能部门，江苏法院注重强化审判示范效果，坚持以事实为依据、以法律为准绳，全面贯彻落实宽严相济刑事政策，根据各被告人罪行大小、情节轻重综合进行量刑，该严则严、当宽则宽、恰当把握、罚当其罪。苏州中院在审理河北省政协原副主席艾文礼受贿案过程中，鉴于被告人艾文礼于案发前携带赃款赃物主动到中央纪委国家监委投案，并如实供述自己的罪行，构成自首；真诚认罪、悔罪，避免、减少损害结果的发生；积极主动退缴全部赃款赃物，具有法定、酌定从轻、减轻处罚情节，适用认罪认罚从宽处罚程序，对受贿 6478 万余元的艾文礼决定依法减轻处罚，以受贿罪判处其有期徒刑八年，并处罚金人民币三百万元。该案通过宽严相济刑事政策的妥当运用，充分显现不敢腐的震慑效应和感召腐败分子积极投案自首的良好示范效应，进一步推动了反腐败斗争的深入开展，入选“2019 年度人民法院十大刑事案件”。

< 拓展资料 · 案例 >

【陈刚受贿案】2021 年 2 月 5 日上午，南京市中级人民法院一审公开宣判中国科学技术协会原党组成员、书记处书记、常委陈刚受贿案，对被告人陈刚

以受贿罪判处有期徒刑十五年,并处罚金人民币五百万元;对陈刚受贿所得财物及其孳息依法予以追缴,上缴国库。

经审理查明,2003年至2018年,被告人陈刚利用担任北京市规划委员会主任、北京市人民政府副市长、中共北京市委常委等职务上的便利,以及国务院南水北调工程建设委员会办公室副主任、中国科学技术协会书记处书记、常委等职权和地位形成的便利条件,为相关企业在建设工程项目用地性质变更、规划指标调整、项目审批验收等事项上提供帮助,非法收受他人给予的财物共计折合人民币1.28亿余元。

南京市中级人民法院认为,被告人陈刚的行为构成受贿罪。鉴于陈刚在尚未受到调查谈话、讯问时向办案机关投案,如实供述自己罪行,构成自首;归案后提供侦破其他重大案件的线索,经查证属实,且对国家和社会有其他重大贡献,具有重大立功表现;认罪悔罪,积极退赃,受贿赃款赃物已全部追缴,具有法定、酌定从轻或减轻处罚情节,依法可以对其减轻处罚。法庭遂作出上述判决。

【艾文礼受贿案】被告人艾文礼,男,汉族,1955年2月20日出生于河北省唐山市,硕士研究生文化,原系河北省政协原副主席。2018年10月23日因涉嫌犯受贿罪被逮捕。

苏州市人民检察院以被告人艾文礼犯受贿罪,向苏州市中级人民法院提起公诉。苏州市中级人民法院根据最高人民法院指定管辖决定立案受理。

苏州市中级人民法院经审理查明,2005年至2013年,被告人艾文礼利用其担任中共石家庄市委副书记、河北省承德市人民政府市长、中共承德市委书记、河北省石家庄市人民政府市长、中共河北省委常委、宣传部长等职务上的便利,为相关单位和个人在企业改制、项目开发、舆情处置、安排工作等方面牟取利益。2006年至2014年,被告人艾文礼直接或通过其亲属等人收受上述单位和个人给予的财物,共计折合人民币6478万余元。

另查明,被告人艾文礼系主动到中央纪委国家监察委员会投案,并主动上交折合人民币共计约4046万元的涉案款物。艾文礼到案后,如实供述了办案机关已经掌握的受贿5起共计折合人民币2228万余元的事实,主动交代了办案机关尚未掌握的受贿6起共计折合人民币约4250万元的事实,主动交代的受贿数额占总额的65.6%;受贿所得赃款赃物已全部追缴、退缴。在案件提起公诉前,艾文礼在辩护人的见证下签署《认罪认罚具结书》,明确表示承认指控的犯罪事实,愿意接受公诉机关提出的减轻处罚量刑建议。

苏州市中级人民法院认为,被告人艾文礼身为国家工作人员,利用职务上的便利,直接或通过其近亲属非法收受他人财物共计折合人民币6478万余元,数额特别巨大,为他人牟取利益,其行为已构成受贿罪。公诉机关指控被告人艾文礼犯受贿罪的事实清楚,证据确实、充分,罪名成立。被告人艾文礼犯罪以后自动投案,如实供述自己的罪行,系自首,依法可从轻或减轻处罚。艾文礼在提起公诉前,如实供述自己罪行、真诚悔罪、积极退赃,避免减少损害结果的发生,依法可从轻处罚。被告人艾文礼自愿如实供述自己的罪行,承认指控的犯罪事实,愿意接受处罚,依法可从宽处罚。根据艾文礼犯罪的事实、性质、情节和对社会的危害程度,决定采纳公诉机关提出的减轻处罚量刑建议及辩护人的相应辩护意见,对被告人艾文礼减轻处罚。

据此,2019年4月18日,苏州市中级人民法院对本案作出一审判决,以受贿罪判处被告人艾文礼有期徒刑八年,并处罚金人民币三百万元;对查封、扣押在案的受贿所得财物及其孳息,予以追缴,上缴国库。

(二)围绕中心服务大局精准惩治腐败

江苏法院主动融入经济社会发展大局,始终与中心工作同频共振,自觉融入廉洁江苏建设,立足审判职能,依法惩治各类职务犯罪,审结省国资委原主任周建强、连云港市委原书记王建华、汇鸿集团原董事长张剑等61名原省管干部职务犯罪等重点案件,不断提高腐败治理效能。

围绕精准脱贫攻坚战等重大决策部署的落实,江苏法院依法严惩脱贫攻坚工作中贪污挪用、截留私分、虚报冒领等腐败犯罪行为,坚决斩断伸向扶贫资金的黑手,审结相关案件32件50人。围绕共建"一带一路"等重大工作部署,依法严惩给战略布局造成负面影响的腐败犯罪,审结中国机械设备工程股份有限公司原党委书记、董事长张淳为他人承接国家"一带一路"境外建设项目牟取利益而收受贿赂案，有力震慑国有企业工作人员向境外延伸腐败犯罪行为。配合全省安全生产专项整治加强审判工作，依法严惩发生重大安全生产事故的失职渎职犯罪、严惩违法违规生产背后官商勾结的腐败犯罪，审结涉盐城响水“3·21”特别重大爆炸事故案相关职务犯罪案件，15名被告人依法受到严惩；审结盐城市原副市长李逸浩受贿案等官商勾结贪腐典型案件。紧盯地方政府隐性债务、国有平台公司等背后的腐败问题，依法严惩省发改委原副主任祁彪、南通市原副市长陈晓东等此类问题典型受贿犯罪，为国家挽回巨额经济损失。深入开展扫黑除恶专项斗争，依法严惩涉黑涉恶腐败和充当“保护伞”职务犯罪并予常态化推进，审结案件270件290人，与黑恶势力沆瀣一气的常州市人大常委会原副主任张东海、徐州市原常务副市长邹徐文等一批职务犯罪分子得到法律严厉惩处。认真贯彻中央关于政法队伍教育整顿部署，密切配合清除害群之马，持续助力全省政法机关政治生态净化。

〈 拓展资料·案例 〉

【周建强受贿案】2021年5月28日，镇江市中级人民法院公开宣判江苏省国资委原主任周建强受贿案，对被告人周建强以受贿罪判处有期徒刑十年六个月，并处罚金人民币70万元；对受贿犯罪所得财物及其孳息予以追缴，上缴国库。

经审理查明，2002年至2020年，被告人周建强利用担任江苏交通控股有限公司副董事长、总经理、党委副书记，省国资委主任、党委副书记的职务便利，为相关单位和个人在企业经营、项目合作、企业改制、职务提拔等方面牟取利益，非法收受上述单位和个人给予的财物，共计折合人民币1024万余元，其中收受价值256万余元财物属犯罪未遂。

镇江市中级人民法院认为，被告人周建强身为国家工作人员，利用职务上的便利，为他人牟取利益，非法收受他人财物，数额特别巨大，其行为已构成受贿罪。鉴于被告人周建强到案后能够如实供述自己罪行，主动交代办案机关未掌握的大部分受贿犯罪事实，部分犯罪系未遂，认罪认罚，退出全部赃款，依法可从轻处罚。法庭遂作出上述判决。

（三）坚决从严惩治群众身边腐败犯罪

江苏法院坚持站稳人民立场，紧盯发生在群众身边、侵害群众切身利益的腐败犯罪，着力打通巩固发展反腐败斗争压倒性胜利的“最后一公里”，加大征地拆迁、社会保障、食品药品、教育医疗等领域职务犯罪打击力度，以人民群众的获得感检验反腐败斗争实际成效。

聚焦“看病贵”背后的腐败问题，依法审结江苏省人民医院原副院长杨志健利用医用耗材采购权受贿案等一批典型案件，助力保障人民群众健康权益。聚焦让老百姓吃上“放心餐”，严厉打击粮食购销、食品监管等领域职务犯罪，依法审结仪征市粮食购销总公司陈集粮站站长高时林以“升溢粮”“转圈粮”方式贪污公粮款案等粮食系统系列腐败案件，坚决清除“靠粮吃粮”腐败问题。聚焦看住医保“救命钱”，依法严惩通过虚构医疗服务等手段套取医保基金等职务犯罪，并延伸对违规违法套取财政专项补贴、资金等一类行为是否入罪、如何定罪处罚等问题形成指导意见，统一全省法院法律适用标准，为惩治群众身边“蝇贪”提供有力刑事司法保障。聚焦贯彻中央决策部署、维护群众利益不担当、不作为、乱作为等现象治理，依法严惩渎职犯罪行为，审结相关案件 277 件 335 人，让人民群众切身感受到腐败问题有人查、不正之风有人治。

（四）坚持受贿、行贿一起查

江苏法院将坚持受贿、行贿一起查作为实现腐败问题标本兼治、巩固发展反腐败斗争压倒性胜利的重要举措，加大对行贿犯罪的打击力度，依法严惩行贿、巨额行贿以及向多人行贿犯罪，严惩党员和国家工作人员行贿犯罪，严惩在国家重要工作、重大工程、重大项目和安全生产、生态环保、教育医疗、食品药品等重点领域中的行贿犯罪。2018 年以来依法审结行贿、单位行贿、对单位行贿、对有影响力的人行贿、对非国家工作人员行贿案件 675 件，生效判决 708 人。

一是加大惩治行贿犯罪力度。严格行贿犯罪从宽情节的认定和刑罚适用,严把缓刑适用条件,加大财产刑运用和执行力度,对行贿被告人缓刑适用率较之前五年下降了约 19 个百分点,重刑适用率较前五年提升了约 2 个百分点。

二是依法追缴行贿非法获利。加强涉案赃款赃物追缴工作,加大行贿关联犯罪惩治力度,对通过行贿犯罪实施的串通投标、侵占国家资产、违反市场规则攫取不法利益等犯罪活动,依法数罪并罚,确保任何人不能从行贿等违法犯罪活动中获取非法利益。江苏法院共判决追缴行贿犯罪赃款赃物价值 9.03 亿元,并已实际追缴,最大限度为国家挽回损失。

三是依法保障涉企合法权益。全面审查案件事实证据,甄别判断涉案公司企业与行贿犯罪的联系,准确区分单位行贿与个人行贿,从严把握办案措施的适用,认真审查在案查封、扣押、冻结涉案人员和企业的财物范围,充分保障涉案人员和企业合法的人身和财产权益,保障企业合法经营。江苏法院通过依法对 300 余名被告人采取取保候审等非限制人身权的强制措施,将对企业合法正常生产经营的影响降到最低。

四是主动参与重点行业领域专项整治。对行贿案件暴露出的普遍性、典型性问题,依法提出司法建议,提升惩贿治腐综合治理,共向相关部门提出针对性司法建议 27 件,有力推动以案促改、以案促治、以案促建。在办理常州轨道交通建设领域系列腐败案中,针对发现的企业内控机制存在严重漏洞,常州武进区法院向常州市轨道交通发展有限公司发送司法建议书,以个案推动系统整治,促使轨道公司健全完善廉洁风险防范、干部选拔任用、招投标、工程分包等制度。

(五)建立健全惩防职务犯罪工作机制

2017 年 11 月,国家监察体制改革试点工作在全国有序推开,江苏法院紧密结合监察体制改革,在审理职务犯罪过程中,注重做好审判程序与纪检监察、审查起诉程序的衔接,与监察机关、检察机关相互配合,反腐败工作成效显著。2017 年省法院与省纪委监委、省检察院、省公安厅共同制定《省委反腐败协调小组关于在查办职务违法犯罪案件中加强协作配合的意见》,对问题线索移交、案件办理沟通反馈、办案程序和证据标准衔接作出规定，确立了江苏监察法与刑事诉讼法衔接工作协调机制。2020 年省法院与省纪委监委、省检察院发布《关于加强职务犯罪案件办理协作配合工作的通知》，明确职务犯罪案件办理中的重要事项应当加强沟通协调，建立完善职务犯罪案件办理各项沟通协调机制。

一是不断健全职务犯罪审判机制。省法院根据受贿犯罪特点，制定并下发《受贿案件定案证据审查判断指引》，进一步规范受贿案件定案证据的审查、判断和认定工作，统一裁判思路。研究解决案件审理中的争议问题，提炼司法指导观点，形成《交易型受贿特征》《虚增交易环节侵害国有单位应得利益构成贪污罪》《杨玉成受贿案——职务犯罪书画真伪如何认定》等多篇案例、论文，被《人民司法》《刑事审判参考》等期刊刊载。省法院审理的王塑然受贿案，被评为首届全国法院“百篇优秀裁判文书”，并被省法院公报案例刊载。

二是促进反腐败惩防体系建设。省法院连续 10 年向省委报送职务犯罪审判工作年度报告，及时总结职务犯罪新情况、新问题、新动向，对重大职务犯罪、基层组织人员职务犯罪、涉黑涉恶腐败犯罪、行贿犯罪等进行重点分析，找准滋生腐败问题的根源，为党委决策提供意见建议。重视司法建议工作，通过审理职务犯罪案件，及时发现社会管理制度中存在的漏洞和薄弱环节，依法向有关部门提出司法建议，促进相关制度的进一步完善。近年来，江苏法院向卫计委、拆迁办、公安、卫生、食药等多个部门发送了相关司法建议，为有关行业法治建设水平提升提供支持。

三是做好廉洁法治宣传教育工作。秉承“法庭是最好的廉政课堂”理念，充分运用审判资源，通过组织旁听、庭审直播、发布案例等形式，营造预防和惩治腐败的舆论氛围，积极促进反腐败惩防体系建设。省法院多次邀请人大代表、政协委员以及特邀审判监督员旁听相关职务犯罪案件庭审，并进行专题座谈。

（六）积极参与反腐败国际追逃追赃工作

江苏法院不断提高政治判断力、政治领悟力、政治执行力，从维护国家利益和国家安全的高度，积极参与“天网”“猎狐”反腐败追逃追赃工作，充分发挥审判职能作用,依法审理“天网”“猎狐”行动中归案人员刑事案件127件127人,其中红通人员3人,钱建芬单位行贿案等一批影响重大的案件审理顺利推进。在认真总结山西省原副省长任润厚违法所得没收案审判经验基础上,省法院深入推进“适用违法所得没收程序追赃专项行动”,指导审结无锡高新区管委会原副主任吴为兵受贿、国土资源局原局长王云鹤受贿等4件被告人死亡的违法所得没收程序案件,有效挽回国家损失。先后参与江苏省贯彻落实《关于在查办党员和国家工作人员涉嫌违纪违法犯罪案件中加强协作配合的意见》实施细则、省委反腐败协调小组《追逃追赃工作协调机制工作规则》,以及打击离岸公司和地下钱庄转移赃款工作方案等规范性文件的起草制定工作,与成员单位共同建立协作配合“绿色通道”,通过信息共享、平台交流、专案协调等方式,逐步规范与有关部门协同配合开展追逃追赃工作机制,有力推动了“追逃追赃并重”目标的实现。

〈 延伸阅读 〉

【“天网行动”】“天网行动”是中央反腐败协调小组于2015年4月部署开展的针对外逃腐败分子的重要行动,通过综合运用警务、检务、外交、金融等手段,集中时间、集中力量抓捕一批腐败分子,清理一批违规证照,打击一批地下钱庄,追缴一批涉案资产,劝返一批外逃人员。“天网行动”由多个专项行动组成,分别由中央组织部、最高人民检察院、公安部、中国人民银行等单位牵头开展。2022年,中央反腐败协调小组国际追逃追赃和跨境腐败治理工作办公室研究部署2022年反腐败国际追逃追赃和跨境腐败治理工作,决定启动“天网2022”行动,打好追逃追赃攻坚战、持久战。其中,国家监委牵头开展职务犯罪国际追逃追赃专项行动,公安部开展“猎狐”专项行动,中国人民银行会同公安部开展预防、打击利用离岸公司和地下钱庄向境外转移赃款专项行动,最高人民法院会同最高人民检察院开展犯罪嫌疑人、被告人逃匿、死亡案件追赃专项行动,中央组织部会同公安部等开展违规办理和持有证件专项治理等工作。

四、防范化解重大风险

（一）防范化解金融领域风险

一是依法惩处各类金融犯罪活动。从严惩处涉互联网金融犯罪以及内幕交易、操纵市场等典型破坏金融秩序犯罪，依法审结徐宁、林森利用未公开信息交易案等资本市场违法犯罪活动，以及“钱宝网”“易乾宁”“爱晚系”“统资联”等多起重大非法集资犯罪案件。省法院与省监委、省检察院、省公安厅、人民银行南京分行联合下发《关于预防打击洗钱犯罪的合作意见》，进一步加大对洗钱犯罪及其上游犯罪的惩处力度。制定《关于落实〈持续打好防范和处置非法集资等非法金融活动风险攻坚战专项行动方案（2018—2020年）〉实施方案》，成立处置非法集资犯罪陈案攻坚战领导小组，全面清理省处非办交办、处于资金清退阶段的非法集资陈案，稳步推进非法集资陈案处理工作。

< 延伸阅读 >

【联合预防打击洗钱犯罪】2020年以来，省法院与人民银行南京分行多次座谈，会商解决反洗钱工作中的疑难问题，共享案件办理工作信息，协调推进重点案件查处工作。2021年5月，省法院与省监委、省检察院、省公安厅、人民银行南京分行联合下发《关于预防打击洗钱犯罪的合作意见》，进一步加大对洗钱犯罪及其上游犯罪的惩处力度，更好地维护江苏金融管理秩序和经济金融安全。

< 拓展资料 · 发布 >

【《关于落实〈持续打好防范和处置非法集资等非法金融活动风险攻坚战专项行动方案（2018—2020年）〉实施方案》】为落实中央巡视组对江苏省处

置非法集资工作的反馈意见，根据省委、省政府决策部署，省法院制订了《关于落实〈持续打好防范和处置非法集资等非法金融活动风险攻坚战专项行动方案（2018—2020年）〉实施方案》，要求全省三级法院在各级打击和处置非法集资工作领导小组的统一领导下，对裁判已生效但未完成资金清退的非法集资犯罪案件，根据案件具体情况，与相关单位协调配合，分批次、分步骤依法做好生效裁判的涉案资产处置工作。

< 拓展资料 · 案例 >

【徐宁、林森利用未公开信息交易案】2013年4月至2014年6月，被告人徐宁先后担任华泰证券公司证券投资部高级投资经理、交易投资团队负责人，负责华泰证券公司自营资金账户的管理与股票投资等工作。其间，被告人徐宁与被告人林森商议，利用徐宁以职务便利获取的华泰证券公司自营资金账户股票投资等未公开信息，违反规定，共同操作林森母亲的证券账户，先于、同期或稍晚于徐宁管理的华泰证券自营资金账户交易相同股票50余只，累计成交金额人民币2000万余元，趋同盈利金额人民币200万余元。在此期间，被告人徐宁还利用其因职务便利获取的华泰证券公司自营资金账户股票投资等未公开信息，违反规定，使用其亲属的证券账户，先于、同期或稍晚于其管理的华泰证券自营资金账户交易相同股票40余只，累计成交金额人民币3000万余元，趋同盈利金额人民币30万余元。南京市中级人民法院认为，被告人徐宁身为证券公司从业人员，利用以职务便利获取的未公开信息，违反规定，单独或伙同被告人林森共同从事与该信息相关的证券交易活动，情节严重，二人均构成利用未公开信息交易罪，且系共同犯罪。其中，徐宁为主犯，林森为从犯；二被告人及其亲属主动退缴了全部违法所得，林森还具有坦白情节，均可以依法从轻处罚。

南京中院根据二被告人的犯罪事实、性质、情节和社会危害程度，于2019年9月以利用未公开信息交易罪判处徐宁有期徒刑二年，并处罚金人民币二百万元；以利用未公开信息交易罪判处被告人林森有期徒刑一年六个月，缓刑三年，并处罚金人民币一百五十万元。宣判后，被告人徐宁上诉后撤回上诉，二审法院予以准许，案件审结生效。

【"钱宝网"集资诈骗案】2010年12月、2012年7月，被告人张小雷用线下非法集资的资金在南京市设立由其实际控制的江苏钱旺网络科技有限公司、南京钱宝信息传媒有限公司，并以上述二公司为依托组建完善"钱宝网"，以常态年化收益率20%～60%不等的高额回报为诱饵，通过在"钱宝网"上"交押金、看广告、做任务、赚外快"的方式，在线上向社会公众非法集资。其间，张小雷隐瞒将集资款少部分用于生产经营，大部分用于以新换旧、个人挥霍消费等事实；通过设立或收购关联公司，对外夸大经营规模和投资价值、赞助相关活动等方式，骗取集资参与人的信任，持续进行非法集资，至案发时造成线上集资参与人巨额本金未归还。

南京市中级人民法院经审理认为，被告人张小雷以非法占有为目的，使用诈骗方法非法集资，数额特别巨大，情节特别严重，其行为已构成集资诈骗罪，应依法惩处，张小雷具有自首情节，积极配合办案机关追赃挽损，当庭认罪悔罪，可以依法从轻处罚。据此，根据被告人的犯罪事实、性质、情节和社会危害程度，于2019年6月21日以集资诈骗罪判处被告人张小雷有期徒刑十五年，并处没收个人财产人民币一亿元。张小雷当庭认罪、悔罪，表示服从法院判决，不上诉。

【"爱晚系"集资诈骗案】2012年12月至2018年4月，被告人曹斌铭先后成立并实际控制南京华越健康咨询有限公司、江苏爱晚投资股份有限公司、福晚投资控股(上海)有限公司、华晚投资管理(北京)有限公司、江苏福爱文化发展有限公司、江苏华晚老龄产业发展有限公司等"爱晚系"公司。在此期间，曹斌铭以年化收益率8%～36%的高额回报为诱饵，以签订"居家服务合同""艺术品交易合同"等合同，提供居家养老服务、进行艺术品投资等为由，聘用、安排毕灵、岳冬、俞士新、芮箕兵、张彦森、蔡生雷等人(均另案处理)在江苏、浙江、山东、安徽、天津等18个省、市成立众多关联公司，以散发传单、口口相传等方式，向社会不特定公众非法集资。

江苏省高级人民法院经审理认为，曹斌铭以非法占有为目的，使用诈骗方法非法集资，数额特别巨大，其行为构成集资诈骗罪。据此，根据曹斌铭的犯罪事实、性质、情节和社会危害程度，于2020年6月12日以集资诈骗罪判处曹斌铭无期徒刑，剥夺政治权利终身，并处没收个人全部财产。查封、扣押、冻结的财物依法处置后，按比例返还集资参与人；不足部分责令曹斌铭继续退赔。

二是持续提升金融商事审判工作水平。2018年1月1日至2022年9月30日，江苏法院共审结各类金融商事案件623957件。依法审结对特殊金融消费者权利予以特别保护案、我国保险业历史上最大的保险理赔案等一批在全国范围具有重大影响的案件。江苏法院推动构建新时代金融审判体制机制，南京、无锡、泰州中院在全省率先成立金融庭，在省法院示范带动下，苏州、常州、南通、宿迁、扬州、盐城、连云港等中院及部分基层法院相继成立专门审判机构对应省法院民五庭金融审判职能。完善证券案件审理体制机制，指定苏州中院管辖发行人住所地在苏州市辖区内且属于江苏省内法院管辖的第一审证券虚假陈述侵权民事赔偿案件。出台《关于加强金融审判维护金融安全的指导意见》，先后召开全省法院民商事审判工作会议、金融审判工作会议，进一步明确金融审判目标方向、深化金融审判理念、统一金融裁判尺度，着力提升金融审判工作水平。

〈 拓展资料 · 案例 〉

【苏州资产管理有限公司诉苏州德威系关联企业金融借款纠纷系列案】德威投资集团有限公司及其关联企业是集高分子线缆用材料研发、生产和销售于一体的高新技术民营企业，企业产品广泛应用于国家电网、电子通信、建筑工程等领域，具有良好的市场口碑和发展前景。2020年春节之后，受新冠疫情影响，整个德威系企业无法按时复工复产，造成大量订单无法及时完成。债权人苏州资产公司考虑到其3.2亿元金融债权的安全，在借款出现

逾期后，于2020年2月4日将德威系企业一并起诉到苏州市中级人民法院，同时申请法院冻结被告企业全部银行账户3.2亿元资金及相应价值的财产。

该四起关联案件受理后，苏州市中级人民法院通过到德威生产厂区实地走访、与企业负责人座谈，了解到德威系企业厂区生产已经逐步恢复，产能已经达到年前的50%，国内订单开始陆续正常交货。鉴于德威系企业具有良好的市场口碑和发展前景，就其暂时资金周转的困难，法院与苏州资产公司反复进行沟通，引导其充分考虑当前疫情影响和民企的实际困难，给予民企宽限期和降低逾期还款的违约金，并且考虑查封措施对企业复工复产的重大影响，共同帮助企业渡过难关。

2020年3月6日，经过法院3个小时的互联网庭审和在线调解，双方当事人达成调解协议：苏州资产公司保证不抽贷，并给予德威系企业充分的宽限期；德威系企业承诺将销售利润优先保障案涉贷款的清偿，并且增加担保。法院当庭出具调解书，并依据双方调解方案，解除了对被告企业的全部银行账户查封。

人民法院金融审判工作在疫情防控期间，应当坚持维护金融债权安全和保障企业生存发展并重的审判理念。对于具有良好发展前景但暂时资金受困的企业所涉金融融资纠纷，应当切实加大案件调解力度，充分协调各方利益；在维护金融安全的同时，有效降低民营企业因疫情引发的逾期还款的违约成本，真正帮助企业纾难解困，为企业复工复产提供有力支撑。

三是依法保护金融消费者权益，推进金融纠纷多元化解。加强金融消费者权益保障，南京地区审理的“盲人激活信用卡遭拒案”获评2019年全国法院十大商事案件。积极探索具有中国特色、时代特色的证券民事诉讼制度，适用证券纠纷代表人诉讼制度，南京中院在全国范围内首家批量启动适用证券代表人诉讼方式审理证券虚假陈述侵权案件，维护中小投资者合法权益。深入推进矛盾纠纷源头治理机制建设，与人民银行南京分行、江苏银保监局联合下发《关于全面推进金融纠纷多元化解机制建设的实施意见》，建立金融

纠纷在线诉调对接机制，广泛吸收各方解纷力量，积极推动金融纠纷多元化解工作，推动矛盾化解从终端解决向源头防控延伸。

〈 延伸阅读 〉

【建立金融纠纷在线诉调对接机制】2022年5月17日，江苏高院与中国银保监会江苏监管局联合印发《关于建立银行保险领域纠纷在线诉调对接机制的通知》。2022年5月19日，江苏高院与人民银行南京分行联合印发《关于建立金融纠纷在线诉调对接机制的通知》。人民法院与金融监管部门充分发挥纠纷在线调解和诉调对接机制在畅通群众诉求表达、协调各方利益、维护金融消费者合法权益和及时化解矛盾纠纷等方面的独特作用，不断满足人民群众多元纠纷解决需求，促进金融业持续健康发展。

〈 拓展资料 · 发布 〉

【《关于全面推进金融纠纷多元化解机制建设的实施意见》】近年来，江苏金融纠纷多元化解工作有序推进，江苏是最高人民法院与原中国保监会确定的第一批保险纠纷诉讼与调解对接机制试点地区。在证券纠纷多元化解工作中，江苏法院与证券等监管部门协同推进，取得了一定成效。为充分发挥人民法院和金融管理部门在国家治理体系和治理能力现代化中的职能作用，充分发挥金融行业调解组织预防和化解矛盾纠纷中的作用，畅通金融消费者权利救济渠道，及时有效化解金融纠纷，保障和促进江苏金融市场健康有序，省法院、人民银行南京分行、江苏银保监局联合制定了《关于全面推进金融纠纷多元化解机制建设的实施意见》。

< 拓展资料 · 案例 >

【江某均诉中国银行股份有限公司南通钟秀支行合同纠纷案】2020年3月16日，江某均通过中国银行手机银行App与中国银行南通钟秀支行签署《中国银行股份有限公司金融市场个人产品协议》电子合同一份。签约当日，江某均购买500手（桶）“人民币美国原油2004合约”，实际成交单价为213.53元人民币。2020年3月18日，江某均追加购买100手（桶）“人民币美国原油2004合约”，实际成交单价为187.05元人民币。2020年3月20日，江某均购买的“人民币美国原油2004合约”到期，到期处理方式为“到期移仓”，结算单价为178.65元人民币，当日结算后移仓至“人民币美国原油2005合约”，开仓数量为600手（桶），实际成交单价为184.73元人民币。2020年4月16日至18日，中国银行股份有限公司南通钟秀支行每日均向江某均发送提示短信，告知“人民币美国2005期合约”将于2020年4月21日到期，并将于2020年4月20日22时停止交易和启动移仓。2020年4月20日22时，“人民币美国原油2005合约”停止交易。2020年4月21日，中国银行股份有限公司发布“原油宝”产品美国原油合约4月21日暂停交易的公告。2020年4月22日，中国银行股份有限公司发布“原油宝”2020年4月22日合约结算价格的公告，告知“人民币美国原油2005合约”多头平仓结算价格为−266.12元。同日，江某均“原油宝”交易账户产生平仓损失139723.95元，其中保证金损失28885.95元，本金损失110838元。江某均诉请确认江某均与中国银行南通钟秀支行之间签订的《中国银行股份有限公司金融市场个人产品协议》无效；判令中国银行南通钟秀支行赔偿江某均本金损失110838元并退还保证金28885.95元。

经南京市鼓楼区人民法院主持调解，双方达成调解协议。当事人在达成调解协议次日即主动履行完毕，实现了法律效果和社会效果的统一。本案为依法高效处理此类纠纷，维护金融秩序，有效化解风险，保护投资者合法权益提供了范例。

四是建立健全化解金融风险联动机制。定期开展金融审判运行态势分析,2020年9月,省法院发布党的十九大以来江苏金融审判白皮书及典型案例。建立健全与金融监管部门的联席会议制度,与金融监管部门交流工作情况,共同研究防范化解金融风险的对策措施。完善打击非法金融活动联动机制,加强与非法金融活动治理协作单位的沟通配合,综合系统整治"套路贷"等非法金融活动。发挥司法建议对金融风险防范的重要作用,及时发送司法建议100余份,帮助堵塞管理漏洞,防范化解风险隐患。

(二)防范化解安全生产领域风险

江苏省生产领域涉及单位、人员数量多,风险点密集,从近年来危害安全生产犯罪案件的收案情况来看,全省安全生产形势仍然比较严峻。2021年相关犯罪案件数量虽然出现一定下降,降幅为15.27%,但仍比2018年高出43.60%,重大安全生产犯罪时有发生。为充分发挥人民法院的审判职能,着力化解安全生产领域风险,江苏法院进一步强化组织领导,建立健全相关制度机制,依法惩治危害安全生产犯罪,持续提升审判能力,确保案件审理质量,坚持惩防并举,促进社会综合治理。

一是压紧压实工作责任。省法院认真贯彻落实省委政法委历年《安全生产重点工作清单有关任务责任分解方案》,制定具体实施方案,明确具体工作措施,制定职责清单,落实牵头部门和责任部门,加强对全省法院涉安全生产重大案件监督指导,建立健全反向审视制度、专题报告通报制度以及案件移送、案情通报、信息共享等制度机制,切实将工作责任落到实处。

二是依法严惩危害安全生产犯罪。贯彻宽严相济刑事政策,依法严厉惩处后果特别严重的危害安全生产犯罪,依法追究单位、企业中对安全事故发生负有责任的相关管理人员,确保不枉不纵。确保重大安全生产犯罪案件妥善审理,牢牢把握案件质量生命线。妥善审结"3·21"响水爆炸案、无锡"高架桥侧翻案""小吃店爆炸案"等社会影响重大的安全事故犯罪案件,依法追究相关人员刑事责任,充分发挥以公正审判树立行为规则的重要功能,推动行业整治。强化协调配合,强化安全生产"两法衔接"。2019年12月,省法院同省应急管理厅、省检察院、省公安厅、省司法厅联合印发《江苏省安全生产行政执法与刑事司法衔接工作实施办法》,进一步完善行政执法与刑事司法衔接机制。依托江苏省安全生产行政执法与刑事司法衔接联席会议制度,落实好线索转交、案件移送、信息通报、沟通协调等工作机制,依法惩治安全生产领域违法犯罪行为。

〈 拓展资料 · 案例 〉

【"3·21"响水爆炸案】2019 年 3 月 21 日 14 时 48 分许,位于江苏省盐城市响水县生态化工园区的天嘉宜化工有限公司(事故发生后已被吊销营业执照,以下简称天嘉宜公司)长期违法贮存的硝化废料因持续积热升温导致自燃,燃烧引发硝化废料爆炸,造成 78 人死亡、76 人重伤,640 人住院治疗,直接经济损失 198635.07 万元。

法院经审理查明,事故发生的主要原因是天嘉宜公司无视国家环境保护和安全生产法律法规,长期违法违规贮存、处置硝化废料,企业管理混乱;天嘉宜公司主要负责人由其控股公司江苏倪家巷集团有限公司(以下简称倪家巷集团)委派,重大经营管理决策需倪家巷集团决定、批准。倪家巷集团与天嘉宜公司共同决策实施不法行为,为了集团自身利益,在天嘉宜公司技术、设备不过关的情况下仍同意上马间苯二胺项目生产线和硝化工段,明知硝化废料有毒、易燃易爆且储存地点不符合安全条件,仍未加强安全管理,未对硝化废料大量、违法贮存予以制止或提出合理处置方案,放任天嘉宜公司非法储存危险物质,最终造成重大人员伤亡和财产损失,倪家巷集团、该集团和天嘉宜公司相关责任人应依法对事故后果承担刑事责任。

法院根据各被告单位、被告人犯罪的事实、情节、危害后果、在共同犯罪中的地位、作用以及是否自首、认罪认罚等,分别对 7 各被告单位和 53 名被告人依法判处刑罚。宣判后,绝大部分被告人当庭表示认罪、悔罪,不上诉。

案件审理法院从严从快处理,依法准确定罪量刑,积极做好案件信息公布通报,回应社会关切,案件的妥善办理取得了较好的法律效果和社会效果。案件审结后,审理法院着重从制度建设、科学管理、隐患排查等方面向相关部门单位发送司法建议，提出针对性的改进措施建议，促进安全生产领域制度完善，消除安全隐患。

三是积极参与安全生产领域综合治理。在依法履行审判执行职责过程中，贯彻落实安全生产案件必发司法建议制度。针对案件审理过程中发现的安全生产重点领域、重点行业存在的治理薄弱环节，及时发送司法建议。规范司法建议起草，提高司法建议质量。坚持问题导向，从审判执行过程中发现的问题出发，有的建议直接解决具体问题，有的建议针对问题提出改进工作、消除隐患的措施，涉及完善制度、强化管理、加强教育、严格监督等各个方面。加强司法建议跟踪落实，推动有关单位健全制度、完善管理、消除隐患，得到相关单位部门的积极反馈，有力促进相关领域、行业堵漏建制，织密织牢生产安全网络。例如，泰州医药高新区法院在案件审理中发现，江苏某电气科技有限公司安全生产管理混乱，遂对该公司提出认真落实安全生产责任制、加强教育培训、进行隐患排查的司法建议。苏州吴江法院在案件审理中发现，某地辖区企业在使用危险化学品及处置危险废物过程中，存在严重违反安全生产和环境保护法规的行为，遂对该地区应急管理部门提出加大监管力度、推进辖区企业建立健全危险化学品安全管理制度的司法建议。

拓展资料 · 数据

2018年以来，江苏法院受理危害安全生产犯罪经历了由升到降的过程，2018年至2021年案件受理数量分别为367件、393件、622件和527件。在安全生产领域，刑事犯罪案件绝大多数系重大责任事故罪，其次是重大劳动安全事故罪和非法制造、买卖、运输、储存危险物质罪案件，2021年《刑法修正案（十一）》施行后，江苏法院已受理并审结2件危险作业罪案件。

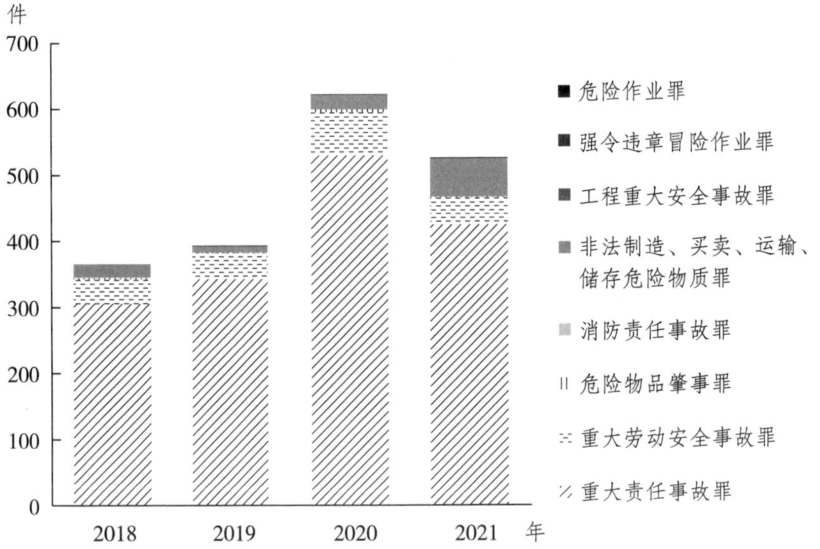

图4　2018年至2021年江苏法院危害安全生产犯罪案件受理情况

(三)防范化解房地产领域风险

随着房地产调控政策趋紧,市场供需环境发生较大变化,加之新冠疫情、原材料价格上涨等不利因素层层传导,房地产企业和建筑企业经营风险大幅上升,资金链断裂、楼盘烂尾、长期逾期交房办证等状况层出不穷,相关"问题楼盘"纠纷、企业债务纠纷及房地产群体性诉讼不断增多,全省房地产领域案件数量呈先减后增态势,房地产领域风险防控面临较大压力。近年来,江苏法院充分发挥司法职能作用,稳步做好防范化解房地产领域风险隐患工作,服务保障房地产业良性循环和健康发展。

〈 拓展资料 · 数据 〉

2018年至2021年,全省房地产案件收结案数量呈先减后增的高位波动态势。2021年,江苏法院房地产案件收结案数达到历史新高,新收房地产类案件55935件,同比上升21.4%,审结56037件,同比上升18.8%。

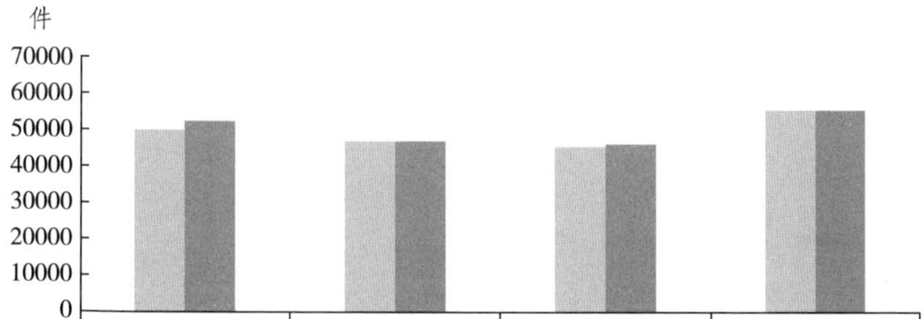

	2018年	2019年	2020年	2021年
新收案件数	50522	47641	46059	55935
审结案件数	52839	47366	47160	56037

图 5　2018～2021 年江苏法院房地产类案件收结案情况

一是协力推进“问题楼盘”处置化解。紧扣“保交楼、保民生、保稳定”目标，守住不发生行业区域性系统性风险底线，助力全省房地产领域风险防范化解工作。坚决落实党委、政府关于“问题楼盘”处置化解工作部署，坚持原则性与灵活性相结合，依法推进涉“问题楼盘”案件审判执行，形成一批如淮安“淮海青年城项目”等有效处置化解经验，有力提升了防范化解房地产领域风险能力水平。2020 年以来，江苏法院共处置化解“问题楼盘”289 个，切实维护了人民群众合法权益和社会大局稳定。依法支持企业破产重整，充分发挥破产重整制度的拯救功能，在涉“问题楼盘”案件中积极开展预重整、庭外重组实践，充分运用重整、和解等法律手段实现困境企业的快速有效救治。主动融入党委、政府房地产行业风险防范化解体系，支持保障相关部门防范应对房地产企业、建筑企业债务风险和房地产项目逾期交付风险。对审判执行工作中发现的涉房地产类重大风险隐患，及时向当地党委、政府报告，努力形成组织优势、资源调配优势和法院审判优势结合的府院联动工作合力。

〈 拓展资料 · 数据 〉

“问题楼盘”是指因违法建设、违法销售、资金链断裂、债务纠纷等原因，出现楼盘烂尾、逾期且长时间无法交房办证等突出问题，导致发生群体诉讼或信访的房地产开发项目。因涉及主体利益多元，形成原因复杂，往往引发连锁批量纠纷，处理难度较大。

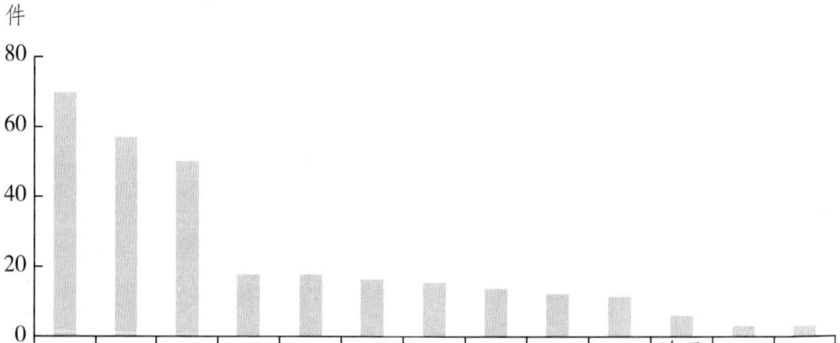

	苏州	淮安	徐州	南通	泰州	宿迁	镇江	南京	扬州	无锡	连云港	盐城	常州
化解数量	69	57	50	17	17	16	15	13	12	11	6	3	3

图6　2020年以来江苏法院"问题楼盘"化解情况

〈 拓展资料 · 案例 〉

【淮海青年城项目成功处置】"淮海青年城项目"是重庆某房地产开发有限公司在淮安设立公司开发的商业小区，总用地面积6.16万平方米，总建筑面积18.43万平方米，项目总造价约7亿元，一期已开发410套商住房和28套商铺，二期49.8亩土地尚未开发。项目建设过程中，因重庆母公司犯非法吸收公众存款罪，淮安公司开发的项目土地被查封，资金链断裂，造成楼盘停工、烂尾，矛盾错综复杂，导致业主长时间不能领房、办证；材料商、施工方、业主等诉至淮安法院的案件达200多件，涉案金额逾1.5亿元。楼盘烂尾还引发了配套供电、水、气、网、绿化的续建、综合验收问题，业主子女入学问题等一系列矛盾纠纷和信访事件。

当地党委、政府在研究处置意见时，果断采纳了法院提出的将执行案件转入破产程序，依法推进处置的建议。由法院牵头，在优先考虑涉民生问题的基础上,“一揽子”解决互相钳制、互相制约的各方利益平衡问题,协同推进楼盘续建、破产审理、矛盾化解等工作。2018年12月20日法院依法受理了破产案件,案涉所有执行案件一律中止执行。在淮海青年城破产案件审理中,法院确立了民生优先、续建先行的处置工作思路,紧紧依靠党委统揽全局、协调各方的作用,构建府院联动机制,与住建、公安、信访等部门形成合力,有效解决业主用电用水、交房办证、子女入学等问题。为确保工程续建,法院依法确定破产管理人接手楼盘管理,通过多种渠道引入续建“新鲜血液”,明确续建工程款可以作为共益债务及时清偿,并采取政府借资、法院调资、管理人垫资的资金筹集模式,共筹集资金1300万余元,有力保障了一期项目的顺利续建。截至2019年年底,续建工程全部完工,2020年6月底向业主平稳交付房屋322套。因2020年下半年淮安房地产市场行情一路上扬,淮安法院抓住关键机遇,果断裁定破产重整,最终重庆母公司在自主选择下,明确了新投资人并签订了股权转让协议,新股东注入全额资金,兑现了全部债务,有力实现了破产财产价值最大化。2021年6月1日,淮海青年城二期项目正式动工,该案破产终结。

淮海青年城项目的处置成功化解了楼盘遗留问题,妥善解决了群众最关心、最直接、最现实的问题,实现了“三个百分百”:业主百分百拿房入住,项目百分百办理产权证,债权利益百分百得到清偿,凸显了政治效果、社会效果与法律效果的有机统一。

二是妥善审理涉众型房地产纠纷。注重分析研判精装修房、“长租公寓”、产权式商铺等房地产领域热点法律问题,统一裁判尺度,确保相关纠纷平稳有序化解。2022年7月,省法院出台《全装修商品房买卖合同装修质量纠纷案件审理指南》,率先在全国法院系统形成“精装修”商品房纠纷指导性文件,依法保障了购房人的合法权益,有效促进房地产企业规范经营。积极探索建立涉众型房地产案件示范审判机制,选取具有典型性、代表性的案件形成示范性裁判,引导当事人按照判决结果进行协商,对其他隐形关联案件形成预期导向,降低大量案件进入诉讼程序的可能性,确保群体性涉诉纠纷

平稳、有序化解。

〈 拓展资料 · 发布 〉

【《全装修商品房买卖合同装修质量纠纷案件审理指南》】为平等维护购房者和房地产开发企业的合法权益，规范、正确、及时审理涉“精装房”质量纠纷的商品房买卖合同纠纷案件，省法院经过专题调查研究，制定了《全装修商品房买卖合同装修质量纠纷案件审理指南》（以下简称《审理指南》），供江苏法院审理此类案件参考，规范案件审理，统一裁判尺度。

随着建筑产业现代化的发展和国家政策层面的持续引导和推动，“精装房”逐渐取代毛坯房成为房地产市场的主流发展趋势。随着新建商品房一次装修到位、一体化装修的推行力度持续加大，商品房买卖中买卖装修房的比例日趋增多、买卖毛坯房的比例逐渐减少，商品房买卖合同质量纠纷近年来也愈加集中于装修质量环节，精装修商品房买卖合同纠纷不断涌现，并成为引发社会广泛关注的热点问题。从诉诸法院的案件情况看，主要反映存在装修质量标准不明、装修部分质价不符等争议较大的突出问题，但全国和省内各地对此裁判认识尚不尽统一；少数房地产开发企业在限价限购情形下捆绑销售装修商品房，引发人们对商品房市场如何“按质论价、质价相符”诚信交易的高度关注，这迫切要求人民法院自身统一裁判尺度并在有效解决纠纷中作出积极的司法回应，通过依法裁判树立正确的司法价值导向。

《审理指南》的起草思路和主要意旨是，在现行法律规定和法律精神的框架内，承继商品房买卖合同司法解释精神，充分尊重当前商品房开发经营现有实际，充分尊重当事人意思自治原则，正确界定全装修商品房买卖合同关系，以合同约定不明适用规则为指引，明确质量约定要求认定依据的基本顺位，明晰违约证明责任的主要问题和违约责任承担的具体情形，从而统一案件审理思路和处理办法的审判见解，引导当事人更加注重明确订约、真意明示的契约精神。

《审理指南》全文共 15 条，主要内容包括：全装修商品房买卖合同的概念和界定，装修质量要求认定一般规则，约定装修质量要求认定的考量因素，销售广告、宣传资料的适用与排除，备案装修资料的适用，装修价格与装修质量要求，证明责任的负担与转移及拒不提供持有证据的后果，专业性意见与司法鉴定，责任承担约定优先与选择，质量异议怠于通知的后果，装修质量问题与合同解除，装修质量瑕疵与修复责任，减价责任与装修差价损失等。

《审理指南》是全国法院系统首个关于全装修商品房质量纠纷的审理指南，通过树立正确的司法价值导向，为当事人理性维权提供了行为指引，促进了当事人之间的自行协商处理，推动纠纷有效解决，为保障省域房地产业高质量发展和人民居住品质提升提供了优质高效的司法保障。《审理指南》试行期间，收到良好的效果反馈，对房地产开发企业自觉规范自身经营行为以及购房人理性维权起到较好引导作用，基层法院受理相关精装修商品房装修质量纠纷的数量大幅下降。

三是依法助力房地产建筑企业减负纾困。2018年，省法院开展“破解建设工程案件审理周期长难题”专项调研，提出相关建议和举措。制定《建设工程施工合同纠纷案件诉讼指引》和《建设工程施工合同纠纷案件委托鉴定工作指南》，规范鉴定行为和举证行为，缩短建设工程案件尤其是涉及拖欠农民工工资和建筑企业账款案件的审理周期。审慎采取保全措施，坚决纠正超标的保全、乱保全等问题，对可以投入正常生产经营的生产资料，优先进行“活封”，最大限度降低保全措施对房地产市场主体的不利影响。依法保障建筑企业和农民工合法权益，开展全省建设工程领域根治欠薪专项行动，加快农民工欠薪案件清理。严格落实工程建设领域工资专用账户制度，切实保障农民工合法权益。南通中院结合审判实际，对建筑施工企业经营法律风险进行实例分析并提出防范建议，为区域建筑施工企业提供有益参考。

四是从源头上化解房地产领域矛盾纠纷。深入推进矛盾纠纷源头治理机制建设，加强与行政主管部门、行业协会、调解组织协同联动，推进矛盾化解向源头防控延伸。2020年12月，省法院会同省消费者权益保护委员会出台《关于建立商品房买卖合同纠纷联动化解工作机制的意见》，加强矛盾纠纷源头预防、前端化解、关口把控，形成以点带面的示范效应，从源头上减少诉讼增量，切实保护消费者合法权益。2022 年 6 月，省法院会同省工程造价管理协会出台《关于建立建设工程价款纠纷联动解纷机制的意见》，最大限度将建设工程领域的纠纷化解工作、司法鉴定、无争议事实固定等转移到诉前，大幅压降收案数量、缩短审理周期，推动建设工程价款纠纷及时有效化解。此外，南通、徐州等地法院出台房地产建设工程纠纷多元化解机制和诉前鉴定机制，大胆试点，积累有效经验，推动诉前调解、司法确认与人民调解、行政调解等非诉讼纠纷解决机制深度融合。

〈 拓展资料 · 发布 〉

【《关于建立商品房买卖合同纠纷联动化解工作机制的意见》】近年来，商品房买卖合同纠纷引发的案件呈高位波动态势。据统计，从 2018 年 1 月至 2020 年 12 月的三年间，全省法院受理各类商品房买卖合同纠纷 119462 件，纠纷类型多为延期交房、延期办证或房屋面积或质量争议，由于缺乏规制有序、行之有效的非诉调解机制，纠纷往往直接涌入法院。商品房买卖合同纠纷案件的一个重要特点是，原告多为同一个小区的购房者，往往形成抱团诉讼，少则几十件，多则成百上千件。三年来，全省法院受理此类批量案件多达 72931 件，在商品房合同纠纷案件中占比高达 61.05%。受新冠疫情影响，在建商品房工程交付普遍延误，可以预见今后一个时期，全省商品房买卖合同领域购房者与开发商之间的矛盾纠纷将呈现新的高发态势。该领域纠纷当事人利益对立较为严重，通常难以服判息诉，集体维权、群诉群访时有发生，且极易引发舆情。

如何让此类纠纷在进入法院诉讼前，先经非诉纠纷化解渠道化解，以短、平、快的方式形成以点带面的示范效应，按照中共中央办公厅、国务院办公厅《关于完善矛盾纠纷多元化解机制的意见》《最高人民法院关于人民法院进一步深化多元化纠纷解决机制改革的意见》精神要求，在前期调研基础上，省法院与省消费者权益保护委员会多次沟通协商，于 2020 年 12 月共同出台了《关于建立商品房买卖合同纠纷联动化解工作机制的意见》，旨在使人民法院与消费者权益保护委员会之间建立一套沟通协调、联动配合化解商品房买卖合同纠纷的机制，钝化矛盾，保护消费者合法权益，推动商品房买卖合同纠纷的妥善解决，促进江苏房地产业持续健康发展。

《关于建立商品房买卖合同纠纷联动化解工作机制的意见》共建立了六项工作机制：一是建立例会协商机制。省法院与省消费者权益保护委员会共同设立全省商品房买卖合同纠纷联动化解领导小组，指导全省商品房买卖合同纠纷联动化解工作。二是在同级法院与同级消费者权益保护委员会之间建立信息共享、知识共享、经验共享机制，共同对商品房买卖领域矛盾纠纷特别是群体性纠纷进行调处。三是建立诉调对接机制。同级法院可以采取立案前委派、立案后委托、诉中邀请等方式，引导当事人通过同级消费者权益保护委员会解决纠纷；消费者权益保护委员会可以推荐具备调解能力和经验的人员担任同级法院特邀调解员，由该法院纳入特邀调解名册。四是建立纠纷化解时限机制。消费者权益保护委员会调解成功的案件，当事人可以在调解协议生效之日起30天内向同级法院申请司法确认。五是建立无争议事实固定机制。消费者权益保护委员会经调解未达成协议的案件，当事人之间就相关事实没有争议的，消费者权益保护委员会应当以书面方式固定无争议事实。在法院诉讼阶段，当事人无须对以书面形式固定的无争议事实进行举证，从而简化诉讼流程，降低诉讼成本，提高诉讼效率。六是建立纠纷处置应急联动机制。对突发性纠纷、矛盾易激化纠纷或群体性纠纷，同级法院与同级消费者权益保护委员会应当即时通告，派专门人员协调处理。同时要求加大联动化解工作宣传力度，适时发布典型案例，让社会公众知晓，商品房买卖合同纠纷不一定通过法院诉讼方式解决，也可以通过消费者权益保护委员会调解等非诉方式解决。而且，消费者权益保护委员会非诉方式协调处理，成本低、周期短、灵活性强、效果好，以此引导购房者以合法方式理性维权。

第二节　优化法治化营商环境

良好的营商环境是一个国家和地区软实力及核心竞争力的重要体现。习近平总书记强调,法治是最好的营商环境。[①] 近年来,江苏法院充分发挥商事审判职能作用,依法平等保护市场主体合法权利,妥善化解各类商事纠纷,推动优化法治化、国际化、便利化营商环境。2018 年 1 月 1 日至 2022 年 11 月 8 日,江苏法院共受理各类商事案件 274.1 万件,占受理案件总量的 31.67%,结案标的总金额 12373.85 亿元,审结 260.3 万件,为江苏经济社会持续健康发展提供了有力司法服务和保障。

一、推进南京法治园区建设

南京法治园区落户于南京江北新区,项目选址东至浦镇大街,北至沿山大道,南、西分别至规划用地边界,总占地 188 亩。建设南京法治园区,是省委深入贯彻习近平法治思想,落实全面依法治国战略的一项重大决策部署,对于推进全面依法治省,建设更高水平法治江苏,持续打造市场化、法治化、国际化一流营商环境,使法治成为江苏推进社会主义现代化建设的显著优势和核心竞争力,以良法善治为"强富美高"新江苏现代化建设保驾护航,具有十分重要的意义。

2018 年 5 月,省委主要领导到最高人民法院第三巡回法庭调研座谈,首次提出建设南京法治园区的构想;同年 6 月,省委深化改革领导小组第十二次会议对法治园区建设进行专题研究,明确园区以最高人民法院第三巡回法庭为龙头的"两庭五院"(最高人民法院第三巡回法庭、最高人民法院"一带一路"国际商事法庭和南京海事法院、南京环境资源法院、南京知识产权法院、

---

① 习近平:《完善法治建设规划提高立法工作质量效率为推进改革发展稳定工作营造良好法治环境》,载《人民日报》2019 年 2 月 26 日,第 1 版。

南京江北新区人民法院、南京江北新区人民检察院）总体构想和贯彻落实全面依法治国战略、吸引和集聚优质法治资源、打造江苏法治高地、优化法治化营商环境、推动提升江苏法治核心竞争力、服务保障经济社会高质量发展的基本定位。同年11月，省委召开专题会议对推进法治园区建设进行研究部署；2019年6月和12月，最高人民法院和省委主要领导两次亲临现场，视察调研南京法治园区建设，为南京环境资源法庭和南京海事法院揭牌，并就推进法治园区建设提出明确要求。此后，省委常委会和省委全面依法治省委员会每年都将法治园区建设列入年度工作要点。省第十四次党代会再次强调，要加快建设南京法治园区，积极推进诚信江苏建设，使法治和诚信成为江苏推进社会主义现代化建设的显著优势和核心竞争力。

一是持续强化组织推动。省法院成立推进法治园区建设工作领导小组，与南京市委政法委、江北新区管委会等单位共同组建法治园区建设领导小组，及时研究园区建设过程中的各类事项，扎实推进各项工作。主动汇报，加强协调，多次向省委、省委政法委、最高人民法院呈送专题报告，汇报推进情况。最高人民法院多位院领导多次亲临现场视察和推进法治园区建设。积极推动规划设计，会同南京市有关单位委托东南大学建筑设计院制定建设方案，并协调开展设计联合招标相关工作。

二是积极争取机构设立。最高人民法院第三巡回法庭已于2016年12月设立，“一带一路”国际商事法庭正在抓紧开展申报设立准备工作。南京海事法院已于2019年1月批复成立，并于2019年12月6日挂牌履职。江北新区法院和检察院已于2020年挂牌履职。南京、苏州知识产权法庭和南京环境资源法庭已分别于2017年1月和2019年6月成立，并办理了一批有全国影响的案件，为申请设立南京知识产权法院和南京环境资源法院打下良好基础。园区法律服务和机构建设目前也呈现出良好发展态势，10余家国内顶级律师事务所、近400名律师已经进驻。

三是扎实推进基础建设。省法院成立法治园区筹建工作领导小组及办事机构，全面协调推进筹建工作。最高人民法院第三巡回法庭建设项目已经封顶，近期将竣工验收。南京海事法院建设项目2021年7月获批，目前正积极推进施工总承包单位招标工作。江北新区法院建设项目也已封顶,计划于2022年年底竣工交付。

< 延伸阅读 >

【南京海事法院】江苏滨江沿海,是海洋经济大省。港口总体规模位居全国首位,规模以上港口货物吞吐量连续5年位居全国第一。造船“三大指标”连续多年位居全国首位。江苏内河航道总里程、密度均居全国第一。在江苏设立海事法院,建立江海统一的海事司法体系,能够为海洋强省建设提供有力的司法保障,更好地服务长江经济带建设和江苏沿海地区发展国家战略。2019年1月,中央编办正式批复同意设立南京海事法院,这是全国第11家海事法院,管辖区域为江苏沿海海域和长江水道通海水域。为方便当事人诉讼,分别在辖区内的连云港、南通、泰州、苏州4个城市设立了派出法庭。

2019年7月29日,最高人民法院批复确定,南京海事法院的管辖范围为:自江苏省与山东省交界处至江苏省与上海市交界处的延伸海域,自江苏省与安徽省交界处至江苏省浏河口之间长江干线及支线水域,以及江苏省行政区域内的港口与通海可航水域。南京海事法院依照《最高人民法院关于海事法院受理案件范围的规定》,受理下列第一审案件:海事侵权纠纷案件、海商合同纠纷案件、海洋及通海可航水域开发利用与环境保护相关纠纷案件、其他海事海商纠纷案件、海事行政案件、海事特别程序案件六大类共108种类型案件。

2021年11月30日,省法院进一步明确南京海事法院管辖大运河海事海商案件范围为发生在大运河江苏段的下列海事海商案件:船舶碰撞、触碰和船舶污染案件;始发港、经停港或终到港为长江干线港口的通海水域运输合同案件及相关保险合同案件;港口建设和港口作业案件;共同海损案件、海难救助案件;船舶扣押和拍卖案件;涉外海事、海商案件。

南京海事法院自成立以来,共受理各类案件6767件,审执结5897件,其中于2022年受理案件2426件，审执结1457件，分别位列全国11家海事法院的第5位、第4位，相关工作连续两年被写入最高人民法院工作报告，创新举措被最高人民法院和省委主要领导批示肯定。

二、服务保障供给侧结构性改革

随着我国经济发展进入新常态，结构性供求失衡的矛盾日益突出，要实现经济发展提质增效，就必须坚持以供给侧结构性改革为主线，继续采取有效措施，优化存量资产，增加优质供给。近年来，江苏法院牢牢抓住破产审判这一工作抓手，不断加强破产审判机制创新，着力提升破产审判质效水平，企业破产处置工作不断迈上新台阶，为供给侧结构性改革提供了有力服务保障。2018年至2021年，全省通过企业破产处置方式，累计安置职工15万余名，化解不良债权约7106亿元，释放土地和房产12320万平方米。

〈 延伸阅读 〉

【全省营商环境评价之“办理破产”】2019年5月，省政府办公厅印发《聚焦企业关切大力优化营商环境行动方案》(以下简称《行动方案》)。《行动方案》紧扣国家营商环境评价18个一级指标和87个二级指标，并参照世界银行营商环境评价指标，从开办、运营到注销等企业“全生命周期”环节出发，对企业开办前的市场准入和投资审批，企业开办、运营、注销、破产退出的全过程管理，以及当前企业运营中对降成本、市场环境和监管、政府服务和保障等方面的诉求，以清单的形式作了明确和规定。同时，《行动方案》中的重点任务之一，是要把营商环境列入推动高质量发展的核心考核指标，引导各地把优化营商环境摆在更加突出的位置，为高质量发展提供坚强有力的保障。

2019年，全省营商环境试评价工作正式启动，省法院牵头“办理破产”和“执行合同”两项指标的评价工作。“办理破产”和“执行合同”两项指标虽然与法院工作紧密相关，但也大量牵涉党委、政府及有关部门。以“办理破产”为例，企业注销、破产涉税、打击破产逃废债等不少工作均涉及政府有关部门职能。因而，在指标设置上，必须充分加以体现，推动各方形成工作合力。评价指标也应当具有正向激励作用，通过开展评价工作，引导、督促各地更好地改进工作，尽量避免可能出现片面追求指标数据的情况。

从2019年全省营商环境试评价，到2020年、2021年正式评价，可以明显感受到全省营商环境评价对于推动企业破产处置工作的作用。例如，市场主体破产退出通道持续保持畅通，长期未结破产案件数量不断下降，企业破产处置协调联动机制运行效果日趋明显，为企业破产处置工作提供了有力支持。

（一）持续优化企业破产处置工作格局

为进一步做好企业破产处置工作，加强整合司法审判、行政保障、中介管理、学术研究等优势资源，近年来，经过多方共同推动，具有江苏特色的“两庭两会一机制”企业破产处置工作格局已经形成，为江苏企业破产处置工作注入强劲动力。

< 延伸阅读 >

【“两庭两会一机制”】“两庭”是指南京破产法庭、苏州破产法庭。习近平总书记在2019年年初召开的中央政法工作会议上强调，政法系统要把专业化建设摆到更加重要的位置来抓。2020年以前，除南京中院以外，江苏其余12家中院均将破产审判职能与其他职能合并，名义上虽然设立破产审判团队，但均兼审理普通诉讼，客观上难以集中精力优先审理破产案件。设立破产法庭，是破产审判队伍专业化建设的重要一步，对于防范化解重大风险，持续深化供给侧结构性改革，助推加快形成全面开放新格局具有重要意义。经过前期的充分调研和多方努力，2020年4月，最高人民法院下发批复，同意在南京、苏州两地中院内设专门审理破产与强制清算案件的机构。同年6月12日、12月18日，南京破产法庭、苏州破产法庭先后揭牌成立并运行。自成立以来，南京破产法庭、苏州破产法庭不断发挥示范引领作用，稳妥处置破产大案要案的能力显著提升，成功审结“永泰系”、“雨润系”、中润公司等一批具有影响力的破产案件。同时，南京、苏州两地中院依托破产法庭，不断加强破产审判机制创新，南京中院着力打造“一庭三会”，即破产法庭、破产法学研究会、管理人协会、破产管理人援助基金会专业发展格局；苏州中院成立苏州破产法庭行业专家咨询委员会，为企业破产处置过程中遇到的专业性问题提供咨询意见，均在全国范围内产生一定影响力。

“两会”是指破产管理人协会、破产法学研究会。随着我国破产实务的蓬勃发展，管理人作为企业破产处置工作的重要参与者、推动者和实践者，日益发挥重要作用。因此，建立一支专业高效的管理人队伍，充分保障管理人依法履职，对于促进企业破产审判质效提升、更好服务经济高质量发展，具有十分重要的意义。近年来，在省、市两级法院和司法行政机关共同推动下，全省13个设区市均已成立破产管理人协会。2019年12月30日，江苏省破产管理人协会正式成立，补齐了江苏管理人自治组织的最后一块拼图。在人民法院指导下，各地管理人协会充分发挥其在规范执业、动态管理、行业监督、激励履职、业务培训等各方面的职能作用，为推动提升管理人专业水平、促进管理人行业健康发展提供有力服务和保障。

近年来，江苏破产法学研究有了较为长足的发展，但也呈现出专业难度较高、对实践互动依赖度较高的“两高”特点，迫切需要搭建一个高水平的破产法学研究平台，更好整合理论与实务的研究力量。经省法学会批准，2020年12月18日，江苏省法学会破产法学研究会正式成立。研究会依托省法院和苏州大学王健法学院，充分发挥沟通交流的平台和纽带作用，加强整合政府部门、司法机关、高等院校、法律服务机构等研究力量，研究会自成立以来，多次组织召开年会及各类研讨会，形成了一批有分量的学术成果。同时，研究会还注重加强青年人才培养，通过设立专门的青年学术作品评选活动，吸引更多人才投身破产法治事业。

“一机制”是指企业破产处置协调联动机制。企业破产处置是一项综合性工作，不仅包括破产审判事务，还包括财产处置、吸引投资、办理税收、信用修复、企业注销、维护稳定等大量破产行政事务。为更好解决企业破产处置过程中遇到的难题,推动形成工作合力,2019年6月2日,在省法院积极推动下,省政府办公厅下发通知,决定在省级层面率先建立企业破产处置协调联动机制。经过几年发展,江苏已实现企业破产处置协调联动机制省、市、县三级全覆盖。江苏企业破产处置省级协调联动机制特点包括:一是机构高规格。协调联动机制由省政府分管领导担任总召集人,相关省领导、省法院主要负责同志担任副总召集人,发改、工信、公安、检察、民政、司法、财政、人社、住建、商务、国资、自然资源、市场监管、信访、税务、人行、地方金融监管、银保监、证监、海关等20余家部门为成员单位。二是保障全方位。协调联动机制主要职责为协调解决企业破产处置中的民生保障、社会稳定、财产接管、税收申报、资产处置、金融协调、信用修复、打击逃废债、变更注销、中介管理、费用保障等12个方面问题,实现配套保障的全覆盖。三是机制常态化。协调联动机制议事采取联席会议方式,分为全体会议和专题会议,每年至少召开一次会议,研究解决有关问题;协调联动机制在省法院设立办公室,负责日常工作;每年选取一定数量需要协调解决的事项,由协调联动机制办公室会同有关成员单位开展联合调研,共同起草提案提交联席会议审议。四是市县全覆盖。要求各市、县(市、区)人民政府结合各地实际,建立健全企业破产处置协调联动机制,统筹解决有关问题,推动企业破产处置工作市场化、法治化、常态化。

(二)积极帮助企业重整再生

认真落实"六稳""六保"要求,加大对企业特别是大中型企业司法救治力度,积极运用预重整、重整、和解等方式帮助扬州大洋等123家陷入困境的企业涅槃重生。扬州大洋船厂重整案引入租赁经营方式恢复生产,实现破产不停产,近万名职工工作岗位得到保留,经营能力得以持续。南通明德重工破产清算案参照重整程序招募投资人,投资人购得企业全部财产,并获得企业船舶订单、人力资源以及销售渠道,清算功能与重整目标得以统一,实现"腾笼换凤"。在"雨润系"78家公司合并破产重整案中,南京中院指导企业引入战略投资，有效整合资源，化解债务近800亿元，企业员工和产业链近5万人就业得以保障。

〈 拓展资料 · 案例 〉

【中南红文化集团股份有限公司破产重整案】中南红文化集团股份有限公司（以下简称中南文化）系上市公司，因资金链断裂导致生产运营全面停滞，连续两年亏损，面临退市风险。2020年5月25日，中南文化向无锡市中级人民法院申请破产重整。为制定重整申请受理所需的重整可行性报告，中南文化在无锡市中级人民法院指导下启动了预重整，由中南文化自行聘请法律顾问担任预重整引导人，进行债权申报、资产审计评估、招募投资人等工作，并围绕重整计划草案的核心内容起草重整预案。经预重整债权人会议、出资人会议表决通过了重整预案。在此过程中，无锡中院指导预重整引导人取得债权人及出资人的相关承诺，确保上述工作成果能够延续至重整程序。同年11月24日，无锡市中级人民法院裁定受理中南文化重整，并于12月25日批准重整计划。

本案系全省首例上市公司经过预重整进入重整的案件。一是充分发挥预重整程序试错功能，提升庭内重整程序启动的精准度。无锡中院指导中南文化先启动预重整程序，将庭内重整中可能面临的问题提前暴露和解决，充分论证重整可行性，以便对是否受理重整作出精准司法判断。二是充分运用社会中介的专业力量，搭建庭外预重整与庭内重整的桥梁。无锡中院首创预重整引导人制度，指导中南文化聘请社会中介机构担任预重整引导人，运用专业力量主持各方协调、招募重整投资人、制作重整预案，为庭内重整顺利进行打下坚实基础。三是充分发挥预重整程序节约司法资源的功能，推动纠纷多元化解机制在破产领域的运用。预重整引导人的做法具有衔接庭内和庭外程序的市场机能，将大量庭内重整的工作前移，又通过债权人和出资人出具承诺的程序设计将相关工作成果延伸至庭内重整中使用，大大节省了司法资源，使得中南文化在受理重整后31天即表决通过重整计划草案，成为全国审理用时最短的上市公司重整案件，为多元纠纷化解机制在市场化破产领域中的运用塑造了成功样本。

【江苏申特钢铁有限公司等关联公司实质合并重整案】江苏申特钢铁有限公司等12家关联公司（以下简称申特系公司）曾系中国民营企业500强，因经营管理混乱，截至2019年年底，公司已严重资不抵债。2020年5月15日，溧阳市人民法院依债权人申请裁定受理申特系公司中的5家公司破产重整。经查明，申特系公司存在混同、过度控制子公司等情形，且主要资产集中在部分公司名下。溧阳法院裁定申特系公司实质合并重整。重整过程中，溧阳法院构建"1+N"企业破产处置府院协调联动机制，引入行业安全专家组建安全生产保障团队，创新启用租赁经营模式保障企业持续经营，实现资产保值增值。创新设计了投资人两轮遴选程序，最终引入一家500强企业为重整投资人。2020年11月11日，管理人申请批准重整计划草案。溧阳市人民法院经审查于同年11月16日裁定批准申特系公司重整计划，终止重整程序。

本案中，溧阳市人民法院积极构建"1+N"企业破产处置府院协调联动机制，并采用实质合并重整方式，在关联企业严重混同情形下，依法保护债权人公平受偿，提高企业重整效率。本案还引入行业安全专家组建安全生产保障团队，创新启用租赁经营模式保障了企业持续经营，实现资产保值增值，为重整创造良好的基础条件和平稳推进的大前提；创新设计两轮遴选模式，既满足了以"价高者得"实现债权人可偿债资金的最大化，又实现了企业由高污染、高能耗炼铁、炼钢长流程向低排放、高附加值的绿色、环保、智能不锈钢短流程转型升级、高质量发展的蜕变。

【苏州乾生元食品有限公司破产重整案】乾生元始创于1781年，原名"费萃泰"，以生产松子枣泥麻饼蜚声海内外，1881年更名为"乾生元"。2000年，由乾生元食品厂转制而来的民营企业苏州乾生元食品有限公司（以下简称乾生元公司）成立，经商务部认证为"中华老字号"企业，其掌握的乾生元枣泥麻饼制作技艺被列为苏州市第三批非物质文化遗产，品牌历史文化价值颇高。因该公司股东借助资金杠杆对外投资，债务规模急剧扩大导致资金链断裂，

2018年乾生元公司完全停产，机器设备及知名商标均用于抵债。2020年11月24日，苏州市吴中区人民法院受理乾生元公司破产清算案。

苏州市吴中区人民法院为了精准识别乾生元是否具有重整价值，多次实地走访，通过调查发现，乾生元公司所具有的独特的生产技术和品牌特色等无形资产，以及在市场中积累的良好口碑和企业形象，使其具备转入破产重整的基础条件。吴中法院指导管理人引入原抵债受让企业核心商标的债权人作为投资人，指导管理人将商标与“中华老字号”称号合并纳入企业经营方案，最大限度发挥市场效益。2021年4月20日，苏州市吴中区人民法院裁定对乾生元公司进行重整，启动清算转重整程序。同年5月20日，管理人提交的重整计划(草案)高票通过。同年6月8日，苏州市吴中区人民法院裁定批准重整计划草案，终止重整程序。从裁定进入重整程序仅用时49天，临危“老字号”便涅槃重生。苏州市吴中区人民法院的重整实践，为生存压力日趋严峻、生产经营无以为继的“老字号”企业提供了全新的拯救模式，成为法院发挥司法职能、纾解企业困境的典型案例。

(三)大力推进“执行转破产”

持续加大“执转破”工作力度，实现执行程序与破产程序的有序衔接和高效联动，推进企业破产市场化、法治化，提高服务优化法治化营商环境水平。省法院制定《关于规范执行案件移送破产的若干规定》《关于“执转破”案件简化审理的指导意见》，进一步提升执行转破产工作的质量效率。2021年，江苏法院将4006家企业从执行程序转为破产程序，是2019年的3倍，约占新收破产案件总量的3/4，一批失信企业得以彻底退出市场。苏州市吴江区法院创造“移得了、破得掉”的“执转破”“吴江经验”，加速“僵尸企业”出清，加快要素释放，受到最高人民法院和省委主要领导批示肯定，并入选全国法院司法改革案例。新沂市法院提出“企业法人无终本”工作理念，对“僵尸企业”被执行人“应转尽转、当破必破”。

(四)全面提升破产审判工作效能

一是持续畅通市场主体破产退出通道。牢固树立“应收尽收”破产理念，严格落实破产申请立案登记制工作要求,优化完善“执行转破产”工作机制,持续畅通市场主体破产退出通道。

〈 拓展资料 · 数据 〉

2018 年至 2021 年,江苏法院新收各类强制清算与破产案件数量呈逐年上升趋势。

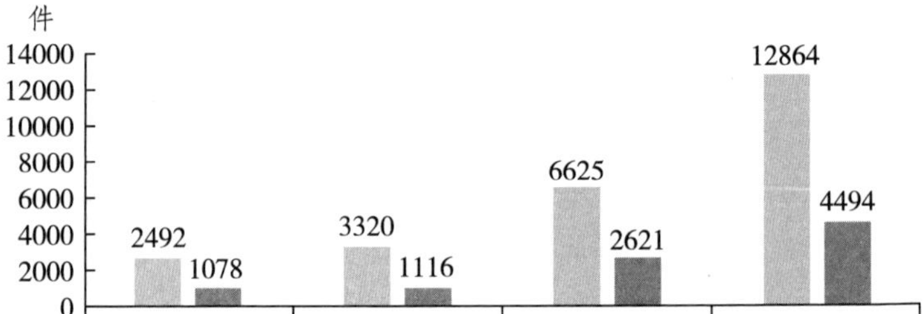

	2018年	2019年	2020年	2021年
总新收	2492	3320	6625	12864
破字号新收	1078	1116	2621	4494

图 7 2018 年至 2021 年江苏法院新收强制清算与破产案件情况

二是着力提升破产审判质量效率。省法院制定《关于加快破产案件审理的工作指引》,持续推进破产案件繁简分流改革。各地法院积极运用简易审、快速审、繁简分流工作机制,不断压缩破产案件审理周期。持续加大破产积案清理力度,组织开展全省法院长期未结破产案件攻坚清理行动,定期对全省法院长期未结破产案件进行通报。各地法院积极采取挂账督办、逐案报告、领导包案、约谈督促、审务督查等方式,加快未结积案清理。近年来,在破产案件收案量逐年大幅增长的情况下,长期未结破产案件数量仍然保持逐年压降态势。截至 2021 年年底,宿迁等地三年以上长期未结破产案件实现清零,南京、盐城、扬州等地五年以上长期未结破产案件实现清零。

拓展资料 · 数据

江苏法院多措并举提升审判效率，审结破产案件数呈逐年上升趋势。

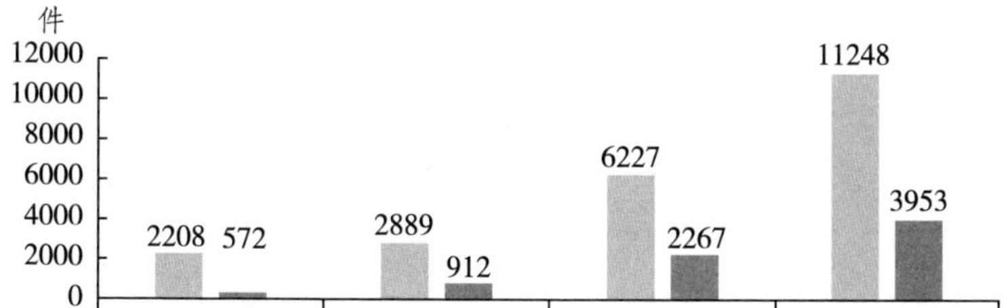

	2018年	2019年	2020年	2021年
总审结	2208	2889	6227	11248
破字号审结	572	912	2267	3953

图 8　2018 年至 2021 年全省审结强制清算与破产案件情况

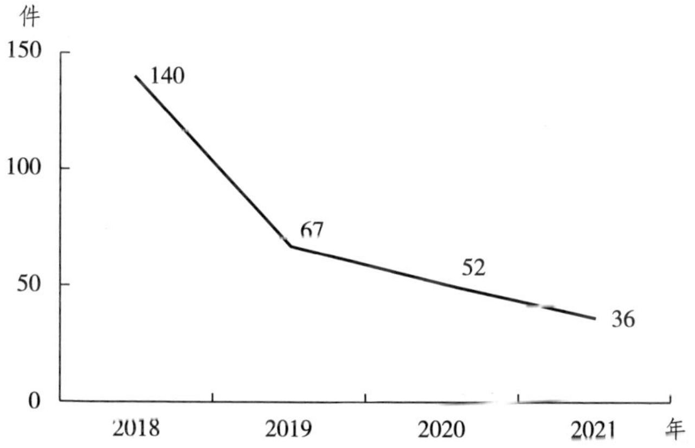

图 9　全省五年以上长期未结强制清算与破产案件数

三、服务保障民营经济发展

坚持依法全面平等保护原则，先后出台为民营经济发展提供有力司法服务和保障、为企业家创新创业营造良好法治环境、做好民营企业司法服务保障工作等一系列规范性文件,不断优化完善服务保障民营经济健康发展长效机制,着力打造多层次、全方位、立体化保护格局,有力促进江苏民营经济高质量发展。

(一)加强产权司法保护,营造良好营商环境

省法院出台关于充分发挥审判职能作用切实加强产权司法保护的实施意见,建立健全产权司法保护工作协调机制和责任体系,成立由省法院党组书记、院长夏道虎担任组长的产权和企业家权益司法保护工作领导小组,产权和企业家权益司法保护工作得到进一步加强。依法严惩侵犯民营企业产权犯罪,严厉打击侵害私有产权、敲诈勒索、欺行霸市等侵害民营企业和企业家合法权益的各类犯罪行为,为民营企业发展营造良好法治环境。坚决防止利用刑事手段干预经济纠纷,严格落实罪刑法定、疑罪从无原则,严格区分经济违法与经济犯罪,严格依法采信证据、认定事实,对不宜认定为经济犯罪的民企负责人依法宣告无罪;依法甄别纠正历史形成的冤错案件,坚持全错全纠、部分错部分纠、错到哪里纠到哪里,对曾被评为“全国优秀女企业家”的倪菊葆案启动再审,依法认定其不构成合同诈骗罪。开展涉企积案清理专项行动,提升涉企案件办理质效。

(二)帮助纾困解难,促进持续健康发展

正确贯彻实施《民法典》,平等保护各类民事主体合法权益,积极参与全省营商环境评价工作,认真贯彻省委、省政府优化营商环境行动计划,依法保护和激发各类市场主体活力。注重营造公平透明的竞争环境,强化反不正当竞争和反垄断案件审理,切实保护中小微企业生存发展空间。注重营造诚信经营的市场环境,依法保护守约方合法权益,用足用好强制执行措施,千方百计查人找物,为胜诉企业兑现“真金白银”。强化善意文明执行,在不损害申请人利益前提下,积极运用物联网技术开展电子查封、保全,坚持能“活封”的不“死封”,最大限度降低对企业生产经营的影响。注重营造规范有序的融资环境,依法保护合法合规的金融交易,严格规制变相高息行为,推动解决民营企业融资难、融资贵问题。注重营造平衡保护的用工环境,既保护劳动者合法权益,又尊重企业用工自主权,依法支持民营企业正当行使调职调岗、解聘解雇等管理职权。

(三)解纷关口前移,有效化解经济纠纷

着力将商会商事调解工作融入发展大局,持续深化商会商事调解工作。省法院于2019年与省工商联联合制定出台民营经济领域纠纷诉调对接工作办法,快速有效化解民营经济领域纠纷。无锡、淮安、泰州、南通等地不断推动商会商事调解的市场化发展、社会化引导和信息化建设,商会商事调解逐步在市场主体中获得信赖、赢得口碑、树立权威。江苏法院商会商事调解工作入选最高人民法院发布的人民法院助推民营经济高质量发展典型民商事案事例。

一是加强组织推动,提升运行实效。坚持把商会商事调解有机融入优化营商环境、强化产权保护、加强社会治理等重点工作。2021年2月,省法院专门下发通知,要求各地法院主动作为、勇于担当、积极探索,切实推动商会商事调解组织实质性开展工作,力争实现商会商事调解组织100%实质化运行目标。(1)聚焦市场关切。立足满足企业纠纷多元、快速和有效化解的实际需求,着重从如何缩短纠纷解决时间、降低纠纷解决成本、为企业创造和谐共赢的合作空间着手设计制度。充分尊重当事人意愿,坚决杜绝把调解当作前置程序、变相延长审限的情况。(2)找准切入端口。坚持辩证统一思维,各地法院既相互学习借鉴有益经验,把其他地区一些已经相对成熟的制度机制直接拿来运用,也充分挖掘本地资源,建出特色、建出亮点。以常州地区为例,武进区的纺织业发达,该地以纺织业商会为切入点,建立纺织业商会个性化调解机制。部分地区还针对跨区域、跨行业商事纠纷不断出现的新情况,积极探索商会联合调解机制。

二是加强协同配合,强化组织保障。(1)加强部门协同。2020年,省法院与省工商联签订服务保障民营经济健康发展协作机制的框架协议,在多元解纷、风险预警、民企保护等方面全面加强战略合作。2021年6月,省法院、省司法厅与省工商联联合召开商会商事调解工作推进会,进一步加大对商会商事调解工作的支持力度,共同谋划江苏商事多元解纷机制蓝图。(2)明确职责分工。全省各级法院充分发挥职能作用,依法加强对商会调解组织的业务

指导,做好调解协议的司法确认工作。明确由商事审判部门负责做好牵头工作,立案等相关部门加大配合支持力度。(3)完善组织保障。鼓励吸纳更多在商事领域有经验、有威望的商会领导、民营企业家以及懂经济、懂法律、懂企业管理的人才参与商会调解,促进商事调解的权威性不断提高。积极争取地方党委、政府支持,将调解经费作为法律服务内容列入财政预算,拓宽商会组织调解经费来源,通过商会会费、社会捐赠资助等方式提高经费保障水平。

三是打通堵点、难点,提高调解效能。(1)积极探索市场化模式。鼓励有条件的地方大胆探索市场化、专业化的商会商事调解模式,包括商会商事调解机构的独立化运作、市场化收费、专业化调解等,推动商会商事调解具有更加持续的生命力。(2)做好司法确认工作。认真贯彻落实最高人民法院和全国工商联相关文件精神,明确商会调解组织调解达成的调解协议具有法律约束力,当事人申请司法确认的,人民法院应当及时审查,依法确认调解协议的效力,不得额外设置条件。(3)加强宣传引导。充分运用各种传媒手段,大力宣传商会组织调解优势及典型案例,提升商会组织调解影响力和影响面,引导企业通过商会调解化解纠纷。充分发挥互联网方便、快捷的优势,利用互联网引流作用,加强信息化平台建设,创新开展在线解决纠纷。省法院优化营商环境专刊第2期即在全省范围内刊发《淮安市商会调解工作手册》,供全省各级法院、工商联参考。

(四)提档升级司法服务,增强民营企业获得感

持续深化"家门口式"诉讼服务,精心打造全流程诉讼服务智慧平台。2020年以来,民商事案件平均审理用时减少11.4天,执行案件平均用时减少30.4天。持续打造"菜单式"多元解纷体系,会同20多家行政机关、社会团体、行业协会,建立30多项诉调对接机制,引入1.2万名调解员,为民营企业提供评估、调解、仲裁、诉讼一条龙服务。省法院与省工商联共同推进商会商事调解,于2019年与省工商联联合制定出台民营经济领域纠纷诉调对接工作办法,2020年与省工商联签订服务保障民营经济健康发展协作机制的框架协议,将行内人说理与法律人说法相结合、将商业规则与法律规范相结合、将民间智慧与专业力量相结合，高效化解纠纷。常态化开展“民营企业服务月”活动，组织干警走访企业，进行“法律体检”，帮助排查风险，精准提出建议，向民营企业、行政部门和行业协会发送涉企司法建议和各类风险提示手册。

〈 拓展资料 · 案例 〉

【镇江市丹徒区宝堰镇前隍村委会诉镇江山水湾生态农业开发有限公司土地承包经营权纠纷案】2007年，经镇江市丹徒区人民政府招商引资，镇江山水湾生态农业开发有限公司（以下简称山水湾公司）与该区前隍村村委会签订多份土地承包经营权转让协议，先期承包该村近900亩土地，计划投资4.45亿元用于特色农业生产开发。合同签订后，山水湾公司介绍先后投入3亿余元用于拆迁、道路、机耕道、土地整形、生态沟渠、日光温室、苗木栽培等项目建设。后由于山水湾公司法定代表人遭遇交通事故等原因，山水湾公司自2015年起开始拖延支付土地流转使用费。2016年度的土地承包使用费由前隍村村委会提供担保，山水湾公司向他人借款后支付给村委会，再由村委会发放给各农户；2017年度土地承包使用费由山水湾公司向前隍村村委会借款70万元向各农户发放；自2017年年底起，前隍村村委会多次向山水湾公司催要2018年度的土地租金未果，遂诉至法院要求解除合同，返还所承租的近900亩土地。

镇江市丹徒区人民法院一审认定山水湾公司违约，判令解除合同并返还土地。镇江市中级人民法院二审认为，山水湾公司在本案争议发生前，已经取得了相关部门的项目规划许可，并投入大量资金和人力用于项目建设。本案山水湾公司的违约并未根本影响合同目的的实现，如果判令解除合同将造成社会资源的巨大浪费。二审法院积极与前隍村村委会沟通，分析山水湾公司运营给村集体带来的经济利益，最终村委会同意就合同继续履行与山水湾公司进行协商。之后，法院又积极联系山水湾公司，提出改善经营的意见建议。经过多次耐心细致工作，最终村委会与山水湾公司双方达成了调解协议，土地承包协议继续履行，山水湾公司限期支付土地承包费。

本案入选最高人民法院发布的人民法院助推民营经济高质量发展典型民商事案例。山水湾公司开发项目包括田园综合体、文旅、康养等，为附近村民提供了更多的就业机会，支付给村委会的租金增加了部分农户收入，并带动整个乡村生态环境和基础设施的改善。但由于该公司法定代表人遭遇交通事故等原因，未能按时足额缴纳土地承包费，以致产生诉讼。二审法院镇江中院从振兴乡村经济和维护良好营商环境出发，深入乡村考察、积极组织双方在庭外进行协商调解，为企业经营献言献策、解决后顾之忧，最大限度地降低了司法诉讼对企业的负面影响，既化解了双方之间的矛盾，又推动了当地特色农业项目继续推进。

四、助力法治政府建设

（一）依法高效审理各类行政案件

自2018年以来，江苏法院共受理各类行政案件135123件，审结105711件。其中，受理一审行政案件82163件，审结64628件。此外，受理非诉行政执行案件37418件，办结36991件。加强经济管理领域案件审理。自2018年以来一审审结城建案件14193件，资源案件5850件，农业农村案件149件，金融案件108件，财政案件125件，着力保障重点项目、重点工程顺利推进。加强社会管理领域案件审理。自2018年以来一审审结公安案件6763件，市场监管案件2296件，交通案件848件，税务案件256件，着力维护市场秩序，保障市场安全。省法院审结的“闻英吉诉江苏省教育考试院信息公开案”入选推动教育法治进程十大行政争议案件，“崔龙书诉丰县政府招商引资案”入选最高人民法院十大行政协议案件，“赵某诉苏州市人事考试院案”被评为第十五届中国十大影响性诉讼，南通法院审结的“尚某诉如东县民政局案”入选2020年度人民法院十大案件。省法院主动对接公安、卫生、人社等部门，形成的《疫情防控行政案件司法审查若干问题研究》成果，荣获第七届“法治社会·长江（国际论坛）——重大突发公共卫生事件法治应对”一等奖，有效服务疫情防控；制定的《国有土地上房屋征收补偿案件审理指南》，统一了江苏全省房屋征收补偿案件司法审查标准。在新行政处罚法公布之际，省法院集聚全省行政审判法官的智慧，组织编写了《行政处罚法条文解读与法律适用》一书，在全国范围内产生较大影响。

〈 拓展资料 · 数据 〉

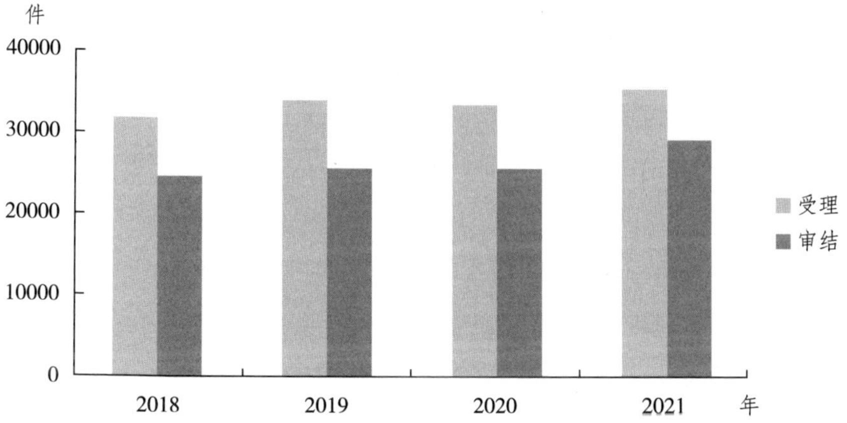

图10　2018～2021年江苏法院受理及审结行政案件数量

（二）构建府院联动机制

一是定期召开府院联席会议。省法院与省司法厅联合召开全省行政复议应诉与行政审判联席会议，通报每年全省行政复议应诉和行政审判工作情况，共同研判本地区行政执法中存在的突出问题，明确下一步努力方向。2019年12月26日，省法院和省司法厅联合发布《关于建立预防化解行政争议工作联席会议制度的通知》，就建立府院良性互动、信息沟通交流、行政纠纷解决共同研讨、重要工作交流会商、行政机关负责人出庭应诉配合支持等七项机制进行规定。在省法院指导下，江苏全省13个设区市普遍建立了府院联席会议制度，府院良性互动效果得到大大提升。

< 延伸阅读 >

【全省行政复议行政应诉与行政审判府院联席会议】2020年7月8日,省政府与省法院联合召开全省行政复议行政应诉与行政审判府院联席会议,会议充分肯定了全省法院行政审判工作,指出全省行政机关和各级法院建立了各项联动互动机制,形成了行政复议行政应诉与行政审判工作相互支持、共同促进的良好工作局面。省法院党组书记、院长夏道虎在会议讲话中要求,江苏法院充分发挥行政审判职能作用,服务保障江苏高质量发展走在前列;全面深化改革创新,夯实行政审判体系和审判能力现代化基础;加强行政与司法良性互动,凝聚高品质法治江苏建设合力。

二是持续报送行政审判年度报告。自2009年起,省法院每年向省委、省政府报送行政审判年度报告。其中,《2018年江苏行政审判年度报告》受到省委、省政府主要领导批示肯定。省政府召开常务会议,将"关于省法院年报中反映突出问题整改工作建议的汇报"作为一项重要议程,江苏省政府办公厅向各市政府和省级机关全文转发行政审判年度报告。在2019年年报内容基础上,形成了《全省住建行政案件多发且败诉率高应引起重视》专题报告,得到了省政府领导批示肯定。《2020年江苏行政审判年度报告》先后获最高人民法院和省政府主要领导批示肯定。在省法院指导下,全省13家中级法院每年向当地党委、政府报送行政审判年度报告,获得当地市委、市政府主要领导的批示肯定。行政审判年度报告制度已成为江苏行政审判工作服务助推江苏法治政府建设的一张靓丽名片。

< 延伸阅读 >

【行政审判工作年度报告】省法院自2008年起建立行政审判工作年度报告制度,通过对一年来审理的行政机关败诉案件进行全面研究,并对引发行

政纠纷的主要原因进行分析,进而就如何提高依法行政能力、有效预防和化解行政争议提出建议。行政审判工作年度报告是人民法院服务行政法治建设的重要举措,对于党委、政府及时了解当前依法行政和行政执法工作采取的措施、取得的成效和存在的不足,有针对性地提高法治江苏建设水平具有重要作用。

三是从源头上规范行政执法行为。通过发送司法建议、开展培训、座谈研讨、联合调研等多种形式,从行政审判视角指出行政执法存在的短板漏洞,提出改进建议,努力从源头上规范行政执法行为。在"基本解决执行难"的大背景下,为进一步规范国土资源非诉行政案件的审查及执行,保障当事人合法权益和公共利益,着力破解国土资源非诉行政案件执行难问题,省法院与省自然资源厅联合组成调研组,就构建国土资源非诉行政案件"裁执分离"新机制展开专门调研,完成的《关于构建土地非诉行政案件"裁执分离"模式的调研报告》刊登于法学核心期刊《行政法学研究》。徐州中院与各县、区司法局建立健全信息沟通交流、重要工作会商、业务培训共享、纠纷解决共同研讨、联合监督管理等衔接机制,成为夯实行政审判和行政执法良性互动的重要平台。南京江北新区法院向省公安厅、省消防救援总队分别发送的《关于厘清公安机关和消防救援机构机场消防管理职责》的司法建议,有力推动了新消防法的颁布实施。

(三)多元实质化解行政争议

一是多措并举加强行政争议实质化解。坚持依法裁判与调解、和解相结合,在查明事实基础上促成当事人达成调解,或行政机关自行纠正违法行为后建议原告撤诉,调解、和解不成的及时作出裁判,逐步完善行政诉讼与行政复议、行政裁决等非诉讼纠纷方式的分流对接机制。借助职能部门、行业协会、群团组织、基层组织等广泛联系各方群众、阶层优势,不断形成行政争议实质化解的强大合力。南通中院联合该市依法治市办公室、市司法局等部门,积极探索行政行为自我纠正程序规则。2021年7月6日,中共南通市委全面依法治市委员会办公室出台《关于加强行政行为自我纠正的实施意见》,

助推行政行为自我纠正制度在南通落地运行。徐州法院充分利用网格化工作机制,探索建立员额法官对接服务联系点制度,推动形成党委主导、政府支持、多方联动的多元行政争议解决机制以及人民法院引导、司法行政部门督促、涉诉行政机关具体负责的个案化解新模式,行政案件实质化解率达到38.11%,提炼形成的“解纷九法”,入选江苏法院司法改革案例选编。南京挂牌成立行政争议协同化解江宁工作站、江北新区法院行政诉讼江宁巡回审判点,加快整合多元解纷力量,凝聚化解行政争议合力。

< **延伸阅读** >

【《关于加强行政行为自我纠正的实施意见》】近年来,南通法院在司法实践中发现,对于一些显而易见的违法行为,行政机关与其在司法程序中作出被动回应,远远不如从源头上进行自我纠正效果更好。为促进依法行政,推进行政争议源头治理,满足人民群众日益增长的多元解纷需求,南通中院联合该市依法治市办公室、市司法局等部门,积极探索行政行为自我纠正程序规则,助推行政行为自我纠正制度在南通落地运行。2021年7月6日,中共南通市委全面依法治市委员会办公室出台《关于加强行政行为自我纠正的实施意见》,对行政行为存在重大明显违法情形、当事人合法权益因行政行为受损未得到补偿或赔偿的、当事人合法的信访诉求未依法解决的等情形,规定依法应当启动自我纠正程序。这项制度的推行是地方法治的大胆创新,也是完善国家法律的有益探索。

二是推动完善矛盾纠纷化解新机制建设。2020年8月6日,省法院和省司法厅联合发布《关于开展行政诉讼法律援助试点的通知》,对开展行政诉讼法律援助试点工作进行专门部署。自2021年以来,省法院、省司法厅将南京、南通等法院开展的行政诉讼法律援助试点工作作为办好省委、省政府民生实事、深化“法援惠民生”系列活动的重要举措,进一步扩大了法律援助覆盖面,依法保障了经济困难和诉讼实施能力较差的当事人的诉权。通过建立试点工作联络员制度,通报试点工作进展情况,探索“法官进法援”工作模式,有力提高了行政争议实质性化解的效率和质量。如连云港地区分别在管辖法院以及行政争议较多的行政机关、重点项目征拆指挥部、法律援助中心、基层法律援助工作站设立行政法律援助申请受理点。2021 年 9 月,省法院会同江苏省司法厅起草了《关于行政诉讼法律援助试点工作的总结报告》。省法院及时总结试点一年工作经验,形成了《法援惠民生　便民解纷争——江苏行政诉讼法律援助试点工作亮点纷呈》宣传材料,被《江苏法治报》头版头条和“学习强国”平台号报道推介。

〈 拓展资料 · 发布 〉

【《关于开展行政诉讼法律援助试点的通知》】根据最高人民法院《关于进一步保护和规范当事人依法行使诉权的若干意见》、司法部《全面深化司法行政改革纲要(2018—2022 年)》等有关部署要求,省法院、省司法厅 2020 年 8 月 13 日发布《关于开展行政诉讼法律援助试点的通知》,决定在南通市开展试点的基础上,综合考虑地方现有工作基础和相关条件,继续在南京、徐州、连云港、淮安、盐城、镇江等市开展行政诉讼法律援助试点;没有纳入本次试点的地方可根据本地实际情况和本通知要求开展试点工作。支持苏州、南通、连云港、宿迁等市根据本通知精神开展行政复议法律援助试点。

三是更高水平提升负责人出庭应诉实效。江苏法院一直以来高度重视助推行政机关负责人出庭应诉,打造了“海安样本”“南通现象”“江苏经验”,行政机关负责人出庭应诉工作走在全国前列,为该制度写入修订后的行政诉讼法作出了贡献。2018 年以来,全省行政机关负责人出庭应诉率不断提升,其中 2021 年全省行政机关负责人一审出庭应诉率达 95.23%,同比上升 2.87 个百分点,创历史新高。为了不断健全完善行政审判和行政应诉联络工作机制,抓住法治建设的“关键少数”,争取党委、政府更大支持,省法院和省委全面依法治省委员会办公室、省司法厅共同印发了《关于深入推进行政机关负责人出庭应诉有关问题的意见》,旨在从更高水平、更高起点上推动行政机关负责人出庭应诉工作走深、走实,出实效。

〈 拓展资料 · 发布 〉

【《关于深入推进行政机关负责人出庭应诉有关问题的意见》】2021 年 12 月 30 日,省委全面依法治省委员会办公室、省法院、省司法厅联合印发了《关于深入推进行政机关负责人出庭应诉有关问题的意见》(以下简称《意见》),对如何更好地推进行政机关负责人出庭应诉工作提出了新的具体要求。《意见》指出,要进一步提高对行政机关负责人出庭应诉重要性的认识,充分发挥行政机关负责人出庭应诉对规范行政执法行为、化解行政争议矛盾、维护群众合法权益的重要作用。在新的历史时期,要以实质性化解行政争议作为着力点,认真组织推进行政机关负责人出庭应诉,确保将各项制度措施落到实处。《意见》明确,除"行政机关正职、副职负责人,参与分管被诉行为实施工作的副职级别的负责人"外,对于设区的市级以上地方人民政府为被告的案件,政府的正职、副职秘书长可以视为"其他参与分管的负责人",作为行政机关负责人出庭应诉。《意见》要求,人民法院依据案情需要,主动制发《行政机关负责人出庭应诉通知书》,行政机关根据应诉通知要求委派负责人出庭。各市中级人民法院以季度为单位,将前一阶段行政机关负责人出庭应诉情况抄告同级司法行政机关,实现信息互通共享。各级政府司法行政机关加强对被诉行政机关负责人出庭应诉工作的监督检查,及时总结分析并通报问题。各级人民法院、司法行政机关共同加强业务培训和工作指导,实现优势资源共享,共同提升领导干部应诉能力水平。《意见》明确,将行政机关落实负责人出庭情况纳入法治城市、法治县(市、区)创建和法治政府示范创建工作,引导督促各级行政机关不断提升应诉工作质效。鼓励行政机关负责人主动出庭,并对严重失职行为进行严肃追责。加强监督检查和宣传引导,规范对人民法院制发《行政机关负责人出庭应诉通知书》的监督管理,杜绝应发不发、漏发、滥发等现象发生，适时总结先进经验并加强对正面典型的宣传引导。

第三节　服务诚信江苏建设

江苏法院立足全省发展实际，切实履行审判执行职能，为诚信江苏建设提供了有力司法服务，为打造市场化法治化国际化营商环境作出了法院贡献。

一、健全完善失信被执行人联合惩戒机制

省委办公厅、省政府办公厅于 2017 年在全国率先下发《关于建立对失信被执行人联合惩戒机制的实施意见》，确定了 55 个成员单位、46 项惩戒措施，形成了联合惩戒合力。2018 年，省法院会同省检察院、省发改委等 12 个省级单位联合下发《关于在公共资源交易领域的招标投标活动中建立对失信被执行人联合惩戒机制的实施意见》，同时将失信信息嵌入联合惩戒单位办公平台，纳入省联合奖惩信息系统，各部门在行政管理中自动查询省联合奖惩信息系统，实现网络化自动比对、自动提示、精准惩戒，自 2019 年至 2020 年年底已自动查询 19 万次。2020 年 7 月 10 日，省委全面依法治省委员会出台《关于加强综合治理从源头切实解决执行难问题的实施意见》，对完善失信被执行人信息共享机制、联合惩戒机制和修复激励机制作出明确规定，对完善党政机关及公职人员信用监督机制作出特殊规定。省“两办”制定文件，对失信被执行人限制担任党代表、人大代表和政协委员，限制招录（聘）为公务员或事业单位工作人员。建立人大、政协换届期间，对具有失信行为的代表、委员候选人全面筛查并督促履行的工作机制。无锡、泰州建立党员干部任用前信用分析、信用审查机制；徐州地区出台《关于涉特殊主体执行案件联合惩戒机制实施意见》，开展公职人员“信用先行”活动，建立公职人员信

用档案。

二、探索失信企业信用修复

为贯彻中共中央办公厅、国务院办公厅《关于推进社会信用体系建设高质量发展　促进形成新发展格局的意见》、省委《江苏省优化营商环境行动计划》、省社会信用体系建设领导小组《江苏省信用领域突出问题专项治理工作方案》，落实省第十四次党代会关于“要积极推进诚信江苏建设，使法治和诚信成为江苏推进社会主义现代化建设的显著优势和核心竞争力”的要求，配合本地信用体系建设，逐步探索开展失信被执行人信用修复工作，省法院在2022年组织开展了“优化法治化营商环境执行年‘1＋4’专项行动”，以企业信用修复“暖企”行动为牵引，以市场主体出清“助企”行动、善意文明执行“护企”行动、涉党政机关执行积案清理“惠企”行动、执行信访突出问题攻坚化解“安企”行动为支撑，坚持公正高效规范文明执行，综合运用信用修复、教育督促、“执行转破产”、失信约束等措施，与政府相关部门紧密配合，对失信企业进行专项治理，做到“减存量、控增量”，全面降低纳入失信被执行人名单的企业数量和占全省注册企业数量比重，努力化解一批涉企执行积案和信访案件，推动江苏社会信用总体水平持续提升。专项行动及时为4.2万家企业修复信用，受到最高人民法院主要领导批示肯定。发布江苏法院2021年度推进知识产权诚信体系建设十件典型案例，加大对恶意侵权、仿冒搭车、恶意诉讼等不诚信行为的打击力度，净化创新环境。

三、探索开展“与个人破产制度功能相当试点”

积极探索开展“与个人破产制度功能相当试点”的改革试点工作，试点范围不断扩大，目前包括4个设区市法院和5个基层法院。截至2021年年底，试点法院共受理案件170件，结案117件，23名债务人因不符合条件驳回申请，67名债务人得到免责，清偿债务1700万余元，一批“诚信而不幸”的个人获得了重生机会。2021年12月6日，省法院发布《关于开展“与个人破产制度功能相当试点”工作中若干问题解答》，对试点工作中的28个重点问题进行了解答，进一步加强了对试点工作的规范和引导。

< 拓展资料·发布 >

【《关于开展“与个人破产制度功能相当试点”工作中若干问题解答》】为深入推进“与个人破产制度功能相当试点”的改革工作，促进确无履行能力的诚信被执行人个人依法有序退出民事执行程序，2021年12月6日，省法院下发《关于开展“与个人破产制度功能相当试点”工作中若干问题解答》，在总结试点经验的基础上，按照依法依规、循序渐进、繁简适度、宽进严出的基本思路，对此类案件办理中申请、受理、经过免责考察期、裁定免除债务等10个环节涉及的28个重点问题进行规范和引导，为进一步深入推进试点工作打牢了基础。

第四节　服务保障创新驱动发展

紧紧围绕“江苏自主创新特别是建立自主可控的现代产业体系要走在全国前列”的目标要求，以深入推进最严格知识产权司法保护，促进科技高水平自立自强为工作主线，不断加大保护力度，充分发挥知识产权司法保护作用，为加快推进江苏引领型知识产权强省建设提供了有力司法服务和保障。自2018年以来，江苏法院累计有6件案件入选中国法院10大知识产权案件，知识产权审判工作得到最高人民法院和省委主要领导批示肯定。江苏法院最严格知识产权保护工作获全省政法工作优秀创新成果特等奖（第一名）。华为、腾讯、香奈儿、西门子等国内外知名企业主动选择在江苏提起诉讼，江苏知识产权司法保护“高地”初步形成。

一、坚持最严格知识产权司法保护

2018年11月，省法院决定在加大知识产权司法保护力度上提档升级，在全国率先提出实施最严格知识产权司法保护理念，并就如何统一认识、明确目标要求、细化具体措施等，作出一系列部署安排。2019 年 8 月，省法院制定并发布《关于实行最严格知识产权司法保护 为高质量发展提供司法保障的指导意见》，明确实行最严格知识产权司法保护的总体要求和五大导向，以及服务高质量发展 36 项具体措施。同年 11 月，召开江苏法院知识产权审判工作会议，明确“最严格知识产权司法保护理念”并作出部署。2020 年 6 月，召开江苏法院最严格保护知识产权审判工作推进会，进一步扎实推进实施最严格知识产权司法保护工作。由此，最严格知识产权司法保护工作成为江苏法院知识产权保护的工作主线。

< 拓展资料 · 发布 >

【《关于实行最严格知识产权司法保护 为高质量发展提供司法保障的指导意见》】2019 年 8 月 6 日，省法院审判委员会民事行政专业委员会第二次会议讨论通过《关于实行最严格知识产权司法保护 为高质量发展提供司法保障的指导意见》（以下简称《意见》），于 8 月 22 日印发。《意见》明确了最严格知识产权司法保护理念的总体要求，坚持创新导向、权利导向、惩罚导向、效率导向和诚信导向，内容包括有效利用诉讼保全措施，最大限度地阻却侵权行为继续；完善诉讼证据规则，破解权利人“举证难”问题；推进审判方式改革，破解审理“周期长”问题；加大惩处力度，破解“赔偿低”“再侵权”问题；加大对恶意诉讼等行为的打击力度，强化诉讼诚信建设等。《意见》共提出 36 项具体举措，切实落实最严格知识产权司法保护要求。

< 延伸阅读 >

近年来，江苏法院充分发挥审判职能，受理与审结的知识产权案件数量连续五年保持上升态势。2021 年审理各类知识产权案件首次突破 3 万件，达

35878 件，同比增长 44.27%；审结 29441 件，同比上升达 41.14%。

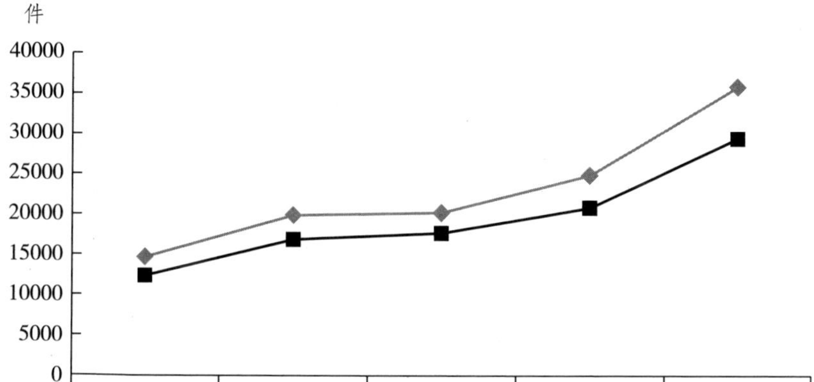

	2017年	2018年	2019年	2020年	2021年
受理	14726	19938	20239	24869	35878
审结	12403	16926	17706	20859	29441

图 11　2017～2021 年江苏法院知识产权案件受理、审结数

江苏法院审理的知识产权案件呈现如下特点：

一是从案件类型来看，涉著作权、商标权纠纷保持增长态势，占比遥遥领先，技术类、竞争类案件增幅明显。2018～2021 年，涉著作权纠纷、商标权纠纷在各类民事案件中始终保持占比前二，并且增长率持续走高。2021 年涉著作权民事案件 12582 件，同比增长 66.89%，年均增幅达 20%；涉商标权纠纷 11304 件，同比增长 51.69%，年均增幅达 25%；此两类案件合计占新收民事案件超 80%。涉技术类案件保持年均 15% 增幅，2021 年新收技术成果类案件 1547 件，涉外观设计专利权纠纷 988 件，技术合同纠纷 333 件。垄断及不正当竞争纠纷 524 件，与 2018 年相比翻了近一番。

二是从地区分布来看，案件集中在经济相对发达地区，具体案件类型与地区行业发展紧密相关。地区知识产权案件数量和类型与当地经济发展状况、科技创新能力等紧密相关。新收案件大部分集中在经济相对发达地区，如南京、苏州两地新收一审知识产权民事案件数量约占江苏全省的 50%；随着苏北地区经济后发振兴，徐州、南通、淮安、连云港等地案件数量涨幅明显。知识产权案件作为地区经济发展的“晴雨表”，具体案件类型与地区行业特点和产业集群紧密关联。比如,南京、苏州作为全省经济最为发达的两个地区,高新技术企业蓬勃发展,涉技术类权属、侵权案件多发,故江苏涉技术类案件多发生于这两地;苏州、无锡地区老字号、传统手工艺等非物质文化遗产资源丰富,江苏涉非物质文化遗产保护案件多集中在这两地;无锡、镇江拥有“阳山水蜜桃”“镇江香醋”“丁庄葡萄”等多枚地理标志,涉地理标志案件较多;南通地区纺织产业发达,涉纺织品花型的著作权纠纷较多;常州邹区灯具城系国内创办较早、规模较大的灯具批发市场之一,常州及附近的扬州、镇江地区涉灯具产品外观设计专利权纠纷不断增多;宿迁地区制酒产业发展迅猛,涉酒类商标及外观设计专利权纠纷较多。

三是涉互联网领域知识产权新类型纠纷频发。近年来,互联网数字经济蓬勃发展,新兴互联网产业迅速占领市场,传统行业利用“互联网+”进行产业要素和商业模式转型升级。涉及如微信账号交易侵权性质认定、3D模型文件作品认定及权利边界、诱导分享、突破微信平台规则限制、不当抓取个人信息、“大数据杀熟”、强制“二选一”等新类型纠纷开始增多。同时,随着“抖音”“快手”等短视频平台快速崛起,涉短视频平台作品侵权纠纷持续增多。2021年侵害信息网络传播权纠纷4397件,同比增长124.11%,与2018年不足800件的数量相比增长了4倍多。

四是涉外及涉港澳台地区知识产权案件数量持续走高。坚持平等保护原则,依法审理涉外及涉港澳台地区知识产权纠纷,保护外方当事人合法权益,不断扩大江苏知识产权司法保护的国际影响力。2021年,江苏法院新收一审涉外及涉港澳台地区知识产权民事案件919件,与2018年的仅187件相比翻了两番。“新百伦”“BURBERRY”“拉菲”“PHILIPS”等越来越多的外方权利人主动选择在江苏提起诉讼,江苏日益成为涉外及涉港澳台地区当事人信赖的知识产权争端解决“优选地”。

五是知识产权刑事案件数量稳步增长,但在2021年因新旧法衔接呈现阶段性减少。近年来,江苏法院充分发挥刑罚威慑作用,不断加大知识产权刑事保护力度,知识产权刑事案件数量稳步增长,其中2020年新收知识产权刑事一审案件突破600件。需要特别指出的是,2021年刑事案件数量近五年来首次呈现下降趋势，这主要是由于新颁布的《刑法修正案（十一）》调整了部分侵犯知识产权罪的定罪标准及刑期范围，如将销售假冒注册商标的商品罪中的“销售金额”改为“违法所得”，还增加了商业间谍罪罪名，知识产权刑事案件的立案标准、定罪量刑标准有待进一步明确。

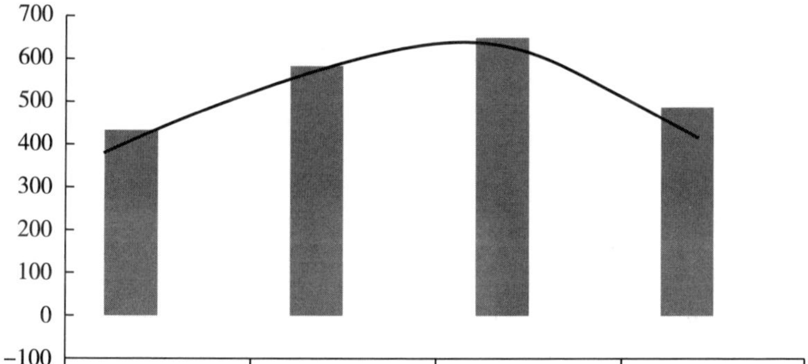

	2018年	2019年	2020年	2021年
■ 案件数量（件）	433	583	650	487
■ 增长率（%）	32.01	34.64	11.43	-25.08

图12　2018～2021年新收一审知识产权刑事案件数及增长率

在知识产权刑事案件中，涉商标权刑事案件每年约占90%以上，涉著作权刑事案件占比约5%。在涉商标权刑事案件中，假冒注册商标罪案件占比超50%，主要涉及酒类、鞋服、化妆品、保健品等与民生密切相关的行业。

一是依法适用惩罚性赔偿。充分发挥知识产权审判职能，案件审理中鲜明体现了最严格保护激励创新的价值导向。发布适用惩罚性赔偿典型案例，加大知识产权侵权惩治力度，提高侵权者侵权代价，有效阻却侵权行为再发生。在涉“小米”商标侵权及不正竞争案中，依法明确适用惩罚性赔偿，判决被告承担5000万元的高额赔偿金，该案入选最高人民法院适用惩罚性赔偿典型案例和江苏法院2019年度十大典型案例。在涉盼盼防盗门商标侵权案中，省法院针对以侵权为业、经营规模巨大的侵权行为，确定高出普通赔偿4倍的惩罚性赔偿数额，判决侵权人赔偿1亿元。审结涉“大自然地板”的商标侵权

及不正当竞争纠纷案，对于在争议商标被行政和司法程序认定无效后，继续恶意抢注、囤积大量近似商标，并采取“搭便车”、傍名牌手段招商推广，通过特许经营的方式扩大侵权规模，阻碍公平竞争的行为，依法适用惩罚性赔偿予以严惩，全额支持权利人1500万元损害赔偿请求。

〈 拓展资料 · 数据 〉

自知识产权领域惩罚性赔偿制度出台以来，江苏法院共在150余件案件中明确适用惩罚性赔偿或考虑惩罚性因素进行判决，判决数三年来翻了两番。

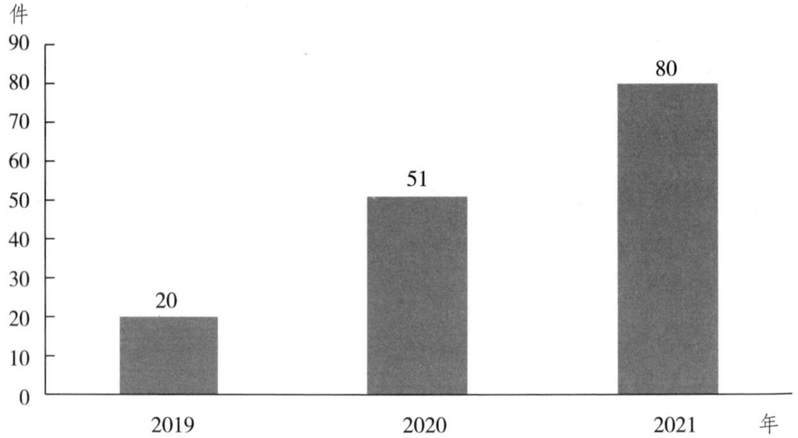

图13 2019～2021年江苏法院适用惩罚性赔偿判赔或考虑惩罚性因素判决数

〈 拓展资料 · 案例 〉

【适用惩罚性赔偿保护“小米”驰名商标案】省法院考虑到互联网发展的特点以及涉案“小米”商标及字号的发展历史，依法认定“小米”商标在中山奔腾公司申请注册“小米生活”商标之前已达到驰名状态，认为中山奔腾公司等在经营场所、网站、域名、微信公众号、被控侵权商品等处，突出使用“小米生活”,构成商标侵权和不正当竞争,依法明确适用惩罚性赔偿,判决其承担5000万元的高额赔偿金,全额支持权利人诉讼请求,充分体现当前对权利人合法权益实行最严格司法保护的理念。该案入选最高人民法院侵害知识产权民事案件适用惩罚性赔偿典型案例和江苏法院2019年度十大典型案例。

二是加大知识产权损害赔偿力度。强化精细化裁判思维,借助经济分析方法等手段,细化分析各项确定赔偿数额的要素,尽可能精确计算赔偿数额,努力实现知识产权价值,最大化弥补权利人损失。针对创新程度高的发明创造、知名程度高的商业标识、独创性程度高的作品被侵权使用的情况,不断加大判决赔偿的支持力度,有效激发创新活力。审结涉巴洛克生活家地板商标侵权案,全额支持权利人主张1000万元赔偿额的请求,入选2018年度中国法院50件典型知识产权案例。审结涉国际著名动画片《神偷奶爸》中“小黄人”卡通形象著作权侵权案,依权利人申请出具国内首个针对卡通形象及衍生品许可领域的行为禁令,并根据侵权人自行宣传的经营业绩计算确定500万元损害赔偿额,获得外方权利人高度评价。2021年,江苏法院判决、调解确定的赔偿数额为科创主体挽回经济损失21亿余元。

拓展资料·数据

江苏法院知识产权案件高额判赔数不断增加,2021年超300万元的高额判赔案件数达113件,较2019年增加91件。

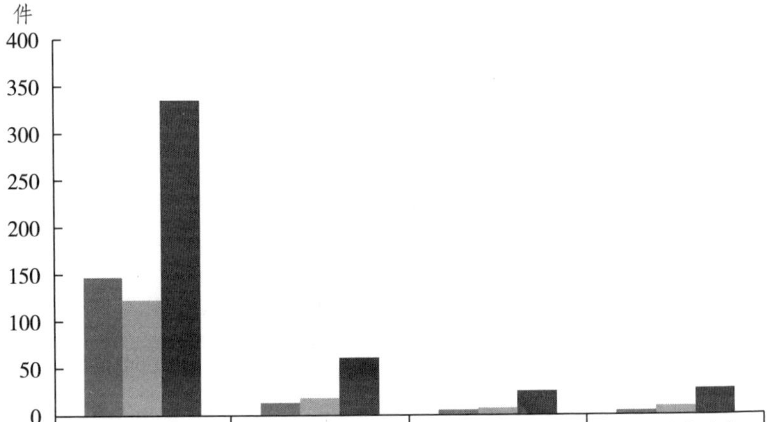

	50~300万元	300~500万元	500~1000万元	1000万元以上
■ 2019年	147	13	5	4
■ 2020年	123	18	7	9
■ 2021年	335	61	25	27

图14　2019～2021年江苏法院高赔偿额知识产权案件审结数

< 拓展资料 · 案例 >

【巴洛克生活家地板商标侵权案】浙江巴洛克公司在与巴洛克木业公司合作终止后，大量实施包括未经许可继续使用商标、字号等在内的多重侵权行为，不仅侵权规模大，而且侵权获利不走明账走私账，向正品店铺提供侵权产品真假掺卖，在权利人发函警告、行政部门作出行政处罚，甚至法院作出诉中禁令裁定后仍未停止侵权。省法院综合考虑侵权人的主观恶意程度以及权利人的损失，全额支持了权利人主张1000万元赔偿额的请求，体现了最严格保护的价值导向。该案入选2018年度中国法院50件典型知识产权案例。

三是及时采取临时禁令措施。对于权利人提出的禁令申请，积极受理、及时审查、依法裁定侵权人立即停止生产、销售、出口侵权产品，避免侵权行为持续给权利人造成难以弥补的损害。南京中院在涉曳头公司侵害外观设计专利权先予执行案中，探索反向行为保全的裁判规则，裁定先予恢复被删除的商品销售链接，该案被业界誉为国内首例“反向行为保全案”。苏州中院在涉“BURBERRY”商标侵权及不正当竞争案中，依申请及时下发临时禁令，有效阻止继续侵害“BURBERRY”商标行为。南京中院在扬子江药业公司诉优科公司侵犯专利权纠纷案中，针对优科公司拒不履行法院下发的临时禁令，给予最高100万元罚款，充分体现司法惩治的决心和力度。苏州中院在“新百伦”诉中禁令最高限额司法惩罚案中，对深圳新平衡公司拒不履行知识产权诉中禁令行为，依法定最高限额处以100万元罚款。

< 拓展资料 · 案例 >

【国内首例“反向行为保全”案】丁某以曳头公司等在天猫购物平台上销售的产品侵害其外观设计专利权为由诉至南京中院。后丁某向天猫公司投诉，天猫公司删除了被诉侵权产品在天猫购物平台的销售链接。曳头公司在案件审理中向法院申请先予恢复被删除的链接。南京中院考虑到曳头公司构成侵权可能性较小，不恢复销售链接可能导致其销售的被控侵权产品蚊帐错过参与天猫平台即将到来的“6·18”活动，造成难以弥补的损失，以及曳头公司提供了一定的担保，故裁定天猫公司立即恢复涉案被控侵权产品在天猫购物平台上的销售链接。该案被业界称为国内首例“反向行为保全”案，在业内引起强烈反响。与通常由专利权人为及时制止侵权行为而向法院申请行为保全即临时禁令不同，本案的特殊情形在于，在侵害专利权诉讼中，被诉侵权人向法院申请先予恢复被删除的电子商务网络销售链接并获得法院支持。本案裁定先予恢复链接的重要意义在于及时有效防止删除链接给平台内经营者可能造成的难以弥补的损失，解决电子商务中的恶意投诉问题，促进电子商务健康发展，并弥补现有立法不足，具有重要的法律适用和立法价值，以及迫切的现实意义。

【新百伦司法惩罚案】针对被告在国内大量生产、销售与新百伦公司 New Balance 运动鞋“N”字母装潢设计高度近似的被控侵权运动鞋的行为，根据新百伦公司提交的行为保全申请，苏州中院作出诉中行为保全裁定，责令其立即停止生产、销售被控侵权运动鞋等。裁定送达后，被告方拒绝履行生效行为保全裁定，苏州中院依法定最高限额对其处以100万元罚款。该案系江苏首例涉及知名商品特有装潢出具禁令的案件，也是全国首例从禁止生产、销售到禁止虚假宣传全链条覆盖的诉中禁令。本案出具的诉中行为保全裁定及司法惩罚决定，彰显了我国平等保护中外当事人知识产权以及维护司法权威的决心，入选2018年中国法院知识产权10大案件，该案裁判文书入选全国法院首届“百篇优秀裁判文书”。

四是依法减轻权利人举证负担。采取多种方式着力解决权利人举证难问题，积极运用当事人提供的来源于工商部门、第三方平台、侵权人网站、宣传资料或者依法披露文件的相关数据以及行业平均利润率等证据，依法确定侵权获利情况。同时，在多起案件中依法同时适用证据披露制度和举证妨碍制度，要求侵权人提供其掌握或控制下的相关证据。侵权人无正当理由拒不提供、未按要求提供证据或者毁损被保全证据的，根据权利人主张和在案证据，推定相关事实成立并据此确定赔偿数额。苏州中院在侵害“排水板成型机”发明专利权及司法惩戒案中，考虑侵权人擅自转移、毁损被法院保全证据的行为，依法推定侵权事实成立并予以民事制裁，该案入选2021年中国法院10大知识产权案件。无锡中院在涉“罗格朗”商标侵权及不正当竞争案中适用证据提供令制度，责令被告提交相关书证，并针对被告拒不提供证据的行为，结合现有证据推定侵权事实成立，同时全额支持权利人200万元的赔偿请求。

〈 拓展资料 · 案例 〉

【侵害“排水板成型机”发明专利权及司法惩戒案】周某系“排水板成型机”的发明专利权人，因发现无锡瑞之顺机械设备制造有限公司（以下简称瑞之顺公司）涉嫌侵权，向法院申请诉前证据保全。苏州中院裁定采取保全措施,对被诉侵权产品进行现场拍照并制作笔录,明确告知瑞之顺公司不得破坏或者转移保全证据,瑞之顺公司法定代表人签字确认。后周某以瑞之顺公司侵害其专利权为由诉至法院。案件审理过程中,瑞之顺公司在未告知法院的情形下擅自转移诉前保全产品并导致该产品灭失。一审法院认为,诉前保全证据系本案关键证据,瑞之顺公司擅自转移并导致证据灭失,直接影响本案侵权判断,遂认定被诉侵权行为构成侵害专利权并全额支持原告的赔偿请求。同时,一审法院对瑞之顺公司擅自转移诉前保全证据并导致证据灭失、严重妨害民事诉讼的行为给予司法惩戒,罚款20万元。瑞之顺公司不服一审判决,提起上诉。最高人民法院二审判决驳回上诉、维持原判。本案是人民法院着力破解"举证难"、提升知识产权审判质效和司法公信力的典型案例。该案明确了掌握证据一方的举证义务,以及证明妨碍和妨害证据保全的法律后果,对于依法适当减轻权利人举证负担,引导当事人积极、主动、全面、诚实提供证据,具有重要的实践价值,入选2021年中国法院10大知识产权案件。

五是充分发挥刑罚威慑作用。严厉打击涉疫情、涉民生知识产权犯罪,对主犯原则上不适用缓刑,并在52件案件中适用从业禁止令,阻断其再违法经营的路径。在公安部挂牌督办的侵犯《流浪地球》等数百部春节档热播电影著作权的"2·15"犯罪集团案中,对被告人就高判处刑罚并处罚金1300万余元。审结"童话大王"郑渊洁实名举报、中宣部等四部门挂牌督办的特大制售盗版出版物案,对二被告单位10名被告人共处罚金729万元。审结国家版权局挂牌督办的涉BT天堂网站影视作品侵犯著作权罪案,依法判决被告人构成侵犯著作权罪,该案引发社会广泛关注,网络点击量过亿。南京中院审结首例侵害芯片的侵犯著作权罪案件,在刑法尚未规定侵犯集成电路专有权犯罪形态的情况下,通过认定其构成侵犯著作权罪,充分保护芯片中的集成电路及固化于其中的计算机程序,严厉打击大规模破解他人芯片,提取其中文件并进行生产、封装、销售的违法犯罪行为,推动芯片产业创新发展。泰州法院在37件刑事案件中对100名被告人、4家被告单位共处罚金2329万元,追缴违法所得1185.7万元。

< 拓展资料 · 案例 >

【盗录《流浪地球》等春节档电影案】2019年春节期间,《流浪地球》等多部热映电影仍在上映期间即在互联网上迅速传播,受到舆论广泛关注。法院经审理发现,被告人通过“克隆”服务器、勾结影院工作人员非法获取电影母盘和密钥、利用高清设备翻拍、制作水印并加密等高新技术手段,复制并销售盗版影片,构成侵犯著作权罪。该案由最高人民法院指定江苏省扬州市中级人民法院管辖,省法院加大指导力度,快审快结。由中院“一把手”院长担任审判长,对4名主犯判处四年至六年有期徒刑,并处罚金1280万元。宣判后,4名主犯均服判息诉,央视新闻等多家媒体予以报道。该案入选国家版权局评选的“2020年中国版权十件大事”。

【“童话大王”实名举报的特大制售盗版图书案】淮安市文化广电和旅游局根据“童话大王”郑渊洁实名举报线索进行立案侦查,并查获存储盗版书籍的淮安仓库。经盘点鉴定,该仓库内均为侵权盗版图书,遂移送公安机关依法刑事立案。经审查,存储盗版书籍的仓库内有涉案图书68种,共93万余册,包括《皮皮鲁总动员》《皮皮鲁遥控老师》《肚子里有个火车站》等,图书码洋9000万余元。后该案移送至淮安市人民检察院进一步审查起诉,由淮安市中级人民法院审理,以侵犯著作权罪依法判处两被告单位罚金各50万元,判处各被告人一年至四年不等有期徒刑并处罚金。该案因“童话大王”郑渊洁实名举报而受到广泛关注,系国家版权局等四部门挂牌督办案件。宣判后登上新浪微博热搜榜,阅读量达1.4亿人次,被国际保护知识产权协会评为“2020年度十大版权热点案件”。

【BT天堂案】该案被告人袁某某以营利为目的,通过网络购得BT天堂网站(www.bttiantang.com)域名、服务器及虚拟主机后,在均未取得相关影视作品著作权人许可的情况下,将大量影视作品的磁力链接、种子文件链接发布在其管理运行的BT天堂网站上供网民点击下载以赚取广告收入。法院依法认定其通过信息网络向公众传播他人影视作品的行为,属于“复制发行”他人影视作品,构成侵犯著作权罪,判处有期徒刑三年,并处罚金80万元。该案系国家版权局挂牌督办案件，相关案情受到社会公众广泛关注，该案判决后被告人未上诉，有关案情登上微博热搜，点击量过亿，网友评论超6000次。

二、围绕服务大局创新工作举措

（一）围绕推动实现种业振兴加强种业品种权保护

江苏法院不断加强对种业知识产权保护的探索研究和经验总结，努力为种业知识产权保护探路，为推动种业创新、保障粮食安全积极贡献江苏司法智慧。2021 年，省法院围绕中央关于“打好种业翻身仗”“加强育种领域知识产权保护”的战略部署，梳理分析近八年来审理的涉种业知识产权纠纷，向省委报送《关于加强种业知识产权保护工作的报告》，获时任省政府主要负责人批示，最高人民法院知识产权法庭将该报告转发农业农村部。省法院及南京中院分别发布农业植物新品种保护十大典型案例，审结的种子套牌侵权纠纷案入选“新时代推动法治进程 2021 年度十大案件”。最高人民法院 2021 年发布的新植物新品种司法解释吸收了江苏法院关于临时保护期使用费追偿、合法来源抗辩认定、举证责任转移等审理思路和裁判规则。南京中院作为全国法院系统唯一代表，在农业农村部保护种业知识产权专项整治行动视频会议上作经验介绍。南京中院申报的“种业振兴司法保障的‘南京经验’”入选国务院知识产权战略实施工作部际联席会议办公室评选的知识产权强国建设工作典型案例。

〈 拓展资料 · 案例 〉

【追偿植物新品种临时保护期内使用费纠纷案】高科种业公司与案外人江苏农科院签订合同，约定江苏农科院将“南粳 9108”水稻植物新品种许可高科种业公司独占实施。江苏农科院还出具授权书，授权高科种业公司对“南粳 9108”植物新品种权授权前生产和销售该品种繁殖材料的单位和个人进行追偿。南通原种场在“南粳 9108”植物新品种权授权前擅自生产和销售了白皮袋包装的“南粳9108”品种繁殖材料，高科种业公司遂诉至法院。省法院依法支持高科种业公司行使追偿权，依法判决南通原种场支付涉案“南粳9108”新品种使用费30万元。该案入选2018年中国法院50件典型知识产权案例。

（二）围绕助推“卡脖子”技术攻关加强关键核心技术保护

持续强化“保护知识产权就是保护创新”的理念，不断加大对重点领域关键核心技术和新技术、新产业、新模式知识产权保护力度。南京中院一审审结华为公司诉康文森公司标准必要专利案，首次判决确定我国企业使用外国标准必要专利许可费率，为最高人民法院最终促成双方全球和解打下了良好基础，促进我国智能手机产业发展。联合南京知识产权法庭、苏州知识产权法庭开展涉外技术类案件的调研并形成《关于涉外技术类知识产权案件中涉“卡脖子”技术的报告》，助推解决“卡脖子”问题，该报告获时任省政府主要负责人批示肯定。联合省工业和信息化厅等5家省级机关开展“揭榜挂帅企业行”活动，共在南京、苏州召开四场座谈会和四次大走访，涉及江苏重点发展产业链中突破“卡脖子”技术攻关的揭榜挂帅企业34家，助推提升其知识产权战略布局能力和重点产业链发展，助力“卡脖子”技术攻关。联合省知识产权局，围绕“支部建在‘链’上，知识产权助推产业自主可控”主题，建立便捷高效服务保障重点发展产业链网络和工作机制。无锡中院出台《关于服务和保障太湖湾科创带建设的实施意见（试行）》，服务保障无锡太湖湾科创带企业发展。省法院审结圣奥公司诉陈某、晋腾公司侵害技术秘密纠纷案，判决窃取橡胶防老剂技术秘密的侵权人连带赔偿权利人2亿余元，充分保护圣奥公司世界领先的技术权益。苏州中院审结涉微硅MEMS专利权权属纠纷系列案件，准确界定技术成果归属，推动半导体领域该项核心技术发展和企业上市科创板；审结涉千人计划项目“优化并改造辅酶Q10的菌种和生产工艺”技术秘密纠纷，组织十多轮调解，最终促成当事人达成调解协议，积极推动国内CoQ10微生物发酵工业化生产，对于改善我国辅酶Q10原料高度依赖进口的现状具有重要意义。

< 拓展资料·案例 >

【华为公司诉康文森公司标准必要专利案】南京市中级人民法院在审理华为公司等与康文森公司确认不侵犯专利权及标准必要专利使用费案中，针对被告在英国起诉华为公司支付全球标准必要专利费的情形，采用自上而下计算FRAND许可费率法，率先判决确定标准必要专利的中国费率计算方式，为最高人民法院最终促成双方全球和解打下良好基础。该案入选最高人民法院发布2020年度人民法院十大案件、2020年中国法院10大知识产权案件以及十件技术类知识产权典型案例。

(三)围绕助力数字经济规范健康发展加强反垄断与反不正当竞争司法

省法院以“互联网竞争秩序规制”为主题召开省法学会知识产权法学研究会换届大会暨2021年年会，邀请25位国内著名理论及实务专家做大会主旨演讲及交流发言。完成省法学会重点调研课题“互联网平台涉竞争秩序规制问题研究”，形成的调研报告在省委政法委《江苏政法》刊发。苏州中院出台《关于充分发挥苏州知识产权法庭审判职能　依法服务和保障苏州数字经济和数字化发展的实施意见》，开展“数字经济·苏知护航”主题系列活动，着力保障传统产业数字化、智能化转型。无锡中院发布服务保障数字经济发展的典型案例。省法院审结涉“美团”“饿了么”外卖平台强制“二选一”案，依法认定“美团”平台运营方以提高费率、置休服务等手段阻碍商户与“饿了么”平台合作的行为构成不正当竞争，入选2021年度江苏知识产权保护十大案件。审结《斗罗大陆》小说改编成游戏作品的著作权侵权案，依法认定被控侵权游戏与涉案网络小说构成实质性相似，侵害了涉案作品改编权，对于引导网络文学、手机游戏及其结合等互联网新兴行业发展具有重要意义。审结“花千骨”游戏作品侵权案，考虑惩罚性因素判决爱奇艺公司等因“花千骨”游戏对蜗牛公司“太极熊猫”游戏“换皮”抄袭侵权并赔偿3000万元，对促进网络游戏产业的健康发展具有积极意义。

〈 拓展资料·案例 〉

【“美团”“饿了么”外卖平台强制“二选一”案】“美团”平台经营者通过提高费率、置休服务等技术手段，限制妨碍商户与“饿了么”平台合作，经法院认定，属于《反不正当竞争法》第 12 条“互联网专条”规定的不正当竞争行为。该案系江苏法院审理的第一起涉及外卖平台“二选一”不正当竞争行为的民事纠纷案件，对于促进平台经济规范健康有序发展、维护公平竞争的市场秩序具有重要意义，被评为 2021 年江苏法院十大典型案件。

【《斗罗大陆》小说改编成游戏作品的著作权侵权案】《斗罗大陆》系首发于“起点中文网”的小说作品，该小说作者与玄霆公司签订协议，将作品游戏改编权转让给玄霆公司。玄霆公司认为吉乾公司等开发的“斗罗大陆”（神界篇）游戏软件侵犯了涉案《斗罗大陆》作品的改编权，遂诉至法院。省法院认为，涉案《斗罗大陆》小说中人物角色、魂兽角色、技能元素以及其结合的人物关系、魂兽关系、故事情节等，属于作品独创性的基本表达，应受《著作权法》保护。而通过对游戏资源库文件进行反编译，提取其中的内容与涉案小说的内容进行比对，可以认定被诉游戏大量使用了涉案《斗罗大陆》小说中人物和魂兽名称、人物关系、技能和故事情节等元素，与涉案《斗罗大陆》小说构成实质性相似。故依法认定吉乾公司未经玄霆公司许可开发涉案游戏，侵害了玄霆公司享有的对涉案作品的改编权，判决赔偿损失及合理费用共计 500 万元。该案涉及手游对文字作品改编权的侵权认定问题，明确了认定游戏作品侵害他人对文字作品改编权的具体规则，即坚持综合判断，并通过对游戏资源库文件反编译的手段辅助判断，入选 2020 年度中国法院知识产权 10 大案件。

【“花千骨”游戏作品侵权案】被告爱奇艺公司等通过对蜗牛公司“太极熊猫”游戏具体玩法规则涉及的特定表达予以整体照搬和复制，以“换皮”抄袭方式开发游戏“花千骨”，蜗牛公司遂诉至法院。省法院在国内首次判决明确游戏玩法规则的特定呈现方式可以获得著作权法保护，并认定“换皮”抄袭构成著作权侵权，同时考虑惩罚性因素判决爱奇艺公司等赔偿蜗牛公司 3000 万元，对促进网络游戏产业的健康发展具有积极意义。该案入选 2019 年度中国法院 10 大知识产权案件。

(四)围绕非物质文化遗产知识产权保护开展理论研究和实践探索

省法院以省法学会知识产权法学研究会为平台,向社会广泛征集传统文化知识产权保护的论文或调研报告,组织各方力量建言献策,共征集到成果 78 篇,并开展优秀成果评审与表彰。《人民法院报》头版头条以《江苏法院让非物质文化焕发时代活力》为题刊发专题报道,介绍江苏法院进一步加强传统文化知识产权保护的研究,推动传统文化焕发创新活力、创新发展的做法。最高人民法院主要领导对《人民日报》刊载的《江苏苏州法院——严格司法保护、激发创新动力》一文作出批示,充分肯定苏州法院通过裁判促进苏绣等传统产业创新性发展的审判经验。

三、完善知识产权司法保护机制

(一)持续推进"三合一"审判机制

江苏法院自 2009 年开始全面推行知识产权民事、行政、刑事审判"三合一"改革,与公安、检察以及知识产权行政机关协调配合,共同推进"三合一"改革深入发展,江苏知识产权"三合一"审判机制持续走在全国前列,省法院多次在全国会议上就"三合一"审判机制作经验介绍。2019 年,省法院联合省检察院、公安厅、知识产权局共同举办"江苏法院知识产权审判'三合一'改革十周年"新闻发布会,向社会通报十年来"三合一"改革的主要措施与成效,并发布"三合一"审判改革十周年典型案例。2019 年,发布《关于知识产权犯罪量刑指引(试行)》。

< 拓展资料 · 发布 >

【《关于知识产权犯罪的量刑指引(试行)》】为进一步强化知识产权刑事司法保护,规范知识产权刑事案件的刑罚裁量权与量刑尺度,省法院根据相关法律法规和司法解释,结合江苏知识产权刑事审判工作实际,于 2019 年 11

月制定《关于知识产权犯罪的量刑指引(试行)》。该指引主要包括量刑的指导原则、基本方法、常见量刑情节的适用、个罪的量刑情节等内容。

(二)优化知识产权案件管辖机制

经最高人民法院批准,2020 年新增南京江北新区人民法院等 4 家基层法院,2021 年又新增南通通州湾江海联动开发示范区人民法院等 5 家基层法院,管辖非技术类一审知识产权案件。目前全省共有 13 家中级法院、43 家基层法院具有知识产权案件管辖权,数量位列全国第一。南京江北新区法院在中国(江苏)自由贸易试验区设立具有知识产权审判职能的法庭。同时,将原由南京知识产权法庭、苏州知识产权法庭管辖的外观设计专利纠纷案件及 300 万元以上非技术类案件回调至各市中院管辖,缓解法庭审判压力,充分发挥各中院审判力量。经最高人民法院批准,2022 年增设无锡、徐州知识产权法庭,并调整部分中级法院管辖的知识产权案件及区域范围,江苏成为全国首个拥有 4 家知识产权法庭的省份。南京江北新区法院在中国(江苏)自由贸易试验区设立具有知识产权审判职能的法庭。根据审级职能定位改革要求,向最高人民法院报送江苏基层法院管辖普通知识产权民事案件的标的额标准,并申请增设 13 家基层法院,调整七市辖区内基层法院管辖范围。调整后,江苏 50 家基层法院获准管辖知识产权案件,南京、苏州、无锡、徐州获批设立知识产权法庭,基层管辖法院数和知识产权法庭数均位列全国第一。建立提级管辖重大技术类案件审判机制。2021 年以来省法院共提级审理 15 件重大一审技术类案件,其中多起案件涉及 5G、宽带语音编解码等关键领域核心技术。

(三)健全技术事实查明机制

持续健全技术事实查明机制,积极探索技术调查官制度。南京中院在全国首创专职技术调查官制度,以优厚待遇引进高层次人才,面向社会公开选拔聘用专职技术调查官,为审判提供稳定的专业支持,该制度获“江苏省法治建设创新奖”一等奖。苏州中院以政府购买服务的方式,与国家知识产权局专利局专利审查协作江苏中心开展战略合作,选拔优秀专利审查员担任技术调查官，采用“固定工时为主、个案咨询为辅”工作模式。每周固定工作时间常驻法庭辅助办案的审查员每年更换一次；不固定工作时间的技术调查官在案件涉及所擅长业务领域时到庭履职，实现技术领域全面覆盖。推进技术调查官共享机制建设，与省内法院共享，并为最高人民法院在江苏审案时提供技术服务。实质推动审理进程，除充分发挥技术调查官辅助解决技术事实争点、调查范围、顺序及方法等职能外，积极推行技术调查官辅助勘验、保全、当庭验证技术争议，有效解决技术鉴定周期长、增加当事人负担等问题。2021年以来，南京知识产权法庭、苏州知识产权法庭技术调查官共参与1401件技术类案件的事实调查，参与勘验、保全124次，参与庭审、听证912次，出具书面技术调查报告530份。拓展延伸职责，苏州中院积极探索技术调查官兼任“特邀调解员”和“人民陪审员”的“一官二员”新机制。技术调查官还参与了法院与国家知识产权局首次就同一专利的民事诉讼与无效宣告联合审理。把好入口关，建立严格的招聘、推荐选拔规程；把好制度关，制定技术调查官手册，以制度刚性保障履职质量；把好考核关，建立以技术调查意见的数量和质量为核心的考核体系，作为薪酬发放依据及定期反馈内容。

（四）完善知识产权多元解纷机制

江苏法院不断加强与行政管理部门、人民调解组织、仲裁机构、行业协会的有机衔接与协调配合，注重发挥法院在调解、仲裁等多元化纠纷解决机制中的引领作用，促进纠纷诉前化解，推动从源头上减少诉讼增量，形成覆盖面广、专业水平高、体系健全的知识产权立体保护格局，促进共建、共治、共享的社会治理格局建设。省法院与省律师协会、专利代理人协会会商，建立专业知识产权律师、专利代理人驻法院诉讼服务中心律师工作站调解知识产权纠纷工作机制，组织开展培训，共有1145名符合申报条件的驻法院律师工作站专利代理师参加培训。联合省知识产权局建立知识产权纠纷在线诉调对接机制，选聘37个调解组织和178名调解员，召开江苏微解纷线上培训会议。近两年，江苏法院通过“人民法院调解平台”新收诉前调解知识产权案件32812件，成功调解9209件。联合省知识产权局出台《江苏省知识产权纠纷行政调解协议司法确认工作实施办法》，落实《知识产权强国建设纲要

(2021—2035年)》“探索依当事人申请的知识产权纠纷行政调解协议司法确认制度”的要求,进一步推动司法保护与行政保护有效衔接。联合省版权局、省文旅厅等推动将著作权纠纷案件委托省版权调解中心、娱乐业协会等组织调解。江苏版权纠纷调解中心成立两年来,共受理版权纠纷案件3590件,灵活运用线上、线下以及电话等调解方式成功调解纠纷614件,挽回直接经济损失1226.4万元。泰州中院充分发挥“全国自强模范”“全国模范法官”王小莉的典型示范作用,联合市场监督管理局、司法局建立“王小莉工作室”,化解诉讼与非讼纠纷。镇江中院制定《关于规范知识产权民事纠纷诉前调解工作的指导意见》。常州中院与市场监督管理局、科教城管委会共同签署《知识产权保护协作备忘录》,借助中国(常州)知识产权保护中心力量推动纠纷多元化解。无锡中院、徐州中院联合市仲裁委员会,徐州、淮安、扬州、宿迁、盐城、镇江、连云港等地中院联合市场监督管理局制定意见,开展知识产权诉源治理。

四、积极参与知识产权社会治理

(一)加强司法宣传,增强公众知识产权意识

省法院连续十七年向社会发布《江苏法院知识产权司法保护状况》《江苏法院知识产权案件年度报告》,以及司法保护十大典型案例,连续三年同步发布中英文版。2021年首次发布适用惩罚性赔偿典型案例、农业植物新品种保护十大典型案例等;2022年首次发布推进知识产权诚信体系建设十大典型案例。通过省工商联、省知识产权局线上平台,及时向创新主体发送司法保护状况、典型案例、规范性意见等。江苏法官受邀为行政执法机关、行业协会等做知识产权保护专题讲座百余场,助力提升行政执法能力,增强公众知识产权保护意识。维护并运营好官方微信公众号“江苏知产视野”,及时向社会传递知识产权司法保护的最新资讯和典型案例,提升江苏法院知识产权审判在业内外的影响力。该公众号设立以来,已更新250余期,刊登典型案例230篇,发布文章资讯数十篇,产生较为广泛的影响力。南京中院连续两年开展“知产‘宁’身边”网络直播主题宣传活动,并在官方微信号上开设专栏。苏州知识产权法庭构建“苏知倾听热线”法企对接平台,组建亲商法律服务团队,

精心打造"苏知最舒心"亲商法律服务品牌。无锡中院以漫画"李大创开店记"在官方公众号宣传知识产权法律法规。泰州中院召开新闻发布会，率先发布《泰州医药产业知识产权司法保护蓝皮书》。苏州、无锡、常州、扬州、南通等地法院在辖区内纠纷高发区域设立巡回审判点，强化以案释法，提升法治宣传效果。

（二）发送司法建议，引导行业规范发展

积极延伸审判职能，针对审理中发现的行政部门、行业协会以及创新企业在知识产权创造、保护、管理、运用和服务中存在的问题，及时发送司法建议。苏州中院针对一些知识产权代理机构利用审核漏洞开展不诚信经营行为，主动向国家知识产权局发送司法建议，受到该局分管领导批示并被采纳，助推国家知识产权局开展打击黑代理"蓝天"专项整治行动。在涉"大自然地板"商标侵权案件审理中，该院向国家知识产权局商标局发送司法建议，推动建立全流程打击恶意注册商标工作机制；并向中华地板网、中华建材网等互联网平台发送司法建议，建设性提出探索构建知名品牌地板红名单制度、建立健全网络平台数据巡查、审核和投诉机制等，从源头上减少网络侵权行为的发生，被人民法院报、知产财经等媒体报道。无锡中院针对特许经营合同纠纷急速增长趋势，认真梳理相关案件，撰写专项报告，向市商务局发出司法建议，在特许经营备案、投诉处理、风险提示、宣传引导等方面提出建议。镇江中院针对审判中发现的冒用他人企业名称注册域名从事违法活动等情况，向省通信管理局发送"建立信息共享机制，从严审核域名备案资料"的司法建议。苏州吴江法院向360搜索引擎运营方发出司法建议，建议网络平台运营商规范关键词搜索推广服务，得到北京奇虎科技有限公司的高度重视和积极回应。

（三）加强与司法、行政部门协作，强化知识产权全链条保护

《刑法修正案（十一）》颁布后，省法院联合省公安厅、省检察院开展针对假冒注册商标罪等罪名的专题研讨，推动修正案实施，统一执法尺度。省、市法院多次与行政部门就实践中的难点交流研讨，并通过不定期工作会商、疑难案例研讨等方式，建立司法审判与行政执法相衔接的工作机制，形成保护合力。南京中院制定出台《关于强化司法担当 落实知识产权全链条保护的工作举措》,与国家知识产权局南京专利代办处、江苏(南京)知识产权仲裁调解中心等7家单位签署知识产权保护战略合作协议。苏州中院联合公安、检察、市场监督管理部门联合会签并发布《关于办理侵犯商业秘密案件若干问题的意见(试行)》。无锡中院牵头起草《关于建立知识产权司法保护互联互通工作机制的实施意见》,市联席会议办公室予以转发并要求各成员单位遵照执行;联合市商务局、市场监督管理局召开外商投资企业知识产权和国际贸易风险应对"双月谈"座谈会。泰州中院与公安、检察、市场监督管理、版权等部门共同签署《加强医药知识产权协同保护合作框架协议》,建立重点医药企业知识产权保护名录,联合市知识产权局、版权局成立保护团队,推动形成医药知识产权保护合力。镇江中院连续七年联合市场监督管理局举办商标疑难案例研讨会暨商标保护知识培训。常州、盐城、徐州、连云港等地中院与公安、检察、市场监督管理部门等共同出台有关知识产权保护跨部门协作机制方面的文件,优化部门间协作配合机制,服务保障经济高质量发展。苏州园区法院联合科创委、市监局、海关打造"知识产权保护会客厅",昆山法院在辖区内4家台资企业设立"知识产权司法保护工作站",护航地区经济创新发展。

(四)参与国际治理,表明江苏严格知识产权司法保护的鲜明态度

省法院发布《关于进一步加强涉外知识产权审判工作的纪要》,积极参与知识产权国际治理,不断增强司法保护的国际影响力。坚持依法平等保护中外权利人的知识产权,2件案例入选中国外商投资企业协会优质品牌保护委员会"2020~2021年度十佳案例"。常州市高新区法院审结曹某假冒注册商标罪案,促成被告人与俄罗斯被害单位达成和解协议,赔偿经济损失并将抢注的音译商标等返还给被害单位,"一揽子"解决纠纷,彰显大国诚信。省法院与省版权局共同推动吴江丝绸成为世界知识产权组织版权保护优秀案例示范点,推动吴江知识产权保护与丝绸产业深度融合与发展。省法院知识产权庭庭长受世界知识产权组织邀请,用英文为"一带一路"沿线国家研究生做"中国著作权司法保护"专题讲座。常州中院受江苏检验检疫质量研究中心邀请，指派资深法官为参加“一带一路知识产权培训研修班”的阿拉伯国家知识产权官员做专题讲座。

第五节 服务保障生态文明建设

深入践行“绿水青山就是金山银山”理念，着力构建“9+1”环境资源审判“江苏模式”，充分发挥环境资源审判职能作用，妥善审理“非法捕捞长江鳗鱼苗案”“特大走私象牙案”等一批具有全国影响力的大案要案，3个案例入选联合国环境规划署首批中国环境司法十大案例，首创技改抵扣、“现金+全域修复”赔偿、全链条追责、生态环境损失整体性认定等一批具有全国影响力的裁判规则，在全国率先建设长江新济洲、海洋牧场等一批生态司法保护修复基地。2021年，省法院在世界环境司法大会上做专题发言，向世界展示江苏生态环境司法的生动实践。

一、坚持改革创新，建立环境资源审判“9+1”机制

根据江苏拥江滨海、河湖众多、水网密布的生态环境特点和司法保护实际需求，于2019年1月启动新一轮改革，以生态功能区为单位，设立长江流域、太湖流域等9个基层环境资源法庭，跨设区市集中管辖全省基层法院环境案件，经最高人民法院批准，设立南京环境资源法庭，集中管辖9个法庭上诉案件和全省中级法院一审环境案件，创建了环境资源审判“9+1”机制。新机制实行生态功能区集中管辖，解决司法保护碎片化问题，促进生态环境系统保护与整体保护；实行跨行政区划集中管辖，解决诉讼“主客场”问题，营造良好绿色营商环境；实行刑事、民事、行政“三合一”审判方式，解决责任追究片面化问题，提升审判专业化水平。“9+1”机制改革模式，获评全省政法工作优秀创新成果特等奖，中央深改委办公室向全国转发推介。

延伸阅读

【环境资源审判“9+1”机制功能】一是充分发挥流域区域管辖制度优势,实现生态环境的系统保护。生态环境是统一的有机整体,需要按照系统工程的思路,全方位、全地域、全过程开展生态环境保护。在完全按照行政区划设置环境资源审判机构管辖模式下,一方面,跨行政区划污染案件中难以全面追究污染者的环境侵权责任;另一方面,环境污染司法修复区域往往也仅限于当地,难以依照山水林田湖草一体保护的系统保护观,制定最为有效、最为经济、最为便利的整体性修复方案。在“9+1”机制下,按照生态功能区确定案件管辖区域,有助于进一步深入研究生态环境系统保护、整体修复的司法规律和审判规则,强化生态环境系统保护,提升环境资源综合治理能力。

二是充分发挥跨行政区划管辖制度优势,营造良好的营商环境。不同行政区域之间环境执法、司法尺度存在差异,污染企业往往会向监督管理不到位、打击力度较弱的地区流动。由于污染企业因污染行为而降低了生产经营成本,造成了“违法成本低、守法成本高”和“劣币驱逐良币”的现象。“9+1”机制下审判机构大幅减少,司法管辖区域大幅增加,有助于统一司法裁判标准,统一对污染行为的刑事处罚力度、经济制裁力度和行政监管力度,从而促使企业自觉依法经营生产,逐步将危害环境、屡教不改的企业从市场淘汰,促进形成依法守法、竞争有序的绿色生产市场环境。

三是充分发挥案件集中管辖制度优势,提升环境资源专业化审判能力水平。“9+1”机制改革后,全省三级法院承担环境资源审判任务的专门审判机构由原来的45个缩减为11个,即省法院环境资源审判庭、南京环境资源法庭和9个生态功能区环境资源法庭。司法职权配置进一步优化,环境资源审判队伍进一步精简,有助于实现审判力量的集结整合,促进审判人员更加准确地把握环境资源审判规律和特点,加强审判实践锻炼和经验积累,进一步提升环境资源专业化审判能力。

二、紧扣绿色发展，协同推进生态环境高水平保护和经济高质量发展

(一)服务保障长江大保护

落实共抓大保护、不搞大开发要求,省法院制定贯彻长江保护法具体实施意见,采取14项措施,加大长江流域司法保护力度。落实"长江十年禁渔"重大决策,联合相关部门制定专门意见,审结涉长江非法捕捞案件489件,助力扭转长江生态功能恶化和生物资源衰退趋势。南京环境资源法庭审结特大"非法捕捞长江鳗鱼苗案",在全国首次判决鳗鱼苗收购者、贩卖者与非法捕捞者承担连带责任,从源头上切断非法利益链。严厉打击非法采砂行为,审结涉长江流域重点水域相关案件779件,有力保护长江生态资源。齐某等人盗采长江江砂217万吨,形成打砂、运砂、销售产业链,情节严重,镇江法院依法对齐某等14名被告人予以严惩,有力震慑了非法采砂行为。南京海事法院与省交通运输厅、江苏海事局共同采取9项举措,促进绿色航运发展、保障黄金水道安全。该院通过示范庭审,促进38起长江"三无"船舶行政争议实质化解。妥善处理中国香港籍危化品船舶诉前扣押案,顺利完成卸货洗舱,并移泊太仓港危险品锚地,最大限度排除安全隐患。中宣部、最高人民法院组织6省部分全国人大代表和政协委员,在江苏开展"司法护航美丽长江"集中调研宣传活动,在长江新济洲司法研究修复基地举办新闻发布会,充分展示了江苏法院长江大保护成效。

〈 拓展资料 · 发布 〉

【《关于充分发挥审判职能作用　切实贯彻长江保护法的具体实施意见》】为深入学习贯彻习近平生态文明思想和习近平法治思想,认真落实《最高人民法院关于贯彻〈中华人民共和国长江保护法〉的实施意见》,充分发挥审判职能作用,保障长江保护法的统一正确实施,省法院制定了《关于充分发挥审判职能作用　切实贯彻长江保护法的具体实施意见》(以下简称《意见》)。《意见》强调,要深刻认识贯彻长江保护法的重大意义,准确把握贯彻长江保护法的

基本要求,自觉担负贯彻长江保护法的使命责任。《意见》要求,要充分发挥环境资源审判职能作用,探索创新司法保护体制机制,提升司法保护能力水平,增强社会公众保护长江生态环境法治意识和行动自觉,为长江大保护进一步营造良好社会氛围。

(二)服务保障经济绿色转型发展

一是推动传统产业转型升级,依法支持行政执法部门关停高能耗、高污染企业,促进"重化围江""散乱污危"小化工整治。督促企业严格遵守国家环保新规,大吉公司未及时进行环保达标技术升级,被一家社会组织提起公益诉讼,省法院判决该企业承担556万元生态修复责任。二是支持新兴产业绿色发展,依法审理涉太阳能、风能等产业发展相关案件,妥善化解协鑫光伏、金风科技等知名龙头新能源企业纠纷,服务保障江苏清洁低碳能源产业发展。推动集成电路、智能制造等企业绿色运转,长江第一法庭在苏阳电子公司污染环境案件中,提出环保风险隐患整改建议,促使企业投入550万余元全面升级环保设备,企业效益逐年提升。三是服务保障生态经济发展。依法规范生态产品价值实现的市场化路径,有效畅通绿水青山转化为金山银山的法治通道。

(三)依法维护生物多样性

贯彻《江苏省野生动物保护条例》,审结涉野生动物保护刑事案件1194件,民事公益诉讼案件147件,强化物种多样性和生态系统多样性保护。南京环境资源法庭与红山动物园共同设立生物多样性保护司法实践基地,合力救助野生动物。李某非法捕捞致一条中华鲟死亡,长江第二法庭依法判处其有期徒刑1年4个月,成为《世界环境司法大会昆明宣言》后,首个产生重要影响的示范案例。严厉打击非法贩运、收售濒危野生动植物及其制品行为,在一起走私珍贵濒危野生动物制品刑事案件中,被告人走私象牙共计70段、重约563千克,案值约2347万元,南京环境资源法庭依法判处被告人有期徒刑11年6个月,有力践行我国坚决履行生物多样性保护的庄严承诺。

三、坚持以人民为中心，切实解决人民群众身边突出生态环境问题

（一）积极参与环境污染治理

依法保障省委省政府“263 专项行动”，助力打赢污染防治攻坚战，制定环境污染刑事、民事案件审理指南、指导性意见等 13 份，审结各类环境污染案件 1665 件，刑事制裁 3022 人，禁止破坏生态环境的 972 名罪犯再次从事相关行业，判处赔偿修复费用 9.2 亿元。淮北丘岗法庭在一起环境行政公益诉讼案中，不仅促使涉案油泥得到及时清理，而且从制度上明确了环保机关对危险废物跨域污染的属地处置职责。服务美丽田园乡村建设，着力破解黑臭水体、垃圾污染等群众反映强烈的突出问题。王某等人将 3140 吨省外生活和建筑垃圾非法倾倒在南通海门某农场，造成严重污染，长江第二法庭对王某等人依法从严追究刑事责任，并判令赔偿环境损失。妥善审理“邻避”案件，平衡个体权益与公共利益，明确企业、政府法律责任，保障公众环境知情权、参与权。在光大公司垃圾焚烧发电项目环评许可案中，判令企业全面实时公开生产排放信息，解除群众后顾之忧。

（二）依法保护水韵江苏人文之美

坚持文化为魂、生态优先，增强生态文化资源司法保护针对性、实效性，促进优秀地域文化传承利用。苏州中院牵头大运河（苏州段）沿线 6 家法院建立协作机制，提升河道治理、水上运输和文化遗产保护案件办理效果。鼎鸿公司将含铜蚀刻废液排入大运河，太湖法庭在判令其承担刑事责任的同时，要求该企业安装运行环保设备，切实消除污染源。苏州姑苏法院与太湖流域 12 家检察院建立司法协作机制，与省太湖渔管办等部门建立联合保护机制，共同守护大美太湖。黄海湿地法庭妥善办理“退渔还湿”案件 132 件，在丹顶鹤保护区等地设立 5 个司法保护基地，精心呵护全国唯一世界湿地自然遗产。

（三）大力倡导绿色文明新风

强化环境司法宣传，常态化发布年度环境资源审判白皮书及典型案例，大力宣传民法典“绿色原则”“绿色条款”；着力打造生态环境“法治课堂”，让

“小案件”发挥“大效应”；开展巡回审判603次，推动环境司法进乡村、进社区、进学校，努力让绿色生产生活方式成为全社会自觉行动。开展庭审直播4819场，全国第1000万场庭审直播在南京环境资源法庭举行，央视《新闻联播》等主流媒体节目集中报道。灌河法庭在线审理仰某等人祭祀失火烧毁山林案，判令补种树苗2000棵，引导生态祭祀、安全用火良好风尚，央视新闻官方微博发起的专门话题登上热搜榜，点击量突破9000万。淮北丘岗法庭组织大中小学师生、农贸市场业主等数十万人在线观看史某非法狩猎案庭审，引导“拒食野味、健康饮食”文明生活方式。

< 拓展资料·案例 >

【李某某危害珍贵、濒危野生动物案】2021年3月6日，李某某等人在长江口附近海域非法捕捞鳗鱼苗等水产品过程中，捕获中华鲟一尾。经鉴定，该鱼为中华鲟，系5龄至6龄幼鱼，整体价值为192308元至375000元，非法捕捞使用的渔具为单桩框架张网，最小网目尺寸为1.69毫米/目。

如皋市人民法院认为，李某某违反保护水产资源法规，非法捕捞致一尾国家一级保护野生动物中华鲟死亡，其行为构成危害珍贵、濒危野生动物罪，依法判处李某某有期徒刑一年四个月，并处罚金人民币二万元。

该案在2021年“世界环境日”(6月5日)前夕开庭审理，中央电视台全程直播，425万名网友在线观看，社会反响良好，彰显了人民法院严厉打击长江非法捕捞的坚定决心，有效引导社会公众树立依法保护、积极救助长江珍贵、濒危野生动物的意识。

四、增强司法能力，提升环境司法保护整体效能

(一)构建多元共治格局

加强与公安、检察机关司法协作，强化工作联动、矛盾联排、纠纷联处，增强环境司法保护合力。健全环境执法司法联动机制，加强与自然资源、生态

环境、海洋渔业等相关单位协作配合，深化执法司法“两法衔接”。南京环境资源法庭在高邮湖畔审理特大电捕鱼案，农业农村部组织21个省份200多位渔业主管部门负责人旁听庭审，并集中销毁非法捕捞器材，促进了环境司法与执法的有效互动。淮安中院推动建成全国首个凹土协同保护机制，有效保护“万土之王”。积极延伸司法职能，发送司法建议43份，促进环境治理。南京环境资源法庭就环境行政体制改革后行政处罚程序的新情况、新问题，向省生态环境厅发送司法建议，促进规范有关生态环境行政处罚程序。

（二）健全审判工作机制

建立完善“恢复性司法实践＋社会化综合治理”审判结果执行机制，建立42个生态环境司法修复基地。长江新济洲司法修复基地聚焦系统修复，着力打造长江下游水生植物种质资源库，推进生物多样性保护。在连云港建立全国首个海洋牧场环境司法执行基地，运用生态损害赔偿资金，实施人工鱼礁、海藻场建设等修复项目。建立科学“外脑”帮助机制，聘请包括5名“两院”院士在内的76位知名环境资源自然科学、法学专家组成专家库，为案件审理提供科学意见；选取具有环境专业技术知识的陪审员参与案件审理；聘请专业人士担任技术调查官，参与调查取证，制定修复方案，检查验收修复结果，帮助厘清案件事实，着力提升审判专业化水平。推动构建长三角一体化环境资源司法协助机制，联合发布相关典型案例，促进法律适用统一，加强四地法院跨域立案、诉讼服务、跨域执行协作，努力为长三角生态绿色一体化发展提供一站式、无差别、高质量司法服务。

（三）创新裁判规则

创设了一批具有全国影响力的裁判规则、执行模式，实现惩治违法犯罪、赔偿经济损失、修复生态环境“一判三赢”的效果。首创“异地补植”执行方式，对于无法原地修复生态环境的，判令异地植树造林，共补种、管护林木823亩。首创“劳务代偿”执行方式，对于经济赔偿能力不足的，判令从事环保劳动服务。推广“增殖放流”执行方式，对于损害水体生态环境的，判令增殖放流鱼虾苗，共放流840万尾。在常隆公司环境污染案中，首创“技改抵扣”方式，判决准许以技术改造资金抵扣部分损害赔偿资金，引导企业引进先进生产工艺和设备，有效减少环境污染，被最高人民法院向全国推广。在全国首例由省政府作为原告提起的海德公司公益诉讼案件中，首创“分期付款”方式，判决准许企业分期缴纳环境修复费用，推进破解“案件执行企业经营难、案件不执行环境修复难”的“两难”问题。在胜科公司公益诉讼案中，首创“现金 + 全域修复”赔偿方式，依法准许排污企业以实施替代性生态修复项目的方式抵扣部分损害赔偿金，促进实现“一地污染、全域修复”。在赵某等人非法采砂案中，确立全链条追责裁判规则，依法追究非法盗采、运输、销售等各环节犯罪行为人的刑事责任和生态修复责任，斩断破坏生态环境非法利益链。在王某非法采矿公益诉讼案中，确立生态环境损失整体性认定规则，判令侵权人承担自然资源直接损失和生态要素间接损失，显著提高违法成本。

（四）打造审判人才高地

持续加强环境资源案件审判素能提升，注重专业骨干、领军人才培养，涌现出一批“全国审判业务专家”“全国法院办案标兵”等优秀法官。举办全国生态环境法治研讨会，承办全国大学生环境资源模拟法庭大赛，推动理论和实务深度交流，提升江苏环境司法影响力。系统总结环境资源审判创新成果，编写出版《中国环境司法改革之江苏实践》（中、英文版），向国内外展示江苏环资审判改革经验。着力打造精品案件，3 个案件入选全国推进法治进程十大案件，3 个案件入选“最高人民法院指导性案例”，3 个案件入选中国最具影响力的十大环境资源案例，27 个案件入选全国法院环境资源典型案例，3 个案件入选联合国环境规划署首批中国环境司法十大案例。在全国环境资源审判优秀业务成果评选中，江苏获奖总数、等次连续五届位居全国第一。

第六节　服务保障重大战略实施

找准服务保障“一带一路”建设、长三角区域一体化发展、乡村振兴等重大战略实施的着力点、结合点，推出一系列司法服务政策措施，保障重大战略在江苏顺利实施。

一、服务保障乡村振兴

充分发挥审判职能作用,将服务拓展脱贫攻坚成果纳入审判执行总体工作中,推动服务和保障全面推进乡村振兴、加快农业和农村现代化各项政策举措落实落地。省法院制定出台《关于为实施乡村振兴战略提供司法服务和保障的意见》(以下简称《意见》),为服务保障乡村振兴提供指导。高度重视人民法庭在服务经济发展、助推社会治理、满足群众司法需求上的区位优势,准确把握实施乡村振兴战略与发挥人民法庭职能的结合点、着力点,于2021年3月在张家港市人民法院率先挂牌成立"服务乡村振兴(张家港)实践基地",以实践基地的先行先试、创新实践,带动全省法院提升全面推进乡村振兴的整体效能。目前,江苏法院共有20个乡村振兴实践基地。

< 拓展资料 · 发布 >

【《关于为实施乡村振兴战略提供司法服务和保障的意见》】《意见》指出,人民法院承担着化解社会矛盾、维护社会稳定、服务经济发展、促进社会和谐、实现公平正义等重要职能,在服务乡村振兴战略中责任重大、使命光荣。江苏在工农业之间、城乡之间发展较为协调,但发展的不平衡、不充分问题在乡村尤其在苏北乡村最为突出。为充分发挥人民法院职能作用,省法院找准切入点、着力点,增强工作的主动性、预见性,制定了八项二十六条具体意见,包含实现农业现代化、建设生态宜居美丽乡村、完善乡村治理体系、繁荣乡村文化、改善乡村民生等内容。《意见》实施近3年来,全省人民法院按照中央关于实施乡村振兴战略的决策、省委规划和最高人民法院部署,准确把握产业兴旺、生态宜居、乡风文明、治理有效、生活富裕的总要求,紧紧围绕乡村产业振兴、人才振兴、文化振兴、生态振兴、组织振兴,依法妥善处理乡村振兴战略实施过程中的各类矛盾纠纷,为推动农业全面升级、农村全面进步、农民全面发展,为建设"强富美高"新江苏奠定了坚实基础,谱写了新时代江苏乡村振兴的新篇章。

〈 拓展资料 · 案例 〉

【江苏百德惠生态农业有限公司破产清算案】江苏百德惠生态农业有限公司(以下简称百德惠公司)位于靖江市马桥镇,注册资本6000万元,该公司在马桥镇等地租赁2600亩土地经营内陆水产养殖及水果种植销售等涉农产业。依托靖江市乡村振兴发展战略,百德惠公司一度成为当地农业领域龙头企业、当地经济特色马桥樱花草莓节主力。后因管理不善、盲目扩张等因素,百德惠公司资金链断裂。2021年3月26日,靖江市人民法院(以下简称靖江法院)将百德惠公司执行案件移送破产审查。同年4月20日,靖江法院裁定受理百德惠公司破产清算案。

经查,百德惠公司主要财产为分散在多个乡村内的鱼塘、钢构大棚等,其产业发展所依赖的土地经营权系从当地农民手中流转而来,不属于破产财产,如采用网络拍卖方式"一卖了之",可能使附着于集体土地上的农业设施价值大大减损。为最大限度提高附着于集体土地上农业设施的变现价格,有效降低鱼苗、秧苗以及即将收获的草莓等因破产处置造成的价值减损,避免土地闲置,化解破产清算给农户带来的恐慌情绪,维护樱花草莓节这一特色品牌,靖江法院加强府院联动,积极争取各村委会支持,确保流转土地能够供资产买受人继续使用。2021年12月28日,管理人按照破产财产变价方案,对百德惠公司农业设施进行分类分块现场公开竞拍,同时邀请村委会在竞拍现场与资产买受人签订新的土地流转协议。当日,所有农业设施全部现场成交,所有买受人与村委会均达成新的土地流转协议,完成了土地经营权从百德惠公司到买受人的顺利交接。同年12月30日,靖江法院裁定终结百德惠公司破产清算程序。人民法院坚持最大限度保护农户利益,有效降低农产品因破产处置造成的价值减损,有效化解了企业破产给农户带来的恐慌情绪,有力维护了社会稳定。此案是人民法院盘活农村资产、保障农村就业、稳定农民收入、服务乡村振兴的一个生动缩影。

< 延伸阅读 >

【张家港法院加强法庭建设实践】张家港法院立足基地实践，围绕“解决一类事、培养一批人”目标，邀请全市基层村、社区干部进入法庭，开展为期1到3个月的法治专题培训，助力培养基层法治人才。辖区6个人民法庭全面铺开“法官村官双向交流”活动，各乡镇轮流选派负责矛盾纠纷化解工作的“两委”干部到实践基地开展脱产业务培训，人民法庭围绕法律知识、诉讼流程、调解能力等方面开展双向交流，努力将村干部培养成基层“法治带头人”。2021年以来，全市219名村官进入6个人民法庭完成首轮交流培训。其中，经济技术开发区人民法庭以构建一套基层法治人才培养的长效机制、打通一条诉调对接的联络渠道、打造一个基层治理的综合平台为目标，着力打造基层法治带头人培养的“开发区样本”。该法庭每个月接收5名基层干部开展体验式培训，举办“庭审公开课”为村“两委”“一把手”开展现场案例教学，设立“法官午市”等点位深入基层一线开展法制宣讲、实地解纷等活动。

二、服务保障“一带一路”建设

江苏法院积极回应“一带一路”建设中外市场主体的司法关切和需求，平等保护各国商事主体权益，营造稳定、可预期的营商环境，成立苏州国际商事法庭、无锡国际商事法庭，建立健全国际商事海事争端解决机制，境外当事人主动选择江苏法院管辖的案件日益增多，涉外民商事判决得到越来越多的国家承认和执行，涉外司法国际公信力和影响力持续提升。2018年1月至2021年12月，江苏法院共受理一审涉外、涉港澳台地区民商事案件10253件，二审涉外、涉港台地区民商事案件1131件，司法协助案件2618件（其中承认和执行境外、港澳台地区判决、仲裁裁决案件41件）。

（一）深入贯彻实施涉外商事审判精品战略，推动国际商事法律规则发展

江苏法院贯彻实施涉外商事审判精品战略，着力提高审判质效，准确适用法律，明晰裁判规则，打造出一批具有典型意义和示范效果的精品案件。

在江苏太湖锅炉股份有限公司与卡拉卡托工程有限公司、中国银行股份有限公司无锡分行保函欺诈纠纷案中,正确适用国际商会关于见索即付保函“先赔付、后争议”的规则,严格把握保函欺诈标准,保障受益人依据保函迅速得到偿付的合法权利,维护了国际金融秩序,该案入选最高人民法院公布的第一批涉“一带一路”建设典型案例。在王某与江苏新洲际国际贸易有限公司、中钢钢铁有限公司股权代持纠纷案中,苏州国际商事法庭充分发挥专家委员会的智力支持作用,委托国际法律专家准确查明和适用该案所涉埃塞俄比亚有关法律,裁判结果得到埃塞俄比亚行政部门的直接认可和执行,是国际司法协助实践领域的重要突破,是人民法院服务共建“一带一路”高质量发展的生动实践。

< 拓展资料 · 案例 >

【江苏太湖锅炉股份有限公司与卡拉卡托工程有限公司、中国银行股份有限公司无锡分行保函欺诈纠纷案】太湖公司与卡拉卡托公司协议完成一项发电机组建设工程,双方合同明确约定如修改合同必须采用合同修正案形式,会议纪要、传真等不能产生合同变更的效力。如果太湖公司违约,卡拉卡托公司可以索付见索即付保函。后卡拉卡托公司以太湖公司违约要求保函出具方中国银行股份有限公司无锡分行兑付保函。太湖公司提起诉讼,称双方已经通过会议纪要修改了合同,卡拉卡托公司索付保函行为不符合合同约定,构成欺诈,请求止付保函。

江苏省无锡市中级人民法院一审判决驳回太湖公司诉讼请求,太湖公司提起上诉。江苏省高级人民法院经审理认为,法院审查基础合同仅限于受益人是否存在明知基础交易债务人不存在违约事实或其他付款到期事实,仍然滥用索赔权恶意索赔的情形。未按合同约定的形式和程序作出修改合同的会议纪要不产生变更合同的效力。在基础合同中保函条款约定的性质、支付条件等存在争议的情形下,受益人按银行出具保函时的条件提出索付,不构成保函欺诈,应按“先赔付、后争议”规则兑付保函。江苏省高级人民法院作出终审判决,维持一审判决。

(二)完善司法协助工作机制,促进沿线各国司法判决的相互承认和执行

江苏法院严格依照我国与沿线国家缔结或共同参加的国际条约,积极办理司法文书送达、调查取证、承认和执行外国法院判决等司法协助请求,为中外当事人合法权益提供高效、便捷的司法救济。严格依据我国法律审查外国法院判决,维护国家司法主权,积极促进各国司法合作。南京中院根据互惠原则裁定承认和执行新加坡高等法院关于高尔集团股份有限公司诉江苏省纺织工业(集团)进出口有限公司买卖合同纠纷一案的商事判决,该案是我国法院首次基于互惠原则承认和执行外国法院商事案件金钱判决,在中国法院适用互惠原则方面具有里程碑意义,提升了我国涉外商事审判的国际公信力,在国际上产生了积极影响,入选最高人民法院公布的第二批涉"一带一路"建设典型案例。

〈 拓展资料 · 案例 〉

【高尔集团股份有限公司申请承认和执行新加坡高等法院民事判决案】 高尔集团系在瑞士成立的股份有限公司,其于2016年6月向南京市中级人民法院申请称,其与江苏省纺织工业集团进出口有限公司因买卖合同产生纠纷,双方达成和解协议。因纺织工业集团进出口有限公司未履行和解协议,高尔集团依据和解协议中的约定管辖条款向新加坡高等法院提起诉讼,该院作出了生效判决。因纺织工业集团进出口有限公司及其财产在中国境内,故请求南京市中级人民法院对新加坡判决予以承认和执行。纺织工业集团进出口有限公司陈述意见称,中国和新加坡签署的《关于民事和商事司法协助的条约》并没有关于相互承认和执行法院判决和裁定的规定,根据《中华人民共和国民事诉讼法》第282条的规定,应驳回高尔集团的申请。

南京市中级人民法院查明,纺织工业集团进出口有限公司经新加坡高等法院合法传唤未到庭,新加坡高等法院于2015年10月22日作出缺席判决,

判令纺织工业集团进出口有限公司偿付高尔集团35万美元及利息、费用。纺织工业集团进出口有限公司亦收到了该判决。2014年1月,新加坡高等法院曾承认和执行江苏省苏州市中级人民法院作出的民事判决。

南京市中级人民法院认为,案涉民事判决系新加坡高等法院作出。中国与新加坡之间并未缔结或者共同参加关于相互承认和执行生效民商事裁判文书的国际条约,但由于新加坡高等法院曾对中国法院的民事判决予以执行,根据互惠原则,中国法院可以对符合条件的新加坡法院的民事判决予以承认和执行。经审查,案涉判决亦不违反中国法律的基本原则和国家主权、安全、社会公共利益,故依照《中华人民共和国民事诉讼法》第282条的规定,于2016年12月9日裁定承认和执行新加坡共和国高等法院于2015年10月22日作出的013号民事判决。

(三)探索建立仲裁司法审查案件统一归口审理,支持发展多元化纠纷解决机制

2015年2月,江苏法院就较早地探索建立仲裁司法审查案件归口审理机制,将仲裁司法审查案件统一归口到涉外商事审判庭审理,优化审判资源配置,统一司法尺度。建立最为完整的归口审理机制,将确认仲裁协议效力案件、申请撤销仲裁裁决案件、不予执行仲裁裁决异议案件、涉及仲裁协议的管辖权异议案件,以及承认和执行外国仲裁裁决案件全部统一归口到涉外商事审判庭审理。完善仲裁司法审查案件报备工作,省法院进一步完善对仲裁协议、仲裁裁决做否定性评价案件的上报核准机制,规范仲裁司法审查案件的审理程序。创新仲裁司法审查审理规则,牢固树立支持与监督并重的司法理念,南京中院审理的美国意艾德建筑师事务所申请执行香港仲裁裁决案,是内地仲裁机构在我国香港特别行政区设立的分支机构,以香港特别行政区为仲裁地作出的仲裁裁决获得内地法院执行的首案,具有里程碑意义。该案明确了以仲裁地为判断仲裁籍属的裁判规则,受到最高人民法院认可,并为仲裁法引入仲裁地规则作了有益探索,成功入选最高人民法院与香港特别行政区律政司首次以中英文双语形式发布的10起相互执行仲裁裁决典型案例。

< 延伸阅读 >

《最高人民法院关于仲裁司法审查案件报核问题的有关规定》第 1 条规定，“仲裁司法审查案件”包括申请确认仲裁协议效力案件，申请撤销我国内地仲裁机构的仲裁裁决案件，申请执行我国内地仲裁机构的仲裁裁决案件，申请认可和执行香港特别行政区、澳门特别行政区、台湾地区仲裁裁决案件，申请承认和执行外国仲裁裁决案件、其他仲裁司法审查案件。

（四）探索协作新模式，提升江苏海事司法与行政执法协作合力

南京海事法院创新构建“1 + 10”海事司法与行政执法协作机制，全力护航长江经济带发展。2020 年 7 月，南京海事法院联合省交通运输厅、江苏海事局、连云港海事局签署《战略协作备忘录》，积极探索构建江苏海事司法与行政执法协作机制。2021 年 7 月，协作主体在原有 4 家单位基础上，增加了江苏省自然资源厅、公安部长江航运公安局等 7 家单位，从原有“四方协作”拓展到“1 + 10”模式，形成了多层次、宽领域、高效率的协作格局。协作机制运行以来，各方通力合作、密切配合，在服务海洋经济发展、落实长江大保护、提升海事司法执法效能等方面作出积极贡献，受到省委领导充分肯定。南京海事法院实质化解长江“三无”船舶行政诉讼案件，依法服务保障长江经济带发展。张某某等 14 人因船舶被认定为“三无”船舶并被没收拆解，向南京海事法院提起行政诉讼，要求确认 7 个行政机关没收拆解船舶违法，同时提出行政赔偿诉讼。南京海事法院受理后，通过示范庭审依法驳回张某某的起诉，有效引导其他 13 名当事人主动撤回确认行政机关违法的诉讼请求，并就行政赔偿部分与行政机关达成调解协议，促进行政争议实质性化解，有效支持长江“三无”船舶清零行动。该案的妥善审理，交出了“长江大保护”海事司法答卷，强化了海事行政执法与司法协作，是依法服务保障长江经济带发展的生动实例，得到最高人民法院和省委领导批示肯定。

（五）创新工作机制，形成服务保障“一带一路”建设合力

找准着力点和结合点，有效发挥司法引导、规范、保障作用。省法院出台服务保障更高水平对外开放的纪要；苏州中院印发《关于为长江三角洲区域一体化发展提供司法服务和保障的意见》《关于依法服务和保障中国(江苏)自由贸易试验区苏州片区建设发展的实施意见》《关于发挥审判职能作用依法服务保障〈区域全面经济伙伴关系协定〉(RCEP)高质量实施的工作意见》；泰州中院充分发挥人民法院职能作用，制定《关于强化司法服务职能依法促进泰州开放型创新型经济发展的二十条意见》；南京海事法院出台服务保障“强富美高”新江苏建设再出发的司法文件，受到最高人民法院主要领导批示肯定；连云港中院制定《关于护航“一带一路”交汇点核心区先导区建设的十二条意见》。连云港中院在中哈物流合作基地揭牌成立全国首个“一带一路”巡回法庭，全力打造司法护航“一带一路”建设示范性窗口。省法院首次发布中英文双语涉外商事审判白皮书，通报江苏法院涉外商事审判工作；无锡中院、南京海事法院也分别召开新闻发布会，发布典型案例。南京中院、苏州中院、连云港中院还与省外的18个“一带一路”沿线地市中级人民法院和海事法院签署《服务保障新亚欧陆海联运通道建设司法协作框架协议》，为共同推进“一带一路”建设提供制度保障。

〈 拓展资料 · 发布 〉

【《江苏省高级人民法院关于充分发挥涉外审判职能作用　服务保障更高水平对外开放的纪要》】为深入贯彻党中央关于进一步扩大对外开放、推动形成全面开放新格局的重大战略部署，充分发挥人民法院涉外商事海事审判职能作用，为建设更高水平开放型经济新体制提供有力的司法服务和保障，根据《最高人民法院关于人民法院服务保障进一步扩大对外开放的指导意见》及有关规定，结合江苏法院工作实际，形成纪要如下：

一、切实提高思想认识，增强服务保障更高水平对外开放的责任感和使命感

1. 深刻认识服务保障更高水平对外开放的重大意义。以“一带一路”交汇点建设为总揽，推动全方位高水平对外开放，努力在全国率先建成开放强

省，是省委在新时代新起点作出的重大决策部署。对外开放进入高水平开放、制度型开放的新阶段，建设公平公正、透明可预期的国际一流营商环境，对市场法治环境和司法服务保障提出更高要求。全省各级法院要以习近平新时代中国特色社会主义思想为指导，认真学习贯彻习近平法治思想，以"争当表率、争做示范、走在前列"的使命担当，积极推进涉外审判体系和审判能力现代化建设，服务国家大局、优化营商环境、稳住外贸外资基本盘，让法治成为江苏发展核心竞争力的重要标志。

2. 准确把握服务更高水平对外开放的总体要求。找准涉外审判服务保障国家战略的结合点和着力点，服务保障"一带一路"交汇点建设、中国（江苏）自由贸易试验区建设以及长三角一体化发展，助力打造对外开放新高地。坚持依法平等保护中外当事人权益，营造中外市场主体平等参与竞争、同等受法律保护的市场环境。充分尊重当事人意思自治，保障当事人依法选择管辖法院、选择适用法律、选择纠纷解决方式的权利。依法行使管辖权，坚定维护我国司法主权，妥善解决好涉外司法管辖冲突问题。正确适用国际条约和国际惯例，准确查明和适用外国法，增强裁判的国际公信力。

二、完善涉外商事海事审判工作机制，提升司法服务保障效能

3. 进一步提升涉外商事海事审判能力，推进高水平制度型开放。依法行使涉外司法管辖权，充分保障中外当事人诉讼权利，妥善解决涉外民商事司法管辖冲突。依法妥善审理国际贸易纠纷案件，维护国际产业链供应链稳定。依法妥善审理外商投资纠纷，平等保护中外投资者合法权益，推动建立人民法院与投资主管部门、商务部门的沟通协调机制，引导外商投资企业完善公司治理、规范经营行为。依法妥善审理跨境金融纠纷，全面提升跨境金融审判能力水平，加大对中外各类金融机构合规经营活动的司法保护力度。依法妥善审理海上货物运输合同纠纷，推动航运业健康发展。

4. 善用法治思维主动研判大局，探索服务保障国家战略实施新模式。探索境外合作园区的中国法律适用，研究陆海联运、江海联运等法律问题，服务保障高质量推进"一带一路"交汇点建设。继续推动在自贸试验区内设立专门审判机构，推行诉讼文件送达地址先行确认及责任承诺制，加强自贸试验

区法治保障。积极融入国际海事司法中心建设,依法及时审理港口建设、船舶建造、航运金融、海上货物运输、海洋生态保护等案件,服务保障海洋强国战略实施。

5. 深入实施审判精品战略,扩大涉外审判的国际影响力。注重审理涉及国际条约的适用、确认新型商业规则,行业影响广、社会关注度高的涉外案件,在重大法律问题上作出有影响力、经得起检验的精品判决,在确立和引领国际规则上有所作为。完善精品案例的发现、培育、交流机制,拓展精品案例推介渠道,积极扩大江苏法院涉外审判的影响力。深化司法公开,发布中英文双语白皮书,向国际社会充分展示江苏现代司法文明。

6. 拓展域外法律查明途径,提升人民法院准确查明和适用域外法的能力。充分发挥中外法律专家在准确查明和适用域外法方面的作用。进一步提升江苏法院外国法查明专家库功能,拓展中外法律专家选聘渠道,增补境外法律专家。加强与国内海事法律科研机构联系,增选海事海商领域的域外法专家。积极推动现有域外法查明资源整合,促进平台融通,形成专业、便捷的域外法律查明机制。

7. 加强国际司法协助,切实保障中外当事人合法权益。及时办理司法文书送达、调查取证等司法协助请求。积极利用大数据分析各国司法协助办理时间,合理预留开庭时间。规范涉外送达文书格式,提高涉外司法协助的质效。妥善适用推定互惠原则,对有证据证明根据对方国家法律规定,在同等情况下人民法院作出的民商事判决可以得到该国法院承认和执行,且对方国家的法院不存在以互惠为理由拒绝承认和执行人民法院民商事判决的先例的,可以推定与对方国家之间存在互惠关系。

8. 建立健全多元化纠纷解决机制,依法及时化解跨境纠纷。推动苏州国际商事法庭等专门审判组织建设,加强与符合条件的国际商事调解机构、仲裁机构沟通合作,共同构建调解、仲裁、诉讼有机衔接的"一站式"纠纷解决平台,打造跨境商事纠纷解决优选地。整合法律服务资源,注重利用国内外律师、仲裁员、专家等力量,建设调解员队伍,探索以境内外专业调解人士联合调解为代表的特邀调解模式,提升当事人的首选率和认可度。对照中国参与签署的《新加坡调解公约》,研究探索境内商事调解协议司法确认制度,确保国内商事调解协议域外可执行性。进一步完善司法支持监督仲裁的工作机制,规范仲裁司法审查案件的审理程序,依法及时办理仲裁临时措施,促进提升仲裁公信力。

9. 创新司法服务机制,便利中外当事人参与诉讼。境外当事人提交身份证明文件,或从境外提交授权委托书、证据等,因疫情无法及时办理公证、认证或者相关证明手续,人民法院可以准许当事人延期提交,或者通过网络视讯等方式查明当事人身份。在当事人同意的基础上,探索运用信息化手段在线审查境外证据、询问境外证人,有效提升涉外审判信息化水平。依托江苏法院微解纷平台,全面开展在线调解工作,为当事人提供在线咨询评估、调解、司法确认等一站式解纷服务。

三、大力强化人才保障,加快建设高素质涉外商事海事审判队伍

10. 加强涉外审判队伍建设,大力提升司法能力。完善涉外审判人才培训、选拔、使用体系,努力培养政治立场坚定、具有国际视野、通晓国际规则的涉外审判专业人才,为涉外审判工作提供根本保障。落实与相关高等院校及研究机构签订的合作协议,在实务课程、案例研究、课题调研、人才培养等方面开展深度合作,提升法官综合素养和能力。

三、服务保障长三角一体化发展

(一)服务更高质量平安长三角建设

沪、苏、浙、皖四地法院认真贯彻落实总体国家安全观,探索建立健全联合防范打击非法集资、金融诈骗等涉众型经济犯罪和电信网络诈骗等多发性犯罪案件协作机制,防范区域性、系统性金融风险等可能影响社会大局稳定的各类风险隐患发生。建立健全食品药品等涉民生犯罪案件审判协作机制,保护人民群众生命健康安全。江苏法院主动参与长三角地区社会治理创新,坚持和发扬新时代“枫桥经验”,积极投入网格化社会治理机制建设,切实增强长三角一体化发展中的矛盾化解合力。

(二)协同营造法治化营商环境

四地法院积极推进营造良好法治化营商环境,激发各类主体发展活力和动力。推动长三角地区知识产权司法保护一体化发展,签署推进长三角一体化科技创新知识产权保护备忘录,建立数据交流共享、远程办案协助等知识产权司法保护机制。四地高院联合申报的“先行先试创新突破推动长三角知识产权保护一体化”工作经验入选国务院知识产权战略实施工作部际联席会议办公室评选的知识产权强国建设工作典型案例。2021 年 3 月,省法院与长三角地区其他高院以及知识产权行政机关共同签署发布国内首个跨省域强化知识产权保护的指导性文件《关于在长三角生态绿色一体化发展示范区强化知识产权推进先行先试的若干举措》,聚焦跨区域知识产权严保护、大保护、快保护、同保护等关键环节,提出 16 条先行先试举措,为区域科技创新赋能。2021 年 4 月,江苏、安徽、山东、河南四省十市中院共同发布《淮海经济区知识产权司法保护典型案例》,推动形成淮海经济区知识产权司法保护合力;12 月,四省十市中院在江苏徐州签订《淮海经济区知识产权司法协同保护工作框架协议》,探索知识产权司法保护跨区域协作新机制。2022 年 8 月,江苏、安徽两省法院签署南京都市圈知识产权司法保护合作协议,召开协力共建最严格知识产权司法保护都市圈研讨会,进一步推动形成南京都市圈知识产权大保护格局。

(三)服务保障区域生态绿色发展

四地法院加大对生态环境司法保护力度,努力为长三角地区生态文明建设提供优质司法服务和保障。共同签署《长江三角洲地区人民法院环境资源审判协作框架协议》,构建起长三角区域省级层面环境资源审判协作机制。在省级协作机制基础上,进一步深化基层协作,沪、苏、浙、皖 10 家基层法院联合签订《长三角环境资源司法保护协作备忘录》。沪、苏、浙 3 家基层法院联合开发“长三角司法资源共享协同平台”,汇聚和共享环资典型案例、审判经验、机制创新等信息资源。2021 年 10 月,南京玄武区法院与安徽滁州、马鞍山等沿滁河流域 9 家检察机关会签《关于加强滁河流域生态保护跨区域司法协作的意见》,进一步深化跨流域环境资源司法协作。盐城东台法院与上海崇明法院、上海铁路运输法院等单位共同探索环境资源司法保护机制，推进生态环境协同防治，该做法入选人民法院服务和保障长三角一体化发展典型案例。将长三角地区65名高级专家吸收进江苏法院环境资源审判专家库，为长三角地区生态环境保护提供更大智力支持。

（四）建立健全海事司法协作机制

四地法院主动对接长三角航运一体化发展协同推进任务要求，共同营造长三角地区航运良好法治环境。2021年11月，上海、南京、宁波、武汉海事法院共同签署《长三角海事司法合作协议》，加强会商联络、审执联动、资源共享、联合调研及人才培养等方面合作，共同促进立案管辖、委托送达、跨区域案件等业务协助办理，更好发挥海事司法服务保障长三角更高质量一体化发展职能作用。搭建"长三角海事司法合作交流平台"，整合扣船协同、外国法查明等功能，积极促进司法资源共享。

（五）健全跨区域司法服务机制

四地法院深入推进一站式多元解纷和诉讼服务体系建设，加强跨域诉讼服务协作，努力让当事人诉求在长三角区域法院无差别受理、同标准办理。搭建完成长三角跨域立案"高速公路"，实现跨域立案区域全覆盖。2019年11月至今，江苏与上海、浙江、安徽三地法院共完成跨域立案1391件（其中，江苏协作上海、浙江、安徽管辖848件，江苏管辖上海、浙江、安徽协作543件）。进一步深化长三角智慧法院信息数据资源共享平台建设，推动打通数据壁垒，为下一步实现文书送达、财产保全、联合调解、委托鉴定等跨域诉讼服务协作奠定数据和平台基础。

（六）完善执行联动协助机制建设

四地法院积极发挥司法执行联动协作机制作用，推动长三角地区法院向"切实解决执行难"目标迈进。认真贯彻《长江三角洲地区人民法院执行联动信息共享合作协议》《执行联动信息共享实施细则》等文件，进一步加强四地法院之间的执行联动协助。2021年5月以来，江苏法院办理执行协作案件276件，协助完成拘留15人次，办理财产处置权移交案件961件。受理长三角地区事项委托3.95万件，委托异地法院5.75万件，反馈率达100%。浙江嘉善、上海青浦、江苏吴江三地法院,迭代升级“长三角示范区执行在线”共建平台,实现不动产、公积金、车辆查控、股权查控等16个事项线上跨域“一网通办”。南通中院划付1.1亿余元执行款,协助上海黄浦法院实际执结4个案件。滁州南谯法院与南京浦口法院签订《执行工作跨域司法协作协议书》,共建以四大平台为主体的执行协作新模式。

(七)持续加强人才队伍建设合作

四地法院积极开展更大范围、更深层次、更多形式的沟通交流活动,共同提升队伍能力素养。强化党建引领。2021年10月,长三角地区机关党建工作研讨会在浙江嘉兴召开,省法院围绕“启航新征程开创新局面”主题,就高质量党建工作做交流发言。共同签署《长三角地区人民法院联合发布典型案例推进法律适用统一实施办法》,2020年5月,发布第一批24个长三角地区人民法院典型案例,促进区域法律适用统一;2021年11月,发布长三角地区法院三周年典型案例共12个案例、2个事例。四地高院联合人力资源和社会保障、劳动人事争议仲裁等部门,印发《长三角区域“三省一市”劳动人事争议疑难问题审理意见研讨会纪要》。南京海事法院选派24名干警赴宁波、上海海事法院跟案学习,积累海事审判工作经验;联合开展翻译培训,打造长三角一体化海事青年翻译团队。上海青浦朱家角法庭与浙江嘉善西塘法庭、姚庄法庭与江苏吴江汾湖法庭互派35周岁以下年轻干警,开展挂职交流、跟案学习、课题调研、支部党建等活动。盐城法院与上海长宁法院签署《合作框架协议》,在人才培养等方面建立友好合作关系。

第七节　服务保障疫情防控和经济社会发展

2020年年初,突如其来的新冠疫情,给我国经济社会发展带来巨大压力,也给法院工作带来极大影响。疫情发生后,江苏法院坚决贯彻习近平总书记系列重要指示精神和中央、最高人民法院、省委、省委政法委决策部署,2020年2月即制定《关于为依法防控疫情和促进经济社会发展提供司法服务保障的指导意见》，又于2022年4月制定《全省法院服务保障疫情防控和经济社会发展十二条司法措施》，为“疫情要防住、经济要稳住、发展要安全”贡献司法力量。

〈 拓展资料 · 发布 〉

【《全省法院服务保障疫情防控和经济社会发展十二条司法措施》】为深入贯彻习近平总书记关于高效统筹疫情防控和经济社会发展的重要指示精神，以及中央、省委、最高人民法院有关部署要求，充分发挥审判职能作用，依法保障省政府印发的“苏政40条”和进一步助企纾困22条政策措施落地见效，服务疫情防控，维护社会稳定，促进经济平稳健康发展，在2020年以来出台若干政策举措基础上，现制定如下措施。

一、依法维护抗疫秩序和社会稳定

1. 精准打击妨害疫情防控犯罪。依法从严从快惩处妨害疫情防控的制假售假、诈骗、造谣传谣、暴力伤医、故意传播病原体、失职渎职等犯罪行为，切实保障人民群众生命财产安全和社会安定有序。贯彻宽严相济刑事政策，把准政策界限，注重惩治效果，确保案件办理经得起法律和历史检验。

2. 坚决支持行政机关依法履行疫情防控职责。认真贯彻执行传染病防治法、突发事件应对法等相关法律规定，支持行政机关依法采取分区分级精准防控、隔离观察、道路管理、行政征用等临时性应急管理措施。依法审理涉及疫情防控期间不配合核酸检测、妨害传染病防治等违法行为的行政处罚案件，以及查处哄抬物价、虚假宣传、不正当竞争等违法行为的行政处罚案件，妥善化解涉诉行政争议。对涉疫情防控的非诉行政执行案件，依法及时裁定准予执行。

3. 妥善化解涉疫劳动争议。坚持保护劳动者合法权益和维护企业生存发展并重，支持劳动者与企业协商，采取调整薪酬、轮岗轮休、弹性工时等方式稳定工作岗位，引导双方互谅互让、共克时艰。充分发挥劳动争议调裁审衔接机制作用，高效化解劳动者与企业间的矛盾纠纷。

4. 多元化解涉疫矛盾纠纷。坚持和发展新时代“枫桥经验”，积极开展

“法官进网格”，扎实推进“江苏微解纷”调解平台进乡村、进社区、进网格，参与疫情防控，就地化解矛盾纠纷。加强与教育、住建、金融监管等单位协调联动，妥善化解涉教育培训、房地产、信用卡等纠纷。完善民营经济领域纠纷诉调对接机制，引导企业优先选择商会商事调解，提高商事纠纷化解效率。

二、积极助力市场主体纾困解难

5. 保障产业链供应链稳定。对于受疫情影响产生的买卖、租赁、加工承揽、建设工程等合同纠纷，鼓励引导当事人维持合同关系或调整、变更协议内容。准确把握民法典精神，除当事人另有约定外，在适用法律时，综合考量疫情对不同地区、不同行业、不同案件的影响，以及与合同不能履行之间的因果关系和原因力大小，准确适用不可抗力或情势变更判断是否解除合同，合理确定各方责任。

6. 保障货运物流畅通。依法妥善审理运输合同纠纷，对受疫情影响发生运输路线变更、装卸作业受限并导致迟延交付等情形，视情依法免除承运人相应责任。高效化解受疫情影响引发的海上货物运输交付迟延、船舶不能靠泊、绕航以及滞期等纠纷，准确认定航运企业责任，维护航运市场秩序。

7. 缓解企业融资难题。贯彻执行国家疫情防控和经济社会发展金融服务政策，对于企业因疫情影响迟延偿还金融借款的，审慎认定违约情形，积极促成当事人以展期、续贷或分期付款等方式化解纠纷。依法规范商业银行、融资租赁公司、保理公司、典当公司、小额贷款公司等金融机构和市场主体经营行为，严格审查以服务费、咨询费等各类费用为名变相收取高额利息，对超出法律法规和司法解释允许范围的，依法不予保护。

8. 支持破产企业重整再生。对受疫情影响无法清偿所有债务但具有挽救价值的企业，债权人提出破产申请的，积极引导当事人通过债务重组、资产重构等方式进行庭外和解，帮助企业渡过难关。对于已经进入破产程序但具有挽救价值的企业，积极引导企业通过破产重整、和解等程序，解决债务危机，帮助企业再生。视情快速处置与疫情防控相关的破产财产，或暂停处置因疫情导致变现价值较低的有关财产，实现破产财产价值最大化。

9. 推进善意文明执行。常态化疫情防控期间，执行指挥中心核心功能不停摆,确保紧急执行事务及时妥善处理,确保续封续冻工作顺畅、连续、稳定。对受疫情影响暂时陷入困境无法及时清偿执行债务的企业,依法审慎采取强制措施,积极引导当事人达成执行和解协议,通过“放水养鱼”实现债权受偿和企业生存发展双赢,避免“办一个案子,垮掉一个企业”。审慎冻结被执行企业银行基本账户,被执行企业要求换保并提供足额担保的,依法应予准许。对企业生产设备等尽可能采取“活封”“活扣”方式,推广“物联网+执行”,强化查封财产动态监管。开展信用修复“暖企”专项行动,完善守信激励修复机制,将符合条件的被执行企业及时移出“失信黑名单”,会同有关部门集中修复信用。

三、着力提升司法服务效能

10. 大力推进在线诉讼。落实人民法院在线运行规则、在线诉讼规则、在线调解规则,依托江苏法院诉讼服务网、江苏移动微法院、互联网法庭、互联网调解室、“12368”诉讼服务热线等服务平台,积极引导当事人网上立案、跨域立案和网上信访,全面开展在线调解、在线证据交换、在线庭审和网络执行查控,扩大电子送达方式适用,把疫情对诉讼活动的影响降到最低。

11. 依法保障当事人诉讼权利。对受疫情影响且债权亟须实现的企业开辟绿色通道,实行优先立案、优先审理、优先执行。开展涉企积案集中清理活动,防止案件久拖不决,对短期内无法审结的涉企疑难复杂案件,其中一部分事实已经清楚,可以就该部分先行判决。依法适用诉讼时效中止、延期或中止审理、延长举证期限等规定,确保当事人诉讼权利不因疫情受到损害。加大对困难当事人申请诉讼费减、免、缓的支持力度,简化诉讼费退费审批流程。对受疫情影响陷入困境的企业,可以采取灵活的财产保全担保方式或适当调低申请财产保全的保证金比例。

12. 不断满足人民群众司法需求。根据疫情防控形势变化,及时发布线上、线下诉讼服务指南,做好联系法官、信息查询、材料收转等诉讼服务指导和引导。深入企业走访调研,全面了解司法需求,帮助企业解决复工复产等面临的法律问题。加大法治宣传力度,强化以案释法,引导全社会增强依法防控意识,促进提升疫情防控法治化水平。

一、坚决维护抗疫秩序

坚持依法惩治妨害疫情防控刑事犯罪,省法院强化指导、完善机制,各级法院聚焦重点、积极履职,注重加强法治宣传,维护了良好的抗疫秩序,有力保障人民群众的生命安全和身体健康。

(一)强化工作指导

省法院认真落实最高人民法院和省委政法委关于打击妨害疫情防控犯罪的政策文件,并先后下发《关于在疫情防控期间做好刑事审判工作的通知》等10余个通知文件,对全省法院依法打击妨害疫情防控犯罪以及抓好疫情防控期间刑事案件开庭、提审、送达、交付执行等作出全面部署。省法院在全国率先制定下发《关于妨害新型冠状病毒肺炎疫情防控相关刑事案件的审理指南》,对妨害疫情防控六大类41个罪名的事实证据审查及法律适用问题提出意见,为审判实践提供指引。组织疫情应对专题调研,研究涉疫情犯罪案件法律适用问题并整理成指导意见,指导全省法院涉疫情刑事案件审判工作。加强分析研判,对涉疫新类型犯罪案件,提出应对策略。撰写全省法院涉疫情经济犯罪案件态势分析报告,总结态势特点、经验做法,提升涉疫案件审判质效。

(二)聚焦打击重点

将依法严惩妨害预防、控制突发传染病疫情等相关犯罪作为突出任务,抓紧抓实各项工作,依法有重点地打击涉疫犯罪。徐州中院联合检察、公安等部门发布《关于依法严惩违反疫情防控违法犯罪行为的通告》,依法从严从重惩处不配合落实防控措施等五大类行为;南京海事法院制定15条措施,依法妥善审理疫情防控期间海事海商案件;镇江中院联合卫生部门出台工作意见,推动疫情期间医疗纠纷案件依法妥善审理。南京、苏州、镇江、连云港等地法院依法审结涉口罩、额温枪等多起防疫物资诈骗犯罪案件,严厉打击借疫情防控之名诈骗牟利犯罪行为。泰兴市法院依法妥善审理黄某某驾驶汽车故意伤害防疫志愿者案,对拒不配合防疫工作的违法犯罪行为“零容忍”。宿迁市宿豫区法院审理的刘某某、王某销售伪劣产品案,南通开发区法院审理的诈骗援鄂护士财物的王某某诈骗案，潘某编造、故意传播虚假信息案，均入选最高人民法院发布的全国法院依法惩处妨害疫情防控犯罪典型案例。

〈 拓展资料 · 案例 〉

【刘某某、王某销售伪劣产品案】被告人刘某某系河南某药业有限公司销售员，被告人王某系河南某房地产经纪有限公司总经理。2020年1月20日，江苏省宿迁市某区人民政府因新冠疫情防控工作需要，向宿迁市某医药连锁有限公司股东年某某采购一次性使用医用口罩。1月24日，年某某联系刘某某寻找货源，刘某某将王某购买的假冒“飘安”牌口罩30箱计30万只、假冒“华康”牌口罩24箱计21.6万只，合计54箱51.6万只一次性使用医用口罩以24.9万元销售给年某某。口罩销售至区政府等单位后，相关单位发现有质量问题，遂予以封存、退回。2月1日，年某某向公安机关报案。经鉴定，涉案“飘安”牌、“华康”牌口罩均为假冒注册商标商品，且均为不合格产品。

宿迁市宿豫区人民法院经审理认为，被告人刘某某、王某在新冠疫情防控期间销售假冒注册商标的伪劣口罩，销售金额达24.9万元，其行为均构成销售伪劣产品罪。刘某某、王某在共同犯罪中均系主犯，刘某某作用大于王某。刘某某、王某如实供述自己的犯罪事实，认罪认罚，且全部退赔被害人经济损失。据此，于2020年2月28日以销售伪劣产品罪分别判处被告人刘某某有期徒刑二年九个月，并处罚金人民币十六万元；判处被告人王某有期徒刑二年六个月，并处罚金人民币十四万元。

【王某某诈骗案】2020年2月12日，被告人王某某在微信群内发布销售医用口罩、额温枪等防疫物资的虚假信息。被害人徐某某系江苏省南通市某医院护士，看到王某某发布的销售信息后，便微信联系其购买1500只口罩和2只额温枪，并告知王某某自己的身份，且口罩和额温枪是准备带到湖北参与防疫工作使用。王某某骗取徐某某支付口罩订金、尾款和额温枪货款共计5800元，后编造各种理由拖延发货，且不予退款，徐某某遂报案。

法院经审理认为，被告人王某某以非法占有为目的，虚构事实骗取他人财物，数额较大，其行为构成诈骗罪。王某某明知被害人是驰援湖北的医护人员，购买医用口罩等防疫物资用于湖北疫情防控，仍骗取被害人财物，主观恶性深，社会危害性大，应依法从严惩处。据此，于2020年3月5日以诈骗罪判处被告人王某某有期徒刑八个月，并处罚金人民币6000元。

【潘某编造、故意传播虚假信息案】2021年8月3日晚，被告人潘某为恐吓群友，在江苏省句容市编造“王某，男，22岁，镇江市润州区人，2021年8月2日晚上7点半于润州区光明新村小区出发至溧水周家山，途经句容市梅花小区拜访亲友(08:30)，紧接着来到帕提亚广场中心露天小吃摊(09:00～11:00)，次日到溧水检测核酸，检测结果两人均为阳性，已被隔离，若有与上述时间地点相符的群众，请积极自我居家隔离并尽快与地方医院取得联系”虚假新冠疫情信息，并将上述信息制作成视频后发送至一个46人的QQ群。后该虚假信息被迅速传播扩散至204个微信群，涉众逾万人，造成群众恐慌，严重扰乱社会秩序。案发后，潘某主动到公安机关投案，并如实供述了上述事实。

法院经审理认为，被告人潘某编造虚假疫情信息在信息网络上传播，严重扰乱社会秩序，其行为已构成编造、故意传播虚假信息罪。潘某具有自首情节，认罪悔罪，依法可从轻处罚。据此，以编造、故意传播虚假信息罪判处被告人潘某有期徒刑八个月。

(三)健全工作机制

省法院与省检察院、省公安厅会签下发《关于依法惩治妨害新型冠状病毒肺炎疫情防控违法犯罪的会议纪要》，从诉讼程序、行为定性、犯罪情节、量刑平衡、刑事政策等方面，统一办案思想和执法尺度。与省检察院、省公安厅、省司法厅联合发布《关于做好新冠肺炎疫情防控期间相关案件办理衔接配合工作的通知》，对刑事案件开庭、社区矫正对接、减刑假释案件办理、检察机关执行法律监督等作出规定。加强涉疫案件的审判管理，完善案件数据、台账层报等工作制度，严格相关要求。注重案件分类处置，在依法惩处涉疫刑事犯罪的同时，妥善多元化解涉疫矛盾纠纷，有力维护抗疫秩序。

（四）加强法治宣传

坚持“打宣结合”，加大正面宣传和舆论引导力度，开展集中宣判并进行宣传报道，及时通过微信公众号、微博等平台发布典型案例。南通市港闸区法院审理的张某编造出售口罩信息诈骗案，作为全国首例全媒体直播的妨害疫情防控刑事案件，在最高人民法院和省委政法委指导下，通过庭审直播平台和60余家媒体、平台进行网络直播，共有1400万网民在线观看，多家中央、省级媒体进行转载报道，取得了良好的法治宣传效果。建湖县法院审理的唐某某寻衅滋事案、淮安市淮安区法院审理的王某某妨害传染病防治案等的有效宣传，强化了群众对防控政策的认识，有力支持了防疫工作大局。此外，结合工作实际，积极延伸司法职能，淮安法院在审理王某某寻衅滋事案中，针对物业将出入证与物业费绑架的问题对物业管理部门发出司法建议，督促依法开展疫情防控。

< 拓展资料 · 案例 >

【唐某某寻衅滋事案】2020年2月6日22时许，被告人唐某某酒后未戴口罩至建湖县上冈镇草堰口卫生院探视其住院的父亲。进入卫生院大门时，该院副院长、值班医生周某某提醒其戴口罩后再进入。被告人唐某某进入病房后，在正在输氧的病房内抽烟，周某某查房时发现并予以制止，后双方发生口角，被告人唐某某殴打周某某头面部及颈部，将周某某眼镜打掉踩坏，后又先后殴打上前劝阻的院长王某某以及群众姚某某和唐某，拍打卫生院内停放的多辆车辆引擎盖。经鉴定，被害人周某某、王某某、姚某某均构成轻微伤。归案后，被告人唐某某如实供述自己的犯罪事实。被告人唐某某已赔偿被害人周某某的损失，并取得被害人周某某、王某某的谅解。

建湖县人民法院经审理认为，被告人唐某某随意殴打他人，情节恶劣，其行为已构成寻衅滋事罪。被告人唐某某归案后如实供述自己的罪行，可以依法从宽处理。被告人唐某某赔偿被害人的损失，并取得了被害人的谅解，可酌情从轻处罚。据此，对被告人唐某某以寻衅滋事罪，判处有期徒刑一年。

【王某某妨害传染病防治案】2020年1月17日晚，被告人王某某从湖北省武汉市东西湖区返回江苏省淮安市淮安区，1月18日、19日两次进入淮安区浅深休闲酒店洗浴，1月21日下午进入淮安区御景城浴室洗浴，1月26日被确诊感染新型冠状病毒。1月25日晚，在被告人王某某被隔离治疗后，淮安区疾控中心工作人员依据新型冠状病毒个案调查表对王某某进行调查，王某某依要求告知了相关信息和12名密切接触者，但未告知其在浅深休闲酒店洗浴的信息。1月30日，疾控中心工作人员和社区民警通过电话再次询问其回淮后的接触史，并明确询问其活动轨迹，其仅承认到过御景城浴室洗浴，但仍未如实告知自己曾两次长时间进入浅深休闲酒店洗浴这一事实。2月3日，经过数据信息研判后，疫控中心工作人员再次询问王某某，方才确认其曾两次到浅深休闲酒店的活动轨迹，防疫部门随即采取管控措施，摸排并隔离与浅深休闲酒店相关联的密切接触者。经统计，因王某某的隐瞒活动轨迹行为导致相关部门未能及时采取管控措施，共造成68人未被及时采取医学隔离措施。被告人王某某到案后如实供述了上述事实，并认罪认罚。

淮安市淮安区人民法院经审理认为，被告人王某某在被确诊感染后，负责疫情防控的工作人员对其进行调查，其隐瞒与之相关的活动轨迹，造成多人被隔离，产生了引起新型冠状病毒传播严重危险，其行为构成妨害传染病防治罪。王某某归案后认罪、悔罪，结合其具体的犯罪情节，决定对其适用缓刑。据此，对被告人王某某以妨害传染病防治罪，判处有期徒刑六个月，缓刑一年。

二、积极参与联防联控

省法院先后制定出台《关于新冠肺炎疫情防控期间充分发挥“法官进网格”机制作用的实施意见》《关于建立健全“三下三护九机制” 当好“八大员”的实施意见（试行）》，以“法官进网格”为载体，坚持疫情防控与社会治理、执法办案、司法服务保障同步推进，有序加强疫情联防联控、矛盾纠纷化解、法治宣传引导、法律咨询服务等工作。

(一)构建联防联控工作体系

认真落实疫情联防联控工作要求,主动加强与地方党委政府、基层网格、企业单位、行业组织等工作对接,充分发挥人民法庭、审务工作站、巡回审判点、"一村(社区)一法官"等平台作用,组织法官、审判辅助人员等法院干警主动融入基层社会综合治理网格,全面构建起覆盖城乡网格、企业单位、行业组织等横向到边、纵向到底的司法服务网格体系。

(二)加强矛盾纠纷源头治理

密切关注疫情防控给基层社会治理带来的影响,将"法官进网格"与"无讼村居(社区)"创建紧密结合,强化诉讼与非诉讼对接、指导人民调解等工作,发挥多元解纷体系作用,共同维护基层社会稳定。充分发挥法官专业特长,有针对性地与行业协会、企业等建立法律咨询辅导机制和在线工作联络机制。研判在办涉企案件中企业生产经营受疫情影响情况,依法稳妥采取或变更强制措施,加大案件协调化解力度。加强对非诉调解的指导,积极劝导当事人通过非诉方式快速进行诉前调解。畅通受疫情影响案件绿色通道,运用速裁方式实现矛盾纠纷快调快判,确保涉疫情防控相关执行案件得到快速稳妥处理。加强信息沟通与风险预警研判,及时主动地向当地党委、政府及有关部门通报情况,提供法律咨询和对策建议,努力让矛盾纠纷在网格内得到有效预防和协同化解。

(三)创新举措形成联防联控合力

积极采取线上服务与现场服务相结合的方式,充分运用现代信息技术,灵活采取"法官+乡镇(街道)"点对点联系、"法官+片区网格"包干对接、"网络+网格"等方式,健全完善疫情防控期间"法官进网格"工作模式。省法院专题组织人民调解员开展互联网调解平台"江苏微解纷"线上调解技能培训,提高在线调解能力水平。盐城经济开发区法院采用"非接触式"视频调解方式,成功调处一起涉疫情防控一线医护人员案件,取得良好的社会效果。多地法院组织编印疫情防控重点法律适用指引,适时发布疫情防控期间法律问题"一问一答",针对疫情防控相关法律问题进行汇总解答。

< 拓展资料 · 发布 >

【《关于新冠肺炎疫情防控期间充分发挥“法官进网格”机制作用的实施意见》】2020 年 2 月 13 日，省委政法委员会（扩大）会议暨疫情防控维稳工作座谈会上提出加快推进“三官一律”进网格工作。为充分发挥人民法院依法防控疫情和保障经济社会发展的司法职能作用，2020 年 2 月 18 日，省法院党组专题研究制定出台《关于新冠肺炎疫情防控期间充分发挥“法官进网格”机制作用的实施意见》，提出 5 个方面 15 条具体举措，深入开展“法官进网格”工作，助力依法防控，提升疫情期间的社会治理效能，保障经济社会发展。

充分发挥人民法庭、审务工作站、巡回审判点等平台作用，组织法庭干警主动融入基层社会综合治理网格。广大人民法庭主动加强与地方党委、政府、基层网格、企业单位、行业组织等工作对接，在地方党委、政府领导和组织下，全力做好协助开展卡口执勤、人员摸排、信息登记、隔离管控、复工检查、舆论引导、情绪疏导、后勤保障等社区联防联控各项工作，积极提出依法防控的意见建议，为疫情防控贡献力量。

三、助力企业生产经营

（一）深入企业调研了解实际需求

疫情导致人员物资流动受限、生产经营成本攀升、国内外市场循环受阻，对企业市场交易产生极大负面影响，引发大量纠纷。省法院于 2020 年组织开展关于新冠疫情对商事审判工作影响及其司法应对的调研，全省各级法院深入企业走访调研，实地了解民营企业发展过程中遇到的问题和对司法服务保障的需求。

（二）快速采取疫情处置措施

疫情初期，针对疫情防控紧急需求，各地法院在依法审查基础上，快速采取处置措施，帮助涉诉企业迅速投入疫情防控工作。南京市鼓楼区法院为保障医院开设发热门诊，紧急解封某医院银行账户保障其采购必要物资。昆山市法院积极配合当地党委政府,紧急征用破产医院保障留观隔离需要。苏州吴江法院紧急许可已停产两年的刚松公司恢复生产口罩,及时支援疫情防控一线、帮助企业"起死回生"。常州市天宁区法院快速腾空涉案房屋,助力学校设立隔离点。沭阳县法院及时盘活医疗资源,助力疫情防控。

(三)优化审判执行助力复工复产

江苏法院出台助企纾困12条司法措施,与省人社厅、省司法厅共同制定《关于做好涉新冠肺炎疫情劳动争议调解和案件审理工作的指导意见》,为依法妥善审理各类纠纷明确了处理思路。全省各级法院按照全面做好"六稳""六保"工作要求,研究出台支持企业复工复产的相关意见,通过设立涉企纠纷"绿色通道"、降低企业诉讼成本、审慎适用涉企财产保全措施、依法维护企业用工稳定等举措,帮助企业排忧解难、提振信心。全省共有4个案例入选全国法院服务保障疫情防控期间复工复产民商事典型案例。

< 拓展资料 · 发布 >

【《关于做好新冠肺炎疫情防控期间破产审判工作的实施意见》】2020年1月,新冠疫情突然暴发。为切实做好疫情防控期间破产审判工作,促进经济平稳有序运行,维护社会大局稳定,省法院于2020年2月18日印发《江苏省高级人民法院关于做好新冠肺炎疫情防控期间破产审判工作的实施意见》(以下简称《实施意见》)。

《实施意见》提出三项基本原则。一是要坚持企业破产与司法救治相结合原则。既要发挥破产审判职能作用,服务保障江苏供给侧结构性改革和营商环境优化,又要密切关注疫情对于企业特别是中小企业经营发展、清偿能力带来的影响,加大债务化解、企业救治力度,稳定企业发展信心。二是要坚持严格疫情防控和服务疫情防控相结合原则。既要切实落实审判人员、管理人和破产企业相关工作人员的疫情防控责任,确保防控及时性、有效性,又要在权利保障、程序到位前提下,帮助有防疫物资生产能力的破产企业复工复产、继续经营,实现债权人、破产企业和疫情防控的三方共赢。三是要坚持依法审理和灵活处置相结合原则。既要坚守依法审理底线，切实保障破产程序参与各方的实体权利和程序权利，确保公平、公正、公开，又要在债权申报、债权人会议召开、重整计划制定、通知送达等方面采取适度灵活的方式，最大限度减少人员接触和聚集，确保程序参与各方的安全和健康。

《实施意见》还就加大企业救治力度等各项工作提出具体举措，比如，要求积极引导债权人与债务人自行达成债务清偿协议；指导管理人依据相关政策，在税费减免、房租减免、经营补贴、财政贴息、金融支持、复产用工等方面为企业提供支持，尽力保留企业经营价值与职工就业岗位；对于有医疗器械、药品、防护用品等防疫物资生产能力的破产企业，在保障债权人合法权益的前提下，许可其继续经营或复工复产，指导管理人完善相关制度，配合防疫部门做好物资调配工作。

〈 拓展资料 · 案例 〉

【江苏磐宇科技有限公司破产重整案】江苏磐宇科技有限公司（以下简称磐宇公司）是一家拥有多项高级资质和专利的医疗器械生产企业。由于公司经营不善导致流动性危机，磐宇公司于 2017 年 8 月 17 日被江苏省南通市中级人民法院（以下简称南通中院）裁定进入破产程序。鉴于磐宇公司的市场准入资质属于稀缺资源，单纯通过破产清算程序难以最大限度实现企业价值和债权人利益，经与债权人沟通，管理人制定了重整计划草案，经债权人会议表决通过后，南通中院于 2019 年 7 月 29 日裁定批准磐宇公司进入重整计划执行期。

2020 年年初，受新冠疫情影响，磐宇公司按期执行重整计划受到重大影响，与此同时，医用口罩等防疫物资一度十分紧缺，江苏省药品监督管理局临时紧急许可磐宇公司生产医用防护口罩，使其成为南通市区唯一一家生产 N95 医用防护口罩的企业。为了保障防疫部门医用口罩的有效供给，同时避免重整计划不能按期执行导致公司被宣告破产，南通中院根据管理人的申请作出裁定,延长磐宇公司重整计划执行期限。后经政府相关部门批准,磐宇公司于2020年2月复工,日生产N95口罩2万至3万只。此后,南通中院又与南通市发改委、工信局积极协调修复磐宇公司相关信用问题,为磐宇公司取得生产原料提供了保障,并为企业成功重整创造了新的机遇。

磐宇公司破产重整案是人民法院依法延长重整计划执行期,避免疫情影响导致企业重整失败,并支持防疫物资生产的典型案例,该案曾入选2020年全国法院服务保障疫情防控期间复工复产民商事典型案例。企业破产重整案件中,债务人应严格执行重整计划,但因出现国家政策调整、法律修改变化或其他客观原因导致原重整计划无法按期执行的,债务人或管理人可以申请变更重整计划。本案在重整计划执行期间遇到新冠疫情这一无法预见、无法避免,并且不能克服的客观情况,法院依法延长重整计划执行期限,以避免因不可抗力导致重整失败而转为破产清算,丧失挽救企业的机会。同时,面对重整企业信用修复的重重困难,人民法院充分发挥破产案件审理中法院与政府协调联动机制作用,协调处理好重整企业信用修复工作,既为破产企业进一步顺利执行重整计划奠定了良好基础,又维护了重整企业生产医用防护口罩等防疫物资的生产能力,适应了抗疫这一公共利益的需要,实现法律效果与社会效果的有机统一。

【江苏苏醇酒业有限公司及关联公司合并重整案】江苏苏醇酒业有限公司(以下简称苏醇公司)原为生产白酒和消毒用酒精等产品的股份制企业,由于市场行情变化及经营不善等原因导致资不抵债,江苏省睢宁县人民法院(以下简称睢宁法院)于2018年6月25日裁定该企业及其两家关联公司适用实质合并破产重整。2019年12月2日,法院裁定批准该企业重整计划,并预留监督期两个月。

在监督期内,正处当地疫情防控关键时期,为确保重整计划顺利执行,法院多次实地走访监管,对企业重整计划执行过程中存在的股权变更、项目审核、环境整治、用工组织等多个问题进行调研并及时协助解决。同时,对企业信用修复、银行贷款获取等工作开展情况进行全面跟进,切实消除企业后顾之忧,全力助推企业安全生产、合法经营和足量供应,保证防疫物资尽快驰援战“疫”一线。其间,法院还针对该企业在疫情期间遇到的劳动用工等法律问题进行解答,向企业就疫情期间如何规范、合法生产经营提出了法律意见和建议。苏醇公司破产重整案是人民法院充分发挥司法职能,帮助困境企业恢复生产经营能力的典型案件。人民法院批准企业在重整期间进行试生产,全力保障尚具潜质的企业破茧重生,使得破产重整与企业试生产同步进行,保证破产重整无缝衔接、平稳过渡。在监督期内,人民法院根据疫情防控需要深入企业,为企业复工生产排忧解难,体现了人民法院在疫情防控期间的司法担当,为辖区民营企业,特别是中小企业的发展营造了高效优质营商环境,用精准的司法服务为企业复工复产提供司法保障。该案曾入选最高人民法院发布的第29批指导性案例、2020年全国法院服务保障疫情防控期间复工复产民商事典型案例。

第4章

高质量司法之司法为民

习近平总书记指出："要坚持司法为民，改进司法工作作风，通过热情服务，切实解决好老百姓打官司难问题，特别是要加大对困难群众维护合法权益的法律援助。司法工作者要密切联系群众，规范司法行为，加大司法公开力度，回应人民群众对司法公正公开的关注和期待。"[①]近年来，江苏法院认真践行司法为民宗旨，积极运用司法手段解决群众反映强烈的堵点、难点、痛点问题，把体现人民意志、反映人民愿望、维护人民利益、增进人民福祉落实到司法全过程和各方面，使人民群众对法院工作的满意度不断提升。

第一节　贯彻实施《民法典》

习近平总书记在中央政治局第二十次集体学习时强调，《民法典》是新中国成立以来第一部以"法典"命名的法律，是一部固根本、稳预期、利长远的基础性法律。江苏法院牢牢坚持以人民为中心的发展思想，全面准确贯彻实施

① 习近平总书记2013年2月23日在中共中央政治局第四次集体学习时的讲话。

《民法典》,不断提升保护民事权利能力和水平。

一、认真组织学习民法典

为更好地贯彻实施《民法典》,江苏法院积极开展民法典学习活动,围绕《民法典》重点条文的理解与适用、新旧法律及司法解释衔接、新制定《民法典》配套司法解释等重要内容开展全员培训。省法院组织全省法院干警全程参加最高人民法院举办的11场“人民法院大讲堂”民法典系列专题视频讲座及多场民法典条文解读视频培训活动;省法院各相关业务部门及时梳理、总结审判实践中适用《民法典》新规则、新制度遇到的疑难问题,开展广泛调研,充分论证,通过条线培训、制定问题解答等方式深化学习成果。各中级、基层法院除踊跃参加省法院组织的各项学习活动外,立足自身工作实际,采取集中学习讨论、案例讲评、视频培训、邀请专家研讨等方式开展丰富多样的《民法典》学习活动。通过学习《民法典》,全省法院干警的司法办案能力和水平得到显著提升,为充分运用《民法典》妥善维护人民群众合法权益、促进社会和谐稳定筑牢了专业基础。

二、深入开展民法典实施调研工作

《民法典》是中华人民共和国成立以来体量最为庞大的法律,其颁布实施并不意味着一劳永逸地解决了民事法律领域的所有问题。省法院聚焦《民法典》各分编在实践运用中出现的问题,通过在全省法院系统召开学术研讨会、论证会、征求意见座谈会等方式进行了广泛深入调研,收集整理了最迫切需要解决的重点、难点问题并集中研讨解决方案,形成《关于切实贯彻实施民法典　推动民事审判工作高质量发展的调研报告》上报最高人民法院,旨在为助力《民法典》顺利实施作出江苏贡献。在《民法典》专项调研领域,省法院开展了个人信息保护、人脸识别技术相关法律问题、网络消费纠纷、高价彩礼返还、反家庭暴力和人身保护令、外卖快递行业民事纠纷等专项调研并形成调研报告,部分调研报告上报最高人民法院,为统一类案司法裁判尺度建言献策。省法院联合省委研究室开展《从民法典实施情况看我省社会治理现代化》专题调研，获评“习近平法治思想在江苏的生动实践”主题调研二等奖。

〈 拓展资料 · 调研 〉

【《关于个人信息保护法律问题、经验做法的调研报告》】人格权独立成编是《民法典》的一大创新，对个人信息保护问题作了较为清晰的规定，为《个人信息保护法》的出台打下了基础。由于个人信息权益边界不明、保护规范不足等原因，个人信息侵权现象非常普遍，如何协调信息流通和权益保护之间的紧张关系是处理个人信息权益纠纷的关键。《民法典》施行后，省法院广泛开展调研，并撰写《关于个人信息保护法律问题、经验做法的调研报告》上报最高人民法院。该报告内容涉及个人信息保护的范围、个人信息权与隐私权区分、一般信息和敏感信息区分、个人信息侵权的归责原则、个人信息侵权的免责事由、个人信息侵权的损失认定、个人信息的财产权、个人信息权的具体权能等八类问题分析意见，提出江苏地区法院的经验做法并附典型案例，共计23000余字，资料丰富，内容翔实。

三、统筹抓好贯彻落实《民法典》工作

（一）清理废旧指导文件

为确保《民法典》顺利施行，省法院成立“清理与民法典相关的办案指导文件、参阅案例工作领导小组”，并在最高人民法院指导下，开展办案指导文件、参阅案例清理工作，对1949年以来以省法院名义制发或会同有关单位联合制发的办案指导文件进行全面清理，完成清理废止审判业务文件75份，为统一实施《民法典》做好准备工作。

（二）确保依法衔接适用

《民法典》颁布施行后，江苏法院严格依照《最高人民法院关于适用〈中华人民共和国民法典〉时间效力的若干规定》，在坚持法不溯及既往基本原则基础上，根据案件具体情况，准确依法衔接适用《民法典》，审理了一大批涉及人

格权、居住权、土地经营权、胎儿利益保护、竞业限制、解除劳动合同、债权人代位权、网络新类型知识产权、互联网平台侵权、货物运输合同、国际货物买卖合同、港口货物权属等适用《民法典》新规则、新精神的案件,取得了良好的法律效果和社会效果。

(三)提升法律适用水平

江苏法院积极参与最高人民法院关于《民法典》总则编、合同编、侵权责任编等司法解释的讨论制定工作。省法院积极参与最高人民法院关于人民法院坚持"法安天下、德润人心",大力弘扬社会主义核心价值观的调研工作,从践行社会主义核心价值观角度,提升对《民法典》精神融入司法实践的理解。合作编写《民法典重点条文实务详解》一书,精选《民法典》380 个核心法条,帮助法官用最短时间掌握《民法典》一系列新规定、新概念和新精神。

四、大力组织宣传《民法典》

省法院党组书记、院长夏道虎带领党组成员和干警代表走进部队,开展"民法典进军营"活动。江苏法院多名法官加入省委宣传部、省法治宣传教育工作领导小组办公室、省司法厅、省法学会联合组建的"民法典专家宣讲团",开展宣讲 6000 余场。根据《省委宣传部、省司法厅关于开展法治宣传教育的第八个五年规划》,制定法院"八五"普法规划,2020 年以来直播庭审 63.7 万场,发布新闻 691 场,利用新媒体发布宣传作品 2434 期,制作微电影、微视频 258 个。利用送法进社区、送法进军营等活动大力宣传民法典。与江苏省妇联、江苏广电总台等单位联合推出全国首部民法典普法剧《第十五法庭》,以真实案例讲述婚姻家庭故事,刷新同时段收视纪录,视频播放量超亿次。联合江苏省司法厅编写《以案释法 · 漫画民法典》,精选 76 个案例,通过人民群众喜闻乐见的漫画形式解读民法典精神,获评江苏省年度好书,上榜"2020 年度影响力图书"。在省法院微信公众号创设"75 号说法"专栏,围绕典型性强的民事案例开展以案释法,目前已推出 42 期,阅读量超过 40 万。各地法院因地制宜开展丰富多彩的民法典宣传活动,例如,淮安地区两级法院联合市工商联开展"百名法官进百企"活动,对企业生产经营涉及的一系列《民法典》新规定、新概念进行宣讲，并现场解答法律问题。

延伸阅读

【普法剧《第十五法庭》】全国首部民法典普法剧《第十五法庭》于 2021 年 10 月在江苏卫视城市频道正式推出，该剧由省法院、省妇女联合会、省广播电视总台、南京市秦淮区人民法院联合制作完成，是继《宁海路 75 号》MV 成为"爆款"之后，省法院围绕宣传民法典推出的又一宣传精品，其题材新颖、内容风趣，以每天一集的方式向观众展现。鉴于《第十五法庭》取得的良好法治教育效果和社会宣传效果，省法院与相关单位已完成第二季节目的联合制作，计划于 2022 年年底前推出。

拓展资料 · 案例

【《以案释法 · 漫画民法典》选摘】

案例 1：梁某有两个儿子，其 80 多岁时发现自己身患绝症，而大儿子的妻子当时怀有身孕，梁某分五次给付大儿子共计 60 万元，声明是给自己未来的孙子，收据载明给付事项为孙子生活费。后梁某去世，其孙子出生。小儿子对梁某的赠与行为产生异议，诉至法院要求判令大儿子和孙子共同归还 60 万元。法院判决认为，梁某交给大儿子的 60 万元系赠与胎儿的生活费，胎儿出生后为活体，其在胎儿期间获得的利益应当得到保护，有权接受赠与，据此驳回小儿子的诉讼请求。从法律上对胎儿利益的保护作出规定，既是民法的重要内容，也是人道主义和人性伦理的要求。保护胎儿利益条款正式确立于《民法总则》，并在《民法典》中进行明确规定。涉及遗产继承、接受赠与等胎儿利益保护的，即使在孕育中，胎儿也被视为具有民事权利能力，可以作为继承人和受赠人，不因胎儿的身份受到影响。他人不得以胎儿尚未出生，不具有民事权利能力为由主张继承或受赠无效。胎儿因其尚未出生，其父母可以作为其法定代理人代其进行继承或接受赠与。

《民法典》第16条规定：涉及遗产继承、接受赠与等胎儿利益保护的，胎儿视为具有民事权利能力。但是，胎儿娩出时为死体的，其民事权利能力自始不存在。

案例2：本案是一起以公益诉讼方式保护当代消防英烈名誉、维护社会公共利益的典型案例。江苏淮安一位消防战士在执行救火任务时壮烈牺牲，被公安部和江苏省有关部门追认为“革命烈士”、追记一等功并授予“灭火救援勇士”荣誉称号。本案被告曾某在有100多人的微信群中发表“不死是狗熊，死了就是英雄”“自己操作失误掉下来死了能怪谁，真不知道部队平时是怎么训练的”等侮辱性言论。检察院就此提起民事公益诉讼，请求判令被告通过公开媒体赔礼道歉、消除影响。法院判决支持了检察院的诉请。《民法总则》第一次规定了“英烈条款”，突出强调了对英雄烈士的人格利益保护。2018年，《英雄烈士保护法》出台实施，明确对侵害烈士名誉行为可以提起公益诉讼。

本案是《英雄烈士保护法》实施后全国首例适用该法进行审判的案件，对营造崇尚英烈、敬重英烈、捍卫英烈精神的社会环境，引导公众树立正确的历史观、民族观、文化观具有重要意义。《民法典》沿用了《民法总则》中的“英烈条款”，有利于传承和弘扬英雄烈士精神、爱国主义精神，培育和践行社会主义核心价值观，进而激发实现中华民族伟大复兴中国梦的强大精神力量。

《民法典》第185条规定：侵害英雄烈士等的姓名、肖像、名誉、荣誉，损害社会公共利益的，应当承担民事责任。

案例3：张某驾驶摩托车与他人追尾相撞，被撞者受伤倒地后，张某逃离。朱某开车路过，见之便开车追赶，张某慌不择路，在穿越铁轨时撞上火车身亡。张某的亲属将朱某告上法庭索赔60万元。朱某究竟是“见义勇为”，还是“杀人凶手”？对张某的死亡，朱某究竟该不该担责？法院判决认为，交通肇事发生后，车辆驾驶人应当立即停车、保护现场、抢救伤者，张某肇事逃逸的行为违法。朱某作为普通公民，挺身而出，制止正在发生的违法行为，属于见义勇为，应予以支持和鼓励。张某被火车撞击死亡与朱某的追赶行为之间不存在因果关系，遂判决驳回原告的诉讼请求。见义勇为是中华民族的传统美德,如果见义勇为者得不到鼓励,反要承担不利后果,必然助长“事不关己,高高挂起”“多一事不如少一事”的风气。人民法院应当通过裁判大力弘扬见义勇为精神,让见义勇为者敢为,以公正裁判树立行为规则,引领社会风尚。该案被评为“2018 年推动法治进程十大案件”,并被写入 2018 年最高人民法院工作报告。为鼓励见义勇为,《民法典》还特别规定,因见义勇为受到损害的,见义勇为者有权要求受益人给予适当补偿。也就是说,当见义勇为者因保护他人人身、财产利益而遭受损害时,法律将为其提供救济以免除其后顾之忧。

《民法典》第 183 条规定:因保护他人民事权益使自己受到损害的,由侵权人承担民事责任,受益人可以给予适当补偿。没有侵权人、侵权人逃逸或者无力承担民事责任,受害人请求补偿的,受益人应当给予适当补偿。

第二节　加强民生权益保障

持续加强民生权益司法保障,紧盯人民群众在教育、就业、医疗、养老、社会保障、婚姻家庭等方面更高层次的公平正义需求,做好涉民生案件审判执行工作,着力解决人民群众诉讼过程中的操心事、烦心事、揪心事。

一、依法妥善审理涉民生案件

(一)加强消费者权益保护

高度重视消费者权益司法保护工作,不断加强消费者权益保护案件的审判与调研,出台了一批消费者权益保护方面的审判指导意见。每年在消费者权益日期间发布保护消费者权益典型案例,引导广大消费者依法维权,为促进消费市场健康有序发展提供了有力的司法保障。为贯彻落实党中央关于“坚持把非诉讼纠纷解决机制挺在前面”“完善社会矛盾纠纷多元预防调处化解综合机制”等重要部署要求,省法院联合省消保委、省检察院、省公安厅、省司法厅、省市场监督管理局共同制定《关于联动化解重大民生类消费纠纷工作的意见》。省法院联合省市场监督管理局、省检察院、省消保委共同制定《江苏省消费民事公益诉讼赔偿金管理暂行办法》,完善了消费者保护公益诉讼相关制度;与省消保委联合建立商品房买卖合同纠纷联动化解机制,拓宽购房人维权途径,从源头上减少诉讼增量,切实保护消费者合法权益。

< 拓展资料 · 发布 >

【《关于联动化解重大民生类消费纠纷工作的意见》】为提升消费者权益保护工作质效,守护重大民生类消费安全,2022 年 3 月 15 日,省法院联合省消保委、省检察院、省公安厅、省司法厅、省市场监督管理局共同制定下发了《关于联动化解重大民生类消费纠纷工作的意见》。该意见共十六条,涵盖纠纷多元化解机制、信息共享、建立专家库、风险预警、司法确认、探索民生公益诉讼、建立无争议机制等维护消费者权益多项举措。

【《江苏省消费民事公益诉讼赔偿金管理暂行办法》】为全面保障消费者合法权益,提高司法效能,确保江苏省消费民事公益诉讼在赔偿之诉领域的有序提起,产生积极社会效果,2021 年 3 月 15 日,省法院联合省市场监督管理局、省检察院、省消保委联合制定下发了《江苏省消费民事公益诉讼赔偿金管理暂行办法》,内容涵盖代管账户资金的来源和用途、赔偿金的申领和支付、赔偿金的管理与监督等五个方面共十九条内容,为消费民事公益诉讼赔偿金的管理使用提供了制度依据。

< 拓展资料 · 案例 >

【乐融致新电子科技(天津)有限公司与江苏省消费者权益保护委员会公益诉讼案】2019 年 3 月 16 日,消费者投诉某智能电视公司生产、销售的智能电视开机时自动播放开机广告,时间长达 15 秒,且销售时未以显著方式向消费者提示告知存在开机广告,相关广告也不能关闭。江苏省消保委接到投诉后，集中约谈了多家智能电视经营者，并发送了整改通知，乐融致新电子科技（天津）有限公司虽承诺整改，但开机广告"一键关闭"的窗口在广告结束前五秒才出现，不能保证即时关闭。江苏省消保委为维护消费者群体利益，遂提起公益诉讼，要求该公司在销售带有开机广告功能的智能电视时以显著的方式提示或告知消费者其产品存在开机广告，并为其销售的智能电视提供一键关闭开机广告的功能。

江苏高院经审理认为，智能电视的生产者同时也是开机广告的经营者，既应保障消费者充分了解相关信息并自主决定是否购买的选择权，也应严格按照法律规定设置一键关闭功能，确保消费者拒绝接收开机广告的选择权。本案中，被告公司在接受江苏省消保委意见整改后，在购买协议和产品外包装上对开机广告进行了提示，仅保障了消费者购买智能电视的选择权，但开机广告直到播放至最后5秒时才弹出一键关闭窗口，该设置未达到一键关闭的即时性和彻底性，违反了《广告法》第44条第2款"……在互联网页面以弹出等形式发布的广告，应当显著标明关闭标志，确保一键关闭"的规定，侵害了消费者对是否观看开机广告所享有的选择权，故判决该公司为其销售的智能电视在开机广告播放的同时提供一键关闭功能。

本案通过判令被告公司进一步作出整改，既维护了不特定多数消费者群体的利益，又平衡了经营者和消费者的利益冲突，同时督促相关主管部门对智能电视开机广告违法乱象进行整治，敦促相关行业组织尽快制定合规的智能电视开机广告强制标准，有助于规范行业的健康发展，构建健康和谐的消费市场环境。

该案入选中国消费者协会公布的"2020～2021年度消协组织维护消费公平十大典型案例"。

〈 拓展资料 · 调研 〉

【"双循环"战略背景下消费问题研究】"十四五规划"提出加快构建以国

内大循环为主体、国内国际双循环相互促进的新发展格局。推动形成以国内大循环为主体、国内国际双循环相互促进的新发展格局是以习近平同志为核心的党中央根据我国发展阶段、环境、条件变化作出的战略决策,是事关全局的系统性深层次变革。“双循环”发展新格局的底层逻辑可以概括为“内需”和“开放”。其中,起主导作用的国内循环的典型模式是“消费拉动生产,生产创造收入,收入再度带动消费”,内需作为消费的引擎作用正在逐步凸显。“双循环”战略是党和国家根据我国发展形势、环境、条件变化作出的战略决策,是事关全局的系统性、根本性、深层次的变革,必将对“十四五”甚至更长时期的经济社会发展产生深远影响。随着供给侧结构性改革的深入和经济发展模式的转变,消费拉动经济发展的基础性作用将更加明显。构建健康和谐、充满活力的消费市场环境,破除阻碍消费的各种制度性障碍,提振消费信心,增强消费能力,挖掘消费潜力,释放消费动能是“双循环”战略顺利实施的关键。在此背景下,省法院与省消费者权益保护委员会联合开展《“双循环”战略背景下消费问题研究》课题调研,从宏观和微观视角研究分析江苏消费市场的现状,从中发现影响消费的关键性因素,并提出应对意见。课题分为上下两篇,上篇主要从宏观视角和微观视角描绘出江苏的消费现状,并在此基础上研究“消费双循环”战略在江苏需要重点关注的问题并提出相应的建议。下篇主要从司法的角度探讨当前影响江苏消费的新型纠纷和纠纷解决机制,通过前瞻视角提出相应的研究意见。希望通过全景式描绘和深入分析,破解“双循环”之谜,为“十四五”时期江苏经济社会发展提供有益的参考。课题采用文献研究、线上调查、深度访谈、案例研究、法律解释、样本分析等多种调研分析方法,形成的调研报告共计 10 万余字,被评为全省法院优秀调研成果一等奖。

(二)依法维护劳动者合法权益

秉持平衡保护理念,既保护劳动者合法权益,又尊重企业正当用工自主权。省法院制定有关审理带薪年休假纠纷的意见,落实带薪年休假制度,保障劳动者休息休假权利和企业长远发展。会同省人社厅等单位出台涉新冠疫情劳动争议案件审理的意见，明确妥善处理涉疫情劳动争议的总体要求和具体措施，平衡保护劳动者合法权益和企业生存发展利益。会同江苏省人社厅等单位出台维护新就业形态劳动者劳动权益保障的意见，积极回应社会关注热点问题。经最高人民法院批准在苏州设立全国首家劳动法庭，切实保护“快递小哥”等新业态劳动者合法权益。开展根治欠薪冬季专项行动，高度重视包括欠薪纠纷在内涉民生案件的审判执行工作，督导农民工欠薪案件清理，确保相关案件春节前实现动态清零。2021年10月27日，南通和谐劳资支云服务平台正式上线，南通中院紧紧依托南通大调解工作格局，开启“工会+法院”劳动争议诉调对接新模式。

〈 延伸阅读 〉

【苏州劳动法庭成立】2021年7月16日，苏州劳动法庭经最高人民法院批准在苏州中院揭牌成立，成为全国首家专业化劳动法庭。2021年9月18日，苏州中院党组讨论通过《苏州劳动法庭建设三年规划(2021—2023年)》《苏州劳动法庭建设2021年度实施计划》，稳步推进苏州劳动法庭建设走深走实。苏州中院与苏州市综治办、人社局、总工会、司法局等建立起劳动人事争议六方联动机制，苏州中院与苏州市人力资源和社会保障局联合出台了《关于强化劳动人事争议仲裁与诉讼衔接机制建设的实施意见》，苏州中院分别与南京师范大学法学院、中国人民大学劳动法和社会保障法研究所签约共建教学研究实践(苏州)基地，并成立了由来自北京、上海、重庆、南京、苏州等地的15名知名专家学者、资深实务工作者共同组成的苏州劳动法庭智库。苏州劳动法庭适应新情况、迎接新挑战，用一个个案例、一项项举措，不断标注着劳动审判专业化的新高度，让新业态新模式走得更稳、更远。

< 拓展资料 · 发布 >

【《关于做好涉新冠肺炎疫情劳动争议调解和案件审理工作的指导意见》】为全面落实中央、最高人民法院、人力资源和社会保障部、司法部和省委、省政府关于依法防控疫情和促进经济社会发展工作的部署和要求,结合江苏劳动争议审理工作实际,2020 年 8 月 25 日,省法院联合省人社厅、省司法厅共同发布《关于做好涉新冠肺炎疫情劳动争议调解和案件审理工作的指导意见》。该意见包括总体要求、多元化解、妥善处理拖欠劳动报酬纠纷、依法保障用工自主权、鼓励和引导用人单位与劳动者共克时艰、依法维护劳动关系和谐稳定六方面共二十二条内容,对及时有效化解涉新冠疫情劳动争议,促进劳动关系和谐稳定发挥了积极作用。

(三)开展人身损害赔偿标准城乡统一试点工作

2020 年,省法院根据最高人民法院通知要求开展人身损害赔偿标准城乡统一试点工作,在全国首创按照上一年度全省居民人均可支配收入中工资性收入与经营净收入之和乘以全省平均负担系数的标准计算残疾赔偿金和死亡赔偿金,并不再将被扶养人生活费作为单独的赔偿项目,而是在被侵权人有被扶养人的情况下,在残疾赔偿金或死亡赔偿金中列支。消除了多年来引起较大争议的城乡二元结构带来的赔偿标准差异,尊重和平等保护每个个体的生命健康权益,并以科学合理的方式确保了赔偿金额与全省经济社会发展水平相符。此外,省法院积极参与最高人民法院对《关于审理人身损害赔偿案件适用法律若干问题的解释》的修改工作,并根据最高人民法院要求派专人参加具体工作,民一庭杨晓同志因在该项工作中履职尽责、严谨细致并体现了扎实的理论功底和丰富的实践经验,受到最高人民法院民一庭的通报表扬。

< 拓展资料 · 发布 >

【《关于开展人身损害赔偿标准城乡统一试点工作实施方案》】2019 年 9

月，最高人民法院下发通知，授权各地高级人民法院在本辖区范围内就残疾赔偿金、死亡赔偿金、被扶养人生活费项目开展人身损害赔偿标准统一试点工作。据此，省法院于2019年9月9日下发通知，授权各地级市中级人民法院根据实际情况制定相应赔偿标准。苏州、无锡、常州、徐州、连云港、宿迁、盐城等市先后公布了相应的统一赔偿标准。2020年3月，省法院根据江苏经济社会发展情况和试点地区的实施情况，认为江苏统一残疾赔偿金、死亡赔偿金、被扶养人生活费赔偿标准的条件已经成熟，经过充分调研，制定下发了《江苏省高级人民法院关于开展人身损害赔偿标准城乡统一试点工作的实施方案》（以下简称《实施方案》）。

《实施方案》一是彰显平等性。此次试点的根本目的在于统一城乡标准，回应人民群众的呼声，满足人民群众对公正司法的需求，确保人民群众在每一个司法案件中感受到公平正义，增强人民群众的公平感和获得感。二是强调科学性。《实施方案》充分吸收了学术界的研究成果，对"两金"和被扶养人生活费的理论学说和两者的关系进行了深入分析和考察，并继续坚持了《最高人民法院关于审理人身损害赔偿案件适用法律若干问题的解释》据以制定的"抽象劳动能力丧失"说和"继承丧失"说理论，确保《实施方案》具有坚实的理论基础。同时，《实施方案》选用了工资性收入、经营净收入、居民人均消费支出和全省平均负担系数指标，这些指标不仅更为科学合理，而且确保了根据指标计算的费用数额与江苏经济社会发展水平相符。三是注重可操作性。《实施方案》坚持以问题为导向，特别注重可操作性和指导性，尽可能细化明确各项赔偿标准的计算方式和适用范围，充分反映江苏城乡融合的发展趋势。同时，《实施方案》既注重维护行为自由又注重保护合法权益，兼顾各地发展水平的差异，保证了《实施方案》的实践效果。四是体现特殊性。《实施方案》将被扶养人生活费在"两金"中单列，在保证逻辑一致性的前提下，维护被扶养人的生存权益。此外，《实施方案》还在死亡赔偿金的分配上，对被扶养人予以倾斜保护。

(四)强化弱势群体司法保护

省法院与省残联定期联合发布残疾人保护十大典型案例,持续做好弱势群体司法保护工作。通报五年来江苏法院涉及60岁以上老年人案件审判工作的基本情况,发布“十三五”涉老审判工作情况通报和典型案例,为老年人老有所养、老有所依、老有所乐、老有所安营造良好法治环境,提供充分司法保障。维护老年人合法权益,依法制裁“强行啃老”、理财骗局坑老害老行为,严惩虐待、遗弃老年人犯罪。例如,陆老太将三套房产全部赠与孙女,孙女却拒不履行赡养协议,苏州法院依法支持老人撤销赠与;谢某等人勾兑自来水冒充保健品欺诈老年人,常州法院适用惩罚性赔偿判赔7000多万元。

(五)推进道路交通事故损害赔偿纠纷“网上数据一体化处理”改革

省法院与省公安厅、省司法厅、省财政厅、省保监局于2018年共同制定《关于在全省开展道路交通事故损害赔偿纠纷“网上数据一体化处理”改革试点工作的实施意见》,启动试点工作。2019年大力推进改革,积极引导当事人通过一体化平台完成诉前调解、在线鉴定、一键理赔,有力推动了道赔纠纷的快速解决。与省司法厅等单位联合发文,打通信息壁垒,强化纠纷前端解决机制,有效减少进入诉讼程序案件数量。推进全省受理道赔纠纷案件的105家基层法院全部上线一体化平台。道赔纠纷“网上数据一体化处理”改革项目被评为全省法治为民办实事项目。2021年持续完善规则,省法院与平安财产保险公司江苏分公司就加强司法联动、打击“诉讼黄牛”,更好发挥道交一体化平台作用等方面开展交流合作,与江苏省道交事故社会救助基金管理中心共同规划基金发展机制,推动地方道路交通事故处理法律机制完善。

二、加强妇女儿童权益保护

(一)健全审判机构,提升专业化保护程度

2021年5月,省法院成立少年法庭工作领导小组,加强全省少年审判工作的组织领导。制定《关于贯彻落实〈最高人民法院关于加强新时代未成年人审判工作的意见〉的方案》,加强少年审判专业化建设。组织举办全省法院少年审判机构集中揭牌仪式,全省121家法院均设置了少年审判机构,在全国

率先实现少年法庭机构全覆盖。创新江苏法院“六一”工作机制，下发《关于统一全省法院少年庭受案范围的通知》《关于规范涉少案件裁判文书的通知》，开发少年案件大数据分析软件，探索完善考评考核体系，确保全省少年审判工作沿着专业化方向稳步前行。建立“三合一”受案模式，将涉及未成年人权益的刑事、民事、行政案件统一交由少年法庭审理，实现对未成年人权益的综合全面保护。

〈 延伸阅读 〉

【“六一”工作机制】未成年人是祖国的未来、民族的希望。习近平总书记高度重视少年儿童事业，多次作出重要指示批示。为进一步落实党中央关于未成年人保护和犯罪预防的决策部署，引领未成年人审判工作的改革发展方向，省法院创新推出“少年法庭‘六一’工作机制”：

创新一个模式——少年案件综合审判模式。在全国率先实现少年案件审判机构全覆盖、少年案件综合审判（刑事、民事、行政）全覆盖“两个全覆盖”。

打造一支队伍——高素质的少年审判专业化队伍。以机构建设带动队伍建设，培养一支素质高、业务强、有爱心的专业化少年审判队伍。

构建一个体系——江苏少年审判社会支持体系。在前期试点基础上，全面推开全省少年审判社会支持体系品牌建设，引进心理专家、司法社工等社会力量，结合困境儿童救助，加大对少年司法工作的支持。

建设一个平台——少年案件大数据分析平台。开发少年案件大数据分析平台，动态实时抓取涉少案件相关数据，加强态势分析研判，为未成年人权益保护和犯罪预防提供决策参考，助力完善社会治理。

健全一项机制——责令监护失职的家长接受家庭教育指导。落实《未成年人保护法》新规定，联合省妇联、省教育厅、公安厅、省检察院等单位会签文件，对办案中发现不履行家庭教育义务的监护人责令其接受家庭教育指导。

讲好一堂法治课——未成年人保护法治公开课。强化法治宣教效果，联合省妇联等单位开设家长网上学校、网络法治课堂，讲好未成年人司法保护法治公开课。

(二)依法惩治犯罪,加大妇女儿童保护力度

对侵害妇女儿童权益犯罪坚持零容忍立场,依法从严惩处杀害、性侵、拐卖、虐待等严重侵害妇女儿童权益犯罪,妥善审理“原南京医学院女学生被杀案”、单某某强奸女童案等社会广泛关注的案件,依法判处被告人麻某某、单某某等犯罪分子死刑,得到群众高度认可和社会广泛认同。对犯罪的未成年人,贯彻“教育、感化、挽救”方针,最大限度教育挽救未成年人;对被告人、被害人都是未成年人的案件,坚持双向保护,妥善把握入罪条件和从宽幅度,力求取得良好的法律效果和社会效果。

(三)强化帮扶救助,传递司法保护温度

江苏法院积极开展少年犯帮教工作,截至2021年,已单独或联合其他部门建立225个帮扶基地,成功帮教数千名少年犯回归社会,其中43人考上大学。加大司法救助力度,2021年共向77名未成年被害人发放司法救助资金35.6万元。进一步扩大救助保护范围,将关怀视野扩大至未成年被告人、被害人之外的其他涉案困境儿童,例如,因父母犯罪或被害而陷入困境的儿童,确保不遗漏审判视野中每一个需要保护和救助的孩子。2018年,省法院与省民政厅、财政厅等七部门联合出台了《关于落实困境儿童分类保障制度有关问题的补充意见》,对困境儿童分类进行细化,明确保障标准,完善保障措施,并对工作程序予以规范,为全面开展困境儿童保障工作提供了依据和保障。2021年9月,省法院下发《关于落实困境儿童保障相关政策的通知》,要求全省各级法院加强困境儿童线索移送,规范卷宗档案管理,安排专人负责,建立专门工作台账,并做好数据统计。省法院起草并会同省妇联等部门出台《关于在涉未成年人案件中开展家庭教育指导工作的实施意见(试行)》,推动做好新时代家庭教育指导工作。盱眙县法院在2022年1月1日《家庭教育促进法》实施当日发出首份“责令接受家庭教育指导令”。

< 拓展资料 · 发布 >

【《关于在涉未成年人案件中开展家庭教育指导工作的实施意见(试行)》】2022 年 1 月 1 日《家庭教育促进法》施行后，省妇联牵头，联合省法院、省检察院、省公安厅、省民政厅，在全国率先出台由省法院起草的《关于在涉未成年人案件中开展家庭教育指导工作的实施意见(试行)》，从适用范围、教育内容、教育形式、跟踪落实等方面规范家庭教育指导工作。全省各级法院认真抓好家庭教育促进法及实施意见落实，在审理涉未成年人案件中，发现父母或者其他监护人存在侵犯未成年人合法权益、未成年人有严重不良行为或者实施犯罪行为等情形的，依法发出家庭教育指导令，指导加强对未成年人的教育监护。

(四)延伸审判职能，拓展侵害妇女儿童犯罪预防广度

省法院聚焦源头治理、综合治理，开展性侵未成年案件专项调研工作，撰写《性侵未成年人犯罪原因分析及预防对策》调研报告，获省法学会犯罪学研究会 2021 年年会优秀论文一等奖。坚持以案促治、以案促建，指导各级法院针对涉少案件中发现的社会治理薄弱环节，及时向教育、公安、工商等部门发送司法建议，推动堵漏建制，合力保护未成年人合法权益。落实《反家庭暴力法》和《家庭教育促进法》。自 2016 年 3 月 1 日《反家庭暴力法》施行以来，江苏法院依法发出人身安全保护令千余件，切实维护妇女儿童人身安全，其中 2 起案例入选全国法院人身安全保护令十大案例。

< 拓展资料 · 案例 >

【周某及子女申请人身安全保护令案】申请人周某(女)与被申请人颜某经调解离婚后，三名未成年子女均随周某生活。然而每当颜某心情不好的时候，便不管不顾地到周某家中骚扰、恐吓甚至殴打周某和三个孩子，不仅干扰了母子四人的正常生活，还给她们的身心造成了极大的伤害。周某多次报

警,但效果甚微,派出所的民警们只能管得了当时,过不了几日,颜某依旧我行我素,甚至变本加厉地侵害母子四人的人身安全,连周某的亲友都躲不过。周某无奈之下带着三名子女诉至法院,请求法院责令颜某禁止殴打、威胁、骚扰、跟踪母子四人及其近亲属。

江苏省连云港市海州区人民法院裁定:一、禁止颜某对周某及三名子女实施家庭暴力;二、禁止颜某骚扰、跟踪、接触周某母子四人及其近亲属。

本案系一起针对"离婚后家暴"发出人身安全保护令的典型案例。反家庭暴力法,顾名思义适用于家庭成员之间,现有法律对家庭成员的界定是基于血亲、姻亲和收养关系形成的法律关系。除此之外,《反家庭暴力法》第37条中明确规定,"家庭成员以外共同生活的人之间实施的暴力行为,参照本法规定执行",意味着存在监护、寄养、同居、离异等关系的人员之间发生的暴力也被纳入家庭暴力范围,受到法律约束。

(五)加强法治宣教,激发全社会保护热度

省法院联合省妇联在网上家长学校开设法治课堂,刑一庭法官进行专题授课,解读《预防未成年人犯罪法》《未成年人保护法》,教育引导广大家长增强未成年人保护意识,取得良好社会反响。"六一"前夕,省法院召开新闻发布会,向社会通报江苏少年审判工作情况,发布未成年人保护典型案例,提升全社会保护未成年人权益和预防未成年人犯罪意识。会同南京市委组织部等单位主办"党旗领航、法护成长"党史学习教育与法治教育校园行活动,教育引导广大学生尊法、学法、守法、用法。会同省广电总台、省教育厅等部门推出"法治第二课堂",运用司法"小案例",启发学生思考法治"大道理"。持续开展法治宣传进校园、进社区等活动,普法宣传教育受众累计高达数十万人,不断提升全社会保护妇女儿童权益的法治意识。

三、开展"套路贷"及虚假诉讼专项整治

省法院在全国率先部署开展防范与惩治"套路贷"虚假诉讼专项治理,在审理涉"套路贷"、非法放贷等黑恶势力犯罪中,坚持依法严惩,严格落实"打

财断血”要求，运用财产刑、资格刑等法律手段彻底铲除黑恶势力经济基础。专门成立工作专班，对2016年以来审结的68万多件民间借贷案件“回头看”，全面梳理、排查纠正“套路贷”虚假诉讼，打响了一场净化金融秩序、捍卫司法权威、提升司法能力的重大“司法战役”。在出台《在扫黑除恶专项斗争中打击与防范“套路贷”虚假诉讼工作指南》的基础上，及时总结提炼了专项治理工作开展以来打击“套路贷”等非法金融活动的经验做法，形成了可复制、可推广的“非法金融工作机制”，制定了《关于健全完善防范与打击“套路贷”及虚假诉讼长效机制的指导意见》，为审查甄别“套路贷”虚假诉讼提供了有效指导。

< 拓展资料 · 发布 >

【《关于健全完善防范与打击“套路贷”及虚假诉讼长效机制的指导意见》】为落实金融放贷领域扫黑除恶专项斗争和非法金融活动专项治理工作部署，实现长效常治，江苏高院印发了《关于健全完善防范与打击“套路贷”及虚假诉讼长效机制的指导意见》（以下简称《意见》）。

《意见》提出要坚持并深化“333”工作机制，增强制度机制落实的针对性、严密性、有效性。一是依托“套路贷”虚假诉讼智能预警系统、法院综合信息系统、执行指挥中心执行案件信息管理系统“三大系统平台”，完善疑似职业放贷人名录制度，强化精准防范与打击“套路贷”信息化支撑。二是深化“一检索、二集中、三并案”办案模式，对民间借贷等案件，严格落实关联案件强制检索，坚持实行集中管辖、集中审理、关联案件并案审查，健全完善防范与打击工作机制。三是严把立案、审理、执行“三大关口”，强化立审执协同配合机制。立案环节建立立案预警标识机制，进行关联案件和疑似职业放贷人检索查询，并预警标识。审理环节要对预警标识案件及疑似“虚假诉讼”案件加强审查，强化当事人本人到庭接受调查、质询，加大依职权调查力度，加强对证据的实质性审查判断，尽可能查明案件事实，依法公正处理。执行环节重点加强对执行依据为P2P网络仲裁、公正债权文书、赋予强制执行效力的民间调解协议等各类执行依据的审查,防止"套路贷"违法犯罪分子通过诉讼实现非法利益。

《意见》明确要健全完善"套路贷"、非法高利放贷及虚假诉讼联动处置机制。正确把握"套路贷"、非法高利放贷及虚假诉讼民刑交叉案件的程序处理,依法严惩"套路贷"、非法高利放贷及虚假诉讼等刑事犯罪行为,坚决打击未达刑事犯罪标准的非法金融活动,强化对妨碍诉讼行为的民事制裁措施。规范"套路贷"虚假诉讼案件移送管理机制,依法受理移送后未受到刑事追究的民间借贷案件原告重新起诉案件,健全完善联动处置机制。同时,要强化对其他法律从业人员的司法监督,严格执纪问责,落实"一案双查"工作机制,对法院干警存在违纪违法情形的,坚决依纪依法处理。

《意见》强调要推动建立"套路贷"、非法高利放贷及虚假诉讼综合治理机制。落实"套路贷"、非法高利放贷及虚假诉讼协同治理机制,主动及时向党委、纪委监委、政法委报告专项治理工作,强化与公安机关、金融监管部门、市场监管部门协同配合机制,推进数据信息共享,形成工作合力,进一步从源头上铲除"套路贷"等非法金融活动的滋生土壤。同时,加强宣传引导营造舆论氛围,大力宣传人民法院打击"套路贷"、非法高利放贷及虚假诉讼典型案例,震慑"套路贷"违法犯罪分子,营造诚信守法氛围。

〈 拓展资料 · 数据 〉

在打击与惩治"套路贷"虚假诉讼的高压态势下,江苏法院民间借贷新收案件数明显减少,2019 年新收一审民间借贷案件数同比下降 10.76%,自 2015 年以来案件量首次出现负增长,2020 年同比下降 30.15%,2021 年较 2019 年下降 13.90%。

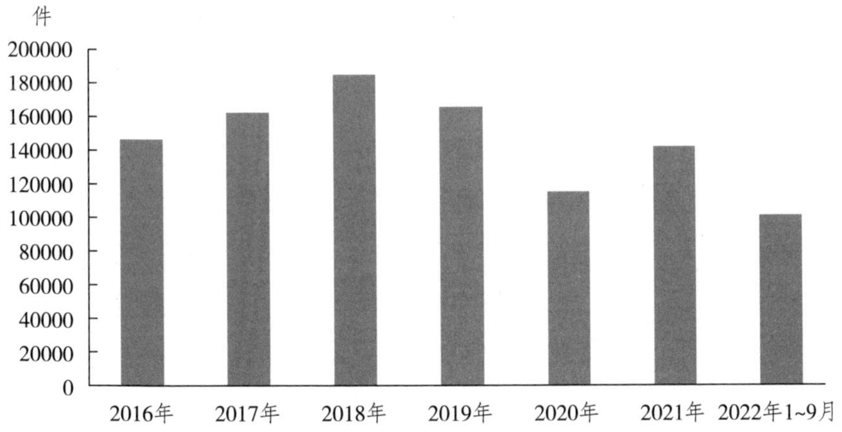

图 15　江苏法院近年新收一审民间借贷案件数

(一)加强组织领导,强化责任担当

江苏各级法院党组切实扛起主体责任,从打赢防范化解重大风险攻坚战的高度,把打击与防范“套路贷”虚假诉讼作为法院的一项重要政治任务,作为开展扫黑除恶专项斗争、深入推进“打伞破网”“打财断血”的重要举措,通过动员部署会、专题党组会、党组扩大会、重点案件交办会、工作推进会等多种方式,推进“套路贷”虚假诉讼专项治理工作。省法院在扫黑除恶专项斗争领导小组办公室增设“套路贷”虚假诉讼专项治理工作组,各中级、基层法院也成立了相应工作专班,形成主要领导抓总,分管领导负责,立案、审判、执行、监察、政工等部门联动的专项治理工作组织体系,加强对专项治理工作的协调推动和督促落实。省法院建立专项治理周报制度,各中院对辖区基层法院也相应建立周报制度,泰州中院还建立日报制度,有力推动专项治理工作走深、走实。省法院、各中院院领导对联系点法院实行责任包干、带案督查。省法院院领导先后两次带队深入 13 个地级市督查督办,省法院党组集体约谈 13 个中院院长,下发专题督查情况通报,明确指出各地在专项治理中存在的突出问题与整改要求。对“套路贷”虚假诉讼形势严峻、排查纠错进度严重滞后的 4 个中院及所辖部分基层法院院长,省法院党组重点进行了集体约谈。13 个中院也对辖区内基层法院进行了多轮督查,压紧压实责任,层层传导压力，有力推动问题整改、责任落实。

（二）突出重点，全面排查纠错

一是优化排查工作方法。采取组织有力专班、原办理人员回避的交叉排查复查方式，对案件事实、证据、程序、法律适用等进行全面细致的审查，按照排查要求认真填写“一案一表”。对专项治理中发现的重大案件，实行院领导包案、尽快复查纠错。对于复查中发现的跨地区案件，由省法院或中院牵头，组织相关法院联合排查、上下联查，共同研判案情，及时复查纠正。

二是明确重点排查处置。充分运用排查线索，重点围绕工作方案确定的“四条线索”，对 2016 年 1 月至 2019 年 7 月已经审结的 681817 件民间借贷等案件开展“回头看”，建立工作台账，全面梳理、排查纠正“套路贷”虚假诉讼。省法院经过周密调研，于 2019 年 10 月 9 日举办重点案件交办会，要求全省各地法院围绕交办线索，对重点人头（公司）所涉案件逐一进行排查甄别，并对涉夏某系列案件等重点督办案件，限期排查纠正完毕。

三是精准把握要求依法纠错。对经过复查，确属“套路贷”虚假诉讼的案件，依法及时启动审判监督程序予以纠正。对于已进入刑事诉讼程序的涉“套路贷”犯罪嫌疑人以及涉“套路贷”犯罪分子，将与其相关联的全部民间借贷等案件逐案复查，确属“套路贷”虚假诉讼的，依法启动审判监督程序予以纠正。在纠正案件的同时，及时将涉嫌犯罪的线索、材料移送公安机关。

四是全力做好立行立改。针对专项督查反馈的问题与建议，各级法院高度重视，迅速剖析研究，全面整改部署，全力抓好落实。例如，徐州法院在省法院督查后，及时对涉及曹某团伙等的 1059 件“套路贷”虚假诉讼案件，依法启动再审纠错程序予以纠正。

（三）探索创新“333”工作机制，着力提升工作成效

省法院出台《在扫黑除恶专项斗争中打击与防范“套路贷”虚假诉讼工作指南》，正确区分“套路贷”与非法放贷、合法民间借贷的界限，为防范打击“套路贷”虚假诉讼提供有效指引。在全国范围内率先出台《在扫黑除恶专项斗争中打击与防范网络“套路贷”虚假诉讼工作指南》，把 P2P 网络“套路贷”作为非法金融活动专项治理的重点对象，促进专项治理工作更加全面深入。

2020年8月,省法院总结提炼了专项治理工作开展以来打击“套路贷”等非法金融活动的经验做法,制定了《关于健全完善防范与打击“套路贷”及虚假诉讼长效机制的指导意见》,形成了可复制、可推广的“333”工作机制,有效截断了不法分子通过“套路贷”虚假诉讼牟利的通道。

一是构建和依托“三大系统平台”,为专项治理提供信息化支撑。依托法院案件信息管理系统,对疑似职业放贷人进行关联案件查询,准确掌握涉诉信息。依托执行指挥中心执行案件信息管理系统,对进入执行程序的判决书、调解书、仲裁裁决、赋予强制执行效力的公证债权文书进行关联案件查询,严防“套路贷”隐形变异恶意利用执行程序。省法院研发全国首个“套路贷”虚假诉讼智能预警系统,嵌入疑似职业放贷人名录,并对接省非法金融活动信息监测平台,支持多维度立体检索比对。

二是强化立案、审理、执行三部门协同配合,严把“三大关口”,建立健全全流程打击防范工作机制。依托“三大系统平台”,建立立案预警标识机制,立案部门进行关联案件和疑似职业放贷人检索查询,预警标识移送审理部门。对立案预警标识案件,审理部门将其作为高风险案件加强审理,强化当事人本人到庭接受调查、质询,加大依职权调查力度,加强对证据的实质性审查判断,彻查借贷资金流向,严格界定合法民间借贷与“套路贷”违法犯罪的界限。执行部门重点加强对执行依据为仲裁裁决、赋予强制执行效力的公证债权文书等的审查,发现涉嫌“套路贷”虚假诉讼的,落实一律审查全部关联案件、一律不予立案执行、生效裁判一律移送审判业务部门审查的“三个一律”要求。

三是建立“一检索、二集中、三并案”的办案模式,提高办案实效。建立强制检索制度,在立案、审理、执行各环节全面建立关联案件强制检索制度,运用“三大系统平台”,比对是否存在“套路贷”虚假诉讼疑似情形。坚持“集中审理”,三级法院均将民间借贷案件集中到一个部门审理,将人民法庭的民间借贷案件集中到院本部审理,统一裁判尺度。坚持并案审查,将关联案件集中到同一个合议庭或同一独任法官进行审理,提升防范打击效率与精准度。强化综合审查判断,类型化深入剖析,甄别发现借贷“套路”手法,解决单一案件难以发现犯罪线索的问题。

江苏各级法院也建立了一系列制度机制，为防范和打击"套路贷"虚假诉讼提供了制度保障。例如，淮安法院坚持将"八查八问"嵌入庭审程序；扬州法院推行民间借贷案件庭审"要素式"发问；镇江法院制定《关于审理民间借贷案件的审判要素指引》《关于甄别"套路贷"虚假诉讼"十必查"制度》等，加强庭审对借贷事实的实质性审查；苏州中院与金融监管部门协同建立涉案账号资金流水跟踪查询协作专线，强化依职权调查取证；南通中院组成由刑事法官参与的专业合议庭，加强对"套路贷"虚假诉讼的审查甄别力度。

〈 延伸阅读 〉

【"套路贷"虚假诉讼智能预警系统】2019 年 9 月 3 日，由省法院自主研发的全国首个"套路贷"虚假诉讼智能预警系统上线运行。系统通过云计算、大数据、NLP 和智能算法等技术运用，提供态势分析、人群画像、风险放贷人预警、已结案件预警、综合检索、诉讼代理人分析、重点关注等功能，实现"套路贷"虚假诉讼自动预警、科学认定、全面打击和源头防范，为全省法院"套路贷"虚假诉讼专项治理和江苏非法金融活动专项治理工作提供有效支撑。截至 2022 年 10 月底，江苏法院干警使用智能预警系统 620.14 万人次，系统成功识别出 5 级高风险放贷人 5984 人、4 级中风险放贷人 6996 人。

智能预警系统嵌入疑似职业放贷人名录，并对接省非法金融活动信息监测平台，利用 79 个识别监督点，通过智能算法模型、多维度立体检索比对，为甄别"套路贷"虚假诉讼提供可视化预警，大幅提升"套路贷"虚假诉讼关联案件的排查甄别准确率。系统重点运用裁判文书语义分析技术，准确定义"套路贷"虚假诉讼案件特征。将案件信息分为涉公安（刑事案件、治安处罚、警情信息）、原告起诉频次、被告未出庭次数、被告负面答辩次数（裁判文书出现"不认识原告""没有借钱""暴力""胁迫"等关键词）、制式合同、现金方式支付、市场监管数据等 79 个"套路贷"虚假诉讼监督点，构建"套路贷"虚假诉讼识别预警模型，同时对预警模型进行了多轮优化，形成"7 + 1"模型体系（7 个案由算法模型+1个人员算法模型)。在此基础上,智能预警系统运用侦查思维方式分析各类碎片数据,结合识别监督的特征,甄别判断异常情况,并按“套路贷”虚假诉讼风险程度,从高到低设置五△级、四△级、三△级、二△级、一△级共五个预警级别,甄别出不同级别的“套路贷”虚假诉讼案件,以可视化方式展示,帮助法官在办案中精准高效地甄别防范“套路贷”虚假诉讼。智能预警系统受到省纪委监委充分肯定,入选中国法治蓝皮书,获得最高人民法院信息中心高度评价,并作为信息化建设试点适时在全国法院推广。

< 拓展资料 · 发布 >

【《关于在扫黑除恶专项斗争中打击与防范“套路贷”虚假诉讼工作指南》】为在审判实践中正确区分“套路贷”与违法放贷、合法民间借贷的界限,有效防范打击“套路贷”违法犯罪,加强对“套路贷”虚假诉讼的甄别,省法院制定了《在扫黑除恶专项斗争中打击与防范“套路贷”虚假诉讼工作指南》。该指南共十八个条文,主要包括四个部分。

第一部分关于“套路贷”的界定,主要涉及“套路贷”的概念、“套路贷”违法犯罪与民间借贷的区别以及“套路贷”的常见犯罪手法和步骤。第二部分从立、审、执各环节强化审查,防范与打击“套路贷”虚假诉讼,主要是对需要着重审查的重点案件以及在案件审理中如何防范和甄别“套路贷”虚假诉讼作出规定。第三部分严厉打击惩治“套路贷”虚假诉讼,明确防范打击“套路贷”虚假诉讼应注意的问题。第四部分依法处理民间借贷等案件,明确对属于正常民事纠纷的民间借贷等案件,要依法审理、执行,切实保护当事人合法的民事权益。

(四)凝聚工作合力,推动行业治理

一是强化协同配合。在专项治理工作中,主动接受监督,及时向纪委监委、政法委汇报工作进展,报送工作信息,争取工作支持。省法院会同省检察院、省公安厅出台《关于建立健全严厉打击“套路贷”违法犯罪沟通协调机制的意见》，构建公、检、法三机关打击“套路贷”违法犯罪的办案协作机制、防范与打击“套路贷”违法犯罪的综合治理联动机制。完善与金融监管部门的联席会议制度，加强金融风险防控、处置的协同配合。

二是推动标本兼治。坚持以案促治、以案促建，针对金融放贷领域发现的问题，全省法院及时向有关机关和单位提出司法建议 161 条，收到反馈 96 条。例如，启东法院就律师和法律工作者在代理民间借贷案件中存在虚构事实、伪造证据等违法违规行为向启东市司法局发送司法建议；扬州中院针对一起校园贷系列案件中发现的学生存在出具借条随意、防范意识较弱情况，向有关学生所在的学校发送了司法建议。用好省非法金融活动信息监测平台，既形成打击工作合力，又推动源头系统治理，促进非法金融活动治理体系的健全完善。形成的《关于涉周某侠“套路贷”虚假诉讼案的分析报告》获得最高人民法院和省委领导批示肯定。

三是营造舆论氛围。充分运用各类媒介载体，积极宣传人民法院打击“套路贷”虚假诉讼的鲜明立场及取得的成效。省法院先后召开 2 次新闻发布会，省法院相关部门主要负责人接受《法治日报》等主要媒体采访，各中院召开 10 余次新闻发布会，介绍政策文件、通报工作进展、发布典型案例，充分展现人民法院打击“套路贷”等非法金融活动的决心和力度，在揭露、震慑犯罪分子的同时，营造诚信守法氛围，提高全社会对“套路贷”、非法放贷等违法犯罪的警惕性和识别力，引导人民群众对“套路贷”等非法金融活动不参与、能识别、敢揭发。拍摄打击防范“套路贷”主题的微电影、情景短剧，揭示“套路贷”等非法金融活动危害，省法院拍摄“75 号说|多一分警惕 · 少一点套路”短视频，南京中院拍摄“教你防范金融风险”系列短片，编印《法官教你防范借贷风险 100 条》，向社会发放，提升群众识别防范违法犯罪的能力。

〈 拓展资料 · 发布 〉

【《关于建立健全严厉打击“套路贷”违法犯罪沟通协调机制的意见》】为进一步完善打击“套路贷”违法犯罪的沟通协调机制，有效提升防范惩治“套路贷”的部门工作合力，省法院会同省检察院、省公安厅联合印发了《关于建立健全严厉打击“套路贷”违法犯罪沟通协调机制的意见》，意见对准确把握“套路贷”与民间借贷、“高利贷”、非法讨债的界限；加强对民间借贷案件的审查甄别；建立疑似职业放贷人名录制度；建立健全办案沟通协作机制等作出具体规定，构建公、检、法三机关打击“套路贷”违法犯罪的办案协作机制、防范与打击“套路贷”违法犯罪的综合治理联动机制，对全省法院发现、甄别、防范、惩处“套路贷”违法犯罪，推动扫黑除恶专项斗争深入开展，维护金融秩序和社会稳定，具有重要指导意义。

〈 拓展资料 · 数据 〉

江苏法院持续加大民事诉讼中虚假诉讼行为的打击力度，自 2018 年以来，对在金融放贷领域民事诉讼中实施虚假诉讼行为的 13 人处以拘留，对 387 人处以罚款，罚款金额达 1102.48 万元。在全省范围内形成了打击“套路贷”等非法金融活动的工作合力，对企图利用人民法院诉讼、执行程序，通过虚假诉讼实现非法目的的不法分子起到了有效震慑作用。

〈 拓展资料 · 案例 〉

【方某、徐某某等人组织、领导、参加黑社会性质组织案】自 2016 年 2 月至 2017 年 8 月，被告人方某、徐某某与方某甲、方某乙、方某丙等人以同乡亲情、资源共享、合作催讨为纽带，先后在无锡市梁溪区成立七家“乾”字头的贷款公司组成联盟，在全市范围内违法发放“套路贷”，逐渐形成了以被告人方某、徐某某为组织者、领导者，以被告人廖某某和方某甲、方某乙、方某丙、曹某等人为积极参加者（其中方某甲、方某乙、方某丙为骨干成员），以被告人陈某某等31人为一般参加者的黑社会性质组织。方某等人以无抵押贷款、快速放款为诱饵吸引他人借款，诱骗被害人签订"高低条"（低条通常为借款金额，高条通常为借款金额2倍）、房屋租赁合同及各项承诺书，并以"保证金""上门费""中介费"等名义收取各种费用；在贷款中设置苛刻的履约期限和条件，随意解释违约条款，制造违约机会，单方面肆意认定违约；一旦出现违约即采用喷漆、堵塞门锁、半夜砸窗玻璃、高音喇叭辱骂、贴身跟随、强行入住等软暴力手段，以及殴打、体罚、拘禁等暴力手段进行非法催讨高条金额和违约金，谋取不法利益。其间，该组织成员共计向3300余人次发放"套路贷"，发放金额3100万余元，非法获利140万余元，实施非法拘禁、敲诈勒索、寻衅滋事等各类犯罪29起。

该黑社会性质组织盘踞在无锡市市中心繁华地段，组织成员众多、资金雄厚，在无锡、江阴、宜兴等地肆意实施违法犯罪活动，对借款人及其亲属、周围邻居造成强大心理强制和不安影响，使得人民群众的合法利益遭受重大侵害，在持续时间段内严重破坏了社会生活秩序和小额贷款金融领域经济秩序，造成了极其恶劣的社会影响。

无锡市锡山区人民法院于2018年12月28日作出一审判决，认定被告人方某犯组织、领导黑社会性质组织罪、非法拘禁罪、敲诈勒索罪、寻衅滋事罪，数罪并罚决定执行有期徒刑十九年，剥夺政治权利两年，并处没收个人全部财产。被告人徐某某犯组织、领导黑社会性质组织罪、非法拘禁罪、敲诈勒索罪、寻衅滋事罪、侵犯公民个人信息罪，数罪并罚决定执行有期徒刑十八年，剥夺政治权利一年，并处没收个人全部财产。其他被告人分别被判处有期徒刑十二年至一年九个月不等的刑罚，并处五十三万元至一万二千元不等的罚金。一审宣判后，方某、徐某某等部分被告人提出上诉。无锡市中级人民法院二审裁定驳回上诉，维持原判。

【何某某等人组织、领导、参加黑社会性质组织案】自2017年3月以来，被告人何某某网罗刑满释放人员、社会闲散人员，先后在南通市设立南通A8

零用贷公司、星辰零用贷公司，在扬州市设立扬州A8车贷公司，在泰州市设立泰州A8零用贷公司、中久零用贷公司。上述各公司内设风控部、业务部、催收部、财务部等部门，分工明确，层级分明，形成了以何某某为组织者、领导者，以被告人姚某某、顾某某、李某某为组织者，以被告人华某等人为积极参加者，以被告人刘某某等人为一般参加者的黑社会性质组织，假借民间借贷之名，通过"虚增债务""制造资金走账流水""肆意认定违约""故意制造违约"等方式，将"套路贷"与暴力、软暴力相结合，肆意侵占被害人财产。该组织一年内从南通地区起步发展，迅速扩张到扬州、泰州等地区，通过暴力、软暴力追逼"债务"，有组织实施抢劫、寻衅滋事、敲诈勒索、非法拘禁、开设赌场等违法犯罪活动80余起，攫取巨额非法财富，恐吓群众，树立自身非法权威。银行流水显示，仅南通A8零用贷公司、星辰零用贷公司就非法获利180万余元，扬州A8车贷公司抢劫、敲诈勒索数额达80万余元。迫于该组织非法权威，十余名被害人有家不敢回或被迫搬家，多名被害人不敢报案或者关闭所经营店铺，在公安机关侦查期间，不敢向侦查人员陈述案件事实。该组织的行为严重破坏当地社会生活秩序、经济秩序，挑衅国家公权力，造成了极其恶劣的社会影响。

南通市崇川区人民法院于2018年12月28日作出一审判决，认定被告人何某某犯组织、领导黑社会性质组织罪、抢劫罪、敲诈勒索罪、寻衅滋事罪、非法拘禁罪、开设赌场罪，数罪并罚决定执行有期徒刑二十四年，剥夺政治权利三年，并处没收个人全部财产；其他被告人分别被判处有期徒刑二十二年至二年九个月不等的刑罚，均并处没收财产或罚金。一审宣判后，何某某等部分被告人提出上诉。南通市中级人民法院二审裁定驳回上诉，维持原判。

【张某某等人恶势力犯罪集团案】被告人张某某纠集被告人李某某、任某某、陈某、郎某某、王某某等人，设立组建燎原财富公司，在苏州市吴中区、工业园区等地进行非法放贷活动，并以喷油漆、扔油瓶、半夜上门滋扰等软暴力手段非法讨要债务，形成恶势力犯罪集团。在放贷过程中，该组织成员还引诱、纠集被告人褚某某、朱某某等多名在校学生，利用同学、朋友关系诱骗其他未成年学生签订虚高借款合同，在借款中随意扣减"服务费、中介费、认家费”等,并逼迫未成年少女拍摄裸照担保债务,部分未成年被害人被迫逃离居住地躲债,造成辍学等不良后果。该组织通过“套路贷”,多次实施敲诈勒索、寻衅滋事、非法拘禁犯罪,违法所得共计人民币 16.6 万元,造成恶劣的社会影响。

苏州市工业园区人民法院于 2018 年 12 月 25 日作出一审判决,认定被告人张某某犯敲诈勒索罪、寻衅滋事罪、非法拘禁罪,数罪并罚决定执行有期徒刑九年六个月,并处罚金人民币十八万元;其他被告人分别被判处有期徒刑五年六个月至十一个月不等的刑罚,均并处罚金。一审宣判后,张某某等部分被告人提出上诉。苏州市中级人民法院二审裁定驳回上诉,维持原判。

【程某某等人恶势力犯罪案】2016 年 1 月至 2018 年 5 月,被告人程某某纠集被告人严某某、毛某某等人形成恶势力团伙,在泰州市姜堰区张甸镇,通过出具双倍借款金额的借条并制造虚假资金流水或者现金给付假象的方式借款给他人,并约定高额利息。讨债过程中,程某某伙同严某某、毛某某等对担保人、借款人实施暴力及软暴力行为,并在借款人、担保人无力还本付息情况下,以捏造的事实向法院提起民事诉讼,要求借款人、担保人偿还其双倍借款金额的债务。程某某在庭审中主张借条金额即为其实际借给他人的金额,隐瞒借款人支付高额利息的事实,并向法庭提交借款时其刻意制造的虚假银行往来明细、现金给付照片或者指使他人提供虚假证词,骗取法院判令数名借款人向程某某偿还双倍借款金额的债务。判决生效后,程某某向法院申请强制执行,通过执行程序非法占有他人财物。以程某某为首的恶势力团伙共实施寻衅滋事及诈骗犯罪 11 起,造成一人轻伤,强拿硬要价值约 1 万元的财物,通过“套路贷”非法占有他人财产 15.7 万元。

泰州医药高新技术产业开发区人民法院于 2019 年 5 月 17 日作出一审判决,认定被告人程某某犯寻衅滋事罪、敲诈勒索罪、诈骗罪,数罪并罚决定执行有期徒刑八年六个月,并处罚金人民币八万五千元。其他被告人分别被判处有期徒刑二年四个月至六个月不等的刑罚,并处罚金。一审宣判后,被告人均未提出上诉,公诉机关亦未抗诉,判决已发生法律效力。

四、扎实做好涉诉信访工作

近年来,江苏法院推动信访矛盾有效化解、越级上访减量退位、风险隐患管控到位,全省涉诉信访态势持续平稳向好。2017 年,省法院被最高人民法院评为 2017 年全国“两会”期间涉诉信访工作先进集体。2019 年,省法院立案庭被最高人民法院评为庆祝中华人民共和国成立 70 周年期间涉诉信访工作先进集体。2020 年,省法院被评为 2021 年治理重复信访、化解信访积案专项工作成效显著单位。自 2017 年以来,省法院连续五年被省信访联席办评为全省信访工作先进集体。

(一)有力化解涉诉信访矛盾

扎实组织开展重点涉诉信访案件化解攻坚战、集中治理重复信访化解信访积案“三年攻坚”专项工作、“涉诉信访突出问题攻坚化解年”、“涉诉矛盾风险隐患拉网式大排查大起底大化解”、“排查涉诉信访重点人员”等专项行动。截至目前,纳入重点涉诉信访案件化解攻坚战的 2531 件案件全部办结,完全化解 1466 件;全省法院“三年攻坚”专项工作办结率 99. 87%;“涉诉信访突出问题攻坚化解年”行动化解稳定率 97. 11%;“涉诉矛盾风险隐患拉网式大排查大起底大化解”专项行动办结率 97. 69%;“排查涉诉信访重点人员”专项行动办结率 99. 32%。2022 年 8 月底,省法院化解一起长达 12 年的信访积案,实现案结事了,得到省委政法委主要领导批示肯定。

(二)有力维护重点时期秩序

超前谋划部署,精心组织实施,从严从细从实落实风险防控、矛盾化解、重点稳控等措施,压紧压实领导责任、包案责任、属地责任、部门责任,圆满完成党的二十大、十九大、新中国成立 70 周年、庆祝建党 100 周年、北京冬奥会、冬残奥会、省第十四次党代会、全国和省“两会”等重点时期信访安保维护工作,实现“四个不发生”。

(三)有力建设信访工作制度

切实加强涉诉信访源头治理,不断健全涉诉信访工作责任制,省法院印发《关于化解初信初访、压降重信重访、控减涉诉信访总量的实施办法(试行)》《江苏法院涉诉信访工作约谈办法(试行)》等文件,推动涉诉信访案件增量下降、存量减少、重点涉诉信访案件得到有效化解。建立省法院法官助理轮值信访岗位锻炼制度,增强法官助理群众观念,提升能力素质,锤炼工作作风。完善全省法院涉诉信访态势情况分析研判周报、涉诉信访工作态势分析通报制度,开展定量、定性和趋势性分析。常态化开展信访督办、监督、救助和终结工作,推动信访事项实质化办理。信访终结案件常态化办理,近三年共终结信访案件500余件。

< 拓展资料·发布 >

【《关于化解初信初访、压降重信重访、控减信访总量的实施办法》】为进一步加强涉诉信访源头治理,有效压降重信重访、控减涉诉信访总量,省法院根据中央、最高人民法院和省委、省政府、省信访联席办开展集中治理重复信访、化解信访积案决策部署,于2021年2月26日印发《关于化解初信初访、压降重信重访、控减信访总量的实施办法》。该办法包括总体要求、工作措施和保障措施共三部分15条。内容涵盖目标要求、工作原则、访源治理、通报反馈机制、包案制度、联席会议机制、风险防控机制、督办制度、案件评查制度、阳光信访机制、通报考评制度等。此外,文件还就保障措施进行了规定。

【《涉诉信访工作约谈办法(试行)》】为进一步强化涉诉信访工作责任,推动涉诉信访问题依法及时就地实质性解决,全面开展好集中治理涉诉重复信访、化解信访积案专项行动,省法院于2021年12月3日印发《涉诉信访工作约谈办法(试行)》。该办法共计五章十七条,就约谈情形、主体对象、约谈实施、约谈整改等内容进行了规范。

(四)有力提升信访信息化水平

畅通网上信访、视频接访渠道,引导当事人通过网上信访方式反映诉求,减少群众走访。省法院大力推进"一网式"信访综合管理机制建设,全面上线全省法院涉诉信访平台,持续推进"有信必录,有访必录,有录必全",打造"信访网上诉、结果网上复、事项网上督、形势网上判”信访工作新格局，以信息化推动信访工作机制落实、工作模式创新，提升涉诉信访工作科学化、精细化水平。

五、推进国家赔偿和司法救助工作

江苏法院坚持以人民为中心，积极回应社会关切，牢固树立“当赔则赔、应救尽救”和“把好事办好”的新理念，充分发挥国家赔偿审判和司法救助工作职能，依法妥善办理国家赔偿和司法救助案件，不断满足人民群众对美好生活的多元化司法需求，国家赔偿审判取得长足进步，司法救助工作实现跨越式发展。

（一）切实发挥保障人权和民生作用

一是依法审理国家赔偿案件。切实推动“当赔则赔、应救尽救”从应然到实然的转变，努力“把好事办好”，在现有法律制度框架内从优用足各项法律政策，在司法裁量权范围内尽量做对请求人一方有利的解读，充分保障赔偿请求人合法权益，促进国家机关依法行使职权。2018～2021年，共审结国家赔偿案件1276件。案件发改率长期维持在5%以下，省法院审结的国家赔偿案件无一被最高人民法院重新决定、决定重新审理或者指令依法审理。

二是依法纠正审判执行错误。认真贯彻落实党中央关于加强产权平等保护、优化营商环境的精神，当赔则赔。对于处于弱势地位的赔偿请求人，依法开展协调工作，积极争取政府及相关部门支持，准确把握矛盾争议的关键所在，兼顾各方面的利益需求，最大限度地化解矛盾纠纷，切实解决赔偿请求人合理的案外需求，有效维护社会和谐稳定。审结的国家赔偿案件中，决定赔偿的共55件，赔偿金额约2038万元，赔偿人数60人次，具备和解条件的积极促成双方达成和解。

三是推动国赔司救工作良性发展。加强人权司法保障，有效发挥国家赔偿审判救济私权、监督公权的职能作用，全面提升执法规范程度。2019年，省法院赔偿委员会办公室被评为全国法院国家赔偿审判工作先进集体，姑苏法院司法救助委员会办公室被评为全国法院司法救助工作先进集体。有4篇文书获评全国法院优秀国家赔偿文书,1 个司法救助案件获评国家司法救助典型案例。

< 拓展资料 · 案例 >

【陈某等人申请司法救助案】陈某等人系刑事被害人的直系亲属。在刑事案件审理期间,陈某等人提起刑事附带民事诉讼,在诉讼过程中,因其家庭生活困难,且被告人无财产可供执行,向法院提出国家司法救助申请。法院受理后,认为符合司法救助条件,决定给予司法救助金 5 万元。案件审结后,还进行了事后跟踪。陈某年幼尚在读书,目睹母亲被害,心理受到创伤,法院联合区检察院以及心理咨询师共同对其进行心理辅导,解开其心结。此外,区检察院也启动了国家司法救助程序,对陈某等人救助 2 万元。该案系 2020 年 11 月 30 日最高人民法院发布的第二届全国法院司法救助典型案例。

(二)完善国家赔偿审判工作机制

一是进行实体化改造。2019 年以来,人民法院组织法和法官法相继修订。修订后的“两法”明确界定了国家赔偿的审判性质,并提供了审判组织和审判机构建设的规范依据。省法院将赔偿委员会办公室列入内设职能部门序列,为国家赔偿审判提供组织保障。持续推进国家赔偿审判方式改革,深化赔偿委员会实体化改造,将赔偿委员会办公室的员额法官全部增选为赔偿委员会委员。宿迁等地中院在赔偿委员会办公室和行政审判庭合署办公的前提下,积极探索完成赔偿委员会实体化改造。

二是制定实施细则。省法院出台《江苏省高级人民法院审理国家赔偿案件规则》,明确国家赔偿案件经赔偿委员会授权由赔偿委员会办公室的合议庭审理,并依法作出国家赔偿决定,赔偿委员会通过其在赔偿委员会办公室的委员组成合议庭,行使国家赔偿法规定的审判职能。合议庭审理后难以作出决定的,提交赔偿委员会全体会议讨论决定。重大疑难复杂的国家赔偿案件,需经赔偿委员会全体会议讨论后,经主任委员同意,提交审判委员会讨论决定。理顺了审判组织机构关系，优化配置了国家赔偿审判资源，提高了国家赔偿审判质效。盐城中院等法院制定出台《关于审理国家赔偿案件的暂行规定》等文件，为审理国家赔偿案件提供更加规范有力的工作指引。

< 拓展资料 · 发布 >

【《江苏省高级人民法院审理国家赔偿案件规则》】2010年国家赔偿法取消了国家赔偿案件单独的确认前置程序，规定赔偿案件确赔程序合一，明确了人民法院赔偿委员会终局司法审查权。根据国家赔偿法和2018年修订的人民法院组织法，赔偿委员会是专门审理司法赔偿案件的审判组织，可以按照少数服从多数原则直接审理案件并作出赔偿决定。同时，2019年修订的法官法明确规定，合议庭审判的范围包括国家赔偿案件。近年来，最高人民法院多次强调，要把落实赔偿委员会终局司法审查权作为国家赔偿审判权力运行机制改革的重要内容，充分发挥合议庭作用，厘清合议庭、赔偿委员会以及司法责任制之间的关系，提高国家赔偿审判质效。在此背景下，省法院以相关法律规定为依据，结合审判工作实际，制定了《江苏省高级人民法院审理国家赔偿案件规则》。全文共15条，主要内容为：一是切实将赔偿委员会改造为审判组织而非只议不审的决策机构。明确赔偿办法官为赔偿委员会委员，并占全体委员的半数以上，使赔偿委员会通过其在赔偿办的组成人员组成合议庭，行使国家赔偿法和人民法院组织法规定的审判职能。二是完善国家赔偿案件定案机制。对决定不予受理、驳回申请、准许撤回赔偿申请和申诉、申诉复查不需要重新审理等案件，规定由合议庭直接定案，并明确赔偿委员会召开会议、作出决定的具体规则。三是规范审判监督管理。落实司法责任制要求，明确院领导和部门负责人的审判管理职权，确保公正、廉洁审判。

三是积极延伸司法职能。注重人权保护，充分保障赔偿请求人合法权益，当事人诉求不在案件范围的，也尽可能延伸服务，引导其申请社会救助，做好善后帮扶，以最大的善意设法抚慰或耐心释明，让当事人感受到“国家有正义,司法有温度”。

四是注重审判经验总结。省法院开展专项调研,强化对下指导,拓展国家赔偿审判社会功能。在重大、疑难、敏感案件审理中,及时交流会商,形成审判合力。建立国家赔偿司法审查报告制度,分析产生国家赔偿的原因,总结教训,防止相关问题、错误再次出现,促进全省法院审判执行水平提高。收集并认真研究国家赔偿案件审判中的法律适用疑难问题,进一步加强对全省法院办理刑事赔偿案件的指导,更新审判理念,制定《关于国家赔偿审判若干疑难问题的解答(一)》,统一全省法院国家赔偿案件审判尺度。针对非刑事赔偿中涉执行案件较多的情况,开设专题培训班,对审判实践中的重难点问题进行专题讲授,全力打造国家赔偿的专业队伍。

(三)健全司法救助工作规范体系

一是依法开展司法救助工作。以“救助案件司法化、救助制度法治化”为目标,推动司法救助案件归口管理,实现国家赔偿与司法救助二元并重的业务格局。遵循“依职权启动为主,依申请启动为辅”的原则,对符合救助条件的畅通受理渠道,司法救助案件的受理与其他承办部门之间的配合机制逐步建立。2018 年至 2021 年,审结司法救助案件共计 9783 件,救助 15655 人次,救助金额 26682.86 万元。

二是建立健全全省法院司法救助联动机制。克服大多数中级、基层法院救助资金不足的困难,实现救助资金在上下级法院之间动态调整,确保涉案困难群众得到及时、充分的救助。2021 年,组织开展涉民生案件联动司法救助专项活动,全省中级、基层法院办理司法救助案件 1847 件,发放救助金 5287 万元,救助涉案困难群众 2863 人。省法院为残疾多病独生子被害的父母、双目失明的聋哑人等 32 名涉案困难群众发放救助金 142 万元。

三是有序运行司法救助规范体系。省法院出台《江苏省高级人民法院国家司法救助工作规则》,准确把握救助的条件和范围,重点救助明确规定应予救助的七类人员,确保有限的资金用在真正需要救助的群众身上。苏州、无锡等地中院结合当地情况出台配套细则,构建与“救助案件司法化、救助制度法治化”目标相适应的工作机制,最大限度解决被救助对象的实际困难。

< 拓展资料 · 发布 >

【《江苏省高级人民法院国家司法救助工作规则》】健全国家司法救助的制度和体系，是党的十八届三中、四中全会明确的全面深化改革任务之一；党的十九大进一步提出，要以人民为中心，在弱有所扶上不断取得新进展，保障全体人民在共建共享发展中有更多获得感。为贯彻落实中央的精神，中央政法委于2014年会同财政部、最高人民法院、最高人民检察院、公安部、司法部制定了《关于建立完善国家司法救助制度的意见（试行）》。最高人民法院分别于2016年7月和2019年1月，下发了《最高人民法院关于加强和规范人民法院国家司法救助工作的意见》《人民法院国家司法救助案件办理程序规定（试行）》。省法院于2016年10月成立了司法救助委员会，并明确司法救助委员会下设办公室，由赔偿委员会办公室行使其职能，不断推进司法救助工作的归口管理和司法救助案件的立案办理，工作取得积极进展。《江苏省高级人民法院国家司法救助工作规则》共25条，分为基本原则、工作机构、救助对象和条件、救助标准、立案受理、审查决定、资金管理和发放七个部分，主要解决司法救助工作应当遵循的原则、应当把握的条件和标准、工作机构及其职责、案件办理和资金管理程序等方面的问题。

四是探索司法救助与社会救助衔接机制。推动建立司法救助和社会救助常态化工作衔接机制，体现司法人文关怀。射阳县法院在司法救助案件办理中，及时与镇村、民政等部门对接，成功争取到低保和困境儿童补助等社会救助，给遭受创伤的家庭带去温暖。

第三节　推进一站式多元解纷和诉讼服务体系建设

认真贯彻落实最高人民法院关于一站式多元解纷和诉讼服务体系建设工作部署，制定出台一站式建设实施纲要“1＋5”文件和深化一站式建设实施方案。通过理念更新、机制变革、全方位推进，已建成富有活力和效率的一站式解纷“门诊部”，形成从矛盾纠纷源头预防，到诉前多元解纷，再到简案快审、繁案精审的分层递进、繁简结合、衔接配套的矛盾纠纷预防调处化解综合机制，充分释放多元解纷与诉讼服务“1 +1 >2”的体系化效应，切实增强了人民群众的获得感、幸福感、安全感。2020 年，一站式建设被确定为全省政法强基十件实事；跨域诉讼服务改革被确定为政法服务十件实事。2021 年，“家门口式”诉讼服务被确定为全省政法惠民十件实事、“我为群众办实事”重点项目。省委改革办、省广电总台《黄金时间——政策 e 解读》大型融媒体节目专题宣传推介江苏法院一站式建设。宿迁法院“四调”并进、精准交融，打造务实高效诉前解纷体系的工作做法，被最高人民法院评为十大典型经验。

〈 拓展资料 · 发布 〉

【《关于建设一站式多元解纷机制一站式诉讼服务中心的实施纲要》及五个配套实施办法】自 2019 年以来，江苏法院认真贯彻落实最高人民法院工作部署，将一站式多元解纷和诉讼服务体系建设作为司法为民的“民心工程”、高质量司法的“亮点工程”、全省法院工作的“重点工程”，大力加强工作推动。2019 年 8 月 20 日，省法院印发《关于建设一站式多元解纷机制一站式诉讼服务中心的实施纲要》及多元化解、分调裁审、跨域诉讼服务、网上诉讼服务、审判辅助事务集约化管理五个配套实施办法（简称“1 +5”文件），确定“两高”工作目标（高水平的一站式纠纷解决方案和高品质的一站式诉讼服务平台）、“四化”建设标准（按照规范化的要求，建立健全多元解纷和诉讼服务场所标准、工作流程、服务标准、人员分类管理和考核标准等各项制度机制；按照集约化的要求，整合诉讼服务中心职能，实现一站式多元解纷、一站式诉讼服务；按照智能化的要求，坚持建用并举，构建以电子诉讼服务为核心，贯通大厅、网络、热线、移动端服务、一网通办各项业务的“智慧诉讼服务”新模式；按照精准化的要求，聚焦“对外服务群众，对内服务法官”，不断增强人民群众和广大法官的满意度与获得感）、“四个全覆盖”工作模式（多元解纷实现“诉讼

与非诉讼对接机制 + 审务进基层、法官进网格”全覆盖;分调裁审实现“案件速裁快审 + 无纸化办案”全覆盖;诉讼服务实现“跨区域远程办理 + 跨层级联动办理”全覆盖;辅助事务实现“集约化管理 + 社会化服务外包”全覆盖)和“四步走”工作安排(截至2019年9月底,江苏法院高水平一站式多元解纷机制和一站式诉讼服务体系初步建成;到2019年12月底基本建成;到2020年3月底全面建成;到2020年6月底达到全国领先水平)的“江苏方案”,全力打造具有江苏特色、全国领先水平的一站式多元解纷机制和一站式诉讼服务中心。

【《全省法院深化一站式多元解纷和诉讼服务体系建设实施方案》】为深入贯彻落实2020年全国高级法院院长座谈会和全省法院重点工作推进视频会精神,进一步深化一站式多元解纷和诉讼服务体系建设,2020年10月13日,省法院印发《全省法院深化一站式多元解纷和诉讼服务体系建设实施方案》(以下简称《方案》),确定了14项重点工作任务、41项工作举措,每项任务明确序时进度和责任主体。《方案》要求,各级法院要严格落实“一把手”负责制,主要领导亲自抓、总负责。坚持目标导向、问题导向和效果导向,精准把握“一站式”关键定位和“多元解纷”“诉讼服务”两项重点任务,突出基层基础政策导向、集约集成关键优势、在线融合关键取向、实质应用关键环节,将深化一站式建设与落实省委巡视整改意见结合起来,聚焦诉讼服务质效评估指标体系2.0版,补短板锻长板,确保到2021年全国“两会”前,全面建成具有江苏特色的高水平多元化纠纷解决机制和高品质诉讼服务体系。《方案》明确的14项重点工作任务包括:多元解纷:(1)全面提升诉讼与非诉讼对接实质化水平;(2)着力提升在线调解工作质效;(3)推进“法官进网格”走深、走实;分调裁审:(4)切实提高简易程序适用率;(5)配强速裁团队;(6)推进速裁快审“无纸化卷宗 + 无书记员”办案模式;立案服务:(7)积极推进全域诉讼服务改革;(8)深化跨域立案和跨域诉讼服务改革;(9)加快实现“12368”一号通办;(10)深化律师服务平台建设;审判辅助:(11)加快实现集中送达机制全覆盖;(12)加快实现在线保全、在线鉴定机制全覆盖;涉诉信访:(13)扎实开展集中治理重复信访、化解信访积案和重点涉诉信访案件攻坚化解工作;(14)加大涉诉信访智能化建设应用力度。

一、全面推进诉源治理减量工程建设

切实发挥在市域社会治理现代化中的职能作用,前移解纷关口,下沉力量资源,将诉讼服务中心打造为多元共治的"枢纽站"、前端解纷的"桥头堡",让大量纠纷止于未发、化于未诉。自2019年以来,新收诉前分流案件244万余件;诉前调解案件分流率持续攀升,2021年,诉前调解案件分流率达到90.17%,较2019年增长了64.31个百分点。诉前成功调解案件98.4万件,调解成功率为40.33%。2020年、2021年连续两年新收民事、行政一审案件增幅低于全国平均增幅。

(一)大力加强诉源治理

主动融入党委领导的社会治理体系,实现"民事行政案件万人起诉率"纳入地方综治考核、参与"无讼村居"创建、"审务进基层,法官进网格"100%全覆盖,构建起以诉讼服务中心为龙头、以人民法庭为支撑、以审务工作站为网点的矛盾化解网络。自2020年以来,"法官进网格"参与矛盾纠纷源头处理案件33.98万件,涉诉矛盾纠纷快调快处案件141.09万件。深化"互联网+枫桥经验"实践,推进"人民法院调解平台·江苏微解纷"进乡村、进社区、进网格。目前,所有人民法庭、1362家基层治理单位已全部入驻平台。

(二)深入推进诉讼与非诉讼对接机制改革

坚持把非诉讼纠纷解决机制挺在前面,省法院会同省委依法治省办、省司法厅等制定《关于推进诉讼与非诉讼纠纷解决方式对接工作的意见》等近十个文件,构建了层次分明、协调联动、便捷高效、线上线下相互结合的一体化、一站式多元解纷格局,全力推动构筑人民调解"第一道防线"。全省法院诉讼服务中心均设立"诉讼与非诉讼对接中心""非诉讼服务分中心",整合人民调解、行政调解、仲裁、公证等七种非诉解纷资源入驻分中心。进一步扩充非诉解纷力量,建立全省法院各类调解员名册,会同省司法厅共同表彰优秀调解员、律师工作站等。目前,确认特邀调解组织522个、金牌调解室53个、特邀调解员2767名、人民调解员4424名、金牌调解员55名，人民调解员“一案一补”已实现全覆盖。

（三）加强类型化纠纷诉调对接

不断丰富多元化解“菜单库”，省法院会同20多个行政机关、社会团体、行业协会，在劳动争议、婚姻家庭、证券保险、金融纠纷、民营经济、知识产权等领域建立起30多项诉调对接机制，基本实现了民商事纠纷类型全覆盖。选树54个类型化诉调对接先进典型，与12个“总对总”在线诉调对接单位对接，用足、用好最高人民法院“总对总”调解资源库。推广淮安商会先行调解工作经验，努力形成以行业内部消化为主，以行业专业调解为辅、诉讼托底的源头治理模式。

（四）搭建在线多元解纷平台“江苏微解纷”

省法院会同省司法厅研发“江苏微解纷”平台，整合法院的审判调解资源和司法行政机关的七种非诉解纷力量，打通线上线下多种渠道，将矛盾化解搬到线上，打造“网上枫桥经验”。与省消保委、人行南京分行分别建立商品房、金融纠纷联动化解机制，完善非诉解纷体系。淮安中院争取市委、市人大常委会支持出台诉前调解40项措施，泰兴法院邀请全国人大代表何健忠设立和谐驿站调解工作室，宿迁沭院打造驻院调解、律师调解、乡贤调解、行业调解四大平台，形成了各具特色的纠纷化解品牌。截至目前，江苏各级法院在调解平台上调解立案80.6万件，调解成功约39.6万件，调解成功率达49.13%，调解人员资源约1.9万人，服务机构资源6088家，累计访问次数约1586万次。“江苏微解纷”获评全国电子政务卓越奖。

〈 延伸阅读 〉

【人民法院调解平台·江苏微解纷】2019年9月6日，省法院、省司法厅联合召开新闻发布会，宣布“江苏微解纷”服务平台上线。“江苏微解纷”是省法院与省司法厅为深化诉讼与非诉讼纠纷解决方式对接机制改革和人民法院一站式多元解纷机制建设而共同开发的在线多元解纷平台，有PC端和微信小程序两种部署方式。平台的功能定位是当事人纠纷诉求中心、非诉讼纠纷化解中心、诉讼与非诉讼对接中心。平台运用互联网技术和智能化手段，整合法院的审判调解资源和司法行政机关的七种非诉解纷力量，打通线上线下多种渠道，将矛盾化解搬到线上，把工作重点放在矛盾纠纷的前端预防化解上。依托在线咨询、在线评估、在线调解、仲裁裁决、在线诉讼五大服务功能，努力将矛盾纠纷逐级分层过滤，形成"非诉在前、诉讼断后"的漏斗式的矛盾纠纷解决模式。2021年9月6日，根据《最高人民法院关于统一各地区在线调解平台名称的通知》的要求，"江苏微解纷"更名为"人民法院调解平台·江苏微解纷"。

二、稳步推进调审结合、简案快审

通过一系列改革举措，充分激发制度活力，释放程序效能，让愿意调解、想要速裁的案件迅速进入"快车道"，使大量纠纷在一站式"门诊部"解决。自2019年以来，江苏法院新收民事一审速裁快审案件227.67万件。近两年，全省速裁案件占全省新收民事一审案件保持在70%以上，并呈递增趋势。

在调裁对接环节，省法院出台《诉前调解案件诉讼辅助事项办理工作指南(试行)》《诉前委托司法鉴定工作试点指南(试行)》，推行无争议事实记载、送达地址确认等诉讼辅助事项办理以及诉前委托司法鉴定制度，全面提升调诉融合实效。

在案件审理环节，扎实推进南京、苏州法院繁简分流改革试点工作。苏州中院制定的系列文件受到最高人民法院主要领导批示肯定。江苏法院提出的12条修法建议被修改后的《民事诉讼法》吸纳。全面上线繁简分流智能识别系统，积极推广庭审录像代替庭审记录改革，简化裁判文书制作，推进案件各类文书的智能生成、电子签章、电子送达。与省司法厅、省律协签订协议，开展全流程电子诉讼深度合作。积极推进速裁快审无纸化办案，全省基层法院速裁快审无纸化实现全覆盖。建立简易程序适用刚性约束机制，全省法院民事一审简易程序适用率逐年提升。出台专门工作指南，推行群体性纠纷“示范诉讼+集中调解”机制，解决一个，化解一片。2021年，一审新收劳动争议纠纷、物业纠纷较2019年同期分别下降17.99%、11.84%。

< 延伸阅读 >

【《关于全面加强电子诉讼合作的协议》】2021年1月15日，省法院、省司法厅、省律师协会就全面开展全流程电子诉讼深度合作等具体合作事项签订《关于全面加强电子诉讼合作的协议》。该协议确定六大合作事项：

一是畅通电子诉讼渠道。江苏法院依托“人民法院律师服务平台”和“江苏法院诉讼服务网”律师服务等平台，与省司法厅、省律师协会“江苏省律师服务平台”对接，共同为律师开展网上立案、文书送达、网上阅卷、联系法官、网上信访等诉讼活动提供服务，支持律师事务所、律师通过网络便捷开展诉讼活动。协议各方共同努力，借助便捷高效的信息化技术手段，高质量满足人民群众司法需求。

二是全面推广网上立案和跨域立案、跨域阅卷。江苏法院进一步升级完善江苏法院诉讼服务网、江苏微法院中有关“网上立案”“网上缴费”等功能模块，对于对接平台认证的律师提出的网上立案申请，予以依法优先审查办理。江苏法院提供跨域立案、跨域阅卷诉讼服务，省司法厅、省律师协会通过平台对律师申请进行系统核验。

三是推进网上庭审、调解。对诉讼当事人同意且适宜网上开庭审理的案件，协议各方引导“江苏律师服务平台”许可正常执业的律师和诉讼当事人通过网上庭审系统参加开庭审理或调解活动，通过“江苏微解纷”平台开展在线调解工作，依照规定开展的网上庭审、调解活动与线下审理活动具有同等法律效力。

四是大力推进电子送达。协议各方共同推动全省律师事务所签署电子诉讼合作登记表，“江苏律师服务平台”许可正常执业的律师应当通过系统对接向法院提交固定电子送达地址确认书，该电子送达地址适用于其在长三角地区法院代理的所有民事、行政等各类诉讼案件和执行案件。江苏法院建立律师专用固定电子送达地址库,实现长三角地区法院数据共享。

五是完善网上联系法官机制。协议各方进一步完善网上联系法官系统功能和办理工作机制,方便律师表达诉求。江苏法院建立投诉受理、办理及情况反馈检查通报机制。

六是建立沟通会商机制。协议各方加强协同配合,建立沟通会商机制,及时研究解决推广电子诉讼过程中发现的问题,适时评估电子诉讼成效。

〈 拓展资料·发布 〉

【《速裁快审案件无纸化办案操作规程(试行)》】为积极推进速裁快审无纸化办案,进一步提高速裁快审案件审理质量和效率,2019 年 10 月 15 日,省法院印发《速裁快审案件无纸化办案操作规程(试行)》。该操作规程共十条,明确了速裁快审案件无纸化办案中材料收取扫描、材料接收告知、登记立案、中院智能编目、纸质材料集中保管、在线办理、智能庭审、文书生成、一键归档以及适用范围,为速裁快审案件无纸化办案提供了操作指引。截至 2020 年年底,全省基层人民法院速裁快审无纸化办案实现全覆盖。

在送达环节,全面推进集中送达机制建设,率先在全国开展文书送达集约化改革,采取购买社会服务方式,与邮政公司合作,在全省建立 13 个文书集中送达中心,江苏法院全部建成覆盖两级法院的“集中送达中心”,通过“信息跑路 + 邮政跑腿”模式破解“送达难”。自集中送达以来,全省文书集中送达 1324 万件次,其中电子送达成功近 598.55 万件次,电子送达成功率达 48.46%,案件平均审理天数减少了 21 天。会同省司法厅、省律协、省市场监督管理局等出台文件,进一步完善电子送达地址库建设。2020 年 11 月 25 日,最高人民法院主要领导来江苏调研时,视察了南京法院文书集中送达中心,对江苏法院的集中送达机制改革给予高度评价和充分肯定,指示要向全国法院推广。省委主要领导在视察南京法律文书送达中心时也给予了充分肯定。

〈 延伸阅读 〉

【集中送达机制改革】集中送达机制改革是贯彻落实习近平总书记关于“努力提供普惠均等、便捷高效、智能精准的公共服务”等重要指示精神的实践探索，也是推进现代化诉讼服务体系转型升级的重要举措。自2019年以来，江苏法院积极探索推进集中送达机制改革，全力打造精准、高效、便民的送达服务。

2019年10月21日，省法院印发《集中送达中心岗位操作流程（试行）》，明确送达信息采集录入岗、集中送达岗共15项具体操作流程。2019年年底，全省共72家法院参与集中送达机制改革并在诉讼服务中心实质化开展集中送达工作。

2020年3月，根据最高人民法院和中国邮政集团的总体部署，省法院和各中院分别与邮政公司签订战略合作协议，依托统一的集中送达平台，建立“线上+线下”集约、规范、高效的一体化送达服务体系，采取以电子送达为主，以邮寄送达、上门送达为辅的集中送达模式，为人民法院提供标准化、集约化、智能化集中送达外包服务。目前，全省13个市已全部建成法律文书集中送达中心并投入运行，为辖区两级法院提供集约送达服务。南京送达中心作为全国首家集四级法院为一体的集中送达中心，于2020年10月18日正式启用，占地1200平方米，设12个功能区、工位204个，每日可送达案件1800个、电子送达5000人次、邮寄送达4000件、“12368”诉服热线接听5200通。

三、打造高品质诉讼服务

以“数字正义”为牵引，依托立体化、集约化、信息化的一站式诉讼服务中心，推动诉讼服务实体平台、热线平台、网络平台融合发展。出台实施方案，打造“家门口式”诉讼服务新模式，实现诉讼服务事项跨区域远程办理、跨层级联动办理。

（一）推动诉讼服务更加普惠均等

针对异地诉讼难的问题，运用信息化手段，在推出网上立案、微信立案的基础上,为那些不会、不便使用网络的群众提供跨域立案服务,实现立案诉讼"家里办""掌上办""异地办",构建起"当场立、自助立、网上立、就近立""四位一体"便民立案新格局。截至目前,跨域立案 1.1 万件余次。坚持实现"全省一盘棋,服务一体化",借鉴银行"通存通兑"模式,制定《关于推进全域诉服工作的通知》,以跨域立案为突破口,开发全域诉服平台,让当事人不受地域、审级限制,提高"家门口式"诉讼服务规范化、标准化、专业化水平,就近选择一家法院"全域诉服"窗口,统一办理立案登记、跨域立案、保全申请、案件查询等事项,实现"一窗通办、一站全办、跨域联办"。目前,全省各级法院普遍设立"全域诉服"窗口,已实现跨域材料转递、卷宗查阅、文书打印和跨域查询等功能。

〈 延伸阅读 〉

自 2019 年深入推进一站式建设以来,江苏法院在全域诉服、诉前鉴定、诉前调解案件诉讼辅助事项以及示范诉讼等方面进行了积极有益的探索,形成了很多比较成熟的地方经验。2021 年,省法院立案庭下发通知组织重点项目调研总结。同年 11 月,省法院在总结苏州、徐州等地推进全域诉服机制建设成果的基础上,决定在全省法院推进全域诉服工作,并制定《关于推进全域诉服工作的通知》。该通知明确了推进全域诉服工作的重要意义、基本内涵及具体工作要求。全省全域诉服工作开展分为先市域联办、后省域联办两个阶段:第一阶段,由各中院牵头组织辖区两级法院建立全域诉服工作机制,在本市范围内实现"一窗通办"跨域诉讼服务;第二阶段,在第一阶段的基础上,由省法院牵头实现本省范围内"一窗通办"跨域诉讼服务。

(二)推动诉讼服务更加便捷高效

依托诉讼服务网、江苏微法院、江苏微保全等十大平台,打造包含诉前调解、起诉立案、审判执行和网上接访在内的在线诉讼工作闭环,为当事人提供"一站通办、一网通办、一号通办、一次通办"高品质诉讼服务。自 2020 年以来，江苏各级法院网上立案 189 万件，网上开庭 43.7 万件，网上调解 53.9 万件。聚焦人民群众反映突出的诉服热线接听难的问题，以打造全省诉讼服务“总客服”为目标，将分散在各家法院的“12368”诉服热线进行省级集中部署，统一提供案件查询、法律咨询、诉讼指导等十多项服务，架起人民群众与法院之间的“连心线”。截至 9 月 30 日，全省法院“12368”一号通办平台累计为群众提供服务 1030310 件次，共接听来电 808247 件，其中直接答复 808227 件，转交工单 20 件，督办工单 20 件。自中继线铺设完成以来，“12368”诉讼服务热线接通率达到 100%，工单办结率 100%，服务满意度 99.93%。

（三）推动诉讼服务更加智能精准

省法院会同省司法厅、省律协共同推广应用“律师服务平台”，将律师服务平台应用培训纳入实习律师培训的必修课程，平台注册及应用情况也作为对律师事务所及律师年终考核的重要参考。目前，全省已有 72.7% 以上律师注册了服务平台。全省 124 家法院在诉讼服务大厅设置特殊诉讼群体绿色窗口以及采取一对一导诉等措施，为老年人、残障人士等提供专门窗口人工办理服务，提供异地立案、材料收转等服务；一些法院针对出行不便的特殊群众，提供预约本地立案和异地立案服务，实现立案“上门可办”。对涉及赡养费、抚养费、农民工欠薪维权等民生案件，优先组织调解，优先审核立案。

〈 拓展资料 · 发布 〉

【《关于进一步做好律师服务平台推广应用工作的通知》】2021 年年初，最高人民法院、司法部联合制定《关于为律师提供一站式诉讼服务的意见》，要求完善便利律师参与诉讼机制，为律师依法履职提供更加优质的诉讼服务。为了给律师提供“一网通办”一站式诉讼服务，最高人民法院研发了人民法院律师服务平台，并已于同年 1 月 14 日正式上线运行。为进一步做好全省律师服务平台的推广应用工作，省法院、省司法厅联合制定《关于进一步做好律师服务平台推广应用工作的通知》。

该通知明确五项工作举措：一是要高度重视律师服务平台推广应用工

作。全省各级法院、司法行政机关、律师协会要结合本地工作实际，针对律师群体执业特点，扎实推广应用律师服务平台，为律师执业提供更加便捷高效、普惠均等、智能精准的诉讼服务。二是要做好平台指导注册及培训工作。各设区市中级人民法院、司法局、律师协会要协同做好律师服务平台的推广工作，指导律师进行平台注册，确保2021年12月底前实现全省律师平台注册覆盖80%。要共同分期分批组织开展对辖区律师的平台业务培训工作，就平台操作流程、功能应用及问题反馈和解决进行业务培训。要将律师服务平台应用培训纳入实习律师培训的必修课程，争取2022年3月底前实现全省律师参训全覆盖。要协同推进律师服务平台的应用，培养律师的互联网意识和律师服务平台的应用习惯，律师服务平台的注册及应用情况应作为对律师事务所及律师年终考核的重要参考。三是要进一步提升律师服务平台的用户体验。全省各级法院要不断完善平台的各项功能，做好配套衔接工作，通过制定规范性文件等措施，确保网上立案、网上阅卷、联系法官等功能畅通实现。要进一步拓展平台功能，增强平台的互动性，对律师通过平台申请事项的响应要做到及时规范。要做好数据内外网安全输送和有效对接，做好运行维护保障，确保律师服务平台规范化、标准化运行。各设区市中级人民法院、司法局、律师协会要经常性听取律师的意见建议，深入研究和解决平台运行过程中出现的问题，及时反馈、及时解决，不断提升服务能力和水平。四是要加大对律师服务平台的宣传力度。各设区市中级人民法院、司法局、律师协会要加强律师服务平台的宣传推广工作，通过公众号、官网、官微等多种媒介和渠道，宣传律师服务平台的使用效果，组织律师分享使用体验，培育和选树应用典型，解决律师“不知道”“不会用”等问题，引导更多的律师通过律师服务平台接受诉讼服务，努力让律师通过平台参与诉讼成为新常态。五是要建立常态化联席会议工作机制。各设区市中级人民法院、司法局、律师协会要加强协调配合，建立常态化联席会议工作机制，定期召开会议，充分听取律师对法院和司法行政机关的意见建议，及时研究解决律师反映的新情况、新问题，回应律师提出的新需求、新期待。

第四节　增强人民群众胜诉获得感

组织打好“清理积案歼灭战”“财产处置攻坚战”“终本达标歼灭战”三大战役，核心指标“四个90%，一个80%”保持高位运行，如期实现“基本解决执行难”目标。“基本解决执行难”任务完成后，认真贯彻落实中央全面依法治国委员会制定的《关于加强综合治理从源头切实解决执行难问题的意见》，努力向“切实解决执行难”迈进。

一、推进治理执行难工作格局制度化、机制化

（一）加强综合治理，执行联动机制建设进一步深化

一是基本形成并逐步完善综合治理执行难工作大格局。坚持党对执行工作的绝对领导，进一步发挥党委统筹各方资源优势，协助配合省委依法治省委员会制定出台《关于加强综合治理从源头切实解决执行难问题的实施意见》，并配套制定了具体分工方案，提出了贯彻落实中央意见的“江苏方案”，推动各有关单位、部门以及社会各界更加重视支持执行工作，党委领导、政法委协调、人大监督、政府支持、法院主办、部门联动、社会参与的综合治理执行难工作大格局基本形成并逐步完善。

< 拓展资料 · 发布 >

【《关于加强综合治理从源头切实解决执行难问题的实施意见》】根据中央意见精神，坚持问题导向、目标导向、结果导向，结合江苏法院执行工作实际，提出当前及今后一个时期需要加强完善的17项具有较强针对性和实践性的贯彻落实措施，促进全省法院执行工作水平再上新的台阶。

一是加强协作联动，推进执行难综合治理。《关于加强综合治理从源头切实解决执行难问题的实施意见》（以下简称《实施意见》）提出，将执行工作

融入省域治理体系和治理能力现代化建设，纳入“深化依法治国实践”考核指标，完善党委领导下的综合治理执行难工作大格局。健全完善全省综合治理执行难协作联动机制，完善联席会议制度，执行联动各项工作纳入各联动部门职责范围。《实施意见》还提出，积极依托基层综治中心(网格化服务管理中心)，将协助执行工作纳入基层社会治安综合治理网格化管理内容，建立完善基层综治网格员协助送达、查找当事人、协查财产线索、督促履行、开展执行宣传工作机制，实现基层社会治理与人民法院执行工作良性互动。

二是着力诉源治理，强化执行难源头化解。《实施意见》提出，坚持创新发展新时代“枫桥经验”，坚持把非诉讼纠纷解决机制挺在前面，着眼源头防范，加强源头化解，推动矛盾化解从终端裁决向源头防控延伸，从源头上减少诉讼案件增量。推动建立覆盖全社会的信用交易、出资置产、缴费纳税、违法犯罪等信息信用体系，建立完善公共信用综合评价与披露制度，畅通市场主体获取信息渠道，引导市场主体合理选择交易对象，防范交易风险，从源头上减少矛盾纠纷发生。

三是健全查控功能，完善失信联合惩戒。《实施意见》提出，完善网络执行查控机制，加快执行信息化建设，建成覆盖不动产、证券、股权、车辆、存款、金融理财、住房公积金及保险产品等主要财产形式以及婚姻登记信息、社会保险缴纳信息的网络化、自动化执行查控体系，实现足不出户对被执行人财产的线上查询、查封、冻结、扣划和继续冻结、查封以及线上解除查封、冻结。《实施意见》还明确，推进失信被执行人信息与政府相关部门以及有关人民团体、社会组织、企事业单位实现公共信用信息资源共享。建立完善社会信用档案制度，将失信被执行人信息纳入社会信用评价体系，应用于行政管理和社会治理，作为第三方信用服务机构识别信用状况的基础性信息。完善失信被执行人联合惩戒机制，将失信被执行人名单信息嵌入各相关单位“互联网+监管”系统以及管理、审批工作系统，实现自动比对、自动监督、自动拦截、自动惩戒。

四是坚持目标导向，着重解决实际问题。针对执行工作中面临的“找人难”“扣车难”问题，《实施意见》提出，完善人民法院与公安机关协作联动机制，建立健全网络化查人、扣车、限制出境协作新机制，公安机关协作查找被执行人下落、协作查扣被执行人车辆、协作限制被执行人出境。建立电信企业配合调取被执行人信息机制，省移动、省电信、省联通等电信企业配合人民法院调取被执行人通信号码、注册地等信息，为人民法院利用大数据手段深入查找被执行人下落提供了制度依据。针对近年来司法拘留中出现的"收拘难"问题，明确公安机关应当依法及时收拘。针对拒执罪自诉渠道不畅通的问题，明确公安机关不予立案、检察机关不予起诉的，应当及时出具法律文书。针对涉党政机关案件执行难问题，明确建立涉诉政府债务沟通协调机制，推进涉诉政府债务纳入预算管理。针对被执行人无财产可供执行导致申请执行人陷入生活困难问题，提出积极拓宽救助资金来源渠道，完善司法救助制度，司法救助资金纳入年度财政预算，加强司法救助与社会救助的衔接配合，切实做好对困难群众的救助工作。针对执行队伍建设的问题，提出进一步加强执行队伍建设，加快推进执行队伍的正规化、专业化、职业化建设，努力建设一支信念坚定、执法为民、敢于担当、清正廉洁的执行队伍，为解决执行难提供有力组织保障。坚持"一案双查"，持之以恒正风肃纪，下决心根除违法执行、消极执行以及乱执行问题。

五是贯彻善意文明理念，探索信用激励修复机制。《实施意见》贯彻善意文明执行理念，明确提出建立依法、规范、公正、善意、文明执行机制，确保执行手段与目的相互匹配，执行效率与效果相互统一，执行强制性与人性化相互协调，各种利益关系相互平衡，最大限度降低执行行为对企业正常生产经营活动的不利影响。还提出建立完善信用激励修复机制。主要包括建立守信激励制度，主动履行义务者的诚信记录可作为申请诉讼费减缓免的优先条件，可申请适当降低诉讼保全担保比例。各相关部门可根据有关规定相应提高诚信履行义务者的信用评级，相应缩短失信限制期限，并在办理行政审批、资质审批、资质审核、备案等方面作为参考，在政府项目招投标、实施财政性资金扶持项目和政府采购方面作为参考。被执行人虽未履行完毕债务，但以执行和解、提供担保、如实报告财产等方式积极配合执行、履行义务的，可按照信用修复有关规定，撤销失信被执行人名单，解除限制消费措施，使其回归正常生产、生活。

六是加快“854 模式”迭代升级,提升智慧执行水平。当前,执行工作面临实现执行工作体系和执行工作能力现代化的任务,需要对执行工作模式迭代升级,满足现代化执行需求。为提升全省法院执行工作的智能化、智慧化水平,进一步深化以现代信息技术为支撑的执行模式变革,《实施意见》明确,全面推进落实执行指挥中心实体化运行“854 模式”,加快推进“854 模式”迭代升级,全面建立起以执行指挥中心为核心,以“执行中间库 + 无纸化”与执行事务中心为辅助的民事执行实施权“一体两翼”运行新机制,促进执行工作信息化向智能化升级,加快实现执行工作能力与机制制度体系现代化。

二是健全完善网络执行查控系统。积极配合最高人民法院“总对总”网络查控系统建设,率先从省级层面实现存款网上查询、冻结、扣划等功能,率先完成省内所有不动产登记中心接口测试。省内“点对点”网络查控系统不断完善,已覆盖 17 个领域,自 2018 年以来查询量达到 2.76 亿次。目前,对被执行人不动产、车辆、证券、股权、存款及其他金融产品等主要财产信息基本实现网络化、自动化查询或控制。

三是建立健全执行协作联动机制。省法院与省公安厅建立专网,实现被执行人身份、出入境证件、车辆登记、旅店住宿等信息网络查询;与公安边防部门建立边控快速办理机制,自 2018 年以来限制被执行人出境 6640 人次。南京、苏州、无锡、徐州等地公安机关借助人脸识别、铁路公路机场进出站预警、被执行人车辆轨迹分析、网络定位车辆位置等系统,协助法院建立常态化线下查人控车“临控”对接机制。结合法官进网格,积极将执行工作融入社会治理大格局,破解“被执行人难找、机动车难寻”问题。

(二)健全制度机制,源头治理执行难进一步强化

一是建立失信被执行人信息共享机制。全面建成省级公共信用信息系统,涵盖全省 1260 万个市场主体以及 6357 万个自然人,在库信用信息数量多达 72 亿条。率先实现省公共信用信息系统与全国法院失信被执行人名单查询系统对接,确保失信被执行人信息全量入库、及时归集、共享推送,46 家省级部门、全省13个设区市、县(市、区)和相关第三方机构均可共享。完善社会信用档案制度,以统一社会信用代码为标识,将失信被执行人信息整合至市场主体信用档案,“信用江苏”网对外提供信用查询服务,为市场主体信息查询公示和应用服务等提供基础支撑。

二是完善执行威慑机制。省法院、省检察院、省公安厅联合会签关于打击拒执犯罪文件,建立反规避执行工作机制,加强公诉程序衔接配合,畅通自诉渠道。2019年至2021年判决拒不履行生效判决、裁定罪443件506人,对失信被执行人形成了有力的威慑。各地法院在新闻媒体、户外大屏、公交地铁移动电视、社区集市公告栏等公开失信被执行人信息,促进大量被执行人主动履行义务。

三是完善涉民生执行案件社会救助制度。省法院积极同省民政厅沟通协调,健全化解涉民生执行案件社会救助联动机制,将涉民生执行案件纳入社会救助体系,着力解决涉民生案件的申请执行人生活困难问题。健全司法救助与社会救助衔接配合,加大救助力度,2021年,江苏法院涉民生执行案件集中保险救助人数14人,救助金额87.6万元。

四是完善责任保险体系。推动各相关单位投保食品安全责任、环境责任、雇主责任等责任保险,发挥保险制度分担风险、分摊损失功能作用。构建“执行+保险”机制,创新执行悬赏保险、诉讼保全保险、司法拍卖竞拍履约保证保险、司法拍卖房贷款保证保险、财产处置责任保险等。

(三)加强和改进执行工作,进一步提升执行能力和水平

一是持续推进执行智能化升级。加强现代科技与执行工作深度融合,率先全面推行网络拍卖、网络评估,执行财产处置成本大幅降低、效率大幅提升,自2018年以来拍卖成交标的122965件,成交金额2322.4亿元。聚力智慧执行,开发人工智能“N个一键”系统,累计使用超过420万次,节约人工超过39万小时,使办事从手动变自动;开发“微执行”系统,结合4G单兵设备、PAD办案终端、便携式网络打印机,使办案从固定变移动;开发了执行标的管理系统、音视频管理系统、执行运行态势可视化分析系统,使管理由粗放变精细。

二是不断提升执行规范化水平。坚持以制度促规范,自 2019 年以来省法院制定业务指导文件 80 余份,其中 4 份受到最高人民法院院领导批示肯定,7 份被最高人民法院执行工作动态全文转发。

三是创新和拓展执行措施。首创"物联网 + 执行",利用查封财产监管系统、电子封条和称重系统,实现对被执行财产的"智"监管、"活"查封和"快"处置。全面推行执行悬赏、律师调查令等机制。率先推广"VR + 直播"司法拍卖标的推介新模式,出台《关于规范网络司法拍卖辅助工作的指导意见》,将司法拍卖中执行辅助事务适当外包。率先出台善意文明执行指导意见,探索建立查封财产自行处置、信用惩戒宽限期等制度,最大限度降低对被执行人正常生产生活的影响。

〈 延伸阅读 〉

【无锡法院"物联网 + 执行"促进善意文明执行】自 2020 年以来,江苏无锡法院持续探索将物联网技术应用于执行工作,取得一定成果。第一,运用"物联网电子封条"实现对查封财产的"智"看管。沿用传统封条的样式,用硅胶材料替代了纸张,同时在封条中嵌入物联网感知终端设备,使用方便,张贴牢固。两年来,无锡两级法院已装备电子封条 278 条,累计使用 509 次,有效破解了查封财产看管难的问题。第二,运用"物联网监管系统"实现对被执行人财产的"活"查封。通过前端物联网设备的物联网感知技术,对被执行企业的生产状况及原材料、成品、生产设备等财产实行动态监管。该系统的使用真正实现了法院查封财产的"物态可监管,生产可持续,货值可控制",保障了被执行人财产在有效监管下得到增值。第三,运用"物联网称重系统"实现对大宗动产的"快"处置。将感知器安装在起重设备上,在起吊过程中,实时测量物品重量,相关结果即时回传至管理平台及执行人员手机终端,将称重、计价、搬运、交付四项工作通过一次起吊过程全部完成,大大减少了标的物处置环节,有效解决了传统执行过程中对于铜材、铝材、钢材等大宗动产的称重难、评估烦、费用高等问题,大大提高了财产处置效率。

“物联网＋执行”工作经验被评为全国智慧法院创新案例、无锡全市政法工作创新一等奖。2020年，省法院组织在无锡召开推广“物联网＋执行”促进善意文明执行现场会，并出台《关于推广“物联网＋执行”促进善意文明执行的指导意见》，在江苏法院全面推广“物联网＋执行”工作经验。

二、扎实开展专项执行行动

继圆满完成三年攻坚基本解决执行难目标任务后，江苏法院紧紧围绕“切实解决执行难”这一目标，组织开展了解决执行难“巩固提高年”活动，明确提出执行核心指标只升不降，工作目标由“基本解决执行难”向“切实解决执行难”转变，工作方法由阶段性攻坚战向常态化持久战转变，工作重点由集中力量解决突出问题向建立健全长效机制转变，切实增强人民群众的胜诉获得感与幸福感。在最高人民法院的统一部署下，结合本省实际，周密部署专项执行行动，开展“巩固基本解决执行难工作成果”专项执行行动、“发挥执行职能、做好‘六稳’工作落实‘六保’任务”等专项执行行动。2021年，江苏法院开展“提质增效抓执行　我为群众办实事”实践活动，取得良好效果。

（一）开展涉民生案件专项执行行动

一是常态化组织开展涉民生案件专项执行行动。将开展涉民生案件专项执行行动作为“我为群众办实事”的有力抓手，压实工作责任，明确办理期限，做到涉民生案件在法定期限内应执尽执。全力抓好涉农民工工资、工伤、抚恤、抚养、赡养等涉民生案件执行，切实解决好人民群众“急难愁盼”问题。进一步健全完善涉民生案件绿色通道机制，设立涉民生案件接待窗口，成立涉民生案件执行团队，对处置财产第一时间评估、拍卖，实现快查、快控、快执、快结，涉民生案件执行结案平均用时同比缩短17.2天。常态化集中开展涉民生案件“凌晨执行”“节假日执行”“午间执行”，重点打击恶意拖欠农民工工资、规避执行、抗拒执行等行为，形成对被执行人的高压态势。对于被执行人确无履行能力，申请执行人又面临生活困难的案件，充分运用司法救助机制，穷尽一切措施兑现胜诉当事人合法权益。强化对辖区内法院执行工作的统一管理、统一指挥和统一协调，建立省、市、县三级协同执行平台，实现实时远程指挥和全程记录，运用协同执行、提级执行等方式合力攻坚“骨头案”。向社会公布执行线索举报电话，实行24小时值班，一旦接到执行线索举报，可调度全省执行力量从近从快控制被执行人或其财产，目前，从接到举报到下达指令，再到出警查控，时间最短只需10分钟，大大提高了执行工作效率。2021年，江苏法院共执结涉民生案件122994件，执行到位金额53.3亿元，参与根治欠薪专项行动，为农民工追回“血汗钱”11.6亿元。

二是积极做好疫情防控新形势下执行工作。省法院制定《关于切实做好疫情防控期间执行工作的实施意见》，各级法院积极做好疫情防控新形势下执行工作，切实维护人民群众和各方当事人的合法权益。执行干警严格按照“人员不密集，执行不停步”要求，有序推进“四查一落实”工作，通过“互联网+”模式对被执行人开展线上“查控、传唤、搜查、调查及执行线索”等，确保疫情期间执行工作安全、及时、有序、有效。2020年2月3日至2022年3月17日，江苏法院在疫情防控期间共立案受理各类执行案件175.9万件，已执结161.8万件，执行到位金额2387.5亿元。其间，江苏各级法院充分运用最高人民法院“总对总”、省法院“点对点”网络执行查控系统开展线上查控355.98万件次；人民法院执行指挥管理平台办理网上执行事项委托和受托69万件，完成网上执行督办7.84万件；网络发布失信被执行人36.45万人次，屏蔽失信被执行人7.6万人次，限制高消费88.61万人次。与此同时，执行机构注重做好内功，切实改变传统的培训方式，先后对近200多名网拍专职工作人员、700多名网拍司法辅助人员进行网络在线直播“无接触视频培训”。截至2022年3月17日，全省法院VR视频制作量12307万件，使用率在全国领先，江苏法院制作的VR数量以及使用VR手段辅助执行的法院数量位居全国第一。全省各级法院直播+VR看样的网络司法拍卖新方法、新思路被《人民法院报》先后27次予以专题报道。

三是积极营造执行工作良好社会氛围。首创“全媒体网络直播”的执行公开形式，南京两级法院“钟山亮剑、共铸诚信”行动在线观看网民超5000万人次，创全国法院历次网络直播关注人数之最。无锡中院开展“雷霆执行”，淮安中院推进“暖冬行动”，盐城法院常态化开展“盐阜风暴”等，持续加大涉民生专项执行力度，形成强大社会声势。2021 年 12 月 17～29 日，江苏法院联合江苏广电总台在全省范围内开展“跟着法官抓老赖”执行现场直播活动，采用“一日一市”形式，在全省 13 个地级市不间断进行接力式、全景式、沉浸式、互动式执行直播，取得良好的法律效果和社会效果。2021 年 11 月 18 日，省法院组织开展“执行案款集中发放日”活动，当天全省法院向 2671 名申请执行人发放案款 6.2 亿元，邀请 1100 名人大代表、政协委员、特约监督员、律师代表及媒体记者现场见证。

（二）开展涉企专项执行行动

江苏法院将涉企执行作为专项行动重要组成部分，持续加大执行力度，及时兑现胜诉企业合法权益。同时，积极践行善意文明执行理念，尽最大可能保持企业财产运营活力，增强企业造血功能，最大限度降低对企业生产经营的不利影响。徐州两级法院顺利执结涉徐工集团债权案件，是江苏法院开展涉企专项行动的成功范例。徐州中院以服务实体经济发展为主题，以推动涉徐工集团债权案件执行为突破口，充分发挥“三统一”执行工作机制优势，组织全市两级法院开展涉徐工集团债权案件执行攻坚专项行动，在案件执行过程中，针对徐工集团债权案件数量多、执行标的大、被执行人分布广、执行法院受理案件不平衡、执行效率不高等现状，该院结合实际情况积极改革创新执行工作，对案件进行统一管理，对执行干警统一调配，对执行装备统一配置，从案件、人员、管辖等方面入手，全方位改革创新执行工作机制，取得了良好成效。

< 拓展资料 · 案例 >

【涉徐工集团债权执行案件】在涉徐工集团债权案件集中执行过程中，徐州法院累计出动警力 7584 人次，行程 83.92 万公里，走遍全国 30 个省、自治区、直辖市，执行和控制到位财产总价值约 36.92 亿元，切实维护了具有“顶梁柱”作用的国有企业胜诉权益。

一是发挥集中执行优势。针对徐工集团涉执行案件数量多、被执行人分布全国各地等特点，市中院执行局创新对辖区法院执行工作实行统一管理，通过案件管理平台，将涉徐工集团债权案件以被执行人及被执行财产所在地进行划分，将执行案件进行重组整合。例如，市中院提级执行被执行人及被执行财产在山西地区的案件，将分散在不同法院涉及同一地域的案件分别指定11家基层法院统一执行，实现统一部署与调度，协同基层法院开展执行工作，推动解决重大疑难复杂案件。根据被执行人及被执行财产线索是否明确，进一步区分为主攻方向、重点突破、整体推进三个层次的ABC三类案件，即：主攻财产线索明确的A类案件；重点突破财产线索相对明确的B类案件；对被执行人下落不明、财产线索不明确的C类案件整体推进查人找物工作进展。

二是发挥团队化作战优势。全市12家法院均成立由"一把手"院长挂帅的执行攻坚领导小组，挑选精干力量组成执行攻坚组，院领导亲自带队执行，调度分析案情、制定执行方案，举全院之力保障攻坚行动有序开展。为保证集中执行效果，提高执行效率，执行攻坚组结合工作实际，将作战团队划分为满足不同执行任务需求的作战单元，分散部署、互为依托，既提高了执行效率，也保证了遭遇突发情况时，执行兵力的快速响应，迅速增援。在对被执行人车辆实施扣押、交付大型设备，以及采取拘传、拘留、搜查措施时，执行攻坚组统一指挥、统一行动，确保执行的兵力优势。

三是发挥执行信息化优势。信息化是推动执行模式深刻变革的强大动力，依托信息技术手段，不断推动执行模式的变革。通过最高人民法院的"总对总"网络执行查控系统和省高级人民法院的"点对点"网络执行查控系统，完成网络查找被执行人财产，改变以往"登门临柜"的传统模式。通过信息化手段建设上下一体、内外联动、反应快捷的执行指挥平台。依托执行指挥中心大数据库与执法记录仪等移动设备进行实时数据传输，实现高效的信息聚合功能，使执行人员之间实现快速的信息共享与传播，利用这一信息聚合功能，建立针对被执行人及财产线索的快速反应机制，并在整个执行过程中，利用信息优势，更加科学高效配置资源。建立远程指挥系统，执行人员能够通过单兵设备及时将执行现场情况传至执行指挥中心,实现执行指挥中心远程协同指挥。

四是发挥执行合力优势。涉徐工集团执行案件被执行人遍布全国各地,执行车辆及设备散落各个施工场地,异地执行所面对的形势较为复杂,面临的风险较多,为确保执行实施过程有序、快速、平稳推进,市中院积极倡导“全国执行一盘棋,合力攻坚执行难”的协作攻坚理念,利用执行指挥管理平台向全国各地法院发出协助执行请求,利用协同机制解决异地执行中遇到的难题,加强执行合力攻坚执行难。市中院向协助执行攻坚行动的全国79家兄弟法院发出感谢信。

(三)扎实开展涉党政机关和国有企业拖欠民营企业债务案件执行行动

紧紧依靠党委领导,加强重点案件、大标的案件的协调,合理运用强制措施,督促党政机关和国有企业带头履行法院生效判决,对长期未结的终本案件筛查,逐案建立台账,逐案形成方案,持续开展专项执行行动。中央政法委与最高人民法院联合指定的涉党政机关重点督办案件全部有实质性进展。

一是强化统筹协调。推动省发改委将涉党政机关执行案件纳入全省清欠范围,并作为各地政务诚信考核的重要内容。省法院执行局参与对全省13个市、96个县市区政务诚信建设进行评查考核。各级党委政府积极配合涉党政机关不执行生效裁判清理工作,例如,徐州中院持续推进涉府案件清理工作,召开专门会议进行布置、分解任务,联合召开涉党政机关被执行人未结案件核查工作推进会,形成党委领导、法院主办的工作格局。

二是“一把手”包案负责。全省各级法院高度重视涉党政机关案件的清理,实现“一把手抓、抓一把手”工作机制常态化,各级法院院长作为案件第一责任人,亲自指挥、亲自督导,最大限度提高执行款项实际到位率。对于长期未结的“骨头案”,院长包案解决,凡具有履行能力的必须执行到位。同时严格管理案件动态,实时监测执行情况,用尽用足执行措施。

三是用好执行措施。涉及同一党政机关执行标的总额为10万元以下的,因主观原因不能清欠的,将其纳入失信被执行人名单;对于县级以上及经济比较发达地区的党政机关,债务总额200万元以下,且年底无法清偿50%以上的,列入失信名单。涉及国有企业案件,能够一次清偿的坚决采取执行措施,实现一次性清偿完毕;负债总额较大,一次性清偿有难度,协调双方达成清偿方案或达成和解协议;符合"执转破"条件的企业,征得国资部门同意后,尽快清算退出市场。

四是推动涉党政机关债务纳入财政预算。江苏法院紧紧依靠党委,主动向党委汇报涉党政机关拖欠民营企业和中小企业债务执行情况,大力推动涉党政机关债务纳入本级财政预算,综合运用督促、协调、强制等方式,层层传导压力,确保涉党政机关债务全部纳入财政预算。盐城法院纵深推进,协调推动市政府决定对5家未履行生效民事判决的失信政府机构取消年度参加各类荣誉评选资格并予以公开通报。对于暂时无法纳入财政预算的案件,评估被执行人履行能力和政府经济实力,协调推动被执行人与申请执行人达成分期履行协议,加强案件履行跟踪,分步分期纳入财政预算。

(四)扎实开展涉金融案件执行行动

立足工作实际,将涉金融债权和金融犯罪案件专项执行活动作为重点内容,切实防范化解金融风险。同时,切实加大对涉及非法集资、贷款诈骗、信用卡诈骗、票据诈骗等金融犯罪相关案件的执行力度,参与处置"e租宝"案、"钱宝"案等重大非法集资犯罪案件,维护金融市场安全稳定。组织清理执行依据为仲裁裁决、公证债权文书的P2P案件,对已立案执行的P2P案件进行全面"回头看",全面梳理可能存在虚假诉讼、套路贷风险隐患的情形,最大限度防范化解"P2P爆雷"引发的金融风险,维护金融市场安全稳定。依法制裁金融债权失信行为,将失信被执行人名单信息嵌入"互联网+监管"系统,实现自动对比、自动监督、自动拦截、自动惩戒,督促失信被执行人积极履行法定义务。

一是集中开展专项执行。常态化组织开展涉金融债权案件专项执行活动,根据金融债权人申请,集中专门执行力量,强化强制手段运用,扎实开展"现场执行""凌晨执行""假日执行"等活动,最大限度兑现金融债权人胜诉权益。在南京中院执行的招商银行南京分行与王某某等借款合同纠纷案中,抵押物位于核心商业区，执行标的为 1.4 亿元，涉及营业商户 36 家，均被非法出租、转租，法律关系复杂。经组织多方主体多次协调，研究制定执行方案，最终顺利执结，切实维护了金融债权人的合法权益。

二是深入开展协同执行。近年来，省法院执行局多次协调北京、上海、山东、福建等外省法院移送财产处置权，积极保障金融机构及时回收债权。自 2018 年以来，组织三级法院开展跨审级、跨地区协同执行，全力攻坚执结涉及暴力抗法、强制腾让、异地执行的“骨头案”。其中，在盱眙组织的全省最大规模强制清场行动中，组织南京、淮安两地三级共 14 个法院 230 余人参加，5 天时间拆除违建近万平方米，交付土地 13000 平方米，清运物品 1000 余吨，该案入选“江苏法院 2018 年度十大典型案例”。

三是加强与金融监管部门、金融机构的良性互动。完善金融网络查控系统，省内所有银行均已接入最高人民法院“总对总”查控系统，基本实现网上查询、冻结、扣划。加强与金融机构沟通协调，省法院与中国银行、中国农业银行、江苏银行、浦发银行、南京银行、中信银行等多家金融机构签订《司法网上拍卖房产个人贷款协作协议》，有效提高司法网拍成交率。与太平洋保险、平安保险等五家保险公司签订执行悬赏保险、诉讼保全保险、司法拍卖竞拍履约保证保险、司法拍卖房贷款保证保险等战略框架合作协议，既有力提升了执行效率，又实现了合作共赢。针对多家银行提出的预售商品房执行、集体土地上建造房屋处置等问题，与多家金融机构进行调研论证，并出台规范性文件，为全省法院执行工作提供有力指导。

三、有力推进网络司法拍卖

江苏法院从 2012 年年底开始探索司法拍卖改革。经过全省三级法院的共同努力，在全国率先实现“三个全部两个零”，即所有法院全部入驻“淘宝网”、所有需要变现资产全部网上拍卖、所有拍卖环节全部网上公开，所有拍卖实行零佣金以及司法网拍领域实现零投诉。省法院制定出台一系列完善司法网拍工作机制的规范文件，开发完成大数据智能评估系统，促进执行财产快速高效变现。2018 年以来，江苏法院网络司法拍卖成交标的 18046 件，成交金额764.68亿元。与此种拍卖模式相呼应,同步探索相关配套制度,在拍卖前期、中期、后期完善工作机制,最大化实现网络司法拍卖的积极效果。

(一)切实做好司法拍卖前准备工作

一是全面了解状况,完善拍品调查。对拍品坚持实地走访采样,将标的物拍照或制作视频上网,并配以详尽文字说明,方便竞买人充分了解标的物。对于不动产等大宗标的物,注重全面收集物权状况、土地现状和房屋有证无证事实,特别是现状与证照不一,一个企业区内存在多个证照的,邀请测绘部门重新标定拍品占地,做到尽职调查。

二是依法认定及涤除权利负担,提升拍品成交率。在网拍开展过程中,长期租赁、非法占有困扰法院执行,影响参拍人热情,损害拍品价值。苏州市吴江区人民法院为此专门出台《对拍卖标的物权利负担的认定及涤除操作流程规范》,对以租赁权为典型的占有型权利负担和以抵押权、所有权保留、融资租赁为主要内容的非占有型权利负担,分别设立审查判断标准,据此作出不负任何权利负担的拍卖裁定或带租拍卖裁定,统一裁决尺度,并通过"二份公告"(拍卖公告、强制清场公告)规范执法行为,并对相关人员的权利义务进行告知。

三是创新多元化定价机制,快速确定起拍价。为解决实践中存在的评估费时、费力难题,省法院探索采取多元化保留价确定新模式,出台《关于完善司法评估、网拍工作的规定》等文件,完善了拍卖保留价的确定方式,调整了评估费用的收取方法,最大限度发挥网络司法拍卖对拍品价值的市场发现作用和对拍卖效率的提升作用。各地法院也创新保留价确定模式,以优先尊重当事人意思自治为原则,针对标的物的不同类型确定保留价。例如,对机动车,参照保险公司的车损险投保系统中车辆实际价值,或通过二手车交易中介确定市场参考价。对商品房和商铺,参照近期同一小区拍卖成交单价,或二手房产交易中介近期成交价、二手房网上挂牌价,或该房产办理抵押登记时的评估价确定起拍价。对机器设备类动产,通用型设备参照此前拍卖成交价,或行业协会、设备生产厂家的价格意见,对专用设备参照设备生产厂家的价格意见或者价格认证中心出具的价格意见等。

四是加大宣传力度,定向推介拍品。通过法院网站、微信、微博等媒体定期推出拍品,并组织相关债权人一起利用新媒体推送拍品,特别是对银行债权人,组织其对拍品向其客户群定向推介,通过调动债权人的积极性,扩大推介渠道,有效提升拍品关注度。对于司法网拍中的部分厂房、土地等拍品,虽属短缺的优质资产,但因标的较大、难以分割、一般买家购买力较弱等因素,往往难以成交。针对此情况,部分法院主动联系招商部门及国有资产公司、集体所有公司、同类型的生产企业,建议其参拍,盘活资产,使得房地产资源可以充分利用起来,腾笼换凤,带动地方经济发展。

五是适用执行强制管理,解决长期租赁问题。针对存在长期租赁的拍品,参照破产管理的方式,对涉案财产予以执行强制管理,并出台相应的操作规范,明确了强制管理的适用条件、启动程序、管理人的选定、管理人的权利责任、裁定书的出具等。

(二)着力完善司法拍卖工作机制

一是加快拍卖流程,提高拍卖效率。以往的司法拍卖采取一次公告一次拍卖方式,导致拍卖程序十分冗长,既影响了拍卖的效率,也影响了整个执行进程。江苏法院改变上网模式,在确认一拍流拍后次日自动上网,以缩短内部流程的方式有效缩短拍卖时限,加快拍卖节奏。

二是启动二轮拍卖,最大限度提高变现率。因财产价格波动、抵押金额过高、评估公司评价过高或自主定价无法反映市场价等主客观因素,实践中仍有不少财产无法在法定的降价幅度内变现。江苏法院探索出二轮拍卖方式,对经过第一轮网络司法拍卖流拍的不动产、其他财产权,申请执行人或者其他执行债权人不愿以物抵债且变卖不成的,执行法院可以在60日内启动第二轮司法网拍。

三是推出全景看样,降低参拍成本。苏州市吴江区法院在“淘宝网”司法拍卖平台推出首件利用360度全景展示看样的不动产拍卖物,这是该院运用信息化手段创新司法网拍工作的探索尝试。360度全景展示是通过专门摄像机对现场全部实景的无遗漏录制制作而成,以三维图片将目标物内部空间及其周围实地景物进行水平360度、垂直180度的视角展示。全景内的景观包括目标物周边街景、临近建筑外景以及目标物内部四面八方的实地景象。利用这一技术,有意参拍者通过网络足不出户就能身临其境,点击鼠标便可实现各方向多角度的观看,也可实现模拟前进、转弯等移动动作,突破了地域与时间对景物观赏的限制。该技术将适用于商品房、店面、厂房等不动产拍卖物上,竞拍者可以在不动产拍卖公告上找到全景看样链接,登录链接便可对拍卖品进行全景看样。技术的应用能明显减少因信息不足放弃竞拍的情形,进一步提高网拍参拍率,同时也能让参拍人减少舟车劳顿,降低参拍成本。

(三)大力构建司法拍卖后工作机制

一是推出拍卖贷,解决司法网拍融资难。针对意向竞买人资金不足,缺少融资平台的情况,江苏法院积极寻求金融支持,开创性地建设"E拍贷""拍卖贷"等网上司法拍卖的按揭融资业务平台,推动商业银行为竞买人提供贷款服务,解决大额拍品的资金来源问题。

二是明确税费承担,减轻买受人负担。拍品过户时需缴纳的税款,由于存在增值税收,计算复杂,征收金额最高可达拍卖价的60%,一度成为买受人的负担。江苏法院明确买方应缴的税费,由买受人自行向税务机关申报缴纳;卖方应缴的税费,由法院协助税务机关在拍卖、变卖款中予以扣缴。同时进一步简化税费缴纳手续,有效减轻了买受人的负担,提升了参拍热情,防止了税款的流失。

三是建立协作机制,畅通过户流程。加强与住建、国土等部门的协商配合,完善司法拍卖房产办理转移登记和抵押权设立登记的衔接流程,提高产证登记的安全性和时效性。通过沟通协作,相关部门开设了专门的司法拍卖过户窗口,方便买卖人进行过户。另外,对拍卖中出现的机动车违章扣分处理等新问题,积极协调解决,通过法院出具文书强制注销违章扣分,买受人承担相应罚款的形式,较好地解决了买受人的后顾之忧,避免了投诉信访的发生。

第
5
章

高质量司法之公正司法

努力让人民群众在每一个司法案件中感受到公平正义,是司法为民、公正司法的必然要求。江苏法院通过审判执行态势分析、审判质效通报、案件质量评查、审判流程管理、案件审判监督等有力举措,着力加强对案件质量和效率的监督管理,促进司法公正。

第一节　严格依法办案

严格遵循法律程序,坚决守住法律底线,在法律规定的范围内行使司法权,用严格司法确保公正司法在每一个具体案件中得到实现。

一、着力强化审判监督

坚持"实事求是、有错必纠"的审监理念,充分发挥依法纠错、维护生效裁判权威的审判监督职能,构建查错纠错、纠防并举的审判监督体系,强化精准监督、精准纠错的制度机制保障,牢牢守住司法公正最后一道防线。

(一)坚持正确的审判监督工作理念

一是坚持依法纠错,正确发挥监督救济职能作用。坚守公平正义底线,全面把握纠正错误裁判和维护司法权威的关系，增强“重在纠错”理念，切实保障当事人合法权益，努力回应人民群众对公正司法的新期待。2018 年至 2021 年，江苏法院受理各类审判监督案件 166767 件，审结案件 150968 件。审结再审案件 42198 件，再审改判案件 3940 件，发回重审案件 1242 件，驳回起诉案件 24060 件，发改案件占同期生效判决的 1.32‰。

二是追求终局解纷，充分发挥化解矛盾纠纷职能作用。强化审监程序化解矛盾功能，灵活运用和解、调解等多种手段，充分调动各方力量多元化解矛盾纠纷，在法律、政策允许范围内解决当事人实际困难，力争办案三个效果统一。审结民事再审案件 8823 件（不含“套路贷”虚假诉讼专项整治案件），调解案件 1088 件，再审调解率 12.33%。坚持“有错必究，分层处置”，在坚持依法纠错的同时，对原审审判程序、裁判文书等存在的瑕疵问题，做好裁定补正等弥补工作；对于原裁判说理不当或不到位的，进行补强；确有问题又不足以改判的，强化释明工作；对于原审存在的审判纪律、作风问题，书面向原审法院指出，最大限度促使当事人理解和接受生效裁判，服判息诉。

三是深化案件评析和动态研判，全面发挥内部监督和反向指导功能。省法院坚持审监案件年度白皮书制度，每年完成最高人民法院指令再审、检察监督、刑事审判监督等案件分类年度报告，重点开展 1～2 类审监案件专题调研。总结审监案件反映出的相关审判工作整体质量情况，全面深入剖析原审在事实认定、裁判尺度、审判程序、文书制作、审判管理等方面存在的瑕疵和漏洞以及司法作风方面的问题，提出指导意见和建议，建立健全常态化沟通反馈机制，发挥倒逼防错作用，力促清源治本。建立个案审判监督指导机制，以《审判监督意见书》形式向原审法院反馈再审发改案件问题，提出意见，明确整改要求，并向原审法院院长寄送。加强对检察监督案件的分析研判，建立预警机制，通过检察监督案件态势分析、发改评查等方式，督促提醒下级法院及相关业务部门及时主动纠正错误并避免再犯类案错误。助力加强和完善审判监督管理，通过深入分析各类案件错误产生原因并提出预防措施，为院领导全面落实司法责任制的决策提供有价值的参考意见，助力院庭长强化监督管理，实现精准指导。

（二）不断优化审判监督工作机制

一是创新司法调研机制。坚持问题导向，顺势寻策开展调研。围绕民事审判监督理念、刑事审判监督案件程序、再审刑事抗诉两诉不一致、刑事再审检察建议适用等热点问题深入调研，并及时转化调研成果，形成15份指导审判实践的规范意见。

二是坚持发改案件沟通交流机制。设置发改案件交换意见前置程序，确保改判的准确性和必要性。对本院生效裁判提起再审或再审改判，设计专门的征求意见函，及时与原业务庭沟通，听取意见；原承办人列席审委会，陈述对再审案件的相关意见，以充分了解原审裁判背景和理由，准确判断原审裁判是否正确，权衡再审改判的必要性。对于下级法院生效裁判提起再审的，根据案件审理需要与原业务部门或承办法官沟通，听取意见。

三是强化与检察机关的协作配合机制。积极应对检察监督不断强化的新形势，主动对接检察监督。坚持法检联席会制度，省法院和省检察院每年召开一次法院院长、检察长联席会，讨论相关议题。全面执行检察长列席审委会制度，对于提交审委会讨论的刑事抗诉案件及部分民事抗诉案件，邀请同级检察院检察长列席。多数中级法院、基层法院与检察机关建立了常态化工作机制，定期沟通情况、通报信息、会商问题。

四是健全对下监督指导机制。通过召开审监工作座谈会、例会、各类专题研讨会，及时研究审判监督工作中的新情况、新问题，交流审判监督工作经验和做法。召开条线例会，加强与中级、基层法院的沟通交流。以《审判监督工作动态》、审监部门网站等为载体，定期通报全省审监工作开展情况和审判态势，有效指导审监工作。

五是探索建立审判监督和督察监督衔接机制。在办案中发现原审法官违法违纪线索的，及时移交督察部门。结合司法责任制落实，实现管案、管人、管事相结合的全方位、立体式监督指导。

〈 延伸阅读 〉

【江苏省十大审监案例】2021年12月15日，省法院发布十大审判监督案例。选取全省法院近年来在依法纠错、维护裁判权威方面具有典型意义的十件案例，展示审判监督工作成果。案例发布后社会反响强烈，在省法院公众号两周内阅读量突破2.7万人次，《人民法院报》《扬子晚报》等数十家媒体转载、点赞，最高人民法院《审判监督工作动态》2021年第4期全文刊登。以个案的再审纠正，推动实现良法善治，传递审监声音，彰显公平正义，为广大群众讲授了一堂生动的普法教育课。

〈 拓展资料 · 案例 〉

【企业及主管人员为经营所需，与出借方约定采用空货交易的形式拆借资金，不构成合同诈骗罪】1995年至2008年，倪某某为实现企业经营资金周转，先后多次向社会不特定公众非法吸收存款。2007年，倪某某以投资购买原料为名，采用空货操作的形式与扬州某化工有限公司签订买卖合同，先后多次拆借资金共计人民币1300万余元，并约定资金占用费，用于偿还企业债务、经营所需。检察机关认为倪某某及所属企业在签订、履行合同过程中骗取对方当事人财物，数额特别巨大，构成合同诈骗罪，应与非法吸收公众存款罪数罪并罚，向法院提起公诉。

一审法院以倪某某犯非法吸收公众存款罪、合同诈骗罪判处有期徒刑二十年，并处罚金八十万元。倪某某不服，提出上诉。二审裁定驳回上诉，维持原判。倪某某仍不服，以其不构成合同诈骗罪为由提出申诉。法院再审认为，倪某某与扬州某化工有限公司虽签订了买卖合同，但双方对拆借资金的行为是明知的，且约定了资金占用费，故倪某某主观上无非法占有他人财物的故意，客观上未实施虚构事实、隐瞒真相等合同诈骗行为，不构成合同诈骗罪，该部分犯罪数额应计入非法吸收公众存款数额，以非法吸收公众存款罪，改判倪某某有期徒刑九年,并处罚金四十万元。因倪某某有期徒刑已执行完毕,再审宣判当庭释放。

本案作为“错到哪里纠到哪里”的产权保护典型案例,被写入2020年最高人民法院工作报告。本案再审严格贯彻习近平总书记在2020年7月民营企业家座谈会上的重要讲话精神和中共中央、国务院《关于完善产权保护制度依法保护产权的意见》,秉持刑法谦抑性,以发展眼光客观看待和依法妥善处理改革开放以来各类企业特别是民营企业经营过程中存在的不规范问题,对倪某某及主管企业的行为准确定性。本案再审改判,不仅具有个案纠错的意义,而且取得了良好的社会效果。一方面体现了人民法院依法甄别纠正历史形成的涉产权冤错案件的鲜明态度,对于稳定民营企业家预期,营造法治化营商环境,保障民营企业家安心干事创业具有重要意义;另一方面也促进民营企业家开展合法经营,强化民营企业的社会责任意识,引导民营企业健康发展。

【上下班途中发生单方交通事故并不当然构成工伤,应综合事故发生因素准确认定劳动者对事故是否负主要责任】叶某系太仓某公司职工,2014年7月15日7时16分许,其驾驶电动自行车在上班途中摔倒,太仓市公安局交通巡逻警察大队南郊中队出具道路交通事故证明,载明:“叶某驾驶电动自行车沿书院路由东向西行至人民路路口西侧公交车站,遇风掀起雨衣,遮挡视线,车辆与非机动车道左侧路牙发生碰撞,致其倒地受伤,电动自行车受损。”后经诊断叶某左肩关节脱位并大结节骨折、臂丛损伤。叶某向太仓市人社局申请工伤认定未获支持,遂向法院提出行政诉讼,请求撤销不予认定工伤决定书。

一审法院认为,本案的争议焦点为叶某是否遭受非本人主要责任交通事故伤害。叶某发生单方交通事故主要系风雨外力因素所致,其对单方交通事故不负主要责任,判决支持叶某诉讼请求。太仓市人社局不服,提出上诉。二审法院认为,叶某在天气恶劣的情况下驾驶电动自行车,未尽谨慎注意义务导致受伤,太仓市人社局认定其对事故负全部责任,并无不当,改判驳回叶某诉讼请求。检察机关抗诉认为,本案事故系风掀起雨衣、雨衣遮挡视线、车辆碰撞公交站台延伸路牙三重因素综合所致,叶某对此不应承担主要责任。法院再审认为,上下班途中发生单方交通事故并非当然构成工伤。叶某在风雨中骑行电动车应尽小心谨慎注意义务,在风大雨大的情况下其未采取停车整理雨衣或推行电动车等避险措施,而选择继续骑行,因风掀起雨衣遮挡其视线,致其电动车撞到非机动车道路路牙,引发单方交通事故。该起事故并非不可预见的意外事件,而系其主要过失所致,遂再审判决维持原判。

在劳工保护日趋完善、劳动监察日趋严格的新时代用工环境下,劳动者在上下班途中发生交通事故伤害成为工伤认定的主要情形之一。通常情况下,交通管理部门会出具事故责任认定书,以明晰交通事故各方责任,但在单方交通事故中,因不存在事故相对方,交通管理部门一般不出具事故责任认定书,而只出具交通事故证明书,以客观载明事故发生情况。对于此类单方交通事故伤害,能否认定为工伤,成为实践中较为常见的难点,而问题的关键,则是劳动者是否对单方交通事故负"主要责任"。职工在上下班途中发生单方交通事故伤害能否认定为工伤,不能一概而论,应综合考量导致事故发生的各方因素和各种证据,特别是综合审查天气、道路等客观因素以及职工是否谨慎注意等主观因素,审慎认定职工是否对事故负主要责任。本案判决有效厘清了单方交通事故中职工责任的认定问题,对类案处理有较好的指导作用。人力资源与社会保障部亦将本案作为单方交通事故是否构成工伤的典型案例在全国予以推介。

二、完善审判效率和审判流程管理机制

(一)完善审限管理工作机制

审限管理是审判流程管理的重要内容,也是提高审判效率的有力举措。审限管理的核心是审限变更管理。审限变更事由主要包括审限延长、中止、扣除、中断四种类型。加强审限变更事由的实质性审核,并进一步加强审限变更案件的监控和管理,有利于避免案件隐性超审限现象,从源头上减少长期未结案件的产生。2019 年 8 月,省法院对苏州中院等 6 家法院法定审限内

未结刑事案件审限变更情况进行调研，形成调研报告并就严格执行刑事案件审限变更规定提出要求。2020年11月，制定《关于进一步规范院机关审限管理有关事项的通知》，从审批权限、变更事由、变更期限、审限监督等方面进一步严格要求，从制度层面着力防范和解决案件审理周期偏长、长期未结案件数量较多的问题。2021年11月，制定《关于进一步规范全省法院审限管理的通知》，出台规范审限管理的19条举措，着力解决审限管理工作中存在的突出问题，推动办案效率提升。

（二）加强长期未结案件管理

2018年12月，省法院制定《关于进一步严格长期未结案件监督管理工作的意见》，建立长期未结案件报告制度、法官变更制度、约谈通报制度、审务督察制度、司法巡查制度、绩效考核制度、通报制度、责任追究制度等9项制度和长期未结案件预警监管信息平台，对长期未结案件进行系统性综合治理，进一步严格长期未结案件监督管理。在健全长期未结案件长效管理机制的同时，根据工作需要适时开展长期未结案件清理活动。2021年，结合政法队伍教育整顿工作，先后印发《省法院机关长期未结案件集中清理活动实施方案》《全省法院队伍教育整顿领导小组办公室关于开展全省法院长期未结案件专项清理活动的通知》《全省法院队伍教育整顿领导小组办公室关于加快推进长期未结案件专项清理活动的通知》，扎实推进长期未结案件清理工作，取得明显效果。

（三）开展审判流程标准化试点工作

按照最高人民法院部署，江苏法院积极探索建立涵盖刑事、民事、行政、国家赔偿等专业领域的审判流程标准。例如，盐城中院开发建设的"审判执行流程节点信息化管控平台"，将审判执行工作流程节点的工作目标和要求，全部转化为计算机网络信息化的管控指令。管控平台细分210个流程节点，覆盖从立案到结案的全部审执流程，并对所有流程节点按照法定节点、重要节点和一般节点进行分级管控，进一步落实法官、院庭长办案主体责任和监督管理责任。2021年9月，盐城中院被确定为人民法院审判流程标准化试点法院。

三、加强审判执行运行态势分析

（一）不断完善审判执行运行态势分析工作机制

2003 年，省法院审判委员会决定在全省法院推行审判运行态势分析工作。2018 年 10 月，省法院党组决定原则上每季度听取一次江苏法院审判执行工作运行态势分析报告，要求各中级法院、基层法院党组也要建立院党组定期听取审判执行工作运行态势分析报告制度，至少每季度听取一次审判执行工作运行态势分析报告，进一步凸显了审判执行运行态势分析工作的重要性。

（二）不断丰富审判执行运行态势分析的范围和内容

一是针对重点工作的分析报告。省法院围绕扫黑除恶专项斗争重要部署，2020 年对扫黑除恶专项斗争开展以来全省法院涉黑恶犯罪案件进行了专项分析，就彻底铲除黑恶势力生存发展土壤提出建议；围绕全省非法金融活动专项治理及省法院"套路贷"虚假诉讼专项治理重要部署，对全省法院专项治理工作进行了总结分析，形成《2019 年 1—9 月全省法院"套路贷"虚假诉讼专项治理情况分析通报》；围绕统筹做好疫情防控和审判执行工作，在 2020 年新冠疫情大范围暴发之初，省法院及时分析研判，形成《2020 年 1—3 月全省法院涉疫情案件审判执行情况的分析报告》，提前制定预案，加强司法应对；后又对新冠疫情期间实施的诈骗、制假售假、哄抬物价等妨害疫情防控的经济犯罪案件进行分析，形成《2020 年全省法院涉疫情经济犯罪案件态势分析报告》，将经济犯罪审判工作纳入保障国家疫情防控、助力社会经济发展大局中考虑；围绕最高人民法院"两个一站式"建设工作部署，省法院分析形成《全省法院"两个一站式"建设情况专项分析报告》，就重点推进诉源治理和多元解纷、诉讼服务、分调裁审、审判辅助事务"两化"改革等情况，总结经验，进一步明确工作要求。

二是针对重点案件类型的分析报告。省法院就某一类案件或某一条线审判工作形成分析报告，如商事审判运行态势分析报告、知识产权审判运行态势分析报告、劳动人事争议审判运行态势分析报告、涉外商事审判运行态势分析报告等。围绕特定案由和案件类型形成分析报告，如《2019年1—6月省法院民事再审案件情况分析报告》，指明了民事再审案件较为集中的领域，剖析了民事再审案件审理反映出的审判质量问题，提出有针对性的对策建议；《2015—2019年全省法院买卖合同商事纠纷案件分析报告》通过分析近五年江苏法院买卖合同商事纠纷案件的基本情况和特点，为妥善审理买卖合同商事纠纷案件，促进交易流转、维护市场稳定、优化营商环境提出工作建议；《2019年检察院法律监督案件（事项）情况分析报告》通过对检察院提起的抗诉案件、再审检察建议案件、对审判执行活动提出法律监督的案件（事项）进行分析研判，进一步推动司法规范化建设，促进审判质效提升。

三是针对审判质效薄弱环节的分析报告。省法院围绕某一阶段审判工作中存在的突出问题或审判质效薄弱环节形成分析报告，例如，针对全省法院一审简易程序适用率不高的情况，分析形成《2019年1—6月全省法院简易程序适用情况分析报告》，全面掌握全省法院简易程序适用情况，深入分析影响简易程序适用的因素，有针对性地加强和改进工作。针对服判息诉率下滑的情况，组织全省法院对服判息诉率问题进行专题调研，形成《2016年以来全省法院服判息诉率专项分析报告》，对加强全省法院服判息诉工作提供对策建议。

（三）不断加强审判执行运行态势分析结果运用

为更好地发挥审判执行运行态势分析服务审判执行工作、服务领导决策的作用，从2020年起，每年组织开展全省法院优秀态势分析报告评选活动。全省各级法院共推荐106篇态势分析报告参选，其中35篇被评为优秀态势分析报告。进一步拓展延伸态势分析的功能，充分利用人民法院丰富的大数据资源，为完善立法、规范执法、促进发展、改善民生提供更加精准的政策或法律建议，更好地服务当地党委政府科学决策和经济社会发展。

四、定期通报审判质效指标

（一）建立审判质效指标通报工作机制

为确保通报工作取得实效，省法院不断健全审判质效指标通报工作机制，一方面，将月报和周报相结合，根据工作需要适时调整通报频次和力度，关键时期将审判质效情况每月通报改为每周通报,2020 年共编发全省法院审判质效情况通报 31 期,有效推动了执法办案工作的开展;另一方面,将面上通报与点上通报相结合,在全面通报审判质效指标的同时,考虑到各地法院工作开展不够均衡的情况,适时为 13 个地区的审判质效情况分别"把脉""画像",帮助分析优势指标和薄弱环节,"点对点"向各中院发送"定制化"通报,取得良好效果。

(二)明确审判质效指标通报主要内容

近年来,为更客观、科学反映全省法院审判情况,省法院对部分审判质效指标(包括口径)进行了调整。

一是调整法定正常审限内结案率指标统计口径。法定正常审限内结案率是案件在法定正常审限内结案数与同期结案总数的比例。例如,适用简易程序审理的民事一审案件在 3 个月内审结,适用普通程序审理的民事一审案件在 6 个月内审结。前期,全省法院使用的法定正常审限内结案率的统计口径中,法定正常审限内结案数仅排除了因延长审限导致案件未能在法定审限内结案的案件,因审限扣除(暂停)、中止等原因导致案件未能在法定审限内结案的案件未予排除,导致因审限扣除(暂停)、中止等原因办理过审限变更手续、超过法定审限审结的案件未能在指标中反映。鉴于此,省法院在《2019 年全省法院审判执行工作运行态势分析通报》中,对法定正常审限内结案率的统计口径进行了优化,将审限变更后超过法定正常审限的情况全部纳入指标评估范围,加强对审限的监督管理。

二是调整一审服判息诉率统计口径。省法院在《2020 年全省法院审判执行工作运行态势分析报告》对一审服判息诉率的统计口径进行了调整,调整为:1 -(上诉案件数 + 对一审案件申诉申请再审数)/一审结案数(含小额诉讼案件)。以往,一审服判息诉率的口径为:1 - 上诉案件收案数/一审结案数(不含小额诉讼案件)。原口径中,一审结案数不包含小额诉讼案件,不包含的原因在于,小额诉讼案件实行一审终审,不存在上诉的情况;另外,一审服判息诉率仅将一审案件上诉情况纳入统计,对于当事人未上诉而直接申诉申请再审的案件未纳入统计。但经调研发现,如果不将小额诉讼案件纳入一审结案数，小额诉讼适用率较高的地区，一审服判息诉率反而较低，这与该诉讼程序的设置价值以及一审服判息诉率指标设置的本意存在偏差；不将当事人对一审案件申诉申请再审的情况纳入统计，则不能全面反映一审案件服判息诉情况。因此，对一审服判息诉率的口径进行调整。

三是新增诉前调解和民事案件调撤率指标。《2020年全省法院审判执行工作运行态势分析报告》中，新增了诉前调解和民事案件调撤率，统计口径为：（诉前调解成功案件数＋民事调解、撤诉结案数）/（诉前调解成功案件数＋民事案件结案数）。指标增加前，调解率方面通报的是民事案件调解撤诉率，该指标关注的是进入诉讼程序后法院的调解工作情况。增加诉前调解和民事案件调撤率指标，目的在于全面评估调解工作，统筹考虑诉前调解和诉讼调解情况，强化诉前调解工作导向，这既是"把非诉讼纠纷解决机制挺在前面"、加强诉源治理的必然要求，也是更客观、全面展现法院调解工作的需要。增设指标后，通过对诉前调解成功率、民事案件调撤率、诉前调解和民事案件调撤率的对比分析，更加有利于相关地区发现短板弱项，提升解决问题的针对性。

五、加大案件质量评查力度

为充分发挥案件质量评查在加强审判管理、提升审判质量方面的作用，省法院加强组织领导，推动健全案件质量评查机构；出台《关于案件质量评查的规定（试行）》，建立健全案件质量评查制度，对评查方式、评查内容、评查结果、制度保障提出明确要求；注重业绩考核，在年度院机关审判业务部门审判绩效考评细则中，明确将"组织开展本条线、本部门案件质量监督评查工作"作为评价部门审判管理工作开展情况的重要内容，在对中院的综合考评中，明确将案件评查工作开展情况作为审判质效管理考评的重要内容，对于不按规定开展评查工作的地区在考评中扣分。

（一）重点评查

重点评查是指对已审结的可能涉及质量问题或违法审判的案件进行审查评价，评查的案件主要有改判或发回重审的案件、纪检监察部门移送评查的案件、通过其他评查方式发现的可能涉及违法审判的案件、本院院长或者审判委员会决定评查的案件。针对改判发回重审案件,2020 年建立改判、发回重审案件专项评查“双评查”制度,要求全省法院对本院改判、发回重审和再审改判、发回重审的案件,本院被上级法院改判、发回重审的案件进行评查。

< 延伸阅读 >

【改判、发回重审案件专项评查】2020 年 6 月,省法院印发《关于开展 2019 年全省法院改判、发回重审案件专项评查活动的通知》,确立了发改案件“双重评查”的评查方式,要求各级法院要建立健全改判、发回重审案件常态化评查制度,从 2020 年起,每半年开展一次改判、发回重审案件“双重评查”工作。

省法院的评查范围:省法院二审改判、发回重审案件和再审改判、发回重审案件,省法院被最高人民法院改判、发回重审的案件。各中院的评查范围:中院二审改判、发回重审案件和再审改判、发回重审案件,各中院被省法院改判、发回重审的案件,南京知识产权法庭、苏州知识产权法庭被最高人民法院改判、发回重审的案件。各基层法院、徐州铁路运输法院的评查范围:被中院改判、发回重审的案件,再审改判本院生效判决的案件。

评查活动要求,要坚持问题导向,坚持实事求是、客观公正的原则,重点评查审判质量、审判理念、裁判尺度、审判权运行机制、司法作风等方面存在的问题,不文过饰非、掩盖问题,确保问题分析透彻、数据真实准确。二审和再审案件承办法院要通过评查,重点发现证据审查认定、法律适用、裁判理念和尺度把握等方面的突出问题和难点问题,为加强审判业务指导提供素材和依据;原审法院要通过评查,重点发现审判工作中存在的薄弱环节和案件质量问题,强化评查结果在司法能力建设、审判业绩考评和党风廉政建设等工作中的运用。案件评查中,发现廉政问题线索的,要及时向纪检监察部门移送。

（二）专项评查

专项评查是指对已审结的特定案件进行的审查评价，主要评查长期未结案件、业务条线案件、上网裁判文书等。例如，针对长期未结案件，2019 年，省法院开展院机关三年以上未结诉讼及执行案件专项评查活动，组织对全省法院法定正常审限内未结刑事案件审限变更情况进行检查；针对条线评查，自 2018 年以来，陆续开展了污染环境刑事案件专项评查、毒品犯罪案件专项评查、知识产权案件专项评查、侵权案件专项评查、涉外商事和仲裁司法审查案件专项评查等；针对上网裁判文书，2019 年，组织开展全省法院上网文书评查工作，根据工作开展情况，探索完善裁判文书质量管理长效机制，强制应用文书纠错软件。

（三）定期评查

定期评查是指随机抽取法官已审结的案件进行审查评价，抽查的比例、数量、周期由各级法院根据具体情况自行决定。省法院探索案件评查工作与院机关绩效考核规则（季度考核）相衔接的机制，按照“员额法官全覆盖”的思路，以 1 件/人的标准，每季度抽选全体办案法官已结案件，交 4 名退休法官进行逐案评查。评查主要围绕案件认定事实、适用法律、裁判结果、审理程序、审限变更、定案程序、文书质量等方面，通过查阅案件电子卷宗的方式进行。此外，江苏法院全面发挥案件质量评查的功能，建立健全优秀裁判文书、优秀庭审评选制度，通过发现、表彰优秀裁判文书和庭审，注重强化示范引领导向，促进审判质量提升。

〈 延伸阅读 〉

【“双百”评选】为充分发挥优秀裁判文书和高质量庭审的示范引领作用，进一步提升裁判文书制作水平和庭审质量，近年来，省法院每年组织开展全省法院优秀裁判文书和优秀庭审评选活动，并择优向最高人民法院推荐。在最高人民法院组织开展的四届全国法院“百篇优秀裁判文书”“百场优秀庭审”评选活动中，江苏法院共有 29 篇裁判文书、15 场庭审入选全国“双百”，获奖数量位居全国前列。

2019年11月，省法院印发《全省法院“百篇优秀裁判文书”评选暂行办法》和《全省法院“百场优秀庭审”评选暂行办法》，建立“百篇优秀裁判文书”和“百场优秀庭审”评选工作长效机制，着力打造江苏法院“双百”品牌。

第二节　完善统一法律适用机制

通过健全合议庭、专业法官会议、审判委员会三项工作机制，加强院庭长监督管理，实施类案强制检索制度等措施，进一步促进法律适用统一。

一、统一裁判尺度

（一）健全审判权运行机制

省法院先后制定《审判委员会工作规则》《专业法官会议工作规则》《合议庭工作规则》三项工作规则，进一步完善合议庭、专业法官会议、审判委员会运行机制，促进合议庭、专业法官会议与审判委员会的有效衔接，既充分发挥合议庭法定职能，破解“合而不议”问题，更好地实现“让审理者裁判，由裁判者负责”，又强化专业法官会议和审判委员会在研究疑难复杂案件、促进法律适用和裁判尺度统一方面的职能作用，促进审判权规范有序运行。

一是强化合议庭正确适用法律职责。《合议庭工作规则》充分发挥合议庭在统一法律适用标准中的基础作用，明确规定合议庭应当严格遵守司法程序，遵循证据规则，正确运用法律解释方法，最大限度降低裁量风险，避免法律适用分歧。将合议庭统一法律适用标准情况纳入案件评议内容，明确合议庭应当进行关联案件和类案强制检索、对特殊案件及时主动提请监督，并健全完善评议规则，确保合议庭成员平等行权、民主决策、共同负责。对拟作出的裁判与其他同类案件裁判不一致的，规则明确应当及时提请专业法官会议研究。

< 拓展资料 · 发布 >

【《合议庭工作规则》】为全面落实司法责任制,健全审判权运行监督制约机制,充分发挥合议庭职能作用,根据相关法律、司法解释等规定,结合江苏法院工作实际,2020 年 12 月 29 日,省法院第 36 次审判委员会全体会议讨论通过了《合议庭工作规则》。该规则共 27 条,主要内容:

第一部分,关于合议庭办案流程管理。以合议庭办案流程为主线,明确庭前、庭中、庭后共六个关键流程节点处理时间,提高合议庭办案效率,同时让规则更具可操作性。

第二部分,关于合议庭成员共同参与机制的规定。明确合议庭成员庭前共同阅卷、庭前评议、合议庭评议时不得拒绝发表评议意见或简单表态等刚性要求,并将合议制落实情况纳入评查,以评促改,从机制上保证合议庭实质性运转,解决合议流于形式的问题。

第三部分,关于合议庭与专业法官会议、审判委员会讨论案件的工作衔接。明确了应当提交专业法官会议讨论案件的范围、专业法官会议意见的采纳以及对审判委员会决定的执行等要求,与专业法官会议工作规则、审判委员会工作规则相关规定相统一。

第四部分,对合议庭办案的监督管理。明确合议庭应当进行关联案件强制检索、对“六类案件”及时主动提请监督、按照“三个规定”要求进行记录等监管要求,与其他相关制度形成监管闭环。

第五部分,合议庭独立行使审判权的保障机制。明确因对法律理解和认识的偏差、对案件事实和证据的认识偏差、出现新证据、法律法规修订或政策调整、裁判所依据的法律文书被撤销或变更等情形,导致案件被改判或发回重审的,合议庭成员不承担责任。

第六部分,关于规范裁判文书合议庭署名的规定。专门就法官助理署名位置进行了明确,进一步规范裁判文书制作。

二是发挥专业法官会议专业咨询作用。《专业法官会议工作规则》明确专业法官会议是院庭长履行审判监督管理职责、促进裁判尺度统一、总结审判工作经验的工作机制。通过专业法官会议这一组织化、公开化、平台化的方式,重点解决专业法官会议研究案件与院庭长案件监督管理,审判委员会讨论案件的衔接问题,推动专业法官会议在统一法律适用标准上充分发挥专业咨询、业务把关、总结经验的作用。

< 拓展资料 · 发布 >

【《专业法官会议工作规则》】为全面落实司法责任制,健全审判权运行监督制约机制,充分发挥专业法官会议职能作用,根据《最高人民法院关于健全完善人民法院审判委员会工作机制的意见》《最高人民法院关于健全完善人民法院主审法官会议工作机制的指导意见(试行)》《关于江苏法院全面落实司法责任制实施意见(试行)》《院庭长案件监督管理办法(试行)》等规定,2020年6月9日,省法院第12次审判委员会全体会议讨论通过了《专业法官会议工作规则》。该规则共18条,主要内容:

第一部分,专业法官会议的职能。明确专业法官会议是院庭长履行审判监督管理职责、促进裁判尺度统一、总结审判工作经验的工作机制。将专业法官会议作为审判委员会讨论案件前置程序的要求。专业法官会议可以由合议庭提请召开,也可以由院庭长依照审判监督管理权限召开。

第二部分,专业法官会议参会范围、人员。专业法官会议在审判业务部门内部建立,在业务部门法官人数较少或者需要听取其他部门法官意见的情况下,可以跨审判业务部门建立。专业法官会议原则上由业务部门全体员额法官组成,人数较多的部门可由部分法官参加,但研究案件时承办法官必须参加,合议庭有分歧意见的,合议庭其他人员应当参加。

第三部分,专业法官会议研究内容。明确了应当提交专业法官会议讨论的11类案件(包括拟提交审判委员会讨论的案件、院庭长不同意合议庭处理意见的"六类案件"、合议庭对案件处理有重大分歧的案件)和3类与审判工作有关的事项。

第四部分，专业法官会议会前、会中、会后各项程序性要求。会前程序中明确了专业法官会议的召集程序、回避程序及承办法官会前应当告知参会法官基本案情等方面的要求；会中程序主要解决包括专业法官会议讨论案件与合议庭评议案件、审判委员会讨论案件的衔接问题；会后程序强调笔录制作程序。

第五部分，关于专业法官会议工作机制的其他相关规定。包括保密规定、审管部门对专业法官会议的检查监督等程序性规范。

三是发挥审判委员会统一法律适用职责。《审判委员会工作规则》完善审判委员会议事规则和议事程序，充分发挥民主集中制优势，强化审判委员会统一法律适用标准的重要作用。规则明确了审判委员会着重对涉及法律适用标准问题的重大、疑难、复杂案件，存在法律适用分歧的案件，独任法官、合议庭在法律适用标准问题上与专业法官会议咨询意见不一致的案件，拟作出裁判与本院或者上级法院同类案件裁判可能发生冲突的案件等，加强法律适用标准问题的研究总结，确保本院及辖区内法院审理同类案件时裁判标准统一。

< **拓展资料 · 发布** >

【《审判委员会工作规则》】为全面落实司法责任制，健全审判权力运行监督制约机制，充分发挥审判委员会职能作用，根据《人民法院组织法》《刑事诉讼法》《民事诉讼法》《行政诉讼法》以及《最高人民法院关于健全完善人民法院审判委员会工作机制的意见》《江苏省高级人民法院关于全省法院全面落实司法责任制实施意见（试行）》等的规定，结合本院工作实际，2020年6月9日，省法院第12次审判委员会全体会议讨论通过了《江苏省高级人民法院审判委员会工作规则》。该规则共44条，主要内容：

第一部分是基本原则和组织设置。明确了审判委员会工作坚持的四项基本原则、会议的参会人员组成。审判委员会分为全体会议、专业委员会会议两种会议形式。

第二部分是职能定位。明确了审判委员会的主要职能及提交审判委员会讨论决定的工作事项。提交审判委员会讨论决定的工作事项中包括应当提交讨论决定的案件、可以提交讨论的案件、审委会研究解决的审判工作中的重大问题及事项。

第三部分是关于运行机制的具体要求。明确了审判委员会的主持机制、召开时间、讨论案件的提交程序、内容要求、相关材料要求以及审判委员会召开过程中的各项程序要求。

第四部分是关于审判委员会决定执行的相关内容。审判委员会讨论案件或者事项的决定,合议庭或者相关部门必须执行,按规定及时办结、公开、备案并由审判委员会工作部门督促检查审判委员会决定执行情况。

第五部分是保障监督的相关规定。明确了审判委员会考核、保密及监督的具体要求,与其他相关制度形成监管闭环。

第六部分是附则。附则明确了审判委员会委员的审判责任范围、认定及追究程序等。

(二)建立类案强制检索机制

2020年7月,省法院制定《关于建立类案强制检索报告制度的规定(试行)》,明确了类案检索功能与含义、应当进行检索的案件情形、检索的范围和方式、检索结果的运用、检索报告的制作等,充分发挥类案对法官办案的参照或参考功能,进一步规范法官裁量权,促进裁判尺度统一。

一是规范类案检索工作。对法律规则适用不明的案件,新类型案件,合议庭对于法律适用问题存在重大分歧的案件,拟作出的裁判与本院或者上级法院的类案裁判可能发生冲突的案件,案件当事人及其辩护人、诉讼代理人或者公诉机关提交类案生效裁判支持其主张的案件,院庭长依照审判监督管理权限要求进行类案检索的案件,应当进行类案检索。对于应当类案检索的案件,强调承办法官进行类案强制检索和分析的职责,承办法官应当在合议庭评议、专业法官会议讨论及审理报告中对类案检索情况予以说明,并制作类案检索报告，随案流转归档备查。

二是规范类案检索结果运用。法官在类案检索时，检索到指导性案例的，应当参照作出裁判，但与新的法律、行政法规、司法解释相冲突或者为新的指导性案例所取代的除外；检索到其他类案的，可以作为裁判的参考。经类案检索，发现同一位阶的类案存在法律适用分歧或拟作出的裁判结果将改变本院或者上级法院同类生效案件裁判规则，或者未检索出类案，拟作出的裁判结果将形成新的裁判规则，应当按照程序将案件提交专业法官会议、审判委员会讨论决定。同时，将类案强制检索报告制度落实情况纳入案件质量评查和法官审判绩效考核。

三是加强类案检索的技术支撑。省法院加强类案检索技术研究，组织研发全省法院类案检索系统，构建全省统一检索案件库，完善类案智能化推送和审判智能辅助功能，通过对在库案件进行结构化、标签化处理，实现案件分层分类展示，支持类案检索报告自动生成，为法官甄别检索类案提供智能辅助。

〈 拓展资料 · 发布 〉

【《关于建立类案强制检索报告制度的规定(试行)》】为统一法律适用，规范法官自由裁量权，促进司法公正，提升司法公信力，根据《最高人民法院司法责任制实施意见(试行)》、《最高人民法院关于落实司法责任制完善审判监督管理机制的意见(试行)》和最高人民法院《人民法院第五个五年改革纲要(2019—2023)》等文件规定，结合江苏法院工作实际，2020 年 7 月 14 日，省法院第 17 次审判委员会全体会议讨论通过了《关于建立类案强制检索报告制度的规定(试行)》。该规定共 15 条，主要内容：

第一部分，明确了类案检索的功能与含义。类案检索，是指法官通过在线检索、查阅相关资料等方式发现与待决案件在案件基本事实和法律适用方面相类似的案例，为待决案件裁判提供参考。

第二部分，规定了应当进行检索的案件情形。有六种案件应进行检索：

一是法律规则适用不明的案件;二是新类型案件;三是合议庭对于法律适用问题存在重大分歧的案件;四是拟作出的裁判与本院或者上级法院的类案裁判可能发生冲突的案件;五是案件当事人及其辩护人、诉讼代理人或者公诉机关提交类案生效裁判支持其主张的案件;六是院庭长依照监督管理权限要求进行类案检索的案件。对于六种应当类案检索的情形,未按规定进行检索的,案件不得提交专业法官会议、审判委员会讨论。

第三部分,规定了检索的范围和方式。根据类案检索对象的效力层级,明确类案检索的范围和顺序:第一层级是最高人民法院发布的指导性案例;第二层级是《最高人民法院公报》刊登的案例、裁判文书;第三层级是最高人民法院及其相关业务部门发布的典型案例、作出的生效裁判;第四层级是《江苏省高级人民法院公报》刊登的参阅案例,长三角四地高级人民法院联合发布的典型案例;第五层级是上级法院及本院作出的其他生效裁判。以上检索顺位的设置,主要依据是各层次案例或裁判的指导效力高低,对于属于同一效力位阶的,并列在同一顺位。法官在前一顺位(层级)检索到类案的,可以不再进行后续顺位(层级)的检索,以此适当限缩类案检索的范围,提高工作效率。

第四部分,规定了检索结果的运用。首先,对于最高人民法院发布的指导性案例,应当参照适用,其依据主要是《人民法院组织法》《最高人民法院关于案例指导工作的规定》。除指导性案例之外的其他案例或者案件,虽不具有约束力,但也具有一定的参考借鉴价值,可以参照适用。对于经类案检索后,拟作出的裁判结果与经检索发现的类案裁判一致的,可以径行作出裁判,但依照有关规定应当提交专业法官会议、审判委员会讨论的除外。对于类案检索中发现法律适用问题不一致的,法官应当依照自己对法律的理解并遵循相应的办案工作机制,审慎作出裁判。经类案检索,发现同一位阶的类案存在法律适用分歧或拟作出的裁判结果将改变本院或者上级法院同类生效案件裁判规则,或者未检索出类案,拟作出的裁判结果将形成新的裁判规则,应当按照程序将案件提交专业法官会议、审判委员会讨论决定。

第五部分,规定了检索报告的制作。不同案例的复杂程度、影响力不同,类案检索报告也应当不同，承办法官可以根据案件情况采用表格的方式登记检索情况，可以将检索情况作为审理报告的一项内容，也可以制作单独的检索报告。

第六部分，规定了类案强制检索报告制度与其他制度相衔接的相关程序规定。一是从办案程序上加以限制，类案检索情况应当形成报告并归档，且经过类案检索的案件，法官在汇报案件时应当全面汇报检索结果和分析应用情况；对于未按规定进行类案检索的，案件不得提交专业法官会议、审判委员会讨论。二是强化院庭长监督管理责任，明确院庭长可以依照审判监督管理权限，要求承办法官进行类案检索并报告情况。三是强化办案责任，将类案强制检索报告制度落实情况纳入案件质量评查和法官审判业绩考核。

< 延伸阅读 >

【全省法院类案检索系统】省法院研发全省法院类案检索系统，构建统一的案例知识库和法律法规库，实现类案推送和案例检索报告辅助生成，通过现代信息化手段辅助法官进行案例分析，最大限度减轻法官程序性工作，提升办案效率，实现案例数据多样化、解析方式多元化、数据价值最大化，充分发挥数据在审判业务中的价值。截至2022年10月底，系统已收录全国大部分省份法院的9408万篇裁判文书（其中内网文书1936万篇，法信平台文书7472万篇）、9000件权威案例、10万多篇法律法规，有力支撑了法院类案强制检索制度的实施。

（三）着力强化院庭长统一法律适用的职责

为充分发挥院庭长通过审判监督管理和办理案件推动统一法律适用的功能，制定《院庭长案件监督管理办法（试行）》，明确院庭长在对特殊案件进行监督管理过程中，可以依照程序采取改变审判组织形式、召集专业法官会议、建议或决定将案件提交审判委员会讨论等举措，及时发现已决或待决案件中存在的法律适用标准不统一问题。明确通过院庭长担任审判长或承办人审理特殊案件、依职权主持或者参加审判委员会讨论决定特殊案件、通过办理重大疑难复杂案件等方式总结审判工作经验,统一裁判尺度,做到在办案中监督、在办案中示范。

二、强化对下业务指导

省法院高度重视对下业务指导,不断总结审判经验,通过审理案件、制定审判业务文件、发布参考性案例、召开审判业务会议、组织法官业务培训等形式,大力加强对下审判业务指导工作,全省法院审判执行工作质效稳步提升。

(一)通过审理案件进行指导

坚持“办案就是指导”,通过审理案件促进统一法律适用和裁判尺度,确保司法公正、高效、权威。2018～2021年,省法院审结案件75572件,其中改判、发回重审、裁定再审案件5789件。对重大改判、发回重审、裁定再审和执行监督案件,加强沟通交流和业务指导,推动提升司法能力水平。开展条线和专项案件质量评查活动,加强审判管理,规范司法行为,提升案件审理质量。完善审判权运行制约监督机制,充分发挥合议庭、专业法官会议、审判委员会的职能作用,统一裁判尺度,提升办案质效。

(二)加强和规范审判业务文件制定

省法院深入调研分析,广泛征求意见建议,及时制定审判业务文件,充分发挥业务文件细化法律规定、弥补法律漏洞、规范司法行为、统一裁判尺度、提升审执质效的重要作用。2018～2021年,省法院制定出台审判业务文件102份,为中级、基层法院审判提供裁判指引,为最高人民法院制定相关司法文件提供重要参考。2020年12月,省法院制定《关于建立健全办案指导文件立项、起草、审议、发布、备案制度的若干规定(试行)》,进一步完善全省法院统一法律适用标准工作机制。

(三)召开审判业务会议

省法院组织召开全省法院环境资源审判工作会议、民商事审判工作会议、刑事审判工作会议等,贯彻最高人民法院工作要求,总结审判经验,研判面临的形势任务,部署推进下一步审判工作。积极协调召开省法院、省检察院工作会谈、行政复议应诉与行政审判联席会议、金融审判工作会议等,加强与相关部门的良性互动和沟通协调,促进工作开展,推动形成司法合力。通过召开条线例会、座谈会、推进会、现场会、总结会等,分析研讨审判工作中的突出问题,强化条线业务指导,部署推进工作。

(四)开展法官业务培训和教育培训

省法院认真贯彻落实《法官教育培训工作条例》和《江苏法院"十四五"人才发展规划》,充分发挥业务培训的基础性作用,以提升法官职业道德素养和司法能力为重点,扎实开展"分类培训""精准培训",不断提升法官司法能力水平,加快推进审判体系和审判能力现代化。2018 年至 2022 年 3 月,省法院组织举办各类集中面授培训班 197 期,培训 30243 人次;举办视频培训 46 期,培训 156690 人次;开展慕课培训 18 期,培训 5162 人次。2018 ~ 2021 年,江苏法院选派到国家法官学院培训(含网络培训)2688 人次。

省法院围绕疫情司法应对、贯彻实施民法典、扫黑除恶专项斗争、切实解决执行难等工作,组织开展"扫黑除恶专项斗争""防范化解金融风险"等专题培训,及时梳理研究疑难问题,不断提升培训的针对性和实效性。大力开展合作交流,最高人民法院法官国际交流中心江苏基地、中国法学会案例法学研究会江苏研究基地先后揭牌成立,坚持举办"中国法学名家讲堂"系列讲座,创新组织"提升法官国际化视野专题研修班",不断提升法官培训质量和影响力。积极开展法官、检察官、公安和律师同堂培训,举办"减刑、假释法检执同堂培训班"等,促进公检法办案人员专业水平共同提升,努力推进法律职业共同体建设。

〈 延伸阅读 〉

【全省首次减刑,假释法、检、执同堂培训班】2022 年 2 月 28 日至 3 月 2 日,为学习贯彻落实"两高两部"《关于加强减刑、假释案件实质化审理的意见》等系列规定,加强减刑、假释案件实质化审理,省法院、省检察院、省监狱管理局联合举办“全省首次减刑,假释法、检、执同堂培训班”。全省法院、检察院、刑罚执行机关共43个单位110余名同志参加了此次培训。受疫情影响,苏州、无锡和南通三个地区的同志通过网络课堂同步参训。本次培训充分发挥法、检、执同堂优势,由各系统分别推荐一名老师授课。“两高两部”意见的起草者之一、最高人民法院审监庭董朝阳副庭长,最高人民检察院第五检察厅刘福谦副厅长,省监狱管理局刑罚执行处万忠余处长分别为全体学员授课,授课内容涵盖监狱执法、减刑、假释实质化审查与监督等内容,具有很强的针对性、指导性。

培训期间,组织了专题研讨会,就“充分发挥法、检、执职能作用”“严格把握实体条件审查标准”“强化案件审理程序机制”三个方面共10个子议题展开同堂研讨。80余名与会人员分三组进行了热烈发言和讨论,为进一步加强实质化审理提出了许多宝贵意见和建议。本次同堂培训,有助于法、检、执严格贯彻“两高两部”意见,统一理念共识和执法尺度,强化沟通会商和协作配合,促进全省减刑、假释工作更加严格规范。

三、做好案例指导工作

案例是宝贵的司法资源。江苏法院认真贯彻落实中央和最高人民法院有关案例指导工作部署要求,紧紧围绕指导审判、弘扬法治、服务大局、引领发展的目标,深入推进全省法院案例工作,取得了新进展、新成效,涌现出一大批“江苏创造”的精品案例成果,为全国法院案例工作发展和审判质效提高作出了江苏贡献。

(一)多渠道推出精品案例成果

一是权威案例多。长期以来,江苏法院推荐报送的案例,被最高人民法院指导性案例、最高人民法院公报案例、人民法院案例选、中国审判案例要览、中国法院年度案例等重要案例载体发布的数量一直位居全国法院前列。在最高人民法院已经发布的32批185个指导性案例中,江苏法院被录用22个,位居全国第一。自2018年以来,《最高人民法院公报》共发布案例106

个,其中江苏法院报送41个,占发布总量的38.68%,位居全国第一。因案例工作成绩突出,连续多年获最高人民法院表彰奖励,如全国法院系统年度优秀案例分析评选先进组织单位、《中国审判案例要览》、《中国法院年度案例》组稿工作先进单位等。在2022年1月召开的全国法院案例指导工作推进会上,省法院应邀作为案例工作先进单位进行交流发言。

二是典型案例全。“侵害英烈名誉、荣誉刑事第一案”“超市拿鸡蛋被拦猝死案”“全国首例高空抛物罪案”等多篇案例入选新时代推动法治进程年度十大案件、人民法院年度十大案例、最高人民法院各业务条线年度十大案例、最高人民法院各类专题性典型案例,充分发挥了江苏法院典型案例在彰显法治精神、引领社会发展、弘扬社会主义核心价值观等方面的作用。

三是参考案例精。省法院通过《江苏省高级人民法院公报》,加强全省参考性案例指导工作,针对司法实践中的难点问题,推出“无锡隔代探望权案”“徐州铜山撤销未成年人父母监护人资格案”等案例,一定程度上推动了相关立法修改,为法律规则的完善提供了丰富的实践经验;同时,推出“智能电视开机广告公益诉讼案”“可视门铃案”等一批新类型案件,及时应对社会生活发展中的新情况、新问题,为服务经济高质量发展贡献司法智慧。

〈 延伸阅读 〉

【江苏法院入选的22个最高人民法院指导性案例】

(一)指导案例3号　潘玉梅、陈宁受贿案

该指导案例的裁判要点确认:1.国家工作人员利用职务上的便利为请托人谋取利益,并与请托人以“合办”公司的名义获取“利润”,没有实际出资和参与经营管理的,以受贿论处。2.国家工作人员明知他人有请托事项而收受其财物,视为承诺“为他人谋取利益”,是否已实际为他人谋取利益或谋取到利益,不影响受贿的认定。3.国家工作人员利用职务上的便利为请托人谋取利益,以明显低于市场的价格向请托人购买房屋等物品的,以受贿论处,受贿数额按照交易时当地市场价格与实际支付价格的差额计算。4.国家工作人员收受财物后,因与其受贿有关联的人、事被查处,为掩饰犯罪而退还的,不影响认定受贿罪。

该指导案例的发布,对于依法惩治新形势下出现的新类型受贿犯罪,加大惩治腐败力度,推进反腐败斗争深入开展,具有重要意义。

(二)指导案例5号　鲁潍(福建)盐业进出口有限公司苏州分公司诉江苏省苏州市盐务管理局盐业行政处罚案

该指导案例的裁判要点确认:1. 盐业管理的法律、行政法规没有设定工业盐准运证的行政许可,地方性法规或者地方政府规章不能设定工业盐准运证这一新的行政许可。2. 盐业管理的法律、行政法规对盐业公司之外的其他企业经营盐的批发业务没有设定行政处罚,地方政府规章不能对该行为设定行政处罚。3. 地方政府规章违反法律规定设定许可、处罚的,人民法院在行政审判中不予适用。

该指导案例的发布,明确了地方性法规、规章能否设定经营工业盐行政许可并规定相应的罚则,对如何判断下位法与上位法相抵触、如何理解行政诉讼法参照规章的规定也作了较为全面的阐述,对类似案件的处理具有指导意义。

(三)指导案例8号　林方清诉常熟市凯莱实业有限公司、戴小明公司解散纠纷案

该指导案例的裁判要点确认:公司法第一百八十三条将"公司经营管理发生严重困难"作为股东提起解散公司之诉的条件之一。判断"公司经营管理是否发生严重困难",应从公司组织机构的运行状态进行综合分析。公司虽处于盈利状态,但其股东会机制长期失灵,内部管理有严重障碍,已陷入僵局状态,可以认定为公司经营管理发生严重困难。对于符合公司法及相关司法解释规定的其他条件的,人民法院可以依法判决公司解散。

该指导性案例的发布,明确了依法判断公司经营管理是否发生严重困难及股东请求解散公司的条件。对于依法妥善处理公司僵局的有关问题,充分保护股东合法权益,规范公司治理结构,促进市场经济健康发展具有积极的指导意义。

（四）指导案例15号　徐工集团工程机械股份有限公司诉成都川交工贸有限责任公司等买卖合同纠纷案

该指导案例的裁判要点确认：1. 关联公司的人员、业务、财务等方面交叉或混同，导致各自财产无法区分，丧失独立人格的，构成人格混同。2. 关联公司人格混同，严重损害债权人利益的，关联公司相互之间对外部债务承担连带责任。

该指导案例的发布，进一步完善了我国公司法人格否认制度，有利于防止关联公司滥用公司法人独立地位和股东有限责任，恶意逃避债务，损害公司债权人利益；有利于规范关联公司经营行为，促进企业依法健康发展。

（五）指导案例23号　孙银山诉南京欧尚超市有限公司江宁店买卖合同纠纷案

该指导案例的裁判要点确认：消费者购买到不符合食品安全标准的食品，要求销售者或者生产者依照食品安全法规定支付价款十倍赔偿金或者依照法律规定的其他赔偿标准赔偿的，不论其购买时是否明知食品不符合安全标准，人民法院都应予支持。

该指导案例的发布，强化了对消费者权益的法律保护，激发消费者的维权意识，有利于社会公众监督食品安全，净化食品市场环境。同时，对食品违法经营者起到威慑作用，促使生产经营者加强管理，诚信经营，确保食品安全，从而防范和减少食品纠纷的发生。

（六）指导案例24号　荣宝英诉王阳、永诚财产保险股份有限公司江阴支公司机动车交通事故责任纠纷案

该指导案例的裁判要点确认：交通事故的受害人没有过错，其体质状况对损害后果的影响不属于可以减轻侵权人责任的法定情形。

该指导案例的发布，对于正确区分民事赔偿与刑事处罚的法律适用规则，指导交通事故责任纠纷案件的审理，依法保护被侵权人的合法权益，具有重要的作用和意义。

（七）指导案例49号　石鸿林诉泰州华仁电子资讯有限公司侵害计算机软件著作权纠纷案

该指导案例的裁判要点确认：在被告拒绝提供被控侵权软件的源程序或

者目标程序,且由于技术上的限制,无法从被控侵权产品中直接读出目标程序的情形下,如果原、被告软件在设计缺陷方面基本相同,而被告又无正当理由拒绝提供其软件源程序或者目标程序以供直接比对,则考虑到原告的客观举证难度,可以判定原、被告计算机软件构成实质性相同,由被告承担侵权责任。

该指导案例的发布,解决了软件侵权纠纷中一直存在的权利人"举证难"问题,对审判类似案件具有指导意义,不仅符合我国民事诉讼中有关证据制度设立的立法本意,也切合加强知识产权司法保护的整体司法政策导向,同时也较好地兼顾计算机软件产业发展的客观实际,有利于进一步促进在软件产业形成公平竞争的整体氛围。

(八)指导案例50号 李某、郭某阳诉郭某和、童某某继承纠纷案

该指导案例的裁判要点确认:1. 夫妻关系存续期间,双方一致同意利用他人的精子进行人工授精并使女方受孕后,男方反悔,而女方坚持生出该子女的,不论该子女是否在夫妻关系存续期间出生,都应视为夫妻双方的婚生子女。2. 如果夫妻一方所订立的遗嘱中没有为胎儿保留遗产份额,因违反《中华人民共和国继承法》第十九条规定,该部分遗嘱内容无效。分割遗产时,应当依照《中华人民共和国继承法》第二十八条规定,为胎儿保留继承份额。

该指导案例的发布,是我国首次对人类辅助生殖技术子女的法律地位作出规定。有利于依法保护通过人工授精出生子女及妇女的合法权益,统一类案裁判标准。

(九)指导案例60号 盐城市奥康食品有限公司东台分公司诉盐城市东台工商行政管理局工商行政处罚案

该指导案例的裁判要点确认:1. 食品经营者在食品标签、食品说明书上特别强调添加、含有一种或多种有价值、有特性的配料、成分,应标示所强调配料、成分的添加量或含量,未标示的,属于违反《中华人民共和国食品安全法》的行为,工商行政管理部门依法对其实施行政处罚的,人民法院应予支持。2. 所谓"强调",是指通过名称、色差、字体、字号、图形、排列顺序、文字说明、同一内容反复出现或多个内容都指向同一事物等形式进行着重标识。所谓

“有价值、有特性的配料”，是指不同于一般配料的特殊配料，对人体有较高的营养作用，其市场价格、营养成分往往高于其他配料。

该指导案例的发布，明确了对食品标签标注内容的要求，属于食品安全标准之一，食品的生产经营者应当严格遵照执行。这既是维护消费者权益的需要，也是加强食品安全管理、促进行业健康发展的重要手段。对类似案件的审判具有较强的指导作用。

（十）指导案例64号　刘超捷诉中国移动通信集团江苏有限公司徐州分公司电信服务合同纠纷案

该指导案例的裁判要点确认：1. 经营者在格式合同中未明确规定对某项商品或服务的限制条件，且未能证明在订立合同时已将该限制条件明确告知消费者并获得消费者同意的，该限制条件对消费者不产生效力。2. 电信服务企业在订立合同时未向消费者告知某项服务设定了有效期限限制，在合同履行中又以该项服务超过有效期限为由限制或停止对消费者服务的，构成违约，应当承担违约责任。

该指导案例的发布，对于明确格式合同有关条款的法律适用规则，保护消费者合法权益，规范电信服务等行业的经营秩序具有明显的指导作用。

（十一）指导案例70号　北京阳光一佰生物技术开发有限公司、习文有等生产、销售有毒、有害食品案

该指导案例的裁判要点确认：行为人在食品生产经营中添加的虽然不是国务院有关部门公布的《食品中可能违法添加的非食用物质名单》和《保健食品中可能非法添加的物质名单》中的物质，但如果该物质与上述名单中所列物质具有同等属性，并且根据检验报告和专家意见等相关材料能够确定该物质对人体具有同等危害的，应当认定为《中华人民共和国刑法》第一百四十四条规定的“有毒、有害的非食品原料”。

该指导性案例的发布，有利于统一裁判标准，防止不当扩大对相关行为的入刑标准，又不放纵在食品中非法添加有毒有害物质的行为，提高司法打击食品安全犯罪的“精准度”。对于正确理解和适用刑法第一百四十四条，依法从严惩处生产、销售有毒有害食品犯罪，遏制食品安全领域的违法犯罪活

动,具有重要指导意义。

(十二)指导案例74号　中国平安财产保险股份有限公司江苏分公司诉江苏镇江安装集团有限公司保险人代位求偿权纠纷案

该指导案例的裁判要点确认:因第三者的违约行为给被保险人的保险标的造成损害的,可以认定为属于《中华人民共和国保险法》第六十条第一款规定的“第三者对保险标的的损害”的情形。保险人由此依法向第三者行使代位求偿权的,人民法院应予支持。

该指导案例的发布,解决了司法实践中的认识分歧,统一了此类案件的裁判标准,有利于促进整个社会树立正确的保险意识,更好地发挥保险的价值功能,具有良好的法律效果和社会效果。

(十三)指导案例86号　天津天隆种业科技有限公司与江苏徐农种业科技有限公司侵害植物新品种权纠纷案

该指导案例的裁判要点确认:分别持有植物新品种父本与母本的双方当事人,因不能达成相互授权许可协议,导致植物新品种不能继续生产,损害双方各自利益,也不符合合作育种的目的。为维护社会公共利益,保障国家粮食安全,促进植物新品种转化实施,确保已广为种植的新品种继续生产,在衡量父本与母本对植物新品种生产具有基本相同价值基础上,人民法院可以直接判令双方当事人相互授权许可并相互免除相应的许可费。

该指导案例的发布,有利于指导品种权人正确行使权利,对于促进实现《中华人民共和国植物新品种保护条例》规定的“鼓励培育和使用植物新品种,促进农业、林业的发展”的立法目的,具有指导意义。

(十四)指导案例87号　郭明升、郭明锋、孙淑标假冒注册商标案

该指导案例的裁判要点确认:假冒注册商标犯罪的非法经营数额、违法所得数额,应当综合被告人供述、证人证言、被害人陈述、网络销售电子数据、被告人银行账户往来记录、送货单、快递公司电脑系统记录、被告人等所作记账等证据认定。被告人辩解称网络销售记录存在刷信誉的不真实交易,但无证据证实的,对其辩解不予采纳。

该指导案例的发布,对于此类案件证据如何认定,明确网络销售记录中

是否存在刷信誉的事实的举证责任在被告人,从而打消犯罪分子企图通过辩解称网络销售记录存在刷信誉的情况以否认非法经营数额和非法所得的目的,具有积极的意义。

(十五)指导案例129号　江苏省人民政府诉安徽海德化工科技有限公司生态环境损害赔偿案

该指导案例的裁判要点确认:企业事业单位和其他生产经营者将生产经营过程中产生的危险废物交由不具备危险废物处置资质的企业或者个人进行处置,造成环境污染的,应当承担生态环境损害责任。人民法院可以综合考虑企业事业单位和其他生产经营者的主观过错、经营状况等因素,在责任人提供有效担保后判决其分期支付赔偿费用。

该指导案例的发布,落实了污染担责原则,体现了用最严密的制度、最严格的法治保护生态环境。本案是江苏省第一件由省政府单独提起的生态环境损害赔偿诉讼。省政府作为原告提起生态环境损害赔偿诉讼,是生态文明建设的重大改革部署,是生态文明制度体系的重要组成部分。

(十六)指导案例135号　江苏省徐州市人民检察院诉苏州其安工艺品有限公司等环境民事公益诉讼案

该指导案例的裁判要点确认:在环境民事公益诉讼中,原告有证据证明被告产生危险废物并实施了污染物处置行为,被告拒不提供其处置污染物情况等环境信息,导致无法查明污染物去向的,人民法院可以推定原告主张的环境污染事实成立。

该指导案例的发布,明确了"环境信息不利推定规则"的适用条件,为人民法院适用"环境信息不利推定规则"处理类似案件提供了指引。从源头上遏制了有意规避监管的违法排污行为,形成了良好的社会导向。

(十七)指导案例145号　张竣杰等非法控制计算机信息系统案

该指导案例的裁判要点确认:1.通过植入木马程序的方式,非法获取网站服务器的控制权限,进而通过修改、增加计算机信息系统数据,向相关计算机信息系统上传网页链接代码的,应当认定为刑法第二百八十五条第二款"采用其他技术手段"非法控制计算机信息系统的行为。2.通过修改、增加计算机信息系统数据，对该计算机信息系统实施非法控制，但未造成系统功能实质性破坏或者不能正常运行的，不应当认定为破坏计算机信息系统罪，符合刑法第二百八十五条第二款规定的，应当认定为非法控制计算机信息系统罪。

该指导案例的发布，明确了刑法第二百八十五条第二款非法控制计算机信息系统罪的犯罪构成，准确区分了破坏计算机信息系统罪与非法控制计算机信息系统罪的界限。有利于依法打击计算机网络犯罪，维护网络安全秩序，对类案裁判具有十分重要的指导意义。

（十八）指导案例163号 江苏省纺织工业（集团）进出口有限公司及其五家子公司实质合并破产重整案

该指导案例的裁判要点确认：1. 当事人申请对关联企业合并破产的，人民法院应当对合并破产的必要性、正当性进行审查。关联企业成员的破产应当以适用单个破产程序为原则，在关联企业成员之间出现法人人格高度混同、区分各关联企业成员财产成本过高、严重损害债权人公平清偿利益的情况下，可以依申请例外适用关联企业实质合并破产方式进行审理。2. 采用实质合并破产方式的，各关联企业成员之间的债权债务归于消灭，各成员的财产作为合并后统一的破产财产，由各成员的债权人作为一个整体在同一程序中按照法定清偿顺位公平受偿。合并重整后，各关联企业原则上应当合并为一个企业，但债权人会议表决各关联企业继续存续，人民法院审查认为确有需要的，可以准许。3. 合并重整中，重整计划草案的制定应当综合考虑进入合并的关联企业的资产及经营优势、合并后债权人的清偿比例、出资人权益调整等因素，保障各方合法权益；同时，可以灵活设计"现金＋债转股"等清偿方案、通过"预表决"方式事先征求债权人意见并以此为基础完善重整方案，推动重整的顺利进行。

该指导案例的发布，对明确关联企业实质合并破产重整的条件及人民法院裁定企业实质合并破产重整后对各关联企业债权债务的处理等法律适用具有积极意义。

(十九)指导案例164号 江苏苏醇酒业有限公司及关联公司实质合并破产重整案

该指导案例的裁判要点确认:在破产重整过程中,破产企业面临生产许可证等核心优质资产灭失、机器设备闲置贬损等风险,投资人亦希望通过试生产全面了解企业经营实力的,管理人可以向人民法院申请由投资人先行投入部分资金进行试生产。破产企业核心资产的存续直接影响到破产重整目的实现,管理人的申请有利于恢复破产企业持续经营能力,有利于保障各方当事人的利益,该试生产申请符合破产保护理念,人民法院经审查,可以准许。同时,投资人试生产在获得准许后,应接受人民法院、管理人及债权人的监督,以公平保护各方的合法权益。

该指导案例的发布,创设了人民法院在审理破产重整案件时,允许投资人对具备条件的企业试生产的规则及标准,符合破产保护理念,对保护各方当事人权益等具有积极意义。入选最高人民法院公布的第二批全国法院服务保障疫情防控期间复工复产典型案例。

(二十)指导案例175号 江苏省泰州市人民检察院诉王小朋等59人生态破坏民事公益诉讼案

该指导案例的裁判要点确认:1. 当收购者明知其所收购的鱼苗系非法捕捞所得,仍与非法捕捞者建立固定买卖关系,形成完整利益链条,共同损害生态资源的,收购者应当与捕捞者对共同实施侵权行为造成的生态资源损失承担连带赔偿责任。2. 侵权人使用禁用网具非法捕捞,在造成其捕捞的特定鱼类资源损失的同时,也破坏了相应区域其他水生生物资源,严重损害生物多样性的,应当承担包括特定鱼类资源损失和其他水生生物资源损失在内的生态资源损失赔偿责任。当生态资源损失难以确定时,人民法院应当结合生态破坏的范围和程度、资源的稀缺性、恢复所需费用等因素,充分考量非法行为的方式破坏性、时间敏感性、地点特殊性等特点,并参考专家意见,综合作出判断。

该指导案例的发布,确立了收购者与捕捞者之间共同侵权的责任认定规则,同时明确侵权人应当全面赔偿其造成的水生生物资源损失。本案是全国首例判令从捕捞、收购到贩卖长江鳗鱼苗“全链条”承担生态破坏赔偿责任的案件,也是江苏环境资源审判“9 +1”机制正式运行后,南京环境资源法庭立案受理、公开开庭审理并作出裁判的第一起案件,入选“2019 年度人民法院十大民事行政及国家赔偿案件”。

(二十一)指导案例 180 号　孙贤锋诉淮安西区人力资源开发有限公司劳动合同纠纷案

该指导案例的裁判要点确认:人民法院在判断用人单位单方解除劳动合同行为的合法性时,应当以用人单位向劳动者发出的解除通知的内容为认定依据。在案件审理过程中,用人单位超出解除劳动合同通知中载明的依据及事由,另行提出劳动者在履行劳动合同期间存在其他严重违反用人单位规章制度的情形,并据此主张符合解除劳动合同条件的,人民法院不予支持。

该指导案例的发布,细化了用人单位单方解除劳动合同行为合法性的判断标准,有助于引导用人单位遵守诚实信用原则,有利于保障劳动者的合法权益,对构建和谐劳动关系具有积极意义。

(二十二)指导案例 182 号　彭宇翔诉南京市城市建设开发(集团)有限责任公司追索劳动报酬纠纷案

该指导案例的裁判要点确认:用人单位规定劳动者在完成一定绩效后可以获得奖金,其无正当理由拒绝履行审批义务,符合奖励条件的劳动者主张获奖条件成就,用人单位应当按照规定发放奖金的,人民法院应予支持。

该指导案例的发布,对于规范用人单位的用工自主权,引导用人单位在劳动合同履行过程中秉持诚信原则,建立和谐、稳定、良性互动的劳动关系具有积极作用。为奖金类纠纷案件中,因用人单位不配合审核所导致的“奖金僵局”问题提供了一种解决思路。

< **拓展资料 · 案例** >

【徐州铜山撤销未成年人父母监护人资格案】全国首例由民政部门申请撤销监护人资格的案件,被誉为“我国未成年人保护标志性事件”,被评为“推

动中国法治进程十大案例”、全国“维护妇女儿童权益十大案例”。该案明确了当父母作为法定监护人不履行监护责任或者侵害被监护人合法权益时，民政部门作为社会保障机构，有权向人民法院申请撤销父母的监护人资格，使受到家庭成员伤害的未成年人能够及时得到司法救济。在未成年人其他近亲属无力监护、不愿监护和不宜监护，又没有其他合适人员和单位担任监护人的情形下，人民法院应当指定民政部门作为未成年人的监护人。该案解决了当时有关撤销监护人资格的法律规定较为模糊的问题，确立的裁判规则被民法典撤销监护人资格制度所吸收。

（二）案例工作机制不断完善

一是准确把握编选标准。注重加强对最高人民法院已发布指导性案例的学习研究，加强与审判执行业务部门的沟通联系，密切关注社会发展动态，了解把握社会发展中的新情况、新问题，从细化法条内涵、填补法律漏洞、统一裁判尺度、引领社会发展等角度编选案例，努力让编报的案例能够推进解决审判执行中遇到的难点、热点问题，更好回应人民群众司法关切。

二是完善案例素材发现培育机制。拓宽案例发现渠道，注重从审判委员会讨论的案件、优秀裁判文书评审、调研活动及新闻报道中发现、收集案例素材。细化案例培育程序，对于一些新类型的典型案例，从立案后就开始跟踪研究，对法律适用中的疑难问题进行研讨达成共识；案件审结生效后，组织审判骨干力量进行编写，保证典型案件形成成熟的指导性案例材料。例如，“超市拿鸡蛋被拦猝死案”，南通中院立案时就将其列入“培育”对象，由院领导亲自担纲审理，力争办出精品案件。

〈 拓展资料 · 案例 〉

【超市拿鸡蛋被拦猝死案】该案引发社会热议。二审开庭时，中央电视台《现场》栏目对该案进行全媒体直播，人民网、新华视点、腾讯新闻等40余家媒体、平台同步全程参与，近1300万网友在线观看。经过审理，二审当庭宣判:驳回老人家属的上诉,维持一审判决,超市一方无须承担赔偿责任。本案从保护合法权益和维护行为自由的角度,重申了杜绝结果责任主义的价值导向,对不具有法定理由的风险转嫁行为予以坚决否认。

三是建立典型案例素材筛选审查机制。明确案例素材报送一般采取逐级报送的工作原则,各中级法院、基层法院的案例层报至省法院。省法院形成了研究室、业务庭、分管院领导、审委会“四级”把关机制,反复研讨,精心打磨,确保案例素材编报质量。自2018年以来,省法院研究室共向审委会提交讨论案例素材156件,通过128件,通过率82.05%。

四是建立案例素材集体研讨会商机制。省法院对重大、疑难的案例素材,通过召开小型研讨会、论证会等方式,邀请专家学者和资深法官共同对案例素材进行研究论证,加强对各种不同观点的回应、答疑,强化案例的论证说理,重点论证所申报案例素材的释法说理和价值意义以及在全国发布的重要性和必要性,以切实提升全省各级法院案例研究的能力水平。与省离退休法院工作者协会建立案例研讨合作机制,通过不定期开展案例研讨等方式,虚心听取离退休老法官对案例工作和具体案例的意见建议,充分借助离退休老同志丰富的人生阅历以及多年在审判业务岗位所积累的工作经验、司法智慧,帮助编报人员深刻把握案例题材、提炼角度以及个案观点,避免僵化机械理解适用法律,有力提升了发布案例的法律效果与社会效果。

五是建立和完善案例考核激励机制。省法院将案例编报工作纳入对中级法院的年度工作综合考评指标体系,定时通报案例报送和采用情况。制定并落实对最高人民法院指导性案例、公报案例编报人员分别记个人专项二等功、三等功的奖励制度,部分中级法院和基层法院也建立了自身的配套奖励机制,极大激发了全省法院案例编报工作的积极性。自2018年以来,对最高人民法院指导性案例、公报案例编报人员分别记个人专项二等功、三等功共计10人。

六是不断浓厚案例工作氛围。2012年,省法院出台《关于加强案例指导工作的实施意见》,进一步明确案例编报标准,完善了案例工作组织保障、参照适用、考核激励机制等一系列制度措施。在2020年印发的《关于进一步加强和改进全省法院调查研究工作的意见》中,再次强调案例工作的重要性,进一步浓厚江苏法院重视案例、学习案例、打造案例、应用案例的良好氛围。

七是强化案例编选队伍建设。不仅注重选配得力人员充实到案例通讯编辑队伍中,更注重在审判一线法官中挖掘和培养案例编选人才,通过举办案例培训、案例研讨、优秀点评等方式,面向广大一线办案法官和通讯编辑,就如何做好案件筛选、编写工作进行指导和培训,不断提高广大法官办理精品案例的意识、方法和技巧,积极发动一线法官参与案例编选,增强其发现和打造精品案例的主动性和敏感性,案例工作职能部门与审判业务部门相互配合、相互支持,形成专兼职相结合、条块相结合、上下贯通、协调联动的案例编选队伍。

(三)案例工作平台建设成效显著

多年来,省法院持续开展公报案例发布平台和"金法槌"杯优秀案例评选活动"一平台一品牌"建设,将案例工作作为一项常态性、基础性工作融入审判执行工作中。

一是将《江苏省高级人民法院公报》作为案例工作的重要平台。2009年,省法院在整合以往江苏法院司法文件选、参阅案例等案例发布载体的基础上,与法律出版社合作创办了向社会公开出版发行的《江苏省高级人民法院公报》(双月刊)。其中,"参阅案例"是公报固定的核心栏目,截至2021年年底,共发布参阅案例878篇,产生了积极的社会影响和良好的导向作用,为江苏法院乃至全国法院法官审理重大疑难复杂案件提供了有益参考,成为在全国范围内具有一定影响力的案例指导工作先进典型。

〈 延伸阅读 〉

【《江苏省高级人民法院公报》】由省法院审委会主办,是唯一公开介绍江苏法院司法审判工作的官方权威文献,是省法院对外公布权威信息、规范性文件等重要司法文件、典型案例、裁判文书等司法信息资料的法定出版物。

二是打造“金法槌”杯江苏法院案例工作品牌。省法院连续十六年开展全省法院“金法槌”杯优秀案例评选表彰，对优秀案例和案例工作组织先进集体、个人及优秀通讯编辑进行表彰奖励，通过召开表彰会组织研讨交流、案例点评，切实加强对案例指导工作的组织推动，形成了江苏法院案例工作重要品牌。

< 延伸阅读 >

【“金法槌”杯优秀案例评选】创办于2006年，由省法院主办，由审判工作和案例编报工作基础较好的中级法院轮流协办。当年度《参阅案例》《江苏省高级人民法院公报》发布的案例均可参评，由《江苏省高级人民法院公报》编辑部初步推荐，组织部分编委（必要时邀请部分专家）对案例进行评选，并报院领导确定。

三是定期开展优秀案例分析评选活动。省法院以全国法院年度优秀案例分析评选活动为依托，定期开展全省法院案例分析评选活动，对优秀的案例分析作者以及先进组织单位予以表彰，号召全省法院以先进为榜样，持续高度重视优秀案例分析评选活动，将其作为培养审判业务人才、提高人民法院整体司法能力和职业化水平的重要手段，进一步浓厚案例分析工作氛围，推动全省法院案例工作深入开展。

四是充分发挥案例研究基地作用。中国法学会案例法学研究会是专门研究各类案例的“国家队”，是广大案例法学理论和实务工作者交流思想、共享成果的重要平台。2021年3月，中国法学会案例法学研究会江苏研究基地成立，推动构建江苏法院案例工作新格局。江苏研究基地立足百姓日常，结合中华优秀传统文化，定期发布江苏法院弘扬中华优秀传统文化的典型案例，为弘扬社会正气，树立时代新风，引导向好、向上、向善的社会风尚发挥了重要作用。中国法学会案例法学研究会江苏研究基地共发布案例五批50个。

五是做好江苏法院年度十大典型案例发布工作。为配合一年一度的人民法院工作报告,省法院每年年底从全省法院当年审执结的案件中选编全省法院年度典型案例,通过选取各个领域具有时代性、标杆性的典型案件并加以评述,旨在突出展示江苏法院年度重点工作,充分发挥典型案例在彰显法治精神、引领社会发展、弘扬正确价值导向等方面的作用。"年度典型案例"已成为江苏法院案例工作的重要组成,积累了一批在全省乃至全国有重大影响的案件,不断扩大江苏法院审判执行工作的社会影响力。

(四)案例推广应用持续加强

2019年,《江苏省高级人民法院公报》创刊十周年之际,省法院组织编写并出版了《江苏法院经典案例集萃》和《法官思维的印记》,展示法官的司法智慧,对丰富案例工作形式、扩大案例社会影响作出了积极而有益的尝试。苏州中院连续多年将典型案例和精品裁判文书结集出版,形成《裁判的力量》。突破调研条线培训壁垒,将案例培训融入各审判执行业务条线培训中,更好服务审判执行一线,统一法律适用,提升审判质效。积极适应信息技术快速发展与新媒体、大数据时代给案例指导工作带来的机遇、挑战和影响,加强案例指导工作信息化建设,推动实现案例生成、研究、应用、交流的信息化目标,促进案例工作更好服务审判实践。

< 延伸阅读 >

【《江苏法院经典案例集萃》】本书汇编收录了最高人民法院发布的江苏法院报送的14个指导性案例,以及《最高人民法院公报》自1985年至2018年所刊登采用江苏法院裁判的159个典型案例。本书编辑体例按审判类别分为民事、商事、知识产权、刑事、行政五个单元。每个单元根据案由详细划分为具体章节;同一章节下,有指导性案例、《最高人民法院公报》案例,并按发布时间为序进行排列。编辑上,将案例着力解决的法律适用问题作为主标题,将原来的案例标题作为副标题,使本书区别于一般的案例汇编书籍,增强本书的实用性。需要说明的是,因汇编的案例时间跨度较大,为保证案例的完整性,所有案例引用的法条均以裁判时施行的法条为准,编辑时未标注法条的变化情况。与此同时,因法律、法规的修订,部分案例在法律适用、裁判结果等方面与当下司法裁判可能会存在差异,但这正是在最大限度上还原了不同历史时期江苏法院司法审判工作的原貌,向广大读者真实地呈现人民法院司法发展、法律发展的历史进程。

【《法官思维的印记》】本书精选江苏法院经典优秀案例中的78个案例,邀请审理案件或报送案例的法官回忆裁判思路、撰写办案随笔,刻画、留存法官思维的印记,使读者深入了解案例背后的故事,近距离感受法官的司法智慧和职业良知。本书出版后,受到了业界一致好评。

第三节 有序推进司法公开

始终把司法公开作为维护司法公正、提升司法公信的一项基础性工作,自觉践行主动、依法、全面、实质公开理念,全方位、深层次推进司法公开,着力构建开放、动态、透明、便民的阳光司法机制。

一、推进裁判文书公开

坚持依法、全面、及时、规范的公开原则,通过建章立制、检查通报、技术保障等措施,不断规范和加强裁判文书公开工作。截至2022年10月25日,江苏法院在中国裁判文书网公开文书累计740万余篇。

(一)完善裁判文书上网制度

根据最高人民法院工作要求和裁判文书上网实际情况,近年来,省法院先后出台多项裁判文书制作上网政策文件,重点在明确上网裁判文书范围、落实裁判文书制作上网责任、加强监督管理等方面作出细化规定。2021年8月,省法院将最高人民法院、省法院出台的裁判文书相关规范性文件予以汇编,为全省法院规范裁判文书上网工作提供政策和操作指引。部分中级、基层法院结合本地情况,制定了裁判文书上网的制度规范。

(二)提升裁判文书上网工作质量

为强化裁判文书制作、上网质量,江苏各级法院严格执行裁判文书强制纠错制度,均上线裁判文书自动纠错和自动隐名软件。2020 年 4 月,省法院制定《关于严格落实裁判文书强制纠错制度进一步提升裁判文书质量的通知》,在全省法院大力推动文书纠错软件的强制使用,要求健全差错过滤机制,通过"层层过滤",最大限度提升文书质量,杜绝文书"带病上网"。强化裁判文书上网主体责任,明确承办法官为文书上网第一责任人,同时明确院庭长对裁判文书上网工作的监督管理职责,通过落实工作责任,确保文书上网规范有序。

(三)建立常态化检查通报制度

建立对已上网裁判文书常态化检查通报机制,是规范和加强裁判文书上网工作的有效手段。2022 年 2 月,省法院制定了《关于建立裁判文书上网、庭审直播工作常态化检查通报机制的通知》,要求全省各级法院对已上网裁判文书、庭审进行常态化检查,及时发现和解决存在的问题,提升裁判文书上网工作质量。各级法院审判管理部门每季度先进行随机抽查,省法院审管信息处对各级法院抽查情况进行再抽查,并将检查情况通报全省法院。

〈 拓展资料·发布 〉

【关于建立裁判文书上网、庭审直播工作常态化检查通报机制的通知】为持续深化司法公开,把牢公开质量关、效果关,确保司法公开工作规范、安全、高效开展,省法院决定,自 2022 年第一季度起,在全省法院建立裁判文书上网、庭审直播工作常态化检查通报机制。机制明确了检查的依据、范围和内容,确定了随机检查和重点检查相结合的检查方式,规定了检查报告的报送格式。同时,对于各级法院检查情况,省法院将进行再抽查,根据检查情况和再抽查情况,形成《全省法院裁判文书上网、庭审直播工作检查情况的通报》。

二、推进庭审公开

江苏法院主动适应信息时代新要求,积极依托互联网技术打造"阳光法庭",全面推进庭审直播工作,率先在全国实现庭审直播常态化。在中国社会科学院发布的《人民法院庭审公开第三方评估报告(2018)》《人民法院庭审公开第三方评估报告(2019)》中,省法院连续两年得分居全国高级法院第一位,省内多家中级、基层法院得分位居全国法院前列。2019 年 8 月的"中国庭审公开网江苏法院庭审直播 100 万场颁证活动"、2020 年 12 月的"中国庭审公开网庭审直播第 1000 万场颁证活动"先后在省法院举行。江苏法院庭审直播经验做法,被最高人民法院向全国法院推广。

< 延伸阅读 >

【中国庭审公开网江苏法院庭审直播 100 万场颁证活动】2019 年 8 月,江苏法院在中国庭审公开网庭审直播场次率先突破 100 万场(占当时全国直播总量的 22.7%),位居全国法院首位。2019 年 9 月 18 日,最高人民法院审判管理办公室、人民法院新闻传媒总社、中国法院网共同在省法院举办"中国庭审公开网江苏法院庭审直播 100 万场颁证活动"。此外,南京中院等 3 家中级法院,兴化市法院、沭阳县法院、昆山市法院等 10 家基层法院以及杨光焰、崔颢、谢俊成等 10 名法官获评"优秀直播法院""优秀直播法官"称号。

【中国庭审公开网庭审直播第 1000 万场颁证活动】2020 年 12 月 4 日,南京环资法庭公开开庭审理公益诉讼起诉人南京市人民检察院诉王某某生态破坏民事公益诉讼一案。部分江苏省人大代表及专家学者、新闻媒体记者现场旁听庭审。该案是全国法院第 1000 万场庭审直播案件。2020 年 12 月 17 日,最高人民法院审判管理办公室、人民法院新闻传媒总社、中国法院网共同在省法院举办"中国庭审公开网庭审直播第 1000 万场颁证活动"。此外,南京中院等 3 家中级法院,昆山市法院等 11 家基层法院获评"优秀直播法院"

称号。央视《新闻联播》等主流媒体进行了报道。

紧密结合自身实际，稳步推进庭审公开工作，逐步提升庭审公开制度化、规范化水平。2018年3月，制定《关于全面开展庭审网络直播工作的通知》，决定在全省法院全面开展庭审网络直播工作，建立"以直播为原则、不直播为例外"的工作原则，明确庭审直播平台和形式、不直播的案件和庭审不宜公开信息的技术处理要求、相关部门的责任分工，建立庭审直播情况考核机制，提出加快科技法庭建设的目标要求；同年7月，印发《庭审网络直播操作流程（试行）》，进一步明确庭审直播预告发布和撤销、庭审不直播审批、直播过程中的具体操作问题处理等事项。2022年，根据最高人民法院的统一部署，就加强和规范庭审直播工作进一步提出要求，并建立庭审直播常态化检查通报制度。

< 拓展资料 · 发布 >

【《关于全面开展庭审网络直播工作的通知》】该通知主要内容：一是全省各级法院要充分认识庭审网络直播的重要意义，按照"全流程、全方位、实质化"的司法公开要求，明确"以直播为原则、不直播为例外"的工作原则，全面推进庭审直播工作，实现所有案件、所有法官、所有法庭全覆盖。二是全省各级法院庭审网络直播以视频、文字、图片等形式进行，以视频直播为主。三是全省各级法院依法公开开庭审理的刑事、民事、行政案件，原则上全部进行庭审网络直播。同时，明确了不进行庭审网络直播的案件类型。四是听证、询问、证据交换、调解等诉讼活动不进行网络直播，但公众关注度较高、社会影响较大、具有法制宣传教育意义，案件承办部门认为需要网络直播的案件除外。五是庭审涉及未成年人、被害人或者证人保护等问题以及其他不宜公开的内容的，根据案件承办部门的建议，在网络直播时应当采取相应的技术处理措施。六是全省各级法院院领导应当带头开展庭审网络直播工作。七是全省各级法院应当加强庭审网络直播组织协调、督促通报和统计分析等工

作。八是全省各级法院审判业务部门以及审判管理、新闻宣传、信息技术等部门应当加强协作配合,按照责任分工做好庭审直播准备、庭审直播过程中涉及的相关事项以及舆情引导、技术保障等工作,切实做好预告发布和推广工作,提高庭审的收看率。九是全省各级法院要加快推进科技法庭庭审直播硬件建设,所有法庭要实现庭审直播全覆盖。

三、推进审判流程信息公开

(一)打造审判流程信息公开平台

自2014年开始,江苏法院正式启用全省统一的"12368"短信平台,坚持通过短信平台自动推送立案、开庭、审限变更、结案等8个阶段的12个流程节点信息。省法院推出全国首个移动互联"微法院"平台,通过网站、短信、微信等多种渠道公开案件流程信息。2018年,《最高人民法院关于人民法院通过互联网公开审判流程信息的规定》施行后,江苏法院坚持"以公开为原则、不公开为例外",截至2022年10月25日,通过"中国审判流程信息公开网"平台公开审判流程信息的案件共553.3万件。

(二)拓展审判流程信息公开内容

除公开流程节点信息外,江苏法院不断丰富审判流程信息公开的内容。全面公开立案范围、立案流程、诉讼费用标准和案件受理情况等信息,推行权利告知、风险提示、诉讼引导等措施,让当事人明明白白行使诉权。在全国率先启动"诉讼案件正卷同步向当事人公开制度"改革试点工作,稳步推进电子卷宗同步公开。

(三)严格案件信息录入

为进一步提高案件有效公开率,规范案件信息填报,2020年11月,省法院印发《关于加强立案信息源头录入工作的通知》,明确案件信息录入相关工作要求,着力从源头上解决因当事人手机号码等录入不完整、不准确导致案件信息无法向当事人有效公开的问题。

< 拓展资料 · 发布 >

【《关于加强立案信息源头录入工作的通知》】针对立案时案由信息录入不规范、当事人信息填写不准确等问题,2020 年 11 月,省法院印发《关于加强立案信息源头录入工作的通知》,要求全省法院高度重视立案信息源头填报工作,增强责任感;切实提升立案信息填录质量,准确填写当事人基本信息;组织核查部分案件类型的立案信息,对不符合质检规则的案件信息及时纠正。

四、推进执行信息公开

为方便当事人及时了解执行案件进展情况,更好地保障当事人和社会公众对执行工作的知情权、参与权、监督权,自 2018 年以来,江苏法院严格按照《最高人民法院关于人民法院执行流程公开的若干意见》要求,坚持多措并举,以拓宽渠道、丰富内容、规范流程为抓手,切实提高执行工作透明度,推动实现执行权在阳光下运行,以执行工作的高度公开促进执行公正。

(一)坚持以公开为原则、以不公开为例外

坚持执行流程信息以公开为原则、以不公开为例外,对依法应当公开、可以公开的执行流程及其他相关信息,一律予以公开,实现执行案件办理过程全公开、节点全告知、程序全对接、文书全上网,为当事人和社会公众提供全方位、多元化、实时性的执行公开服务,全面推进阳光执行,提升法院执行工作满意度。

(二)拓宽执行信息公开渠道

江苏法院执行信息公开工作以互联网门户网站(政务网)为基础平台和主要公开渠道,辅以手机短信、电话语音系统、电子公告屏和触摸屏、手机应用客户端、法院微博、法院微信公众号、法院微法院平台、智慧执行 App 等其他平台或渠道,将执行案件流程节点信息、案件进展状态及有关材料向案件当事人及委托代理人公开,将与法院执行工作有关的执行服务信息、执行公告信息等公共信息向全社会公开。当事人可通过“中国执行信息公开网”随

时随地查询被执行人是否被列入失信被执行人名单。

（三）丰富执行信息公开内容

在《最高人民法院关于人民法院执行流程公开的若干意见》的基础上，江苏法院结合本地工作实际，并参考其他法院经验做法，决定扩充执行信息公开范围。执行信息公开范围的扩充大大提高了人民群众的司法获得感、满意度，也推动司法为民的宗旨走深、走实。

延伸阅读

【执行信息公开范围】江苏法院目前就以下执行信息向当事人公开：

（1）当事人诉讼地位、名称、案号、案由、立案日期等信息；

（2）执行法官以及书记员的姓名和办公电话；

（3）采取执行措施信息，包括被执行人财产查询、查封、冻结、扣划、扣押等信息；

（4）采取强制措施信息，包括司法拘留、罚款、拘传、搜查以及限制出境、限制高消费、纳入失信被执行人名单库等信息；

（5）执行财产处置信息，包括委托评估、拍卖、变卖、以物抵债等信息；

（6）暂缓执行、中止执行、委托执行、指定执行、提级执行等信息；

（7）执行和解协议信息；

（8）执行实施案件结案信息，包括执行结案日期、执行标的到位情况、结案方式、终结本次执行程序征求申请执行人意见等信息；

（9）执行异议、执行复议、案外人异议、执行主体变更和追加等案件的立案时间、案件承办法官和合议庭其他组成人员以及书记员的姓名和办公电话、执行裁决、结案时间等信息；

（10）执行申诉信访、执行督促、执行监督等案件的立案时间、案件承办法官和合议庭其他组成人员以及书记员的姓名和办公电话、案件处理意见、结案时间等信息；

（11）执行听证、询问的时间、地点等信息；

(12)案件的执行期限或审查期限,以及执行期限或审查期限扣除、延长等变更情况;

(13)执行裁定书、决定书等裁判文书;

(14)执行裁判文书开始送达时间、完成送达时间、送达方式等送达信息;

(15)债权分配和执行款收付信息,包括债权分配方案、债权分配方案异议、债权分配方案修改、执行款进入法院执行专用账户、执行款划付等信息;

(16)执行案件受理通知书、执行通知书、财产申报通知书、询问通知、听证通知、传票和询问笔录、调查取证笔录、执行听证笔录等材料;

(17)执行裁判文书在执行法院执行流程信息公开模块、中国执行信息公开网及中国裁判文书网公布的情况,包括公布时间、查询方式等。

(四)规范执行信息公开流程

一是开通执行案件办案流程节点自动向当事人发送短信系统。省法院自2018年开始建设执行案件办案流程节点自动向当事人发送短信系统,将立案、分案、被执行人财产查询、控制以及执行措施纳入失信、限制高消费和执行案款到账、终结本次执行结案等节点信息通过手机短信自动向当事人发送,截至2022年5月30日,共计发送信息799.1万条。

二是开通“微执行”系统。2018年开始建设“微执行”系统,目前已全面投入应用。截至2022年5月30日,“微执行”干警端使用411万次,累计访问人数3万余人次。“微执行”公众端(针对申请执行人的端口)自2020年10月10日上线以来,共使用1435万次,累计访问人数21.9万人次。

三是研发“阳光执行”小程序。自2021年起,面向公众(主要是申请执行人)推出“阳光执行”小程序,在案件受理通知书中引导申请人扫码关注“阳光执行”,从而在法院与申请人之间搭建起快捷的互动平台。通过该小程序,申请人可及时了解案件办理进度、财产查控结果等信息,获知执行人员历次执行活动轨迹,提起咨询和质疑,确保申请人与法院之间信息对称,增进申请人对执行工作的理解和信任,涉执信访数量明显下降。同时,申请人可利用“阳光执行”小程序通过文字、拍照、音视频等方式向执行法官提供执行线索,了解线索核查情况。截至2022年5月30日,共计2078人使用“阳光执行”小程序。

第四节　自觉接受监督

把人大代表联络工作与审判执行中心工作相结合,法院的重要会议、重大活动、专题调研、重大案件公开开庭、重要司法建议出台等,均主动邀请代表委员参加。法院的重大课题或重要改革,主动接受人大常委会的专题审议。自2018年以来,省人大常委会先后对全省法院司法公开、商事审判、环资审判等工作进行了专题审议。代表委员们接触法院一线审判执行,对法院工作也更加了解、更加理解、更加支持。同时,江苏法院主动接受检察监督,并通过打造平台、创新方式提升监督质效。

一、健全完善人大代表、政协委员沟通联络机制

坚持“请进来、走出去”,广泛听取人大代表、政协委员意见建议,改进法院工作。利用“国家宪法日”“法院开放日”开展主题宣传,广泛邀请人大代表、政协委员以及社会各界人士走进法院“零距离”参与法院活动、监督法院工作。2018年,省法院首次邀请11名全国和省人大代表、政协委员列席审判委员会,参与讨论司法业务指导性文件。自2019年至2021年年底,江苏法院邀请代表委员视察工作、旁听庭审、座谈交流、见证执行等共计6500余场76000余人次。盐城、徐州、宿迁等市连续多年开展“千名代表听百案”活动,听取人大代表对庭审情况的评议意见。完善特邀监督员制度,主动通报法院工作情况,自觉接受监督,全省法院共聘请特邀监督员3031名。

首创省、市、县按照级别和地区,分别与所在辖区内的全国人大代表、省人大代表开展定向联络、分级负责制度,被最高人民法院在全国法院推广。在省人代会上,省法院及各市中院均组织人员旁听代表小组审议,对代表审议时提出的意见认真梳理,并进行办理。对代表审议意见的办理情况,每年

都组织专项督查，并由院领导班子成员分别带队，向各地省人大代表反馈审议意见办理情况。此外，各地法院也因地制宜开创联络工作长效机制，实质化接受人大、政协监督。例如，常熟市法院在市人大常委会支持下，分别确定了定向走访、工作通报等十项联络工作内容和结对联络、聘请执法监督员等十项工作机制，以及专人对接、协助案件调解等十项具体联络工作，并在该院 8 个人民法庭先后建立"人大代表联络站"，以全覆盖形式主动加强与辖区各级人大代表的联络工作，聘请全国人大代表为联络站特约监督员。

二、主动接受检察监督

健全接受检察监督工作机制，共同维护公平正义。2019 年，审结抗诉案件 592 件，其中刑事案件 264 件，改判、发回重审 126 件；民事、行政案件 328 件，采纳和部分采纳抗诉意见，改判、发回重审、调解等 253 件。办结各类再审检察建议 1140 件，裁定进入再审 832 件，其中采纳和部分采纳检察建议 630 件。2020 年，审结刑事抗诉案件 261 件，改判、发回重审 92 件；审结民事、行政抗诉案件 167 件，改判、发回重审、调解 119 件；办结各类再审检察建议 844 件，采纳或部分采纳检察建议 462 件。2021 年，审结刑事抗诉案件 207 件，改判、发回重审 83 件；审结民事、行政抗诉案件 115 件，改判、发回重审、调解 92 件；审结各类再审检察建议 811 件，采纳 433 件。建立省法院、省检察院两院会谈工作机制，每年轮值举办两院工作会谈，共同推进需要协作配合的重大事项，共商司法实践中的新情况新问题，截至 2021 年年底已举办 30 次工作会谈。

三、创新接受社会监督方式

江苏各级法院均开通门户网站，不断完善网站功能，及时向社会全方位公开人民法院基本情况、规章制度、工作动态、重大案件等基本信息。省法院门户网站每年发布各类司法信息 14 万余条。针对环境资源保护、妇女儿童权益保护、消费者权益保护、打击毒品犯罪等工作，各级法院及时发布司法审判白皮书、举行新闻发布会，主动通报法院工作情况。江苏法院发布司法审判白皮书500余个,举行新闻发布会3000余场。主动适应新媒体发展,充分融合报纸、杂志、微博、微信、客户端、直播平台等多种载体,及时向社会发布司法信息,实现了司法公开从纸质到电子、从静态到动态、从广电报纸到网站视频的转型升级。目前,全省各级法院微博、微信公众号均已开通,并入驻网易号、头条号、澎湃问政等平台。"省法院""南京中院"微信公众号被最高人民法院评为全国法院十佳微信公众号。借助新型传播形式,融合网络、电视、报纸等各类媒体,在全国首创执行行动"全媒体网络直播",被最高人民法院在全国推广。

第6章

高质量司法之司法改革

江苏法院认真贯彻落实党中央关于司法体制改革的决策部署，稳妥有序推进全省司法体制改革工作，既稳步有序推进体制方面改革，如司法责任制改革、行政管辖改革等，又积极探索完善机制方面改革，如执行指挥中心实体化运行“854 模式”、审判权制约监督机制等，形成了以人员分类管理为突破，以完善司法责任制改革为重点的基本改革思路，法院队伍结构调整完善，审判资源优化配置，新型审判权力运行机制逐步形成。法官员额制改革、审判监督管理经验分别在全国司法体制改革推进会、政法领域全面深化改革推进会上交流发言，多项改革举措得到了中央政法委、最高人民法院主要领导的批示肯定。通过改革，江苏法院依法独立公正行使审判权的体制机制不断完善，审判质量效率、队伍能力素质和司法公信力进一步提高。

第一节　全面落实司法责任制

全面落实司法责任制，加快构建权责清晰、权责统一、监管有效、保障有力的司法责任体系，着力实现有权必有责、用权必担责、失职必问责、滥权必追责,把“让审理者裁判,由裁判者负责”落到实处。

一、构建新型审判权力运行体系

按照“让审理者裁判、由裁判者负责”的要求,构建权责明晰、权责统一、监督有序、制约有效的审判权力运行新机制。

(一)完善审判权责清单

省法院制定《关于办案人员权力和责任清单的规定》,细化院庭长、审判长、承办法官、法官助理、书记员、执行员等8类办案人员职责权责清单203条,明确各类司法人员权力清单。重点厘清员额法官审判权与院庭长审判监督管理权的边界,着力压缩分工不明确、履职不尽责的空间,有效解决司法改革后出现的审判权力分散、监管由点向面扩展的难题,积极构建权责明晰、权责统一、监督有序、制约有效的审判权力运行新机制,确保各类人员有职有权、各尽其责,防止权力行使的错位、缺位、越位。

< 拓展资料 · 发布 >

【《关于办案人员权力和责任清单的规定》】2017年3月,省法院出台《关于办案人员权力清单的规定(试行)》(苏高法发〔2017〕3号)。2020年,根据《最高人民法院关于完善人民法院审判权力和责任清单的指导意见》《最高人民法院法官审判权力和责任清单(试行)》等相关文件精神,对《关于办案人员权力清单的规定(试行)》进行修订,起草了《关于办案人员权力和责任清单的规定》。该规定共分为8个部分:第一部分,一般规定,共5条,内容主要是院庭长审判权责和审判监督管理的原则性规定。第二部分,院长、副院长、审判委员会专职委员权力清单,共28条,内容主要是院长、副院长、审判委员会专职委员对审判执行工作的宏观监督指导。第三部分,庭长、副庭长权力清单,共22条,内容主要是庭长、副庭长的具体监督管理权限。第四部分,法官权力清单,共61条,内容包括独任法官职责6项、合议庭审判长职责15项、合议庭承办法官职责21项、合议庭参审法官职责8项、执行法官职责11项。第五部

分,审判辅助人员权力清单,共39条,内容包括法官助理职责14项、执行法官助理职责6项、书记员职责14项、司法警察职责5项。第六部分,办案人员的责任清单,共33条,内容包括法官在履行职责中,不得存在的违法审判、执行行为16项,法官在履行职责中不得存在违法监督管理行为4项,法官及审判辅助人员不得存在的违反职业道德准则和纪律规定的行为13项。第七部分,履职保障,共3条,内容主要是法官正当行使审判权的相关保障。第八部分,附则,共2条,内容主要是要求各中院、南京海事法院、各基层法院根据实际制定审判权力和责任清单备案,并规定本规定自发布之日起施行,同时废止《关于办案人员权力清单的规定(试行)》(苏高法发〔2017〕3号)。

(二)强化院庭长办案职责

坚持有序放权与有效监督相统一,印发《关于进一步全面落实司法责任制的实施意见》《关于深化司法责任制综合配套改革的实施意见》等,推进院庭长实质化办案,健全院庭长办案机制,将强化院庭长带头办案责任作为落实权责清单的重要举措,全面推进院长、庭长办案常态化。建立院庭长办案数量定期通报制度,每月通报全省各级法院院庭长办案情况,并将院庭长办案情况纳入中级法院年度综合考评范围。明确院庭长直接审理重大疑难复杂案件职责,明确院领导直接审理重大疑难复杂案件和再审案件,办理管辖权异议、减刑假释等简单案件不计入办案统计范围。自2018年以来,江苏法院院领导年均办案125件以上,院领导直接审理与监督管理"四类案件"的作用得到充分发挥。2021年,江苏法院院庭长共审结案件955702件,占江苏法院审结案件总数的52.87%。同时,明确院庭长的审判管理职责,赋予院庭长对程序性事项的审批权限、对合议庭有异议案件复查提交审判委员会讨论权限以及裁判文书形式审查权限,确保行政权力与审判权力不越位干涉又相互监督制约。

(三)推进新型审判团队建设,提升审判效能

按照专业化、职业化、规范化的改革目标,积极探索类案审判团队建设,全面推进以法官为中心、以审判业务需求为导向的新型审判团队建设,优化资源配置,提升审判效能。推进"法官+法官助理+书记员"的新型办案团队组合模式,从案件类型、难易程度、人员结构等实际情况出发,组建灵活多样的办案团队。实行审判长负责制,审判长的选任采取党组研究提名、审判委员会确定;对团队员额法官的确定,充分考虑其专业方向和职业经历,实行成熟一个、放权一个,兼顾有序放权与有效控权相统一。全省法院共组建2886个审判团队,其中有专业化分工的审判团队975个,占33.8%。

(四)积极引入社会服务,充实审判辅助力量

创新集约化、社会化工作模式,鼓励支持部分法院建立专门团队集中负责送达保全、鉴定评估、文书上网等审判辅助事务,将诉讼材料扫描、案件信息查询等事务性工作外包给具有相应资质的单位集中办理。

〈 拓展资料·案例 〉

【苏州市相城区人民法院打造审判辅助事务管理新模式】近年来,苏州市相城区人民法院深入推进审判辅助事务集约化管理改革,将分散、烦琐的辅助性事务工作从一线审判团队中剥离,引进社会化服务力量,以信息化技术为支撑,打造"一厅两中心",对剥离事务进行标准化操作、流程化办理,实现审判辅助事务办理的流程再造和结构重塑。2021年,该院通过社会化外包累计提供全域立案、跨域查档等诉讼服务103025次;完成综合集约送达111908次;装订案卷13913件,协助初筛评查简易案件13400件。

一是打造"一厅两中心",确保集约办理事项全、手段新。全面升级改造诉讼服务大厅,加强诉讼服务事项集约管理,为群众提供"走进一个厅、事务一站清"的服务体验。将材料扫描收转、立案咨询、档案查询、保险保全等15类诉讼服务事项集约至大厅办理,并合理设置功能片区,确保有序管理运行。打造集约化司法送达中心,将原本分散在各庭室的送达事务集约办理,有效破解"送达难"。打造内外网安全交互的智能化送达管理平台,融合电子送达、邮寄送达、网格协助调查等功能,并引入区块链技术对送达过程和生效结果进行存证、验证。打造集约化卷档管理中心,按照装卷流程划分为9个工序，实行流水线运作。依托无纸化办案改革成果，设置包括云柜、智能中间柜、数字化加工区、集中装卷区和数字化转档区在内的“两柜三区”，实现纸质卷宗同步流转、电子卷宗同步生成。

二是推行标准化建设，确保辅助事务出数量、有质量。争取资金支持，严格规范招投标程序，通过市场化竞争引入社会服务，拓展服务力量。制定《诉讼服务中心整体工作规范（试行）》《跨域立案操作规范（试行）》等规定，从立案到归档全流程，每个环节均明晰时限要求和工作标准，各类辅助人员严格按照各自工作职责和工作标准落实。以协议形式与外包公司明晰外包人员入职标准、工作纪律、保密义务等内容，确保服务质量。制定《服务外包项目和人员考核管理办法》，对外包项目和在岗人员实行差异化管理。

三是紧扣提质效目标，确保执法办案动能足、质效高打造全流程应用、内外网对接的运转平台，借助苏州智慧法院App、自助服务终端等线上线下方式，实现诉讼服务自助多端办理。通过诉讼材料流转人机安全交互，电子送达一键发起、全程追踪、区块链存证，文书审核平台流转、自动签章等技术，大大降低辅助事务办理的人工依赖性。通过明确不同审判辅助事务操作流程、固定岗位操作标准，有效破解传统模式下单兵作战、零散琐碎的局面，提升了审判辅助事务办理的连续性、协同性，最大限度缩短办理周期。以综合集约送达为例，通过流水线作业，个案平均送达耗时从20分钟提速到3分钟。将非核心事务性工作交由社会化专业团队负责，让审判人员从繁杂的辅助事务中解放，集中精力投入审判核心事务中，有效促进审判质效提升。2021年，该院法定正常审限内结案率同比上升6.42个百分点，平均审理天数同比减少18.06天，12个月以上未结案件实现清零。

二、完善审判制约监督机制

全面落实司法责任制改革要求，不断健全审判制约监督机制，着力构建多层次、立体化、闭环式的审判制约监督体系，努力实现公正高效权威司法。

(一)压实院庭长监督管理职责

针对司法责任制改革后,院庭长监管职责不明、职责不清的问题,重塑监管理念,既坚决放权,不走审批制老路;又强化控权,明确院庭长怠于履行、不当履行监管职责责任,省法院先后制定《关于院庭长审判监督管理职责的规定(试行)》《院庭长案件监督管理办法(试行)》等规范性文件,健全院庭长监督管理机制,强化院庭长监督管理职责。

一是明确院庭长监督管理范围,做到监管有据。针对司法责任制改革后,一些院庭长不能正确把握加强监督管理和干预过问案件的界限,不敢管、不愿管的现象有所凸显的问题,《院庭长案件监督管理办法(试行)》明确规定,院庭长负有对案件监督管理的职责,包括对所有案件的常规管理和对特殊案件的监督管理。在最高人民法院"四类案件"的基础上,将涉群体性纠纷案件、可能影响社会稳定的案件、疑难复杂且有重大社会影响的案件、可能发生类案裁判冲突的案件、法官可能存在违法审判行为的案件、超长期未结案件、重点信访督办案件界定为特殊案件,并结合审判实际,进一步将特殊案件细化为24类具体情形,厘清院庭长案件监管范围,厘清院庭长正当监督管理与干预过问案件界限。

二是明确院庭长监督管理要求,做到监管有效。在明确院庭长监督管理范围的基础上,聚焦监督管理薄弱环节,明确特殊案件的识别流程、分案要求、监督模式、平台建设和考核机制等内容。建立覆盖审判工作全流程的识别标注、及时报告、推送提醒、预警提示机制,并分阶段明确了立案部门、承办审判组织、院庭长和审判管理、督察部门、新闻宣传等职能部门的识别责任;紧密结合特殊案件审理过程中需要关注和解决的问题,明确院庭长可以按照分管领域、职务权限,要求审判组织报告案件进展、合议结果、提供类案裁判结果等,对特殊案件进行监督管理。同时,明确院庭长怠于履行、不当履行监管职责的责任,并对院庭长正当行使案件监管职责的保障和规范机制进行了规定。

三是优化院庭长监督管理方式,做到监管有力。以组织化行权和全过程留痕为原则,针对一般案件和特殊案件,将院庭长管理分为日常管理和特殊管理两大监管类别，并细化为6种常规管理和9种特别管理方式，例如，针对超长期未结案件，根据超长期未结案件的审理时间，实行院庭长分级监管的方式，既明确监管重点，又强化监管成效，切实解决院庭长不会管的问题。研发院庭长审判监督管理系统，将院庭长案件监督管理权力清单嵌入系统，对特殊案件24种情形进行识别标注、集中监管，实现办案风险实时预警、违规操作实时拦截、院庭长督查纠错实时进行。

〈 拓展资料 · 发布 〉

【《院庭长案件监督管理办法（试行）》】《院庭长案件监督管理办法（试行）》内容包括一般规定、特殊案件的界定、特殊案件的监管措施、院庭长行使案件监督管理职权的保障和规范机制、附则五个部分，共28条。

第一部分，首先，明确了院庭长对其管理范围内法官办理的案件有监督管理职责，院庭长在对案件进行监督管理时，应当坚持"让审理者裁判，由裁判者负责"的司法责任制要求，遵循依法合规、公开透明、全程留痕的原则，这有利于厘清实践中存在的模糊认识；其次，将院庭长案件监督管理分为对所有案件的常规管理、对特殊案件的监督管理两种方式，并分别明确了相应的具体监督管理措施。

第二、第三部分，对特殊案件的具体类型作出细化规定，为实践提供更加明确的指引。对于特殊案件的特别监管措施，明确了监督管理平台、特殊案件标注、分案以及分级监督管理、全程监督管理、办理结果监督管理以及社会广泛关注的超长期未结案件、重点信访督办案件限期办理等方面的内容。

第四部分，对院庭长案件监督管理"既赋权又赋责"。一方面，将特殊案件列入案件质量评查的重点，并定期汇总、分析、通报院庭长对特殊案件的监督管理情况；明确办案人员不接受监督管理的责任，特别是建立案件监督管理与督察联动机制，确保院庭长监督管理有动力、有抓手、有措施。另一方面，明确了院庭长不当行使监督管理权的具体情形、案件监督管理全程留痕以及院庭长不当行使监督管理权的责任，确保院庭长案件监督管理依法有序进行。

第五部分明确了院庭长的范围这一重要问题以及施行日期。

(二)充分发挥审判管理职能

省法院出台《关于进一步加强全省法院审判管理工作的意见》,针对司法实践中存在的思想认识不到位、管理体系不健全、制度机制不完善、工作思路不开阔、人员力量配备不足等导致审判管理工作弱化、虚化的问题,提出加强和改进审判管理的14条意见。

一是明确加强审判管理的基本要求。从进一步提高政治站位、准确把握审判管理的定位两方面,明确审判管理只能加强不能削弱的基本原则,同时,明确审判管理工作要聚焦审判工作突出问题和监督管理薄弱环节,通过优化手段、规范流程、细化要求,提升审判管理的针对性、科学性和实效性。

二是细化加强审判管理的具体措施。围绕进一步提高审判管理规范、保障、促进、服务水平的目标,在全面梳理审判管理工作职能范围的基础上,明确了加强审判管理的具体举措,包括加强审判质效管理、加强审判流程管理、加强案件质量评查、抓好审判委员会决议的落实、完善统一法律适用机制、加强数据管理、加强数助决策、严格规范司法公开工作8个方面,既突出重点,又具有较强的可操作性。

三是进一步加强审判管理的组织领导。针对审判管理队伍相对薄弱的问题,全省各级法院配齐配强审判管理力量、加强审判管理队伍培养、提升审判管理队伍能力。具体包括:各级法院党组每季度至少听取一次审判管理情况汇报;为审判管理机构配齐配强工作人员,强化审判管理主责主业;符合条件的审判管理部门主要负责人,应当提请任命为审判委员会委员;为审判管理部门设置一定数量的员额法官岗位,审判管理人员符合条件的,可以参加入额遴选;强化审判管理的信息技术支撑,提升智能化管理水平等。

三、完善违法审判责任追究和法官惩戒机制

江苏省于2018年10月被最高人民法院确定为4个法官惩戒工作试点省份之一。开展试点工作以来,省法院将推进法官惩戒工作实质性开展作为重

要着力点，健全制度机制、规范审议方式、强化沟通协调，贯通衔接案件评查、法官退额与法官惩戒，实现法官惩戒从“纸上条文”到“实际操作”的有效转化。

自 2020 年以来，省法官惩戒委员会组织召开两次法官惩戒工作会议，对 10 名当事法官涉嫌违反审判职责事项进行审议，实现江苏法院法官惩戒“零”的突破，为法官惩戒常态化运行积累了一定的经验。江苏法院法官惩戒试点工作受到最高人民法院督察局的肯定，在最高人民法院督察工作简报 2021 年第 7 期刊登了《江苏法院以实质性运作深入推进法官惩戒试点工作》，省法院在 2021 年全国法院督察工作视频会议上作法官惩戒经验交流汇报。

（一）健全制度机制，规范试点工作有序运行

加强法官惩戒制度机制的研究探索，出台一系列规范性文件，保证法官惩戒工作在法治轨道上运行。

一是制定法官惩戒工作试点方案。2018 年 12 月 25 日，江苏成立法官惩戒工作试点领导小组及省法官惩戒工作办公室（与省法院督察局合署办公），制定了《江苏省法官惩戒工作试点方案》，对工作职责、机构职能、人员配备、惩戒程序等予以明确，并对试点工作提出要求。在省委政法委组织下，出台《江苏省法官惩戒委员会工作规则（试行）》《江苏省法官惩戒办法（试行）》等基础性制度。

二是推动成立省法官惩戒委员会。惩戒委员会由专门委员、专家委员和法官代表委员共 17 人组成。专家委员和法官代表委员，在法官惩戒委员会议召开前，随机从人大代表、政协委员、法学专家、律师代表、法官代表库中抽选。

三是规范听证程序。在广泛征求意见的基础上，经法官惩戒委员会第一次会议审议通过，法官惩戒委员会出台《江苏省法官惩戒工作听证规则（试行）》，充分维护当事法官行使陈述、举证、辩解等合法权益，规范法官惩戒听证程序，保障法官惩戒工作客观公正。

< **拓展资料 · 发布** >

【《江苏省法官惩戒工作听证规则（试行）》】为实质性开展法官惩戒试点

工作,使听证审议程序规范、有序开展。2020年,省惩戒工作办公室起草《江苏省法官惩戒工作听证规则(试行)》,该规则经法官惩戒委员会审议通过后,于2021年3月1日起试行。其主要内容:一是当事法官对惩戒事项及所涉事实、证据持有异议,有权申请听证;二是充分维护当事法官合法权利,包括对惩戒调查事项的知情权,当事法官有陈述、举证、辩解以及申请惩戒委员会委员、书记员回避,申请证人到场作证等权利;三是根据惩戒案件的具体情况,惩戒委员会可以组成听证组进行听证,有利于提高工作效率;四是听证程序中设置调查人员宣读调查报告,当事法官陈述,调查人员、当事法官分别进行举证和质证,听证人员对存在异议的事实、证据进行询问等环节,为查明惩戒事项所涉事实提供制度保障。

(二)边探索边完善,着力破解法官惩戒工作难题

一是破解认识误区。就一些法院对法官惩戒重要性、必要性认识不到位,重案件纠错轻问题线索移送,以岗位调整虚化惩戒等问题,省法院着力强化组织推动,院党组专题听取法官惩戒工作试点情况汇报,要求各中级法院院长亲自抓法官惩戒工作,对符合法官惩戒条件的问题线索不移送的要依规依纪追责问责。

二是完善线索发现机制。针对习惯性通过党纪政纪处分方式处理违反审判职责行为的现象,明确中级法院收集、报送问题线索,省法院集中审查、确定拟惩戒案件的模式,构建省法院从发改案件中主动寻找、发现问题线索的机制,同时加大对违纪违法举报和各中院报送的典型案件核查力度。

三是强化对拟惩戒案件的调查和审查。确定拟惩戒案件后,省法官惩戒工作办公室发出通知,要求相关中院组织调查、审查,启动法官惩戒程序,案件调查报告要求由中级法院院长签发。省法院专门编发《关于移送法官惩戒案例的若干规范》,指导各中院开展工作。

四是建立争议案件上会机制。在审查过程中,如对个别案件是否符合法官惩戒条件存在一定争议,经惩戒委员会主任会议研究决定,对有争议的案件一并上会审议,为惩戒委员会审议工作积累经验。

（三）坚持实事求是，推进试点工作实质性开展

一是充分保障当事法官权利。听证会召开前，向当事法官送达《法官惩戒案件受理通知书》《当事法官权利义务告知书》《调查报告》《听证通知书》，充分尊重当事法官的知情权；听证过程中告知当事法官享有申请回避、陈述、举证、辩解权；审查意见书中告知当事法官申请复议的权利。

二是创新审议机制。当事法官申请听证的，惩戒委员会组织调查人员和当事法官进行质证，听取当事法官的陈述与辩解。当事法官未申请听证的，惩戒委员会进行书面审议时，将中级法院督察部门汇报调查情况作为必经程序，各位委员对调查人员进行询问，以便充分了解案情。审议时，拟惩戒案件所涉审判执行卷宗带到会场，供现场查阅。

三是探索评议表决、决议机制。对主观过错是故意还是过失，属于一般过失、重大过失还是无过失，裁判结果是否错误、是否造成严重后果等进行表格式表决，最后汇总统计，当场宣布表决结果，保证惩戒委员会全体委员充分、自主行使表决权。经集体评议，形成审查决议。会后及时制作审查意见书，经法官惩戒委员会主任签发后，向当事法官和相关法院送达。当事法官收到审查意见书后均未申请复议。

（四）做好沟通衔接，形成法官惩戒工作合力

一是推动案件评查结果与督察、惩戒的贯通。加强对发改案件是否存在违反审判职责行为的审查力度，评定为存在重大瑕疵以上的案件，尤其是评定为质量不合格的案件，对承办法官及相关审判组织成员是否存在违反审判职责行为进行认真审查，发现问题线索及时移送督察部门。2020 年 12 月，省法院制定《关于做好违反审判职责等违纪违法问题线索移送工作的通知》，进一步规范问题线索移送、启动惩戒程序等工作。

二是法官惩戒与法官退额相衔接。在《江苏省法官退额、交流、任职管理暂行办法》中，把“根据法官惩戒委员会意见应当退额的”列入应当退额的情形。同时明确，存在违反审判职责行为的法官，在法官惩戒委员会作出审查意见前，先行申请退额的，原则上不予准许。

三是加强与纪检监察机关的沟通协调。在工作中发现法官或法院其他工作人员涉嫌违纪、职务违法的问题线索,依照有关法律和规定应当由纪检监察机关调查处置的,由各级法院督察部门归口收集、认真甄别,并及时移送。在省纪委监委召开的相关座谈会上,建议对于符合法官惩戒条件的违纪违法案件,依法启动法官惩戒程序,法官惩戒委员会从专业角度提出审查意见,供纪检监察机关参考。

(五)结合教育整顿,推动法官惩戒试点持续深化

在全省法院第一批队伍教育整顿期间,省法院制定《关于加强违反审判职责问题线索移送工作的通知》,注重收集涉嫌违反审判职责行为的问题线索,对发现的问题案件,要求深挖彻查问题线索,准确甄别认定责任,深入核查相关司法人员在办理案件中是否存在违反廉政纪律,利用审判权实施权钱交易、徇私舞弊、滥用职权、渎职以及压案不办、故意久拖不决等违规违法情形,对于符合《法官法》第46条第4项、第5项规定情形的,依法启动法官惩戒调查程序,追究违法审判责任。2021年9月中下旬,省法院对各地法院报告情况进行集中审查,在此基础上确定拟惩戒案件、启动惩戒程序,并于2021年12月组织召开省法官惩戒委员会第二次会议。

四、稳步推进内设机构改革

(一)省以下地方法院政法专项编制省级统管

省以下法院机构编制移交省级统管是司法体制改革的一项重要内容,是推动法院人财物统一管理的重要举措,也是确保司法部门依法独立行使审判权的重要支撑。2016年1月和9月,省委编办与省法院分别制定《关于南京市中级人民法院、人民检察院等司法体制改革试点法院检察院机构编制上收至省级统一管理的通知》和《关于司法体制改革试点法院检察院机构编制管理工作的实施意见》,将全省法院机构编制管理工作由省以下分级管理调整为省级统一管理,实行以省级机构编制部门管理为主,省法院协同管理的体制。同时,为充分调动各方面的积极性、主动性,省机构编制部门视情委托市、县(市、区)编办办理有关具体机构编制事项,对于市、县法院的内设机构、派出机构、事业单位实行总量控制,机构撤销、撤一建一、更名、增挂牌子等事

宜,委托相关市、县机构编制部门按原有权限和程序审批。对市、县法院"三定"方案、内设机构、派出机构、事业单位增加等事宜,委托当地机构编制部门按照原有权限和程序审批。

2021年3月,省委编办明确市县法院机构编制统一由省级管理,包括设立、合并、撤销、更名,以及"三定"规定制定、修订和主要职责、内设机构、派出机构、行政编制、领导职数调整等。

一是做好法院系统内沟通。对机构调整事项,先由设区市中院政治部向省法院政治部汇报机构调整的事由、人员和机构编制调整打算,征求省法院意见后再向相应的设区市编办汇报,在充分沟通后,由设区市编办和市中院联合行文报省编办,同时抄送省法院政治部,省法院政治部对机构调整事项向省编办提出书面意见函。

二是做好机构调整事项论证调研。省法院会同省委编办,共同做好申请事项调研、基础论证工作,省法院提出审核意见后,省委编制管理部门审批,必要时还联合省编办进行实地调研,进一步了解工作情况,对机构调整的必要性、可行性和可操作性进行全面调研。

三是做好相关事项的审核。对于基层法院内设机构减少的,在市、县机构编制部门审批前,须报中级法院审核同意;对于中级法院内设机构减少的,须报省法院审核同意。对市、县法院"三定"方案、内设机构、派出机构、事业单位增加等事宜,须报省法院审核。

(二)法院内设机构改革

自2018年6月中央编办、最高人民法院对省以下人民法院内设机构改革进行统一部署以来,省法院会同省委编办深入各地、实地调研,联合印发《关于推进省以下人民法院内设机构改革工作方案》。同年12月初,在全省基层法院全面推开内设机构改革工作,并按时完成全省基层法院内设机构改革工作。

江苏基层法院内设机构改革工作严格依照改革精神和文件规定,从整理、整合机构职能入手,结合全省法院工作实际,着重解决机构职能碎片化和力量过于分散问题。

一是从精简整合现有机构着手,优化资源配置。从严控制机构规模,明确机构精简标准,对职能交叉和业务相近的内设机构进行整合,凸显审判执行主责主业。内设机构改革方案实施后,全省基层法院审判执行部门及审判辅助部门数量为918个,司法行政部门数量为292个。

二是从科学设置审判业务机构着手,优化审判组织建设。突出以审判为中心,统筹考虑传统审判庭和特色审判庭关系,设置专业审判庭或者探索设立专业化审判团队;统筹考虑审判业务庭设置与审判执行团队组建的关系,指导各地灵活组建审判执行团队;统筹考虑放权与监督的关系,单独设置审判管理办公室,加强对审判执行工作的管理和监督。

三是从整合非审判业务机构着手,强化综合保障职能。将机构精简和扁平化、集约化管理相结合,兼顾司法行政事务专业化要求,推行司法事务扁平化和集中化管理,减少不必要的管理层级,提高工作效能。各基层法院统一规范机构设置方式,参照江苏法院改革方案规定的“3+2”“5+2+1”“6+3+1”等基本模式,确定本院内设机构设置框架,统一规范内设机构名称和职责。对照各地改革方案,全省基层法院内设机构改革后,内设机构数由1864个减少到1210个,精简比例达35%。

〈 延伸阅读 〉

【江苏省高级人民法院部分内设机构及职能调整】为进一步优化调整省法院民事审判业务部门的职能分工,根据省编办《关于省法院部分内设机构更名及职能调整的批复》,经院党组研究,决定对省法院相关业务部门机构设置及职能作出调整。

一、立案庭

主要职责:负责本院审理的各类案件的立案工作;负责本院受理的民事管辖权异议案件的审理;涉诉信访和诉讼服务工作。对口监督、指导全省立案工作、涉诉信访、诉讼服务、诉调对接、案件繁简分流和案件速裁工作。

二、民事审判第一庭

主要职责：负责有关人格权、婚姻家庭、继承纠纷；自然人之间、自然人与法人（其他组织）之间物权纠纷（不包括涉及房屋和土地的物权纠纷）；自然人之间、自然人与法人（其他组织）之间的合同（不包括涉及房屋和土地类合同、借款合同）、无因管理、不当得利纠纷；自然人之间、自然人与法人（其他组织）之间的侵权责任纠纷以及适用特殊程序的案件的审理工作。对口监督、指导下级法院的民事审判工作；指导全省人民法庭工作。

三、民事审判第二庭

主要职责：负责商事主体之间物权纠纷（不包括涉及房屋和土地的物权纠纷）；法人之间、法人与其他组织之间的合同纠纷（不包括涉及房屋和土地类合同、借款合同）、侵权责任纠纷、无因管理、不当得利纠纷；与公司、保险等有关的商事纠纷案件的审理工作。对口监督、指导下级法院的商事审判、破产审判工作。

四、知识产权审判庭（民事审判第三庭）

知识产权审判庭增挂民事审判第三庭牌子。主要职责：按照知识产权案件"三审合一"原则，负责著作权、商标权、专利权、植物新品种、集成电路布图设计、商业秘密、技术合同、特许经营、特殊标志、网络域名、知识产权质权合同纠纷；知识产权权属、侵权纠纷；不正当竞争纠纷；垄断纠纷案件的审理工作。对口监督、指导下级法院的知识产权审判工作。

五、民事审判第四庭

原民事审判第三庭更名为民事审判第四庭，主要职责：负责涉外、涉港澳台民商事纠纷；不服仲裁裁决纠纷；劳动争议、人事争议纠纷案件审理工作。负责办理涉外、涉港澳台司法协助案件。对口监督、指导下级法院涉外、涉港澳台民商事审判，劳动、人事争议审判工作。

六、民事审判第五庭

原审判监督第二庭更名为民事审判第五庭，主要职责：负责金融借款合同纠纷、金融不良债权转让合同纠纷、金融不良债权追偿纠纷；民间借贷纠纷、小额借款合同纠纷、同业拆借纠纷、企业借贷纠纷；证券、期货、信托、票据、信用证纠纷案件审理工作。对口监督、指导下级法院的借款纠纷、金融纠纷案件的审判工作。

七、民事审判第六庭

原审判监督第三庭更名为民事审判第六庭，主要职责：负责涉房屋和土地物权纠纷；建设用地使用权纠纷；宅基地使用权、地役权纠纷案件；建设用地使用权抵押权纠纷等；涉建筑工程和房地产类案件审理工作。对口监督、指导下级法院的涉建设工程和房地产案件审判工作。

八、审判监督庭

原审判监督第一庭更名为审判监督庭，主要职责：负责不服本院生效裁判以及省人民检察院提出再审建议的刑事、民事、行政审判监督案件，最高人民法院指令再审、省人民检察院抗诉再审以及本院院长提请审委会决定再审的刑事、民事、行政再审案件，以及不服中、基层法院生效刑事裁判的审判监督案件审理工作，负责办理对被判处死刑缓期二年执行罪犯减刑案件以及被判处无期徒刑罪犯的减刑、假释案件。对口指导下级法院审判监督、减刑假释、社区矫正、暂予监外执行工作。

第二节　深化人员分类管理制度改革

科学划分法院人员类别，明确岗位设置，员额法官、审判辅助人员、司法行政人员各归其位、各尽其责，有效解决了长期困扰法院的各类人员职责不明的问题，改革取得了明显成效。人员分类管理改革在实现司法人力资源优化配置的基础上，调动了各类人员的工作积极性，缓解了人案矛盾。

一、推进法官员额制改革

（一）落实常态化法官入额遴选机制

组织开展全省法院法官入额遴选工作，原则上每年开展一次。落实新修订《法官法》,进一步规范员额法官遴选标准和工作机制,修订全省法院法官遴选办法和法官遴选委员会工作规则。为充分体现择优入额,按照“两年一考、五年有效”的规则,常态化组织开展法官入额考试,并自 2020 年起设定面试环节。落实法官员额递补机制,按照“高级、中级法院原则上不超过 2 名、各基层法院原则上不超过 1 名”的原则,产生递补入额人选,下次遴选启动前员额出现空缺时及时递补入额。探索开展中级法院法官助理赴基层法院入额机制,指导各市中级法院选取空额较多、法官助理人数相对较少的基层法院,开展赴该院入额工作。员额制改革以来,江苏法院先后组织开展 6 批员额法官遴选,共遴选法官 8374 名。目前,全省法院共有法官 6883 人,占中央政法编制数的 37.80%。

(二)推进法官员额动态管理

省法院制定《江苏省法官员额动态调整暂行办法》,坚持省级统筹、总量控制、按需调整、倾斜基层,创设“两个不高于原则”,即省法院法官员额比例不得高于全省基层法院平均水平,各市中级法院法官员额比例不得高于辖区基层法院平均水平。对照各地法院案件权重、辖区人口、人案比例等对全省三级法院法官员额进行调整,核定法官员额 7099 名,占政法编制的 38.98%。部分中级法院向辖区人案矛盾特别突出、法官助理入额压力大的基层法院调增员额数,进一步推动审判力量下沉基层。严格员额法官退出机制,制定完善《江苏省法官退额、交流、任职管理实施办法》。员额制改革以来,全省法院共有 1672 人退出员额,其中 245 人申请退额,792 人退休退额,443 人因岗位调整退额,166 人因违纪违法退额,26 人因“回避”“裸官”等其他原因退额;省法院机关共有 47 人退出员额,其中 32 人退休退额,14 人因岗位调整退额,1 人因违纪违法退额,推动员额法官动态管理实现“有进有出”,保持“一池活水”。进一步规范退额异议复核工作程序,制定出台《江苏省法官退额异议复核工作规则》,切实保障当事法官的合法权益。

〈 拓展资料·发布 〉

【《江苏省法官员额动态调整暂行办法》】为贯彻中共中央办公厅《关于深化司法责任制综合配套改革的意见》和最高人民法院《省级以下人民法院法官员额动态调整指导意见(试行)》(以下简称《最高人民法院指导意见》),规范和加强全省法院法官员额管理,健全完善动态管理机制,省法院起草了《江苏省法官员额动态调整暂行办法》(以下简称《暂行办法》),为全省法院员额法官遴选做好充分准备。

起草原则:一是坚持全省法院通盘考虑,全面规定和细化法官员额的核定、分配、调整等流程。二是坚持全省法院法官员额总量控制,按照中央员额比例的上限,测算全省法院法官员额总量。三是坚持向基层法院倾斜,规定"两个不高于原则",即省法院法官员额比例不得高于全省基层法院平均水平,各市中级法院法官员额比例不得高于辖区基层法院平均水平。四是坚持员额总体稳定和有序调整,明确原则上在一届院长任期内,法官员额的全面调整不超过两次。五是坚持全面调整和实时调整相结合,建立法官员额综合评估机制,定期对员额的配置、调整情况进行调查评估,提出全面调整建议。同时,细化实时调整的情形,及时将有限的审判资源调整配置到最需要的法院。

《暂行办法》结合江苏法院工作实际,从五个方面对法官员额核定分配、动态调整、员额管理、递补员额等进行了制度设计和完善,并明确了相关工作要求,共19条。

第一部分(第1~2条):此部分对法官员额动态调整的基本概念和基本原则进行了阐述。明确在全省法院法官员额总量内,根据工作需要对各地法院员额进行核定、分配、调整,推动全省法院法官员额有效使用、审判资源合理调配。法官员额的动态调整,要坚持省级统筹、总量控制、以案定额、倾斜基层、总体稳定、按需调整原则。

第二部分(第3~7条):此部分对法官员额核定、分配进行了规定。明确了全省法院法官员额以核定中央政法专项编制为基数,按39%的比例确定总量。规定员额核定的考虑因素:案件数量、核定编制、经济社会发展情况、人口数量等。为落实《最高人民法院指导意见》关于法官员额配置向基层和办案一线倾斜的要求,我们创设了“两个不高于原则”。即省法院法官员额比例不高于全省基层法院平均水平,各市中级法院法官员额比例不高于辖区基层法院平均水平。关于设区市法院法官员额分配,我们规定由省法院统一分配至各市中级法院,各市中级法院根据辖区法院具体情况,再行分配至各基层法院。南京海事法院、徐州铁路运输法院法官员额的核定和调整,由省法院负责。根据《最高人民法院指导意见》第 6 条的规定,上级法院可以预留合理比例或数量的法官员额,用于辖区内法院进行调整配置。因此,我们规定省法院预留全省法院核定员额数的 1% ~2% ,各市中级法院可以预留一定数量的员额用于动态调整。但预留的法官员额不得用于本院,上级法院应当适时分配至基层法院。

第三部分(第 8 ~ 12 条):此部分对法官员额调整的情形、频率和流程进行了规定。明确了上级法院对辖区法院法官员额进行动态调整时,应当在已经核定的员额总量范围内进行调整。对法官员额调整的具体情形进行了细化,明确员额调整的频率,原则上在一届院长任期内不超过两次。对法官员额动态调整的审批和备案流程也进行了明确。

第四部分(第 13 ~ 17 条):此部分对员额管理、增补和递补员额、员额的借用和转任进行了规定。明确省法院应当根据辖区法院法官员额使用情况,统筹进行法官员额调整,定期开展员额法官遴选,原则上每年一次。根据《最高人民法院指导意见》第 14 条的规定,“员额法官遴选中,在向省级法官遴选委员会推荐拟入额人选时,可综合考虑法院员额法官人均办案工作量、近期拟退休法官人数等因素,按照不高于员额法官空缺数 30% 的比例推荐递补人选。在下一次法官遴选工作启动前,因法官员额产生空缺的法院,可直接从递补人选中推荐拟入额人选,按程序报高级法院审批后办理任职手续”。我们对递补员额的申报、分配和使用进行了细化。

第五部分(第 18 ~ 19 条):此部分规定了员额动态调整的组织架构和附则。明确了此项工作的责任部门,抓好各级法院法官员额动态调整工作,强调严格审批和备案流程,明确了《暂行办法》的施行日期。

(三)完善法官单独职务序列管理

2017年,在完成员额法官单独职务序列等级评定和按期晋升工作的基础上,在全国率先开展法官等级择优选升工作。省法院经与省委组织部多轮会商,制定《全省法院一级高级、二级高级法官择优选升工作实施方案》,并在省委组织部的指导支持下做好各项具体实施工作,严把选升人员比例关、选升资格条件关、工作时序进度关、人员组织考察关。2020年,商请省委组织部,制定法官、检察官择优选升工作规则,明确一级高级、二级高级法官选升工作常态化机制。组织开展全省法院一级高级、二级高级法官择优选升,把握职数使用"不超过两个50%",综合择优竞争、队伍可持续发展等因素,组成考察组赴各地开展民主推荐和考察。自2017年以来,全省法院晋升一级高级法官13名,晋升二级高级法官75名。同时,各地法院三级高级、四级高级法官择优选升工作平稳有序开展,已选升1088人,有效畅通了法官职业晋升通道。

(四)落实法官职业保障待遇

省法院会同省检察院,共同向省司法体制改革试点工作领导小组提交报告,提出建议,协调财政、人社等有关部门明确相关改革配套政策,完善法官管理和职业保障制度。开展法官单独职务序列配套待遇等政策落实情况、法官业绩考评工作和法官职业安全保障联动机制建设等专项调研,就任职交流、退休年龄、医疗、差旅、办公用房、公车补贴、退休养老等政策落实情况,法院业绩考评、人员流动,以及法院与公安机关联防联动协作情况,进行分析研判,省法院机关法官职业保障待遇已经全部落实到位。指导淮安中院协调相关部门落实员额法官待遇,按照法官等级对应行政级别享受市高质量跨越发展考核目标奖。

二、强化业绩考核评价

2020年10月,省法院被省委组织部确定为中组部公务员绩效管理试点单位。以“1 +1 +3”绩效管理制度体系为核心，以一体化考核为路径，以信息化建设为牵引，聚焦绩效计划、执行、评价、反馈四个环节推进绩效管理试点工作，激励干警履职尽责、担当作为，有效发挥了绩效管理的指挥棒作用。

一是建立绩效考核指标体系，实现考核工作深度融合。建立“1 +1 +3”绩效管理制度体系，紧紧围绕贯彻落实中央、省委决策部署，将各项工作目标按照重点工作、日常职责、党的建设、创新创优四个方面分解至部门，各部门再将目标任务分解至每名干警，实现绩效计划从组织向个人的有效延伸。第一，分类设置考核指标。打通法院不同类别人员之间的间隔，区分法官、法官助理、书记员和司法行政人员四个类别，根据不同岗位职责分别设立差异化绩效指标，避免“一刀切”“一锅煮”，充分发挥绩效指标的导向作用。第二，统一案件权重指标体系。打通不同案件之间的间隔，根据不同类型案件的难易程度、审理时间、耗费工作量，专门建立包含近 100 项指标的标准化案件权重指标体系，贯通民事、刑事、行政等不同类型以及一审、二审、再审等不同审级案件，统一设置案件权重系数，解决审判庭之间、法官之间审判工作量无法比对的难题。

二是建立动态管理机制，实现绩效管理贯穿全过程。计划制定之前，考核职能部门与被考核部门、各部门负责人与法官、法官与法官助理之间进行充分沟通，研究确定部门和个人绩效目标，增强指标设置的针对性和科学性。第一，强化绩效执行监督。利用大数据技术，实时显示法官、法官助理和书记员的办案数量、办案质效等指标，帮助领导和干警及时了解案件审理进程，提升对绩效执行的监督水平。第二，强化绩效结果反馈。建立审判工作周通报制度，每周对各部门和干警的审判运行态势进行综合研判和结果反馈，落实均衡结案。定期召开法官会议、工作例会，建立谈心谈话机制，对绩效计划执行过程进行跟踪问效，对考核评价结果进行沟通反馈，督促指导每名干警不断改进工作，提升质效。

三是建立多维度考核评价体系，推动绩效评价公平公正。第一，平时考核与年度考核相结合。根据平时考核与年度考核的不同要求，分别确定考核指标、考核主体和考核办法，以平时考核促进过程管理，以年度考核强化结果运用,将年终一次性评价转变为工作过程中的实时评价。第二,客观评价和主观评价相结合。根据法院审判工作特点和人员类别,分别确定主客观相结合的考核评价方式。对法官办案数量、质量和效率等可量化程度较高的指标,采取客观考核的办法;对于政治品质、道德品行、工作作风等较难量化评价指标,通过个人自评、领导评价、群众评议等方式进行主观评价。第三,领导评价和群众评价相结合。在平时考核遵循近距离评价原则,按照中层干部、其他工作人员两个类别分别由分管院领导、部门主要负责人评价,简便考核程序。年度考核中引入群众评价,并将群众信访举报、满意度评价等数据作为考核履职情况的重要内容,使考核主体更加多元,结果评价更加全面。

四是建立信息化绩效管理平台,实现绩效管理智能化。第一,功能集成。通过打造绩效考核信息的个人考核、部门考核、审判数据等 7 大功能模块,提升了绩效考核工作的效率,普通干警平均每季度在绩效考核工作上耗时不超过 30 分钟,部门负责人平均每季度耗时不超过 1 小时。第二,互联互通。打破"信息孤岛",将绩效管理系统与案件审理系统、案件权重系统、人事信息系统有效关联,实现各项数据的自动对接、实时显示和动态更新,让数据多跑路,有效减轻干警负担。第三,操作便捷。设计一键操作功能,使计划审批、考核评价、结果反馈均做到"一键操作",民主测评模块实现线上操作,实时显示测评成绩,有效减轻考核组织者工作负担。

五是强化结果运用,激励干警干事创业。用足正向激励,将平时绩效考核、年度绩效考核结果与评先评优、绩效奖金分配、教育培训等相挂钩,并作为干部选拔使用、岗位调配、法官入额遴选的重要依据,对实绩突出的干部及时纳入组织视野,加强跟踪培养。用好反向鞭策,将考核结果作为监督问责的依据,提出绩效考核不达标扣减绩效奖金、法官助理绩效考核不合格不能入额、法官绩效考核不合格退出员额等刚性条款。深化考核结果运用,以干警的审判业绩、绩效考核结果、表彰奖励等为主要数据支撑,结合干警的工作经历、学历、调研成果等开发干警画像功能,以干警画像呈现每位干警的成长轨迹、工作实绩、能力水平和发展潜力等,为选人用人提供数据支撑。2021 年,省法院审执结案件 25223 件,同比增长 39.67%,法官人均结案 123 件,同比增长23.99%。

〈 延伸阅读 〉

【江苏法院系统绩效管理平台】江苏法院系统绩效管理平台面向全省法院进行模块化设计,该系统目前有个人考核、部门考核、审判数据等7大功能模块,后续在中基层法院的应用过程中,可以通过个性化的定制服务,进一步贴近各法院绩效管理实际。通过打造功能集成、互联互通、操作便捷、智能应用的绩效管理信息平台,普通干警平均每季度在绩效考核工作上耗时不超过30分钟,部门负责人平均每季度耗时不超过1小时,大大提升绩效考核工作的效率。绩效管理平台具体功能如下:

一、服务大厅功能。包含3项功能:1. 业务办理;2. 成果展示维护;3. 个人信息维护。该模块主要将传统人事系统进行信息化流程构造,提升人事业务便捷性。同时,通过开放性的设计,主动采集干警的职务成果、兼职信息等数据,为人力资源数据分析提供基础。

二、任务中心功能。包含3个功能:1. 待办任务;2. 已办任务;3. 我的申请。该模块集中展示了个人考核、部门考核等各个考核系统业务流程的办理进度,是绩效管理平台的任务中心。

三、成员信息功能。可以点击查看本部门成员的信息,方便部门负责人了解本部门所有人员基本人事信息。

四、个人信息模块。该模块展示干警个人信息,方便干警个人查询本人的有关人事信息。

五、个人考核模块。包含4个功能:1. 制定个人工作目标;2. 制定个人工作总结;3. 个人考核结果反馈;4. 本部门人员考核结果公示。该模块主要用于干警个人进行平时考核、年度考核。

六、部门考核模块。包含4个功能:1. 单位考核信息;2. 各部门工作目标/总结;3. 部门打分表;4. 考核结果公示。该模块主要用于部门考核,全院干警可以查阅各部门工作总结,考核结果。

七、审判数据模块。包含3个功能:1. 部门审判数据;2. 个人审判数据;3. 工作通报。该模块系统展示法官、法官助理和书记员个人审判业绩,展示全院各审判业务部门审判业绩,为绩效管理提供数据支撑。

< 拓展资料·发布 >

【关于严格落实《最高人民法院〈关于加强和完善法官考核工作的指导意见〉的通知》】为贯彻落实《最高人民法院关于加强和完善法官考核工作的指导意见》,切实加强法官队伍管理,全面落实司法责任制要求,根据中央政法委《关于严格执行法官、检察官遴选标准和程序的通知》《最高人民法院关于在加快推进司法责任体系改革和建设中进一步加强法院队伍建设的意见》《最高人民法院关于加强各级人民法院院庭长办理案件工作的意见》的相关规定,现就进一步加强和完善法官考核工作通知如下:

一、各级法院要提高政治站位,切实统一思想,充分认识开展法官考核的重要意义,全面正确理解考核的价值导向,引导法官增强接受考核的自觉性。

二、法官必须在司法一线办案,编入审判团队并完成法官岗位规定的审判工作量。目前未在司法一线办案的法官,应当于本通知印发之日起一个月内编入审判团队办案,否则应当退出法官员额。法官到人大、政协等外系统任职的,属于调离情形,应当退出法官员额。

三、入额的院长、副院长、审判委员会专职委员、庭长、副庭长和其他部门正副职等(以下简称院庭长),以及退出领导岗位尚未退休的法官(以下简称退出领导岗位的法官),应当结合专业背景和个人专长编入审判团队办案,重点审理重大、疑难、复杂、新类型和在法律适用方面具有普遍指导意义的案件。

四、各中级法院要区分不同地区、层级、岗位,科学合理确定院庭长和退出领导岗位法官的办案数量、比例标准、办案类型和具体办案要求,制定退出领导岗位法官的考核管理意见,报省法院政治部备案。鼓励退出领导岗位的法官参与诉源治理、涉诉信访、案件评查等工作,但办案数量不得少于退出领导岗位之前的要求。

五、各中级、基层法院应当逐月通报庭领导和退出领导岗位的法官的办案情况，省法院和中级法院负责逐月通报下一级法院院领导的办案情况；通报中应当包含办案数量、折算比例、案件类型、审判程序、参与方式、开庭数量等。

六、法官审判工作业绩，主要包括办案业绩和其他工作业绩。法官的办案业绩，主要考核办案数量、办案质量、办案效率和办案效果。法官的其他工作业绩，主要包括法官参加党和国家中心工作、地方重点工作，参加审判委员会、赔偿委员会、司法救助委员会、专业法官会议讨论案件，办理涉诉信访，开展执行监督，参与诉源治理，开展案件评查、业务指导，开展未成年人案件社会调查、回访帮教等延伸工作，以及参加规范性文件制定、课题研究、案件研编等其他工作。法官的其他工作业绩应当计入年度工作量，纳入岗位绩效考核。

七、法官有《最高人民法院关于加强和完善法官考核工作的指导意见》第20条情形之一的，年度考核应当确定为基本称职等次；有第21条情形之一的，年度考核应当确定为不称职等次。

八、法官年度考核为基本称职、不称职或不定等次的，不享受当年度绩效考核奖金。法官年度考核不称职，或者连续两年考核为基本称职的，应当退出员额。院庭长和退出领导岗位的法官无正当理由年度办案数量未达到规定标准的，应当退出员额。

九、各级法院要加强组织领导，认真谋划部署，严格贯彻落实《最高人民法院关于加强和完善法官考核工作的指导意见》和本通知要求，激励法官担当作为，不断提升审判质效水平。省法院将定期开展督促检查，确保考核意见落地落实。

三、完善司法辅助人员招录、管理机制

(一)完善法官助理统一招录机制

自2017年起,省法院与省委组织部、省人社厅及省公务员局等有关部门多次会商,组织开展全省法官助理统一招录工作。制定全省法官助理职位招录工作方案,协调组织法官助理招录面试工作,组织专家和资深法官针对法官助理职业特点进行单独的面试命题,通过积极与省公务员招录主管部门会商,对法官助理面试工作进行优化完善。在面试命题上,增加与审判相关的专业题,重点考察考生的法律适用和解决审判实践问题的能力;在考官组成上,进一步加大法院系统专业考官的比重,提升面试评分的客观性与专业性;在面试组织上,进一步优化随机抽签、异地交流方案,从全省三级法院抽调面试考官,参与全省考场的面试工作。截至目前,江苏法院共招录法官助理2165名,补充了新鲜血液和后备人才。同时,协商省委组织部相关部门,及时转发中组部和"两高"《关于法官助理、检察官助理和书记员职级设置管理的通知》,指导全省法院认真做好法官助理、书记员职位数测算,及时开展相关职务套转和晋升工作,积极推进法院人员分类管理。

同时,省法院积极探索法官助理统一职前培训机制。根据中央关于法官助理制度改革的要求,将法官助理职前培训纳入全省法院年度培训计划统筹安排,并结合审判执行工作实际及法院工作发展趋势,围绕培训班的课程安排、日常管理、结业考核及后勤保障等方面开展广泛调研,详细制定培训工作方案,做好培训班先期组织工作。举办全省法院新招录法官助理入职培训班,每年对新招录的法官助理进行培训,培训班优良的师资力量、精心的课程安排,获得受训学员一致好评。法官助理统一职前培训的成功开展,为促进江苏法院法官助理队伍专业化建设作出了积极探索。

(二)稳步推进法官助理分阶培养改革

法官助理作为法官的重要后备力量,培养制度的健全完善,事关法官队伍建设和司法人事制度改革的成效。随着司法改革的深入推进,特别是员额制改革的不断完善,法官助理在人民法院改革发展过程中的地位不断凸显。

加快推进法官助理队伍革命化、正规化、专业化、职业化建设，完善法官助理分阶培养机制，对于优化法官助理发展路径、推动辅助工作专业分工、整合司法人力资源、提升审判质量效率具有重要意义。2020年3月，中共中央办公厅印发的《关于深化司法责任制综合配套改革的意见》明确提出要规范司法辅助人员管理，建立健全法官助理分层培养机制。最高人民法院多次提出，要推动完善法官助理招录、管理政策，建立健全法官助理分层培养机制。2020年10月，江苏法院启动法官助理分阶培养改革试点，制定试点通知，在苏州、南通等地13家法院开展法官助理分阶培养改革试点工作。全面梳理法官助理分阶培养改革试点情况，总结工作做法，提炼特色亮点，供全省法院参考借鉴。法官助理分阶培养的课题获评全省法院重大调研优秀课题。起草全省法院法官助理分阶培养指导意见，优化法官助理培养方式，强化助理能力提升。

（三）建立法院系统名校优生专项选调机制

为进一步拓宽员额法官的后备人才选拔渠道，为法院的长远发展提供高素质人才支撑，优化法院人才队伍结构，省法院经与省委组织部沟通争取，自2020年开始建立法院系统名校优生专项选调机制，每年从省委组织部“名校优生”计划中拨出一定名额，专门面向全国20多所“985”院校及“五院四系”法律名校招录法律类应届毕业生。截至2021年，共选调名校优生82人，其中首批42人分配到省法院、南京海事法院和各中院后，获得广泛好评。

一是建立多方沟通机制。经过2年的摸索，省法院建立了事前与省委组织部沟通总体选调方案、与各中院沟通选调计划、与各高校沟通宣讲工作的多方沟通机制，并建立完善了各高校法学院、就业中心对接人员名录、各中级法院名校优生专项工作人员名录，确保沟通畅通高效。

二是建立高校宣讲机制。为提升江苏法院对名校优生的吸引力，让高校学生深入了解江苏法院，省法院在每年选调前都会赴高校进行宣讲。宣讲工作由省法院统一组织，省法院院领导、各中院和南京海事法院院领导分别带队组成宣讲小组赴高校宣讲，分工协作、各负其责。

三是建立考察人员库机制。为确保考察工作顺利进行，从全省各法院挑选了一批长期从事组织人事工作或审判业务工作，工作能力较强、工作作风扎实、纪律观念较好的同志组成考察人员库，并进行专门的业务培训和工作纪律教育，为考察工作顺利进行提供有力组织保障。

四是建立名校优生培养管理机制。制定《全省法院系统名校优生选调生培养管理工作暂行办法》，对名校优生的培养方向、岗位安排、基层锻炼、教育培训、借用审批、调动审批、管理机制等方面进行了规定，压实各方管理责任，促进选调生成长成才。

〈 拓展资料 · 发布 〉

【《全省法院系统名校优生选调生培养管理工作暂行办法》】为把名校优生选调工作做深、做实，培养好、管理好、使用好这批青年人才，省法院专门制定了《全省法院系统名校优生选调生培养管理工作暂行办法》。该暂行办法共18条，主要对名校优生的培养方向、岗位安排、基层锻炼、教育培训、借用审批、调动审批、管理机制等方面进行了规定，涵盖培养、使用、管理各个环节，压实各方管理责任，促进选调生成长成才。较为特色的规定主要是以下几个方面：一是基层锻炼机制。明确名校优生试用期满以后，到县（市、区）法院锻炼不少于2年，其间在人民法庭锻炼不少于1年。名校优生在基层锻炼期间，要有计划安排到信访、执行等吃劲岗位，在人民法院锻炼期间，可以兼任党支部副书记，协助庭长负责某一方面工作。二是“双导师制”。为名校优生配备专业导师和成长导师，明确在基层锻炼期间，由县（市、区）法院主要领导担任成长导师，所在部门主要责任人或人民法庭庭长担任专业导师，从专业素养、思想作风引导等多方面加强教育培训。三是系统培训机制。新录用名校优生入职后，会安排其参加2次岗前培训，分别是省委组织部和省法院政治部组织的集中岗前培训。同时明确名校优生在基层工作期间，每年参加各级法院、党校、行政学院、干部学院或组织（人事）部门认可的其他培训机构脱产培训时间累积不少于12天。四是专项督查机制。明确名校优生试用期满和工作满3年，由省法院政治部组织集中考察，全面了解其现实表现、综合素质和发展潜力。省法院政治部每年组织1次名校优生座谈会，对名校优生工作、生活等情况进行了解。五是动态管理机制。省法院重点掌握一批经过基层岗位锻炼,德才兼备、表现优秀、有发展潜力的名校优生名单,做好跟踪培养。对无正当理由不服从组织调动、擅自调动工作或者辞去公职等情形的名校优生,经过相应的程序,调整出名校优生名单。

(四)深化书记员管理体制改革

按照"社会化招录、专业化培训、序列化管理、职业化保障"的思路积极探索实践,持续推进书记员管理体制改革,不断提升聘用制书记员队伍正规化、专业化、职业化水平。主要围绕以下四个方面开展工作:

一是严格社会化招录。招录书记员统一面向社会公开,实行省法院统一组织与各招录法院自主招录、分工负责相结合的方式,省法院统一发布招录公告、统一报考资格、统一考试命题、统一组织考试,各招录法院组织资格审查和面试,形成了一套标准化的招录考试规范流程。根据审判工作需求,不断优化招录标准和条件,改进招录考试方式,在考核计算机文字录入技能的基础上,加大考生综合素质考核的比重,为法院选拔输送适岗性更强、能力更加全面的书记员人才。自2013年改革以来,江苏法院共组织聘用制书记员面向社会公开招录15次,新录用聘用制书记员6547人。其中,自2018年以来共组织公开招录5次,新录用聘用制书记员2838人。

二是狠抓专业化培训。省法院专门编写书记员培训教学大纲,统一培训要求、统一培训课程、统一组织考核。培训对象做到人员全覆盖,对新招录书记员实行"先培训后上岗",对符合晋级条件书记员实行"先培训后晋级"。培训课程注重统筹设计,涵盖法律知识与实务操作,兼顾课堂讲授与实战训练,保证书记员能够学以致用。经过多年探索实践,在培训时间安排、课程设置、教师遴选、管理保障等方面逐步形成了一套完备的培训体系。自改革以来,先后在南京统一组织初级书记员培训班26期,中级书记员培训班5期,高级书记员培训班1期,共计培训书记员8300余人,其中,自2018年以来组织初级书记员培训班13期,中级书记员培训班6期,高级书记员培训班1期,培训书记员4700余人,有效提升了全省法院书记员的整体素质。

三是推行序列化管理。省法院与省人社厅联合制定《书记员岗位等级标准和考核办法》,为聘用制书记员设置"三级九等"职业发展通道,由省人社厅共同参与书记员培训考核,并由其核发书记员岗位等级证书,提升考核和证书的社会公信力。各级书记员等级考核,均由省法院政治部统一组织,严格考核标准,形成了一套标准化的考核流程,并自主开发了计算机速录技能考核软件。自改革以来,省法院共组织书记员岗位等级考核38次,考核书记员18700余人次。其中,自2018年以来,组织考核14次,考核书记员4200余人次。对考核合格人员,根据服务年限、业务能力、工作表现,由书记员岗位等级评审委员会评定书记员等级,向全省法院核发书记员等级证书8568本,其中初级书记员证书7881本、中级书记员证书662本、高级书记员证书25本,形成了书记员单独管理序列。

四是完善职业化保障。对通过公开招录进入法院工作的书记员,用人单位与其直接签订全省统一格式的劳动合同,为书记员提供合同保障。省法院出台文件明确规定聘用制书记员薪酬待遇由基本工资、绩效工资、岗位津贴和工龄工资构成,基本工资不得低于当地最低工资收入标准的1.2倍,绩效工资由各地法院根据考核完成情况和当地工资收入标准核定,既有"托底"保证,又能体现工作量和地区差异。根据经济社会发展,适时提高书记员岗位津贴和工龄工资标准,提高书记员工资增长幅度,使工资结构更加优化。积极落实医疗、养老等各项职业保障措施,切实保障其合法权益。加强对聘用制书记员关心关爱,与省、市房管部门积极沟通协调,为聘用制书记员申请公租房,帮助其解决实际困难。

(五)创新完善人民陪审员工作机制

2015年,江苏被最高人民法院确定为人民陪审员制度改革试点的10个省份之一,南京中院、盐城中院、南京鼓楼区法院、苏州吴中法院、无锡梁溪法院5家试点法院会同有关司法行政机关开展了卓有成效的探索创新,改革试点工作在很多方面走在了全国前列。其中,南京中院的参审管理机制、盐城中院的履职保障机制、南京鼓楼区法院的自主管理模式、苏州吴中区法院的选用分离模式、无锡梁溪区法院的两审分离机制等改革举措得到了全国人大常委会、最高人民法院的充分肯定。人民陪审员选用分离模式等举措还被立法吸收借鉴,成为《人民陪审员法》的突出亮点之一,为《人民陪审员法》的制定出台作出了积极贡献。

自2018年以来,省法院贯彻落实《人民陪审员法》及配套文件,制定《关于深化人民陪审员制度改革试点工作的通知》,在无锡、徐州等地8家法院开展陪审工作深化试点,进一步完善人民陪审员参审机制,强化陪审工作管理。对全省法院落实《人民陪审员法》及相关配套制度情况开展专项督查,总结人民陪审员制度改革试点工作做法。完善人民陪审员参审管理机制,起草全省法院陪审工作"十提倡""十不得",将刚性落实和探索创新相结合,切实提升人民陪审员履职的能力水平。开展法官指引机制专题调研,指导无锡法院制定陪审裁判规则指南及人民陪审员参审法官指引规程。指导全省各地法院准确适用陪审制审理案件,近年来,江苏法院人民陪审员参审案件占一审普通程序的75%以上。

四、落实司法人员职业保障制度

江苏法院认真落实司法人员权益保障工作要求,在全省各级法院普遍成立法官权益保障委员会,完善司法人员职业安全保障机制,推动广泛形成加强保障、关心关爱、鼓励激励司法人员的共识。

(一)推动司法人员保障待遇落实

根据司法人员分类改革相关政策,积极争取地方党委和相关部门支持,推动法官单独职务序列配套保障政策包括医疗待遇、差旅待遇及公务交通补贴等落地落实。目前,江苏法院法官单独职务序列配套待遇政策"拼图"已经齐备,正积极争取省委、省政府相关职能部门的支持,进一步推动落实法官职业保障待遇。同时,加强对司法辅助人员、司法行政人员的关心关爱,通过日常督促、会议督促、分类督促等方式,帮助、指导、推进各地法院加快落实司法人员分类改革职业保障相关政策。

(二)加大司法人员安全保障力度

提高安全风险防范意识,加大法院及派出法庭安检硬件设施投入,健全完善法院工作人员接访制度,严格审判区与办公区隔离,加强与公安、治安联防联动,做好法律释明和思想疏导工作,同时事先做好风险防范预案,提高应急处置能力,防止恶性事件发生,确保人民法院的审判执行工作安全。

(三)加强对司法人员的关爱激励

持续关注司法人员身心健康,通过开展走访慰问和谈心谈话、做好表彰奖励等,切实做好关心关爱和鼓励激励。积极选树先进典型,2021 年省法院对 85 个集体和 154 名个人进行了表彰,不断增强法官的尊荣感和自豪感。坚持严管厚爱,通过扎实开展队伍教育整顿、创新完善司法巡查和审务督察、推进法官惩戒工作等,加强对法官履职的监督管理,探索开展为受不实举报干警澄清正名工作,以严管体现厚爱,严管与厚爱相结合。

第三节　深入推进诉讼制度改革

通过完善诉讼制度提升办案质量、效率和效果,从源头上防范冤错案件,实现案件繁简分流、轻重分离、快慢分道,推动完善立体化、多元化、精细化的诉讼制度体系。

一、推进民事诉讼程序繁简分流改革

2019 年 12 月,第十三届全国人大常委会第十五次会议作出《全国人民代表大会常务委员会关于授权最高人民法院在部分地区开展民事诉讼程序繁简分流改革试点工作的决定》。2020 年 1 月,最高人民法院印发《民事诉讼程序繁简分流改革试点方案》《民事诉讼程序繁简分流改革试点实施办法》,南京、苏州两地中、基层法院纳入本次改革试点名单。自最高人民法院启动民事诉讼繁简分流改革试点工作以来,省法院周密部署、认真指导,南京中院、苏州中院积极响应、稳步推进,各试点基层法院充分发挥首创精神争当改革标杆,各项工作稳步开展。2021 年年底,全国人大修改《民事诉讼法》共 16 条,其中 10 条吸纳了省法院 12 条意见,包含对《民事诉讼法》的修改建议 9

条，对《民事诉讼法》解释的修改建议 3 条。

(一)加强工作部署，以严实的担当作为开创工作局面

一是严格组织实施机制。省法院成立试点工作领导小组、民诉法及司法解释修改领导小组，全省形成了横向上明确专项工作负责部门，纵向上明确重点推进单位的分工协作机制。召开全省法院重点工作视频会、繁简分流改革工作推进会，对繁简分流工作进行重点部署。建立试点工作月报、试点工作台账和定期评估制度，将试点工作中期报告分别报送最高人民法院、省人大、省委政法委。设立试点工作专刊，加强政策解读和宣传推广，及时刊载行之有效的经验做法和工作动态；每月总结分析试点法院工作经验问题，每季度分析汇总试点各项数据，形成工作月报 21 期，试点数据表 8 期。试点法院建立试点分台账和月报制度，进行统筹规划、综合协调和监督指导，并针对落后指标及时督导提醒。

二是细化改革实施方案。省法院印发《关于推进民事诉讼程序繁简分流改革试点的实施方案》《关于推进民事诉讼程序繁简分流改革试点的分工方案》，南京中院制定《关于优化司法确认程序实施细则》等 7 个配套规范性文件，苏州中院制定《关于民事调解协议司法确认程序的实施办法(试行)》等 7 个配套规范性文件。苏州中院制定的系列文件获最高人民法院主要领导批示肯定，被认为“针对性和可操作性强”。各基层法院也分别制定出台相关文件，细化程序规则，推动试点工作落实落地。

三是完善配套保障措施。试点法院根据审判组织形式和审理程序的变化，组建相应审判团队，配置审判力量，完善案件分配机制，加强立审执程序衔接，配套升级完善审判信息系统，完善试点考核体系。紧紧依靠地方党委领导和人大常委会支持，及时请示报告试点中遇到的问题困难，形成改革合力。加强与司法行政部门密切配合，加强协调衔接，扩充驻院非诉解纷力量，加大业务培训指导，协调落实各项配套保障待遇，推动完善多元化解矛盾纠纷。

四是加强当事人权益保障。建立试点规范性文件事前审查机制，确保各项改革措施在法律法规和人大常委会授权范围内进行。坚持提升效率不减

损当事人合法权利,既通过制度设计,减轻当事人诉累,尽快实现胜诉权益,又明确法院的释明告知责任,优化流程节点,完善当事人申请再审机制。简易程序审理坚持减程序不减权利,诉前调解、电子诉讼等坚持“两便原则”,禁止强制适用调解、网上立案、在线庭审、电子送达等方式。

五是加强培训交流和宣传引导。试点法院召开部署会、推进会、培训会,健全学习培训、检查督促及考核评价机制,持续提高法官对试点措施和规则的理解认识,提升审判质效。充分发挥舆论导向作用,及时宣传和介绍改革试点的主要内容和具体经验做法,引导群众形成正确理性的纠纷解决观念,形成良好工作氛围。南京中院在多方面的改革亮点被《人民法院报》《法治日报》《新华日报》等媒体先后报道,苏州法院在省级以上媒体报道400余篇。

(二)聚焦改革重点,以扎实的制度实践释放程序效能

南京、苏州两地法院紧紧围绕五个方面改革内容,制定配套改革措施,试点法院的程序效能得到了明显释放,改革效果开始显现。

一是优化司法确认程序。试点法院坚持将优化司法确认程序与多元解纷、立案登记制有机结合,充分发挥司法确认保障效力;建立健全特邀调解员名册管理制度,加强指导培训。南京中院制定实施细则,强化调解组织建设,着力把好“选、管、用、考、审、监”六个关口,规范司法确认流程。苏州中院强化特邀调解名册管理,推广姑苏区法院民商事纠纷律师中立评估机制,被《法治日报》头版头条报道。试点工作开展以来,两地法院诉前化解案件分流速度持续加快,司法确认工作效率大幅提升,共确认特邀调解组织302个,特邀调解员2130名,诉前委派调解纠纷351420件,化解100617件,受理司法确认案件22625件,裁定确认调解协议有效22562件,司法确认对于纠纷化解的促进作用进一步显现。

二是完善小额诉讼程序。试点法院将小额诉讼程序标的额依法提高到5万元,对于5万~10万元的根据双方合意适用,同时简化审理方式和裁判文书,规范小额诉讼程序与简易程序、普通程序的转换机制。一是加大小额诉讼案件当事人诉讼权益保障力度,尊重和保障当事人在特定情形的合意选择权，不得对超出适用标准的案件变相强制适用。二是着力完善小额诉讼程序配套举措，积极运用审判监督管理、案件评查、法官惩戒等机制，确保小额诉讼程序依法规范适用。南京中院与金融部门会商，对多家银行合同文本进行优化，增加了合意适用小额诉讼程序条款、优先选择调解方式化解纠纷等内容；六合区法院、雨花台区法院对小额诉讼案件开通“绿色通道”；高淳区法院对调解不成且不需要举证期和答辩期的小额诉讼案件，当场立案、当场开庭；江宁开发区法院合并适用小额诉讼程序和在线审理程序。苏州法院制作《小额诉讼程序告知书》，将小额诉讼程序审限、举证质证期限、一审终审等向当事人“一揽子”告知；张家港市、常熟市法院向辖区金融机构发送司法建议，在金融合同中加入小额诉讼条款；昆山市、常熟市、工业园区法院安排专人处理小额诉讼程序案件。试点工作开展以来，两地法院受理小额诉讼程序案件131983 件，审结 107602 件，结案率 94.23%，小额诉讼程序适用率 20.38%，小额诉讼程序转换案件 17795 件，程序转换率 13.48%，平均审理期限 30.72 天，实现了“简案快审、快慢分道”繁简分流的预设改革目标。

三是完善简易程序规则。试点法院立足简易程序功能定位，准确把握简易程序适用标准，当简则简、当繁则繁。一是依法规范程序转换机制，防止单纯为获取更长审限启动程序转换；二是积极完善裁判文书简化配套制度，指导试点法院优化升级裁判文书公开系统，明确庭审和裁判文书简化规则。南京中院全面推行要素式审判模式，确定全市收案量排名前十的类型化案件，总结归纳审理要素，制定清单式裁判要素审查表；建立示范性诉讼，对群体性纠纷所引起的关联案件，少量立案受理并依法组成合议庭适用普通程序进行示范审理，其余案件则通过诉前调解等模式先行调解。高淳区法院积极探索“无卷宗 + 无书记员”庭审模式；鼓楼区法院积极推进家事案件、保险追偿案件全流程要素式审判和要素式裁判文书；秦淮区法院发挥“智能化 + 要素式”乘积效应，打造家事纠纷线上诉讼新模式；玄武区法院着力推行“速裁 + 要素式裁判 + 线上审理 + 电子送达模式”诉讼模式。苏州法院一方面通过前置送达、鉴定、证据交换等部分程序性事项，让法官专注于审和判；另一方面严抓审限管理、严控程序转换，同时充分发挥专业法官会议、跨部门法官会议作用，严格落实类案强制检索制度。太仓市法院建立繁简甄别机制，吴江区法院运用增加简案适用场景、减少审限浪费与程序空转、发挥类型化案件乘数效应、多手段破除送达障碍等举措，提升简案审判质效。试点工作开展以来，两地法院受理简易程序案件411635件、结案332919件，简易程序适用率63.06%；简易程序转换案件75889件，转换率18.44%；公告送达适用简易程序案件19802件，适用率52.35%；简易程序案件结案率99.16%，简易程序案件上诉29349件，上诉率8.82%。

四是扩大独任制适用范围。根据试点工作要求，严格按照司法规律和试点要求扩大独任制适用范围，同时，科学组建审判团队，合理配备辅助人员，积极探索组建以独任法官为核心的审判团队，形成多层次、梯队化的办案组织模式。南京中院采用"小额、简易、普通"三分式识别模式，探索开展示范性诉讼，其余案件采取诉前调解等模式先行调解，调解不成的，适用独任制简易程序或普通程序审理；对已有生效示范裁判的群体性纠纷案件，适用独任制审理，其他关联案件，根据案情亦可适用独任制审理。苏州中院在全院民商事审判部门择优遴选一定比例的员额法官，适用独任制审理的二审案件由其独自签发文书，简化办案流程，其余员额法官适用独任制审理的二审案件法律文书，需由其他员额法官交叉审核；细化独任制普通程序案件适用标准，除法律明确规定外，原则上均适用独任制审理，实现审判组织与案件类型、审理程序灵活精准匹配。试点工作开展以来，两地法院适用独任制受理一审案件541682件，审结482956件，一审独任制适用率89.62%；独任制普通程序审结案件47681件，独任制普通程序适用率9.87%；一审审判组织转换率5.18%，独任制一审案件平均审理期限59.32天，独任制普通程序案件平均审理期限158.57天；两地试点中院适用独任制受理二审案件25869件，审结22975件，二审独任制适用率47.6%，独任制审理二审案件平均审理期限53.77天。

五是健全电子诉讼规则。加大在线诉讼探索力度，积极完善在线诉讼管辖规则、证据规则、庭审规则和送达规则，拓展在线诉讼和服务功能，为案件审理提速增效南京中院制定《关于完善民事诉讼在线审理规则的实施细则（试行）》《南京法院网上诉讼服务中心操作规程（试行）》《"宁审通"互联网在线审理系统操作手册》;研发“宁审通”系统,对在线审理中的身份认证、证据交换、庭前准备、在线调解和开庭流程等制定细则进行规范,实现诉讼流程全外网操作;优化高清数字法庭系统、语音转换备份系统,打造“无书记员+无卷宗”庭审模式;研发“智慧诉服融合终端”,构建“云晤”线上审判平台,采用秒级实人认证、数字签名加密、OCR识别、AI虚拟背景、失联修复等技术,有力支撑审判工作。苏州中院在全国率先出台《电子诉讼规则(试行)》,承办最高人民法院《电子诉讼规则》司法改革专项调研课题;相城区法院创建智慧庭审“飓风”方案,实现在线庭审全场景、全覆盖、全互联,入选第九批全国法院司法改革典型案例;虎丘区法院创新构建异步审判模式,实现当事人非同步参与庭审、听证及调解,既节约当事人诉讼成本,又提高了庭审效率,入选第十一批全国法院司法改革典型案例;吴江区法院自主研发“苏智”办案辅助平台,有机衔接诉讼各环节,实现诉讼事项一网通办,平台链接“苏小e”智能语音助手,具备自动拨打、接听诉讼参与人电话等功能,打造的智慧法庭“吴江样板”入选最高人民法院《新时代人民法庭建设案例选编》。试点工作开展以来,两地法院在线申请立案551815件,在线立案数412430件,在线申请立案率62.09%;在线庭审案件95142件,在线庭审率24.89%;电子送达适用案件631757件,电子送达总次数2313942次,电子送达适用率69.29%;有效电子送达1610044次,电子送达成功率69.58%。

〈 拓展资料·案例 〉

【苏州市相城区人民法院大力推进电子诉讼切实便民利民】相城法院在推进民事诉讼程序繁简分流改革试点过程中,坚持服务执法办案和群众诉讼双重导向,通过在线庭审、电子送达两大抓手,开创了电子诉讼在传统法院全面、深度、高效运用的先例,为改革试点提供了可复制可推广的探索。相关工作经验被最高人民法院司改案例录用1次,江苏省高院司改案例录用3次,入选《法治蓝皮书·中国司法制度发展报告(2020)》。

手机下载App,输入庭审码就能进入互联网法庭,几秒内完成实名认证；庭审中，照片和音视频可直接上传、下载，法官和各方当事人可以对电子证据进行圈划、标注、同步共享；笔录自动推送到所有人的终端，手机签名后，由CA机构背书的电子签名便能自动在每页上生成……除了质证材料实时标注等功能，“飓风”系统还支持本地开庭、在线开庭，尤其适合本地—在线混合开庭的多场景应用。同时，重点改良了音视频传输技术，解决了原系统画面卡顿、串音等问题，有效保障诉讼参与人庭审感觉的亲历性。其庭审音视频、庭审笔录等司法信息从生成到存储均在内网完成，保障庭审数据安全。

让数据多跑路，让群众少跑腿，甚至一趟都不用跑，是相城法院为民服务的一贯宗旨。作为最高人民法院繁简分流改革试点单位之一，同时也是苏州中院“健全电子诉讼规则”试点任务重点推进法院，该院重点聚焦电子诉讼相关改革，不断提升在线庭审的便捷性、规范性、安全性，让因为各种原因不便参与诉讼的群众能够通过在线庭审快速解纷。

2019年，相城法院就启动了综合集约送达改革，逐步打造出以采集当事人电子送达意愿及地址为前提，以短信送达为主要方式，以传统线下送达和公告送达为补充的“三分法”送达模式。通过智能化送达管理平台，实现送达地址自动识别、送达任务一键发起、送达数据实时汇总。送达时间由原来的20余分钟缩短至2分钟以内，不仅节省了邮寄在途时间和费用，更提高了法官的办案效率。当事人也只需要一部手机就可以接收各类程序性通知及裁判文书等。

自2020年以来，该院将区块链技术应用到电子送达中，保证了送达的真实有效、不可篡改，促进电子送达更加高效便捷、真实有效。自区块链保障电子送达项目上线以来，共产生48637笔电子送达业务，实现184803条数据上链。成立苏州法院相城送达分中心，将昆山、常熟等区县法院的送达工作全部集中，进一步提高送达效率。

（三）紧盯堵点痛点，以过硬的工作作风提升工作质效

针对试点改革推进过程中暴露出的特邀调解制度作用发挥不明显、繁简识别不够精准以及电子诉讼配套网络设施不够完善等问题，江苏法院迎难而上，紧盯突出问题，以“钉钉子精神”狠抓诉前减量和诉中提质增效工作，不断满足人民群众多元司法需求。

一是夯实特邀调解工作基础。进一步扩充非诉解纷力量，不断完善全省法院特邀调解员、特邀调解组织、人民调解员、律师调解员名册。落实最高人民法院“总对总”在线诉调对接部署，用足“总对总”调解资源库，推动完善“总对总”下“分对分”调解资源建设，积极与知识产权局、价格争议中心、商事商会、工程造价协会等机构对接，对符合特邀调解组织及特邀调解员资质的及时纳入法院特邀调解名册，推动形成以行业或企业内部消化为主，行业专业调解或仲裁为辅，诉讼托底的源头治理模式。2021 年，江苏法院共有特邀调解员 10590 名，数量位居全国第四。

二是提升繁简识别精准度。研发上线繁简分流智能识别系统，建立以系统智能识别为主、人工甄别为辅的繁简分流机制，一方面通过繁简分流智能识别系统提高分流效率，另一方面辅之以人工甄别确保精准分流。在繁简分流智能识别系统应用方面，由各法院根据实际情况自主配置繁简案识别要素，包括案件标的、案由、适用程序、当事人人数等，确保系统应用与各法院审判实际精准匹配。在人工甄别方面，各级法院均在立案庭诉讼服务中心设立程序分流员岗，由审判经验丰富的法官、法官助理担任专职或兼职的程序分流员，负责调裁分流和繁简分流。

三是完善电子诉讼配套设施。牢固树立用户思维，将繁简分流等重点工作与智慧法院、移动微法院改革等关键项目有机结合，全面提升系统集成度，打通各部门系统平台联通渠道，着力解决系统分散、信息孤岛等问题。聚焦实现系统“好用”“易用”和办案人员“爱用”目标，不断优化系统功能，提升用户体验，努力实现规则变革和技术革新的深度融合、相互促进。与省司法厅、省律协签订协议，开展全流程电子诉讼深度合作。依托集中送达平台，优先推行电子送达工作。会同省司法厅、省律协、省市场监督管理局等出台文件，进一步完善电子送达地址库建设。

二、推进以审判为中心的刑事诉讼制度改革

（一）坚持党的领导，全方位推进改革

以审判为中心的刑事诉讼制度改革事关政法工作全局。省法院在改革过程中积极向省委政法委汇报情况，争取支持、寻求指导，会同省有关部门会商研究以审判为中心的刑事诉讼制度改革工作，研讨会签证据指引、指导意见等，统筹推进改革工作。全省各级法院在党委政法委领导支持下，推动建立联席会议制度，统一思想认识，实现改革制度化、规范化。2019 年，改革工作顺利通过省委深改办专项督查迎检，2020 年，江苏法院改革工作获最高人民法院肯定，改革措施被最高人民法院简报刊载推广。

（二）加强沟通协调，有效凝聚改革共识

注重发挥牵引协调作用，积极搭建沟通平台，加强沟通联络，推动以审判为中心的刑事诉讼制度改革协同推进。省法院、省检察院主要领导连续 3 年对以审判为中心的刑事诉讼制度改革和认罪认罚从宽制度适用情况进行会商研究，分析实践问题，推动改革落实。2020 年，与省检察院联合制定《江苏省高级人民法院、江苏省人民检察院关于建立死刑复核案件法律监督工作机制座谈会纪要》，建立死刑复核案件监督工作机制，对阅卷、补查补证、检察意见等工作予以规范，提升死缓案件审判质量。联合公安机关、检察机关共同开展培训、研讨等，促进执法办案思想统一，推进改革工作。自 2018 年以来，先后举办了“网络犯罪研讨班”“以审判为中心的刑事诉讼制度改革背景下的认罪认罚从宽制度理论与实践研讨会”“扫黑除恶疑难问题及长效机制建设专题研讨班”“涉企犯罪、网络侵财犯罪办理联合培训班”等，邀请检察、公安、司法行政系统办案人员参加，通过共同培训研讨统一认识，不断凝聚共识。

（三）统一证据标准，强化制约引导

坚持以审判定案的标准，明确常见类型犯罪证据规则。自 2018 年以来，省法院与省检察院、省公安厅会签《常见毒品犯罪案件证据收集及审查判断指引》，制定《受贿犯罪案件审理证据审查判断指引》《盗窃犯罪案件定案证据审查指引》《关于妨害新型冠状病毒肺炎疫情防控相关刑事案件的审理指南》

等；部分中基层法院就故意杀人、故意伤害、毒品、盗窃、受贿、危险驾驶等常见刑事犯罪，建立证据收集审查判断指引，发挥审判对侦查、起诉的制约、引导作用，推进以审判为中心。同时，注重在办理具体案件中通过司法建议或者沟通协调等向侦查、检察机关反馈问题，以个案审判明晰证明标准，推动解决实际问题，不断夯实案件质量基础，全省刑事案件补查补证率、发改率逐年降低。

〈 拓展资料 · 发布 〉

【常见毒品犯罪案件证据收集及审查判断指引】推进以审判为中心的刑事诉讼制度改革关键在于实现庭审实质化，发挥庭审在查明事实、认定证据、保护诉权、公正裁判中的决定性作用，要求通过改革促进侦查机关、检察机关按照法庭审判的要求和标准收集、审查、运用证据，确保侦查、审查起诉的案件事实证据经得起法律的检验，确保刑事案件的办案质量。但从一些实际情况看，在毒品犯罪案件办理中，有些办案人员存在证据意识不强、证据收集不全面不规范、审查认定的规则不完善不统一等问题，这些都不符合以审判为中心的诉讼制度改革的要求，也直接影响毒品犯罪案件的办理质量，影响毒品犯罪的打击力度。

为促进全面取证、依法取证，促进完善证据审查认定规则，提升毒品犯罪案件的证据收集和审查的能力水平，在组织多轮研讨并广泛征求意见的基础上，省法院联合省检察院、省公安厅，制定《常见毒品犯罪案件证据收集及审查指引》（以下简称《指引》）。《指引》共四章三十七条，包括毒品犯罪案件证据收集和审查以及综合运用等内容，涉及侦查、起诉和审判三个诉讼环节，既有对法律、司法解释的梳理和细化，也有工作机制上的推进和发展。《指引》的制定与实施，有效提升了毒品犯罪案件证据的收集、审查和运用水平，进一步提高了毒品犯罪案件的办理质量，有利于对毒品犯罪的依法打击。

（四）执行三项规程，落实庭审实质化

严格贯彻执行《人民法院办理刑事案件庭前会议规程（试行）》，利用庭前会议进行证据交换、听取控辩意见,解决或处理非法证据排除、管辖、回避、证人出庭名单等可能导致庭审中断的事项,明确争议焦点,确定庭审重点,发挥庭前会议为重大复杂案件庭审"减负"功能,确保庭审集中、高效。严格落实《非法证据排除规程》,制作制式起诉书副本等,充分告知非法证据排除申请权利,明确非法证据排除程序启动标准,规范非法证据排除审理程序、证明方法,严格排除非法证据,有效保障被告人权益,防范冤假错案。不断规范普通案件庭审程序,无锡、盐城等地法院出台《第一审刑事案件普通程序法庭调查规则(试行)》等,规范庭审质证、认证、辩论程序,有效保障庭审查明案件事实的功能作用。强化证人、鉴定人出庭,省法院将证人、鉴定人出庭率等作为审判公开的考核指标,纳入刑事审判公开指标考核体系。连云港中院建立证人、鉴定人出庭作证保障机制,苏州工业园区法院对不能出庭证人制作证人证言录音录像,淮安中院、无锡中院会签出台《关于刑事案件证人、鉴定人出庭作证的实施办法》,贯彻直接言词原则,出庭作证人员涵盖证人、被害人、鉴定人、侦查人员等全部人证类型。

< 延伸阅读 >

【三项规程】为深入推进以审判为中心的刑事诉讼制度改革,最高人民法院制定了《人民法院办理刑事案件庭前会议规程(试行)》《人民法院办理刑事案件排除非法证据规程(试行)》《人民法院办理刑事案件第一审普通程序法庭调查规程(试行)》(简称"三项规程"),深化庭审实质化改革,发挥审判特别是庭审在刑事诉讼中的决定性作用,构建更加精密化、规范化、实质化的刑事审判制度。

2017 年 6 月,最高人民法院决定在全国 18 个中级法院开展"三项规程"试点工作,江苏宿迁中院作为试点法院,坚持问题和目标导向,严格落实各项试点措施,试点工作取得明显成效,创造出三项规程"宿迁样本"。自 2018 年"三项规程"在全国法院试行以来,江苏法院严格落实三项规程,推进庭审实质化,连云港中院等对所有一审案件 100% 召开庭前会议,充分利用庭前会议解决或处理管辖、回避、证人出庭名单等可能导致庭审中断的事项，充分发挥庭前会议为庭审实质化“减负”，确保庭审集中审理的功能，审判质效有效提升。盐城中院出台《关于抓紧推进以审判为中心的刑事诉讼制度改革各项工作的通知》、无锡中院出台《第一审刑事案件普通程序法庭调查规则（试行）》，细化庭审质证、认证、辩论程序和方式。淮安中院会签《关于刑事案件证人、鉴定人出庭作证的实施办法》，对证人、鉴定人、侦查人员出庭的情形、方式、方法等进行规定。连云港中院建立证人、鉴定人出庭作证保障机制，规定对证人出庭作证所产生的误工、就餐、交通等合理支出，参照法院差旅费标准给予补助，推进证人、鉴定人出庭，贯彻庭审直接言词原则。自 2018 年以来，江苏法院年均召开庭前会议 900 多次，共排除非法证据 100 余起，当庭宣判率在 60% 以上。

（五）规范监督案件办理程序，形成内外监督体系

为积极对接检察监督，强化法检沟通协作，2020 年 12 月 21 日，省法院与省检察院联合发布《刑事再审检察建议案件办理指南（试行）》《关于规范按照刑事审判监督程序提出的抗诉案件相关程序问题的座谈会纪要》，切实规范刑事抗诉和再审检察建议案件办理程序，形成法检相互制约、相互配合的内外监督体系，促进刑事审判质效提升，打造高质量刑事审判监督实践。两份规范性意见施行后，全省刑事检察监督案件数量增长明显，程序日趋规范。2021 年，江苏法院共受理刑事检察监督案件 229 件，同比上升 52.66%。其中，受理刑事抗诉案件 74 件、刑事再审检察建议案件 155 件，分别审结 61 件、145 件；经刑事再审检察建议提起再审 66 件，再审率 45.52%，为切实纠正冤错案件发挥了重要作用。

〈 拓展资料 · 发布 〉

【《刑事再审检察建议案件办理指南（试行）》】再审检察建议是指人民检察院认为同级法院的生效裁判确有错误的，向同级法院提出对案件进行再审

的检察建议。2012年修改后的民诉法引入民事再审检察建议,作为法定检察监督程序。刑事再审检察建议在司法实践中虽已适用较长时期,但直到2018年刑诉法修改,并没有被立法吸收成为正式的诉讼制度。随着检察监督职能不断强化,刑事再审检察建议日益成为检察机关行使检察监督权的重要形式,全省刑事再审检察建议案件呈上升趋势。总体而言,刑事再审检察建议对于纠正确有错误的生效裁判、维护司法公正和司法权威发挥了积极作用,与抗诉相比,同级再审检察建议符合诉讼效率和诉讼经济原则,更具协调性,其柔性化特点可以减少对生效裁判既判力和程序安定性的冲击,但也存在缺乏规范性,各地办案模式各不相同等问题,有必要在全省制定统一的规范意见。

该指南共27条,分为一般规定、刑事再审检察建议的提出、人民法院立案审查、刑事再审检察建议案件审查四个部分,主要就刑事再审检察建议适用范围和具体情形、案件管辖、移送材料的范围、案件审查程序以及处理方式,定案机制、沟通反馈机制等问题作出明确规定,全面规范再审检察建议案件办理,促进刑事再审检察建议机制规范、有序、健康运行。

【关于规范按照刑事审判监督程序提出的抗诉案件相关程序问题的座谈会纪要】近年来,江苏省部分按照刑事审判监督程序提出的抗诉案件,时常出现原审被告人因刑期届满而失控的情况,极大影响案件审理工作正常开展,损害司法公信力,亟须法检加强衔接配合,切实解决刑事抗诉再审案件被告人失控的问题。为此,我院与省检察院深入沟通,并经法检两长会讨论,决定联合出台规范意见。双方经深入研究和座谈讨论,就加快立案环节流转、采取强制措施、加强法检在案件办理各环节的衔接等程序性问题达成共识,形成座谈会纪要,经我院审判委员会讨论通过,与省检察院联合制定,全省执行。

该纪要共10条,分为立案审查、受理和移送、采取强制措施三部分,规定人民检察院提出抗诉应当提交的材料以及退回人民检察院不予立案的情形,明确依照审判监督程序提出抗诉的案件,由人民检察院决定是否需要对原审被告人采取强制措施,在被告人刑期即将届满时人民法院应及时提示人民检察院决定是否采取强制措施,进一步明确法检各自职能,加强程序衔接配合,并在全省统一执法尺度,从制度上防止刑事再审抗诉案件被告人失控问题。

(六)强化诉权保障,实现律师辩护全覆盖

2018年,省法院与省司法厅会签制定《关于开展刑事案件律师辩护全覆盖试点工作的通知》,在南京、无锡、宿迁等地部署开展审判阶段刑事案件律师辩护全覆盖试点工作,为未委托辩护人的被告人指派辩护人或提供法律援助律师,保障被告人辩护权利,通过强化律师辩护全面推进以审判为中心的诉讼制度改革工作。2019年4月,在试点工作的基础上,省法院与省司法厅会签《关于进一步扩大刑事案件律师辩护全覆盖试点工作的通知》,将律师辩护全覆盖试点工作扩大至全省范围。注重依法保障辩护人阅卷、辩护等诉讼权利,建立律师参与诉讼专门通道,开发网上律师服务工作平台,完善便利律师参与诉讼工作机制。自2018年以来,全省刑事案件律师辩护率近50%,其中指定律师辩护占全部辩护数的53.5%。

< 延伸阅读 >

【律师辩护全覆盖】为切实发挥辩护职能,让律师充分参与刑事诉讼,维护被告人合法权益,确保准确定罪量刑,进一步推进以审判为中心的刑事诉讼制度改革,2018年,省法院、省司法厅经充分协商,联合制定《关于开展刑事案件律师辩护全覆盖试点工作的通知》(以下简称《通知》),决定在江苏省部分地区开展刑事案件律师辩护全覆盖试点工作,扩大江苏刑事案件法律援助范围。《通知》选取南京、无锡、宿迁三市为刑事案件审判阶段律师辩护全覆盖试点地区,并规定其他设区市可根据案件数量、律师资源等实际情况选取1~2个条件具备的县区开展试点工作。

《通知》所附《关于开展刑事案件律师辩护全覆盖试点工作的实施意见》(以下简称《实施意见》)对试点地区指派律师辩护的案件范围作出规定:一是在应当指派辩护的基础上,进一步扩大指派辩护的范围,即除刑诉法等法律法规规定的应当指定辩护的情形之外,其他适用普通程序审理的一审案件、二审案件，按照审判监督程序审理的案件，被告人没有委托辩护人的，人民法院应当通知法律援助机构指派律师为其辩护。二是对于案情简单，事实证据没有争议的，提供法律帮助，即适用简易程序、速裁程序及认罪认罚从宽制度审理的案件，被告人没有委托辩护人的，人民法院应当通知法院援助机构派驻的值班律师为其提供法律帮助。上述规定，确保刑事审判各类审理程序（简易、普通程序）、各个诉讼阶段（一审、二审、再审）有法律需求的所有被告人都可以获得法律援助或帮助，从而大幅提高刑事案件律师辩护率，实现刑事案件律师辩护全覆盖。

《实施意见》同时对指派辩护工作职责及程序、加强律师资源及经费保障、辩护律师的辩护权行使、规范辩护律师依法履责等作出规定，确保刑事案件律师辩护全覆盖试点工作落到实处，切实提升辩护和法律帮助实效。2019年4月，在试点工作的基础上，我院与省司法厅会签《关于进一步扩大刑事案件律师辩护全覆盖试点工作的通知》，将律师辩护全覆盖试点工作扩大至全省范围，并对指派辩护和提供法律帮助的案件范围、律师辩护权保障等进一步优化调整。

（七）聚焦实践问题，强化调研培训

始终坚持聚焦实践问题，注重对下指导，强化法官素能建设。坚持发改案件通报，每年通报全省法院刑事发改案件，分析在证据采信、程序适用等方面存在的问题，通过发改案件分析通报方式增强刑事法官审查运用证据、精准定罪量刑的司法水平。加大培训力度，举办刑事条线培训班，邀请省内刑事审判专家就案件庭审驾驭对刑事法官进行专题授课，组织全省法院观看典型庭审视频，通过观摩学习，提高庭审驾驭能力。开展专题调研指导，2020年6月，深入分析认罪认罚从宽制度适用中的问题，形成《关于认罪认罚从宽制度审判实践突出问题的情况报告》。2021年4月，承办最高人民法院在扬州召开的关于认罪认罚从宽制度实施情况调研座谈会，就程序适用、权利保障、量刑建议调整等问题提出意见建议。2021年5月，举办《审判研究》司法实务研讨会，围绕“深化以审判为中心的刑事诉讼制度改革，有效发挥审判对侦查起诉的制约引导作用”进行研讨。2021 年 8 月，开展“繁简分流背景下庭审方式改革”课题研究，形成“关于繁简分流背景下庭审方式改革相关问题”专题调研报告，调研掌握情况，提出对策建议。

< 拓展资料 · 调研 >

【刑事检察监督专项调研】为客观评估 2020 年与省检察院联合制定的关于刑事抗诉和刑事再审检察建议两份规范性意见的运行成效，全面掌握全省刑事检察监督案件办理情况，省法院于 2021 年组织开展刑事检察监督专项调研，对全省法院 2018 年至 2020 年审结的 595 件刑事检察监督案件进行深入分析，发现和梳理原刑事裁判、检察监督以及再审三个阶段存在的具体问题，剖析问题成因，提出完善建议，形成《江苏法院近三年来刑事检察监督案件分析报告》，进一步规范了江苏刑事检察监督运行，强化了审判监督职能，促进了刑事审判工作质效不断提高。

（八）完善配套制度，落实繁简分流

认罪认罚从宽制度等上升为法律规定后，省法院通过召开贯彻落实修改后刑事诉讼法视频会议、制定通知等方式，抓好认罪认罚从宽制度、速裁程序适用，推进案件繁简分流，策应以审判为中心改革。在全国率先制定《办理认罪认罚刑事案件指导意见》，指导全省法院准确把握认罪认罚从宽制度、速裁程序适用条件，认真履行实质审查职责，强化权利保障，精准裁量刑罚，推动认罪认罚制度和速裁程序实践落实。认罪认罚从宽制度适用以来，江苏法院审理认罪认罚案件数、适用速裁程序案件数逐年上升，其中，2021 年审理认罪认罚案件数 64110 件，占全部案件的 88.2%，适用速裁程序的案件数 29592 件，占全部案件的 46.16%。张家港等地法院探索“一站式”刑事速裁机制，实现批量案件集约化高效处理，案件办理简化提速。积极推进全省政法大数据共享应用服务平台建设，2021 年与省检察院、省公安厅等会签《江苏政法业务协同刑事案件电子卷宗单轨制应用工作规范（试行）》，实现刑事案件卷宗公检法之间网上流转、相关文书网上送达,通过简化流转环节,提升办案效率。

〈 拓展资料 · 发布 〉

【《办理认罪认罚刑事案件指导意见》】2018 年 10 月 26 日,全国人大常委会审议通过了《关于修改〈中华人民共和国刑事诉讼法〉的决定》,将认罪认罚从宽制度正式上升为立法规定,成为刑事诉讼的基本制度之一。认罪认罚从宽制度是刑事诉讼制度的重大改革,影响范围广、意义重大,鉴于该制度是一项全新的制度设计,实践中无经验借鉴,且涉及侦查、起诉、审判等刑事诉讼全流程,为推进认罪认罚从宽制度贯彻适用,省法院在调研总结南京地区试点情况和征求全省法院意见建议的基础上,并多次与省公安、检察、司法行政机关开展会商,结合法律相关规定,起草了《办理认罪认罚刑事案件指导意见》(以下简称《指导意见》),并于 2019 年 8 月 20 日在全国率先发布该指导意见,对认罪认罚从宽制度的适用范围、条件和程序等内容作出探索性的规定,指导司法实践。

《指导意见》共 53 条,涉及认罪认罚从宽制度的适用范围、条件及从宽的把握,值班律师提供法律帮助,社会危险性评估,认罪认罚自愿性的审查和保障,被害人权利保障,量刑建议的审查,程序适用及转换,重罪案件的适用、上诉的处理等十四个方面内容。《指导意见》在现有法律规定的框架内,力求解决制度适用过程中的实体和程序问题,为办案人员提供指引,具有较强的针对性、可操作性和前瞻性,有力推动了江苏认罪认罚从宽制度的贯彻实施,《指导意见》大部分条文被随后"两高三部"出台的《关于适用认罪认罚从宽制度的指导意见》吸收。

〈 延伸阅读 〉

【"一站式"刑事速裁机制】2018 年修改的《刑事诉讼法》规定了刑事案件

认罪认罚从宽制度并增设了刑事速裁程序。为深化诉讼制度改革,创新刑事速裁工作机制,张家港等地法院探索"一站式"刑事速裁机制,会同检察、公安等机关在看守所、执法办案单位等场所内建立刑事速裁法庭,采取集中立案、送达、开庭、宣判的审理机制,对批量案件进行集约化高效处理,并利用政法跨部门大数据办案平台推行快速立案、电子阅卷以及送达文书等工作,加强侦查、起诉、审判程序的衔接配合,实现法院、检察院、公安局信息共享。从"一站式"刑事速裁工作机制运转情况看,可以有效推进办理进度,节约了司法资源和时间,提升了办案效率。

三、推进行政诉讼制度改革

深入贯彻党的十八大和党的十八届三中、四中全会确定的行政审判体制机制改革任务,探索落实设立跨行政区划人民法院等多项重要改革部署,持续深化行政审判各项司法改革,推进行政诉讼制度不断完善。

(一)稳步推进行政案件集中管辖改革

江苏法院在全国先期开展管辖制度改革试点,2015 年 12 月,最高人民法院作出《关于同意江苏省高级人民法院开展行政案件集中管辖试点工作的批复》,批复同意依托铁路运输法院实行跨行政区划集中管辖行政案件。2016 年 4 月 1 日起,南京、徐州地区的铁路运输法院实践跨行政区划集中管辖该地区原由各基层人民法院受理的一审行政诉讼案件,积极探索设立跨行政区划法院管辖行政案件试点工作。改革试点以来,行政案件管辖改革稳妥推进,南京、徐州地区的铁路运输法院跨行政区划管辖改革,受到最高人民法院主要领导批示肯定。

在此基础上,坚持"蹄疾而步稳"地推进管辖制度改革,积极探索相对集中管辖、异地交叉管辖等多种形式的与行政区划适当分离的管辖制度,行政案件管辖制度改革成效显著,实现了明显减弱外部不当干预、有效提升行政审判专业化水平、稳定专业化行政审判队伍、促进江苏依法行政水平提升等系列目标。2020 年 10 月,江苏法院率先实现基层法院行政诉讼案件集中管辖的省域全覆盖,成为江苏行政审判的一张“靓丽名片”。

改革试点以来,南京、苏州、南通等地根据实际情况,因地制宜适时对管辖法院、管辖模式等进行调整,经最高人民法院批复,原由南京铁路运输法院集中管辖的一审行政诉讼案件由南京江北新区法院集中管辖,持续巩固集中管辖改革在充分保障诉权、打破诉讼主客场等方面取得的成效。同时,全省各级法院积极争取党委政府支持,在人员配备、便民诉讼、司法协作等方面不断构建配套机制,无锡、淮安、宿迁等中院建立了全市法院行政案件集中管辖协作机制,明确纠纷属地法院与集中管辖法院之间的职责分工。镇江中院注重集中管辖法院和属地法院各自优势发挥,在实现文书送达、调查取证、证据保全、案件执行、协调化解等方面广泛合作的基础上,要求集中管辖法院和属地法院均确定一名院领导亲自担任集中管辖机制协调人,安排专人担任联络员,负责联络本地党委、政府、行政机关和基层组织,积极推动集中管辖法院和属地法院密切合作;泰州中院在市委、市人大支持下,推行非集中管辖法院派员参与集中管辖法院行政审判工作。省法院通过开展专题调研,形成《关于全省法院行政诉讼案件集中管辖改革突出问题的情况报告》,在此基础上,起草并制定《关于建立全省基层人民法院行政诉讼案件集中管辖司法协作机制的意见(试行)》,明确集中管辖法院与纠纷属地法院在异地巡回审判保障、涉诉行政争议化解、信访矛盾稳控责任落实等事项上的职责分工,形成为集中管辖法院行使审判权减压减负,为纠纷属地法院参与法治政府建设提供抓手合力,努力实现《法治中国建设规划(2020—2025年)》提出的“深化与行政区划适当分离的司法管辖制度改革”的方向目标。

〈 **拓展资料·发布** 〉

【《关于建立全省基层人民法院行政诉讼案件集中管辖司法协作机制的意见(试行)》】2021年12月29日,省法院印发《关于建立全省基层人民法院行政诉讼案件集中管辖司法协作机制的意见(试行)》,进一步健全完善全省基层人民法院行政诉讼案件集中管辖机制,以便于当事人起诉及管辖法院受理、审理案件，充分发挥行政诉讼案件集中管辖法院与涉诉行政争议发生地法院各自职责作用，促进依法公正高效审理行政诉讼案件，推动涉诉行政争议实质性化解，形成江苏行政审判整体合力。

< 拓展资料·案例 >

【行政案件集中管辖改革的“南通样本”】2018年7月1日，经批准，由南通经济技术开发区法院集中受理除自然资源类、非诉执行以外的南通全市基层法院行政诉讼案件。在南通中院指导下，开发区法院依托行政案件和审判资源高度集中优势，推动专业化、智慧化建设，组建新型行政审判专业团队，建立两级法院联动的专业法官会议机制，并积极搭建法官论坛、年度审判调研活动等专业孵化平台，30余项行政审判优秀成果在全国、全省斩获荣誉。截至2021年12月，开发区法院共审结一审行政案件4750件，员额法官年人均结案180余件，在全省行政案件完全集中管辖法院居于首位。

（二）健全优化行政诉讼繁简分流机制

认真贯彻落实党中央及最高人民法院《关于推进行政诉讼程序繁简分流改革的意见》相关精神，坚持站在有效满足人民群众多元司法需求、有效化解矛盾纠纷的高度，积极谋划和深入推进行政诉讼繁简分流机制改革，回应审判实践的客观需要，持续优化行政审判资源配置，不断完善行政诉讼制度。无锡、泰州、南通、扬州等地区印发关于行政诉讼简易程序的实施意见，探索在充分保护当事人诉讼权利的前提下，适度扩大行政诉讼一审简易程序的适用范围，切实提高行政诉讼案件一审简易程序适用率；苏州、徐州等地区研究制定要素式审判规则指引、简单案件快速审理工作指引，探索根据案件繁简程度优化资源配置、简化办案程序、提高审判效率。

积极探索庭审方式改革，突出对案件争议焦点审理，找准解决矛盾纠纷的切入点和着力点，提高庭审功能发挥；积极推进裁判文书改革，根据审判方式、诉讼程序、案件类型等情况实现简案简写、繁案精写、繁简得当。在各地探索实践基础上,省法院经调研梳理出推进繁简分流改革存在的问题及可行的对策措施,起草并发布《关于推进行政诉讼程序繁简分流改革的工作指引》,不断健全并优化江苏行政案件繁简分流机制。

〈 拓展资料·发布 〉

【《关于推进行政诉讼程序繁简分流改革的工作指引》】2022年5月,省法院印发《关于推进行政诉讼程序繁简分流改革的工作指引》(以下简称《工作指引》)。《工作指引》的起草以贯彻落实最高人民法院关于推进行政诉讼程序繁简分流改革精神为指导,坚持以人民为中心,绝不以减损人民群众的诉讼权益来换取审判简化提速,努力提高全省简易程序适用率、统一简单案件的审理标准、缓解"案多人少"矛盾。《工作指引》由五个部分共三十个条文组成,细化了案件甄别标准、优化程序规则、创新分流机制,充分尊重当事人的程序选择权、利益处分权和诉讼知情权,总结出四项原则作为推进繁简分流改革的统领指导,并重点围绕行政争议解纷方式单一、诉讼条件不便捷、权利保障不充分等问题的有效解决提出对策;同时,《工作指引》的附件部分设计了《行政诉前调解书》等六个格式文书样式,供全省各级法院执行工作指引时参考适用。

〈 拓展资料·案例 〉

2022年3月4日下午,南通中院的两个审判法庭内,合议庭同时审理多个适用简易程序的行政案件,历时3小时,20件二审行政案件完成公开审理,全部当庭宣判。平均每个案件前后仅用时15分钟。这次集中公开开庭适用简易程序审理的案件中,有9件工伤保险资格认定案,7件政府信息公开案,3件要求履行法定职责案和1件涉行政复议不予受理决定案。庭上,围绕法庭归纳的争议焦点，原、被告双方简明扼要地发表了辩论意见，直至法官落槌宣判。

（三）探索非诉行政案件“裁执分离”制度

认真理解贯彻最高人民法院关于推进“裁执分离”系列文件精神，积极探索除国有土地上房屋征收补偿决定之外的其他行政行为非诉执行，探索建立非诉行政案件审执分离制度。全省多个地区在探索构建“裁执分离”的过程中均取得了较好成效，为进一步构建完善“裁执分离”制度积累了宝贵经验。例如，宿迁地区起初从土地非诉行政案件入手探索“裁执分离”模式，在调研基础上形成专题报告，建议由市政府牵头建立与完善适合本地区实际的土地非诉行政案件执行模式相关做法，得到当地党委、政府的肯定；苏州张家港地区探索对于没有强制执行权的行政机关，法院通过裁定将具体实施责任落实到违法用地所在地基层人民政府，争取地方政府的支持配合，消除相关违法状态；常州地区通过与相关行政机关共同制定规范性文件，努力达成协作共识，明确共同协作完成相关强制执行的内容。

为规范全省土地非诉行政案件的审查及执行，着力破解土地非诉行政案件执行难问题，保障当事人的合法权益和公共利益，省法院与省自然资源厅法规处组成课题组联合开展专题调研，提出构建“裁执分离”模式的路径，形成专题报告《关于构建土地非诉行政案件“裁执分离”模式的调研报告》，刊登于《行政法学研究》2022 年第 1 期，积极为探索推进非诉行政案件“裁执分离”提供有益参考。

〈 拓展资料 · 调研 〉

【关于构建土地非诉行政案件“裁执分离”模式的调研】近年来，习近平总书记针对土地保护工作作出系列重要指示。为贯彻落实党中央的重要指示批示精神，自然资源部、农业农村部等多个部门制定通知，开展专项行动，依法开展土地保护工作，严厉查处土地违法行为，践行“像保护大熊猫一样保护

耕地”。土地管理事关民生，人民法院历来重视土地行政案件的审判和执行工作，在土地行政争议依法审判，矛盾纠纷实质性化解方面取得了良好成效。但是，在相关工作的开展中也发现了一些亟待解决的问题，当前较为突出的是，行政机关所作的涉及土地管理的行政处罚、行政处理决定等执行到位率较低，由人民法院进行审查并执行的“审执一体”模式弊端日益凸显，调研报告以数据、案例为基础，在分析现有模式的前提下，对土地管理领域的非诉行政案件实践“裁执分离”模式，从适用范围、理论基础、法律依据、实践经验等方面展开论证，提出在宏观层面完善立法、中观层面建立协作、微观层面细化规定，构建土地非诉行政案件“裁执分离”新型模式。

【国土资源非诉行政执行案件“裁执分离”机制调研】省法院会同省自然资源厅开展国土资源非诉行政执行案件“裁执分离”机制调研，共赴徐州市和常州市，召开国土资源非诉行政执行案件“裁执分离”机制调研座谈会。徐州、连云港、宿迁、常州、苏州及其所辖部分县(市、区)法院、国土系统共24个单位、44人参加座谈会。各参会单位分别交流了当前国土资源非诉行政执行案件强制执行的基本情况、面临的困难以及存在的问题，并围绕如何破解国土资源非诉行政执行案件执行难、在目前法律框架下如何有效推行“裁执分离”的路径和办法进行了深入交流，将形成调研报告、意见建议用以指导规范全省国土资源非诉行政执行案件“裁执分离”工作。

(四)持续推进行政公益诉讼制度改革

严格适用《行政诉讼法》及《最高人民法院关于人民法院审理人民检察院提起公益诉讼案件试点工作实施办法》中关于行政公益诉讼的相关规定，依法支持检察机关提起的公益诉讼，积极维护生态环境和资源保护、食品药品安全等领域的国家利益和社会公共利益，努力推动国家治理体系和治理能力现代化。

〈 拓展资料·案例 〉

【江苏省首例行政公益诉讼案件】梅某、侯某、周某三人分别于 2012 年 11 月、2013 年 7 月、2014 年 3 月，在未经批准的情况下擅自占用苏州市吴江区同里镇集体农用耕地，建造堆场、厂房、停车场，造成农用耕地损坏。2015 年 11 月 12 日，吴江区检察院向相关行政机关发出诉前检察建议，建议其采取有效措施恢复土地原状。2016 年 4 月 8 日，吴江区检察院向吴江区法院提起行政公益诉讼。2017 年 2 月 4 日，吴江区法院作出一审判决，支持了检察机关的诉讼请求，判决确认被告在作出行政处罚决定后未依法及时采取进一步措施，以积极实现行政处罚决定内容的不作为违法。

四、扎实推进审级职能定位改革试点工作

“完善审级制度”是党的十八届四中全会确定的重要改革举措，四级法院审级职能定位改革试点是党中央部署的一项重大改革任务。

（一）强化组织领导，压实工作责任

全省各级法院党组高度重视，将改革试点工作作为“一把手”工程认真谋划推进，确保改革过程有序、保障有力。省法院召开全省法院院长会、审级职能定位改革试点工作推进会，对改革试点工作进行部署。成立改革试点工作领导小组，结合省法院工作实际及下级法院意见建议，研究制定了江苏法院改革试点的实施方案及实施细则。严格落实试点情况报告规定，按时报送试点月报，做好试点中期评估。将改革试点工作纳入省委对省法院 2022 年度高质量发展绩效考核目标中，加大对试点工作的推动落实力度。

〈 延伸阅读 〉

【四级法院审级职能定位改革试点】2019 年 5 月，中共中央办公厅印发《关于政法领域全面深化改革的实施意见》，将“明确四级法院职能定位”列为

重大改革任务。2021 年 5 月，中央全面深化改革委员会审议通过了《关于完善四级法院审级职能定位的改革方案》;8 月 20 日，全国人大常委会作出《关于授权最高人民法院组织开展四级法院审级职能定位改革试点工作的决定》，授权在最高人民法院及其他 12 个省、直辖市组织开展四级法院审级职能定位改革试点工作，同意试点法院在试点期间调整适用《民事诉讼法》第 199 条、《行政诉讼法》第 15 条、第 90 条。(完善四级法院审级职能定位改革，是近年来全国人大常委会第五次授权最高人民法院组织开展的重大试点。)9 月 17 日，最高人民法院召开完善四级法院审级职能定位改革试点工作动员部署视频会议，对改革试点工作进行动员部署。9 月 24 日，最高人民法院印发《关于调整中级人民法院管辖第一审民事案件标准的通知》，调整中级人民法院管辖第一审民事案件标准，自 2021 年 10 月 1 日起实施;9 月 27 日，最高人民法院印发《关于完善四级法院审级职能定位改革试点的实施办法》，明确试点工作从 2021 年 10 月 1 日全面启动，为期 2 年。

< 拓展资料 · 发布 >

【《关于开展人民法院审级职能定位改革试点的实施细则》】根据最高人民法院工作要求，省法院研究起草了《关于开展人民法院审级职能定位改革试点的实施细则》(以下简称《实施细则》),2021 年 11 月 19 日由省法院审判委员会第 34 次会议通过，于 11 月 29 日印发实施。

《实施细则》分为六部分:

第一部分，一般规定，第 1 条，内容包括改革试点的指导思想和目标任务等。

第二部分，完善行政案件级别管辖制度，第 2 ~5 条，内容包括基层人民法院管辖的第一审行政案件范围、第一审行政案件的集中管辖、移送管辖等。

第三部分，完善案件提级管辖机制，第 6 ~16 条，内容包括基层人民法院报请中级人民法院提级审理的案件范围、中级人民法院报请江苏省高级人民法院提级审理的案件范围、对“涉及重大国家利益、社会公共利益,不宜由基层人民法院审理”“具有普遍法律适用指导意义”“近三年裁判生效的同类案件”“由中级人民法院或江苏省高级人民法院一审更有利于公正审理的案件”等用语进行解释、案件报请上一级人民法院审理的本院审查程序、案件报请上一级人民法院审理的上一级法院审查备案程序、上级人民法院决定提级管辖应通知同级人民检察院、当事人、提级管辖案件的审理期限、报请提级审理的文书样式等。

第四部分,改革再审程序,第17~22条,内容包括当事人申请再审的选择与程序规定、申请再审审查和提审的合议庭、江苏省高级人民法院作出的生效裁判更换审判庭审查、可以报请最高人民法院审理的民事、行政申请再审案件范围、江苏省高级人民法院提审的案件范围、对“近三年裁判生效的同类案件”的解释等。

第五部分,完善院庭长办案机制,第23条,内容包括院庭长审理案件的范围等。

第六部分,附则,第24~26条,内容包括南京海事法院参照中级人民法院相关规定、徐州铁路运输法院参照基层人民法院相关规定、细则由江苏省高级人民法院负责解释、细则自下发之日起施行、实施之前尚未审结案件继续处理等。

(二)审判中心合理下沉,推动矛盾纠纷公正高效实质性化解

健全司法责任制,加强审判监督管理,切实提高服判息诉率。省法院出台《关于充分发挥中级人民法院审级监督指导作用切实提高民商事、行政纠纷实质化解水平的指导意见(试行)》,进一步发挥中级法院二审有效终审、精准定分止争的职能作用。淮安市洪泽区法院出台《推动民事纠纷“一案一清”实质性化解工作意见》及全流程司法释明、全方位协同配合工作指引,推动案件一审实质化解。贯彻落实行政级别管辖调整有关工作要求,规范四类行政案件立案,建立健全行政诉讼案件集中管辖司法协作机制,推动行政案件高效、快捷、实质性化解。

优化审判资源配置，科学确定基层员额法官比例，推动司法资源投入与审判负荷更加匹配。民事、行政级别管辖标准调整后，各基层法院受理的民事、行政一审案件数量虽有所增加，但增幅有限，审判质量保持稳中向好。

（三）激活案件提级管辖机制，推动各类纠纷分层解决、精准提级

江苏法院坚持制度先行，推动提级审理规范化，多家中院出台完善提级管辖机制规定，明确特殊类型案件的认定标准、完善特殊类型案件的发现识别、内部甄选等工作机制。南京中院明确提级案件的审查及审理均由院庭长办理，保证提级审理案件质量。镇江市润州区法院受理的一起涉“快递小哥撞人”的机动车交通事故责任纠纷案，如何认定平台公司与注册骑手之间的法律关系，涉及新型就业形态用工关系的确认，具有法律普遍适用指导意义，镇江中院决定依职权提级管辖该案。

（四）优化再审职权配置，有序推进再审程序改革

有效发挥再审依法纠错功能。省法院优化再审职权配置，切实强化依法纠错功能。对于当事人认为省法院作出的发生法律效力的民事判决、裁定有错误，向省法院申请再审，或者最高人民法院决定由省法院审查的，由省法院审监庭统一办理。南京中院对“交释”“申”字号案件进行甄别和繁简分流，尝试在审判监督领域实现“简案快审、繁案精审”。

第四节　深化执行体制机制改革

持续深化执行管理体制改革，打造执行指挥中心实体化运行“854 模式”，推进“三统一”执行管理体制改革，推进执行工作体系和执行工作能力现代化。

一、扎实推进审判权和执行权相分离执行体制改革

自 2015 年 1 月起，最高人民法院先后批复同意广东、浙江、广西、江苏、上海、贵州、青海高院和河北唐山中院、四川成都中院九个地区法院的审判权与

执行权相分离执行体制改革试点方案。在最高人民法院的指导和省委政法委领导下，江苏法院结合司法体制改革，以进一步优化执行权的科学配置，促进执行权进一步公正、高效、规范行使，推动基本解决执行难为目标，积极推进审执分离改革试点。

2016年年初，确定了南京、苏州、泰州三个中级法院和南京市玄武区、张家港市、泰州市姜堰区、淮安市经济开发区、淮安市清河区五个基层法院作为试点法院，先行推进审执分离改革。为协调推进改革工作，2016年7月27日成立以分管副院长为组长、政治部主任为副组长的审执分离体制改革试点领导小组。2016年8月29日，印发《江苏省高级人民法院关于实行审判权与执行权相分离体制改革的实施方案》，同时配套制定本院实行审执分离体制改革、设立执行裁判庭等三个具体实施方案，以及各中院、基层法院实行审执分离体制改革的实施方案。

一是设立执行裁判庭。以原执行局裁决处（科）为基础组建执行裁判庭，负责行使与执行有关的裁判事项，形成审判权对执行权的有效制约和监督。执行裁判庭职权为办理执行异议、复议等执行审查类案件，审理执行程序中涉及实体权利的重大事实和法律争议。各市中院均设立了执行裁判庭或在其他审判庭加挂执行裁判庭牌子，负责办理执行异议、复议、执行异议之诉以及消极执行督办案件以外的执行监督案件，各基层法院均明确一个或两个审判部门办理执行裁判案件，部分基层法院组建了专门的执行裁判合议庭。各级法院执行裁判部门积累了较为丰富的审判经验，逐渐形成了既有别于执行实施又有别于传统民商事审判的独特的执行裁判思维和理念，逐步锻炼和培养出一支既懂执行又懂审判的专业化审判队伍。

二是强化执行工作统一管理。强化全省法院统一管理、统一指挥、统一协调的执行工作管理体制。调整并明确三级法院执行局的职能定位。高（中）级法院执行局主要职能为对辖区内各级法院执行人员、执行案件、执行装备的统一指挥、管理和调度，对下级法院执行工作的服务、监督和指导；基层法院执行局主要职能为办理执行实施案件。原由高（中）级法院办理的执行实施案件，一般应指定到下级法院执行，其执行实施机构职能转变为提级办理下级法院存在消极执行、拖延执行、选择执行、乱执行情形的执行实施案件。依法审理了大量执行裁判案件，自 2017 年至 2021 年，共审结执行裁判案件 107659 件。其中 2021 年审结执行异议、复议等审查类案件 19878 件，执行异议之诉案件 4437 件，较 2017 年分别增长 42.65% 和 42.21%，执行裁判案件数量已超过行政诉讼案件。绝大多数执行争议被导入法定渠道化解，执行救济更加规范高效，有效化解和减少了执行信访。

三是实行执行人员分类管理。加强执行实施工作警务保障，在执行机构配备法官以及法官助理、书记员、司法警察等司法辅助人员，分别落实相应待遇，分工负责行使执行权。有效促进了执行规范化。五年来，执行异议案件审理结果为撤销、变更执行行为的有 13219 件，纠正率为 20.35%；执行异议之诉案件审理结果为阻却执行的有 2299 件，阻却执行率为 16.66%。一批违法违规执行行为及时被发现和纠正，保护了当事人、利害关系人和案外人的合法权益，有力促进了执行规范化建设和执行作风改善，对预防执行腐败也起到了积极作用。

四是条线业务指导不断强化。根据审判实践需要，制定执行裁判案件系列审理指南，明确了相关程序衔接问题，确立了执行异议、复议、执行异议之诉的审理规则，明确了举证责任分配原则，统一类案裁判尺度，统一执行裁判案件法律文书格式及制作要求，规范各级法院执行裁判案件办案流程，促进办案质量和效率不断提高。建立执行裁判发改案件的通报、分析和问责工作机制，既揭示省法院裁判要旨，也指出原审问题所在，防止类似错误重复发生。定期开展案件评查，发现办案中存在的共性问题，提出整改意见；对于评查中发现的新问题，加强理论研究，提出解决方案，充分发挥了省法院执行裁判监督指导作用。探索执行裁判案件要素式裁判方法，提高办案效率。建立健全执行裁判工作机制，不断提高全省法院执行裁判工作能力和水平，确保司法公正。

< 拓展资料 · 发布 >

【《关于进一步深化审执分离改革、加强执行裁判工作的意见》】为深入贯彻最高人民法院《关于深化执行改革健全解决执行难长效机制的意见——人民法院执行工作纲要(2019—2023)》和《关于进一步完善执行权制约机制加强执行监督的意见》,强化对执行权的监督制约,促进高效公正规范文明执行,省法院就深化审判权与执行权相分离体制改革、加强执行裁判工作制定了《关于进一步深化审执分离改革、加强执行裁判工作的意见》。该意见指出,要明确深化审判权与执行权分离、深化执行裁决权与执行实施权分离的改革目标,要完善工作机制,完善执行裁判职权配置,健全执行裁判案件审判组织,加强执行裁判队伍建设。要加强监督指导,提升执行裁判案件审理质量,切实贯彻落实发改案件通报、分析、问责机制,提高执行裁判案件审理效率。要进一步加强协调配合,执、裁协同推动涉执纠纷实质性化解。执行机构与执行裁判部门要加强沟通协作,共同促进执行规范和执行公正。执行裁判部门应将案件立案、审理、结案情况及时通知执行机构。执行机构应将异议申请及时移送执行裁判部门,并积极配合材料移交、案情调查、矛盾化解等工作。执行裁判案件审理期间,执行机构发现案涉执行行为存在违法违规的,应当及时自行纠正。执行裁判案件审理结果为撤销、变更执行行为或者阻却对执行标的执行的,执行机构应当及时落实,无故拖延或拒不落实的应当依法依规予以问责。

二、打造执行指挥中心实体化运行“854 模式”

江苏法院提出“整合司法资源、科学配置权力、优化执行模式”的工作思路,首创执行指挥中心实体化运行的“854 模式”,以打破“一人包案到底”和“团队包案到底”的传统办案模式为突破口,以改革执行办案模式为发力方向,自 2017 年起着力打造并不断升级执行指挥中心实体化运行“854 模式”,不仅使“案多人少”矛盾大为缓解,而且使执行案件办理质量效率得到大幅提升。在攻坚“基本解决执行难”的2016年至2018年，全省法院共执结案件149.58万件，已结案件执行到位金额达到2483亿元，相当于全省同期GDP的0.97%。2018年年底，全省所有中级、基层法院“一个不落”全部达到最高人民法院确定的“四个90%和一个80%”核心指标要求，江苏作为全国第一批第一站接受第三方评估机构现场检查，并顺利通过验收，多项创新举措在全国推广。2019年6月28日，最高人民法院主要领导在省法院视察时指出，江苏执行工作在全国法院走在前列，积累了很多经验，发挥了重要的带头作用。

自2018年执行指挥中心实体化运行“854模式”全面运行以来，在执行人员数量总体未增加而执行案件数量进一步增长的情况下，推动了执行案件质效的进一步提升，巩固了攻坚“基本解决执行难”战果。自2018年以来，江苏法院执行工作“4+1”核心指标保持高位运行。2020年与2017年相比，江苏法院执行案件结案平均用时从176天缩短到了108天，法定期限内结案的比例从不到70%提升到了92%；2018年至2020年，合计执行到位金额3300亿元，约相当于全省同期GDP的1.1%。执行条线员额法官年饱和办案数量2013年仅143件，至2018年已基本超过400件，至2020年有的法院法官已超过800件。2020年，即使受到新冠疫情影响，执行工作依然做到了不停摆、不打烊，执行到位金额达到1086亿元，为依法服务保障做好“六稳”工作、落实“六保”任务，夺取疫情防控和经济社会发展“双胜利”作出了积极贡献。

〈 **延伸阅读** 〉

【执行指挥中心实体化运行“854模式”】该模式是指由执行指挥中心集中办理执行当事人初次接待、制发法律文书、线上线下查控、办理委托执行事项、录入强制措施信息、网络拍卖辅助、接待执行来访、接处举报电话8类事务性工作，提供视频会商、执行过程记录、执行公开、舆情监测、决策分析5类技术服务，承担繁简分流、案件质效、执行案款、终本案件4项管理职责。

执行指挥中心实体化运行"854模式"的基本思路,在于遵循执行工作规律,根据程序节点分散、工作内容碎片化、工作场所流动性和开放性强等特点,以彻底打破"一人包案到底"和"团队包案到底"的传统办案模式为目标,对有限的执行资源进行重整和优化,以达到"减负、增效、提质"的目的:一是减负,将无须执行法官亲力亲为的事务性、辅助性工作从执行实施团队剥离,交由专人集约化、精细化、标准化办理;二是增效,通过信息技术手段强化执行实施团队可获取的资源和支持;三是提质,通过专用平台和信息化手段实现对执行实施团队办案全程的闭环式监管。上述整合和优化工作,均依托执行指挥中心展开,使执行指挥中心兼具事务办理、技术服务、案件管理等多方面职能。

执行指挥中心实体化运行"854模式"力图实现以下主要目标:

(1)通过变革执行办案模式,将执行指挥中心各项功能变"功能叠加"为"功能融合",为执行实施团队高效率、高质量办理案件以及上级法院、本院的管理者实施有效管理提供全方位的系统支持,使之高效服务执行管理、支撑执行团队、保障执行决策,加快提升执行工作智能化水平,促进执行工作由信息化向智能化升级,全面提升执行工作效能,加快实现执行机制制度体系与执行工作能力现代化。

(2)通过变革执行办案模式,健全完善以法官为主导的团队办案模式,优化不同团队以及团队内部职权划分,完善"人员分类、事务集约、权责清晰、配合顺畅"的执行权运行模式,充分发挥集约化执行优势,彻底改变"一人包案到底"或"团队包案到底"的传统办案模式,实现"最强大脑"与"最强团队"职能与效能的有机结合、线上执行和线下执行的有机结合。

(3)通过变革执行办案模式,充分发挥中级人民法院的枢纽作用,强化对辖区内法院执行工作的统一管理、统一指挥和统一协调,推动工作落实,组织协同执行与集中执行,实现区域执行工作平衡发展。

8类事务性工作:

(1)集中初次接待。利用申请执行人或其委托代理人到法院申请执行立案的时机,由执行人员对其进行执行初次接待并制作初次接待笔录,初次接待的内容包括了解并核对相关信息、提前就执行有关事项向申请执行人征询意见、告知权利义务及执行风险等。初次接待是执行案件立案后办案人员首先需要开展的一项工作。

(2)集中制发法律文书。执行程序中涉及的法律文书众多,其中大部分为格式化、程序性文书,文书要素少、篇幅短、重复性强,且无须用过多篇幅陈述事实、论证说理,因此只要案件信息已充分获取,此类文书可以由专人集中制作和发送。

(3)集中线上线下查控。此类工作集约交由专人办理,不仅能够形成规模效应,以"合并同类项"的方式大幅提升了效率,而且有利于控制工作质量,提升查控工作专业性。

(4)集中办理委托执行事项。决定委托执行事项和具体实施委托执行事项一般由执行实施团队办理,而发送、接收委托执行事项则由执行指挥中心专人集中办理,更有利于该项工作提高效率、减少差错。

(5)集中录入强制措施信息。此处所指强制措施,是指纳入失信被执行人名单、限制消费、限制出境等措施。

(6)集中办理网拍辅助工作。这些工作交由执行指挥中心专人集中办理,可以极大减轻执行实施团队的工作负担,提升司法拍卖的效率和质量。

(7)集中接待执行来访。

(8)集中接处举报电话。各级法院仿效公安机关在执行指挥中心设立执行线索举报电话,有的直接称为"执行 110",由专人接听并处理当事人提供的执行线索,以实现快速反应、跨域调度和异地控制。

5 类技术服务:

(1)视频会商。执行指挥中心根据执行实施团队指令,对需要通过全省三级法院视频会议系统或者执行指挥互联网应急指挥调度平台进行的案件会商、听证、谈话、指挥协调等工作,提供技术支持服务。

(2)执行过程记录。执行指挥系统应与单兵执行系统、车载指挥系统联通,执行局、执行团队负责人可通过执行指挥系统了解执行现场情况或发出执行指令,及时处理突发情况。

(3)执行公开。执行指挥中心通过短信、微信、手机客户端、江苏法院网站等平台,主动向当事人告知执行案件进展信息,配合执行实施团队,公开执行案件流程节点信息,配合执行实施团队公开执行法律文书等。

(4)舆情监测。执行指挥中心通过网络舆情监管系统,及时掌握舆情动态和舆情变化,锁定相关法院和执行案件,会同本院新闻宣传部门及时应对处理。

(5)决策分析。执行指挥中心作为执行信息和数据的中枢,具有为决策分析提供基础性资料的先天优势。执行指挥中心通过执行案件管理系统、人民法院执行指挥管理平台,实时显示重要数据,及时捕捉、监管并抓取异常数据,为决策分析提供基础信息。

4项管理职责:

(1)繁简分流管理。繁简分流是人民法院深挖潜能提高审执质效的重要途径。

(2)案件质效管理。案件质量和效率是执行办案的核心目标。执行案件质效管理包括执行案件收案、分案、流程节点管理、结案审查等工作,上述工作主要由执行指挥中心配备的案件质效管理专员负责,在院局长的指导下办理案件质效管理工作。

(3)执行案款管理。执行指挥中心设置执行案款管理专员岗位,专门负责案款管理工作。

(4)终本案件管理。案件终本结案后集中交由终本案件管理组专人进行管理。终本案件管理组设在执行指挥中心,负责终本案件结案审查、终本后动态集中管理和恢复执行申请的审查与办理等事项,组长可由指挥中心副主任兼任。恢复执行案件不得由原承办人办理,但因执行和解需长期履行而终本结案的,如恢复执行,应由原承办人办理。

【"无纸化执行"】江苏法院"无纸化"办案最早在昆山市人民法院千灯法庭进行探索,并形成了智慧审判的"千灯方案"。一些基层法院发现,"无纸化"办案在执行程序中反而能够发挥出更大的作用,尤其是与"854模式"深度融合后,对执行案件质效的提升作用尤为明显。"执行无纸化"从2018年开始在昆山市人民法院、徐州市泉山区人民法院进行试点,2020年上半年在苏州、徐州两级法院全面落地,2020年年底在全省法院全面运行。

"无纸化执行"是执行指挥中心实体化运行"854模式"迭代升级的重点之一。通过"无纸化执行",实现执行案件信息全链条可监管、全节点可查询、全进程可预期、全流程可追溯,执行指令全过程线上交办与反馈,全面提升执行工作信息化水平。

根据执行指挥中心实体化运行"854模式"要求,江苏全省所有中级、基层法院至2020年年底已全面建成执行案件"中间库"。"中间库"建成后,实现电子卷宗随案同步生成,各功能模块与执行团队共建共享共用,各流程节点无纸质卷宗流转。"中间库"配备专人负责集中扫描、智能编目、纸质材料管理等相关工作。要求执行过程中产生的所有纸质材料均应在形成后3个工作日内移送"中间库",相关人员应在收到材料3个工作日内集中扫描、智能编目,形成电子卷宗后导入江苏法院执行案件流程信息管理系统。在各环节扫描材料时均在材料上打印唯一的二维码,做到案件各环节纸质材料的可追溯性。执行局长、执行实施团队、案件质效管理人员和相关工作节点的办理人员根据相应权限可以调阅电子卷宗。扫描完成后,纸质材料由"中间库"集中保存管理。结案后,经办案人员审核,由"中间库"集中将纸质材料装订归档。需要借出"中间库"保存管理的纸质材料,须经执行局长审批。借出、借阅、复制"中间库"保存管理的纸质材料应当进行登记。

执行"无纸化"不仅减少了纸张浪费、有益于环保,执行案件办理的流程节点交接更加顺畅,更对执行质效提升起到了良好的效果:一是减少了纸质卷宗流转。"854模式"中,案件承办团队需要频繁下达指令给各辅助事务组,辅助事务组也要频繁将办理情况反馈承办团队。按照传统模式,实务工作指令到哪里,纸质卷就必须移送到哪里,纸质卷的流转频繁,常常因为纸质卷流转问题造成案件进程"梗阻",也容易造成卷宗材料丢失,出现问题回溯追责也存在较大困难。实行"无纸化"之后,所有参与案件人员均可查阅案件材料,从而免去了纸质卷流转和保管的负担,避免了"流而不转"的拖延。二是使工作流程由"串联"变"并联"。原先是"卷宗在谁手里谁干活",实行"无纸化”之后，电子卷宗由执行指挥中心各模块以及执行实施团队共建、共享、共用，承办团队可以同时下达多项指令，不同辅助事务组可同时办理不同事项而无须等待纸质卷宗流转，大幅提升了效率。三是真正实现了案件监管的全流程全覆盖。无纸化办公确保了办案节点同步录入、电子卷与纸质卷同步生成，而且执行局负责人、案件承办团队、各执行辅助事务组以及上级法院，均可查阅进入案管系统的电子卷和进入档案中间库的纸质卷，从而使执行案件办理流程和进展全部置于监管之下。以往由于纸质卷由承办团队保管，执行管理信息不对称，因此监管往往滞后，而且往往需要逐案排查、费时费力。推行“无纸化”之后，执行案件实现了“三全”：全过程可掌控、全节点可查询、全进程可预期，以往在监管上存在的问题得到根本解决，真正可以实现全覆盖的实时、事中监管，而且可以避免承办人故意拖延甚至遗忘造成“抽屉案”的情况，同时也为实时向当事人公开执行信息提供了便利。

三、推进“三统一”执行管理体制改革

强化上级法院对辖区内法院执行工作的统一管理、统一指挥和统一协调，建立协同执行平台，强化各级、各地法院合力攻坚，形成全省执行“一盘棋”。在苏州中院被最高人民法院确定为全国首批3个改革试点法院之一基础上，2021年9月，无锡中院、宿迁中院、镇江中院被最高人民法院确定为执行管理体制机制改革试点单位，执行工作“三统一”管理体制机制持续健全。

第7章

高质量司法之队伍建设

江苏法院始终把政治建设摆在首位，强化理论武装，提高政治能力，紧扣忠诚纯洁可靠的根本要求，坚持全面从严治党、从严治院，以更严标准、更高要求抓好队伍建设管理，锻造一支忠诚干净担当的过硬法院队伍，为高质量司法提供有力组织保证。

第一节　发挥党建引领作用

始终坚持在党建工作的引领下部署、落实、推进人民法院整体工作，实现党建工作、队伍建设和审判工作融合发展、相互促进。

一、实施基层党组织组织力提升工程

研究制定省法院机关党委工作规则、机关纪委工作规则，规范机关党委、机关纪委工作。抓实党支部标准化规范化建设，编印《江苏法院系统党支部工作手册》，以建设政治功能强、支部班子强、党员队伍强、作用发挥强的“四强”党支部为目标，进一步细化党支部标准化规范化建设指标体系，从组织设

置、组织生活、作用发挥、队伍建设、制度保障等五个方面,明确 23 项具体指标。规范“三会一课”、主题党日等制度,杜绝用文体活动、参观游览等替代组织生活或党课,避免组织生活表面化、形式化、娱乐化、庸俗化倾向。加强监督检查指导,通过周提醒、月计划、季督促和半年推进方式,有序有力推动各项工作落实。

二、扎实开展党建品牌创建活动

省法院组织全省法院优秀党建创新案例和党支部品牌评选、院机关支部品牌建设成果讲述会,推动党建品牌共创、共建、共享。先后涌现出一批具有江苏法院特色的党建工作品牌,形成“分级创品牌、院院有品牌”的基层党建工作新局面。其中,徐州新沂法院探索形成的“融入式党建”工作经验被最高人民法院向全国法院推广。镇江市润州区法院的打造“家和”党建品牌推进高效高质司法、泰州中院“先锋引航”打造党员实境教育课堂、扬州中院探索共驻共建新模式等党建案例被评为全国法院党建创新优秀案例。徐州中院、泰州中院荣获人民法院基层党组织组织力提升工程优秀组织奖。省法院在院机关开展“有名称、有内涵、有目标、有措施、有成效、有经验、有推广”的党建品牌创建活动,按照成熟一个推出一个的思路,在机关党委“融 E +”品牌的带动下,逐步形成具有人民法院特色、富有代表性、领域齐全、互为补充的党建品牌体系。

〈 延伸阅读 〉

【徐州新沂法院打造“融入式”党建工作品牌】近年来,新沂法院紧紧围绕“抓党建带队建促审判”的工作思路,大力实施“党建 +”工程,优化党建工作机制,以“五大党建平台”“12345”党建工作法等为抓手,着力打造“融入式”党建工作品牌,实现党建与业务双驱动双促进双提升。2020 年 9 月 24 日,在全国法院党建工作交流推进会上,新沂法院就“融入式”党建工作经验作专题汇报,相关经验在全国法院推广。

第一,坚持高站位融入,切实强化党建引领。强化理论武装,形成“院党组、党支部、党员、普通干警”“四位一体”的政治学习格局,推行领导带动学、群众推动学、机制拉动学、工作促动学的“四动”学习法,确保政治理论第一时间学习、决策部署第一时间落实。学习贯彻党的十八届六中全会精神被央视《新闻联播》报道。组织干警进行“初心是什么、使命干什么、奋斗比什么”三问大讨论,强化政治机关意识。每半年组织一次干警思想动态分析,增强政治敏锐性和政治鉴别力。把党建工作作为“一把手工程”,换届不换方向、换人不换思想。发挥党组领导核心作用,每年制定党建工作要点,每月专题研究党建工作,每季度听取机关党委书记专题汇报,每年组织各支部书记述职评议,确保党建工作和业务工作同部署、同落实、同考核。发挥机关党委协调推动作用,配备专职机关党委书记,成立6个党建工作小组,督促各支部全面落实党建工作任务。制定《党支部书记责任清单》,明确落实党组决策、意识形态责任、廉政风险防控、培养与推荐干部等十项具体职责,努力构建“大抓党建、抓大党建”的工作格局。每月开展“大党日”活动,统一时间、统一内容,确保组织生活经常、认真、严肃。坚持为党员过政治生日,通过重温入党誓词、党员汇报思想、赠送书籍贺卡等方式,强化党员意识。推行优秀党员与非党员干警“1+1”师徒式帮带,跟踪了解思想状况和工作情况。开展“多彩党课”评选,提升党课质量,“三严三实”党课被评为全国法院优秀党课。为全体人员建立政治档案、廉政档案、业绩档案、健康档案,推行党员实绩公示制,激发干警争先创优的内生动力。

第二,坚持常态化融入,着力夯实党建根基。注重党建工作实效性,将党的建设融入日常、抓在经常。以“我的组织我的家”为主题构筑五大平台:一是“先锋驿站”数字化党务管理平台,将16个党支部、103名党员及32名非党员在编干警信息全部录入,实行机关党委、党支部、支部书记、党员四级模块化管理,通过积分制考核排定“五星榜”;二是“先锋讲堂”多元化教育培训平台,设置理论学习加油站、党员远程教育点,鼓励党员走上讲台,分享学习心得、办案经验和成长历程;三是“先锋之家”特色化组织生活平台,为落实主题党日、过政治生日等活动提供场所,增强党员归属意识;四是“支部活动室”标准化党员活动平台,为每个党支部建立统一风格、统一形式的活动室;五是“五好书记工作室”实质化示范带动平台,以“班子建设好、党员队伍好、运行机制好、工作创新好、群众反映好”为标准,每年评选“五好书记”。围绕优化审判资源,动态调整资源力量,把党员干部放在矛盾最突出、困难最多的岗位,最大限度实现人、岗、案相适应。围绕提升审判质效,支部书记通过谈心谈话等方式做好思想政治工作,引导党员干警面对疑难复杂案件和信访难题冲锋在前。在涵养法院文化方面,一是打造昂扬向上的进取文化,党建活动室悬挂每名党员的照片和座右铭,公示党员年度工作目标,实时跟踪落实。以坚守人民法庭19年的老法官为原型,拍摄微电影《小镇大法官》,激励干警扎根基层、奉献基层。二是打造拴心留人的团结文化,建设一批从优待警设施,法官书屋集阅读与休闲于一体,警体训练中心、五人制足球场、标准化篮球场使干警足不出户即可锻炼身体,医务室、理疗室、心理咨询室为干警提供基本诊疗、康养服务。三是打造公正严明的廉政文化。创办《月读廉篇》内刊,每年向干警赠送廉政春联,评选“廉内助”,每天定时播放干警原创的《廉政之歌》。

第三,坚持创新性融入,有效激发党建活力。坚持改革创新,推动党建与业务深度融合。建立党员评议支部、支部点评党员,党员争当岗位标兵、支部争创一流业绩“双评双争”工作机制,推行“12345”工作法。突出一个主题,总结提炼“忠诚可靠、担当有为、务实奋进、拼搏争先”的先锋精神,强化“逢冠必夺、逢一必争”的进取意识;依托两条路径,通过党员评议支部、支部点评党员,实现支部和党员、党建和业务双向互动;坚持三种点评方式,支部书记每月点评当月工作完成情况,机关党委每季度对各支部“双评”开展情况进行集中讲评、个别约谈,党组年底对支部工作进行综合考评;统筹四项内容,围绕评支部、评党性、评业绩、评创优,以支部为单位制定实施细则,明确工作指标,实行动态管理;实施五步流程,通过以评促管双定标、以评促做双自查、以评促比双找差、以评促改双约谈、以评促优双争先,将“双争”成果作为业绩考核、评先评优、晋职晋级的重要依据。改变党建与审判执行分别考核模式,实行“党建+审执”联合考核。细化考核内容,将党建工作成果融入业绩考核,列出支部和党员的考核清单,涵盖政治品格、业务能力、工作实绩等 16 个方面,实现党建工作考核由定性到定量转变。调整考核权重,通过赋值量化党建指标,党建得分从过去强调分数的加法思维变为突出系数的乘积效应,使党建考核由分数变系数,强化党建在执法办案中的引领作用。统一考核标准,对 2014~2016 年的 46625 件案件进行科学测算,设置各类案件权重值,使刑事、民事、执行案件可在同一基准上实现数量、质量和效果的科学比对,打通了审判执行案件考核壁垒;依据法官、法官助理在案件办理中各自分担的工作量实行一体考核。在考核导向激励下,新沂法院 6 名党员获最高人民法院表彰,32 名党员获省级以上表彰。

第四,坚持多渠道融入,充分释放党建效能。始终把法院党建工作置于服务发展大局中谋划和推动,聚焦重点领域做好融合文章。研究制定"服务保障高质量发展 12 条",形成《民营企业劳动用工风险分析报告》,发布服务发展类、保障民生类典型案例 52 篇。聚焦营造法治化营商环境,出台《企业法律风险防控 100 条》,成立党员干警司法服务组,搭建企业司法联系点、涉企案件快立快审快执通道和商事纠纷调解中心等平台,帮助企业防范风险、纾困解难。强化先锋示范,组织党员干警与社区建立结对关系,深入排查、有效解决民生领域突出问题,做到"社区吹哨、党员报到"。优化志愿服务,成立"新法飞扬""向阳花"等 6 个党员志愿服务队,深入村居社区、农家院落、田间地头,积极参与平安建设、普法宣传、文明创建等活动,切实解决群众的揪心事烦心事。开展"法治助力精准脱贫",63 名党员干警对所帮扶的脱贫群众加强跟踪回访,助力打赢精准脱贫攻坚战。以下沉服务推动社会治理。组建"法治书记"队伍,择优选派 46 名党员干警担任村居"法治书记",开展"敲门问平安、入户讲法治"活动,从源头上化解矛盾纠纷。开展"法官进网格"活动,将全院 103 名在职党员干警嵌入 1083 个网格,与村居书记、社区民警、网格员等联勤联动。在乡镇街道、重点单位设立 23 个审务工作站,各配备一名党员干警定期驻站,形成党组统筹、立案庭运作、审务工作站落实的工作架构,推动构建共建共治共享社会治理新格局。

三、打造多元化党建载体

省法院新建“初心守望庭”和“法官活动室”“党员之家”，作为专门的党建活动场所，为党建活动所需背景、氛围提供环境布设和必要的设施设备，进一步提升党建活动成效。“初心守望庭”建立以来，年均开展活动50余场，不仅为党建活动提供阵地，也成为党员的精神家园。建设“75号青年学堂”，分成若干学习小组，结合形势和任务需要，开展学习活动，以集体学习、嘉宾主讲、党员交流、现场互动等形式，深入学习新思想、学习党内法规，研讨重点难点问题等。开设“党员大讲堂”，结合党员干部政治轮训内容和要求，组建师资队伍，定期组织授课。规范党员过“政治生日”，明确政治生日的基本程序和要求，让政治生日有感言、有寄语、有党组织的关心关爱。丰富新党员宣誓仪式，基本程序中既有新党员讲思想进步过程，也有老党员谈个人成长过程，同时有党组织寄予的厚望，在共同宣誓中体会铮铮誓言的力量，进一步净化心灵，明确前进方向。在法综系统“一站式”平台开辟“党建园地”，在《江苏法院简报》开设“党建专刊”，在《法官之友》开设“新思想学习”专栏，及时刊发江苏法院党建工作动态和新思想学习成果。制作党建沙画、抗疫主题歌“第十四天”等党建教育产品，丰富教育形式。

四、推动党建与业务深度融合

牢固树立“抓党建带队建促审判”工作思路，把推进审判体系和审判能力现代化作为机关党建工作的着力点，建立完善机关党建和司法审判工作一起谋划、一起落实、一起检查的运行机制，树立谋划重点工作注重突出党建引领作用、部署党建工作注重强化服务中心工作的导向，自觉把立足审判职能维护国家主权安全、防范化解重大风险、推进平安江苏建设、服务经济社会高质量发展等重点工作融入党建工作。坚持机关党建和业务工作联动式评价，将党建工作推动法院中心工作、促进各项任务完成成效作为重要内容，对机关党建和业务工作同总结、同述职、同考核、同评价。落实党建工作联系点、“党建直通车”、法官进网格等机制，融合推进“两在两同”建新功行动与“我为群众办实事”实践活动、“我为基层解难题”活动。牵头并推动签订《以高质量党建引领高质量司法服务保障长三角一体化发展框架协议》，积极构建长三角四地法院业务共商、平台共建、资源共享、难题共解的党建协作新格局，相关成果在“长三角地区机关党建工作研讨会”上作交流。与南京法院开展党史“共学共建”活动，建立“共学党史、共办实事、共谋发展”的常态化沟通联系机制。依托“党员大讲堂”推介各地支部工作法以及党建与审判工作相融合的经验做法。行政庭党支部与有关行政复议、行政应诉机关党支部开展“府院1+1+N”支部共建活动，为破解机关党建和业务工作“两张皮”问题作出了积极探索。

五、强化能力提升和服务保障

（一）提高机关党务干部能力水平

加强对机关专职党务干部和兼职党务干部的业务能力培训，省法院每年组织党支部书记、专职党务干部参加省级机关工委组织的党支部书记培训班和党务干部培训班，定期举办江苏法院基层党组织书记培训班，提高党务干部履责意识和履职能力。

（二）发挥先进典型的引领作用

按照“典型引路、示范带动、突出重点、全面推进”工作思路，在党建工作的各个层面选树一批具有模范引领作用的先进基层党组织、优秀共产党员、优秀党务工作者，优秀青年、“青年文明号”，“巾帼建功”标兵、“巾帼文明岗”等先进个人和先进集体来带动和推进全面工作，取得了良好的效果。加大省级机关“服务高质量发展先锋行动队”培育力度，省法院环资庭党支部、行政庭党支部、民三庭党支部、民五庭党支部等被评为“服务高质量发展先锋行动队”党支部。2021年，机关党委被评为“人民法院党建工作先进集体”，新闻办党支部被评为全省机关党建工作先进集体。

（三）做好关心关爱工作

认真落实党组各项关心关爱措施，举办健康和心理讲座等活动，推动“健康机关”建设，做好干警健康体检等工作。做好群团工作，省法院机关工会被评为全国模范职工之家,院机关团委被授予江苏省五四红旗团委称号,江苏省女法官协会被评为全国妇联系统先进集体。

第二节　加强司法能力建设

围绕新时代党和国家工作大局,围绕司法体制改革新要求,围绕人民法院职责使命,围绕提升干警的法律政策运用能力、防控风险能力、群众工作能力、科技应用能力、舆论引导能力,突出问题导向、需求导向、实践导向,把教育培训的普遍性要求和不同类别、不同层次、不同岗位法官的培训需求结合起来,创新形式、精准施训、靶向教学,全面提升司法能力。

一、着力提升培训的针对性和有效性

坚持把提高司法能力作为法院教育培训工作的主线,扎实开展“分类培训”“精准培训”,着力抓好以审判执行热点难点问题、新法律法规、群众工作、社会矛盾化解为主要内容的司法能力培训,不断提高培训的针对性和实效性,全方位提高司法能力。

(一) 坚持教育培训与人才培养相结合,突出计划持续性

教育培训在人才培养中具有基础性、引领性作用。省法院党组着眼全省法院人才队伍的长远发展,提出实施江苏法院队伍建设“五强化五提升”工程,科学编制《江苏法院“十四五”人才发展规划》,将教育培训工作纳入江苏法院人才队伍建设全局中去谋划,积极探索江苏法院人才培养之路。

〈 拓展资料 · 发布 〉

【《关于在全省法院实施队伍建设“五强化五提升”工程的意见》】为适应新时代人民法院工作面临的新任务新要求,建设高素质法院队伍,为高质量司法提供坚强组织保证和人才支持,在江苏法院实施队伍建设“五强化五提

升”工程。该工程以习近平新时代中国特色社会主义思想为指导，认真贯彻新时代党的组织路线，围绕“努力让人民群众在每一个司法案件中感受到公平正义”的工作目标和“司法为民、公正司法”工作主线，按照“五个过硬”总要求，以党的政治建设为统领，以落实全面从严治党、从严治院、从严管理为重点，坚持问题导向，靶向施策，大力实施“强化政治引领、提升司法站位，强化人才培养、提升司法能力，强化改革推动、提升司法公信，强化基层基础、提升司法保障，强化作风建设、提升司法形象”工程，全面推进法院队伍革命化、正规化、专业化、职业化建设，努力打造一支信念坚定、执法为民、敢于担当、清正廉洁的高素质法院队伍。

【《江苏法院“十四五”人才发展规划》】为深入贯彻落实中央、省委人才工作会议精神，适应新时代江苏法院面临的新任务新要求，建设高素质法院人才队伍，根据《新时代法治人才培养规划（2020—2025 年）》《江苏省贯彻〈新时代法治人才培养规划（2021—2025 年）〉的实施意见》《江苏省“十四五”政法人才发展规划》《“十四五”时期人民法院工作规划纲要》，结合江苏法院工作实际，制定该规划。

第一，适应司法体制改革后人员分类管理的实际需求，积极开展分类精准化培训。

一是聚焦提升审判执行专业能力，强化员额法官培训。为适应法官员额制改革，加速推进员额制法官队伍革命化、正规化、专业化、职业化建设，2017 年，历时 8 个月，对全省法院 5921 名额员法官分 28 期进行了培训，培训课程涵盖了习近平总书记系列重要讲话、法官职业道德与职业素养、司法改革政策解读、最新法律法规和司法解释的理解与适用、审判实务疑难问题、裁判方法、法学理论前沿、人文素养等内容。在全国率先完成了员额法官轮训工作，经验做法在全国法院系统得到宣传推广。此后，每年都开设新增员额法官培训班，截至 2021 年，共举办员额法官专项培训班 35 期，培训员额法官 7279 人次。

二是以提高职业素养、专业能力为重点，抓好法官助理、书记员等审判辅助人员的培训。2017 年，江苏法院启动了法官助理培训工作，紧紧抓住法官助理的岗位特点，充分吸收借鉴最高人民法院相关课程和北京、上海、四川等兄弟省、市法院的培训经验，认真挑选师资，精心设计课程，专门打造了由“思想政治教育”“审判业务技能”“综合能力培养”三大模块构成的系列精品课程。为了提高培训的针对性和有效性，对“庭前准备实务”“裁判文书的撰写技巧”等课程，创新推出了区分刑事、民事和执行等不同方向的小班，由学员自选课程。同时，充分运用信息化手段，通过“慕课”平台进行线上授课教学，极大便利了学员课余自主学习、教学互动和交流研讨。截至2021年，共举办14期法官助理培训班，培训2085人次。

三是以建立一支专业化、职业化、单独序列管理的聘用制书记员队伍为目标，抓好书记员培训。2013年，江苏法院系统开始进行书记员管理体制改革，自2014年起，按照《江苏法院聘用制书记员专业化培训暂行办法》《江苏法院系统书记员岗位等级培训考核办法（试行）》等文件要求，对全省法院书记员进行全员培训。根据江苏法院推行的书记员改革“三级九等”设置，分类设计不同等级书记员培训方案，突出培训重点，科学设置课程，全面提升书记员的综合素养、专业知识和职业技能。自2017年以来，共举办各类书记员培训班21期，培训4193人次，有力地促进了江苏法院系统书记员队伍职业能力和水平的整体提升。

第二，创新人才培养方式，为新时代江苏法院工作高质量发展培养储备各类人才。

一是围绕建设“五好五强”领导班子，培养忠诚干净担当的高素质领导干部人才，抓好领导班子成员培训。以提高政治素质、增强党性修养为根本，以提升推进司法改革、强化审判管理、抓好队伍建设和信息化建设等能力为重点，突出政治能力和领导能力的培养。自2017年以来，选调全省法院领导班子成员180人参加最高人民法院举办的各类领导班子成员专题培训班；江苏法院自主举办领导班子成员培训班13期，培训2299人次。

二是举办全省法院中青年骨干人才、全省法院名校优生能力素质提升等培训班。2019年与2021年，各举办了一期全省法院推选出来的优秀中青年干警培训班。2021年，举办了首届全省法院名校优生能力素质提升班。

三是加快培养一批相关审判领域的专业人才。围绕海事法院、环境资源法庭设立等重点工作,举办专题研修班和派员前往宁波、青岛等海事法院进行跟班培训。南京海事法院自 2019 年成立以来,每年都举办海事审判实务培训班,邀请最高人民法院、上海海事法院、武汉海事法院、宁波海事法院和青岛海事法院的资深法官来江苏授课。其间还专门组织全体学员到南京海事局龙潭海事处、江苏海事局南京监管救助综合基地进行现场教学,有力地推动了海事审判队伍的专业化建设。

四是围绕加强高层次审判人才队伍建设,积极开展各级各类专家人才的推报和评选活动。积极推荐申报全国审判业务专家、全省“333 高层次人才培养对象”和“江苏省优秀青年法学家”评选,截至 2022 年 4 月,江苏法院共有 13 名同志被评为全国审判业务专家,19 人次入选江苏省 333 高层次人才工程,18 名同志获评江苏省优秀青年法学家及提名奖。截至 2022 年,共举办了四届全省审判业务专家评选活动,评选产生出 142 名省级审判业务专家。2021 年,制定《全省审判业务专家管理办法(试行)》,对江苏法院审判业务专家的评选和管理工作进一步加强规范,探索建立审判业务专家履职评估机制,充分发挥审判业务专家“智库”和“领头雁”作用。为培养适应江苏改革开放要求和具有国际视野的高层次审判人才,自 2019 年以来,共举办了三期提升法官国际化视野专题研修班,全省法院 150 名优秀资深法官参加了培训,与最高人民法院第一国际商事法庭法官、深圳国际仲裁院的仲裁员进行了深入的交流,提升了学员的创新思维能力和国际化视野,为更好地处理国际纠纷打下了基础。

(二)坚持理论教学与实践教学相结合,突出实战实用性

江苏法院坚持实践导向和问题导向,根据不同培训对象的需求,灵活运用以案析理、庭审观摩、法律文书讲评等多种方式,实现从知识型培训向能力型培训转变、从理论性培训向实践性培训转变、从灌输式培训向互动式培训转变,努力做到理论与实务相结合,课堂讲授与研讨交流、现场教学、技能演练、岗位锻炼等相结合,突出培训的实战实用性。

一是强化案例教学。建立经典案例库,由权威教师授课,通过讲解、讨论等方式,对典型案例的裁判进行深入分析,充分挖掘案例中的裁判价值、理论价值和教学价值。注重业务培训与业务指导相结合,将发改案件讲评纳入业务培训,强化培训的业务指导性。

二是推行现场教学。通过现场观摩优秀法官庭审、调解和观看庭审直播等方式,增强教育培训的鲜活度,提高学员对驾驭庭审、化解纠纷和适用法律的能力。在民商事案件审理培训班上,把案件庭审直接放在培训班讲台上,法官现场开庭,双方当事人质证、辩论,学员现场观摩,课后撰写文书,由省法院相关业务庭资深法官对观摩庭审及文书制作进行点评。

三是开展岗位练兵。2017年,开展了为期3个月的全省法院青年法官业务大练兵活动,通过开展形式多样、内容丰富、实效性强的一系列活动,进一步增强了青年法官的积极主动性和创造性。为提升裁判文书制作水平和庭审水平,加强司法能力建设,提升司法公信力,2019年,省法院制定出台《全省法院"百篇优秀裁判文书"评选暂行办法》和《全省法院"百篇优秀庭审"评选暂行办法》,建立了"双百"评选长效机制。2021年,为庆祝中国共产党成立100周年,结合"忠诚核心、勇担使命"主题实践活动,省法院机关组织开展了"奋战一百天,献礼百年华诞"岗位练兵活动,营造出良好的"比学赶超"氛围,推动党史学习教育成果转化为高质量司法实践。省法院还联合省总工会、省人社厅及省级机关工委,多次举办全省法院书记员业务技能竞赛和全省法院司法警察岗位业务技能竞赛,强化岗位技能训练,努力提升业务技能和水平。

四是开展跟班学习。为进一步强化青年干警思想淬炼、政治历练、实践锻炼、专业训练,引导青年干警坚定理想信念、提升业务能力、密切干群关系、锻造过硬作风,推动法院工作高质量发展,组织开展"跟班先进找差距"活动,以跟班学习为基本形式,组织青年干警向政法系统先进英模典型学习,跟班学习人员通过撰写跟班日记和专题调研报告、拍摄短视频等形式,深入挖掘先进典型事迹,学习借鉴基层鲜活经验,促进了自身思想素质、业务能力和工作作风的提升。

五是实施同堂培训。积极开展法官、检察官、人民警察和律师同堂培训,强化相关单位协作,统一执法司法理念和办案标准尺度。自2017年以来,江苏法院举办了网络及信息犯罪案件专题研讨班、危害国家安全犯罪审判专题研讨班、危害食品药品安全犯罪审判研讨班、扫黑除恶疑难问题及长效机制建设专题研讨班、涉互联网犯罪专题研修班等同堂培训班,取得良好效果。共有400余名法官、检察官、人民警察、律师及相关专家学者参加了同堂培训。2022年,举办了减刑、假释法检执同堂培训班。

(三)坚持传统授课方式与现代信息技术相结合,突出科学有效性

江苏法院在抓好传统集中面授培训的同时,加大现代化培训方式的推广应用力度,紧贴信息时代培训需求,着力提高信息化手段在教育培训工作中覆盖的广度和深度。特别是自2020年以来,为应对疫情防控常态化形势下线下培训的规模限制,以及疫情突发情况下的线下培训推进困难等问题,积极推进传统培训模式向混合式立体培训模式转型,逐步形成以集中面授培训为主体,面授培训、视频培训、网络培训、慕课培训"四位一体"、交叉进行的"立体混合培训模式",实现了培训对象全覆盖,为学员提供了多种选择,同时也有效缓解了集中面授培训造成的工学矛盾。

一是积极开展视频培训。充分发挥视频培训受众面广的优势,将政治理论、党性教育、廉政教育以及新出台的法律法规、司法解释等具有普遍性培训需求的内容,依托全省三级法院视频会议系统,以"党员大讲堂""中国法学名家讲堂"等为平台,在全省法院统一开展视频培训。截至2021年年底,共举办11期"中国法学名家讲堂"系列讲座,培训51657人次,充分展示了视频培训的优势。自2020年以来,为常态化开展政治轮训工作,在严格做好疫情防控的基础上,组织参加最高人民法院举办的"人民法院大讲堂"视频讲座20场,自主组织举办"党员大讲堂"及各类政治学习教育视频讲座23场,全面提升了江苏法院干警的政治素养和政治能力。

二是完善网络培训工作。为进一步提升信息化网络培训工作水平,江苏法院于2015年完成了教育培训网络平台的研发和建设,初步构建起网络培训的构架。依托省法院内网建成培训管理平台(教育培训网),完成集信息管理、报名管理、师资管理和培训数据统计等培训内容的一体化管理。自2017

年以来,省法院举办的所有培训班均进行网上报名和教学管理。依托省法院内网建成了网络远程教育课堂(内网点播直播平台),实现了课堂直播和录像点播,以及讲稿、课件等文档资料的在线阅读等功能,方便干警观看授课直播和随时访问网络课堂进行学习。其中点击课堂直播功能,可以观看江苏省法官培训学院正在进行的课堂授课,实现“不出办公室”的远程学习。2020年,在教育培训网和网络课堂分别开设了“民法典学习专栏”,及时上传更新民法典最新辅导文章、相关优秀授课录像、“人民法院大讲堂”专题辅导录像等网络学习材料。自2018年7月以来,江苏省法官培训学院在网络课堂共计发布课程157个,视频课件点击数9688人次。

三是推广慕课培训。2017年,江苏省法官培训学院慕课平台及江苏法院慕课App正式投入使用。江苏法院充分利用慕课平台在预备法官、法官助理、书记员、人民法庭、青年文明号创建等多个培训班上进行了网上教学、学习资料发布、裁判文书制作、学员作业提交、教师答疑解惑等,并通过平台对学员进行教学管理和考试验收,均取得较好成效。自2018年以来,先后开展18期慕课培训,培训5162人次。2021年,在利用电脑、手机客户端基础上继续拓展慕课平台线上教学功能,推出了微信小程序“苏法慕课”,为广大干警提供了更加便捷高效的学习途径。

(四)坚持系统内与系统外培训资源相结合,突出融合互补性

为加强师资管理,培养打造出一支能力强、作风硬的优秀师资队伍,省法院立足全省法院系统师资库建设,制定出台《江苏法官培训学院专职教师管理规定》《法官教育培训兼职教师管理办法》,建立了一套师资发现、培训、测评机制。

一是建立兼职教师选聘机制。为加强江苏法院师资队伍建设,满足司法改革和教育培训工作需要,开展兼职教师选聘工作。鼓励审判业务能力强、法学理论水平高的领导干部、审判业务专家、先进典型和资深优秀法官走上培训讲台。对新聘任的师资就课件制作、成人学习规律、授课方法与技巧等内容进行专门培训。建立课后评价机制。要求学员课后对教师的授课内容、方式、态度等进行测评,对学员不满意的课程和教师进行必要的调整;对需要改进的课程，将测评内容反馈给授课教师进行改进。

二是有效利用系统外的优质培训资源。加强与最高人民法院、省外兄弟法院以及法学院校、党校、科研院所等机构的交流联系，邀请优秀师资授课。自2017年起，开设“中国法学名家讲堂”系列讲座。先后邀请韩大元、王利明、张卫平、赵旭东、王轶、胡云腾、张文显等十余名法学名家授课，极大地提升了法官的法律素养和理论水平。目前，法院系统外师资库共有209人，省外法院系统师资90人，进一步充实了江苏法院培训的师资队伍。此外，在政策许可条件下，加强与国家法官学院、兄弟省份法官培训学院、高等院校等培训机构的合作，采取委托或合作办学的方式，共享优秀师资和教学资源。自2019年以来，江苏法院先后与河北法官培训学院、深圳公共管理教育培训学院等培训机构合作举办了多期中青年骨干人才培训班和提升法官国际化视野专题研修班，受到学员的一致好评。

二、加强司法调研工作

(一)完善调研工作机制

坚持把调研工作作为“一把手”工程，召开全省法院第十一次调研工作会议，省法院以“一号文件”形式出台《关于进一步加强和改进全省法院调查研究工作的意见》，建立健全调研工作表扬激励、经费资助、考评考核等12项制度。建立调研人才库制度，在全省法院范围内确定89名调研人才库入库人员。建立调研联系点制度，在全省法院范围内确定16家法院为“省法院调研工作基层联系点”，实行动态管理，以点带面，进一步营造重视调查研究的良好氛围，带动全省法院调查研究能力整体提升。

〈 拓展资料 · 发布 〉

【《关于进一步加强和改进全省法院调查研究工作的意见》】为深入学习贯彻习近平总书记关于加强调查研究的重要指示精神，全面贯彻落实《中共中央办公厅关于加强调查研究提高调查研究实效的通知》(中办发〔2018〕20

号)、《中共江苏省委办公厅关于进一步改进调查研究工作相关事项的通知》(苏办发〔2018〕21号)以及最高人民法院、省委政法委相关文件精神,在全省法院进一步营造重视调查研究的良好氛围,切实提升调查研究工作实效,推动全省法院各项事业高质量发展,结合全省法院实际,就进一步加强和改进全省法院调查研究工作提出以下意见。

一、进一步加强和改进调查研究工作的总体思路和原则要求

1. 重要意义。调查研究是谋事之基、成事之道,是贯彻落实党的思想路线的必然要求,是我们党长期坚持、一以贯之的优良传统和作风,是密切联系群众、广泛集中民智的重要途径,是科学民主决策的重要保证,也是事关人民法院全局的基础性工作。善于开展调查研究,是全省各级法院领导干部必须具备的基本功,也是广大法官和其他工作人员应当具备的重要司法能力。当前,人民法院工作面临新形势新任务,新情况新问题层出不穷,疑难复杂问题、新类型案件不断涌现,需要持续加以认识、研究、解决。进一步加强和改进全省法院调查研究工作,对推动全省法院工作创新发展、提升司法能力水平具有重要意义。全省各级法院要进一步提高政治站位,不断增强使命感责任感,推动全省法院调查研究工作更高水平开展、更高质量发展。

2. 总体要求。坚持以习近平新时代中国特色社会主义思想为指导,始终保持全省法院调查研究工作正确方向,围绕中心、服务大局,贴近实际、贴近群众、贴近决策、贴近业务,着重研究人民法院依法服务大局的重大问题、群众关心关注的热点问题、审判执行工作中的重点问题、司法体制改革和队伍建设中的难点问题,加大对新情况、新问题调研力度,充分发挥调查研究在辅助科学决策、服务人民群众、促进公正司法、增强司法能力中的重要作用,擦亮江苏法院调查研究工作品牌,为全省法院各项工作提供坚强智力保障和支撑。

3. 基本原则。坚持实事求是,一切从法院工作实际出发研究解决问题,做到结论产生在调查研究之后,建立在科学论证基础之上。坚持密切联系群众,践行司法为民宗旨,认真听取人民群众意见建议,不断满足人民群众多元司法需求。坚持问题导向,突出司法调研针对性和应用性,把解决实际问题作为调查研究工作出发点和落脚点,真正做到摸实情、出实招、求实效。坚持

系统研究,把法院工作置于党和国家工作大局、党委中心工作中加以谋划和推进,善于把握和总结研究对象之间的内在联系,在全面分析思考的基础上形成正确的研究结论和工作对策。

二、建立健全调查研究工作制度机制

4. 坚持和完善重要决策先行调研制度。没有调查研究就没有发言权,更没有决策权,调查研究的过程就是科学决策的过程。全省各级法院作出重大决策、开展重要工作,必须做到调查研究先行,坚持深入基层、深入一线,在掌握实情的基础上形成调研意见,提高决策水平。坚持和完善党组调研制度,省法院每年初围绕法院重点工作和遇到的突出问题,设置调研课题,由法院领导干部牵头开展集中调研,推动更好破解难题、履职尽责。

5. 完善重点调研课题管理制度。继续推行重点调研课题制度,省法院确定和发布全省法院重点调研课题,各市中级法院确定和发布本辖区重点调研课题,有条件的基层法院确定和发布本院重点调研课题。切实抓好重点调研课题的选题、招标、验收等环节工作,完善跟踪、督促、检查等工作制度,明确责任人并督促落实。下级法院发布本辖区或本院重点调研课题,报上级法院备案。

6. 完善司法经验总结制度。建立健全审判执行和司法体制改革方面的经验培育、申报立项、评审认证、成果转化推广等机制。高度重视经验总结,通过审理指南、审判指导性文件、业务工作会议纪要等形式,加强司法业务指导,促进裁判尺度统一。

7. 完善应用学术研讨机制。加强和完善学术讨论会论文组织工作,建立健全论文选题和写作指导制度,针对司法实践中出现的热点、难点问题,深入开展学术研究。健全学术交流、论文研讨制度,积极搭建不同形式、不同层次的学术交流平台,开展形式多样、互动充分的学术交流活动,提高论文写作质量。完善论文评审、报送和成果转化机制,推出更多学术研讨精品成果,不断提升学术研讨能力水平。

8. 完善案例研究制度。积极探索案例检索和参照适用方式方法,充分发挥典型案例对司法实践指导作用。完善在审在执案件案例线索发现培育机制,对于在立案、审判、执行各环节发现的有案例价值的案件,通过尽早发现、精心审理、强化培育、重点打造,促进形成精品案例。积极开展案例理论研究和编研分析,多渠道挖掘案例价值,鼓励围绕案例研究进一步形成案例分析、调研报告、学术论文等成果,全面提升案例研究能力水平。

9. 完善联合调研制度。充分发挥各层级、各领域、各部门的特点和优势,积极开展联合调研。拓展上下级法院联合调研机制,结合各级法院的特点和优势进行调查研究,促进全省法院调研资源有效整合。健全与高等院校、科研机构联合调研机制,充分发挥其"外脑"和"智库"的作用,提升调研成果理论水平。推动建立法院内部跨部门调研机制,更好地将调研工作与业务工作相结合,进一步提升调研质量,满足业务需求。

10. 建立健全调研联系点制度。省、市两级法院领导干部要明确调研联系点,省、市法院内设部门可根据需要建立调研联系点,经常深入联系点,调研指导工作,推动解决实际问题,帮助联系点结合实际选好调研课题,开展精准调研,推出精品成果,有效发挥调研联系点示范引领作用,促进全省法院调研工作水平稳步提升。

11. 完善调研成果交流制度。法院调研成果是各级法院、广大法官和其他工作人员在开展工作中形成的调研课题类、经验总结类、应用研究类、业务指导类、审判案例类、学术研究类成果,主要包括调研报告、司法经验总结、情况反映、典型案例、司法实务研究论文、办案心得体会等。各级法院要对形成的调研成果及时收集整理,探索建立调查研究资料库和调研成果信息检索库。省法院研究室要及时把各方面优秀调研成果整理报送领导同志参阅。鼓励将适宜公开的优秀调研成果通过刊物发表、研讨交流、出版著作等多种形式公开。

12. 完善调研成果转化机制。抓好调研成果梳理,注意发掘调研成果中有参考价值的素材和可行性建议,通过多种方式促进司法调研成果转化应用。调研成果的转化应用形式主要包括:成为立法、立法解释、司法解释和司法解释性文件的重要参考依据;成为领导决策和工作部署的重要参考依据;成为指导司法实践的重要规范性文件;成为司法建议并得到采纳应用;通过工作简报、情况反映等载体录用和刊物发表，且对实际工作产生了积极作用；等等。把做好司法信息编报工作作为推动调研成果转化的重要渠道，及时向党委、上级法院报送领导需要知道、需要领导知道的信息，促进调研成果得到及时有效转化应用。

13. 完善调研工作绩效考核制度。把调研工作开展情况作为考核各法院、法院各部门工作的一项硬性指标纳入综合考评指标体系，根据各层级法院职能分工不同进一步优化考核方式方法。建立调研成果的验收标准，重点围绕对客观情况的反映程度、对存在问题的研究深度、对决策部署的指导参考价值、成果的转化程度、形式及其价值等要素，设计切实可行的量化指标。把调研成果作为考核个人工作实绩以及法官入额、逐级遴选，干部晋职晋级、提拔任用时考察工作能力、工作业绩的必要内容。推荐申报审判业务专家、“333”高层次人才的，必须有国家级调研成果。

14. 完善调研工作表彰奖励和经费资助制度。省法院定期组织评选调研工作先进单位、先进个人和优秀调研成果，对工作成绩突出的单位和个人予以表彰奖励，对党组调研、司法经验总结项目给予项目研究经费，对应用学术研讨、案例研究等研究质量高、应用效果好的调研成果给予一定的经费资助，进一步提升重点课题的研究经费。各级法院都要健全完善调研工作表彰奖励制度，加强对优秀调研成果及其作者的精神和物质奖励，并通过适当载体和形式，总结展示调研实绩，更好激励创先争优。各级法院要将调研工作表彰奖励情况纳入本法院绩效考评体系，作为评先评优、绩效工资分配的重要依据。

15. 建立完善调研人员交流制度。坚持和完善下级法院研究室人员到上级法院研究室短期交流培训制度。探索建立本院各部门与研究室人员3～6个月双向短期交流制度。在研究室工作满五年的，原则上应交流到其他部门工作。

三、改进调查研究工作作风和方法

16. 发挥领导带头作用。全省各级法院领导干部要当好调研“领头雁”，以身作则、率先垂范，对参与的调研课题等亲自确定调研思路、提出调研方案、参与实地考察、进行研判分析，带头动手撰写有情况、有分析、有见解的调研报告，促进调研成果转化。要倾力抓好各类调研活动组织工作，进一步创新调研载体和形式，推动各级法院广大法官和其他工作人员动起来、沉下去，拿起笔、出成果，让调查研究成为工作习惯，使全省法院调查研究蔚然成风。

17.改进调研工作作风。贯彻党的群众路线，接地气、通下情，坚决杜绝“闭门造车”等与法院实际脱节的调研不实作风。认真贯彻中央八项规定、省委十项规定精神，提倡全省各级法院领导干部以不发通知、不打招呼、不听汇报、不用陪同接待、直奔基层、直插现场的“四不两直”方式开展调研，坚持轻车简从，不搞层层陪同，不给基层增加负担。鼓励围绕热点难点问题开展针对性强的“微调研”。大力改进文风，提倡写短话、写实话、写新话，力求开门见山、观点鲜明、论证有力、对策精准。遵守学术规范，尊重知识产权。严明调查研究纪律，强化监督检查，严肃执纪问责，力戒形式主义和官僚主义。

18.创新调查研究方法。灵活运用综合性、专题性、跟踪式、随机性等因地制宜的调研方式，多层次、多方位、多渠道地调查了解情况。既要解剖麻雀，又要了解全局；既要到工作局面好和先进的地方去总结经验，又要到困难较多、情况复杂、矛盾尖锐的地方去研究问题；既要运用座谈会、个别访谈、实地考察和蹲点调研等方法，又要采用问卷调查、抽样调查、网络调查和模型分析等形式。坚持定性和定量结合、宏观和微观结合、静态和动态结合，善于在调研中发现新事物、研究新问题、探求新规律、提出新对策。主动依托大数据、“互联网+”等现代科技手段采集分析数据信息，不断拓展调研工作数据化分析手段，借鉴吸收自然科学、社会科学先进调研方法，以方法创新增进调研实效。

四、加强调查研究机构平台建设和人才培养使用

19.切实强化机构建设。广大法官和其他工作人员是调研工作的主力军，各级法院调研职能部门要积极主动为各部门、广大法官和干警的调研工作提供服务、指导和帮助。法院研究室既是综合性审判业务部门，又是调研工作管理部门。全省各级法院要进一步发挥好研究室审判决策辅助、审判宏观指导、法律政策适用研究功能作用，突出其研究法律、研究政策、研究审判主要

任务,支持研究室聚焦主业全面履行好综合性审判业务职责。充分发挥好各级法院研究室对调研工作的组织、管理、协调作用,有效整合调研资源和力量。中级法院研究室职能原则上应与省法院研究室保持协调一致。要加大调查研究工作与审判管理工作融合力度,按照中央编办、最高人民法院《关于积极推进省以下人民法院内设机构改革工作的通知》要求,设置审管办(研究室)的基层法院,应优化职能、整合力量,更加充分有效地发挥研究室功能作用,促进调查研究工作同审判管理工作协调发展;未设置审管办(研究室)的基层法院,应安排专人从事调研工作。

20. 优化配置调研力量。积极选配政治素质过硬、业务水平较高、工作作风严谨、写作能力较强的人员到调研专兼职岗位工作。完善和落实研究室调办事制度,因完成重大调研课题等任务需要,可以从本院其他部门借调法官到研究室短期工作。基层法院要为审管办(研究室)配备年富力强、善于调研的负责同志。

21. 探索设立调研人才库。省、市两级法院要重视选拔优秀调研人才进入全省、全市法院调研人才库,并根据调研实绩,定期进行考察评定、调整更新,始终保持专兼职调研队伍的生机与活力。充分发挥调研人才库人员在开展重大调研、重点课题中的领军和骨干作用。加大调研人才梯队建设力度,加强对库内人员的跟踪培养、选拔和使用。省法院研究制定全省法院调研人才库工作规则,建立健全选拔更新、培养使用等工作制度机制。

22. 畅通人员发展渠道。遵循法院干部成长规律,注重调研机构和调研岗位干部的培养使用,把审判执行业务部门综合调研岗位、调研人才库和研究室打造成培养优秀法官和领导干部的重要平台。各级法院按照省法院《关于法官、书记员、法官助理定岗定责意见(试行)》的规定,为研究室、审管办设置一定数量的员额法官岗位,研究室、审管办符合条件的人员可以参加法官遴选。确定入额法官人选时,调研专兼职人员和审判执行业务部门人员要一视同仁。科学确定综合审判业务部门工作人员入额标准,除了将协助员额法官办理一定数量案件作为评价指标外,还应突出调研工作实绩和成果在工作业绩评价中的权重。审判执行业务部门设置综合调研岗位的,参照综合审判业务部门入额标准执行。研究室主任具备法官任职条件,同时符合审判委员会组成相关法律规定的,应当提请任命为审判委员会委员。

23.全面提升调研能力。全省法院广大法官和其他工作人员要深刻认识到,调研能力强是办案能力强、司法水平高的重要体现,在办理案件、开展工作过程中,勤学善思,调研结合,研以致用,多出成果,努力做到调研能力、司法水平同步提升。案件审判执行过程就是调研过程,全体法官要做到调研与业务深度融合,特别在办理重大疑难案件、新类型案件过程中,力争同步形成相应研究成果。加强对法官调研能力的培训,各类培训班要注重设置调研方面课程。各级法院研究室要全员开展调研,进一步强化以调研成果评判工作实绩的导向。加大专兼职调研人员培训力度,涉及法院全局性、综合性工作的培训班和各审判业务条线举办的培训班、研讨班,原则上应为研究室保留一定培训名额,安排调研人员参加培训,重要资料及时让调研人员传阅。省法院每年举办一次全省法院调研工作培训班,各级法院新进调研岗位人员原则上当年要参加培训,每三年实现一次轮训全覆盖。

24.积极拓展调研工作平台。切实做好《江苏省高级人民法院公报》《审判研究》《法官之友》等刊物办刊工作,不断提升办刊质量。做强做优中级法院机关调研刊物,完善办刊标准,加强督促检查,促进提升办刊能力水平。省法院依托官方微信公众号搭建全省法院网上调研成果发布平台,中级、基层法院也可视工作需要建立相应平台。各级法院刊物编辑部可以通过组织研讨交流、点评讲评、调研沙龙等灵活多样的形式,经常性开展不同规模、不同层次的交流活动,启发思路、拓宽视野,实现调研成果更大价值。倡导在各级法院成立青年干警研究会,为年轻干部交流研讨司法热点问题提供平台,将其作为发现、培养优秀调研人才的重要途径。

五、切实加强对调查研究工作的领导和保障

25.加强组织领导。全省各级法院要加强对调研工作的组织领导,上级法院要切实加强对下级法院调研工作的指导,牢固树立人民法院调研工作是高层次、高质量综合性审判业务的意识,将调研工作列入党组重要议事日程,主要领导亲自抓,分管领导具体抓,定期听取工作汇报,开展督促指导。全省各级法院领导干部开展调查研究、提高调研实效的情况，要纳入经常性工作检查和巡视巡察内容，并纳入民主生活会对照检查的内容。

26. 完善保障机制。全省各级法院要以更大力度支持和保障调研工作。完善研究室主任列席党组会议制度。增加调研专项经费安排，调研经费列入年度预算，足额保证调研工作需要。要为法院干警从事调研配备必要的办公设备和书籍报刊、网络数据等各类资源，为调研人员列席相关会议、阅读重要文件、利用档案资料等提供便利条件，并为调研提供一定的时间保证。

27. 营造良好氛围。牢固树立大调研理念，通过多种形式、多种平台，整合研究力量和调查研究资源，建立健全全省法院全员共同参与的调研工作机制，形成密切配合、互相支持、资源共享、协同攻关的调研工作格局。要充分发挥各类媒体、平台作用，切实做好调研宣传和成果发布，不断优化重视调研、利于调研的良好环境。

（二）加强调研工作平台建设

充分发挥《江苏省高级人民法院公报》《审判研究》《法官之友》等刊物平台作用，把握办刊方向和编辑重点，紧紧围绕审判理论重大基础问题和审判实务问题选用稿件，刊发各级法院的优秀调研成果，成功举办《审判研究》“东台杯”“高邮杯”“扶海杯”等主题征文活动，《审判研究》等 9 种刊物入选全国法院优秀期刊。充分发挥信息调研平台作用，积极开展微调研，与南京大学、东南大学等高校签订战略合作协议；在中国法学会、省法学会人力支持下，依托江苏法院搭建 32 个研究平台，构建起密切配合、互相支持、资源共享、协同攻关大调研工作新格局。

（三）精心打造调研品牌

组织做好学术讨论会工作，围绕全国法院学术讨论会研讨主题，及时召开动员部署会，切实加强论文组织报送、选题辅导、督促指导、论文评审等工作。自 2018 年以来，江苏法院共有 106 篇论文在全国法院学术讨论会上获奖，13 个法院获组织工作先进奖，省法院获评全国法院学术讨论会三十年组织工作突出贡献奖金奖。扎实做好重大课题工作,完成国家社科基金课题和最高人民法院司法研究重大课题18个。坚持紧贴审判实务,加强应用法学研究,持续推出调研精品,多篇调研报告、学术论文在《法律适用》《人民司法》等核心期刊发表。省法院研究室获评全国法院调研工作先进集体。

三、积极派员援藏援疆挂职

(一)加强援藏援疆工作组织领导

认真贯彻中央、最高人民法院和省委决策部署,准确把握受援地区法院需求,以3年为期制定援助规划、签订支援协议,并逐年细化工作方案推动各项援助任务有效落实。以纪念江苏法院开展援藏援疆工作十周年为契机,2021年6月,在南京召开全省法院援藏援疆工作会议,系统总结江苏法院十年来援藏援疆工作,对18个援藏援疆工作先进集体和72名先进个人进行表彰,研究制定进一步做好新时代援藏援疆工作实施意见,对下一轮援藏援疆工作作了全面部署安排。最高人民法院将江苏法院的经验做法以简报形式转发全国法院。不断加大资金援助力度,援助资金每年按时拨付到位。2021年,举全省法院之力统筹资金使用,筹措1000万元专项资金,在6月底前支付给新疆高院用于"两基地一中心"建设。坚持把"受援法院所需"和"江苏法院所能"结合起来,进一步增强物质装备援助的针对性和有效性,结合不同法院的不同需求,有针对性地开展物质装备援助,努力做到受援法院需要什么、我们就援助什么。

(二)建立完善业务交流长效机制

不断健全审判执行工作经验常态化交流机制,通过专题研讨、座谈交流等形式,相互学习借鉴审判工作、执行工作、司法改革、队伍管理、司法保障等方面的先进经验,共同提升司法能力和水平。用足用好智慧法院建设成果,对疑难复杂法律适用问题及时开展在线交流,实现司法资源共享,促进案件依法公正审理。深化联合调研,认真研究新形势下维护安全稳定、参与社会治理、加强环境资源司法保护等方面的新情况新问题,以高质量的调研成果推动法院工作高质量发展。

(三)加大人才智力援助力度

拓展全方位多领域教育培训路径,综合运用讲师团巡回授课、开设审判业务培训班、线上慕课教学等方式,进一步扩大业务培训覆盖面,持续提升教育培训工作实效。结合受援法院实际需求,完善挂职干部选派和管理工作,健全管理办法和考核机制,选拔政治过硬、业务优良的干警参与援藏援疆工作。每年坚持选派审判执行、信息化等专业业务骨干援藏援疆。2018 年至今,全省累计派出一年期援藏援疆挂职干部 52 名,派出诉讼服务、审判与执行管理、民商事审判等短期业务指导人员 4 批 15 人次。2021 年 8 月省法院安排新疆法院 20 名审判业务骨干在南京、苏州、无锡、常州、镇江等五个法院进行了为期一个月的跟案交流。2018 年以来,双方人员往来近千人次,对接交流的工作事项多达千余件。

第三节　加强纪律作风建设

针对司法作风方面存在的薄弱环节,狠抓纪律作风建设,形成靠制度解决纪律作风问题的长效机制,切实促进公正廉洁司法。

一、加强警示教育

(一)深化经常性警示教育

省法院印发季度和半年全省法院纪检监察信访通报和违纪违法案件通报,及时分析情况,提出对策建议。编发《违纪违法案例选编》,拍摄、播放警示教育片,在省法院内网开设"监察通报"专栏,定期通报典型案例,对违纪原因进行剖析,提出要求,举一反三,引以为戒。坚持全省法院业务培训开设廉政教育课制度,院领导和督察局同志给各类培训班上党风廉政课。在国庆、中秋等重大节日以 flash、电话短信提醒等方式进行提醒教育。发挥党风廉政警示教育作用,组织院领导和中层干部赴省纪委廉政警示教育基地接受警示教育。组织召开省法院受处分人员违纪违法情况通报会,督促各部门共同开展批评教育,用身边事教育身边人。

(二)扎实开展"以案释德、以案释纪、以案释法"警示教育

2020年4月到6月底,全省法院以张坚案为典型,扎实开展"以案释德、以案释纪、以案释法"警示教育活动。教育活动坚持"领导带头、以上率下、以下检上、全员覆盖",通过多种形式和方法,将压实责任、学习教育、讨论交流、检视剖析、整改落实贯穿警示教育始终,做到真学、真查、真改。广大干警充分认清了人民法院党风廉政建设和反腐败工作面临的严峻形势,进一步强化了加强法院队伍从严管理监督的政治责任感,解决了部分干警党的思想根源问题,进一步筑牢了对党忠诚、公正司法、廉洁自律的思想根基。健全完善审判管理监督制度,加强对法官自由裁量权的有效监督,严格执行防止干预司法"三个规定",促使广大干警严格公正廉洁司法。

二、开展审务督察

(一)强化组织领导,精心安排部署

省法院党组高度重视审务督察工作,成立审务督察领导小组。坚持将审务督察工作纳入年度重点工作,及时转发最高人民法院审务督察工作情况通报,制定省法院《审务督察工作方案》,明确年度工作的方法、步骤、内容等,层层传导审务督察工作责任。全省各级法院围绕审判工作中心,突出司法作风重点,精心组织推进审务督察工作,督察局注重发挥示范引领作用,坚持以上率下,敢于真抓实纠,聚焦全面从严治党、从严治院、从严管理,持续加大审务督察力度,不断规范干警司法行为,推动了全省法院司法作风的持续好转。

(二)突出工作重心,开展专项督察

强化发现问题的深度广度,开展嵌入式监督,推动审务督察触角向审判执行工作深度拓展和延伸。2019年,省法院对全省13家中院28家基层法院在扫黑除恶专项斗争中发现的突出问题专项整治工作开展专项督察。2020年,组织开展"三项队建"活动、执行领域突出问题专项整治、立案登记制落实情况、虚报冒领出差补助和司法作风等专项督察。2021年,联合开展机关作

风常态化专项督察,针对中央督导组和省驻点指导组反馈问题、巡视巡察反馈问题、下级法院党组书记述责述廉反馈问题等开展“三项反馈问题”专项督察,对省法院3年以上未结案件、院机关庭长办案情况进行专项审务督察,开展法院文化标识、文化环境布设开展专项督察。2020~2021年,结合新冠疫情防控工作,深入院机关重点部门、重点场所对新冠疫情防控措施和责任落实情况专项督察检查。

(三)加大工作力度,强化日常督察

坚持将最高人民法院指出的五个聚集作为督察重点,每年省法院对13个中级法院和南京海事法院、中级法院对基层法院和人民法庭实现审务督察全覆盖。2018~2021年,全省三级法院共开展日常审务督察7700余次,专项审务督察1300余次,其中对省法院机关开展督察60余次。

(四)改进工作方法,完善工作机制

完善督察平台,充分利用智能审务督察系统对全省法院诉讼服务、法官庭审等情况开展常态化督察,并根据最高人民法院通报问题,召开专题会议研究优化智能审务督察系统获取庭审数据功能,完善数据联网对接工作,进一步提升推送音视频数据的数量和质量。优化组织模式,坚持审务督察与部门巡察协同推进,对审务督察、部门巡察开展情况和发现问题共享共用共督;坚持审务督察与司法巡查协同部署,推进审务督察发现问题,切实提升督察效果。健全工作机制,将“八小时以外”纳入审务督察范畴,严格约束干警业外活动,实现对干警业内和业外监督管理的全覆盖,建立完善“联合协作、通报整改、问责考核”等工作机制。

(五)坚持动真碰硬,强化问责整改

全省三级法院坚持把发现问题、解决问题作为审务督察工作的着力点,对督察发现问题及时提出整改意见,如实通报反馈,严肃追责问责,全程督促整改,推动改进工作。强化督察结果运用,将其纳入年度考核范围。对最高人民法院通报的智能审务督察发现的问题,迅速反馈至相关法院,并责成相关法院调查处理、整改落实,相关责任人分别被给予提醒谈话、通报批评等处理。

三、开展司法巡查

重点加强对全省法院深入学习贯彻习近平新时代中国特色社会主义思想和领导班子思想政治建设、发挥审判职能作用服务保障中心大局、全面落实司法责任制、履行审判管理职责、重构司法廉政风险防控体系、落实全面从严治院要求、推进执行工作等情况进行监督，发现问题，纠正偏差，督促整改，推动全省法院政治生态、司法生态、院风院貌持续向好。

2018 年，省法院组织司法巡查组对无锡中院和徐州铁路运输法院进行了司法巡查。2019 年，探索推进司法巡查工作创新，与全省 13 个设区市的市委巡察办就加强司法巡查与地方党委巡察工作的协调配合达成共识，派出省高院 3 名司法人员参与淮安市委对淮安中院的巡察工作。2020 年，先后从全省三级法院选派 40 余名司法人员，参与无锡、镇江、泰州、连云港、南通、宿迁、常州、苏州、扬州等 9 地市委对当地中院党组以及无锡、常州两地 13 家基层法院开展巡察，积极探索“司法巡查 + 政治督察”等“司法巡查 + ”工作模式，将其他督查检查事项纳入司法巡查内容，提高司法巡查综合效能。充分发挥对下指导监督职能作用，将落实地方党委巡视巡察反馈意见的整改情况纳入司法巡查监督范围，向地方党委巡视巡察机构通报司法巡查情况，做到党委巡察与司法巡查相互融合、相互促进，强化对辖区法院协管监督，破解“双虚化”问题取得成效，实现优势互补、信息互通、成果共享、效应叠加。

四、开展部门巡察

（一）强化组织领导

严格按照省委巡视办要求，坚决扛起主体责任，健全巡察组织机构，成立巡察工作领导小组，下设办公室，政治部主任兼任主任，负责贯彻落实省委巡视办和院党组巡察工作部署。组建部门巡察组，2018 年对 22 个部门开展巡察，2019 年组织对立案庭、行装处、法警总队开展巡察整改“回头看”，2020 年，组织开展对赔偿办、老干部处、法官学院 3 个支部的巡察，2021 年组织对民一庭至民六庭 6 个党支部开展政治巡察、对法警总队等 3 个部门的巡察整改情况开展“回头看”，实现了巡察全覆盖。2021年，研究制定《省法院党组巡察工作实施办法（试行）》《省法院党组巡察工作领导小组工作规则（试行）》《省法院党组巡察工作办公室工作规则（试行）》《省法院党组巡察组工作规则（试行）》等一系列制度，巡察工作制度化、规范化水平得到进一步提升。

〈 拓展资料 · 发布 〉

【党组巡察工作相关文件】2017年以来，中共中央出台《中国共产党巡视工作条例》，省委相继出台《关于贯彻〈中国共产党巡视工作条例〉实施办法》《关于推进巡察工作向纵深发展的意见》，省委巡视工作领导小组出台《关于规范省级机关部门和省属企事业单位党组（党委）巡察工作的指导意见（修订）》等规定，明确了省级机关部门巡察工作的总体要求、范围对象、工作机制、监督重点，提出了推动工作创新、深化成果运用、加强组织领导等要求。为健全和完善具有法院特点的巡察工作机制，推动法院巡察工作高质量规范化发展，巡察办深入学习中央、省委有关巡视巡察工作文件精神，认真总结省法院近年来巡察工作的做法，广泛借鉴了其他省级机关和省属高校的经验，结合省法院实际，起草文件初稿，征求省法院院领导和相关部门意见后，进行了多次修改和完善。2021年6月26日，省法院党组会议讨论通过了《中共江苏省高级人民法院党组巡察工作实施办法（试行）》《中共江苏省高级人民法院党组巡察工作领导小组工作规则（试行）》《中共江苏省高级人民法院党组巡察工作办公室工作规则（试行）》《中共江苏省高级人民法院党组巡察组工作规则（试行）》，对省法院巡察工作的组织实施以及巡察领导小组、巡察工作办公室、巡察组工作规则作出了明确规定。

《中共江苏省高级人民法院党组巡察工作实施办法（试行）》共7章30条，涵盖总则、巡察机构与人员、巡察范围和内容、巡察工作方式和权限、巡察工作程序、巡察纪律与责任等内容。《中共江苏省高级人民法院党组巡察工作领导小组工作规则（试行）》共12条；《中共江苏省高级人民法院党组巡察工作办公室工作规则（试行）》共21条；《中共江苏省高级人民法院党组巡察组工作规则(试行)》共28条。

(二)坚持问题导向

坚持“靶向意识”,聚焦监督重点,不断提高巡察质量特别是发现问题的精准性,防止发现问题虚化、泛化。在巡察工作中,省法院始终把贯彻落实中央、省委的新要求和部门政治生态、司法业务以及队伍建设情况作为巡察重点内容,瞄准权力运行的焦点、群众关注的热点、日常监管的盲点、廉洁风险的重点,深入查找主体责任缺失、监督责任缺位、管党治党宽松软等问题。

(三)创新方式方法

不断完善巡察流程,紧紧围绕巡察重点,创新方式方法,落实六个方面具体步骤,尽可能全面掌握真实情况,发现存在突出问题,以便后续“把脉问诊,对症下药”。一是“写”。要求被巡察部门情况汇报按4∶6的比例撰写成绩、问题,着力解决被巡察部门工作汇报“报喜不报忧”的问题。二是“测”。巡察组进驻单位之前,组织被巡察部门全体干警对部门领导班子及成员进行满意度测评和廉洁司法知识测试。三是“听”。向中基层法院征求意见、建议,听取他们对省法院被巡察部门的评价。四是“谈”。坚持做到谈话全覆盖,真正把问题找准、摸实。五是“看”。查阅被巡察部门在政治建设、党风廉政、审执业务、队伍建设等方面的台账资料。六是“检”。对被巡察部门人员开庭、接访和遵守中央八项规定精神等情况进行实地检查。

(四)推进整改提高

认真做好巡察意见反馈工作,认真梳理、归纳,突出重点、热点,力争做到反馈意见一针见血。不断完善巡察情况反馈机制,要求部门在编干警和合同制人员全员参加巡察意见反馈会议。全面压实被巡察部门问题整改责任,明确党支部书记是巡察整改第一责任人,对巡察反馈问题要建立问题清单、责任清单、任务清单,形成整改报告15天内报巡察组审核。被巡察部门整改方案经巡察组审核通过后,在全院内网公示,接受全院干警评议监督。严格执行巡察问题线索移交机制,按照职责分工,将问题线索分类移交派驻纪检监察组或监察、组织等职能部门处理。坚持把巡察整改落实作为组织、人事、监察部门日常监督重要内容,强化巡察发现问题的跟踪督导,扎实做好巡察“后半篇文章”。

五、创新完善违纪违法行为查办机制

省法院制定业务部门向督察部门移送问题线索、配合督察部门健全案件查办协作配合机制,印发《关于做好违反审判职责等违纪违法问题线索移送工作的通知》,拓展主动发现问题、处置问题的渠道,促进审判监督与纪律监察监督有机结合。探索建立联合办案机制,与派驻纪检监察组、设区市纪委监委开展联合办案,对法院干警严重违纪违法问题形成调查、处置和震慑合力。在全国法院率先出台《运用监督执纪“四种形态”实施细则(试行)》,为全省各级法院党组履行全面从严治党主体责任、精准施用“四种形态”提供操作指南。

〈 拓展资料 · 发布 〉

【《关于运用监督执纪“四种形态”的实施细则(试行)》】为贯彻落实全面从严治党要求,推动监督执纪“四种形态”在江苏法院具体化、规范化、实效化运用,根据有关党规党纪和法律法规,2020 年,省法院党组研究制定了《关于运用监督执纪“四种形态”的实施细则(试行)》。该文件主要突出监督执纪“第一种形态”的运用,主要目的在于对法院队伍建设中存在的问题抓早抓小,主要起提示、指引各支部(部门)对干警加强教育、管理和监督作用。文件的第 1 ~ 8 条规定了目的、原则、实施主体等,第 9 ~ 24 条规定了“第一种形态”的具体运用,第 25 ~ 29 条规定了其他形态的运用,第 30 ~ 35 条规定了成果运用、适用范围等内容。

六、建立完善日常监督制度

(一)严格落实防止干预司法"三个规定"

省法院制定《关于严格执行〈领导干部干预司法活动、插手具体案件处理的记录、通报和责任追究规定〉〈司法机关内部人员过问案件的记录和责任追究规定〉的实施细则(试行)》《关于常态化执行防止干预司法"三个规定"的意见》。邀请最高人民法院专家授课辅导,组织"三个规定"及平台填报问题宣讲,人手一册印发《"三个规定"及配套文件汇编》,推动记录报告落实。研发"全省法院三个规定记录报告系统与审判管理系统对接模块",制作"三个规定"漫画、微视频,开通"三个规定"定制彩铃,全面强化宣传引导。严格执行"零报告""月报告"和"季度报告"制度,加大对"三个规定"平台记录情况的检查通报。对领导班子零报告的基层法院院长进行约谈,通报违反"三个规定"典型案例。开展严格执行防止干预司法"三个规定"情况专项检查。对2019年以来全省法院干警被追究刑事责任案件涉及违反"三个规定"登记记录情况进行倒查,通报全省法院。积极配合最高人民法院在连云港法院进行落实防止干预司法"三个规定"试点工作,其经验做法被全国政法队伍教育整顿办公室、最高人民法院刊发推广。

〈 拓展资料·发布 〉

【《关于严格执行〈领导干部干预司法、插手具体案件处理的记录、通报和责任追究规定〉〈司法机关内部人员过问案件的记录和责任追究规定〉的实施细则》】《实施细则》是对中办、国办《规定》、中央政法委《规定》和最高人民法院"两个实施办法"的细化,与2015年12月31日省法院、检察院、公安厅、安全厅、司法厅联合制定的《关于进一步规范司法人员与当事人、律师、特殊关系人、中介组织接触交往行为的实施办法》一起,构成省法院落实中央预防干预司法案件"三个规定"的完整体系。

《实施细则》制定的主要依据是中办、国办、中央政法委的"两个规定",最高人民法院的“两个实施办法”，省委办公厅、省政府办公厅《关于贯彻执行〈领导干部干预司法、插手具体案件处理的记录、通报和责任追究规定〉的实施办法》。6月3日，最高人民法院政治部主任在全国法院贯彻落实中央防止干预司法“三个规定”专项整治推进会上，就全国法院以整治促整改、确保“三个规定”不折不扣执行到位提出了明确要求。这是最高人民法院对执行“三个规定”的最新部署，制定《实施细则》时将其作为重要依据。2019年最高人民检察院印发了《关于建立过问或干预插手检察办案等重大事项记录报告制度的实施办法》、2020年最高人民检察院办公厅印发了《关于执行“三个规定”等重大事项记录报告制度若干问题的工作细则》，对落实“三个规定”特别是记录报告等作了细化。《实施细则》的一些创新内容，将省检察院的相关规定细则作为参考依据。

《实施细则》按照“总—分—总”的结构，分为五章。第一章“总则”主要说明制定依据目的和总体要求。第二章“记录和报告”重点规范记录报告的主体、原则、内容、要求等，按照先记录、后报告的顺序拟写。第三章“处理和通报”主要规范记录报告之后对问题线索的处置、对违规过问的处理、对不登记不如实登记的追究以及倒查问责、通报公开等，按照先处理、后通报的顺序拟写。第四章“保障”主要规范对记录人的保护、信息保密、督察检查、成果运用等。第五章“附则”，主要对《实施细则》涉及的人员身份进行界定，对参照处理、解释主体、施行日期等进行明确。

（二）严格任职、从业管理

2021年，省法院与省检察院、省司法厅、省律师协会研究制定《关于进一步规范律师与法官检察官接触交往行为规定的实施办法》和《关于防止法检系统在职离任人员违规从事律师职业的规定》，规范江苏律师与法官、检察官的接触交往和离任人员管理。与省司法厅联合开展“明镜”智能化排查，排查违规从事律师职业的在职法院工作人员，推动违规从事律师职业、充当司法掮客专项整治落实落细。

(三)加强内部审计监督

建立内部审计制度是落实全面从严治党主体责任的重要内容,也是健全廉政风险防控机制的重要举措。江苏法院基础建设、信息化建设投入资金巨大,大量的涉案款项在账户流转,资金使用管理存在较大风险。从近年来查处的违纪违法案件来看,既有违规发放津补贴、违规使用加油卡等经费管理方面的问题,也有贪污、挪用案款等方面的违纪违法行为。针对以上问题,省法院制定《内部审计工作规定(试行)》,探索开展内部审计工作,督促有关部门抓好整改。

〈 拓展资料 · 发布 〉

【《江苏省高级人民法院内部审计工作规定(试行)》】为加强内部审计监督,健全廉政风险防控机制,2020年12月,省法院研究制定了《江苏省高级人民法院内部审计工作规定(试行)》。《规定》共7章,29条,主要内容为:第一章总则部分,共4条。该部分明确了内部审计的基本概念,明确内部审计工作是履行全面从严治党主体责任的重要内容。第二章内部审计范围和权限,共4条。该部分第5条、第6条,关于内部审计范围和权限的制定主要依据为《审计署关于内部审计工作的规定》《江苏省内部审计工作规定》等规定,同时参考借鉴了检察系统、公安系统的有关规定。根据法院工作实际,在职责部分增加了第3、4、5项内容,即对信息化、基本建设以及诉讼费、罚没款、执行款、破产管理人账户等进行审计监督,体现出内审工作的针对性和法院内审工作的特点。第7条规定了院党组每年听取内部审计工作汇报,研究部署内部审计工作的条款。第8条规定了职能部门有关工作要求。第三章内部审计工作程序,共12条。该部分制定的依据主要是《审计署关于内部审计工作的规定》。鉴于内部审计工作专业性较强,第9条规定了开展内部审计工作可以采取购买社会服务的方式进行。该部分还规定了开展内部审计工作的有关程序要求。第四章内部审计结果的运用,共3条。该部分规定了内部审计发现问题整改责任落实以及建立与派驻纪检监察组、政治部、机关纪委等监督力量的协作配合,实现信息共享、结果共用,共同推动完善内部控制措施等内容。第五章内部审计工作纪律,共2条。该部分规定了内部审计人员履行职责时的纪律要求和保密要求。第六章责任追究,共3条。该部分规定了被审计对象的责任,审计工作人员存在违纪违规行为的责任追究,及对打击、报复、陷害内部审计工作人员行为的处理。第七章附则,共1条。该部分明确了《规定》的实施时间。

七、做好督察机构更名、职责调整及队伍建设工作

(一)完成督察机构更名和职责调整

2020年9月,“最高人民法院监察局”更名为“最高人民法院督察局”,其职责也进行了调整。省法院积极推进全省法院督察机构更名和建设,及时向地方党委、政法委报告,完成了内设督察机构更名和职责调整工作。制定《关于进一步加强全省法院督察工作的通知》,明确要求中级法院督察部门人员配备原则上不少于5人,基层法院必须有专责承担督察工作的人员。同时,建立了中级法院督察部门统管辖区基层法院督察力量的工作模式。

(二)高度重视督察队伍建设

突出“年轻化、专业化、精干化”,选优配强督察工作力量,建立专兼职督察工作人才库,印发《关于确定督察工作人才库人员的通知》,吸纳181名熟悉审判、执行、审判管理、装备管理、财务审计、信息技术、组织人事、监督执纪、党务工作等方面的专业人才。加强督察知识培训,通过集中轮训、以干代训、跟班锻炼等多种方式,提升督察工作人员综合素质。每年省法院专门举办全省法院督察干部培训班。建立健全干部选配机制,安排优秀年轻干部、拟提升干部、新提拔干部等参加巡察、巡查、督察,把督察工作岗位作为发现、培养、锻炼干部的平台。健全完善考核评价和激励约束机制,加强监管,对不适合从事督察工作的人员及时予以调整。

第四节　开展队伍教育整顿

把队伍教育整顿作为重大政治任务来抓，聚焦“四项任务”，紧扣“三个环节”，周密谋划部署，精心组织实施，圆满完成各项任务，23 项典型经验被全国政法队伍教育整顿办公室转发推广，居全国法院和全省政法机关前列，教育整顿成效得到中央第六督导组充分肯定。

一、抓实学习教育

准确把握人民法院首先是政治机关的属性，自觉把旗帜鲜明讲政治作为第一要求，把对党忠诚作为第一标准，紧扣“绝对忠诚、绝对纯洁、绝对可靠”这一根本要求，强化理论武装，深化思想发动，以党史学习教育为牵引，深入开展政治教育、警示教育和英模教育，教育引导广大干警在学思践悟中筑牢政治忠诚。

（一）加强政治教育

把习近平法治思想和习近平总书记“七一”重要讲话精神作为学习教育必学内容、首学任务，纳入 2021 年全省法院工作要点和省法院每季度工作要点，制订 2021 年度全省法院系统干部教育培训计划，以党组名义制定《关于深入学习贯彻〈习近平总书记在庆祝中国共产党成立 100 周年大会上重要讲话〉的通知》，明确学习要求和贯彻措施。主要领导带头讲，在全省政法领导干部学习贯彻习近平法治思想专题研讨班上，省法院党组书记、院长夏道虎以《深入学习贯彻习近平法治思想推动新时代全省法院工作高质量发展》为题，为研讨班学员作了专题辅导；“七一”前夕，以《从百年党史中汲取智慧和力量在全面深化高质量司法实践中勇担当做表率》为题，为全院干警讲授党课；在队伍教育整顿领导干部专题读书班上，又对学习贯彻中央政法委举办的习近平法治思想专题研讨班精神作了专题辅导。理论中心组认真学，坚持每月组织学习，第二批教育整顿以来，围绕习近平法治思想、习近平总书记

"七一"重要讲话精神、党的十九届六中全会精神等开展专题学习3次。组织"弘扬伟大建党精神推动学习贯彻习近平法治思想走深走实"专题研讨,8名领导班子成员和部门负责人作交流,45名中心组成员撰写学习体会。专题辅导与实境课堂相结合。邀请新华日报社社长作学习贯彻习近平总书记"七一"重要讲话精神专题宣讲。组织干警到雨花台烈士纪念馆、刘老庄八十二烈士纪念馆、开山岛等红色教育基地参观学习,组织新党员、发展对象、入党积极分子到梅园新村纪念馆开展主题教育。

(二)加强警示教育

深入学习党章、廉洁自律准则、纪律处分条例等党内法规,以及防范干预司法"三个规定"等,巩固深化"以案释德、以案释纪、以案释法"警示教育成果,深刻吸取严重违纪违法教训,彻底清查对党不忠诚、不老实的"两面派""两面人",努力营造良好政治生态。省法院组织开展警示教育周"九个一"活动,即开展一次集中学习、观看一部警示教育专题片、开展一次大讨论、组织一次现场警示教育、旁听一次职务犯罪案件庭审、召开一次干警家属座谈会、推送一期《清风集》、发送一条廉洁过节提醒、开展一轮宣传总结,教育引导干警知敬畏、存戒惧、守底线,切实筑牢廉洁司法防线。省法院召开全省法院警示教育大会,制作播放警示教育片,一批违纪违法干警现身说法,起到了极大警示震慑作用。编印40万字《廉洁司法文件汇编》,辅助干警加强党规党纪学习教育,特别加强对"三个规定"的学习,组织开展大宣讲,制作"三个规定"漫画,为全体干警定制"三个规定"提醒彩铃。发布违反"三个规定"、违规违法执行、虚假诉讼等典型案例,强化以案明纪。编发《清风集》系列漫画,涵养廉政文化。开展"树清廉家风创廉洁家庭"活动,寄发"廉政家书"756份。各地法院也通过召开警示教育大会,通报违纪违法典型案例,组织参观廉政教育基地、旁听职务犯罪庭审等形式,增强警示教育震慑力。盐城法院开展"以案为镜、莫做镜中人"专题警示教育,宿迁中院邀请干警家属开展"树清廉家风 创最美家庭"助廉活动,通过身边人的警醒、提醒,帮助干警守牢廉洁底线。

（三）加强英模教育

通过举办英模事迹报告会、组织观看英模先进事迹宣传片、开展向英模学习活动等方式，营造学习先进、崇尚先进、争当先进的浓厚氛围。持续组织学习王小莉、王海斌等同志先进事迹，挖掘选树一批先进典型，组织下沉一线跟班先进找差距，制作播出一批展现法院干警风采的文艺作品，激励干警见贤思齐、从严律己、忠诚履职、担当作为。各地法院大力弘扬英模精神，纷纷举行英模事迹报告会，编印英模事迹集录，开展跟班先进找差距等活动。连云港、淮安中院联合到开山岛开展“学习时代楷模王继才”主题教育，激励干警守初心、担使命。常州天宁区法院张为众16年坚持每月向申请执行人兑现执行款、徐州睢宁县法院杜晓庞勇救落水儿童等事迹广受关注和好评。

（四）把学习教育贯穿教育整顿全过程

省法院机关在学习教育环节，利用业外时间，每天开展不少于1小时的集中学习，院领导分别下沉分管部门领学督学。学习教育环节结束后，在持续抓好个人自学、集中培训的基础上，机关各部门仍然坚持每周开展不少于1次的集中学习，院机关教育整顿办每周发布教育整顿工作提醒，明确学习要求和篇目，并对各部门学习情况开展专项督察。组织机关全员进行应知应会知识测试，结果显示干警对相关知识的掌握较为扎实，学习效果良好。面向全省法院干警开展政治轮训，举办6期“党员大讲堂”，组织参加最高人民法院举办的7期人民法院大讲堂、省里举办的2期省级机关公务员大讲堂，覆盖率达到100%。

（五）创新学习教育方式

徐州法院发挥试点优势，推出学评结合、动静结合、虚实结合、点面结合、上下结合、内外结合“六个结合”，努力实现从“试点”到“示范”。政治教育入脑入心，南通法院借助自主研发的“江海天平”学习平台，坚持每日一学、每日一练、每日一测，镇江法院上好辅导课、线上课、补习课、提升课、践行课“五堂课”，均取得良好效果。党史学习教育资政育人，充分用好本地红色资源，通过开展主题党日、知识竞赛、百个支部讲百年党史等活动，上好党史学习教育“必修课”。扬州中院邀请离休老前辈以《战火岁月和革命情怀》为题作事迹报告，勉励年轻同志坚守革命情怀。警示教育引以为鉴，盐城法院开展“以案为镜、莫做镜中人”专题警示教育，宿迁中院邀请干警家属代表开展“树清廉家风　创最美家庭”助廉活动，通过身边人的警醒、提醒，帮助干警守牢廉洁底线。英模教育凝聚力量，泰州中院编印泰州法院英模事迹集录，开展寻找“身边的三牛”和政治上比忠诚、工作上比业绩等“八比”活动，激励干警守初心、担使命。

二、抓牢查纠整改

查纠整改环节是法院队伍教育整顿的中心环节。江苏法院系统坚持问题导向、民意导向、目标导向，敢于动真碰硬、触及要害，综合运用自查自纠、组织查处、专项整治等手段，确保查纠整改取得实实在在的效果。

（一）强化政治建设，政治生态持续优化

认真落实中央部署要求和督导组意见，始终把加强政治建设作为重中之重。省法院召开党组（扩大）会议及院教育整顿领导小组会议，学习贯彻中央有关决定精神和中央督导组、省委、省委政法委工作要求，专题研究加强法院政治建设工作。认真贯彻省教育整顿领导小组有关意见，制订实施方案和院机关责任分解方案，明确相关工作措施和责任。对照方案要求，全员开展个人自查，全院副处职以上干部逐一检查剖析，对查摆出的意识形态领域错误思潮抵制不坚决、“四风”问题隐形变异等问题，全部完成整改。

（二）推进问题查纠，坚决清除害群之马

注重以“自查从宽”来引导，以“被查从严”来倒逼，强化思想发动，认真落实“自查从宽、被查从严”政策宣讲，让干警打开心结、放下包袱；强化政策运用，深化运用监督执纪“四种形态”，用足用好“第一种形态”，组织全体干警开展自查填报，营造“自查从宽、被查从严”的浓厚氛围；强化线索核查，各地法院通过设立线索举报信箱、举报热线、发放廉政监督卡等方式，全面收集干警违纪违法问题线索，并分类登记编号，做好核查办理工作。2021 年，江苏法院查处利用司法权违纪违法人员 72 人，18 人受到刑事处罚，对 25 名违纪违法的法官强制退额，队伍肌体更加健康。

（三）坚持靶向施策，顽疾整治清仓见底

聚焦群众反映强烈、制约司法公正的难点堵点，深入开展顽瘴痼疾大排查大起底大整治，坚持靶向施策、对账销号，完成284项整改任务，省法院在全国法院顽瘴痼疾整治会议上作经验交流。开展违反防止干预司法“三个规定”专项整治，出台常态化执行“三个规定”意见，开展“三个规定”大宣讲，定制电话提醒彩铃，落实月报告制度，“说情打招呼”必登记成为干警普遍自觉。开展违规违法办理“减假暂”案件专项整治，排查全省法院近30年来80余万件案件，对瑕疵案件依法予以纠正。研发运行“全省法院特殊代理人风险预警系统”，将全省法院离任离职干警信息录入风险代理人档案数据库，在立案、审理等环节，系统自动对诉讼代理人身份信息进行智能比对，实现对违规代理案件自动预警、提示和拦截，被全国教育整顿办刊发推广。

〈 延伸阅读 〉

【全省法院特殊代理人风险预警系统】在教育整顿中，根据上级关于整治顽瘴痼疾的工作部署，省法院积极开展法院离任人员违规从事律师职业问题专项整治。为高效精准地识别、预警和制止此类违规行为，省法院根据法院离任人员从事律师职业和参加诉讼活动的有关规定，在总结、借鉴南京、徐州等地法院经验做法的基础上，充分利用信息化手段，研发出“全省法院特殊代理人风险预警系统”。该系统主要功能：在收案登记、新增或者变更诉讼代理人、开庭排期、撰写裁判文书时，系统根据诉讼代理人身份证号进行检查，若存在风险则自动进行拦截，并弹出风险预警提示。立案人员或者案件承办人等可根据风险预警信息进行风险评估并采取防范措施。

该系统嵌入全省法院案件系统，以覆盖江苏法院所有人员的数据库为基础，通过敏感人员管理、风险自动预警、数据统计等功能，在立案、审理等环节实现自动检测并实时提示、自动拦截违规代理案件。该系统上线后，坚持边建设边完善，注意征求全省各级法院干警的意见建议，有针对性地进行升级优化。比如，目前的法律制度未对法院聘用制人员离任后代理案件作出明确

规定，系统对此类情形也发出提示，要求审判组织予以关注重视并采取相应措施。部分法院还将干警近亲属名单纳入风险管理库。同时，强化对违规行为追责问责。针对发现的少数离任人员违规从业问题，除依规依纪严肃追究当事人责任外，对负有相应教育管理监督责任的法院领导和部门负责人进行问责，会同司法行政部门对系统拦截情况进行汇总分析、分类处置。

三、抓好总结提升

注重做好教育整顿经验总结和成果转化，统筹“当下治”与“长久立”，边治边建，举一反三，建立健全长效、管用的制度机制。省法院出台省级层面制度机制28个，全省法院共制定或修订制度规范2681个，用制度把教育整顿中形成的好经验好做法固化下来，加快构建司法制约监督体系、管人管事管权的长效机制，为持续深化过硬队伍建设奠定坚实制度基础。

（一）对教育整顿以来发现的系统性、共性问题开展调研

一是结合法院实际，制定建章立制清单。省法院组织执行领域突出问题、加强和改进法院内部监督制约机制、“规范自由裁量权”问题、“超审限”问题等专项调研，均形成高质量调研报告，着力找准制度上的短板弱项，为建章立制打下基础。

二是加强条线指导，推进本系统建章立制。省法院梳理汇编市县法院出台的重点制度机制，促进形成层次清晰、系统完备的制度机制体系。高度重视建章立制质量，坚持系统谋划、统筹推进，每一项制度出台前都充分论证、征求意见，有的还报请最高人民法院审批，保证各项制度规定配套衔接、务实管用。比如，建立健全入职培训、离任谈话、承诺等防范离任人员违规从业机制；与省检察院、省司法厅、省律协联合出台《关于进一步规范律师与法官、检察官接触交往行为规定的实施办法》，建立健全法官、检察官、律师培训交流、听取意见、问题研究、双向互评、权利保障、联合查处6项机制，列明律师不当行为19项和法官、检察官不当行为16项，并明确问责处理流程，从制度上进一步划清了法官与律师交往界限，为促进司法公正提供了重要机制保障。

（二）健全完善正风肃纪长效机制

紧紧围绕法院队伍问题多发、高发、频发的重点领域、重点岗位，完善教育管理、预警预防、监督惩处等制度机制。省法院制定党组巡察工作实施办法等4个规范性文件，推进党组巡察制度化、规范化。与省司法厅等联合出台《关于防止法检系统在职离任人员违规从事律师职业的规定》《关于进一步规范律师与法官、检察官接触交往行为的实施办法》等文件，建立健全入职培训、定期排查、离任谈话、承诺等工作机制，强化对相关问题的源头防范，严防在职、离任人员违规从事律师职业。制定《关于严格执行〈领导干部干预司法活动、插手具体案件处理的记录、通报和责任追究规定〉〈司法机关内部人员过问案件的记录和责任追究规定〉的实施细则（试行）》《关于常态化执行防止干预司法"三个规定"的意见》，认真落实"月报告"、廉政监督卡等制度，进一步推动"三个规定"落地见效。结合六部委发布的新时代政法干警"十个严禁"，出台《江苏省法院系统八条禁令》，对违反禁令的实行责任倒查和"一案双查"，着力防范和管控廉政风险。苏州中院修订《法院工作人员涉廉事项报告的规定》，镇江中院出台法院干警及家属违规从事经营活动常态化整治规定，盐城中院制定《离任人员管理办法（试行）》，宿迁中院制定《梳理甄别违纪违法案件线索暂行规定》，宝应县法院制定《干警"八小时外"活动监督办法（试行）》，沭阳县法院制定落实立案登记制"十不得"，等等，全面加强法院队伍从严教育和从严管理，通过扎紧制度笼子，筑牢司法廉洁底线。

〈 延伸阅读 〉

【新时代政法干警"十个严禁"】全国政法队伍教育整顿后期，中央政法委与最高人民法院、最高人民检察院、公安部、国家安全部、司法部联合出台《新时代政法干警"十个严禁"》。"十个严禁"的具体内容：

一、严禁搞两面派、做两面人。决不允许违反政治纪律、政治规矩，对党不忠诚不老实，结党营私、搞团团伙伙。

二、严禁有令不行、有禁不止。决不允许贯彻执行党中央决策部署不坚决,做选择、搞变通、打折扣,欺上瞒下,弄虚作假,不遵守请示报告制度。

三、严禁放任错误思潮侵蚀影响。决不允许在大是大非问题上认识模糊、立场摇摆,对西方“宪政”“三权鼎立”“司法独立”等态度暧昧,不敢发声亮剑。

四、严禁不当交往、干预执法司法。决不允许违反“三个规定”,请托说情打招呼,不如实记录报告,不正当接触交往,充当司法掮客。

五、严禁玩忽职守、徇私枉法。决不允许办“关系案”“人情案”“金钱案”,有案不立、压案不查、有罪不究,违规违法办理减刑、假释、暂予监外执行。

六、严禁违规参与营利活动。决不允许违规经商办企业、违规参股借贷,纵容默许配偶、子女及其配偶违规从事经营活动,利用职权或影响力谋取私利。

七、严禁包庇纵容黑恶势力。决不允许对黑恶行为视而不见、听之任之,纵容涉黑涉恶活动,充当“保护伞”。

八、严禁滥用执法司法权。决不允许逐利执法、越权执法、过度执法,滥用侦查措施、强制措施、自由裁量权,插手经济纠纷。

九、严禁不作为乱作为、抖特权耍威风。决不允许漠视群众利益,对待群众简单粗暴、推诿扯皮、吃拿卡要。

十、严禁跑风漏气、失密泄密。决不允许以任何形式泄露党和国家秘密、政法工作秘密、商业秘密和公民个人信息。

“十个严禁”划定了政法干警的思想“红线”和行为“底线”,是全国政法队伍教育整顿的重要制度成果,是巩固深化全国政法队伍教育整顿成果推进全面从严管党治警的重要举措。

< 拓展资料 · 发布 >

【江苏省法院系统八条禁令】政法队伍教育整顿期间,经全省法院队伍教育整顿领导小组研究，将2006年印发的《江苏省法院系统六条禁令》修订为《江苏省法院系统八条禁令》。

1. 严禁有与“两个维护”、党的政治纪律政治规矩不一致的言行。

2. 严禁在工作中冷硬横推、吃拿卡要、以案谋私。

3. 严禁打探案情、过问案件、说情干预，违规与当事人及其代理人（辩护人）、亲友等接触交往。

4. 严禁为当事人推荐介绍诉讼代理人（辩护人）、为律师介绍案件、充当司法掮客。

5. 严禁泄露审判执行秘密或者其他工作秘密。

6. 严禁违规经商办企业、兼职取酬、参股借贷。

7. 严禁利用职权和职务上的影响为亲友谋取利益。

8. 严禁违反规定在工作时间和公务接待中饮酒。

（三）严抓制度执行固化经验成果

系统总结学习教育、查纠整改环节的创新经验和有效做法，认真组织学习教育整顿期间建立的规章制度，增强对制度的理解和认同，提升抓落实的主动性。全面排查贯彻落实中央、省委和最高人民法院决策部署不彻底、不及时、不到位等问题，坚决杜绝有令不行、有禁不止，确保中央、省委和最高人民法院各项政令在江苏法院畅通无阻、落地见效。加大审务督察力度，针对不文明、不规范司法行为组织多轮督察检查，并进行通报，督促制度落实，改进纪律作风。全面推行虚假诉讼智能预警、防范离任人员违规从业智慧监管等做法，巩固深化顽瘴痼疾整治成果。选编第一批教育整顿建章立制制度文件30项，汇编第二批教育整顿制度文件，促进江苏法院进一步深化制度建设。统筹推进教育整顿常态化，谋划建立健全学习教育、正风肃纪、顽疾防治、能力素质提升等制度机制，不断推动过硬队伍建设走深走实。

第五节 加强法院文化建设

认真贯彻落实中共中央办公厅、国务院办公厅《关于加强社会主义法治文化建设的意见》和《最高人民法院关于新形势下加强人民法院文化建设的指导意见》，紧密结合工作实际，守正创新、积极作为，大力推进法院文化建设，有力地促进了法院工作全面协调发展。

一、强化文化建设组织领导

江苏各级法院普遍成立法院文化建设领导小组，制定关于文化建设的专门实施意见，将文化建设相关内容纳入工作规划，加大了法院文化建设工作力度。南京中院结合工作实际和地域特点，制定《关于加快推进法院文化四大工程建设实施方案》，每年在《全市法院政工工作要点》中对法院文化建设提出要求，作出部署。徐州中院制定《关于深入开展全市法院文化建设的实施意见》《徐州市法院文化建设示范单位标准》，将文化建设内容写入院党组关于加强和改进全市法院党的建设实施意见。淮安中院制定《全市法院文化建设五年规划(2020—2024)》，对两级法院文化建设统筹规划。盐城法院将法院文化建设纳入"一把手"工程，盐城中院、镇江中院将文化建设情况纳入对基层法院的综合考评。镇江润州区法院将法院文化建设列入党组重要议事日程，按照"一届一主题、一届一台阶"的目标，制订年度计划和具体实施方案。泰州中院将文化建设纳入法院工作总体规划，加强同地方宣传文化主管部门沟通协调，积极争取工作指导和政策支持，将法院文化建设经费纳入年度经费预算，保障实际需要。南京海事法院将建设特色法院文化纳入《南京海事法院发展规划纲要(2021—2025)》，强化文化建设规划引领。

二、组织开展各类文化活动

江苏各级法院把法院文化活动与党史国情教育、革命传统教育、形势政策教育紧密结合，契合工作实际，贴近干警需求，广泛组织开展书法、美术、摄影、微电影微视频展播和文艺汇演等各类文化活动，深受广大干警欢迎。南京海事法院自2019年12月建院，各党支部即相继与江苏海事局、南通海事局等单位基层党支部建立"共学共建"关系，开展各类文化共建活动30余次，助力海事执法和司法资源共享，充分释放涉江涉海矛盾纠纷联动化解合力。各级法院普遍建立了各类文体兴趣小组，持续组织开展各类丰富多彩的群众性文体活动。省法院机关工会专门制定《机关工作文体兴趣小组管理办法》，为各类兴趣小组开展活动提供规范和保障。各级法院常态化开展主题突出、形式多样、生动活泼的群众性文体活动。省法院每年定期以环保、普法等不同主题组织开展环玄武湖健步走活动，积极承办并参加全国法院优秀原创歌曲现场决赛。南通中院连续多年举办"天平杯""支云杯"体育比赛，通过篮球、乒乓球、羽毛球等赛事，为全市法院干警丰富业余生活、进一步强身健体提供平台。各级法院定期在"七一""国庆""五四"等节庆前夕，举办形式多样的主题活动，省法院在"七一"前夕先后举办"政法干警永远忠于党"主题演讲、"宁海路75号"主题红歌会等主题活动。

三、创新创优法院文化精品

江苏各级法院及广大干警先后创作微电影、微视频、微动漫等作品2000余个，创作音乐、舞蹈、舞台剧、情景剧等文艺作品500余个；创作书法、美术、摄影等作品5300余个。秉持"把有意义的事做得有意思，把有意思的事情做得有意义"理念，省法院先后制作了《宁海路75号》《整卷少女》《官怀念》MV等一批成功"出圈"的优秀文化作品，讲述有情有义的法院故事，传播有声有色的法院文化。在全国法院优秀原创歌曲现场决赛上，《宁海路75号》《整卷少女》双双荣获特等奖、南京中院《心愿》荣获一等奖；省法院制作推出的《回家》《无法上映的人生》《我的爸爸是个超级英雄》等微电影，受到社会广泛关注。徐州中院、新沂市委宣传部、新沂市法院联合拍摄的以水上法庭为题材的电影《小镇大法官》，在央视电影频道播出。苏州中院2018年创办"就这young说"苏州法院青年论坛，以线上直播与线下观看等形式进行演说，已成功举办5期。无锡新吴区法院策划推出“大玫法官说家事”系列普法漫画,广受群众喜爱和媒体好评。

〈 延伸阅读 〉

【《宁海路75号》】2018年,省法院创作了MV《宁海路75号》,通过漫画和实景相结合的方式,以平实的歌词、流行化的曲风、有吸引力的画面,给人以“眼前一亮耳目一新”的感觉,唱出了三代法院人的初心、坚守和柔情,开创了“机关民谣”的先河。《人民日报》两次发评论文章推介,成为“现象级”传播范例。

“给兰草拍个照,带不走也别忘掉”“别后的大河山川,好多梦等着伸展”“不需要更多举证,那就是我们的一生”……这些天,一首名为《宁海路75号》的“机关民谣”走红网络,不仅让很多法官听到潸然泪下,也让网友“湿了眼眶”。歌名“宁海路75号”,其实是江苏省高院所在地,民谣的作者与演唱者,正是高院两位才华横溢的法官。以梦为马、青春万岁,一首歌浓缩了一个群体的共同心声。

端肃的法官展现出柔情的一面,让网友不禁感叹:法律的“律”与音律的“律”实乃相通!一般都认为,机关大院里的人,从来都是音乐作品的局外人,尤其是流行音乐,很少会关注一个机关干部的喜怒哀乐。因此,这首“机关民谣”,多少有填补空白的意义。在形式上,民谣的清新与机关的严肃,制造出新鲜的反差;更重要的是,它真实而生动地唱出了很多一线公务员们的工作与生活、青春与理想。

“从庭间到案卷,生活只剩这么点”,一句词引来多少共鸣,这不就是一天到晚忙碌的“我”吗?“渐退的发际线,朝如青丝暮成雪”,又有多少伏案的“笔杆子”摸摸脑袋会心一笑。然而,当他们唱出“多少次头顶一片月,胸中万户阅卷声”,那种庄严的职业荣誉感清晰可见:即便有压力甚至有委屈,但手握法槌、肩负公义,谁没有职业选择时的初心?办公室里的一盏青灯,连着的是万家灯火。正是因为歌声中的温暖与力量,有人说:连想辞职的小伙伴听完后都表示放弃辞职了。

与几年前那张著名的“世界那么大，我想去看看”的辞职小纸条不同，这首歌没有仗剑天涯的潇洒，有的只是平凡工作中的坚守。其实，无论是立案登记制改革后忙到焦头烂额的法官，还是奔忙在脱贫攻坚一线的干部，一丝不苟做好手头工作，是绝大多数“机关人”的日常。就像词作者所言，这首歌不只是写给自己，也是写给所有的法院人、所有的法律人，乃至所有在机关大院奉献过芳华、燃烧过青春、追逐过理想的人。也正因为这份不加矫饰的心灵告白，很多普通听众听完歌曲，留言表达对公务员群体真诚的致敬与理解。

诗言志，歌咏言。这其实是一首传递责任与期许的歌谣。“穿制服的小姐姐，已回家抱上了外孙”，“电梯里的年轻人，那眉眼很像我们”，两句白描，写尽三代人的理想接力。机关琐碎细致的工作，背后是责任与担当，难的是保持青春理想的初心，保留对平凡工作的热爱。倦怠的时候，不妨听听这首《宁海路75号》，重新审视自己的忙碌。也许，你手上的工作并非那么平凡，甚至很有意义，而意义本身就需要由时间诠释，由奋斗书写。

【“大玫法官说家事”】“大玫法官说家事”品牌项目由无锡市新吴区人民法院集体策划。“大玫”本名顾玫，是无锡市新吴区人民法院旺庄人民法庭的一位主要从事家事审判工作的员额法官。创作团队推出“大玫法官说家事”系列普法漫画，把家事审判中的法律知识与网络段子结合，将专业的法言法语转化为通俗易懂的语言，将预防家暴、婚姻家庭、财产继承、赡养抚养等家事法律问题融于活泼的手绘漫画中向群众普法，风格诙谐，一针见血，用生动的案例加上形象的漫画、诙谐的语言，让原本严肃、枯燥的普法工作变得接地气、入人心，漫画中带点自黑、带点调侃的语言，更是拉近了法官和普通老百姓的距离，实现更好的普法效果。该系列漫画被人民网、央视今日说法、人民法院报等主流官方微博、微信多次转发，地方党媒专题刊文推介，《法治日报》《人民法院报》《扬子晚报》《江苏法制报》等媒体陆续推出人物专访。其中，“对家暴的认定和应对”“人身保护令的申请执行”等手绘漫画内容入选了人民法院新闻传媒总社庆祝新中国成立70周年法院系统视觉设计大赛作品。

该系列普法漫画被评为无锡"全市首届新媒体创新作品奖"、无锡市法治惠民实事工程一等奖,顾玫本人被评为全国维护妇女儿童权益先进个人、无锡市三八红旗手。

四、不断完善优化各类文化设施

因地制宜新建或改造了图书馆(阅览室)、篮球场、羽毛球场、健身房、院史馆(室)等文化基础设施,建设标准进一步提高,配套水平进一步提升,功能用途进一步丰富。部分法院还结合法院自身特点,将党建融入文化设施一体建设,江苏法院文化基础设施面貌日新月异。

〈 延伸阅读 〉

【宜兴法院"一体多翼"法治文化建设模式】一体多翼中的"一体"指宜兴法治文化广场,该广场由宜兴法院兴建,占地面积约6000平方米,以象征规矩的"天圆地方"主体雕塑为中心,扩展开三条法治宣传带,"古代法治文化"和"现代法治文化"两大板块,利用石雕、地雕、石刻、长廊等载体,规范严谨地展现我国基本大法、历史经典案例、法治格言警句、地方法律名人等法治元素。2021年,为积极响应群众对法治文化的更高需求,宜兴法院再次对法治文化广场进行修缮升级,在保留原有法治元素的基础上,新增了法治文化宣传栏、法治小知识、法治中国等全新元素,使法治文化更加符合新时代法治精神特点。"多翼"指宜兴法院立足法治文化广场的主体功能,逐步定点布局,在全市范围内创建14个法治文化传播站点,与法治文化广场相呼应,发挥多翼助飞效应,形成法治文化的强大传播力。

第
8
章

高质量司法之基层基础

江苏法院不断提升科技应用水平，推动智慧法院建设提档升级、提质增效；推进新时代人民法庭建设高质量发展，主动服务乡村振兴和基层治理；加强司法政务工作，强化决策参考职能；着力强化物质装备、司法警察及新闻宣传工作，为高质量司法提供重要支撑。

第一节　深化智慧法院建设

以促进审判体系和审判能力现代化为目标，坚持服务人民群众、服务审判执行、服务司法管理、服务廉洁司法，大力推进"智服、智审、智执、智管"建设，形成了全面覆盖、移动互联、跨界融合、深度应用、透明便民、安全可控的人民法院信息化3.0版，初步建成以"全业务网上办理、全流程依法公开、全方位智能服务"为主要特征的智慧法院，智慧审判"苏州模式——千灯方案"等多项工作受到最高人民法院主要领导肯定，3家单位、5名干警获评全国法院信息化工作先进集体、先进个人。自最高人民法院开展智慧法院建设评价以来，江苏智慧法院建设指数一直位居全国法院前列并稳步上升，2021年居全国法院第2位。

一、强化智慧审判，提升办案质效

江苏法院着眼于将互联网、大数据、人工智能、区块链、物联网等现代科技与审判深度融合，提高审判执行智能化、协同化水平，辅助办案人员高效处理事务性工作，为案件审理全流程提供伴随式智能辅助支持。

（一）推动无纸化办案实质运行

全面推进电子卷宗随案同步生成和深度应用，推行无纸化网上办案，探索通过OCR自动识别和信息项智能回填、文书制作左看右写、简易文书智能生成等智能化辅助应用，提升办案效率。例如，昆山市人民法院在“智慧审判苏州模式”的基础上，在所辖千灯法庭进行试点，狠抓电子卷宗随案同步生成、智能编目基础工作，创新开发智能中间库，以非核心审判事务、审判辅助事务集约化管理和社会化外包为机制保障，推动审判流程再造，形成了无纸化网上办案的“苏州模式——千灯方案”。大部分法院从立案、审理、裁判到结案归档、执行等各环节业务均依托案件管理系统、诉讼材料收发系统等平台实行网上办理，电子卷宗随案同步生成、网上流转，办案人员在网上签收、网上阅卷、网上审批、网上处理，纸质卷宗交中间库保管，不再流转直至归档，办案全过程网上留痕，并将非核心审判业务、审判辅助事务集约化管理和社会化外包，推动了审判流程再造，形成了可复制、易推广的智慧审判一体化解决方案，有效提升人均结案数量，缩短了案件审理天数。截至2022年10月底，系统自动签章文书数量1094万份，一键转档案件50.2万件，网上审签文书661万份，自动生成文书7246.1万份。

（二）建设政法业务协同办案平台

为进一步提升政法业务联动水平，提高联合办案工作效率，实现跨系统、跨部门、跨区域、跨层级、跨网系间的数据共享，2018年上线全省法院政法业务协同办案平台，与全省政法大数据共享应用服务平台互通，有效实现刑事案件在各政法单位间的业务协同以及数据共享利用，实现数据共用共享，提升政法大数据应用水平。自平台上线以来，检察院网上提请公诉数173417

件，法院网上受理公诉案件 135168 件、网上发送开庭通知书 91370 件、网上发送裁判文书 126218 件。

（三）建设减刑假释信息化办案系统

为提高政法单位间协同效率，进一步规范减刑假释案件的办理，2018 年上线全省法院减刑假释信息化协同办案平台，通过数据共享，实现了刑罚执行机关的案件报请系统、检察机关的案件监督系统、法院的案件办理系统、看守所的刑罚执行管理系统、司法行政机关的社区矫正系统的互联互通，完成减刑假释案件办理全过程的电子化、信息化、自动化和智能化。自上线以来，平台共接收监狱案件 80678 件，反馈文书 92970 份。

（四）上线江苏法院环资审判信息管理系统

省法院运用信息化手段支持环境资源审判“9 + 1”机制改革，借助全省法院环境资源审判信息管理系统，构建环境资源审判事务信息、涉诉维稳信息传输通道，实现数据共享与联合治理，并针对环境资源案件增加了环资信息项，方便法官对案件的办理，提升环境司法服务保障经济发展的能力和水平。截至 2022 年 10 月底，系统识别标记 4933 件环境资源案件，异地开庭排期 3965 次。

（五）开发中国环境资源审判信息平台

在最高人民法院指导下，探索以现代科技手段助推环境资源审判工作，研发建设“中国环境资源审判信息平台”，满足全国四级法院环资审判人员对环资案件的审理需求，为全国环资法官提供智能便捷的辅助服务，有力提升生态环境治理智能化水平。平台按照最高人民法院“上下贯通，横向联通”的理念建设，由服务审判办案辅助的内网平台和服务人民群众的互联网平台构成。系统分为内网端、互联网端，内网端重点围绕环资案件立案识别难、专业支持难、闭环管理难、精准统计难、协同审理难等问题建设了审判辅助、案件管理、交流协作、资讯动态、资料库五大模块，为法官审理环资案件提供智能辅助支撑服务；互联网端按照“便民、利民”思路，建设新闻资讯、以案释法、诉讼服务、绿色金融、双碳专栏、法律资源等模块，强化环资审判公众参与度。

(六)建设全省法院综合送达系统

为积极推动解决长期困扰当事人和法院的“送达难”问题,积极开展集中送达机制改革,全省法院全部建成覆盖两级法院的“集中送达中心”,打造“收转发”一体化综合送达系统,通过“信息跑路+邮政跑腿”模式破解“送达难”,取得良好效果。会同南京海事法院、南京两级法院,与南京邮政合作,建设集三级法院于一体、大厅面积达1300平方米的智能化集中送达中心,并于2020年6月正式投入运行,最高人民法院主要领导视察并给予充分肯定。截至2022年10月底,全省集中电子送达成功15876558次,电子送达成功率达84%以上。

(七)积极探索要素式审判

要素式审判是指案件审理过程中对基本事实要素的提炼和应用,归纳争议要素并围绕争议要素进行审理,从而精简裁判文书制作和审理流程,提高审判效率。为解决日益突出的人案矛盾,2020年5月起,南京秦淮区法院、宿迁中院、苏州工业园区法院先后进行要素式审判模式的探索应用。省法院积极响应最高人民法院全链条要素式审判技术攻关和创新应用试点工作,在全省范围内选取8个地区22家法院围绕机动车交通事故责任纠纷、房屋买卖合同纠纷、抚养费纠纷、侵害商标权纠纷四个案由开展试点。吸收全省三级法院试点经验和成果,辅助法官从证据材料中提取案件要素信息,自动归纳双方争议焦点,支持生成案件庭审提纲及裁判文书,实现类案专审、简案快审,实现审判要素式模式在审判执行工作中的融合运用。

< 拓展资料·案例 >

【《南京市秦淮区法院发挥“智能化+要素式”乘积效应　打造家事纠纷线上诉讼新模式》】为深入推进民事诉讼程序繁简分流改革试点工作,秦淮区法院立足审判实际,坚持问题导向,以家事案件为突破,由家事法官自主设计、联合科技公司共同研发,梳理近3年受理的3106起家事案件、提取2059份裁判文书、整合47部家事法律法规,推出一套智能化、要素式审判系统,探

索类型化案件繁简分流改革试点,被形象地称为当事人的“诉讼导航仪”。

一是“要素式立案”,一键解锁当事人诉讼技能。为解决当事人“写诉状难”“答辩难”“举证难”的三大诉讼难题,切实降低当事人诉讼成本,该院在立案阶段引导当事人在线填写要素式起诉状、答辩状,并根据提示上传证据。其一,诉讼表格化。升级改造网上立案系统,将线下实践应用近3年的《家事案件裁判要素审查表》,转化为12类针对不同案由的《要素式起诉表》模板嵌入网上立案系统。原告点击“案由”进入起诉状页面,通过勾选填写要素事实,并一键生成“表格式起诉状”。被告根据法院短信通知,登录立案系统查阅诉讼材料,并在线填写根据原告诉请配套生成的个案《要素式答辩状》模板,实现足不出户便捷应诉。其二,诉服精准化。系统根据当事人填写的要素事实,精准推送与诉请直接相关的法条233条、判例227个,并以“弹出框”形式警示法律释明、风险提示等,服务当事人理性预判风险。提供“一站式”提交证据、在线缴费、网上申请、电子送达、联系法官等17项快捷服务。其三,解纷多元化。对接网上调解平台,实现人民调解员和特邀调解组织在诉前调解阶段,有效提取当事人在线填写的案件事实,开展专业调解;家事调查员、心理疏导师通过在线阅览要素事实,安排纠纷调处。如调解不成,及时进行网上登记和案件信息流转,实现诉调对接,满足当事人快捷、专业的解纷需求。

二是“智能化标记”,一机识别分流繁简案件。制定《家事案件繁简分流识别要素规范》,运用智能化技术,在线识别,实现“机器换人”,一机完成立案阶段分案的初步识别、审理阶段程序转换的深度识别。初步分案识别精细化。改变原来立案庭程序分流员粗线条工作模式,即通过审阅纸质卷宗、根据案由和标的额进行低效能筛选,进一步健全家事案件繁简识别标准。系统根据“案由”“当事人基本信息”“诉讼请求”“事实和理由”四类要素信息,自动标记其中“身份类案由(如婚姻无效、撤销婚姻)”“三费类案由(抚养费、扶养费、赡养费)”“当事人身份信息特殊(如涉外、无行为能力、限制行为能力、下落不明)”“标的额超过500万元”“起诉离婚二次以上”等30余项要素信息,将立案的家事案件初步识别为小额、简易、普通、复杂案件,并分流至诉前调解、速裁庭、家事审判庭处理。程序转换识别规范化。案件初步分流开展调解或审判工作后,调解员或法官可视案情变化,按照格式要求提交要素式审判信息,在线申请并经庭长审批,完成诉前调解转诉讼程序、小额诉讼转简易程序、简易程序转普通程序、独任制转合议庭的普通程序转换。在申请和审批环节,系统将提示是否存在“诉讼标的大幅增加”“事实查明困难”“法律适用不清”“当事人矛盾激化”等程序转换识别要素,严格规范审批独任制转合议庭的审理程序,扩大独任制审理范围,真正实现案件轻重分离、快慢分道。

三是“一站式平台”,一网助力法官高效审判。强化科技驱动,打造智能化审判辅助系统,推进要素式审判全流程适用,大幅提升审判效能。办案系统自动联通。升级网上立案系统的同时,改造家事法官内网办案平台,精细化设计办案任务模块。联通内外网,实现外网到内网、当事人到法官的案件信息单向导入、自动提醒。对接“宁审通”在线审理系统,法官一键登录即可组织当事人完成诉讼活动。联通执行工作平台,审执共享财产信息,有效查控当事人相关财产。诉讼文书自动生成。自动生成阅卷笔录。通过智能化处理,系统自动抓取当事人双方填写的要素信息,分模块形成“无争议事实”“待证事实”“证据清单”等阅卷内容。自动生成庭审笔录。针对12类家事纠纷,自动引入当事人基本信息,条目式展示“无争议事实”“争议焦点”“证据清单”等法庭调查内容,真正做到从阅卷笔录到庭审笔录的复制粘贴。自动生成简易裁判文书。制作12种家事案件类型化文书模板,将“经本院查明事实”与“法庭调查”在内容和结构上保持一致,实现庭审与裁判的无缝对接。团队工作自动减负。以要素式审判为中心,明确审判团队的角色分工,避免重复劳动。书记员负责督促当事人填写和提交要素,法官助理组织当事人庭前质证,法官开展要素式庭审和裁判,各负其责、前后衔接,流程化管理节点清晰。系统还实现送达、退费等事务性工作电子化,为书记员日常过度耗时性工作减负,真正实现技术为审判提速。

(八)探索破产案件管理系统

为破解资金监管难题,促进破产企业有序清退,打破数据壁垒,搭建破产案件多角色、多主体线上沟通桥梁。率先在南通两级法院探索建设破产案件管理系统，利用大数据、区块链、物联网等前沿信息技术，融合可视化的立体流程管理子系统、开放性的资产监管子系统、多维网络债权人会议子系统以及动态破产资源信息库，实现办案流程可视化、资产对接精准化，进一步提升了破产审判的信息化水平，为优化营商环境提供了有力的司法保障。南通全市法院利用系统办理破产案件423件，审结330件，累计化解破产债权160余亿元，共安置、分流职工8000余名，盘活土地及房产300余万平方米。南通一建、南通一九一二、太平洋重工等多家破产企业在职工安置、资产清理、社会稳控等各项工作中取得良好社会效果，获得地方党委政府主要领导高度肯定。

（九）上线司法鉴定管理系统

为提供更加便捷高效的鉴定服务，省法院建成全省法院司法鉴定管理系统，实现集中办理诉前调解、审判和执行过程中的委托鉴定事务。通过对鉴定业务的进一步调研，2021年完成委托鉴定系统的升级改造，有机整合材料传送、信息整合、流程监控等委托鉴定案件办理流程，完善委托鉴定的信息查询、信息通知、审理辅助等应用功能。截至2022年10月底，互联网注册鉴定机构2356家，网站访问量112万次，共受理委托鉴定、评估案件30万件，其中在线鉴定29万件。

（十）升级改造信访系统

为进一步提高涉诉涉执信访案件的处理质量和效率，实现信访件的收案、分流、交办、办理、跟踪的全过程管理，并围绕法院立案工作全面信息化，全过程系统留痕，同时改善用户操作体验，2020年省法院针对信访系统进行升级改造，升级完善案件反馈、网上移送、调卷送卷等功能，新增与最高人民法院网上申诉信访平台对接、与材料收转系统交互、与卷宗系统交互、与综合送达系统交互，对原有的框架进行改造，并与门户网站进行集成。

二、强化智慧诉服，提升服务水平

江苏法院紧紧围绕司法为民宗旨，强化司法便民利民措施，推动实现“数据多跑路、群众少跑腿”，将现代科技广泛应用于诉讼服务领域，不断创新信息化便民利民举措，让群众更加充分地享受到法院信息化带来的“数字红利”。

（一）建设江苏微法院公众端

在中国移动微法院的基础上，省法院结合江苏实际进行功能拓展。运用移动互联技术，充分发挥“微信+”的技术和平台优势，通过微信小程序打通法院线上线下诉讼服务流程，提供案件查询、诉讼风险评估、在线立案、申请执行、智能问答等100余个功能模块，功能数量居全国之最，有效打破群众参与诉讼的时空限制，方便随时随地办理相关事项。平台2019年入驻江苏政务服务平台，并率先入驻长三角政务服务一网通办平台。截至2022年10月底，平台累计注册用户457107人，访问量2907万人次。

（二）积极推行在线诉讼

新冠疫情暴发后，积极运用智慧法院建设成果，通过在线诉讼依法及时高效审理执行各类案件，保障了新冠疫情防控期间诉讼参与人的诉讼权益，有效减少了人员聚集，实现了“审判执行不停摆、公平正义不止步”。省法院2020年2月上线全国首个互联网庭审小程序——“互联网开庭”平台。通过该平台，诉讼参与人互不见面，只需一部手机或电脑就可以随时随地实现线上开庭、调解和询问，平台提供实时音视频交互、预约开庭、多方禁言、证据材料和笔录共享、举证质证、语音转写、远程手机签名、全程录音录像及多种庭审视频模式等功能，最大限度地消除了当事人异地诉讼的不便。截至2022年10月底，全省共有92家法院使用互联网开庭平台，累计使用51415次，网上开庭累计421082件。省法院与腾讯公司协商，2020年新冠疫情防控期间供全国法院免费使用，免除平台建设费用、云资源服务费等，通过该平台，全国法院完成线上开庭数万次，成为全国法院防疫期间的司法硬核利器。省法院制定《关于进一步推进在线诉讼工作的通知》，要求进一步推进新冠疫情防控常态化背景下在线诉讼工作，为统筹新冠疫情防控和经济社会发展提供更加有力的司法保障，推动人民法院“三大在线诉讼规则”贯彻落实。南通“支云”庭审系统，实现了与内网审判系统、科技法庭系统、庭审直播系统、语音转写系统、人脸识别系统的实时互联互通，满足了在线庭审的多样化需求，最高人民法院对“支云”庭审系统高度肯定，并采用该系统进行互联网庭审。苏州法院开发异步质证系统，探索“异步质证 + 同步庭审”办案新模式，有效缩短庭审时间。

（三）升级“江苏法院诉讼服务网”

江苏法院诉讼服务网于2019年10月上线，将法院外部服务事项集中办理，为当事人提供起诉立案、材料递交、预约法官、业务申请等全方位、多层次诉讼服务。2019年12月，省法院结合应用实际对诉讼服务网进行升级。诉讼服务网支持人民法院在审判和执行阶段对外的案件信息公开、统计信息公开、司法成果展示，促进法院与人民群众之间更加紧密的联系交流，充分保障人民群众和当事人的知情权、表达权、参与权和监督权的行使，为人民群众参与司法、亲近司法、信赖司法搭建了桥梁。自网站上线以来，接收网上立案申请182.3万件，立案132.09万件，处理网上信访3297件、材料转接1008次，联系法官3537次。

（四）推行“12368”热线集约化管理

为落实最高人民法院《人民法院12368诉讼服务热线“一号通办”工作规范》及《关于进一步加强12368“一号通办”建设提升12368热线接通率的通知》等文件要求，进一步提高全省“12368”诉讼服务热线工作能力，省法院建设了全省法院“12368”诉讼服务热线省级集中部署并社会化外包项目，搭建案件当事人与法院互动通道，实现“12368”短信服务、“12368”语音服务、服务登记、跟踪情况、来源统计、服务评价等应用，推进多元化司法为民举措，推进法院各项事务的集约化、信息化、网络化，方便群众诉讼。全面完成最高人民法院“质效评估指标体系2.0 +”对一号通办能力、数据汇聚、人工服务接通率、协调办理解决率以及服务满意度提出的明确要求。截至2022年10月底，“12368”热线提供人工和网络服务共计90.44万次。

（五）研发联系法官模块

针对由于当事人无法及时联系到法官而影响诉求表达、不利于服判息诉等问题，省法院、南京中院等在诉讼服务网移动端设置联系法官模块，实现当事人、代理人与案件承办人之间的异步信息交互，提供了除电话、约见之外的又一种有效的沟通联系方式，拓展了联系法官的渠道，也提高了联系效率。

(六)上线运行"江苏微保全"平台

为方便当事人在线申请保全、法官在线审核办理,进一步推动"两个一站式"现代化诉讼服务体系建设,省法院建设全省法院网上财产保全平台"江苏微保全"并于2020年6月上线。"江苏微保全"平台将线下传统保全转为线上,用户可通过微信小程序随时随地申请保全,一键上传保全材料,保险机构在线同步审核保全材料,用户在线签署保单,电子保函一键送达法院,并提供风险评估预警功能,覆盖资产转移风险、财产担保风险、错误保全风险等关键领域,实现了保全的全流程网络化、信息化,在解决当事人保全难、询价难的同时,缩短了交流沟通和审核时间,提升了办案效率。截至2022年10月底,共在线立案28448件,累计使用361484人次。

三、强化智慧管理,提升管理水平

司法改革和信息化建设是人民司法事业发展的"车之两轮、鸟之双翼"。江苏法院针对司法改革提出的实际需求,坚持向信息化要质量、要效率,着力提升信息化服务保障和监督管理水平。聚焦案件、政务、人事加强智慧管理建设,实现在线自动化、静默化、智能化审判管理。

(一)上线院庭长监督管理系统

为优化院庭长监督管理方式,做到监管有力,2019年省法院上线院庭长监督管理系统,将院庭长案件监督管理权力清单嵌入信息系统,监管权限范围内的案件,对特殊案件24种情形进行识别标注、集中监管,分析提取审判、诉服、执行、信访数据,提醒纠正不当行为,督促案件审理进度、统筹安排整改措施,规范院庭长审判监督管理职责,完善法院审判监督管理机制,综合实现办案风险实时预警、违规操作实时拦截、院庭长督查纠错实时进行。通过网上办案流程信息的全程记录,对案件进行动态跟踪管控,形成流程化、自动化审判监督管理机制。

(二)建设诉讼服务指导平台

为抓好"一站式"多元解纷和诉讼服务体系建设,发挥诉讼服务质效评估指标数据"晴雨表"和"指挥棒"作用,省法院于2021年11月建设全省法院诉讼服务指导平台。平台自动生成相关指标,并围绕各类指标数据进行专题分析,通过对指标数据异常情况的自动监测、全程监管、评估分析,对多元解纷、分调裁审、立案服务等工作的节点监管、实时沟通和指导协调,实现对全省法院诉讼服务工作的精准指导和智能化管理。

(三)建设"一站式"服务平台

为解决烟囱式系统和数据孤岛问题,提高法官使用系统的效率,2019 年省法院建成以审判、执行、人事、信访、司法管理、办公、公文等各类应用的"一站式"服务平台。该平台把各业务系统模块化,将原有系统独立的业务办理模式以及应用功能进行梳理与再造,按照目标业务场景进行分析,将复用较高、核心的资源进行整合,使用时能够快速检索并应用系统功能模块。打破了系统间的数据壁垒,实现各系统间数据共享和利用、全业务平台通办。

(四)建设全省法院数据中心

为解决上层应用系统建设时数据取不到、不标准、对接难等问题,为各类上层应用提供必要的底层支撑,省法院依托"云平台"于 2019 年 10 月建设运行全省法院数据中心,实现核心业务数据的治理、管理、应用与服务。截至目前,平台累计接入 20 个系统(数据),其中,内部系统包括审判系统、执行系统、卷宗数据、公文系统、档案系统、执行查控系统、减刑假释系统、涉诉信访系统、微解纷、诉讼服务网、人事系统、微法院干警端、智慧警务系统;外部数据包括全国公民信息、婚姻信息、政务平台库表共享数据以及纪委、民政厅、监狱、舆情数据、高院案件被最高审理案件等数据,共计 4869 类 104.92 亿条数据,为法官办案提供有效支撑。数据中心可调用数据接口共计 387 个,服务于 20 家单位/系统,其中供外部单位调用的接口有 8 个,调用单位分别为省纪委、省司法厅、省编办、省大数据中心、省公信中心。截至 2022 年 10 月底,通过数据中心向最高人民法院上报审判数据、执行数据、减刑假释数据共计 2139.14 万条。

(五)建设数据中心可视化管理系统

该系统面向全省法院院庭长、审判管理部门、行装部门相关人员,以全局管理角度为全省法院信息化主管职能部门提供数据中心运行情况可视化展示，包括数据中心的数据汇聚接入情况、数据上报制定情况、数据交换共享情况，进一步提升人民法院大数据智能化服务水平。

（六）建设数据质量监管系统

升级全省法院数据产生源头的规范化和智能化管控能力，建立全生命周期监控的主数据管理机制并细化完善数据质检规则，健全案件、人员核心信息项数据质量管控体系，加强裁判文书等核心信息数据质量管控力度。系统实现数据质检结果查询、数据质量报告、数据质检规则配置、数据质量概览等功能，为数据质量管理提供有力保障。

（七）研发重点敏感人员信息管理系统

该系统汇聚各级法院智能安防系统、智慧警务系统数据，通过大数据、人工智能算法等技术，对威胁司法安全的隐患人员、重点失信人员等进行标签化管理，提供特征标记、信息采集、统计展示以及态势分析等服务，并支持自动巡检、科学认定、智能预警和实时推送等功能，实现“一处违法，处处受限”。系统支持为各级法院业务系统提供重点敏感人员信息数据服务接口，通过与自身数据比对分析，及时发现业务流程中涉及的重点敏感人员并及时预警，展现人员的基本信息及涉案情况、信访情况等风险行为信息。

（八）建设司法大数据智能分析平台

为深入挖掘分析各类司法审判案件与相关外部数据的内在关联，实现辅助决策分析，提升社会治理能力，省法院于2020年9月上线司法大数据智能分析平台，运用大数据分析技术、自然语言处理技术，实现裁判文书全文分段检索、态势分析生成器、内网新闻数据查询、数据多维比对等重点功能。全文分段检索可对当事人信息、审理经过、原告诉称、被告辩称、本院查明、举证质证等进行切片分段检索，方便法官办案；态势分析生成器提供对审判质量、审判效率数据自定义分析报告的自动化生成、可视化图形生成、报告订阅推送等服务；内网新闻数据查询实现全省法院内网网站新闻的统一查询服务；数据多维比对功能提供预先分析好的若干专项比对模型，将内部结构化数据和进行过算法训练的裁判文书等半结构化数据，与外部数据进行自主选择匹配，并进行数据比对碰撞，支持自定义比对，并可将比对结果保存为“我的模型”。平台还搭建审判质效报表系统，提供“一站式”常规报表检索功能，满足指标统计、数据反查和报表下载等服务。

（九）建设智慧警务管理系统

司法警务信息化、智能化建设是贯彻落实科技兴警的重要部署，系统以实战为目标，聚焦司法警务工作普遍存在的刑事案件保障压力大、涉诉信访矛盾突出、警力资源严重不足、警队规范化程度不高、执法能力不强、敏感案件重点人员信息不对称等突出问题，充分运用科学技术手段激活警力资源、保障核心业务、防范安全风险，实现向科技要警力、向管理要效力。该系统被最高人民法院列为江苏试点项目，并在 2020 年 12 月 10 日最高人民法院召开的人民法院智慧警务建设成果汇报演示会上展示。系统于 2019 年 12 月上线，截至 2022 年 10 月底，全省法院干警使用智慧警务管理平台完成 57314 次审判案件保障，出动 13.29 万人次警力参与庭审保障任务，完成了 3321 次在线警务督查工作，有效保障了审判执行工作的正常开展。

（十）建设“司法链”江苏（内外网）节点和文书真伪验证等场景

省法院积极参与最高人民法院区块链创新应用试点工作，结合工作实际，提出了“完善存证验证服务、探索智能合约应用、推进跨链融合制度、建立可信操作体系”四个方面八个创新应用点，助力法院业务高质量发展。在 2021 年国家区块链创新应用试点任务中，省法院荣获全国高院试点任务第一名。目前在案件审理过程中，可自动调用区块链服务将案件材料以及日志数据上链存证；同时开发裁判文书核验、律师身份验证协同能力，供其他协同行政单位在实际工作中根据业务需求进行调用核验。截至 2022 年 10 月底，共有 5 套业务系统、83 家法院接入区块链应用中，实现文书存证 9536641 份，为各类人员提供 1214 余次核验服务。

（十一）探索建设审判执行全流程节点信息化管控系统

对立案、刑事、民事、行政、执行等 5 个条线 9 类程序开展标准化的审判流程节点管理，通过以实时抓取数据、图像化展示等方式，细化办案职责清单和履职指引。将从立案到结案归档的全部流程节点的工作标准、时限要求、操作规范嵌入办案系统，构筑标准化、规范化的审判流程体系，提升执法办案质量、效率和效果,进一步加强对审判权运行的监督管理,进一步激发信息化审判管理的效能,有效促进了审判质效的提升。截至 2022 年 10 月底,共督促办理案件业务节点 1471234 个。

(十二)升级全省法院人事管理信息系统

为落实中组部绩效考核改革试点工作,省法院于 2022 年 4 月对全省法院人事管理信息系统进行升级,率先研发了全省法院绩效考核管理子系统。围绕全省法院人事管理工作全面信息化,将各项工作整体纳入线上管理,提高工作效率,全过程系统留痕,实现全省法院公务员平时考核、部门年度考核、中层干部年度考核、其他工作人员年度考核相关建设内容,切实提高人力资源的分配效率,切实提高人事管理的工作职能。

(十三)完善书记员管理系统

该系统于 2016 年 1 月上线,为进一步提供统一的业务管理、流程审批和信息查询服务功能,展示准确、全面的数据并进行实时分析,省法院完善系统建设,提升法院司法辅助人员业务方面的管理效率和服务水平。截至 2022 年 10 月底,系统登记全省三级法院辅助人员信息 14000 余条。

(十四)建设离退休干部管理系统

为实时掌握全省法院离退休人员数据信息,省法院积极探索"互联网 + 离退休工作"的模式,建设离退休干部管理系统,实现退休人员查询维护管理、党支部管理、身故人员管理、走访慰问、物品发放、困难补助发放、主动关怀、外出疗养、表彰奖励、自管组织、党建工作、体检管理、遗属管理、工资管理等功能。截至 2022 年 10 月底,全省法院离退休工作使用系统超 3.5 万人次,实现对离退休人员信息及老干部工作进行信息化管理,有效提升为老同志服务管理的品质和实效。

(十五)拓展移动办公办案系统使用场景

微法院干警端依托江苏移动互联微法院系统建设,是面向全省法院干警的移动办公办案小程序系统,也是全国法院首个法院干警端小程序。该系统以法院干警的需求为导向,为全省法院干警提供移动办公办案服务,包括多项办公办案具体功能,使其切实成为服务干警办公办案的便捷工具。系统于2018年11月上线,截至2022年10月底,全省累计注册干警21043人,累计使用次数7478万次。此外,省法院探索将法院内部办公和办案系统延伸到平板端,支持法院干警在外出条件下能够随时随地办公办案。依托定制平板终端,通过移动专网与法院业务平台全面对接,深度融合审判、办公、电子卷、法官会议等应用,整合各类信息资源,覆盖案件管理、文书撰写、事项审批、法官会议等日常工作场景,有效缩短办公办案时间,促进工作质效提升。

(十六)建设政务微信平台

打造法院专网的业务交流平台,重点解决江苏法院内部移动办公、即时沟通、远程音视频会议、协同办公等问题,为干警提供快速沟通、工作协同服务。目前,政务微信在全省拥有29093名干警用户,平均日活跃用户4500人。

四、强化基础保障,提高网络安全系统防护能力

(一)健全网络安全体系,提高网络安全系统防护能力

省法院制定网络安全工作责任制实施办法,明确各层级工作责任,并将落实情况纳入对下考评,推动责任落实落细。建立信息安全保障管理体系,制定网络安全管理规范,落实网络安全"三同步"要求,着力避免"重建设、轻管理,重功能开发、轻安全防护"问题。加强网络安全能力建设,实现对省法院网络和终端的一体化安全防护管控。提升技术监管能力,对全省法院专网的网络安全态势和违规外联情况进行监测;提升内外网数据合规交换能力,按照最高人民法院要求,全面完成以光闸为基础的跨网数据安全隔离交换平台建设。加强数据安全建设,完成对全省法院重要数据库数据的离线备份。加强等级保护测评,定期开展风险评估和扫描渗透测试,完善网络安全应急响应预案,提高应急处置能力。加强分析研判,定期发布全省法院网络安全情况通报,强化监督指导。2021年,省法院被表彰为江苏省"庆祝建党100周年网络安全保障优秀单位"。

（二）完善保障机制，为智慧法院持续发展提供有力支撑

推进云平台建设，持续将省法院统建主要业务系统迁移上云，强化云平台对信息化建设的支撑保障作用。建成覆盖审判执行、司法政务、信息化管理等六类数据的数据中心，实现全省核心业务数据的集中管理、应用与服务，为各类上层应用提供可靠的底层支撑。建设“司法链”江苏节点，上线运行裁判文书、程序性文书及相关签章文书的真伪核验应用场景，以全国高院第一名的成绩入选国家级区块链创新应用试点单位。省法院推进可视化质效型运维管理平台建设，提升信息系统运行数据获取的自动化水平和数据的准确度、及时性，初步建立质效型运维管理体系。江苏法院信息技术队伍不断发展壮大。建立江苏法院网络安全和信息化建设专业人才库，确定42名首批专业人才，促进提升信息化建设专业水平。

（三）强化运维服务，筑牢智慧法院建设根基

扎实推进机关软件维护工作，建立日常巡检维护机制，承接软件系统的维护支撑工作，积极拓展多种报修反馈渠道，致力于提升干警的体验感和满意度。截至2021年年底，运维服务涉及的应用软件系统达100余个。稳固完善硬件设备维护工作，梳理信息化系统硬件基础设施，建立机房硬件基础设施台账。通过建立设备巡检制度开展常态化硬件设备巡检，及时落实各项硬件维护工作，以进一步确保各类软硬件系统正常运转。持续加强制度化运维管理，修订完善《驻场运维人员管理制度》《运维服务受理制度》《运维公司工作制度》《运维绩效考核制度》等22个信息化运维管理制度，进一步规范运维服务响应、工作量统计、运维服务绩效考评、驻场人员管理等管理内容。积极开展廉洁和网络安全保密教育、签订承诺书。组织运维经验学习分享活动和沟通能力培训，提升服务意识。以运维周报、月报等制度为抓手，统计故障报修数据，优化运维工作量评估机制，实现运维工作高质高效。

第二节　加强人民法庭建设

近年来,江苏法院人民法庭坚持“三个便于”“三个服务”“三个优化”工作原则,充分发挥自身优势和职能作用,依法审理各类民商事案件,全力服务乡村振兴,服务基层社会治理,服务人民群众高品质生活需要,推动更高水平平安江苏、法治江苏建设,为实现“十四五”时期经济行稳致远、社会安定和谐提供了坚强有力的司法服务和保障。

一、全省人民法庭工作基本情况

(一)合理规划人民法庭布局

坚持以功能定位科学化为基础,以服务群众便捷化为目标,以法庭设置集约化为统筹,以案件管理类型化为抓手,以设施设备现代化为保障的工作思路,根据纠纷类型、案件数量、人口数量、辖区面积等综合情况,因地制宜,合理安排,形成了由基层人民法院、人民法庭和巡回审判点组成的设置合理、点面结合、城乡全覆盖、功能优化、运行高效的基层司法服务格局。

< 延伸阅读 >

江苏地区历史上最多曾有600多家人民法庭,经过行政区划调整,人民法院规范化、规模化建设后,法庭布局进行了相应调整和优化。目前,全省共有303个人民法庭。其中,城市法庭34个,乡村法庭168个,城乡接合法庭101个。人民法庭承担着全省一审民商事案件1/3左右的审判任务,受案范围不仅有传统民事案件,还包括除破产清算等重大疑难复杂案件以外的所有民商事案件。为更加高效开展工作,方便群众参加诉讼,人民法庭不断完善功能设置,部分法庭成为集“立审执”于一体的“小法院”。

(二)依法公正审理民商事案件

人民法庭主要审理离婚纠纷、机动车交通事故责任纠纷等传统民事案件。随着经济迅速发展和全省农村现代化程度的提高,一些地区的人民法庭因辖区内有上市公司、民营企业、小微企业或颇具规模的工业园区,所审理的案件类型涉及建筑设备租赁、产品质量、金融借款、追偿权等经济类纠纷,呈现由传统普通民事向商事转化的趋势。

〈 延伸阅读 〉

据统计,全省人民法庭收案案由主要为交通事故责任纠纷、买卖合同纠纷、民间借贷纠纷、离婚纠纷、劳动争议(劳务合同)纠纷、物业服务合同纠纷、金融借款纠纷、追索劳动报酬纠纷。从近5年的情况来看,分别占同期人民法庭总收案数的17.69%、16.48%、16.65%、13.51%、10.66%、5.04%、3.65%、3.16%。虽然人民法庭主要办理辖区内事实较为清楚,争议不大的民商事案件,但具体受案范围和管辖范围由所属基层法院确定。如泰州地区部分基层法院,除省法院统一要求的民间借贷之外,还将道路交通事故、保险、票据、劳动争议、追索劳动报酬等案件从法庭剥离出来。无锡地区限定人民法庭受理案件标的额为500万元以下,超出该标的限额统一由院本部受理。滨湖法院的人民法庭将辖区内保全异议类案件、第三人撤销之诉、公司、证券、保险、票据、债权、强制清算、破产、涉外涉港澳台、涉地方街道因素、上级法院发回重审、指令立案受理、指定审理、知识产权类案件也全部统一由院本部办理。

〈 拓展资料 · 数据 〉

2017~2021年,全省人民法庭共受理案件1559880件,审结1540029件,结收比为98.78%。

年份	收案	结案	结收比	占本院民商事案件比例
2017	327784	320572	97.80%	36.17%
2018	331353	331290	99.98%	35.40%
2019	323231	316319	97.86%	33.85%
2020	251338	251269	99.97%	31.73%
2021	305860	300599	98.28%	40.32%
总计	1559880	1540029	98.78%	34.52%

(三)发挥培养干部摇篮功能

省法院坚持强基导向,落实基层优先政策,要求全省各级法院重心下移、警力下沉,努力为人民法院培养、储备和输送优秀人才。全省各级法院将想干事、能干事的优秀人才选任到人民法庭庭长位置上进行培养锻炼,增强人民法庭实力、激发人民法庭活力、提升人民法庭战斗力。通过人民法庭岗位锻炼,广大法庭干警逐渐成长为坚定理想信念、掌握法律技能、通晓社情民意、善做群众工作的全能型人才。

< 延伸阅读 >

为解决案多人少、人员紧缺的矛盾,人民法庭不断探索、大胆尝试,诸多创新得到普遍推广。苏州吴江法院和相城法院依托法庭成立外勤组专职负责案件送达、调查、执保等审判辅助工作,切实减少了法官的事务性工作,提高了整体工作效率。南京高淳法院漆桥法庭将人民调解员纳入审判团队中,形成"员额法官+法官助理+书记员+人民调解员"的"四员一体"团队办案模式,发挥人民调解员对案件调解的作用,有效化解法庭人员不足的问题。连云港灌南法院依托法庭采用"党建+审务"相结合的模式,利用法庭辖区基层党组织实现送达外包,有效解决了送达难的问题。

〈 拓展资料·数据 〉

目前，江苏法院共有驻庭干警2893人，其中员额法官909人，法官助理608人，书记员1246人。在编法官和法官助理中，硕士以上学历452人，本科以上学历907人。在任基层法院院领导中具有法庭工作经历的有166人，占比为34.15%。从员额法官人数看，全省有303个人民法庭，平均每个法庭3名。2020年、2021年，全省人民法庭法官人均结案为373件、297件。

二、强化司法审判职能作用

（一）积极推进解决立案难

近年来，全省人民法庭把推进“家门口式诉讼”纳入政法惠民实事项目，深入推进人民法庭“一站式”建设，深化人民法庭智慧诉讼服务建设，建立线上线下相结合的诉讼服务体系，推动在人民法庭普遍建立诉讼服务站，在乡镇街道建立法官联络点。大力推行上门立案、电话立案、预约立案、跨域立案等工作方式，统一人民法庭诉讼服务的功能、流程和标准，最大限度便利群众诉讼。

〈 延伸阅读 〉

南京、苏州、徐州地区人民法庭建立了“预约法官”制度，为行动不便的老年人、残疾人、病患者上门立案，提供优质而贴心的司法服务。南通法院利用邮政网点遍布城乡的优势，与乡镇邮政公司营业网点共同挂牌设立“支云e站”，解决人民法庭尚未覆盖区域、离人民法庭偏远地区群众立案不便问题，努力打通诉讼服务“最后一公里”。苏州吴江法院开发区人民法庭诉讼服务中心不断完善网上立案、网上办案等功能，配置电脑、打印机、扫描仪等设备，为当事人提供立案自助服务，当事人可以快速查询有关诉讼的各类信息，特别是当事人可借助自助服务区的外网终端设备通过全国企业信用信息公示系统及全国组织机构代码证查询系统进行查询后再进行网上立案,只需提供相应的扫描文件,再到立案窗口提交相应纸质材料即可。

(二)坚持司法办案第一要务

《最高人民法院关于完善四级法院审级职能定位改革试点的实施办法》要求,基层法院职能定位重在准确查明事实、实质化解纠纷。全省人民法庭立足工作实际,紧扣目标任务,找准推进路径、工作方法和具体抓手,精准把握改革试点的价值目标追求,切实把庭审查明事实放在首位,最大限度查明客观真实,打造基础坚实的第一审,实现绝大多数案件在基层法院公正高效审结,矛盾纠纷得到实质性解决。

〈 延伸阅读 〉

2021 年 12 月 30 日,“中国法庭”全媒体直播活动第三站来到如东栟茶法庭,直播聚焦一起动物致人损害赔偿纠纷案。该活动由最高人民法院新闻局、最高人民法院民一庭、人民法院新闻传媒总社、中央广播电视总台社会与法频道共同策划开展。

案例介绍:2021 年 5 月 29 日上午,被告曹女士雇请原告李某等 4 人为其收脱油菜籽,并在被告杨某的养殖场内为李某等人准备了午餐盒饭。孰料,李某刚进入养殖场,就被养殖场角落里突然蹿出的一只狗死死咬住左小腿,导致其多处受伤出血。后因赔偿多次协商未果,李某故将两被告诉至法院。

案件庭审由栟茶法庭副庭长陆身梅担任法官,在如东县洋口镇洋口村巡回审判点进行审理。在双方当事人陈述案件事实后,陆身梅归纳了案件的主要争议焦点,考虑到案件事实清楚,权利义务关系较为明确,双方原系邻居,关系一直较好,且双方都有调解的意愿,法官当即休庭,并邀请当地网格员、村干部一起对双方进行调解,最终达成调解协议,由两被告各赔偿 6000 余元,并当场履行,双方握手言和。

本次全媒体直播活动还对一起执行法官帮助申请执行人“追讨”欠款的

案件进行了现场直播,共有50余家媒体、平台参与直播,观看量达1400万。

(三)推动解决送达难

送达作为人民法院审判案件过程中的重要环节,对案件的审理起着举足轻重的作用。近年来,全省人民法庭充分发挥建在基层、贴近群众的优势,结合各自实际情况进行了有益探索,创新方式方法解决送达难的问题,促进了审判效率的提升。

< 延伸阅读 >

为切实减轻基层法院送达工作压力,有力保障审判程序的正常进行,全省人民法庭积极探索集中送达工作新思路,助力提升审判效率。南通地区人民法庭充分发挥村、镇网格员熟悉社群民意的优势,利用网格化治理云终端中的通讯录功能及时与网格员进行网络在线和电话互动联系,实现网上发起、网上派单、网上回复等功能,足不出户就准确了解当事人是否属于该辖区居民以及预定送达时间是否在家等情况,在网格员配合下将法律文书准确及时送达当事人。镇江地区人民法庭发挥数字化时代电子通讯优势,加强电子送达,推行集约化送达方式。从三大运营商调取实时电话号码进行短信送达,根据当事人姓名及户籍地址信息在公安机关查询当事人身份证号码开展运营商查号短信送达,根据当事人在省内其他诉讼中提供的地址及确认情况开展邮寄送达。张家港法院锦丰人民法庭创新集约化直接送达模式,建立外出送达小组,专门负责直接送达工作,实现一次外出即可对多个审判团队的多个案件进行直接送达。在集约化的直接送达模式下,直接送达工作从书记员事务中剥离出来,有效保障了书记员集中精力推进其他审判辅助事务工作,促进有限的司法辅助资源得以集约、高效运转。

三、主动服务乡村振兴

(一)妥善审理基层涉民生纠纷案件

全省人民法庭充分发挥贴近农村、贴近群众的优势,依法审理农村养老、婚姻家庭、教育医疗、追索劳动报酬等各类涉民生案件,司法保障群众最关心、最直接、最现实的利益问题,着力保护农村留守老人、儿童、农民工等弱势群体的合法权益,努力让人民群众过上幸福生活。

< 延伸阅读 >

全省人民法庭处理涉民生案件时,根据地区乡土社会的实际,特别注重与党委、村委会、乡村调解员的沟通协调,促进矛盾多元化解。射阳县法院开发区人民法庭处理的一起原告詹某诉被告陈某的土地承包经营权案,涉及土地流转群体性纠纷,矛盾尖锐,还存在土地返还的障碍,为从根本上化解矛盾,承办法官多次至当地村委会,组织各方参与调解,最终达成调解协议,解决了历史遗留问题,避免了连环诉讼。苏州吴江法院盛泽法庭对一起吴江区人民检察院支持起诉的涉农民工讨薪维权系列案件,组织双方进行工资核算,经过反复调解和耐心细致的释法工作,最终顺利帮助农民工追回了辛苦钱。

(二)服务保障农业农村现代化

全省人民法庭紧紧围绕党中央提出的关于全面推进乡村振兴加快农业农村现代化的目标,始终坚持把解决好“三农”问题作为一项重要工作,以满足新发展阶段“三农”问题对司法工作提出的新需求为着力点,服务保障农业农村现代化。

< 延伸阅读 >

依法保护企业合法权益,加大对辖区经济体的司法服务和保障,是人民法庭服务乡村产业振兴的重要手段。响水县法院南河法庭针对辖区现代农业较为发达,城镇化建设不断推进的实际,通过定期到现代农业龙头企业以及涉农小微企业、家庭农场走访,对企业在经营中遇到的购置设备、企业用工、货物销售、农产品物流流通、申办贷款等过程中可能遇到的法律风险进行提前研判分析,指导企业事先谋划、提前干预解决,减少不必要矛盾纠纷。宿迁宿豫区法院高新区人民法庭对辖区农业企业的合伙、融资、借贷、买卖等案件开辟绿色通道,优先立案并提供诉讼引导、诉讼参与、跟踪回访的全程司法服务。纺织业是如东县的传统特色产业,辖区岔河法庭在审理中发现辖区纺织企业依赖传统交易习惯易引发纠纷的问题后,积极与辖区镇政府加强联系沟通,通过与纺织企业业主座谈,到纠纷高发地企业走访指导等方式,指导企业规范合同订立,增强企业依法经营、依法管理能力。

依法妥善化解小农户生产经营面临的风险,引导融入现代农业发展大格局,是人民法庭服务乡村产业振兴的另一特色做法。淮安市洪泽区法庭依法保护洪泽农业农村品牌,妥善处理涉洪泽农产品商标、地理标志和产品质量纠纷。加强对“洪泽湖大闸蟹”“岔河大米”“朱坝小鱼锅贴”“洪泽小龙虾”等地方农产品公用品牌的保护力度,促进农产品从有到优、农业从增产到提质的转变。

(三)服务保障农村土地“三权分置”改革

江苏法院准确把握“三权分置”改革精神,在改革地区根据土地制度改革要求,依法审理农村土地“三权分置”纠纷案件,推进完善以家庭承包经营为基础、统分结合的双层经营体制。全省人民法庭履行司法职责,服务保障大局,依法服务保障农村土地“三权分置”改革,保护农村承包地的土地经营权依法有序流转,确保农村土地承包关系稳定并长久不变,维护农民集体、承包农户、经营主体的合法权益。

< 延伸阅读 >

对因土地经营权流转引发的纠纷，人民法庭对因个别农户不愿流转经营权而影响土地成片流转和综合开发的，积极引导集体经济组织和农户通过自愿置换和民主议定调整同等条件承包地方式妥善处理，促进农业规模化经营和产业化发展，维护土地流转受让方和承包方双方的合法权益。盐城滨海法院八滩法庭积极化解滨淮镇工业园区涉土地纠纷以及八滩镇界山、河岸两村涉546户农民土地流转矛盾，八滩镇卫东村涉32户农民土地流转纠纷，八滩镇新港村涉及多农户土地承包权纠纷，持续参与八滩镇政府幸福花园小区、长安壹品小区等相关事宜进行协调会办，及时提供可行性意见供政府参考决策，地方政府根据法庭提供的建议，稳步推进相关矛盾纠纷的化解工作。

< 拓展资料 · 调研 >

【农村土地“三权分置”的法律问题调研】2015年，开展农村承包土地经营权和农民住房财产抵押贷款试点工作，江苏省12个地区为改革试点地区。2018年中央一号文件《关于实施乡村振兴战略的意见》进一步提出进行农村土地“三权分置”改革。由此，我国农村土地进入“三权分置”改革时代。但当时立法对此尚不完善，在实践中纠纷逐年增多。为保障中央“三权分置”改革政策的有效落实，促进江苏“三权分置”改革的健康有序发展，省法院民一庭调研形成了《农村土地“三权分置”的法律问题调研报告》，受到最高人民法院主要领导、省委领导批示肯定。省法院民一庭认真贯彻领导批示要求，跟踪最新立法和政策动向，不断加强对“三权分置”新情况的调研，加快成果转化，提升审判质量和水平。

四、积极服务基层治理

（一）推动健全基层治理体系

全省人民法庭坚持和发展新时代"枫桥经验"，积极融入党委领导的基层治理体系，充分利用辖区党委组织优势，与城乡基层党组织广泛开展联建共建，充分发挥人民法庭自身独特优势，在基层治理体系中发挥重要作用，具有江苏特色的基层治理体系不断健全。

< 延伸阅读 >

无锡、淮安、连云港等地人民法庭与当地党委政府建立矛盾纠纷排查预警及分析通报机制，及时向党委政府等汇报、通报司法过程中发现的前端防控的普遍性、趋势性问题，形成社会稳定风险评估报告、矛盾纠纷态势分析研判意见。广大人民法庭专门建立了重大矛盾纠纷排查预警工作台账，完善重大案件、群体性纠纷、突发事件庭镇联席会议制度，做到问题早发现、矛盾早化解。按照江阴市滨江法庭与辖区党委政府的共建文件，每个村、社区定期轮流派出一名村、社区干部到滨江法庭进行半个月体验式学习培训，在法官指导下，参与案件调解、旁听庭审等，村、社区干部依法解决纠纷的能力和水平得到明显提高。

（二）不断拓宽参与基层治理途径

全省人民法庭立足法定职责，依法有序参与基层治理。对没有形成纠纷但具有潜在风险的社会问题，及时向乡镇、社区有关单位提出法律风险防控预案；对已经发生矛盾纠纷的社会问题，提出可能适用的法律依据以及相应裁判尺度；对审判、执行、信访等工作发现普遍存在的社会问题，通过司法建议、白皮书、大数据研究报告等方式，及时向党委、政府反馈，服务科学决策。

拓展资料·案例

【**张家港市人民法院凤凰人民法庭携手地方推动法庭建设**】张家港市人民法院凤凰法庭自成立初就确立将矛盾纠纷化解工作纳入社会综合治理大格局中的理念。法庭与地方党委政府携手，走出了一条以多元解纷"凤凰模式"为品牌建设的发展之路。自"凤凰模式"推行以来，凤凰法庭收案呈逐年平稳下降态势，2021年全年共受理民商事案件475件，较2013年收案数998件，下降了52.4%，在实现收结案良性循环的同时，辖区内社会治理也日趋和谐稳定。

为解决诉讼成风、案多人少的矛盾，凤凰法庭利用相对完善的村级调解组织，推行驻村法官工作室机制。以三个驻村法官工作室、二个审务工作站为依托，对接20个村级调解组织、90个网格。驻村法官通过定期到村社区现场指导或电话微信指导等方式，协助村调解员或网格员做调解工作，将大量"鸡毛蒜皮"的纠纷化解在源头；通过编织一张由派出所、法庭、村社区等组成的矛盾纠纷联防预警网，做到了矛盾苗头性问题及时预警，并在镇信访月度排查例会上研判解决，把纠纷止于萌芽；建立了"政法办+派出所+法庭+相关单位"的重大矛盾纠纷联合化解工作机制。一旦出现重特大侵权类、集体讨薪等群体性矛盾纠纷时，第一时间成立联合工作小组，充分发挥各部门的优势，齐心协力地在法治框架内迅速有效地化解纠纷；联合司法所、村社区进行法治宣传，对于典型案例采取"巡回审理+公开宣判"方式审结，通过强化判决的指引作用，放大"审结一案、教育一片"的社会效果；采取"驻庭调解员+特邀调解员"的方式推进诉前调解工作，开辟司法确认绿色通道，实现"诉与非诉"无缝对接。通过整合全镇的矛盾纠纷化解资源，互联互通互享，实现了纠纷的系统治理。

凤凰法庭扎根基层，在地方党委政府的全方位支持下，充分利用本土治理资源，打造出了以"六大机制"为核心的多元解纷"凤凰模式"。"凤凰模式"运行以来，凤凰法庭除收案大幅下降外，全庭未出现长期未结案件及缠诉信访案件，且涉及赡养、相邻关系、继承析产等家事类纠纷案件趋近于零，各项审判质效指标居全院前列；凤凰镇则在全市率先实现了“无讼村居”创建的全覆盖，民事行政案件万人起诉率远低于全市平均水平，群众幸福感强满意度高。凤凰法庭荣获2020年度“法治苏州”先进集体，凤凰镇也被评为2020年度苏州市法治建设先进镇。法庭与乡镇携手共进，开辟出了一条高水平的基层社会治理新路径。

（三）不断强化诉源治理能力

充分运用调解平台，推动人民法庭进乡村、进社区、进网格，广泛对接基层解纷力量，形成多元解纷网络，在线开展化解、调解、司法确认等工作。人民法庭不断加强辖区多发常见类型化纠纷的源头治理，形成源头预防、非诉挺前、多元化解的分层递进前端治理路径。

〈 延伸阅读 〉

常州、镇江、宿迁等地强化与当地乡镇街道的衔接、与综治中心的协同，充分利用网格化管理机制平台，及时掌握和研判综治矛盾纠纷信息，发挥网格员、特邀调解员、乡贤的作用，促进基层纠纷源头化解。苏州、扬州、徐州等地持续推动人民调解员进入人民法庭、法官下基层全覆盖，加强委托调解、委派调解的实践应用，充分释明调解优势特点，引导人民群众通过非诉方式解决矛盾纠纷。

〈 拓展资料 · 案例 〉

【沛县人民法院大屯人民法庭全面加强自身建设】沛县人民法院大屯人民法庭作为“中国十佳法庭”，近两年来，率先入驻网格化治理云终端，开启“云上法庭”，网格化管理和诉源治理工作多次被《人民法院报》《江苏法治报》等多家媒体报道。

2020 年 10 月，大屯人民法庭在辖区龙固镇率先建立全市第一家聚集“网格＋警格＋家事调解室＋矛盾纠纷多元化解中心＋审务工作站＋24 小时自助服务＋巡回审判”等多元一体的社区善治的“龙固样本”。积极开展“三旬工作法”（每月上旬走访、中旬调解、下旬开庭），将龙固镇的案件就地开庭、就地化解，大大减轻了群众往返法庭的奔波，被群众亲切地称为“家门口的法庭”。探索推行的“网格＋”工作法，通过“网格＋送达”提升了文书送达效率；通过“网格＋调解”提升了诉前调解能力；通过“网格＋普法”提升了群众法律素养；通过“网格＋专属”提升共建共治水平。通过在辖区各乡镇选择群众关注的赡养案件、邻里纠纷案件进行释法办案，让流动庭审成为最好的普法阵地。

目前，沛县法院与全县 16 个乡镇街道通过协同合作，共同打通社会治理的“最后一公里”。以“龙固样本”为例：由地方网格员梳理、排查矛盾纠纷进行上报，警格对矛盾能够化解的进行及时化解，需要出具司法确认的由审务工作站出具司法确认文书。不能化解的由司法所的家事调解室进行介入调解，实在化解不了的案件进行自助立案，风险评估，最后由大屯法庭法官在巡回法庭当场审理，由此形成了一种矛盾纠纷化解的闭环。所有当地的案件按照这个模式，做到了小事不出网格、大事不出镇、矛盾不上交。司法与地方的实践摸索，形成了诉源治理的“龙固样本”。经过 1 年多的实践，该项目被列入 2021 年徐州市法治为民办实事项目。2021 年大屯法庭共受理各类案件 917 件，结案 886 件，未结案件 31 件，结案率 96.62%，结收案比 98.44%，案件调撤率 69.12%，案件平均审理天数 44.73 天，圆满完成了全年的各项工作任务。

五、全心全意服务人民群众

（一）深入基层调研解决群众“急难愁盼”

2020 年，全省法院院领导以驻点调研为主要形式，奔着问题去，深入基层中，足迹踏遍全省 302 家人民法庭。省法院党组书记、院长夏道虎调研南通如皋法院长江流域环境资源第二法庭。院领导重点围绕人民法庭高质量发展、

“三个服务”职能发挥开展专题研讨、基层调研、主题党日、走访参观等活动，广泛听取乡镇、街道群众和法庭干警意见建议，在此基础上系统梳理全省法院调研中发现的问题，形成了人民法庭优化布局、专业化建设、服务和保障乡村振兴、为民办实事和提升人民法庭保障水平等一系列调研报告，并组织专门力量，研究解决方案。通过创新工作机制、完善指导方式、加强上下联动、加大保障力度等方式积极解决问题，确保在优化区域布局和专业化建设上有新成效，在服务和保障乡村振兴上有新举措、在司法为民办实事上有新突破、在提升人财物保障水平上有新重点。

< 拓展资料 · 调研 >

【院领导深入人民法庭开展调研】2021 年 5 月，最高人民法院制定《关于人民法院院领导深入人民法庭调查研究工作方案》。5 月 31 日，省法院党组会专题研究了《省法院院领导深入人民法庭调查研究工作方案》，并对全省法院院领导开展调研作出具体安排。夏道虎院长要求，务必按照最高人民法院的决策部署，将调研工作与全省各级法院正在开展的政法队伍教育整顿、党史学习教育工作有机结合，扎实推进“我为群众办实事”实践活动。全省各级法院院领导要以调研为契机，深入了解、实地考察人民法庭在提升司法能力水平、服务全面推进乡村振兴、服务城乡基层治理、服务人民群众等方面存在的问题，提出司法为民、惠民、便民的意见措施，推动新时代人民法庭工作高质量发展。2021 年 10 月，在深入调研的基础上，省法院形成并报送了《江苏法院院领导深入人民法庭开展调研情况的报告》，内容包括开展调研的基本情况、取得的成效、人民法庭高质量发展的制约因素、下一步工作重点和方向等。

（二）全面落实便民利民举措

全省人民法庭积极践行以人民为中心的理念，优化便民利民措施，全面落实执行惠民、便民各项举措，大力开展网上立案缴费、开庭、调解、送达等诉讼事项在线办理，让群众实现“只进一个门，最多跑一次，可以不用跑”，多措并举减少当事人诉累。

为进一步联系群众、贴近群众、服务群众，充分发挥人民法庭职能作用，扬州地区人民法庭采取人民陪审员进法庭、辖区矛盾纠纷信息收集分析、走访联系群众、落实司法救助、法官与大学生村官结对共建等十项措施，并纳入全市人民法庭工作考核。盐城、泰州地区人民法庭秉着司法为民宗旨，大力推进巡回审判工作，将庭审现场搬到了百姓家门口，不仅便利当事人参加诉讼，将矛盾纠纷化解在基层，还起到送法下乡、普法宣传、以点带面的作用，达成了“审理一案，教育一片”的效果，实现了法律效果和社会效果的有机统一。

全省人民法庭及时回应人民群众的司法需求，通过建立乡村法治人才培育基地，不断培养乡村法治人才，将司法服务送到人民群众最需要的地方去，增强群众司法获得感。宿迁、徐州地区人民法庭持续加强对驻庭调解人员和基层各类调解组织的业务指导，组织引导综治网格员、人民调解员、人民陪审员一体推进，以“结对传帮带”、庭审观摩、以案释法等方式开展法律知识和法治实践培训，培育基层社会治理法治建设的示范带头人。

（三）开展法治宣传教育

作为老百姓身边的司法力量，全省人民法庭坚持以人民为中心，创新法治宣传模式，通过执法办案、化解矛盾纠纷、提出司法建议、开展巡回审判、以案说法、送法下乡等形式多样的法治宣传教育，充分发挥司法对推动文明、匡扶正义的价值引领作用，促进形成自由平等、公平正义、诚实信用的法治环境。

南京中院积极引导广大人民群众树立规则意识和责任意识，践行和弘扬社会主义核心价值观，培养自觉守法、遇事找法、解决问题靠法的意识和能力。辖区汤山人民法庭始终将社会主义核心价值观融入法治建设之中，不断强化人民法庭价值引领职能，创造性地将司法审判与普法宣传相结合，建成了首家社会主义核心价值观教育实践展示馆，以此打造更多有影响、辐射广、效果好的教育实践品牌，推动社会主义核心价值观融入城乡肌理、深入百姓人家。汤山法庭被南京市委宣传部、南京市文明办命名为南京市首批社会主义核心价值观教育实践基地，是南京市政法系统唯一一家教育实践基地。苏州地区人民法庭以人民群众容易接受的法治宣传形式每月固定时间到乡村、到群众中开展普法教育，通过法治课堂、巡回审判等群众喜闻乐见的方式，与人民群众近距离接触，传承提升农村优秀文化传统，让人民群众能够面对面地感受到法律的威严和温度，为繁荣发展乡村文化提供精准司法服务和保障。

六、新时代人民法庭建设实现高质量发展

(一)深入开展人民法庭党建工作

坚持以党的政治建设为统领，抓党建带队建促审判，充分发挥人民法庭党组织的辐射引领作用，以执法办案为中心，以基层党组织为枢纽，推进人民法庭党支部标准化、规范化建设。广大人民法庭充分发挥基层党组织支部战斗堡垒和党员先锋模范作用，密切联系群众，向群众宣传党的政策，经常了解辖区基层组织和群众对人民法庭工作的批评和意见，凝聚广大群众的智慧和力量，维护群众的正当权利和利益。

在江苏法院开展的“党建直通车”活动中，全省人民法庭深入街道综合执法中心和社区、乡村法官驿站，就法官进网格参与网格管理和诉源治理等工作进行深入调研和交流，进一步完善组织共建、活动联办、党员共育、资源共享、业务共推长效机制。沛县大屯人民法庭坚持把党建工作与队伍建设相结合，通过全面强化“学习型”“创新型”“服务型”“制度型”“廉洁型”党组织建设，先后开展“乡村振兴、法治护航”“美丽乡村、与法同行”“传承红色基因，重走革命路线”等内涵丰富的主题党日活动，提升干警党性修养，营造党员干警干在先、走在前、做表率的良好风气。大屯法庭开展的“暖冬行动”“春运志愿服务活动”“希望有约，法治护航”“美丽乡村、与法同行”“关爱困境儿童 法治护航成长”等系列活动，被《法治日报》《人民法院报》等多家媒体报道。镇江金山湖人民法庭创建的“家和”党建品牌，通过构建“优而精”团队、采用“先锋亮绩”积分管理、突出红色阵地建设、打造“和润”家风馆四项举措，把人民群众满意作为根本标准，踏踏实实为群众办实事办好事。同时也起到了传承红色文化、弘扬家风建设、涵养初心使命、培树优良作风的作用。

(二)扎实开展"一法庭一品牌"创建活动

2019 年 4 月,省法院组织开展"一法庭一品牌"创建活动,要求全省法院人民法庭结合当地经济发展、案件类型和传统优势,挖掘自身特色,突出个性亮点,打造品牌名片,促进人民法庭公正司法、参与基层治理、密切联系群众、锻炼培养干部、提升司法形象,推动服务乡村振兴高质量发展。活动开展以来,广大人民法庭按照"一个法庭一个特色""一个法庭一张名片""一个法庭一套方案"的思路,深挖法庭工作与地方特色的结合点,根据纠纷类型、案件数量、区域优势、地理特点和民情风俗,培育形成了一批形式多样、富有成效、颇具影响的人民法庭工作品牌,走出了一条符合江苏省情的人民法庭高质量发展新路。"法润乡风""左邻右理""渔家法庭""乡村法官驿站""司法护航魅力绸都""大玫法官说家事""希望树""彩虹屋""苏小 e""山水马陵 · 最美乡情"等一大批知名度高、美誉度和影响力强的人民法庭品牌受到了人民群众广泛好评。

(三)司法改革措施全面落实

全省人民法庭深入贯彻深化司法体制综合配套改革重大战略部署,在推动司法责任制全面落实的同时,充分发挥司法改革"试验田"作用,以更为有效的审判管理和监督制度为保障,切实提升审判管理水平,为司法改革措施全面落实提供了宝贵经验。坚持司法规律、体制改革与技术变革相融合,以高度信息化方式支持司法审判、诉讼服务和司法管理,智慧法庭的建设走在全国前列。

延伸阅读

2018 年,最高人民法院印发《关于进一步全面落实司法责任制改革的实施意见》。人民法庭作为人民法院的派出机构,有"小法院"之称,具有开展人民法院司法改革试点的天然优势。人民法庭以司法体制综合配套改革为契机,进一步巩固司法责任制改革成果,健全完善审判权运行机制和案件繁简分流工作机制,深入推进家事审判改革和道路交通事故网上一体化处理改革等，充分发挥好司法改革"试验田"的作用，为江苏法院深入推进改革积累了有益经验。一是落实主审法官负责制，简易程序案件由法官独任审判，独自负责。普通程序由一名法官和两名人民陪审员组成，主审法官对案件负责。二是建立符合人民法庭工作实际、权责统一、监督有序的审判权力运行机制，实现对法官依法独立行使审判权的科学监督。人民法庭庭长主要通过承办或担任审判长审理案件、主持召开法官会议或疑难案件讨论会等形式对审判工作进行指导。对审判工作的监督，主要通过审判流程管理、审判质量管理和审判事务管理以及处理各类投诉和信访等方式进行事中监督，并通过复查、评查已结案件等方式进行事后监督，不主动对自己未参与审理的案件发表实体处理意见，不以审核、把关、备案等形式变相定案或签发法律文书。三是推进案件繁简分流。依托驻庭调解员队伍，加大对婚姻家庭、赡养、交通事故等案件的调解力度，加快案件办理速度。南通唐闸法庭组建"1＋2＋2"主审团队，法官与助理在送达、调解、证据交换等各环节分工合作，开展流水线作业模式。推开要素式和表格式裁判文书的运用，采用突出要素、格式简明的文书样式，既节约审判资源，又使赔偿项目一目了然，在道交类案件文书中，要素式文书使用率达70%，表格式文书使用率达20%。

〈 拓展资料·案例 〉

【苏州市吴江区人民法院经济技术开发区人民法庭创设"12345"智慧应用场景】第四次全国人民法庭工作会议以来，全省人民法院按照最高人民法院部署，因地制宜，分类施策，加大投入力度、优化法庭布局、完善保障措施、强化职能发挥，人民法庭建设水平和司法服务能力稳步提升，人民群众获得感、幸福感、安全感不断增强，探索形成了一大批可复制可推广的经验做法，彰显了中国特色司法制度的巨大优越性。为深入挖掘不同层级、不同地区人民法院在注重强基导向、强化人民法庭建设方面的探索与创新，提炼可复制可推广的有效做法，为各地加强人民法庭工作提供持续借鉴参考，最高人民法院决定分批次选编新时代人民法庭建设案例，并逐步将其打造成最高人民法院民事审判工作的一块靓丽品牌，作为推进全国人民法庭工作的重要抓手。

2021 年 9 月 14 日，最高人民法院发布第一批《新时代人民法庭建设案例选编》。苏州市吴江区人民法院经济技术开发区人民法庭《创设"12345"智慧应用场景　打造智能法庭"吴江样本"》案例入选。苏州吴江法院经济技术开发区法庭打通审判业务各环节流程，创设"12345"智慧法庭工作场景，实现案件全流程网上办理，在优化诉讼服务体验、促进纠纷多元化解、提高审判质效等方面成效显著，形成可复制、可推广的智能法庭建设经验。第一，研发一个平台，实现繁简分流智能化，即"苏智"办案辅助平台。第二，创建二个中心，落实审判监督管理责任，即审判管理中心、运维管理中心。第三，畅通三个渠道，服务群众零距离，即苏小 e、一案一群、网上诉讼服务大厅。第四，推动四个对接，全面提升诉讼服务质量，即对接"企查查"、三大运营商、大数据中心、保险公司。第五，打造五个 e 键，助推审判工作提质增效，即 e 键立案、e 键开庭、e 键生成文书、e 键报结和 e 键归档。

第三节　加强司法政务工作

以强化制度机制和工作方法创新为抓手，全面提高司法政务工作科学化、规范化、信息化水平，加快构建服务和融入法院工作高质量发展的现代化司法政务体系。

一、强化决策参谋职能

(一)不断改进信息工作

牢牢坚持信息工作的正确政治方向，紧扣经济社会发展大局和法院工作全局，聚焦"一带一路"交汇点建设、脱贫攻坚、全面推进乡村振兴等中央、省委重大决策部署，立足法院审判、执行、改革的重大举措、进展成效、创新做法,总结推广具有可复制性的特色工作和典型经验,挖掘提炼有深度、有份量、对领导决策有参考价值的问题建议,编报信息被最高人民法院、省委采用条目数量在全国法院和省级机关中位居前列。“物流车辆交通事故增多”等一批信息被上级机关采用,并得到有关部门重视,有效发挥了“小信息推动大工作”的积极作用。不断拓展信息载体,创办内部参阅资料“决策参考”,为院党组了解情况、科学决策、推动工作提供了有益参考。建立健全制度机制,创新完善联动策划、信息调研、跟班学习和工作考评等工作机制,注重信息素材统筹,推动“线上+线下”策划形式成为常态,及时采编报送了一大批高质量信息。

< 延伸阅读 >

【“决策参考”】2019年,为进一步加大综合信息服务决策、推动工作力度,创办以省法院院领导、各市中级法院院长、南京海事法院院长为服务对象,并视情抄送省法院有关部门主要负责人、相关基层法院院长的内部参阅资料。主要刊发内容包括对省法院院领导决策有参考价值的调查报告、分析报告、考察报告、工作言论、工作体会、办案心得、意见建议等。

(二)规范和加强要情专报工作

省法院建立要情专报制度,对紧急信息第一时间编报、第一时间呈批、第一时间处置,稳妥处置了一批全省法院重要事件,为领导科学决策提供及时高效的信息服务。建立工作周报制度,每周编发全省各级法院工作动态、亮点和成效,呈送省法院院领导、各中级法院院长和本院各部门负责人,为各级法院领导及时掌握情况、相互交流经验、推动科学决策提供重要参考。同时,每年度通报全省各地法院周报采编情况,压实周报工作责任。明确“六个必报”(各级法院为贯彻落实省法院重点工作部署召开的重要会议、出台的重要文件、开展的重要工作、创新的重要举措、审理的重大案件、获得党委领导的重要批示)报送标准,发挥交流情况、决策参考作用。周报制度实行以来,发现和推广了全省法院一大批先进典型、创新经验,为高质量司法提供了智力支持。

(三)做好咨询委员会工作

2008年2月,省法院咨询委员会成立,作为省法院的咨询机构,在院党组的领导下,提供咨询意见、建议、信息和接受院党组委派的工作任务。制定《江苏省高级人民法院咨询委员会简章》,明确咨询委员会主要任务、运行机制及委员职责、选聘程序、工作保障。组织咨询委员会委员开展法院重点难点问题调查研究,形成一批高质量调研报告,其中《江苏法院融入长三角一体化发展之调研》等调研报告获最高人民法院主要领导批示肯定。

二、规范公文办理工作

(一)规范收文发文

省法院制定出台《关于进一步规范公文办理流程的规定》,规范院公文、院领导指示批示件办理流程,提升文电和领导批件办理质效。明确公文的办理环节、办理流程、办理要求,推进文件办理工作的科学化、制度化和规范化建设,提高文件办理的时效性和准确性。

< 拓展资料·发布 >

【《关于进一步规范公文办理流程的规定》】规定的主要内容:一是对省法院公文进行定义,指以省法院名义接收的文件、领导批示、电报、电话通知等各类行政性公文。二是明确公文办理环节,包括签收、初审、登记、拟办、传阅、交办、督办、承办、催办、答复、归档等环节。

(二)深入推进精文减会

大力精简文件,省法院印发《关于进一步加强发文和会议管理的通知》,明确"可发可不发的文件一律不发""内容相关、主题相近、政策配套文件合并发""能用其他通知方式的不发电传通知",发扬"短实新"文风,规定政策性文件原则上不超过5000字(10页),其他文件不超过3500字(7页),2019年以来省法院发文数量总体呈下降趋势,2020年、2021年发文数量同比下降幅度均在10%以上。从严控制会议,建立年度会议计划制度,明确部门主办全省性条线会议原则上每年不超过1次,明确不召开没有实质性内容的研讨会、论坛、年会、纪念会等,提倡召开小范围研究、协调、解决问题的专题会议,提倡合并开会、套开会议。在2021年队伍教育整顿期间,把整治形式主义为基层减负工作同"机关作风顽疾"结合起来,对2019年以来制发文件进行了梳理,从发文规格、发文篇幅、发文内容等方面逐件进行检查,有针对性地整治文件制发中的问题。

(三)规范请示报告类公文

认真贯彻政法工作条例及省委实施意见,省法院及时主动向省委、省委政法委请示报告全省法院重大改革、重要事项、重点工作情况。每年向省委常委会报告全省法院工作情况。进一步明确向上级机关请示报告的行文规则、报送程序和工作要求,加强和规范请示报告工作。启用"苏高法案"文号,专门用于个案请示报告。

〈 延伸阅读 〉

【年度会议计划制度】每年年初在各部门申报计划的基础上,考虑全年工作安排和工作需要,制订全年会议计划,报党组讨论决定后实施,未列入年度会议计划的会议原则上不再安排。

【"苏高法案"文号】2021年8月12日,经省委办公厅、省委政法委同意,省法院在院机关启用"苏高法案"文号,用于拟制本院请求上级协调处理案件实体、程序等事项的请示类公文和汇报案件办理情况的报告类公文。

三、扎实做好政务保障工作

省法院精心做好重要会议活动保障,建立要素式会议活动筹办机制,优化筹办工作流程，提升服务保障工作水平，确保会议活动办出质量、办出成效。近年来顺利完成了最高人民法院、省委主要领导到法院调研视察服务保障工作，精心筹办了南京海事法院、南京环境资源法庭筹建揭牌等重大活动。

四、提升档案服务和管理水平

（一）优化档案服务

坚持“对历史负责、为现实服务、替未来着想”意识，统筹抓好窗口服务、规范指导和信息建设。强化窗口服务，立足服务审判、服务群众基本职责，在诉讼服务大厅开设对外查档接待窗口，前移服务窗口。考虑当事人新冠疫情期间来院困难，为当事人提供卷宗复印件寄送服务。在诉讼服务中心专门设立档案查阅窗口，张贴查阅须知，增加光盘刻录服务。针对律师现场查看光盘资料不方便问题，在律师阅卷室新配备查阅电脑，提升阅卷工作效率。

（二）加强档案管理

强化规范指导，采取集中培训、现场调研、组织检查、网络交流等形式，加强对中基层法院业务指导。组织规模性档案安全检查，及时堵塞漏洞，消除安全隐患。优化完善档案信息管理系统，应用江苏法院电子诉讼档案三级共享平台，实现当事人、律师及社会各界远程异地跨域查档。

（三）推进档案规范化建设

将达标创建作为推动档案规范化建设和创新发展重要抓手，协助相关法院完成“五星级”复查、5A评估申报等。全省达“五星级”法院110家，达“5A数字档案室”23家。出台《电子诉讼档案利用管理办法（试行）》，全面加强和规范档案资源管理利用。

（四）开展“电子档案为主、纸质档案为辅”案件归档方式改革试点

2018年6月5日，最高人民法院办公厅制定《关于在部分法院开展电子档案为主、纸质档案为辅的案件归档方式试点的通知》，确定江苏省徐州市中级人民法院等7家法院为电子档案为主、纸质档案为辅案件归档方式试点法院。省法院认真组织实施，涌现出苏州无纸化办案模式等一批特色鲜明、成

效显著的经验做法。案件归档方式改革以来，省法院及辖区7家试点法院按照最高人民法院工作部署，把握试点要求、创新试点做法、压实试点责任，以“三个强化”“三个推动”促进试点工作取得积极成效。

一是强化组织领导，推动试点工作有序开展。省法院高度重视试点工作，加强对辖区试点工作的组织领导，通过组建工作专班、制订试点方案，构建任务明确、责任清晰、保障有力的统筹推进机制，确保各项试点任务精准落地。各试点法院积极落实主体责任，成立试点工作领导小组，及时制订具体实施方案，扎实有序推进试点工作。徐州中院明确办公室、信息技术、审判管理和业务庭的职责分工，形成试点工作合力。南通中院将试点工作与智慧法院建设同谋划、同推进、同落实。扬州江都法院将试点工作作为“一把手”工程，主要领导靠前指挥，定期督促推进。扬州邗江法院构建法官、档案管理人员、技术人员“三位一体”协作机制，强化试点工作的需求提出、问题解决和跟踪问效。

二是强化探索创新，推动试点法院亮点纷呈。围绕实现“电子档案为主、纸质档案为辅”的归档方式，在电子卷宗同步生成、智能编目、“一键归档”等方面积极探索、大胆创新。2019年，省法院组织研发了电子卷宗“转档案卷”功能并嵌入办案系统，通过一键操作将电子卷宗按照要求自动归档，大大减轻人工整理负担。目前该功能已在全省部分法院深入应用。徐州中院设立审判（执行）辅助事务中心，对案件材料进行集中扫描、编目、整理，实现案件卷宗的集约化归档，有效节约归档时间。南京高淳区法院在速裁案件中推行“无卷宗＋无书记员”办案模式，依托智能云柜和庭审系统，一体推进案件办理无纸化、案件归档电子化，受到最高人民法院信息中心充分肯定。南通港闸区法院创新建设中间库，既集中管理纸质材料，又智能归档电子卷宗，实现卷宗材料从“一次扫描”到“一键归档”。

三是强化以点带面，推动试点成果有效转化。坚持边试点边总结，及时提炼点上的创新经验，推广成面上的普遍做法、上升为系统的制度规范。2020年，省法院在试点工作基础上，印发《电子诉讼档案管理利用办法（试行）》，全面规范电子卷宗制作、接收、存储和管理利用流程。徐州中院就电子卷宗目录专门制定细化规范,切实解决归档中目录不规范、命名不准确、分类不科学等问题。淮安中院建立纸质材料与电子卷宗双轨制管理制度,加强电子材料和纸质材料接收、生成、流转的全程监管。南通中院强化配套制度建设,围绕案件归档各环节出台一系列工作规范,为试点工作提供制度保障。除7家试点法院外,全省50%以上法院也实质开展了案件归档方式改革。

< 拓展资料 · 发布 >

【《江苏法院电子诉讼档案管理利用办法(试行)》】办法的主要内容:一是明确电子诉讼档案分为"过程电子卷"和"影像电子卷"。"过程电子卷"是指人民法院在诉讼活动中形成的、具有保存价值且立卷归档的电子诉讼卷宗,"影像电子卷"是指归档纸质诉讼卷宗经数字化处理产生的电子版副本。二是对诉讼档案的制作、保管、利用、调阅等作出明确规定。

五、规范做好机要保密工作

(一)规范各类机要管理事务

江苏法院认真细致做好电报、平信、挂号件、机要件、特快专递和法院专递等收发工作,定期整理、清退各类文件电报。积极做好江苏法院"十四五"期间机要通信规划,坚持"高于平时、严于平时",加强新冠疫情期间机要执勤值班,高标准确保全国、省"两会"以及大要案审理等重要节点机要24小时畅通。

(二)加强保密工作管理

省法院定期召开保密委员会会议,调整保密委员会机构组成,进一步充实保密办组成部门及人员。建立保密办例会制度,加强保密业务指导和保密工作协调机制建设。组织开展省法院机关年度保密自查自评,完成院机关保密工作风险点排查并提出有针对性的整改措施。落实涉密人员动态管理、常态培训等制度,每周定期编发《保密科普园地》。将新入职人员保密教育纳入法官学院常规课，常态落实保密知识、保密常识教育，组织开展包括临时工作、借调、服务外包人员在内的院机关全员保密知识测试。

（三）推进保密工作规范化建设

省法院制定出台《工作秘密管理暂行办法》《工作秘密事项清单》，明确对省法院内设机构形成的符合秘密事项清单规定的事项，经内设机构主要负责人审核批准，确定为工作秘密，并按最小化原则明确知悉范围，采取相应的保密措施。同时对工作秘密定密、解除和载体管理等作出详细规定。

（四）顺利完成省国家保密局进驻式保密检查相关工作

省法院制定迎检工作方案和分工方案，召开协调会部署落实迎接检查各项工作。围绕落实中央、省委相关文件要求、保密工作领导责任制、定密管理等 20 个方面、90 项内容，组织开展院机关保密自评自查，配合检查组开展保密知识测试、谈话沟通和现场检测。对照保密检查反馈意见制定整改措施，逐条抓好整改。以保密检查为契机，大力加强院机关保密教育和管理，邀请省国家保密局领导为省法院涉密人员和全省司法政务条线授课，组织院机关涉密人员参观保密实训平台，在院内部定期编发《保密科普园地》49 期，有效提升干警保密意识。

六、创新做好代表委员联络工作

（一）落实定向联络要求

建立院领导定向联络代表委员机制，三级法院院领导常态化走访代表委员，面对面通报法院工作、征求意见建议。坚持“请进来”与“走出去”相结合，“线上”与“线下”相结合，“集中”与“日常”相结合等方式，开展丰富多彩的联络活动。健全结对联络、重要节点联络、异地视察等机制，促进联络工作常态化。

（二）创新联络平台载体

2019 年至 2021 年年底，全省法院邀请代表委员视察工作、旁听庭审、座谈交流、见证执行等 6500 余场 76000 余人次。扎实做好全国、省“两会”服务保障工作，向代表委员寄发法院工作年报、院长新年贺信和有关书籍，通过微信、微博等方式,充分展示法院工作成效,为代表委员依法履职提供帮助。南京中院创新人大代表选案旁听评议庭审机制,得到全国人大常委会主要领导批示肯定。

(三)创新联络方式方法

代表委员联络工作突出亲历性,贯彻“主动、经常、深入”联络工作 6 字方针,不断开拓联络工作新方式新途径,为代表委员全面了解、见证法院工作,对法院工作进行法律监督和民主监督畅通了渠道。例如,省法院联合数十家中央、省市主流媒体和网络媒体,对常熟、徐州、无锡、苏州、盐城等地集中执行活动进行了全媒体直播,代表委员全程见证执行过程,对法院执行工作有了“零距离”的体验。活动中,人大代表不是单一地听汇报、谈意见,而是直击现场参与其中,提的意见和建议更有针对性。亲历性还体现在对法院各项改革工作的“身临其境”。省法院组织部分全国、省人大代表、政协委员和省内 10 余家主要媒体,走近法院工作,深入基层一线,开展“代表委员看法院”暨媒体集中采访活动。活动包括攻坚克难看执行、繁简分流与矛盾纠纷多元化解以及家事审判改革 3 个专题。此外,注重运用新媒体平台,建立了联络工作微信公众号和代表委员微信群,开通了电子信箱、手机联络平台、接受监督绿色通道等,及时反馈法院工作,及时吸纳意见建议,借力信息化增强代表委员们的亲历感。广泛组织开展人大代表、政协委员旁听庭审活动。南京中院“10 万群众进法院”,南通中院“走进法庭、评议百案”,盐城、徐州、宿迁等市法院连续开展的“千名代表听百案”活动,把旁听法院案件庭审作为人大、法院之间的一项联络机制长期坚持,提高代表参与法院工作的积极性,有力规范法院庭审秩序,促进案件审判质量提升。

(四)认真办理代表委员意见建议

对省委、省人大和省政协交办的代表建议和委员提案进行梳理,召开专题交办会,按照涉及业务分解到审判执行部门。承办部门制订办理工作计划,办公室汇总后报送省委督查室、省人大和省政协。办公室汇总承办部门主办、会办、分办意见,及时答复代表,并按时将办理工作情况报送交办机关。

把代表委员联络工作与教育整顿“开门纳谏”结合起来,征求“两代表一委员"意见建议，通过开设电子邮箱、召开座谈会、现场走访等方式，面向全省13个设区市、分布20余个行业的1800余名代表委员征求意见建议，并推动有效转化为改进法院工作的思路举措。

〈 延伸阅读 〉

【结对联络】按照分级推进、分区域负责的要求，每年与每位代表结对联络不少于2次。对分布在各市的省级以上人大代表，由各中院、基层法院院领导负责结对联络；对分布在各市代表团的省直单位代表，由省法院院领导及省法院各部门负责结对。

【重要节点联络】在重大案件公开开庭以及宪法日、禁毒日、知识产权日、环境保护日等重要活动期间，组织好代表、委员参观法院、旁听庭审、交流座谈等专项联络活动。

【异地视察】根据全省各地法院工作实绩和亮点，设定活动主题，组织省级以上人大代表、政协委员异地视察法院，向代表委员汇报人民法院高质量发展的成果，听取代表委员意见建议。

【"两代表一委员"座谈会】2021年教育整顿期间，省法院组织召开人大代表、政协委员、特约监督员座谈会，现场通报全省法院工作情况，征求意见建议600余条。

【人大代表选案旁听评议庭审机制】南京法院创新人大代表选案旁听评议庭审机制，实现由"被动受邀"向"主动参与"转变，人大常委会每季度组织一次旁听评议庭审活动并列出关注案件类型要求，法院提供该季度排期开庭的所有该类型案件以供挑选，监督渠道进一步拓宽；由"被动听案"向"主动点案"转变，代表在履职平台"宁代表"App上投票选择旁听案件，倒逼法官把每个案件当成"观摩庭"来开，监督范围进一步延展；由"被动旁听"向"主动评议"转变，代表对法院工作既能"听"又能"议"更能"督"，监督效能进一步释放。该机制运行以来，代表旁听庭审评价反馈率100%，法官优秀评价率100%。

七、扎实做好其他政务工作

（一）做好图书资料管理和服务工作

突出图书传递知识、学习交流职能作用，抓好日常服务、信息管理“两个关键”，图书资料服务管理工作更趋完善。省法院每年举办读书节活动，通过干警荐书、撰写书评、召开读者座谈会等形式，营造良好读书氛围，打造书香法院。加强图书管理信息化建设，开设内网“网上图书馆”，提供19大专题49600余册电子图书，每月更新100余种期刊，实现手机、内网等多平台阅读。规范图书申购工作，制定出台《省法院部门申请购置图书资料管理办法》。加强图书馆规范化建设，2021年省法院图书馆被中华全国总工会评为全国工会“职工书屋”示范点，获赠图书600余册。

（二）加强值班值守和请假管理工作

省法院建立常态化值班制度，在工作日夜间和双休日、节假日全天安排专人值班，确保法院工作全天候运转。规范领导外出报备工作，制定出台《关于进一步加强领导干部外出请假报备工作的通知》。

< 拓展资料 · 发布 >

【《关于进一步加强领导干部外出请假报备工作的通知》】主要内容：一是明确请假报备的范围，包括因出差、出访、离岗休假、学习等原因离开当地的，必须向上一级法院办公室请假报备。二是明确请假报备的程序。各市中级人民法院院长离开当地，须向省法院办公室履行请假报备手续。各市中级人民法院、徐州铁路运输法院、各基层人民法院领导班子其他成员离开当地，须向所在法院办公室履行请假报备手续。

（三）推进司法政务标准化建设

围绕加快实现司法政务工作现代化，在服务决策、会议活动筹办、代表委员联络、保密工作、档案管理等方面，有针对性地推进建章立制，推动把实践证明行之有效的工作做法上升为成熟的制度机制。苏州中院大力推进司法政务标准化建设，汇编形成《苏州法院司法政务标准化手册》，以标准化的工作指引，推动提升司法政务规范化水平，进行了积极探索和有益尝试。

〈 延伸阅读 〉

【《苏州法院司法政务标准化手册》】2021 年，苏州中院办公室成立编写工作小组，汇聚全市法院司法政务人的智慧和力量，对各类制度、机制以及长期以来行之有效的经验做法进行再梳理、再修订、再完善并汇编成册。整本手册共 14 节，囊括了机要秘书、督查联络、档案管理等职能项下的主要内容，明确了日常司法政务的工作流程、注意事项和操作样式，实现"一册在手，政务不愁"。

第四节　加强物质装备工作

注重体现司法保障的规范化、标准化，推动物质装备、后勤保障长效机制建设，打造系统完备、高效实用、智能绿色、安全可靠的现代化人民法院基础设施体系，为审判执行提供更加优质的服务和保障。

一、统筹谋划项目预算执行

2018 年以来，省法院机关经费执行率均保持在 85% 以上，财政拨款基本支出执行率保持在 90% 以上。行装处司法保障坚持预算为先，统筹谋划，切实做好当家人。一是管好钱袋子。认真落实政府"过紧日子"要求，进一步严格经费支出管理。把每一分钱用在刀刃上，对一般性支出和办公用品、计算机耗材等低值易耗品，采取扎口管理、统一采购和申报领用，对相关设备更新，必须经专业人员鉴定并出具更新意见后申请采购，有效地减少不必要的浪费，严控非必须的经费支出，确保审判执行一线和基建、信息化等重点项目的资金需求。二是用好袋中钱。按照“量入为出、总体平衡、有保有压、轻重缓急”的原则，精打细算办实事。三是拓宽增资渠道。在基本支出中根据年初预算和“四项奖励”政策调整，积极协调省财政增加本院机关人员经费。在项目经费执行中，利用经济科目支出范围的重叠性，将公用经费、上年结余、当年预算统筹安排，在经费支出总体平衡的原则下，最大限度利用好财政资金。2018 年以来，虽然政法转移支付资金逐年减少，但在各级法院的积极争取下，地方财政对法院的支持力度逐步加大。

二、稳步推进基础设施建设

近年来，江苏法院基础设施在建设规模和建设速度上有了较大的进展，外部环境显著提升，建设经费得到保障，人民法院的办公办案条件得到了较大的改善，充分体现了司法体制综合配套改革对法院基础设施的新要求。2018 年以来，江苏法院新建或改扩建项目 80 个，建筑总面积约 49 万平方米，总投资约 39 亿元，其中审判业务用房 24 个，审判执行中心 11 个，执行指挥中心 2 个，人民法庭 43 个，同时进一步提高基础设施建设的管理水平，加大审判业务用房的使用效率，优化使用效果，进一步服务好审判执行中心任务。

三、着眼实际强化装备配置

省法院统筹推进制服“按需自选”工作。2018 年以来，行装处对现行的服装发放办法进行调研，在不违反相关政策及经费规定前提下，对全省法院审判服装及法警服装的发放办法进行改革探索，制订了 2021 ~ 2024 年江苏法院干警换装计划。在积极争取增加车辆编制的同时，稳步推进执法执勤用车“焕新”。

四、稳步推进信息化建设

省法院全面保障以智慧法院建设为重点的信息化建设，为审判执行提供强有力的科技支撑，基本实现全省智慧法院全覆盖。上线江苏法院司法行政装备信息管理系统,构建“权责明确、互相制约、高效运行、无纸运转”的司法保障工作管理模式,为省以下财物统管打好基础,通过制度化建设,实现信息化、规范化、科学化管理。

五、规范涉案费款管理

坚持严管与创新两手抓两手硬,做到堵塞漏洞促规范。加强涉案往来款管理,为严防涉案款项违法违纪案件的发生,积极协助纪检监察、执行、立案等部门,扎实开展涉案款项管理工作。省法院制订关于开展涉案往来款专项查纠整改活动方案,对全省法院费款管理系统中挂账的“待认领款项”“老旧案款”进行集中清理。制定规范“待认领款项”清理办法,及时纠正清理过程中存在的不规范情形,切实保证清理结果账案相符,账实相符,杜绝违规认领、虚假记账现象的发生。优化升级费款管理、财务核算系统,联合相关银行梳理汇总全省法院在费款管理和财务核算系统使用过程中存在的问题,并征集意见建议,完善系统费款数据查询统计功能,对费款服务器进行更换和升级。

六、推广电子票据线上使用

扎实推进全省法院电子票据线上使用,为方便当事人诉讼交费,规范法院诉讼费、涉案款项的收付管理,省法院联合省财政厅向全省法院推广使用非税收入电子票据。统一全省法院电子票据专用章印模,制订分步实施方案,以地市为单位,分三批次进行推进,各批次内按照排列顺序每周安排一个市两级法院集中调试上线。做好政法转移支付资金的争取和绩效考评工作。对全省中、基层法院转移支付资金投向和监管工作征求意见,研究提出每年政法转移支付资金重点投入方向、实际需求、需求依据,资金执行中绩效监控、重点监控的方式与措施,形成专题报告报最高人民法院。根据各中基层法院案件受理、大要案办理、人均办案、减刑、假释情况,制定全省法院办案绩效评分标准,计算出得分情况报省财政厅,为合理分配法院政法转移支付资金提供依据。每年按时组织全省法院对政法转移支付资金开展绩效自评工作,认真撰写填报江苏省法院转移支付绩效自评的报告,提升资金使用效率的考评质量。

七、加强国有资产使用管理

2018年以来,省法院有序推进中基层法院审判业务用房建设,不断加大对条线工作的指导监督与协调管理,努力夯实基层基础建设。对南通中院和南京海事法院新建审判用房适当增加建筑面积的需求,认真研究政策规定,及时指导完善功能定位,确保两项工程顺利建设。对南京雨花台区法院新建业务用房、淮安盱眙县法院新建审判业务用房、连云港中院新建市看守所内审判业务用房、东海县法院审判用房装修项目、淮安市淮阴区新建渔沟人民法庭、宿迁中院新建固定刑场项目,对照《人民法院建设标准》及相关建设技术标准,根据法院基础设施建设功能、布局等特点,对设计单位编制的初步设计图纸整体布局、各楼层的布局以及各功能进行认真细致审查,列出相应的修改建议并及时反馈。

八、规范网上委托司法鉴定工作

进一步提高司法鉴定对外委托鉴定效率,杜绝线下委托的弊端,充分体现人民法院司法便民的宗旨,对全省司法鉴定案件进行规范管理,要求对外委托工作一律使用网上委托功能,并制定《内外网交互文件操作手册》,有效提高了委托鉴定的效率。同时,重要工作节点留痕,保证程序规范,并加强对鉴定机构监督和指导,加强组织协调,进一步促进鉴定质效管理。

第五节　加强司法警务工作

以"对党忠诚、服务人民、执法公正、纪律严明"为总要求,以落实最高人民法院《深化人民法院司法警察执法规范化建设规划》为抓手,以严格规范公正文明执法为标准,以解决执法突出问题为导向,深入推进司法警察执法规范化建设,努力推动司法警务工作水平再上新台阶,为审判执行工作顺利进行,提供坚强有力的警务保障。

一、牢记职责使命，依法忠诚履职

全省各级警队坚持底线思维,牢记职责使命,依法忠诚充分履职,在重大活动、重要敏感时间节点,与各审判业务部门密切配合,做好庭审警务保障,严把法院入门"关口",维护了法院的工作秩序和机关安全。

(一)严格落实庭审警务保障制度,全力完成以刑事案件为重点的各类庭审警务保障任务

各级警队严抓庭审警务保障制度落实,强化庭审保障警务安全教育,严查押解、看管、值庭等工作薄弱环节,确保刑事案件庭审警务保障安全。对社会影响较大、案情复杂或情况特殊的庭审,加强与审判业务部门沟通,制订详细警务保障方案,必要时协调驻地公安部门警力支持,确保遇有突发情况,能快速反应,有效控制局面,平息事态。各级警队领导靠前指挥,严密组织警务保障,保证了庭审活动顺利进行。2018 年至 2021 年,三级警队共完成刑事案件庭审警务保障 250787 庭次,押解被告人 349145 人次,值庭、押解、看管出警共 188.7 万余人次。保障民商事、行政案件庭审出警 9.1 万余人次。省法院法警总队和相关中院法警支队上下联动,保障了多起媒体关注度高、社会反响大、涉案人数或受害人人数众多的案件庭审。2019 年 10 月 18 日,靖江 61 名被告人非法捕捞长江鳗鱼苗案庭审,中央广播电视总台等多家中央、省市媒体对该案庭审进行了全媒体直播,部分人大代表、政协委员、专家学者参加旁听,法警总队组织泰州法院两级警队顺利完成警务保障任务。

(二)严格落实逢进必检规定,坚决守好司法安全第一道防线

各级警队牢固树立安全责任意识,认真执行《人民法院安全检查规则》,严把入口安全关,严守机关安全第一道防线,做到逢进必检、逢疑必查,有效防止各类管制刀具、危险物质、限制物品等被带入审判场所,有力保障了参加诉讼人员的人身安全,维护了正常的审判办公秩序。在新冠疫情期间严格做

好进入机关的查码验卡工作，切实筑牢机关疫情防线。

二、强化警务督察，提高警务安全管理水平

警务工作无小事，确保安全是大事，司法警务安全工作不容丝毫松懈。省法院多措并举，加强警务安全管理。

（一）建立警务安全工作责任制

省法院制定《关于严格落实司法警务安全工作责任制的实施意见》，进一步压实全省各级法院党组及各部门负责人警务安全主体责任，明确工作职责，切实将各项安全防范制度和措施落实落地。建立健全组织领导机构，成立司法警务安全工作领导小组，负责本级法院并指导辖区法院司法警务安全工作。各法院党组书记、院长任组长，为司法警务安全工作第一责任人。建立司法警务安全定期研究机制，各法院党组每年专题研究司法警务安全工作至少1次，分析司法警务安全形势，查找安全隐患和薄弱环节，堵塞安全漏洞，切实抓好各职能部门工作落实。推动一体化防范体系建设，加强全员警务安全教育培训，增强"安全管理'一盘棋'，人人都是安全员"的共保安全主体意识，加大对法院工作人员人身安全保护力度。加强警力配置、强化职能作用，加强安检、接访、巡查、风险评估、警情通报、与公安机关联防联动，加强舆论引导等工作机制和制度规定落实，加强警用装备和安防设施建设，将各项安全防范措施落到实处，努力构建人防、技防、物防和制度防为一体的司法警务安全防范体系。

< 拓展资料 · 发布 >

【《关于严格落实司法警务安全工作责任制的实施意见》】为进一步落实司法警务安全工作责任制，强化司法警务安全工作措施落实落地，快速有效处置各类突发情况，预防、制止和惩治妨碍审判执行活动及伤害法院工作人员人身安全的违法犯罪行为，切实依法保护法院工作人员人身安全，维护国家法律尊严和司法权威，2021年2月8日，省法院党组研究通过了《关于严格

落实司法警务安全工作责任制的实施意见》(以下简称《实施意见》)。

《实施意见》要求,法院党组要加强对司法警务安全工作的领导,成立司法警务安全工作领导小组,负责本级法院并指导辖区法院司法警务安全工作。各法院党组书记、院长任组长,为司法警务安全工作第一责任人;党组副书记、副院长任副组长;各分管院领导为组员,按分工领域协助第一责任人做好司法警务安全各项工作,对分管领域司法警务安全工作负直接领导责任。院党组每年至少1次专题研究司法警务安全工作,分析司法警务安全形势,查找安全隐患和薄弱环节,提出整改措施,堵塞安全漏洞,切实抓好各职能部门工作落实。领导小组在司法警察部门设办公室,负责日常工作。司法警察部门主要负责人任办公室主任,各相关部门主要负责人为办公室成员。各相关部门主要负责人为司法警务安全直接责任人,对本部门司法警务安全工作及干警人身安全负领导、监督和教育责任。

《实施意见》强调,要加强全员警务安全教育培训,增强"安全管理一盘棋,人人都是安全员"的共保安全主体意识。要在合理警力配置、强化职能作用,加强安检、接访、巡查、风险评估、警情通报、与公安机关联防联动、加强舆论引导等工作机制和制度规定落实,加强警用装备和安防设施建设等方面下大气力,将各项安全防范措施落到实处,努力构建人防、技防、物防和制度防为一体的司法警务安全防范体系。杜绝发生重大司法警务安全责任事故,确保法院工作人员和诉讼参与人人身安全,确保江苏法院审判执行工作在安全和谐环境中顺利进行。

(二)开展常态化警务督察

2018年以来,法警总队组织全省法院警务安全交叉大检查4次,检查内容包括开展警务安全教育、日常警务督察、警务安全设施建设、警务装备配备、各司法警察岗位履职等情况。

2019年,在三级警队设立专门的督察机构(省法院、中院)和督察员(基层法院),充分发挥督察"纠错"功能,常态化地将督察贯穿于警务保障全过程。各警队每日不定时督察,中院法警支队对辖区每两月督察一次,省法院法警总队每季度随机对下进行重点督察。警务督察坚持问题导向，排查风险隐患，找准找实找细问题。通过线上与线下、明查与暗访、全面与重点等多种形式的警务督察，进一步强化警员履职的责任意识、安全意识和文明规范执法的意识。

（三）加强警务安全警示教育

三级警队领导高度重视日常警务安全警示教育，要求全体干警时刻绷紧安全弦，不定期召开警务安全形势分析会，及时通报发生在全国、省内各法院的警务安全事故，分析事故发生的原因，对照检查，举一反三，查找薄弱环节和安全隐患，吸取教训，制定整改措施，做到警钟长鸣。自 2018 年起，省法院每年开展为期一个月的全省法院司法警务安全专项教育整顿，主要排查司法警察是否存在安全意识和责任意识不强、执法行为不规范的情况；警务安全管理是否存在薄弱环节和执行制度、规定宽松软的情况；基础设施和警用装备是否存在安全隐患；等等。通过集中专项教育整顿，查摆问题，制定整改措施，不断强化全体警员忧患意识，堵塞警务安全漏洞。同时，将警务安全教育列为警队培训常设课程，在每年全省法院司法警察警衔晋升培训班和业务骨干技能培训班上，专门设置警务安全教育相关课程，通过分析典型案例发生的原因、交流探讨警务保障中的风险节点，强化参训司法警察问题思维，进一步增强风险意识和安全意识。

（四）加强沟通协调和风险研判

三级警队作为审判执行活动警务保障部门，主动加强与审判业务部门沟通协调，了解案情，加强案件风险研判。特别是对婚姻家庭、邻里纠纷等当事人双方矛盾尖锐、行为过激的案件，及时进行安全风险分析研判，对扬言滋事、威胁法官的当事人，进行重点防范预警，针对可能发生的突发情况，共同制定处置预案和应对措施。同时，在每一次执行重大警务保障任务前，都认真研究和制订警务保障方案，细化任务分工、明确职责要求和注意事项。

（五）加强与公安机关联防联动

江苏各级法院主动加强与驻地公安机关横向互联，积极争取公安机关在法院设立警务室、派驻警力，协同做好法院大门外重要时段、敏感时间节点的安全防控和重点案件当事人稳控工作，以及法院工作人员在法院外的人身安全保护，确保遇有突发情况，能及时出警，联合有效处置。对涉及面广、社会影响大、容易引起群体对抗、事关大局稳定的案件，积极争取地方党委、政府支持，加强与信访局、社区居委会等基层组织沟通交流，建立长效合作机制，调动和发挥基层组织优势，合力做好释法稳控工作。

三、加强“六专四室”建设，打牢警务安全基础

标准规范的“六专四室”是司法警察正常履职的基本配置，也是确保刑事审判安全的基本保障，更是司法警察队伍战斗力和正规化建设的重要体现。从过去多年全国各地发生的各类警务安全责任事故来看，相关基础设施缺失落后是导致事故发生的重要原因，甚至是直接原因。

省法院党组高度重视警务保障基础设施建设。2020 年 4 月 20 日，根据最高人民法院制定的《人民法院“六专四室”建设规范》，专题研究通过了《关于加强全省法院“六专四室”规范化建设的实施方案》和省法院“六专四室”改造方案。方案制定后，全省中基层法院党组高度重视，把“六专四室”整改工作列为 2020 年重点工作推动落实，压实主体责任，明确分管司法警务工作的院领导履行第一责任人职责，推动部署重点工作，协调解决难点问题。

2021 年 4 月，各市中院对辖区法院“六专四室”建设情况，组织先期验收。6 月至 8 月，省法院法警总队联合督察局、行装处组成三个检查组，分两批对全省 13 个中院和 108 个基层法院“六专四室”建设情况进行了验收，对验收不合格的项目责令限期整改，并组织“回头看”。经过多年努力，除个别法院少数项目受建筑结构影响无法改造外，全省绝大多数法院“六专四室”建设全面达标，改变了过去“不规范、不合理、不安全”的状况，为司法警察规范安全保障刑事庭审打下坚实的物防基础，极大提高了警务保障的安全系数。

〈 拓展资料 · 发布 〉

【《人民法院“六专四室”建设规范》】标准规范的安全防范设施和装备是

人民法院审判工作安全有序运行的基本保障，关系着司法尊严和司法形象。为进一步确保审判工作安全有序进行，更好维护人民法院工作秩序，2020 年 2 月 18 日，最高人民法院依据相关行业标准，结合一线警务工作需求和实战需要，制定《人民法院"六专四室"建设规范》，进一步完善专用囚车、囚车库、羁押通道、被告人卫生间、被告人电梯、被告人桌椅，羁押室、枪弹室、装备室和监控室的建设标准。

四、注重训战结合，提升综合执法能力

法警总队以实战需求为引领，以提升能力为目标，多层次、多途径、多措施，强化全省法院司法警察教育训练工作。

（一）组织学习新规则

为推动业务新规入脑入心，2019 年，法警总队在全省法院组织开展"学规范、知规范、用规范"活动。将最高人民法院新修订的司法警察"规范性文件"汇编成"口袋本"，全省法院司法警察和警务辅助人员人手一册，便于随时学习，随时翻阅。为促进全体司法警察熟悉掌握警务工作最新要求，省法院于 2019 年 12 月 21 日组织全省各中、基层法院司法警察参加新规则理论考试。考试内容紧贴警务工作实际，突出警务保障工作风险点，关注重要工作程序和环节，借此强化司法警察安全防范意识和规范履职意识，促使全体警员准确掌握"规范性文件"核心要义和警务保障工作程序要求，指导警员更好地投入警务保障工作实践。

（二）严把警衔评授条件关

根据《人民法院司法警察执法资格等级考试暂行办法》和评授警衔体能达标要求，凡是授予和晋升警衔，必须通过执法资格等级考试和体能测试。法警总队认真落实有关要求，每年举办一期警衔评授培训班，当年符合评授警衔条件的司法警察必须参加集中培训。同时，每年集中组织一次执法资格等级考试和体能测试。通过严密组织考试，严肃考试纪律，严把警衔评授条件，倒逼全体警员重视业务理论知识学习和日常体能训练，进一步提高警员

综合素质。

（三）开展“实战化”训练

根据最高人民法院统一部署，制定《关于开展全省法院司法警察“实战化训练推进年”活动实施方案》。三级警队按照方案要求，转变训练理念和训练方式，以“实战、实用、实效”为检验标准，狠抓用得上、有实效的内容训练，切实提升训练的针对性和实效性。着眼抓重点、补短板、强弱项的要求，紧密结合司法警务工作中常见的执法场景、难点热点，突出警察通用基础技能训练，练简洁易学、管用实用、一招制胜的防卫控制技术，练情景化、对抗性、稳准实的警械具使用技术，练近距离、快反应、打得中的应用射击技术；突出单警战术训练，练执法规范流程、快速反应本能和执法安全意识；突出协同战法训练，练最小作战单元先期处置、单（多）警组协同配合、单（多）警队整体作战等战术战法。法警总队每年定期组织一期全省法院司法警察业务技能骨干培训班，统一训练内容、训练方式，总结交流组训经验，提高业务技能骨干的素质，以点带面，促进全省法院司法警察业务技能素质提升。2021 年年底，法警总队对全省法院开展实战化训练情况组织验收。警组技能战术和警情处置严格按照最高人民法院要求进行考核，全省 13 家中级法院、南京海事法院和 108 家基层法院全部达标。

（四）加强训练骨干队伍建设

建立一支素质过硬的教练员队伍，对推动全省法院各级警队实战训练常态化，提高司法警察教育训练水平至关重要。省法院每年组织司法警察训练骨干技能培训班；立足警务实际，重点进行单警装备实战运用、徒手防卫控制与解脱以及突发事件情景模拟实战演练的实操训练。2018 年，为加强司法警察业务骨干队伍培养和锻炼，三级警队教练员踊跃参加全国法院司法警察教学技能竞赛选拔，通过自下而上层层选拔，4 名教练员代表江苏法院参赛，2 个参赛课目获得全国二等奖。2020 年 6 月，为充分利用教练员资源，进一步规范教练员队伍管理，不断提高司法警察队伍教育训练质量，省法院制定《江苏法院司法警察“省级优秀教练员”管理办法》，对“省级优秀教练员”的“四会”标准、培养使用、考核考评方法等进行了规范，为加强教练员队伍建设提供了遵循。各级警队训练骨干在2021年推进“实战化”训练年活动中，发挥了积极作用。

（五）积极探索办理司法制裁案件

2021年1月1日，《人民法院司法警察依法履行职权的规定》正式实施。全省法院三级警队及时组织干警学习，准确理解和把握《职权规定》赋予的司法警察职责内容和职权范围。法警总队邀请专业教官为全省法院司法警察进行视频授课，指导各级警队依法依规行使职权。2021年，江苏法院司法警察办理司法制裁案件10件，其中基层法院法警大队办理7件，中级法院法警支队办理3件，对部分涉诉违法行为人扰乱庭审秩序、阻挠执行、缠访闹访等行为进行了查处。

第六节　加强新闻宣传工作

始终坚持党的领导，围绕人民群众对法院新闻宣传工作的新需求新期待，聚焦“举旗帜、聚民心、育新人、兴文化、展形象”的使命任务，坚持以人民为中心，秉持“把有意义的事做得有意思，把有意思的事做得有意义”这一工作理念，全力加强新闻宣传工作，形成了一批全国首创、有亮点的新闻宣传创新经验，打造了系列新闻宣传作品，形成了江苏品牌，有力推进了司法为民、公正司法，有效彰显了江苏法院高质量司法服务保障高质量发展的使命担当。

一、牢牢坚持党性原则

党性原则是党的新闻舆论工作的根本原则。近年来，江苏法院始终坚持以习近平新时代中国特色社会主义思想为指导，牢牢把握人民法院新闻舆论工作正确方向，增强“四个意识”、坚定“四个自信”、做到“两个维护”，紧扣法院中心工作，坚持团结稳定鼓劲正面宣传方针，弘扬法治精神，传播法院声音，展现法官风采，以更高的政治判断力、政治领悟力、政治执行力，守牢司法舆论主阵地，推动全省法院新闻舆论工作取得新成效新进展，为全省法院各项工作再上新台阶营造了良好的舆论氛围。

二、突出重点加强新闻宣传

(一)紧紧围绕党和国家大事要事开展宣传

深入开展纪念改革开放40周年、庆祝中华人民共和国成立70周年、庆祝中国共产党成立100周年、党史学习教育、政法队伍教育整顿、“两在两同”建新功等主题宣传,展现新时代江苏法院干警忠诚、干净、担当的政治本色。近年来,江苏法院牢牢把握人民群众对公平正义的新需求新期待,深入学习宣传党的十九大及党的十九届历次全会、党的二十大精神,宣传人民法院司法为民公正司法的新举措新成效新业绩新方法,以人民法院司法审判的新变化,努力让人民群众在每一个司法案件中感受到公平正义。深入开展“不忘初心、牢记使命”主题教育,组织开展“壮丽70年·阔步新时代”重大主题宣传和“我和我的祖国”群众性主题宣传教育活动,充分展示江苏法院70年来的光辉历程、骄人成就与宝贵经验。深入宣传政法队伍教育整顿,聚焦弘扬英模精神,深入挖掘王小莉、王海斌、戴宜、杨增超等新老典型人物事迹,推出“乘风破浪的女法官”系列主题宣传5期15人,弘扬英模精神15期15人,举办戴宜先进事迹报告会,制作纪念周春梅法官MV《宜怀念》,策划实施“可感的榜样、亲近的标杆”等主题活动,集中宣传85名身边的先进典型,大力营造宣传英模、学习英模、崇尚英模的浓厚氛围。深入开展党史学习教育宣传,学习贯彻习近平总书记“七一”重要讲话精神,在微信公众号开设“感悟伟大建党精神”专栏,着力弘扬伟大建党精神。聚焦“我为群众办实事”,深入宣传报道全省法院开展的民法典普法宣传等2127件“为民办实事”项目,以一件件好事、实事的办结,让人民群众感受到公平正义就在身边。

(二)围绕全省法院审执工作重点开展宣传

深入开展全省法院审执工作重大主题宣传,全面展现高质量司法助推高质量发展的有效做法和典型经验;突出人民群众多元化司法需求,广泛宣传江苏法院在为民司法、便民司法、高效司法等方面的新举措新亮点新成果;深化司法在护航经济社会发展中的作用,宣传好人民法院在优化法治化营商环境、推进省域社会治理体系和治理能力现代化建设中的探索和成效;着眼常治长效推进扫黑除恶，深入宣传人民法院在维护国家安全、促进社会稳定中的积极做法；加强江苏法院"9+1"环资审判改革机制的宣传，广泛宣传环资审判在推进美丽江苏建设中的做法和成效，增强人民群众的环境保护意识；选好小切口，广泛宣传人民法院在优化诉讼服务、推进审判执行、坚持司法为民等方面的积极举措，全力彰显公平正义；找准着力点，依托基层人民法庭工作开展，全面报道"小法庭"发挥的"大作用"，展现人民法庭在化解矛盾纠纷、推进社会治理、促进乡村振兴、维护社会稳定等方面的亮丽风采；注重新方法，充分运用各类平台，全面报道人民法院深化司法体制机制改革和建设智慧法院的突出成绩。围绕新冠疫情防控、复工复产、"六稳六保"夺取"双胜利"等疫情防控中心工作，结合全省法院审判执行工作，加强统筹谋划，以"积极为疫情防控提供司法保障""严厉打击涉疫刑事犯罪""法院干警积极参与一线抗疫""涉疫普法宣传"等方面为重点，充分发挥新媒体平台矩阵作用，综合运用报纸、电视台、网站、两微多端、抖音短视频等多平台进行全方位宣传，为打赢新冠疫情防控的人民战争、总体战、阻击战，营造了良好的司法氛围。

（三）积极做好两会期间新闻舆论工作

在"两会"期间，紧密结合法院工作的重点、亮点，突出代表委员关注的热点、焦点，以强有力的新闻宣传报道，全方位、多角度、深层次展现法院工作。充分利用各类平台，科学精准选择议题，做到会前预热氛围浓厚、会中工作重点突出、会后成果巩固有效。2019年全国"两会"期间，全国人大代表、省法院院长夏道虎做客"大法官访谈"，以《大法官系列访谈之攻坚克难"执"争朝夕》为主题，畅谈亮剑治"老赖"破解执行难的江苏新思路。在2020年、2021年和2022年的全国"两会"期间，全国人大代表、省法院院长夏道虎继续做客"大法官访谈"栏目，并以视频连线的方式，先后向网友介绍了江苏法院"9+1"环境资源审判工作机制、最严格知识产权司法保护、非诉讼纠纷解决机制等方面的相关情况，取得了良好的社会效果和法律效果。江苏法院还注重与新闻媒体的沟通联络，围绕当前社会热点和代表委员关注的焦点，主动加强审判执行工作等情况的宣传报道，健全完善舆论引导联动机制，形成立体化宣传格局。

三、切实做好新闻发布工作

近年来,省法院围绕人民群众关心关切的民生领域等热点问题,主动加强与媒体的沟通联络,不断加强新闻发布工作,集中宣传报道好全省法院新冠疫情防控期间重点工作、执法办案的新成绩、司法改革的新进展、队伍建设的新进步、司法公开的新亮点,不断提升人民法院新闻传播力、社会沟通能力和舆论引导能力,为江苏法院科学发展营造了良好的舆论氛围。

(一)完善新闻发布工作机制

紧跟新媒体发展趋势,推动全省法院新闻发布工作因势而谋、应势而动、顺势而为,从思想理念、制度机制、人员构成、经费保障等多方面着手,积极构建扁平化的新闻信息传播平台,形成全省法院上下一体的工作格局。建立新闻发布例会制度,明确新闻发言人,将新闻发布工作纳入对各地中级人民法院考核,明确省法院和南京中院每年召开新闻发布会不少于12次,其他地市不少于6次,引导全省法院主动发布重要审判工作成果、典型案例。2018年以来,省法院年均召开新闻发布会近20场次。2020年,江苏法院以民法典为重点开展法治宣讲6000余场,召开新闻发布会691场。

(二)加强新闻发布工作策划

紧跟时代发展潮流,把握受众习惯和特点,积极抢占阵地,通过议题设置,加强宣传发布的策划导向,同时以群众喜闻乐见的形式开展法院新闻发布工作,有效提升发布工作的引导力和影响力。建立"法媒会商"制度,在一些重大新闻策划、专题宣传活动等方面,通过召开媒体策划会、新闻通气会等方式,借助媒体记者丰富的专业知识,提升法院新闻发布的影响力。

(三)积极展现审执工作成果

注重选择新冠疫情防控、生态环境、集资诈骗、扫黑除恶、脱贫攻坚等与人民群众利益密切相关的领域组织专题新闻发布,通过贴近民生热点,增加新闻发布吸引力、影响力。强化重大案件案前引导,排查梳理全省法院审理的公众关注的典型案例,加大主动公开力度,将案件审理过程和结果客观及时全面地呈现在公众面前,积极引导社会舆论,大力阐释和弘扬司法为民公正司法理念。围绕弘扬中华优秀传统文化，省法院先后发布3批弘扬中华优秀传统文化典型案例，通过司法裁判树立行为规则、有效引领和弘扬社会主义核心价值观。正确对待群众和媒体监督，主动接受舆论监督，以新闻发布等方式，及时回应社会关切，提升司法公信。通过全省法院的共同努力，新闻发布工作得到扎扎实实推进，有效传播了人民法院正能量，全面展示了人民法院工作成效。

(四)深入宣传典型人物

时代的发展需要英模精神和先进人物来引领，典型人物的培育和宣传需要更新宣传理念，创新宣传方式，努力让弘扬英模精神这一有意义的事情变得有意思。省法院始终坚持"用朴素的情感讲述先进典型人物感人故事"，围绕先进典型"选得准、叫得响、立得住、传得开"的工作目标，结合改革开放40周年、"江苏最美法官"评选、政法队伍教育整顿等工作的开展，坚持重心下移，深入挖掘工作业绩突出、符合时代特色的优秀基层一线法官代表。特别是在政法队伍教育整顿期间，深入听取基层法院故事，精细挖掘"闪光点"，先后发现、培养和选树了一批在全省、全国有影响力的英模典型。围绕人民群众对公平正义的新需求新期待，全省法院新闻宣传战线以新的方式展现英模人物事迹，使英模人物贴近群众、贴近生活，让英模人物更有血有肉、有情有义。在宣传塑造先进典型人物过程中，始终抓住内容为王这个根本，找准"群众想看的、媒体想要的和法院想说的"结合点，将真情实感融入司法宣传中，认为要想打动别人，首先要让自己感动，以法院人的"代入感"，增强群众的"获得感"，让英模人物的宣传更加符合司法规律、新闻规律和互联网传播规律。在宣传典型人物过程中，始终突显人物本色，牢牢抓住英模人物的"闪光点"，以群众喜闻乐见的方式宣传英模，让英模人物形象立体呈现，张力十足，从而更能走进受众心里。通过宣传视角的调整，用"个体案例"引领打造"群体画像"，先后培养塑造了诸如陈燕萍、王小莉、姚月梅、王海斌、戴宜、杨增超、沈如等一批具有先进性、代表性和影响力的典型人物，不仅在全省法院系统为人熟知，更拓展至全国的法律圈，提升了江苏法院队伍的整体影响力。

(五)主动接受媒体监督

一是认真贯彻落实“三同步”工作要求,加强与新闻媒体的沟通联络,主动接受媒体监督,及时回应媒体关切,构筑司法舆论主阵地。

二是充分认识舆论监督的重要作用,正确对待群众和媒体监督,建立健全工作机制,对媒体反映的负面新闻线索,不回避、不推诿,及时查清事实,对确有问题的单位和人员依法依规处理;对反映失实的负面报道,及时进行反馈并予以澄清,把媒体监督转化为改进工作的持续动力。充分运用微博、微信、网站论坛平台等,加强与各方的对话沟通,借助媒体力量,积极化解部分网民对法院的不满情绪。

三是高度关注涉法舆情,加强监测和研判,努力为领导决策提供依据,推动审执工作更好开展。注重加强舆情研判和引导,及时应对恶意炒作,努力为人民法院工作开展营造良好的舆论环境。在全省各级法院和各新闻单位的共同努力下,媒体对人民法院的监督渠道日益畅通,人民法院接待媒体和处理问题的方法逐步规范。主动适应新媒体时代信息传播格局,学习掌握并善于运用新的媒体传播技术,提升人员的舆情风险意识、舆情处置能力和社会沟通能力,通过推进司法公开,消除误解,赢得理解,有效改善司法环境。

四是全面落实新闻舆论工作负责人列席法院党组会、审委会工作机制,完善舆情会商、重大案件案前引导等工作机制,督促引导广大干警自觉将“三同步”工作要求贯彻落实到日常审判执行工作中。加强培训和指导,教育广大干警,杜绝麻痹思想、侥幸心理、松懈心态,高度关注“小案件、小事件、小瑕疵”的处理,依法合理解决人民群众反映强烈的正当诉求的同时,防止“三小”问题引发大舆情,切实做到守土有责、守土负责、守土尽责。

(六)积极开展普法宣传

严格落实“谁执法谁普法”普法责任制,围绕与人民群众利益密切相关的领域开展重点普法,切实提升人民群众法治理念和法治思维。

一是积极完成“七五”普法工作任务。紧密结合江苏法院工作实际,将普法宣传工作融入法院工作的全过程、各环节。以法院丰富的案件资源为引,结合社会热点问题精心组织策划,通过微信公众号、微博等自媒体,加强普法工作。积极接受新事物、尝试新媒体,“七五”普法期间,全省有40余家法院入驻抖音、快手等移动新媒体。利用网络传播速度快,受众面广等特点,着力打造适宜网络传播、迎合网民喜好的普法宣传微电影、微视频。“七五”普法期间,共创作完成微电影、微视频近百部。拓展普法思路,通过“代表委员说法院”集中采访、“云讲堂普法”等方式,让受众体验“在场感”“主角感”。南京中院探索在全市中小学开展普法“云课堂”,累计吸引9000多万网友围观。

二是认真谋划实施“八五”普法。省法院制定出台《全省法院关于开展法治宣传教育的第八个五年规划(2021—2025年)》,指导引领全省人民法院依托审判职能作用,发挥法治宣传教育作用,有效服务中心工作、促进经济发展、保障改善民生、维护社会稳定,积极推进社会主义法治文化建设。结合“八五”普法工作的开展,在“双减”政策下为了充实大中小学课后延时服务内容,省法院联合省法宣办、省教育厅、省广电总台等单位推出“法治第二课堂”全媒体活动。聚焦与大中小学生关系密切的法律法规,以“一样的课堂,不一样的说法”为主题,开展“沉浸式”普法,用学生喜闻乐见的情景剧、游戏、辩论等形式呈现,让学生参与到法律活动中,受到学校、学生、家长的高度评价。人民日报、学习强国、交汇点等媒体均对活动进行了充分报道。

三是积极开展宪法宣传周活动。省法院定期策划12·4“宪法宣传周”专题普法活动,组织开展形式多样、丰富多彩的活动,通过法官集体学习宪法、集中宣誓、宪法进校园、进社区、进企业等活动,形成“上下联结、点面联合、内外联动”的宪法宣传周工作格局,有效宣传宪法内容,弘扬宪法精神,努力在全省法院形成尊崇法治、弘扬法治的浓厚氛围。

(七)促进媒体融合发展

充分运用新技术、新机制、新模式,积极推进媒体融合,着力构建以内容建设为根本、先进技术为支撑、创新管理为保障的全媒体传播体系。截至2021年年底,全省120余家法院在内外网共先后开设文化建设专栏300余个,在报纸、电台、电视台等新闻媒体创办法治宣传栏目160余个;以法院名义开通法院文化建设类新媒体账号310余个,以干警个人名义开通法院文化建设类新媒体账号近20个。省法院率先在全国高级法院中开通抖音官方账号,不定期发布普法短视频,在提升法院工作影响力的同时,弘扬社会主义核心价值观,形成了一个新的宣传主阵地。如省法院抖音号2019年3月发布的如皋女工扛钢管为夫还债,凸显诚信品质,24小时内累计点击量超过3700万次,点赞333万次,先后被新华社和人民日报官微头条推送,央视《新闻联播》也予以报道。在全省法院的共同努力下,省法院微信公众号、微博等自媒体连续多年入选中央政法委“四个一百”优秀政法新媒体榜单。

附录1

江苏省高级人民法院工作报告

——2018年1月28日在江苏省第十三届
人民代表大会第一次会议上

江苏省高级人民法院代院长　夏道虎

各位代表:

现在,我代表江苏省高级人民法院向大会报告工作,请予审议,并请各位政协委员提出意见。

2017年全省法院工作

2017年,全省法院认真落实省十二届人大五次会议有关决议精神,紧紧围绕"让人民群众在每一个司法案件中感受到公平正义"的目标,坚持司法为民、公正司法工作主线,充分发挥司法职能作用,坚定不移推进司法改革,大力加强智慧法院建设,严格落实全面从严治党要求,审判质量效率、队伍能力素质和司法公信力持续提升,各项工作取得新进展,为建设"强富美高"新江苏作出了应有贡献。全省法院共受理案件2037311件,同比增长11.89%,其中,新收案件1689177件,同比增长10.53%;审执结案件1704596件,同比增长15.82%。省法院受理案件19568件,审执结14771件,同比分别增长6.38%和7.01%。近5年来首次呈现新收案件增速放缓、未结案件存量减少的良好势头。在案件数量继续增长、审判工作压力不断加大的情况下,全省法院审判质量效率总体保持良好运行态势。

一、忠实履行审判职责，依法服务经济社会发展大局

坚持围绕中心服务大局，自觉增强服务改革发展稳定的责任感使命感，为高水平全面建成小康社会提供有力司法保障。

——依法打击刑事犯罪。新收一审刑事案件78897件，同比增长4.79%；审结79197件，同比增长4.48%；判处罪犯96789人，同比增长10.30%。严惩严重暴力刑事犯罪，审结故意杀人、绑架、抢劫、强奸、故意伤害等犯罪案件6761件。严厉打击涉众型经济犯罪，审结非法集资、金融诈骗等犯罪案件1035件。严厉打击毒品犯罪，组织对毒品犯罪分子进行集中宣判活动，审结毒品犯罪案件5419件。加强妇女儿童权益保护，审结侵犯妇女儿童权益犯罪案件1458件。积极参与平安医院创建活动，依法惩处涉医犯罪行为。严惩职务犯罪，审结贪污贿赂、渎职等犯罪案件1306件，其中厅级干部13人，处级干部62人。积极开展追逃追赃工作，对“天网”“猎狐”行动中归案被告人依法审判并追缴赃款。扬州中院审结山西省原副省长任润厚违法所得没收申请案，开创了原省部级职务犯罪嫌疑人死亡后没收腐败所得的先例，该案被评为2017年度人民法院十大刑事案件。建成减刑假释案件信息化办案平台和远程视频庭审系统，严格规范减刑假释案件审理，审结减刑假释案件21447件。

——促进经济转型升级。新收一审商事案件152608件，同比减少4.79%；审结158443件，同比增长26.46%。加强产权司法保护，依法平等保护各类市场主体合法权益。发布江苏法院公司审判白皮书及典型案例，向企业家提示风险、提出建议。制定下发破产案件审理指南，统一执法尺度。积极构建企业破产案件法院与政府联动机制，稳妥处置僵尸企业，依法淘汰落后产能，帮助困难企业实现重整，审结破产案件279件。发挥知识产权司法保护主导作用，进一步激发社会创新创业活力，审结知识产权案件10745件。审结股权、证券、期货、票据、保险等纠纷案件18401件，维护资本市场秩序，防范金融风险。认真办理国际、区际司法协助案件628件，依法服务对外开放。

——服务生态文明建设。新收一审环境资源案件1916件，审结1911件，同比分别增长54.39%和59.12%。依法制裁乱垦滥伐、破坏耕地、污染环境

等犯罪行为，判处犯罪分子1121人，同比增长12.10%。省法院首次发布江苏环境资源审判白皮书，全省法院有4件案例入选最高人民法院发布的环境公益诉讼十大案例。扬州、淮安、宿迁等8家中院制定服务保障地方生态文明建设的实施意见，为省委、省政府“263”专项行动提供有力司法保障。依法审理环境公益诉讼案件，南京中院审结全国首例由省政府作为原告提起的环境民事公益诉讼案，被评为2017年度人民法院十大民事行政案件。苏州中院审结“垃圾跨省倾倒太湖西山案”，央视《新闻联播》两度报道。继续完善环境资源案件集中管辖机制，目前已有8家中院、6家基层法院成立专门的环境资源审判庭。设立连云港灌河流域环境资源巡回法庭，强化灌河流域和沿海海域生态环境保护。

——深入推动法治建设。加大司法监督力度，积极促进依法行政，新收一审行政案件15025件，审结14828件，同比分别增长10.34%和8.12%。深入推进行政案件跨区划集中管辖改革，依法平等保护各方当事人，南京、徐州铁路运输法院行政案件跨区划集中管辖工作，受到最高人民法院周强院长批示肯定。强化司法与行政良性互动，全省各级法院积极发送行政审判白皮书，受到各级党委、政府的充分肯定。审结国家赔偿案件278件，促进国家机关依法规范行使职权。落实“谁执法谁普法”制度，利用法院网站、微博、微信等及时发布法院审判信息，积极弘扬社会主义核心价值观，提升公众法治意识。

——参与社会治理创新。加强司法与社会综合治理、网格式管理的衔接协调，推动矛盾纠纷多元化解工作。全面推进金融、保险、证券、期货纠纷领域诉调对接工作，保险纠纷诉调对接网络实现全覆盖，形成江苏特色品牌。与省住建厅建立联动化解机制，共同化解批量性物业纠纷。会同司法厅积极开展律师调解工作。确定13家试点法院，开展公证机关参与人民法院司法辅助事务试点工作。在全国率先探索道路交通事故纠纷一体化解决方式，常州市武进区道路交通事故纠纷“网上数据一体化处理平台”运行良好。连云港市赣榆区法院在乡村一线设立审务工作站，借助“乡贤”民间力量化解矛盾纠纷。积极引导当事人理性选择矛盾纠纷处理方式，43家基层法院新收一审民事案件数量同比下降,其中淮安地区新收案件呈现整体下降态势。依法支持军队和武警部队全面停止有偿服务工作,在全省法院推广镇江中院工作经验。

二、依法保障民生权益,努力满足人民群众多元司法需求

坚持以人民为中心,切实解决人民群众最关心、最直接、最现实利益问题,为更好满足人民美好生活需要提供司法保障。

——妥善办理涉民生案件。新收一审民事案件 690723 件,审结 698895 件,同比分别增长 4.73% 和 30.33% 。依法维护弱势群体合法权益,审结劳动争议、消费纠纷、医疗纠纷等案件 48378 件。及时回应房地产调控政策,促进房地产市场健康发展,审结房地产纠纷案件 40420 件。依法规范民间融资行为,审结民间借贷案件 164907 件。深入推进家事审判方式和工作机制改革试点工作,审结婚姻家庭案件 119781 件。南通中院审结生父母向养父母索要孩子案,被称为"有温度的判决",被评为 2017 年度人民法院十大民事行政案件。徐州市铜山区法院出具全国首份监护权证明书,赢得各方点赞。畅通当事人申诉、申请再审渠道,共受理各类申诉、申请再审案件 19514 件,审结 15542 件。充分发挥再审依法纠错功能,共审结各类再审案件 2513 件,其中改判、发回重审 948 件。

——以信息化手段强化司法便民利民。省法院推出全国首个移动互联"微法院"平台,司法审判和诉讼服务更加公开公正、高效便捷。加强诉讼服务中心窗口建设,大力推进网上立案和跨域立案工作。利用"12368"短信平台,实现与当事人诉讼权利密切相关的流程节点自动告知。全省法院裁判文书在"中国裁判文书网"上网 871959 篇。大力推进庭审互联网直播工作,全省法院通过"江苏庭审直播网"累计直播庭审数量位居全国法院第一位。推广审判辅助事务集约化管理与服务外包,不断提升案件办理效率。"智慧审判苏州模式"得到中央政法委和最高人民法院充分肯定,作为司法改革案例在全国法院推广。

——不断强化人权司法保障。省法院专门成立领导小组,全力指导和推进以审判为中心的刑事诉讼制度改革工作。积极推动证人、鉴定人、侦查人员出庭作证,证人出庭率、当庭宣判率和律师辩护率明显提升。会同省检察院、省公安厅统一经济犯罪定罪量刑适用标准。会同省司法厅开展刑事案件律师辩护全覆盖试点工作。严格落实疑罪从无原则，坚守司法公正底线，切实防范冤假错案，判决宣告包括15名自诉案件被告人在内的23人无罪。宿迁中院深入开展"三项规程"试点工作，充分发挥庭审在查明事实、认定证据、保护诉权、公正裁判中的决定性作用。

三、举全省法院之力攻坚执行难，坚定维护法律权威和胜诉权益

紧紧围绕"四个基本"总体目标，努力实现执行效率最大化、权利兑现最大化。新收执行案件537968件，执结540110件，同比分别增长15.26%和28.29%，执行质效整体水平全面提升，"基本解决执行难"工作取得显著成效。

——不断推进社会诚信体系建设。省委办公厅、省政府办公厅在全国率先出台《关于建立对失信被执行人联合惩戒机制的实施意见》，参与联合惩戒实施单位达到55家，重点实施68项联动惩戒措施，涵盖30多个重点领域。截至2017年年底，全省法院共发布失信被执行人信息106.56万人次，累计促使15.37万被执行人主动履行了义务。

——全面推行执行指挥中心实体化运行。三级法院全部启用最高人民法院"总对总"查控系统，江苏"点对点"网络查控系统拓展到17个领域，财产查控能力持续提升，全省法院"点对点"查询量达到4548.72万次，成功冻结存款164.74亿元，查询房产信息87.30万条。依托执行指挥中心举报电话和快速反应、远程实时指挥系统，推进集中执行常态化。全省法院开展集中执行6483次，出动警力逾10万人次，实施搜查8496次，拘留16389人次，罚款1133人次，罚款金额3021.51万元。以常态化集中执行为切入点，融合网络、电视、报纸等各类媒体，对执行行动进行不间断"全媒体直播"，仅苏州、盐城两次直播活动就吸引了2700多万人次在线观看，受到国信办关注和肯定，最高人民法院周强院长要求总结经验予以推广。

——全力服务实体经济发展。切实维护企业胜诉权益，徐州两级法院组织开展徐工集团债权专项执行攻坚行动，累计执行和控制到位财产价值10.39亿元。进一步完善网络司法拍卖机制，实现诉讼资产价值最大化。全省法院上网拍品30539件,同比增长36.39%;网拍成交金额达到620.49亿元,同比增长76.61%,成交拍品平均溢价率达到122.71%。推进“以保全促执行”,推行诉讼保全保险,降低企业维权成本,全省法院受理保全执行案件69103件,同比增长177.70%,保全到位金额591.73亿元。

——深入推进执行体制机制改革。扎实开展审判权与执行权相分离体制改革试点,强化对执行实施行为的监督,促进执行规范化。全省法院受理执行异议案件11643件、执行复议案件1893件、执行监督案件3207件,同比分别增长57.27%、33.40%和52.50%。推行执行人员分类管理和法官主导下的法官助理、书记员、司法警察分工协作的团队办案模式,全省法院共组建执行团队596个。建立健全律师调查令、执行悬赏保险、“一案一人一账户”执行案款管理等制度,无锡中院在全国首创“被执行人履行能力智能分析系统”,探索运用大数据分析被执行人履行能力。

四、扎实推进司法体制改革落地见效,不断提升审判质量效率和司法公信力

坚持问题导向和目标导向,深入推进以司法责任制改革为重点的司法体制改革。省法院组织对全省法院贯彻落实司法责任制改革情况进行全面督察,推进重点改革落到实处。

——全面落实司法责任制。制定《关于全省法院全面落实司法责任制实施意见(试行)》及5个附件,明确各类司法人员权力清单,积极构建权责明晰、权责统一、监督有序、制约有效的审判权力运行新机制。全面推进以法官为中心、以审判业务需求为导向的新型审判团队建设,优化资源配置,提升审判效能。强化院庭长办案职责,明确院庭长办案标准,切实发挥院庭长办案示范和导向作用,全省法院院庭长审理案件880827件,占全部受理案件数的43.23%。健全完善专业法官会议制度,开发类案不同判自动检测系统和案件质效可视化管理平台,加强对审判权的监督制约,规范自由裁量权行使。推进法官助理职务序列改革,共招录法官助理480名。稳步推进法院内设机构改革,指导5家试点法院对内设机构进行科学设置和合理整合。

——完善员额法官管理考核机制。制定《江苏法院员额法官动态管理暂行办法(试行)》,建立员额法官定期增补和退出机制,保持员额法官队伍活力。全省法院经遴选增补697名员额法官。严格执行员额法官岗位调整要求,全省各级法院综合行政部门不再设置员额法官岗位。全省法院共有253名员额法官调整至一线办案岗位,261人退出法官员额。目前,全省法院共有6625名员额法官,占全省法院中央政法专项编制总数的35.68%,均在业务部门从事办案工作。在省委组织部等部门大力支持下,积极推进法官单独职务序列改革,完成首批58名高级法官择优选升工作。完善司法绩效考核制度,形成良好激励导向。全省法院员额法官人均结案257件,比上年增加20件。

——全面推进案件繁简分流机制改革。为有效破解长期困扰全省法院工作的人案矛盾问题,省法院下发实施意见,全面部署案件繁简分流工作。盐城中院率先推进,措施有力。全省已有106家基层法院成立专门速裁机构。南京市鼓楼区法院、高淳区法院,泰兴市法院,兴化市法院等基层法院用30%的办案力量快速审理占全部案件70%的简单案件,案件繁简分流改革效果初步显现。省法院对徐州地区177件同类型征地拆迁系列案件,采取合并审理、集中开庭、区别处理方式,有效提升了庭审效率和办理质量。在全省法院推广庭审智能语音转写、简易案件文书智能生成、审判信息自动检索系统,推广使用"法信"平台,运用信息化手段减轻法官事务性负担,让执法办案更加高效。

——继续推进人民陪审员制度改革试点工作。指导5家试点法院完善人民陪审员选任制度,推动区分"事实审"与"法律审"规则适用、推广大合议庭审理模式等改革工作。苏州市吴中区在全国率先探索由司法行政机关选任、人大任命、人民法院使用的人民陪审员"选用分离"模式,取得良好效果。

五、坚定不移从严治院,打造忠诚干净担当的过硬队伍

坚持以"五个过硬"为标准,落实全面从严治党要求,不断提升法院队伍能力素质和专业化水平。全省法院有92个集体、96名个人受到中央、省有关部门和最高人民法院表彰奖励。

——以党的十九大精神武装头脑指导实践。深入学习宣传贯彻党的十九大精神,坚持以习近平新时代中国特色社会主义思想统揽人民法院工作,确保人民法院工作的正确政治方向。进一步增强“四个意识”,严格遵守政治纪律和政治规矩,在政治立场、政治方向、政治原则、政治道路上同以习近平同志为核心的党中央保持高度一致。扎实推进“两学一做”学习教育常态化制度化。法院领导干部带头讲党课,把讲政治要求落到实处。

——着力提升司法能力和整体素质。扎实开展以“大调研、大排查、大化解”为主要内容的“大走访”活动,提升群众工作能力,积极帮助群众解决实际困难。举办28期员额法官培训班,分领域、分条线、分批次对全体入额法官进行轮训,在全国率先实现培训全覆盖。组织开展青年法官业务大练兵活动,按照立足岗位、贴近实战、注重实效的要求,全面提升青年法官司法能力。组织开展“审判质效提升月”活动,各地法院通过开展办案竞赛、评选标兵等方式,积极营造多办案、快办案、办好案的良好氛围。充分发挥正面典型引导激励作用,组织开展向“全国优秀法官”王珏同志、刘嗣寰同志学习活动。

——深入推进反腐倡廉和作风建设。认真吸取法院领导干部违纪教训,切实加强法院领导班子建设。制定《关于进一步落实“两个责任”加强法院队伍建设的意见》,不断强化党组管党治党主体责任和纪检监察监督责任。认真落实省委巡视反馈意见整改工作。积极采纳省纪委驻省法院纪检组建议,组成巡察组对省法院机关部门进行全面巡察。组织开展常态化司法巡查和审务督查,完成对全省13家中级法院第二轮司法巡查工作。深入排查全省法院廉政风险,就排查出的178个廉政风险点有针对性地落实防控对策。编印《违法违纪案例选编》、拍摄《不忘初心警钟长鸣》警示片,教育广大干警筑牢思想防线。坚决查处各种违纪违法问题,全省法院共立案查处利用司法权违纪违法人员49人。

回顾过去一年的工作,我们清醒地看到全省法院工作还存在一些不足和困难:少数法院对案件数量持续高位运行应对不力,推进矛盾纠纷多元化解和案件繁简分流机制改革不扎实、不深入,审判质量效率有待进一步提升;法院工作发展不平衡、司法能力不充分,与人民群众日益增长的司法需求相比仍有较大差距,有的案件存在法律适用不统一、类案不同判等问题;少数法院党风廉政建设主体责任和监督责任需要进一步夯实,仍有一些干警甚至领导干部出现违纪违法问题,队伍监督管理还需进一步加强;法官办案压力仍然较大,超负荷工作成为常态,个别法官甚至英年早逝,等等。对于这些问题和困难,我们将下大力气认真研究解决。

过去 5 年工作的回顾与体会

党的十八大以来的 5 年,是我省在建设"强富美高"新江苏征程上阔步前进的 5 年,也是全省法院工作取得长足发展的 5 年。回顾 5 年来的工作,我们深切体会到,坚持从国情、省情出发,以习近平新时代中国特色社会主义思想为指导,走中国特色社会主义法治道路,是全省法院工作取得成绩的根本保证,也是今后必须坚持的基本经验。

第一,始终坚持依靠党的领导、人大监督、政府支持和政协民主监督,确保各项工作全面发展。5 年来,省委、省人大、省政府、省政协和各地党委、人大、政府、政协对人民法院工作十分重视、关心和支持,省委常委会连续 4 年听取省法院党组工作汇报,省委主要领导亲自出席全省法院第十一次工作会议并发表重要讲话,省纪委、省委政法委主要领导专门到法院视察指导工作,这是对法院工作极大的鞭策和促进。省人大常委会先后就全省法院行政审判、环境资源审判、司法责任制改革、执行工作等组织开展专题视察调研,听取和审议相关工作情况汇报。省政府及其相关部门在省法院机关新审判大楼建设、信息化建设、法官职业保障等方面给予了大力支持。省政协每年组织政协委员就法庭建设、巡回审判、智慧法院建设等进行专项调研。省委政法委大力加强组织协调,会同省委组织部、省编办、人社厅、财政厅等相关部门进行研究部署,有力推进了全省法院司法体制改革工作。各地党委、人大、政府、政协认真听取法院工作情况汇报,主动关心、支持法院工作。人大代表、政协委员依法履行监督职责,积极建言献策,有力促进了全省法院工作发展。5 年来,全省法院共邀请人大代表、政协委员旁听庭审 50356 人次,走访征求意见 39624 人次,办理建议提案 1412 件。

第二,始终坚持围绕中心、服务大局,不断提升服务经济社会发展针对性实效性。加强对经济社会发展形势的分析研判,省法院党组围绕省委决策部署，针对经济发展新常态、供给侧结构性改革等引发的法律问题，每年在全省法院组织开展专题调研，不断提升应对新情况、解决新问题的能力水平。全省法院有多篇调研报告、情况反映得到最高人民法院、省委、省政府主要领导批示肯定。省法院先后就防范化解金融风险、保障农村土地"三权分置"改革、保障供给侧结构性改革去产能等出台司法文件，指导全省法院妥善化解涉诉矛盾纠纷。南京、苏州知识产权法庭正式成立并有序运转，强化对专利、商业秘密等司法保护，进一步激发社会创新创业活力。在党的十九大、"一带一路"国际合作高峰论坛、全国"两会"、江苏发展大会等重要节点，圆满完成安保维稳任务，全省法院涉诉信访总量连续 9 年呈现下降态势。

第三，始终坚持司法为民、公正司法，努力让人民群众在每一个司法案件中感受到公平正义。依法妥善受理、审理各类涉诉矛盾纠纷，切实维护群众合法权益。全面落实立案登记制改革，全省法院当场登记立案率始终保持在 95% 以上，让"立案难"这一历史性问题真正成为历史。全省三级法院全部在诉讼服务中心建立了人民调解工作室和律师工作站，开通"12368"诉讼服务热线，及时为群众解答诉讼问题，引导群众理性表达诉求。依法公正高效审理案件，审结的山西系列重大职务犯罪案、无锡冷冻胚胎监管权和处置纠纷案、全国首例由民政部门申请撤销监护人资格案、舜天船舶破产重整案等一批案件，在社会上产生良好反响。依法接受检察机关诉讼监督，共同维护司法公正。依托信息化手段，建成审判流程、庭审活动、裁判文书、执行信息司法公开平台，不断满足当事人知情权，切实增强群众获得感。

第四，始终坚持改革创新，以改革思维和改革手段破除影响、制约司法公信的体制机制障碍。2015 年 4 月以来，全省法院按照中央、省委关于深化司法体制改革的总体部署和要求，结合江苏法院实际情况，全面加强组织领导与协调配合，始终坚持问题导向与调查研究，高度重视整体推进与改革实效，确保全省法院司法体制改革工作蹄疾步稳。全省法院人员分类管理改革、司法责任制改革、法官职业保障制度改革基本落实到位。在全国率先推行书记员管理体制改革，成立法官权益保障委员会和惩戒委员会，多项改革举措得到了中央政法委、最高人民法院主要领导的充分肯定。通过改革，人民法院依法独立公正行使审判权的体制机制不断完善,新的司法权力运行机制正在形成,改革红利逐步释放,司法公信力不断提升。

第五,始终坚持抓好自身建设,不断提高司法能力,夯实基层基础。扎实开展群众路线教育实践活动、"三严三实"专题教育、"两学一做"学习教育,提高干警思想政治素质。广泛开展庭审观摩、岗位练兵、办案竞赛等活动,提升法官驾驭庭审、适用法律、制作文书的能力。江苏法院优秀案例入选最高人民法院指导性案例和公报案例总量连续多年位居全国法院第一位。发挥先进典型示范引领作用,涌现出以全国文明单位、全国模范法院东台市法院和全国重大典型姜霜菊法官为代表的优秀集体和个人群体。坚持挺纪在前,狠抓反腐倡廉建设,努力打造忠诚为民公正廉洁法官队伍。充实加强基层审判力量,深化基层法院审判方式改革,提高基层审判质量效率,将大量社会矛盾纠纷化解在基层。

各位代表,5 年来,全省法院工作取得了一些成绩,这既是全省法院广大干警敬业奉献、团结拼搏的结果,更是各级党委坚强领导、人大及其常委会有力监督、政府大力支持、政协民主监督以及社会各界关心支持的结果。广大人大代表、政协委员积极监督、支持和帮助法院工作,使我们深受激励和鞭策。在这里,我代表全省法院干警表示衷心的感谢!

今年全省法院工作总体思路

2018 年是贯彻落实党的十九大精神开局之年,是决胜全面建成小康社会关键之年。全省法院要以习近平新时代中国特色社会主义思想为指引,认真贯彻中央、省委和最高人民法院的决策部署,全面落实党的十九大和省委十三届三次全会精神,深入落实习近平总书记对江苏工作重要指示精神,全面加强审判执行工作,大力提升自身建设水平,始终坚持重心下移,不断夯实基层基础,以系统思维推动法院整体工作,积极促进高质量发展,以新时代新作为,为深入推进"两聚一高"新实践、加快建设"强富美高"新江苏提供坚强有力司法保障。

一是在依法服务保障大局上有新作为。紧紧围绕高质量发展要求,不断增强服务经济社会发展的针对性实效性。牢固树立总体国家安全观,依法惩治各类刑事犯罪,积极投入扫黑除恶专项斗争,坚决铲除黑恶势力滋生土壤,不断促进平安建设,维护社会稳定。加大知识产权保护力度,遏制知识产权侵权行为,依法促进科技创新战略实施。依法保护企业家合法权益,为企业家创新创业营造良好法治环境。完善破产审判工作机制,推动化解过剩产能。加强涉外案件审判工作,依法服务开放型经济发展。加强金融审判工作,坚决打击金融领域犯罪,有效防控金融风险。完善环境公益诉讼制度机制,重拳打击制造雾霾、污染水流、毁坏植被等行为,积极服务生态文明建设。发挥司法引领、保障和推动作用,推动法治政府、法治社会建设。

二是在加强民生司法保障上有新作为。紧扣社会主要矛盾变化,始终坚持人民主体地位,依法保障民生权益,不断增强人民群众获得感、幸福感、安全感。依法审理涉及教育、就业、医疗、养老、房地产、征地拆迁等民生类案件,保障人民群众安居乐业。开展道路交通事故损害赔偿纠纷“网上数据一体化处理”改革试点工作。依法妥善审理“三权分置”改革引发的涉农纠纷。继续深入推进家事审判改革工作。全面深入推进案件繁简分流和矛盾纠纷多元化解,充分发挥简易程序、速裁程序、认罪认罚程序的积极作用,不断提高审判效率,让正义来得更加及时。深化执行工作体制机制改革,不断完善综合治理执行难工作格局,坚决如期打赢“基本解决执行难”这场硬仗。

三是在深化司法体制综合配套改革上有新作为。紧紧牵住司法责任制改革“牛鼻子”,统筹推进以审判为中心的刑事诉讼制度改革、内设机构改革、法官考核评价机制改革等综合配套改革举措,进一步研究解决影响案件质量和效率的深层次问题。进一步加强对改革落实情况的督察问效,着力解决改革推进不到位、措施不落地的问题。加快推进智慧法院建设,强化信息化、大数据、人工智能与司法改革的深度融合,促进提升审判质效。

四是在加强法院队伍建设上有新作为。坚持以政治建设为统领,教育引导干警把讲政治要求落到实处。按照中央统一部署,认真组织开展“不忘初心、牢记使命”主题教育。紧扣增强“八个本领”的要求,大力推进法院队伍正规化、专业化、职业化建设,着力提升法院队伍司法能力。巩固和拓展落实中央八项规定精神成果,坚决防止“四风”问题反弹回潮,不断加强党风廉政建设。以零容忍态度惩治司法腐败,确保公正高效廉洁司法。

各位代表,我们决心紧密团结在以习近平同志为核心的党中央周围,在省委的坚强领导和省人大的有力监督下,认真贯彻落实本次大会提出的各项任务,求真务实,开拓进取,忠实履行宪法和法律赋予的职责,全力做好全省法院各项工作,为谱写江苏高质量发展新篇章作出新的更大的贡献!

附录 2

江苏省高级人民法院工作报告

——2019 年 1 月 16 日在江苏省第十三届
人民代表大会第二次会议上

江苏省高级人民法院院长　夏道虎

各位代表：

现在，我代表江苏省高级人民法院向大会报告工作，请予审议，并请各位政协委员提出意见。

2018 年全省法院工作

一年来，全省法院坚持以习近平新时代中国特色社会主义思想为指导，认真贯彻落实中央、省委、最高人民法院决策部署和省十三届人大一次会议精神，紧紧围绕“努力让人民群众在每一个司法案件中感受到公平正义”的目标，坚持司法为民、公正司法工作主线，忠实履行法律职责，各项工作取得新进展。全省法院连续两年受案超 200 万件，2018 年达 2165962 件，其中新收 1832286 件，同比分别上升 6.31% 和 8.47%；审执结 1862204 件，同比上升 9.25%。省法院受案首次突破 2 万件，达 22771 件，审执结 16298 件，同比分别上升 16.37% 和 10.34%。

一、聚焦中心工作，着力服务保障高质量发展

服务保障重大战略部署。制定服务和保障江苏高质量发展走在前列的实施意见，努力提高司法应对的前瞻性有效性针对性。制定加强产权司法保护和为企业家创新创业营造良好法治环境的实施意见，依法平等全面保护各类市场主体合法权益。服务保障开放型经济发展，审结涉外、涉港澳台案件 2656 件，办理司法协助案件 1992 件。会同沪浙皖法院建立司法协助交流工作机制，服务长三角更高质量一体化发展战略。省法院发布服务保障“一带一路”建设十大典型案例，连云港中院牵头全国 21 家沿线法院建立司法协作机制，为“一带一路”建设提供法治护航。妥善审理农村土地纠纷，保障“三权分置”改革顺利进行，促进乡村振兴发展。支持改革强军，全力做好军队全面停止有偿服务司法保障工作，涉军停偿案件全部按期审执结。

服务保障供给侧结构性改革。新收一审商事案件 150555 件，审结 152618 件。向省委、省政府提交专门报告，推动建立企业破产处置省级府院协调联动机制，积极处置一批“僵尸企业”，审结破产案件 2208 件，同比上升 76.21%。扬州大洋造船有限公司等 49 家企业通过破产重整获得新生。制定“执转破”案件简化审理指导意见，有效提高破产效率。苏州市吴江区法院“执转破”工作机制，得到最高人民法院和省委主要领导批示肯定。发布金融借款案件要素式审判指引、保险纠纷案件审判白皮书，对因虚假陈述引发的涉众证券纠纷探索示范判决，推动高效化解金融借款、保险、证券纠纷，依法维护金融秩序，审结相关案件 58489 件，涉案标的金额 1007.83 亿元。制定审理建设工程施工合同纠纷指导意见，审结房地产纠纷案件 39033 件，促进房地产市场规范有序发展。

服务保障民营经济发展。制定为民营企业提供有力司法服务和保障的意见，着力为民营企业营造公平公正、安全稳定的发展环境。依法公平公正审理、执行涉民营企业刑事、民事、行政案件，平等保护包括民营企业在内的各类市场主体合法权益。加大涉产权冤错案件依法甄别、审理力度，增强民营企业家干事创业信心。依法审理不正当竞争纠纷和垄断纠纷等案件，保障民营企业公平有序参与市场竞争，审结相关案件 220 件。对存在资金链风险的涉诉民营企业，有针对性地采取司法措施，推动化解金融债务风险，帮助解决企业发展困难。

服务保障创新驱动发展。树立最严格知识产权保护理念，发挥司法保护主导作用，对重复侵权、恶意侵权等行为，依法适用惩罚性赔偿，提高侵权代价和违法成本。新收一审知识产权案件15984件,审结15164件,同比分别上升45.48%和41.13%。发布知识产权司法保护蓝皮书和司法保障科技创新十大典型案例,发挥司法裁判规制引领作用。完善技术事实查明机制,与高校、科研院所协作,推进技术调查官、专家证人、专家辅助人制度建设。南京中院出台服务保障创新名城建设26项措施,着力打造值得当事人信赖的国际知识产权争端解决"优选地"。

服务保障生态文明建设。坚决维护生态环境安全,审结环境资源案件7786件。制定环境污染刑事案件审理指导意见,审结破坏环境资源犯罪案件1393件,对3077名污染者追究刑事责任。新收环境公益诉讼案件133件,判处污染者赔偿环境损害修复费用1.19亿元。省政府作为原告提起的环境损害赔偿案,判决被告企业赔偿环境修复费用5400余万元。镇江中院、淮安中院、宿迁中院分别开展长江流域、洪泽湖、骆马湖非法采砂采矿专项整治行动,徐州中院推动建立淮海经济区环境资源司法区域协作机制。最高人民法院批准在南京设立全国首家环境资源法庭,对全省环境资源案件实行集中管辖,加大生态环境司法保护力度。

二、维护社会稳定,着力推进平安江苏建设

大力开展扫黑除恶专项斗争。认真贯彻依法严惩方针,坚决维护人民群众生命健康和财产安全。会同省检察院、省公安厅出台办理黑恶势力犯罪案件指导意见,统一裁判尺度,形成工作合力。新收涉黑涉恶犯罪案件228件,审结142件、判处1211人,其中判处5年以上有期徒刑330人。依法审理程杰等62人、方悦等38人黑恶势力犯罪案件,多地法院组织开展集中宣判活动,人民群众拍手称快。积极运用追缴、罚金、没收财产等手段,铲除黑恶势力经济基础。配合公安机关深挖涉黑涉恶犯罪线索,组织开展民间借贷涉套路贷与虚假诉讼专项整治活动,主动向公安机关移送涉嫌套路贷案件725件。

依法严惩贪污贿赂犯罪。全力配合、对接监察体制改革,对腐败犯罪始终保持高压态势,审结贪污贿赂、渎职等犯罪案件1123件、判处1514人,其中被告人原为厅局级以上干部18人,县处级56人。依法审理最高人民法院指定管辖的项俊波、张越、艾文礼重大职务犯罪案件,彰显惩治腐败的坚定决心。坚持受贿行贿一起打,依法惩治行贿犯罪,判处罪犯163人。加大反腐败追逃追赃工作力度,积极配合有关部门开展“天网”“猎狐”行动。向省委专题报告职务犯罪态势变化,剖析原因,提供决策参考。

积极参与社会治安综合治理。严厉打击刑事犯罪,新收一审刑事案件80396件,审结78833件,判处罪犯96271人,其中审结故意杀人、抢劫等严重暴力犯罪案件6275件、判处7447人。参与防范和处置非法金融活动风险攻坚战,稳步推动非法集资犯罪陈案处置工作。会同省检察院、省公安厅出台指导意见,精准打击涉毒、涉黄涉非、涉互联网等犯罪行为;重拳惩治危害食品药品安全犯罪,审结相关案件1325件、判处2235人,保护人民群众“舌尖上的安全”。坚持和发扬新时代“枫桥经验”,延伸法院功能,积极参与网格化社会治理,形成化解矛盾纠纷的合力。坚持行政审判年度报告制度,积极促进依法行政。发出司法建议1096份,推动提升社会治理水平。

强化人权司法保障。深入推进以审判为中心的刑事诉讼制度改革,确保无罪的人不受刑事追究。全省法院共启动非法证据排除程序207次,证人、鉴定人、侦查人员等出庭作证和说明情况比去年显著增加。依法宣告11名公诉案件被告人和32名自诉案件被告人无罪。会同省司法厅开展刑事案件律师辩护全覆盖试点工作,为被告人指定辩护律师12117人次。严格规范减刑假释案件审理,在全国率先制定涉财产性判项适用指南,审结减刑假释案件25115件。

三、牢记为民宗旨,着力保障民生权益

加强涉民生案件审判工作。依法妥善审理就业、医疗、教育、社会保障等民生案件,新收一审民事案件731519件,审结717507件,同比分别上升5.91%和2.66%。全面推进家事审判改革,妥善审理婚姻家庭案件,维护妇女、儿童、老年人合法权益。对遭受家暴或面临家暴现实危险的当事人,发出人身安全保护令317份。坚持依法裁判和协调化解并重,监督支持行政执法,促进行政争议实质性解决,新收一审行政案件16404件,审结15730件,同比分别上升9.18%和6.08%。依法审理征收补偿等案件,支持城中村、棚户区改造等重点项目建设,维护被征收人合法权益。

积极回应群众多元司法需求。持续提升诉讼服务中心建设水平，为人民群众提供各类诉讼服务 87 万余次。完善网上立案登记系统，共网上立案 236575 件，让数据多跑路、群众少跑腿。全面开展“网上数据一体化处理”改革试点工作，实现多部门一网办理道路交通事故损害赔偿案件，快速调解 9553 件，调解成功金额 2.58 亿元。优化人民法庭布局，方便群众诉讼，全省人民法庭审结案件 361452 件。切实保障当事人申诉、申请再审权利，审结申诉、申请再审案件 17437 件，再审改判 853 件。接待群众来信来访 13271 人次，同比下降 5.13%。主动走访律师协会，依法保障律师执业权利，推进职业共同体建设。

大力弘扬社会主义核心价值观。落实“谁执法谁普法”责任制，积极开展巡回审判和法治宣传，提升公众法治意识。采纳人大代表建议，联合南京公交集团开通“诚信”公交专线，大力弘扬社会诚信。淮安中院审结全国首例侵犯英烈名誉民事公益诉讼案，坚决维护英烈形象。常州法院举办“法治大讲堂”160 场，盐城中院与电视台联办《每周说法》栏目，扬州、泰州等中院积极开展“法律六进”“六访六助”活动，启东市法院与市妇联连续 25 年举办幸福家庭讲习班，向社会传递法治正能量。

四、强化精准攻坚，着力打赢“基本解决执行难”这场硬仗

全省法院把“基本解决执行难”列为“一把手”工程，以前所未有的力度，攻坚决胜“基本解决执行难”收官战。共受理执行案件 700827 件，占全国近十分之一；执结 614202 件，同比上升 23.24%；执行到位金额 1247 亿元。

坚持综合治理“基本解决执行难”。省委主要领导到省法院执行指挥中心视察指导，省委政法委牵头建立“基本解决执行难”工作联席会议制度和涉党政机关未结执行案件联合巡查督办制度，连续 3 年组织全省集中统筹执行救助，共使用救助资金 1.34 亿元，救助困难群众 7000 余人。省人大常委会组织对全省法院执行工作审议意见落实情况进行满意度测评。进一步拓展“总对总”“点对点”网络查控系统功能，提升查控效果，目前可查询 3885 家银行的存款信息、46 个主要城市的不动产登记信息、全国机动车登记信息和证券信息。12 家省级单位联合发文，限制失信被执行人参加公共资源交易领域招投标活动。党委领导、政法委协调、人大监督、政府支持、法院主办、部门配合、社会参与的综合治理执行难工作格局已经形成。

组织打好“三大战役”。坚持问题导向、挂图作战，打好“清理积案歼灭战”，未结执行案件数量同比下降38.03%。明确2018年为“协同执行年”，开展跨审级、跨地区协同执行952次，抱团攻坚执结涉及暴力抗法、强制腾让、异地执行“骨头案”1907件。打好“财产处置攻坚战”，开发大数据智能评估系统，为房产、机动车等资产提供快速询价，司法网拍效率有效提升。上网拍品45040件，网拍成交金额636.59亿元，同比分别上升47.52%和2.99%。打好“终本达标歼灭战”，坚持集中执行常态化，开展凌晨、夜间、假日执行7000余次，搜查11310次，拘留14496人次，罚款2785万元，以拒执罪判处349人，确保无财产可供执行案件终结本次执行程序符合法定标准。

创新创优执行模式。全面推行执行指挥中心实体化运行“854模式”，推广无锡法院智慧执行系统，进一步提升执行工作的集约化、精细化、规范化、智能化水平。首创“全媒体网络直播”的执行公开形式，南京两级法院“钟山亮剑、共铸诚信”行动在线观看网民超5000万人次，创全国法院历次网络直播关注人数之最。发布“执行不能”、失信守信、拒执罪等典型案例，促进形成理解、支持、配合执行的良好社会氛围。

着力构建长效机制。全面引入诉讼保全保险机制，以保全促执行，办理诉讼保全130476件，保全到位金额1325.83亿元，同比分别上升89.4%和72.45%。完善执行管理机制，将执行程序中25个流程节点嵌入执行案件管理系统，有效防止了消极执行、拖延执行、选择性执行现象的发生。加大执行裁判力度，审结各类执行审查案件19512件，同比上升17.27%，依法监督、纠正不当执行行为，维护当事人及利害关系人合法权益。

经过不懈努力，全省法院全部达到“四个90%，一个80%”核心指标要求，第三方评估机构经检查验收认为，江苏法院在制度建设、行为规范、执行公开、执行质效方面成效显著，多项创新举措在全国推广，贡献了“江苏经验”。

五、坚持系统思维，着力深化司法体制改革

深入推进司法责任制改革。坚持有序放权与有效监督相统一，制定强化院庭长监督管理职责的实施意见，保障审判权依法规范公正高效运行。全省法院院庭长担任承办法官或审判长审理案件1101244件，占全省法院审理案件总数的50.84%。在全国率先开展法官惩戒试点工作，制订试点方案，夯实法官办案责任。制定对长期未结案件严格监督管理的意见，着力解决少数案件久拖不决问题。建立“有进有出”的法官员额动态管理机制，全省法院共遴选增补员额法官447人，核准退出员额395人。

深入推进司法体制综合配套改革。制定专门实施意见，努力缓解人案矛盾。会同省司法厅开展调解程序前置试点工作，与省侨办建立涉侨纠纷诉调对接和特邀调解员制度，不断提升矛盾纠纷多元化解实效。深化案件繁简分流机制改革，全面推进简案快审、繁案精审，审判质效进一步提升。全省法官人均结案270件，同比增加13件。会同省编办推进省以下人民法院内设机构改革，全省基层法院内设机构改革方案均已获批。首次开展从律师、法学专家中公开选拔法官工作，探索拓宽法官选任渠道。建立实习法官助理制度，加大法官助理招录力度，共招录435人。

深入推进司法公开、司法民主。坚持以公开促公正，在全国率先实现案件庭审直播常态化，倒逼法官提升司法能力、规范司法行为。共网络直播庭审402269场，持续位居全国法院第一，点击观看量超过4亿人次，占全国法院庭审直播案件总量的23.05%。在中国裁判文书网公开裁判文书1169938篇，同比上升34.17%。依照新制定的《人民陪审员法》，会同省司法厅开展新一轮人民陪审员选任工作，有效提升人民陪审员来源的广泛性代表性，全省人民陪审员共参审案件270250件。省法院首次邀请人大代表、政协委员列席审判委员会讨论司法文件，充分吸纳代表、委员的意见建议，提升司法决策的科学性民主性。

深入推进信息化与审判工作深度融合。大力加强智慧法院建设，以审判智能化助推执法办案，方便群众诉讼。全省法院案件审限内结案率持续保持在95%以上。以信息化手段规范审判权运行，实现案件审判网上运行、全程留痕。推广应用移动互联“微法院”平台，通过微信小程序为当事人、社会公众提供诉讼风险评估、案件查询、观看庭审等司法服务。无锡中院首创法律文书统一电子送达平台,用手机短信等方式对12.15万件案件实行电子送达,有效破解送达难题,该做法入选全国政法智能化建设智慧法院优秀创新案例。南京市高淳区法院利用信息技术为司法工作减负增效,法官人均结案数同比上升29.74%。

六、立足从严管理,着力锻造过硬法院队伍

突出政治引领。始终坚持党对法院工作的绝对领导,坚定走中国特色社会主义法治道路。积极开展解放思想大讨论,自觉以新思想定向领航、从新思想寻策问道。积极主动向省委报告省法院党组工作,认真落实重大事项报告制度。全省法院共有81个集体、153名个人受到中央、省有关部门和最高人民法院表彰奖励。

持续正风肃纪。认真落实"两个责任"和中央八项规定精神,积极开展中央巡视组交办问题线索调查和省委巡视反馈意见整改工作。组织开展集中整治形式主义、官僚主义活动,坚决防止"四风"问题反弹回潮。完成司法作风问题专项督察和对全省中级法院第二轮司法巡查、对省法院机关各部门第一轮巡查,开展审务督察55次,针对发现问题严格督促整改。以零容忍态度惩治司法腐败,共查处利用司法权违纪违法人员79人。

提升司法能力。扎实推动法院干部多岗位交流,积极选派干警到党政机关、法学院校、受援法院挂职锻炼。完善与法院人员分类管理相适应的培训机制,集中培训干警9366人次,视频培训32935人次。最高人民法院批准设立法官国际交流中心江苏基地,搭建起中外法官司法交流合作的工作平台。加强对下监督指导,制定39个规范性文件,发布41个参阅案例。旅客在南京南站穿越铁道被挤压致死案等两件案件被评为2018年度全国十大民事行政案件,盐城法院有7个案例被最高人民法院作为相关典型案例发布。培养高层次审判人才,评选全省审判业务专家59人,2名法官被评为全国审判业务专家,5名法官被评为全国优秀法官。与省委宣传部等6个部门共同组织开展"江苏最美法官"推选活动,充分发挥先进典型示范引领作用。

塑造法院文化。在国家宪法日组织开展宪法宣誓活动,引导广大干警坚定法治信仰,凝聚价值认同。运用微信、微电影等新媒体形式,推送优秀法院文化作品，弘扬敬业精神，激发工作热情。省法院法官创作的机关民谣《宁海路75号》，推出当天点击量超百万，《人民日报》两次刊发评论推介。全省法院有9种期刊入选全国法院百强期刊，体现了江苏法院良好的学术氛围。

主动接受监督。接受省人大及其常委会的监督，积极配合省人大常委会专题审议全省法院司法公开工作。接受政协民主监督，主动通报工作，听取意见建议。组织开展代表、委员“看法院”活动，邀请各级人大代表、政协委员等社会各界人士旁听庭审、见证执行25951人次。接受检察机关法律监督，依法审理抗诉案件，审结再审抗诉案件374件。接受社会各界监督，完善特约监督员制度，聘任特约监督员124名。通过主动接受监督，让广大干警习惯在受监督的环境下工作。

各位代表，全省法院工作的发展进步，既是全省法院广大干警敬业奉献、团结拼搏的结果，更是全省各级党委坚强领导、人大及其常委会有力监督、政府大力支持、政协民主监督以及社会各界关心支持的结果。在此，谨代表省法院，向全省各级党委、人大、政府、政协以及人大代表、政协委员和社会各界人士致以衷心的感谢和崇高的敬意！

我们清醒地认识到，全省法院工作还存在一些问题和困难：服务经济社会发展大局的针对性实效性有待进一步增强；司法改革的整体性协同性有待进一步加强和改进；破解执行难长效机制有待进一步健全完善；一些法官的能力、素质、作风离司法责任制改革要求还有差距，仍有少数干警出现违纪违法问题，队伍从严管理有待进一步加强；案件数量持续高位运行，办案压力依然很大。我们将坚持问题导向，强化系统思维，采取有力措施，认真加以解决。

2019年全省法院工作总体考虑

2019年是中华人民共和国成立70周年，是全面建成小康社会关键之年。全省法院将深入学习贯彻习近平总书记全面依法治国新理念新思想新战略，深刻领会中央对重大形势的科学判断和对重大工作的决策部署，聚焦省委高质量发展走在前列战略部署，努力打造高质量司法，精准发力做好各项工作。

一是以高质量司法服务高质量发展。打造高质量司法，必须紧扣中心工作，彰显公平正义。全省法院将全面贯彻新发展理念，找准服务保障供给侧结构性改革、打好“三大攻坚战”“一带一路”交汇点建设等重大部署的结合点着力点，依法稳妥审理各类案件，不断优化公平公正、开放透明的法治化营商环境。进一步解放思想，更新理念，大力推进南京法治园区项目建设，全力打造集聚更多优质司法资源的江苏法治高地，助推全面系统提升法治江苏影响力，真正使法治成为江苏核心竞争力的重要标志。

二是以高质量司法满足新时代人民群众多元司法需求。打造高质量司法，必须坚持以人民为中心，不断增强人民群众的获得感幸福感安全感。全省法院将认真贯彻总体国家安全观，依法严惩各类刑事犯罪，推动扫黑除恶专项斗争向纵深发展，保障人民群众安居乐业。依法妥善审理涉民生民事、行政案件，切实维护人民群众合法权益。全面推进诉讼服务中心现代化建设，为当事人提供优质高效便捷的司法服务。健全完善长效机制，巩固“基本解决执行难”工作成果，不断推进社会诚信体系建设。坚持情理法高度融合，大力弘扬社会主义法治精神，推动形成全社会学法用法、依法守法的高度共识和行动自觉。

三是以高质量司法为导向全面深化司法改革。打造高质量司法，必须加快建设公正高效权威的社会主义司法制度，确保严格、公正、规范、文明司法。全省法院将全面落实司法责任制，健全完善权责统一的审判权运行体系，不断增强维护人民群众合法权益的能力水平。完善环境资源审判机制，服务保障美丽江苏建设。深化司法体制综合配套改革，按期完成基层法院内设机构改革，持续推进矛盾纠纷多元化解和案件繁简分流，全面建设智慧法院，积极推广司法辅助事务集约化管理和社会化外包，有效缓解人案矛盾，不断提升审判质效。

四是以高质量司法为目标落实全面从严治院。打造高质量司法，必须建设一支让党放心、让人民满意、忠诚可靠、清正廉洁的法院队伍。全省法院将始终把政治建设摆在首位，认真贯彻新时代党的建设总要求，切实履行全面从严治党主体责任。认真落实鼓励激励、容错纠错、能上能下“三项机制”，不断提高法院队伍的创造力凝聚力战斗力。持续加强教育培训，推动形成与新时代相适应的政治素质、业务能力。深入推进人民法院党风廉政建设和司法作风建设,严格规范司法行为,坚决守牢公正司法底线,不断提升司法公信力。更加主动接受人大代表、政协委员和社会各界监督,虚心听取意见建议,不断加强和改进全省法院工作。

各位代表,新的一年,我们决心紧密团结在以习近平同志为核心的党中央周围,在省委坚强领导、省人大有力监督下,认真贯彻落实本次大会精神,奋力开创全省法院工作新局面,为决胜高水平全面建成小康社会、加快建设“强富美高”新江苏提供坚强有力司法保障,以优异成绩迎接中华人民共和国成立70周年!

附录 3

江苏省高级人民法院工作报告

——2020 年 1 月 17 日在江苏省第十三届
人民代表大会第三次会议上

江苏省高级人民法院院长　夏道虎

各位代表：

现在，我代表江苏省高级人民法院向大会报告工作，请予审议，并请各位政协委员提出意见。

2019 年全省法院工作

一年来，全省法院坚持以习近平新时代中国特色社会主义思想为指导，坚持“努力让人民群众在每一个司法案件中感受到公平正义”目标，认真贯彻中央、省委、最高人民法院决策部署和省十三届人大二次会议精神，忠实履行宪法法律赋予的职责，打造高质量司法，服务高质量发展，为“强富美高”新江苏建设作出了积极贡献。全省法院共受理案件 2260045 件，其中新收 1978667 件，同比分别上升 4.34% 和 7.99%；审执结 1987489 件，同比上升 6.73%；法官人均结案 295.4 件，同比增加 25.4 件。

一、积极打造法治高地，着力保障高质量发展走在前列

优化法治化营商环境。贯彻新发展理念，服务保障重大战略实施，扎实推进南京法治园区建设，推动提升法治核心竞争力和高质量发展“含金量”。一审审结商事案件 154421 件，标的额 2082.3 亿元。依法平等保护产权，营造公平公正、安全稳定的发展环境；审慎运用司法保全措施，最大限度维护企业正常生产经营秩序;甄别纠正涉民营企业错案,苏州中院对倪菊葆合同诈骗、非法吸收公众存款案启动再审,依法认定其不构成合同诈骗罪;开展党政机关和国有企业拖欠民营企业债务案件专项执行行动,执结 921 件,执行到位 6.6 亿元。服务供给侧结构性改革,在全国率先建立企业破产处置省级协调联动机制,推动率先实现破产管理人协会省市全覆盖;发挥破产重整制度功能,促进 161 家企业起死回生;稳妥推进"僵尸企业"处置,建立简易破产案件快审机制,全面推广"执转破"工作机制,促进市场主体有序退出;审结破产案件 2889 件,化解债权 920 亿元,安置职工 36119 人,盘活土地房产 2616 万平方米。在全国优化营商环境经验交流会上,南京中院作为"执行合同"评价指标唯一代表单位介绍经验。

实施最严格知识产权司法保护。制定 36 条保护措施,出台知识产权犯罪案件量刑指引,创新审理机制和裁判方式,推动提升高质量发展"含新量"。一审审结知识产权案件 16255 件,2 个案例入选世界知识产权组织首部 30 件典型案例集。依法及时运用行为保全措施,制止侵权行为持续进行;对重复、恶意侵权等行为,综合运用惩罚性赔偿、从业禁止、失信惩戒等手段加大惩罚力度,让侵权人付出高昂代价。在"小米"商标被侵权案中,依法适用惩罚性赔偿,全额支持权利人 5000 多万元的诉讼请求。审结"花千骨"游戏作品侵权案,在国内首次判决保护游戏规则的特定呈现方式,促进网游产业健康发展。

打造生态司法"江苏样本"。践行"两山"理念,服务绿色发展,根据我省生态功能区划分,在全国率先建立"9 + 1"环境资源审判机制,推动提升高质量发展"含绿量"。一审审结环境资源案件 9323 件,3 个案例入选联合国环境规划署首批中国环境司法十大案例。设立南京环境资源法庭,跨区划管辖全省环境资源案件。设立黄海湿地环境资源法庭,精心保护我省唯一的世界自然遗产。全面推广"异地补植""增殖放流"等新型赔偿方式,在全国率先设立海洋牧场司法执行基地,创立长江新济洲环境资源司法研究修复基地,打造恢复性司法实践平台。与沪浙皖高院建立环境资源司法协作机制,联合发布长江大保护典型案例。南京环境资源法庭审理的第一案,在全国首次判决鳗鱼苗收购者、贩卖者与非法捕捞者承担连带责任，从源头上切断非法利益链，央视等40多家媒体直播庭审；在高邮湖现场审判特大电捕鱼案，农业农村部组织21个省200多位渔业主管部门负责人旁听庭审，并集中销毁非法捕捞器材，促进了环境司法与执法的有效互动。

服务高水平对外开放。聚焦开放强省和“一带一路”交汇点建设，首次发布中英文涉外商事审判白皮书，公正高效审理涉外、涉港澳台案件。一审审结相关案件1959件，办理司法协助案件556件。去年12月6日，南京海事法院及其4个派出法庭揭牌运行，成立当月即受理案件104件。服务保障自贸试验区建设，制定设立专门审判机构方案，南京、苏州、连云港三地法院出台服务保障具体措施。最高人民法院法官国际交流中心江苏基地揭牌运行，对6个国家以及我国澳门特别行政区34名法官进行培训，江苏法院对外交流合作空间更加广阔。

依法维护金融安全。出台加强金融审判工作指导意见，依法否定高利转贷、职业放贷行为效力，规范金融市场秩序。一审审结金融、民间借贷案件253439件，标的额1776.8亿元。完善与金融监管部门沟通协调机制，防范房地产、金融不良债权等案件可能引发的金融风险传递。参与P2P网贷风险专项整治，集中复查清理网络仲裁裁决执行案件26361件，促进市场风险出清。开展涉金融债权案件专项执行行动，执结110973件，执行到位341.1亿元。妥善审理“钱宝”等重大非法集资案件，有序推进财产处置，最大限度减少群众利益损失。

助力法治政府建设。服务党政机构改革和“不见面”审批，监督、支持行政机关依法行使职权。一审审结行政案件15358件。省法院行政审判年报得到省委肯定，省政府常务会议研究年报意见建议。常州、盐城、镇江等地法院与行政机关开展联合培训，对法律适用疑难问题形成共识，促进执法与司法尺度统一。提升行政机关负责人出庭应诉实效，让老百姓“告官又见官”，让行政负责人“出庭又出声”，通过协调实质性化解行政争议3875件。

二、依法惩治各类犯罪，扎实推进平安江苏建设

纵深推进扫黑除恶。坚持打准打狠、打深打透，依法从严从重打击黑恶犯罪。一审审结458件,判处2824人。集中攻坚大案要案,对徐州张光明、泰州韩海飞、宿迁王雨等一批人民群众深恶痛绝的黑恶势力予以严惩。坚持不枉不纵,对27件涉黑涉恶案件改变定性,防止拔高认定、降格处理,确保把每一起案件都办成铁案。坚决铲除黑恶犯罪经济基础,从严判处罚金、没收财产,组织开展"打财断血"专项执行行动,执结财产刑案件2318件,执行到位2.7亿元。严惩黑恶势力"保护伞""关系网",审结相关案件61件,判处68人,发现和移送"保护伞"线索291条。营造扫黑除恶强大声势,集中宣判42次151件,新闻发布69场。省法院连续两年被中央政法委表彰为全国扫黑除恶先进单位。

积极推进社会治安综合治理。依法惩治各类犯罪,一审审结刑事案件80289件,其中故意杀人、抢劫等八类暴力犯罪案件5890件,毒品犯罪案件3525件。严厉打击危害食品药品安全犯罪,坚决守住"米袋子""菜篮子""药瓶子"安全红线,一审审结此类案件1241件,判处2680人。南京法院对付志强等在网上销售有毒有害减肥药予以严惩并没收假药8278瓶,避免危害食药安全犯罪在互联网蔓延,该案入选中央依法治国办牵头发布的食药监管执法司法典型案例。严厉打击抢夺方向盘等危害公共交通安全犯罪,扬州法院集中宣判10起案件,切实维护公众出行安全。参与村(社区)"两委"人员犯罪记录排查工作,排查出571人,推动优化基层政治生态。做好庆祝中华人民共和国成立70周年等重大活动安保维稳工作,裁定特赦服刑罪犯1136人。延伸司法职能,发送司法建议1734条,推动加强社会治理和行业监管。

坚定不移惩治腐败。保持"打虎""拍蝇"高压态势,一审审结贪污贿赂、渎职等犯罪案件750件,判处1277人,其中原为厅局级以上干部17人,县处级57人。依法审理最高人民法院指定管辖的蒲波、陈刚、赵洪顺等重大职务犯罪案件。对监察法实施后首例携带赃款赃物到中央纪委国家监委主动投案、认罪认罚的艾文礼,依法减轻判处刑罚8年,既彰显党和国家有腐必惩、有贪必肃的坚定决心,又有利于督促违法犯罪人员悬崖勒马、及时悔悟。严惩贪污扶贫款、农资补贴等群众身边的腐败,一审审结47件,判处68人。加大行贿犯罪打击力度,一审审结行贿、介绍贿赂案件55件,判处63人,坚决斩断

"围猎"与被"围猎"利益链。

专项整治"套路贷"及虚假诉讼。针对多数黑恶组织存在利用"套路贷"非法敛财问题,积极参与整治非法金融活动,以零容忍态度和雷霆之势向"套路贷"违法犯罪宣战,一审审结此类犯罪案件210件。董明明黑社会性质组织采取虚增债务、暴力软暴力催收等手段侵占他人财物,实施犯罪40起,造成1人自杀、多人倾家荡产,董明明等14人受到严惩。组织开展"套路贷"虚假诉讼专项治理,建立疑似职业放贷人名录,研发全国首个"套路贷"虚假诉讼智能预警系统,对新收民间借贷案件强化甄别防范;制定打击防范"套路贷"虚假诉讼两个工作指南,对2016年以来的68万多件民间借贷案件组织开展"回头看",全面排查"套路贷"及虚假诉讼,发现确属错案及时纠正,发现犯罪线索及时移送。

三、践行司法为民宗旨,切实满足多元司法需求

推进诉讼服务转型升级。以"一次办好"为目标,推进一站式诉讼服务中心建设。系统集成立案、保全、鉴定等多项诉讼服务,实现"一站全办"。全面升级诉讼服务网,并将32项诉讼服务链接入驻政务服务网,实现"一网通办"。69家中基层法院设立24小时自助式诉讼服务中心,徐州、盐城、泰州两级法院覆盖率100%,实现"诉讼服务不打烊"。全面推进跨域立案,构建起"家门口起诉"新模式。共网上立案313680件,跨域立案1192件。南京六合法院受理全国首例跨域立案案件,当事人上海起诉、南京立案,仅用时10分钟。

加强民生权益保障。一审审结民事案件735551件,其中涉及婚姻家庭、医疗、教育、就业等民生案件162983件。推进少年家事审判方式改革,三级法院全部设立专门化审判团队,一审审结相关案件119214件;维护妇女儿童合法权益,针对家暴发出人身安全保护令312份,省法院、无锡中院、射阳法院等7家法院被全国妇联等单位评为维护妇女儿童权益先进集体。开展涉民生案件专项执行行动,积极参与"护薪"行动,快立快审快执拖欠农民工工资案件29691件,执行到位8.2亿元。出台带薪年休假纠纷案件审理意见,保障劳动者休息休假权。维护军队军人合法权益,畅通涉军维权绿色通道,南京中院涉军停偿工作受到中央军委表彰。审结国家赔偿案件 355 件;救助生活困难当事人 2956 名,发放司法救助款 4016.7 万元。

引导良好社会风尚。大力弘扬社会主义核心价值观,让全社会充满正气正义。苏州中院审结侵害刘磊烈士名誉权公益诉讼案,旗帜鲜明捍卫英烈形象。强化对守法守信行为的保护,加大对违约失信行为的制裁,努力在全社会营造“守信光荣、失信可耻”的浓厚氛围。某汽车销售公司以旧充新,欺骗消费者,被判三倍赔偿购车款 139.8 万元;省法院抖音号发布如皋“诚信妻子”施建银工地扛钢管替亡夫还债短视频,获得近 4000 万点击、350 多万点赞。落实普法责任制,开展巡回审判 6396 次,制作微电影、微视频、微动漫 663 部,上好“法治公开课”;选派 939 名法官走进校园,举办 1260 场法治教育讲座,推进法治校园建设。省法院法官创作的《宁海路 75 号》《整卷少女》荣获全国法院优秀原创歌曲大赛特等奖,唱响献给祖国的公平正义之歌。

四、巩固提升攻坚战果,向“切实解决执行难”目标迈进

最大限度实现胜诉当事人合法权益。巩固扩大“基本解决执行难”三年攻坚战果,推进阶段性攻坚战向常态化持久战转变,确保执行力度只增不减、核心指标只升不降,实现“六个巩固、三个提高”目标,持续增强当事人胜诉获得感。常态化开展夜间执行、凌晨执行、假日执行 5949 次,实施搜查 17652 次、拘留 18125 人次、罚款 3099.8 万元,以拒执罪判处 163 人,发布失信被执行人名单 28.3 万人次。全年执结各类案件 634028 件,执行到位 1135 亿元。省法院、徐州中院、苏州中院、宜兴法院被最高人民法院和人社部联合表彰为“基本解决执行难”工作先进单位。

以改革思维破解执行难题。持续发力破解找人、查物、变现难题。完善执行查控机制,借助公安机关人脸识别系统、铁路公路机场进出站预警系统,查控被执行人 4293 名。完善司法网拍机制,研发网络询价系统,实现评估成本、时间“双归零”;新增司法网拍保证金保险等险种,吸引更多人参与竞拍,提升财产变现率,成交标的 24968 件、金额 559.6 亿元,为当事人节省费用 28 亿元。推广“一次性有效执行”“无纸化执行”,促进简案快执,提升执行效率,有财产可供执行案件法定期限内实际执结率达 98.2%,首次申请执行案件法定期限结案率为90%,同比上升14.8个百分点,平均结案期限缩短35.5天。完善执行案款管理机制,在全国率先研发自动推送系统,向申请执行人实时推送案款到账信息,向执行人员及时发送预警提示,确保执行案款及时发放。

健全切实解决执行难长效机制。贯彻中央全面依法治国委员会"一号文件"和最高人民法院新一轮执行工作五年纲要,制定40条措施,实现工作目标由"基本解决执行难"向"切实解决执行难"转变。全面推行执行指挥中心实体化运行"854模式",实现分权集约运行、全程闭环监管。强化公正、善意、文明执行理念,严禁超标的查封财产,积极探索失信惩戒分级分类和守信激励修复机制,审慎适用惩戒和限制消费措施,及时将9.9万名已履行义务的被执行人移出"失信黑名单"。完善执行案件监督管理机制,出台系列指导性意见,办结执行异议复议案件16332件,纠正4269件。"854模式"和多项机制创新作为"江苏经验"在全国法院推广。

五、持续深化司法改革,健全公正高效司法机制

深化司法责任制改革。压实院庭长监督职责,制定案件监督管理办法,细化院庭长权力清单和应当主动监督的"六类案件",确保放权到位、监督不缺位。完善法律统一适用机制,发挥审判委员会重大疑难案件定案把关和专业法官会议参谋咨询作用,推行类案和关联案件强制检索制度,调整优化省法院民事审判机构职能,出台业务指导性文件29份,发布参阅案例30个,着力防范"类案不同判"。全面完成基层法院内设机构改革,精简机构34.9%,实现管理扁平化直接化,推动提升司法效能。

深化诉讼制度改革。深化以审判为中心的刑事诉讼制度改革,会同省司法厅推行律师辩护全覆盖,启动非法证据排除程序157次,依法宣告30名自诉案件被告人和6名公诉案件被告人无罪,裁定准许检察机关撤回起诉116件,切实保障人权。强力推进案件繁简分流、轻重分离、快慢分道,大力推行速裁快审,宿迁两级法院全部设立速裁组织,速裁审结数占一审民事案件审结数的65.9%。在全国率先出台办理认罪认罚刑事案件指导意见,南京、苏州法院被全国人大常委会授权为民事诉讼程序繁简分流试点法院。完善调查令制度,会同省司法厅、省律师协会出台专门规定,保障和规范律师调查取证权。

深化多元解纷机制改革。创新发展新时代"枫桥经验",中基层法院全部参与"无讼村居(社区)"创建,推动"万人起诉率"全部纳入地方综治考核、"审务进基层、法官进网格"实现全覆盖,促进矛盾纠纷源头化解。会同司法行政机关在三级法院全部设立"诉讼与非诉讼对接中心";开通全国首个线上诉调对接平台"江苏微解纷",三个月来化解纠纷 3794 件;基层法院全部入驻"网上数据一体化处理"平台,成功调解道交事故赔偿纠纷 19540 件。推行诉讼风险智能评估系统,引导当事人理性选择解纷方式。深化调解前置试点,诉前调解婚姻家庭等八类纠纷案件 232927 件。经过不懈努力,诉源治理初见成效,新收一审民事案件同比增长 0.2%,增幅下降 5 个百分点,54 家基层法院收案出现负增长。

深化智慧法院建设。大力推进智慧审判、智慧执行、智慧服务、智慧管理建设,促进司法与现代科技深度融合。全面推广简案文书智能生成和集中送达等系统,以人工智能提高审判质效;研发审判监督和流程风险防控系统,扎牢数据铁笼,提升智慧监管水平。推广苏州中院首创的智能编目模式,撬动电子卷宗深度应用,便利法官高效办案、院庭长同步监管、当事人及时获取诉讼服务。南通中院成立全国首家"数助决策"地市级实践基地,以司法大数据评估社会矛盾纠纷,服务党委政府决策。淮安中院繁简分流自动识别系统获评全国政法智能化建设优秀创新案例。

六、坚持全面从严治院,努力锻造忠诚干净担当法院队伍

突出抓好政治建设。坚持把政治建设摆在首位,以新思想定向领航,从新思想寻策问道,将新思想作为培训必修课。认真贯彻《中国共产党政法工作条例》,主动向省委和省委政法委报告工作,协助配合省委政法委对部分法院开展政治督察。扎实开展"不忘初心、牢记使命"主题教育,组织"法院人初心四问"大讨论,排查突出问题,落实 25 项整改措施。推广新沂法院"融入式"党建经验,开展"一支部一品牌"创建活动,全员轮训基层党组织书记 1115 名,促进基层党建与审判执行工作有机融合。

持续推进正风肃纪。压紧压实主体责任,建立下级法院党组书记向上级法院党组述责述廉制度、上级法院党组派员参加下级法院党组民主生活会制度。主动接受省纪委监委监督指导，配合协同监督，严格落实《中国共产党问责条例》，省法院党组集中约谈中基层法院一把手21人次；协同组织部门对一些领导干部进行调整；坚持刀刃向内，集中整治队伍突出问题，查处利用司法权违纪违法人员167人，其中14人被追究刑事责任。整治形式主义、官僚主义，出台为基层减负16条措施，举办会议、发文数量同比分别减少50%、34%，有效防止"四风"问题反弹回潮。

着力提升司法能力。分级分类组织培训8964人次，举办"法学名家讲堂"，增强干警专业素养。江苏法官学院综合办学能力考评居全国法院第一位。持续开展庭审质量提升、裁判文书评选等活动，提升干警实战技能，8个案例入选最高人民法院指导性案例和公报案例，31个案件入选全国刑事、民事、行政、知识产权、环境资源等年度十大案件，7篇文书获评全国法院百篇优秀裁判文书。完善干部基层挂职交流锻炼机制，丰富干警多岗位工作经验。与相关高校建立合作共建机制，出台加强和改进调研工作27条措施，培养高层次审判人才。3名法官被评为全国模范法官，3名法官被评为全省优秀青年法学家，泰州中院王小莉、常州中院张建文等117人受到中央、最高人民法院和省有关部门表彰。

七、自觉主动接受监督，加强和改进法院工作

接受人大监督、政协民主监督。增强接受监督意识，让法官习惯于在监督环境下工作。向省人大常委会专题报告全省法院商事审判工作，认真落实审议意见。主动向政协通报工作，听取意见建议。办结省人大代表建议20件，省政协委员提案16件。建立省人大常委会交办涉诉涉法信访事项办理机制，办理此类信访事项587件。走访代表委员6422人次，邀请代表委员列席审委会、视察工作、旁听庭审、座谈交流等3208场28446人次。

接受检察机关监督。主动加强沟通，健全接受检察监督工作机制，共同维护公平正义。对省检察院提出监督意见的6件久押不决案件认真研究回复。审结抗诉案件592件，其中刑事案件264件，改判、发回重审126件；民事、行政案件328件，采纳和部分采纳抗诉意见，改判、发回重审、调解等253

件。办结各类再审检察建议 1140 件,裁定进入再审 832 件,其中采纳和部分采纳检察建议 630 件。

接受社会各界监督。多渠道汲取人民群众智慧,聘任特约监督员 124 名,人民陪审员参审案件 282808 件。深化司法公开,以公开促公正、保廉洁,公开裁判文书 135.1 万份,推送审判执行流程信息 605 万条,庭审直播数量在全国率先突破 100 万场,直播总量遥遥领先,13 家法院被最高人民法院评为优秀直播法院。

各位代表,全省法院工作的发展进步,离不开各级党委坚强领导、人大及其常委会有力监督、政府大力支持、政协民主监督以及社会各界和各级人大代表、政协委员关心支持。在此,我谨代表省法院表示衷心的感谢和崇高的敬意!

我们清醒地认识到,全省法院工作还存在一些问题和不足:贯彻新发展理念的思路需要进一步开阔,服务高质量发展的针对性实效性有待进一步增强;司法改革整体效能仍需优化,案多人少矛盾尚未得到根本有效解决;一些法官的宗旨意识、司法理念和能力作风距离人民群众的司法需求还有差距;干警违纪违法依然严峻,个别法院问题突出,有的甚至涉黑恶腐败,严重损害司法公信。对此,我们将采取有效措施,着力加以解决。

今年全省法院工作总体考虑

新的一年,我们将持续在学习新思想中解放思想、统一思想,全面贯彻党的十九届四中全会、省委十三届七次全会和本次会议精神,深化高质量司法实践,加强审判体系和审判能力现代化建设,为推进“中国之治”江苏实践和“强富美高”新江苏建设提供更加有力的司法保障。

一是在服务大局上展现更大作为。坚定不移贯彻新发展理念,服务保障“一带一路”建设、长江经济带发展、长三角区域一体化发展等重大战略实施。依法平等保护市场主体合法权益,营造更加稳定公平透明、可预期的法治化营商环境。服务保障创新驱动,助力先进制造业体系建设。做好涉外商事海事审判工作,打造争端解决优选地。落实最严格的生态环境司法保护制度,促进环境保护与经济发展协同共进。

二是在为民司法上提供更优服务。依法惩治各类刑事犯罪，持续推进扫黑除恶专项斗争，为“长效常治”夯实根基。积极回应人民群众关切，妥善审理涉民生案件，加快推进“两个一站式”建设，努力提供质量更好、效率更高、成本更低的司法产品。加强综合治理，完善长效机制，推动从源头切实解决执行难。深化司法公开，建设更加开放、动态、透明、便民的阳光司法机制。

三是在司法改革上实现更大突破。深入推进司法体制综合配套改革，强化诉源治理、强化监督管理、强化制度衔接、强化科技助力，努力解决影响司法公正与效率的深层次问题。完善多元化矛盾纠纷解决体系，推动社会治理共建共治共享。做好民事诉讼程序繁简分流改革试点工作，进一步提升司法效能。推动智慧法院建设转型升级，让司法更智能、更便捷、更高效。

四是在队伍建设上取得更好成效。把守初心担使命作为终身课题常抓不懈，加强思想淬炼，增强制度自信。围绕审判能力现代化目标要求，突出实战实用实效导向，创新教育培训模式，加强年轻干部培养，充分释放“三项机制”功效，全面提升司法能力。健全从严管理监督体系，持续正风肃纪反腐，努力建设一支革命化、正规化、专业化、职业化法院队伍。

各位代表，新的一年，我们将牢记初心使命，助力良法善治，勇于担当作为，锐意创新进取，低调务实不张扬，紧扣大局扎实干，不断开创江苏法院工作新局面，为推动高质量发展走在前列，谱写江苏“强富美高”新篇章作出更大贡献！

附录 4

江苏省高级人民法院工作报告

——2021 年 1 月 28 日在江苏省第十三届
人民代表大会第四次会议上

江苏省高级人民法院院长　夏道虎

各位代表:

现在,我代表江苏省高级人民法院向大会报告工作,请予审议,并请各位政协委员提出意见。

2020 年全省法院工作

一年来,全省法院坚持以习近平新时代中国特色社会主义思想为指导,认真贯彻中央、省委、最高人民法院决策部署和省十三届人大三次会议精神,紧紧围绕"努力让人民群众在每一个司法案件中感受到公平正义"目标,深化高质量司法实践,以为民司法书写忠诚,以公正司法诠释担当,服务保障疫情防控和经济社会发展,为"强富美高"新江苏建设作出了积极贡献。全省法院受理案件 202.5 万件,审执结 179.6 万件,同比分别下降 10.4%、9.6%;省法院受理案件 33705 件,审执结 18214 件,同比分别上升 25.7%、11.2%。

一、强化司法应对,服务保障夺取"双胜利"

依法维护抗疫秩序。面对突如其来的新冠疫情,全省法院闻令而动,共组织 11.8 万人次投身抗疫一线,参与依法防控。省法院组织疫情应对专题调研,出台 19 份审判业务文件,加强常态化应对的分类指导。一审审结暴力伤医、制假售假、造谣传谣等犯罪案件 827 件,5 个案例入选全国法院惩处妨害疫情防控犯罪典型案例。建湖法院对拒不遵守防疫规定、殴打医生的唐修伟从严惩处，依法保护"最美逆行者"。宜兴法院紧急解冻远东集团银行账户，支持该企业驰援武汉火神山、雷神山医院建设。

精准服务"六稳""六保"。一审审结涉疫情民事、行政案件2847件，4个案例入选全国法院服务保障复工复产典型案例。依法保护市场主体，发挥破产重整制度功能，促进56家企业摆脱困境。南通中院依法延长磐宇公司破产重整期限，推动恢复口罩生产，帮助企业"起死回生"。推动落实金融惠企政策，纾解企业资金困难。苏州中院调解两起案值达5.5亿元的金融案件，引导双方达成延期还款协议，盘活了企业流动资金。加强涉疫情民生保障，妥善审理涉教育培训、房屋租赁等案件，合理平衡当事人利益，引导各方共担风险、共克时艰。

在线高效办理案件。全省法院网上立案62.1万件，网上开庭7.7万件，网上调解5.1万件，网络查控109.1万件次，实现"审判执行不停摆，公平正义不止步"。省法院研发全国首个庭审小程序"互联网开庭"，实现"指尖诉讼、网上解纷"。与省公安厅在全省推广驻看守所科技法庭，有效破解刑事被告人"出不来、进不去"的开庭难题。南通中院研发"支云"在线庭审系统，被最高人民法院安装应用，成为援助湖北的三个信息化建设项目之一。

二、依法惩治犯罪，推进更高水平平安江苏建设

决战决胜扫黑除恶专项斗争。三年来，全省法院以雷霆之势推进扫黑除恶，一审审结涉黑涉恶案件1125件，判处8063人；集中攻坚大案要案，5件全国扫黑办挂牌督办案件全部审结，圆满完成"案件清结"任务。树牢铁案意识，依法改变涉黑涉恶案件定性25件，依法建议变更起诉22件。严惩黑恶势力保护伞、关系网，审结相关案件270件，判处290人；开展"大排查大起底"，移送"伞""网"线索429条。对5年来涉黑涉恶罪犯减刑假释案件开展"回头看"，确保刑罚变更执行依法严格规范。开展"黑财清底"专项执行，执结1656件，执行到位29.5亿元。建立健全组织领导、依法严惩、"打财断血"等17项制度机制，积极参与重点行业专项整治，发送司法建议938条，推动堵漏建制、长效常治。

依法惩治各类刑事犯罪。一审审结刑事案件7.7万件,其中故意杀人等暴力犯罪案件4999件。依法判处“28年前南医大女生被害案”“马氏兄弟暴力抗法案”“单正龙奸杀女童案”被告人死刑,除恶务尽决不手软。依法惩处“多次从楼顶抛重物”“生猪检疫徇私舞弊”“单手飙车时速超250公里”等犯罪行为,维护群众头顶上、舌尖上、车轮上的安全。审结全国首例用“暗网”传播淫秽物品牟利案等网络犯罪案件,维护安全清朗网络环境。一审审结“3·21”爆炸事故案,依法惩处53名被告人和7个被告单位;建立安全生产案件必发司法建议制度,服务提升本质安全水平。

始终保持惩治腐败高压态势。一审审结贪污贿赂、渎职等案件861件,判处892人,其中龚怀进、张东海等原厅局级以上干部12人,县处级73人。审结最高人民法院指定管辖的项俊波、孟伟、赵洪顺等重大职务犯罪案件,巩固反腐败斗争压倒性胜利成果。审结贪污挪用、虚报冒领扶贫款等案件51件,坚决斩断伸向扶贫资金的黑手。持续开展职务犯罪涉财执行行动,执结案件184件,执行到位2.3亿元。积极参与国际追逃追赃专项行动,决不让腐败分子逍遥法外。

三、围绕中心大局,依法护航高质量发展

优化法治化营商环境。贯彻新发展理念,服务保障重大战略实施,深入推进南京法治园区建设,进一步集聚优质司法资源。一审审结商事案件12.6万件,标的额1663.2亿元。服务长三角一体化发展,与沪、浙、皖高院和四地知识产权局建立科技创新知识产权司法与执法协作机制;四地高院共同发布24个典型案例,统一区域裁判尺度。服务民营经济发展,联合省工商联建立服务民营经济协作机制,开展“以案释法进民企”等系列活动,促进企业防范风险、合规经营。宜兴法院依法支持企业和金融机构,运用物联网技术创新质押和贷后监管方式,帮助70多家企业获得贷款13.5亿元,既有效增强了银行放贷安全感,又有效缓解了中小微企业融资难融资贵问题。服务供给侧结构性改革,依托省政府支持,在全国率先实现企业破产处置府院联动省市县全覆盖,与省税务局建立企业破产涉税事项办理机制;成立南京、苏州破产法庭,完善专业化审判机制;审结破产案件2263件,化解不良债权1433.7亿元,安置职工4.2万人，盘活土地房产5559.6万平方米。溧阳法院在“申特系”企业破产重整中，推动整体出租经营，实现炼钢高炉“不熄火”，3000员工“不下岗”，帮助企业引入战略投资176亿元，形成千亿级新产能。

促进创新驱动发展。牢固树立“保护知识产权就是保护创新”理念，一审审结知识产权案件1.9万件；在45件案件中依法适用惩罚性赔偿，最高判赔4000万元。强化科技创新司法保护，加强涉生物医药、集成电路等战略性新兴产业专利案件审判工作，服务我省现代产业体系建设。维护知识产权领域国家安全，制定加强涉外知识产权审判15项措施，向省委省政府专题报告涉外技术类案件审理情况，推动解决“卡脖子”问题。在华为公司与康文森公司专利纠纷案中，首次判决确定我国企业使用外国标准必要专利许可费率，为最高人民法院最终促成双方全球和解打下良好基础，有力维护了我国司法主权和企业合法权益。强化著作权保护，服务文化产业发展，与省版权局推动吴江丝绸产业成为世界知识产权组织版权保护优秀案例示范点；淮安中院一审审结童话大王郑渊洁实名举报、中宣部等四部门挂牌督办的特大制售盗版出版物案，入选“中国2020年度十大版权热点案件”。

防范化解金融风险。一审审结金融案件7.4万件，标的额903.7亿元，发布金融审判白皮书和典型案例。持续参与非法金融活动专项整治，建立防范和打击“套路贷”及虚假诉讼“333”机制，有效遏制此类违法犯罪，金融环境持续净化，新收一审民间借贷案件同比下降30.2%。审结“爱晚系”“统资联”等集资诈骗案件，有序推进涉案财产处置，最大限度减少群众损失。妥善审理债券违约、证券虚假陈述等重大案件，南京法院依法审结“原油宝”系列案件全国第一案，在全国首次批量适用代表人诉讼审理证券虚假陈述案，维护资本市场秩序。

服务高水平对外开放。聚焦构筑高水平对外开放新高地，打造涉外商事海事争端解决优选地。一审审结涉外、涉港澳台案件1614件，办理司法协助案件673件。加快专业化建设，在苏州设立全国首家地方法院国际商事法庭，成立仅一个月即受理案件213件，审结60件，有力服务开放创新发展。南京海事法院成立一年来，受理案件2306件，标的额74.2亿元，审执结1621件，当事人涉及“一带一路”沿线30多个国家和地区;与省交通厅、江苏和连云港海事局建立协作机制,扣押船舶123艘;在一起船舶建造案中,挪威船东主动选择南京海事法院管辖,27天即调解结案。江苏海事司法开局良好,国际影响力显著提升。

四、践行为民宗旨,推动创造高品质生活

强化民事权益保护。一审审结民事案件65.5万件,加强涉医疗、教育、就业等民生案件审理,努力让群众拥有实打实的司法获得感。加强人格权保护,审结“朋友圈发帖骂人案”,判令骂人者赔礼道歉并赔偿精神损失;审结“可视门铃侵犯邻居隐私案”,判令拆除门铃,明确自由有限度,权利有边界;审结“胚胎移植手术被拒案”,判令医院为遗孀继续实施移植手术,让司法散发出人性光辉。开展人身损害赔偿城乡统一标准试点,平等保护城乡居民人身权益。参与根治欠薪专项行动,快审快执相关案件,为农民工追回“血汗钱”9.4亿元。加强涉军维权审判,做好涉军停偿下篇文章,切实维护国防利益和军人军属合法权益。

推动打造生态宜居的美丽江苏。一审审结环资案件9328件。审结特大象牙制品走私案,依法严惩犯罪分子,有力践行我国坚决履行生物多样性保护的庄严承诺。创新裁判执行方式,推动筑牢美丽江苏生态基底。在胜科公司公益诉讼案中,积极促成双方调解,企业以“现金+替代性修复”方式赔偿4.7亿元,促进生态环境修复、企业技改升级“两不误”,入选中国十大公益诉讼。淮安中院推动建立全国首个凹土协同保护机制。连云港法院发挥生态修复基地作用,扩容补植423亩,增殖放流鱼虾苗120万尾。落实“长江十年禁渔”重大决策,联合省检察院、省公安厅、省农业农村厅制定严惩非法捕捞刑事犯罪意见,坚决守护“水韵江苏”。镇江中院联合有关部门移除破产企业607吨危化品和固废物,有效避免污染长江。苏州中院牵头大运河沿线6家基层法院联合制定11项措施,保护大运河自然风貌和历史文化。系统总结环境资源审判机制、审判模式、裁判规则、执行方式等创新成果,形成《中国环境司法改革之江苏实践》,我省环资审判“9+1”机制被中央深改委办公室转发推介。

促进和谐家庭建设。持续推进家事审判改革，借助调解员、调查员和心理疏导员等社会力量，巧断家务事。一审审结婚姻家庭案件9.6万件，2个案例入选全国法院人身安全保护令十大案例。保护未成年人合法权益，审结抚养案件8153件。认真做好轻罪记录封存、心理疏导等工作，帮助失足少年回归社会。严惩夸大药品保健品功效、诈骗老年人钱财等犯罪，依法守护百姓“养老钱”。审结赡养案件1618件，发布涉老审判白皮书和典型案例，弘扬敬老爱老传统美德。睢宁法院审结“空巢老人要求子女探望案”，判令子女“常回家看看”，让老人得到亲情慰藉。

学习宣传贯彻民法典。充分发挥人民法院贯彻实施民法典主力军作用，组织编写《民法典重点条文实务详解》，开展全员培训，清理废止审判业务文件75份。成立“民法典宣讲团”，深入机关、军队、社区、企业、学校开展宣讲2996场。利用新媒体发布宣传作品2434期，制作微电影微视频258个，仅无锡中院《民法典的深情与厚意》网络直播就吸引50万人次观看。与省司法厅合作编写《漫画民法典》，邀请著名漫画家参与创作，精选76个典型案例解读民法精神，让民法典走进千家万户。

五、有效化解纠纷，促进实现高效能治理

大力推进一站式多元解纷和诉讼服务体系建设。将诉前调解、立案登记、速裁快审、送达保全等集中到诉讼服务中心，努力让老百姓“走进一个门、事务一站清”。与司法行政机关整合7种非诉解纷资源，与省消保委、人行南京分行分别建立商品房、金融纠纷联动化解机制，完善非诉解纷体系。淮安中院争取市委、市人大常委会支持出台诉前调解40项措施，泰兴法院邀请全国人大代表何健忠设立和谐驿站调解工作室，宿迁法院打造驻院调解、律师调解、乡贤调解、行业调解四大平台，形成了各具特色的纠纷化解品牌。全省法院诉前成功调解纠纷20.1万起，同比增长2.2倍；新收民事一审案件同比下降13.9%，96%的基层法院实现收案总量下降。推进诉讼服务集约化，集中送达实现三级法院全覆盖，跨域立案升级为全域服务，“送达难”问题得到根本性改观，“家门口”的诉讼服务更加便捷高效。

积极参与基层社会治理。下好源头预防“先手棋”，推动“无讼村（居）”

建设,持续开展“法官进网格”活动,就地参与调处纠纷25万余起。常州武进法院指导晨山村委会修订“外嫁女”土地权益村规民约,“一揽子”化解纠纷20余起。发挥人民法庭“前沿阵地”作用,审结案件26.7万件。积极推进“一法庭一品牌”建设,“法润乡风”“左邻右理”等品牌得到当地群众普遍认可。

依法妥善处理行政争议。一审审结行政案件15081件。坚持行政审判年报制度,针对行政执法中的问题提出意见建议,助力法治政府建设。强化行政争议实质化解,与省司法厅建立预防化解行政争议联席会议机制,开展行政诉讼法律援助改革试点,配合推进行政机关负责人出庭应诉,一审行政案件协调撤诉率达27.4%。支持监督依法行政,推进行政案件集中管辖全覆盖,探索行政非诉执行案件裁执分离,提升行政审判公信力。连云港中院在全国首创行政调解协议司法确认制度,入选全省十大法治事件。南通开发区法院依法确认冒名婚姻登记行为无效,帮助尚女士彻底解决5次“被结婚”问题,入选2020年人民法院十大案件。

弘扬社会主义核心价值观。充分发挥司法教育、评价、指引、规范功能,审理“鱼塘偷钓溺亡案”“醉酒攀桥坠亡案”,依法认定管理人不违反安全保障义务,不让守法者为他人过错埋单;审理“捐款建桥被索赔案”,依法判令捐款者不承担赔偿责任,不让公益热心变寒心;审理“共享单车进小区被拒案”,依法支持物业公司正常管理,维护小区共治共享;审理“团伙碰瓷勒索案”,依法追究刑事责任,让碰瓷者付出沉重代价。通过一系列案件审理,明辨是非、惩恶扬善,树立正气正义,传递法治正能量。

六、健全长效机制,稳步推进“切实解决执行难”

坚持常态化执行攻坚。开展涉民生、金融债权等六大专项行动,保持执行力度只增不减、核心指标只升不降,最大限度实现胜诉当事人合法权益。组织夜间执行、假日执行3038次,决定拘留2260人次、罚款2145.9万元,判处拒执罪116人。执结68万件,执行到位1085.6亿元,平均结案时间同比减少11.2天。

强化善意文明执行。制定34条措施,将善意文明理念贯彻执行全过程。推广无锡中院“物联网+执行”模式,应用物联网电子封条和称重系统,扩大

“活封”范围,降低处置成本,最大限度减少对被执行人生产生活的影响。南京江宁开发区法院首次裁定准许以保险保函作为解封担保,既保障债权人利益,又不影响债务人经营。完善失信惩戒分级分类和守信激励修复机制,依法及时删除失信被执行人信息11.2万条、解除限制消费13.4万人次。

深化执行难综合治理。争取省委全面依法治省委员会支持出台实施意见,建立31家单位组成的联席会议制度,综合治理执行难协作机制进一步完善。迭代升级执行“854”模式,让胜诉权益在“最后一公里”加速实现。深入推进“执转破”,将2708个企业移送破产审查,促进市场主体有序退出。开展“与个人破产制度功能相当的改革试点”,给诚实而不幸的债务人“重生”机会。

七、深化司法改革,不断提升审判质效和公信力

深化审判权制约监督。制定司法责任制综合配套改革实施意见,细化8类办案人员权责清单203条,研发审判监督管理平台,构建起多层闭环监管体系,在政法领域全面深化改革推进会上,作为全国法院系统代表介绍经验。盐城中院研发流程节点管控平台,入选全国法院司法改革案例。分别出台审委会、专业法官会议、合议庭工作规则,健全类案强制检索报告机制,制定审判业务文件27份,发布参阅案例32件,着力解决“类案不同判”问题。

深化诉讼制度改革。贯彻全国人大常委会试点决定,出台17项民事诉讼繁简分流改革措施,指导南京、苏州法院扎实推进试点工作,通过制度创新激发司法效能。试点法院适用简易程序和小额诉讼程序审结案件数同比上升10.3%;适用独任制审结的民事二审案件无一进入再审。深化以审判为中心的刑事诉讼制度改革,启动非法证据排除程序128次,依法宣告4名公诉案件被告人、20名自诉案件被告人无罪,裁定准予撤回起诉52件,切实保障人权。依法审理国家赔偿案件334件,向3343名困难群众发放救助金6365万元,让人民群众感受司法的公正和温暖。

深化智慧法院建设。持续推进智慧审判、智慧执行、智慧服务、智慧管理建设,努力以数字正义实现更高水平的公平正义。升级“套路贷”虚假诉讼智能预警系统,被确定为全国法院唯一试点。“江苏微解纷”线上平台,获评全国电子政务卓越奖。“无讼淮安”多元调解平台，获评全国智慧法院十大创新案例。南通法院智慧警务平台，被最高人民法院向全国推广。在智慧法院建设评价指数中，省法院居全国高院第一位，全省法院居全国第三位。

深化司法公开。全省法院直播庭审59.5万场，直播场次和案件占比稳居全国首位。全国法院第1000万场庭审直播在南京环资法庭举行，央视《新闻联播》等主流媒体集中报道。江苏庭审直播经验在全国推广，14家法院获评全国优秀直播法院。公开裁判文书189.7万份，继续保持全国前列。推送审判执行关键节点信息542.6万条，让流程更透明、让当事人更安心。

八、从严管党治院，努力打造高素质法院队伍

把政治建设摆在首位。坚持以新思想武装头脑、指导实践、推动工作，组织开展习近平法治思想专题学习。认真接受省委巡视，狠抓问题整改落实。巩固深化主题教育成果，扎实开展“两个坚持”专题教育和“忠诚核心、勇担使命”主题实践活动。推进基层组织力提升，新沂法院17年持续开展“融入式”党建，最高人民法院召开现场会并发文推广；扬州、泰州中院和镇江润州法院创新经验入选全国法院党建优秀案例。

持之以恒正风肃纪。严格落实全面从严治党主体责任，组织中级法院和南京海事法院党组书记向省法院党组述责述廉，参与相关市委对9家中院的巡察。严格落实防止干预司法“三个规定”，组织开展“三个以案”警示教育和风险点排查整治，实现风险排查人员、岗位全覆盖。坚决清除害群之马，查处利用司法权违纪违法人员95人，11人受到刑事处罚。抓好队伍教育整顿试点指导工作，制定17项措施，成立工作专班进驻徐州对接指导，徐州中院试点做法入选人民法院年度十大新闻。

全面加强履职能力建设。推进“五好五强”领导班子建设，注重培养选拔优秀年轻干部。聚焦审判实务疑难问题，分级分类培训13.1万人次，江苏法官学院被最高人民法院评为“突出贡献分院”。完善人才培养机制，依托省委组织部实施名校优生专项计划，招录50名优秀法科毕业生；开展法官助理分阶培养改革试点，为法官队伍储备人才。强化实践锻炼和专业训练，提升司法能力。7篇裁判文书获评全国“百优”文书，5场庭审获评全国“百优”庭审，10个案例入选最高人民法院指导性案例和公报案例,269个案例入选全国典型案例。

自觉主动接受各方监督。向省人大常委会专题报告知识产权审判工作,认真落实审议意见。主动向省政协通报工作,听取意见建议。省人大代表建议20件、省政协委员提案18件全部办结。办理省人大常委会交办涉诉涉法信访事项943件,走访代表委员14502人次,组织人大代表跨省、跨市视察法院工作,邀请代表委员列席会议、旁听庭审等2289场22075人次。依法接受检察机关诉讼监督,开展检察院调阅法院已生效民事、行政案件副卷试点;审结刑事抗诉案件261件,改判、发回重审92件;审结民事、行政抗诉案件167件,改判、发回重审、调解119件;办结各类再审检察建议844件,采纳或部分采纳检察建议462件。

各位代表,在极不平凡的2020年,全省法院知重负重、拼搏担当,圆满完成审判执行任务,结案率和结收案比明显提升,未结案数大幅减少,法官人均办案293.2件,39项工作受到省级以上领导批示肯定,30项工作在全国性会议上作经验交流,85个集体、154名个人受到中央、最高人民法院和省有关部门表彰。这些成绩的取得,离不开各级党委坚强领导、人大及其常委会有力监督、政府大力支持、政协民主监督以及社会各界和各级人大代表、政协委员关心支持。在此,我谨代表省法院表示衷心的感谢和崇高的敬意!

我们清醒认识到,全省法院工作还存在不少问题和不足,主要是贯彻新发展理念的思路仍需进一步开阔,服务新发展格局、保障高质量发展的司法贡献度有待进一步提升;司法改革系统性协同性有待增强,审判权制约监督机制还需完善;少数干警宗旨意识、司法理念和能力作风还不适应新时代发展要求,违纪违法仍时有发生。对此,我们将采取有效措施,切实加以解决。

今年全省法院工作总体考虑

新的一年,我们将坚持用新思想解放思想、统一思想,全面落实党的十九届五中全会、省委十三届九次全会和本次会议精神,聚焦“争当表率、争做示范、走在前列”重大使命,更加注重系统观念、法治思维、强基导向,全面深化高质量司法实践,为“十四五”开好局、全面建设社会主义现代化起好步提供有力司法保障。

一是在强化理论武装上取得新成效。开展习近平法治思想全员轮训，筑牢理论根基，坚定理想信念。旗帜鲜明讲政治，不断提升政治判断力、政治领悟力、政治执行力，以忠诚履职践行“两个维护”。深入贯彻《中国共产党政法工作条例》及省委实施意见，把党的领导优势更好转化为司法治理效能。

二是在服务中心大局上展现新作为。发挥知识产权司法保护主导作用，促进创新引领和科技自立自强。加强司法反垄断和反不正当竞争，维护公平竞争的市场秩序。贯彻实施长江保护法，服务保障长江经济带高质量发展。依法惩治刑事犯罪，推动扫黑除恶常态化，立足审判创造性应对各类风险挑战。

三是在践行司法为民上推出新举措。以民法典实施为契机，提升民事权利保护水平，用精准审慎的司法裁判回应时代需求、群众关切。推动多元解纷和诉讼服务跨越式发展，努力提高群众便捷诉讼的体验感和满意度。强化人民法庭建设，提升基层司法水平，服务全面推进乡村振兴和基层社会治理。推进执行工作现代化建设，持续增强当事人胜诉获得感。

四是在深化司法改革上打造新亮点。推进司法责任制综合配套改革，完善司法权制约监督体系。推进以审判为中心的刑事诉讼制度改革，保障律师依法履职，发挥审判对侦查起诉的制约引导作用。推进民事诉讼程序繁简分流改革试点，努力形成具有开创性、前瞻性的江苏经验。在更高起点上全面深化智慧法院建设，更好解放新时代司法生产力，为公平正义助力加速。

五是在锻造过硬队伍上迈出新步伐。全面开展队伍教育整顿，刀刃向内、自我革命，确保法院队伍绝对忠诚、绝对纯洁、绝对可靠。以钉钉子精神贯彻中央八项规定精神，严格执行防止干预司法“三个规定”等铁规禁令，以零容忍态度惩治司法腐败。加强司法能力建设，健全完善优秀人才选拔培养机制。更加主动接受监督，诚恳听取意见建议，不断加强和改进法院工作。

各位代表，征途漫漫，惟有奋斗。新的一年，我们将立足“两个大局”，心怀“国之大者”，践行初心使命，坚守公平正义，助力良法善治，用实干创造，用奋斗作答，不断开创全省法院工作新局面，为谱写江苏“强富美高”现代化新篇章作出更大贡献，以优异司法业绩庆祝建党 100 周年！

附录 5

江苏省高级人民法院工作报告

——2022 年 1 月 22 日在江苏省第十三届
人民代表大会第五次会议上

江苏省高级人民法院院长　夏道虎

各位代表：

现在，我代表江苏省高级人民法院向大会报告工作，请予审议，并请各位政协委员提出意见。

2021 年全省法院工作

2021 年，全省法院坚持以习近平新时代中国特色社会主义思想为指导，深入贯彻习近平法治思想，认真落实中央、省委、最高人民法院决策部署和省十三届人大四次会议决议，以党史学习教育和政法队伍教育整顿为契机强化队伍建设，以“努力让人民群众在每一个司法案件中感受到公平正义”为目标狠抓执法办案，以精准服务中心大局为首任履职尽责，为我省实现“十四五”发展和现代化建设良好开局作出了积极贡献。全省法院受理案件 204.8 万件，审执结 180.8 万件，分别上升 16.8%、17.9%；省法院受理案件 3.8 万件，审执结 2.5 万件，分别上升 13.6%、39.7%。

一、贯彻新发展理念，服务保障经济社会高质量发展

服务创新驱动发展。加强知识产权司法保护，优化科技创新法治环境，一审审结知识产权案件 2.9 万件，最严格知识产权司法保护工作获评全省政法工作优秀创新成果特等奖。持续加大侵权损害赔偿力度，对 80 件案件适用惩罚性赔偿,增长56.9%,最高判赔1亿元。服务科技自立自强和数字经济发展,经最高人民法院批准增设无锡、徐州知识产权法庭,在南京、苏州设立集成电路、互联网知识产权保护调研基地,协同工信厅等部门走访34家突破"卡脖子"技术攻关揭榜挂帅企业,提级审理一批涉5G、生物医药等重大技术类案件,服务关键核心技术攻坚战。审结侵害圣奥公司技术秘密案,判决侵权人赔偿2亿多元,保护了企业世界领先的技术权益。严惩盗版、恶意抢注等侵权行为,扬州、淮安中院等7家法院获评全国查处侵权盗版重大案件有功单位。

优化法治化营商环境。一审审结商事案件14.8万件,标的额1764.5亿元。出台保护产权和民营企业13条措施,严格区分经济纠纷与经济犯罪,保护企业家人身和财产安全,3个案例入选全国法院助推民营经济高质量发展十大案例;开展涉企积案清理专项行动,审执结案件2978件;协同省工商联推进商会商事调解,定期推送典型案例,化解商事纠纷3512起;强化善意文明司法,推广"物联网+执行"等"活封活扣"措施,最大限度减少对企业生产经营的影响。加强反垄断和反不正当竞争司法,审结案件675件,判决强制商户"二选一"的平台企业构成不正当竞争,维护公平竞争市场秩序。服务长三角一体化发展,与沪浙皖法院建立执行、金融、海事、知产等司法协作机制。服务供给侧结构性改革,审结破产案件3953件,化解不良债权2688亿元,安置职工3.5万人,盘活土地房产2194万平米,一批企业经清算有序退出市场,百年老店"乾生元"等183家企业经重整获得新生。在"雨润系"78家公司合并破产重整案中,南京中院指导企业引入战略投资,有效整合资源,化解债务近800亿元,企业员工和产业链近5万人就业得以保障。在国家优化营商环境评价中,南京、苏州法院牵头的3个指标均获评全国"标杆"。

服务美丽江苏建设。深入践行"两山"理念,深化"9+1"机制改革,用最严格制度最严密法治保护生态环境,一审审结环资案件10736件。聚焦打好污染防治攻坚战,审结环境污染案288件,判决未依照环保新规达标升级的大吉公司承担556万元生态修复赔偿金,督促企业减少污染排放。贯彻《长江保护法》和"十年禁渔"重大决策,出台14条司法意见,审结非法捕捞案305

件,会同农业农村厅等部门增殖放流鱼苗1100多万尾,“特大非法捕捞鳗鱼苗案”入选联合国环境规划署十大环境资源典型案例。完善大运河司法保护机制,依法审理非法排污、古建筑保护等案件,促进河道治理和文化遗产保护。加强生物多样性保护,审结野生动物保护案351件,南京、无锡、常州等地法院与动物园建立收养救治协作机制,有效保护涉案野生动物。协同中华环保联合会举办全国大学生环境资源模拟法庭大赛,编写出版《漫画生物多样性保护》,运用25个典型案例释法明理,促进全社会提升生态环保意识,被央视《读书》栏目纳入名编荐书系列予以推荐。省法院在世界环境司法大会上作专题发言,向世界展示江苏生态环境司法的生动实践。

服务全面推进乡村振兴。组织全省人民法庭开展“乡村振兴服务有我”品牌创建,在张家港、如东、涟水等法院设立8个司法服务乡村振兴实践基地,助力建设新时代鱼米之乡。审结农地“三权分置”案1854件,护航高标准农田建设和农业规模化经营。镇江中院妥善化解山水湾公司土地承包纠纷,900亩特色农业承包协议得以继续履行,既保障了村民收入和企业发展,又改善了基础设施和生态环境。依法保护植物新品种权,促进种业振兴,3个案例入选全国法院种业司法保护十大案例。

服务全面开放新格局。制定服务保障对外开放工作纪要,设立南京、连云港自贸试验区法庭和徐州淮海国际港务区法庭,与国际商事调解、仲裁机构合作构建调解、仲裁、诉讼有机衔接的一站式纠纷解决机制,依法平等保护各类市场主体和中外当事人合法权益。一审审结涉外商事海事、涉港澳台等案件2867件,办理司法协助675件。南京海事法院推出服务“一带一路”14项措施,高效化解海事海商纠纷,4起案件当事人主动选择或将国外仲裁变更为南京海事法院管辖,海事司法国际影响力持续提升。苏州国际商事法庭建立中立评估调解和外国法查明机制,适用埃塞俄比亚法律判决一起跨境股权纠纷案,得到该国行政部门直接认可和执行,有效维护了我国投资人海外权益。

二、贯彻总体国家安全观,着力推进更高水平平安江苏建设

维护国家安全和社会稳定。一审审结刑事案件7.5万件,判处11万人。

坚定捍卫国家政治安全，严惩间谍、煽动颠覆国家政权等犯罪。保持对严重危害社会治安犯罪高压态势，审结故意杀人、抢劫等暴力犯罪案4791件，对残忍杀害瘫痪老人的保姆虞海娣依法判处死刑，对“原南京医学院女学生被害案”罪犯麻某钢依法执行死刑。深入推进禁毒斗争，审结毒品犯罪案1538件，2个案例入选全国法院毒品犯罪十大案例。常态化扫黑除恶，建立打财断血、综合治理等18项制度机制，审结涉黑涉恶及“保护伞”案127件495人，依法处置“黑财”42.9亿元。

守护群众生产生活安全。严厉打击“杀猪盘”“兼职刷单”等电信网络诈骗犯罪，积极参与“断卡”行动，从严从快审结案件2897件，为群众挽回损失1.8亿元；对被告人达800多名的“10·30”跨境电信网络诈骗案、涉案金额近30亿元的“创赢集团”网络诈骗案罪犯依法严惩。贯彻新生效的刑法修正案，溧阳法院审结全国首例高空抛物罪案，维护群众头顶上的安全；江阴法院审结行车途中殴打大巴司机案，维护群众出行安全。审结危害食品药品安全犯罪案561件，维护百姓餐桌安全、用药安全。审结重大安全事故犯罪案422件，依法惩处“非法流动加油车爆燃”“违章驾驶导致危化品泄漏”等犯罪，促进提升本质安全水平。

依法严惩腐败犯罪。完善监察与刑事司法衔接机制，一审审结贪污贿赂、渎职等犯罪案件927件1060人。保持“打虎”“拍蝇”高压态势，依法审理陈刚、任华等原省部级干部，周建强等原厅局级干部职务犯罪要案25件，依法惩处“小官巨贪”犯罪行为，彰显有腐必惩、有贪必肃坚强决心。坚持行贿受贿一起打，一审审结行贿、介绍贿赂案87件95人，斩断“围猎”利益链。加大赃款赃物追缴力度，追缴到位2.8亿元，努力挽回国家和人民损失。

着力防范化解风险。一审审结金融案件9.8万件，标的额1082.5亿元，维护金融安全和市场秩序。会同省监委、人行南京分行建立预防打击洗钱犯罪协作机制，严惩内幕交易、洗钱等犯罪，对资本市场犯罪零容忍。审结涉众型经济犯罪案1238件，扬州中院一审审结“联宝”特大非法集资案，对主犯欧年宝顶格判处无期徒刑，责令退赔违法所得59亿元。妥善审理大型企业涉诉案件，协同推进重大风险化解处置。有效化解“淮海青年城”“花开富贵”等

197家“问题楼盘”债务纠纷，协助购房人解决办证和子女入学等问题，防范化解房地产领域风险。

三、坚持人民至上，依法维护群众合法权益

强化民生司法保障。一审审结民事案件79.5万件，加强涉教育、就业、医疗、住房、社保等案件审理，努力增强群众司法获得感。秉持平衡保护理念，审结劳动纠纷案4.3万件，既保护劳动者合法权益，又尊重企业正当用工自主权；经最高人民法院批准在苏州设立全国首家劳动法庭，会同人社厅等部门联合制定实施意见，切实保护“快递小哥”等新业态劳动者合法权益。扎实开展根治欠薪行动，通过快审快执为农民工追回血汗钱11.6亿元。强化涉军司法服务，审结案件147件，维护国防利益和军人军属合法权益。依法审理群众身边的“小案”，妥善化解“进小区强制刷脸”“老小区加装电梯”“物业拒绝配合安装充电桩”等纠纷，努力把是非判清、规则判明、人心判暖。

加强“一老一小”司法保护。维护老年人合法权益，依法制裁“强行啃老”、理财骗局坑老害老行为，严惩虐待、遗弃老年人犯罪。陆老太将三套房产全部赠与孙女，孙女却拒不履行赡养协议，苏州法院依法支持老人撤销赠与；谢某等人勾兑自来水冒充保健品欺诈老年人，常州法院适用惩罚性赔偿判赔7000多万元。守护未成年人健康成长，在全国率先实现三级法院少年审判机构全覆盖，审结涉少案2.4万件，泰州、连云港中院和宿迁宿豫法院获评全国“青少年维权岗”。依法严惩侵害未成年人犯罪，对挑战法律和社会伦理底线、针对儿童的严重犯罪决不姑息。会同民政厅、财政厅等部门完善困境儿童分类保障制度，让涉诉困境儿童应保尽保。宿迁中院审结全国首例未成年人文身公益诉讼案，判令经营者停止侵害、赔礼道歉，净化青少年成长环境。开展心理疏导、法庭教育、回访帮教等延伸工作，努力让失足少年重归正途。会同省妇联等部门出台开展家庭教育指导工作的实施意见，盱眙法院在《家庭教育促进法》施行当日发出全国首份“责令接受家庭教育指导令”，督促少年犯家长履行家教主体责任。会同教育厅、广电总台等多部门推出“法治第二课堂”，丰富“双减”政策后的“课后两小时”，运用“校园霸凌”等案例启迪学生法治思维，让孩子们知法守法、远离伤害。

全力兑现胜诉权益。落实中央综合治理执行难“一号文件”,开展调研式督察,推动从源头上切实解决执行难。全面升级江苏“854”执行模式,实现简案快执、难案攻坚,执结 53.7 万件,执行到位 1109.6 亿元。对有财产可供执行的案件,运用智能化手段千方百计查人找物,在线查询房产 1664.6 万套、车辆 225.9 万台,冻结资金 733.8 亿元,网拍变现 425.2 亿元。对暂无财产可供执行的案件,不轻言放弃,定期查询被执行人财产,恢复执行 10.9 万件,执行到位 397.9 亿元。开展执行领域突出问题专项整治,超 30 天未发放案款实现动态清零,违规执行案件全部整改到位,执行规范化水平显著提升。开展涉民生案件专项执行,执行到位 53.3 亿元。开展“冬季攻势执行直播行动”,在线观看人次超千万,对“老赖”形成强大震慑效应。

加强公益司法保护。一审审结公益诉讼案件 359 件,依法维护国家利益和社会公共利益。审结“辣笔小球侵害英烈名誉案”,判处被告人有期徒刑,责令公开赔礼道歉,树立了英烈不容诋毁、网络不是法外之地的鲜明导向,该案入选 2021 年度人民法院十大案件。会同省消保委等部门制定消费公益诉讼赔偿金管理办法;审结全国首例电视开机广告公益诉讼案,推动生产商设置开机广告“一键关闭”功能,保障消费者选择权。审结环境公益诉讼案 263 件,完善生态修复资金使用办法,累计建立 28 个生态修复基地,更好维护生态环境公共利益。

打造“家门口”式诉讼服务。推进诉讼服务向基层、向网络、向重点行业延伸,为当事人提供“就近能办、异地通办”诉讼服务,实现立案送达、案件查询、文书打印等事项跨区域远程办理、跨层级联动办理,网上立案 67 万件、跨域立案 5230 件。研发诉讼费电子票据系统,让当事人缴费、退费“码上办”。会同司法厅、省律协推广律师诉服平台,提供电子阅卷等 35 项服务,泰州、镇江地区实现应用全覆盖,网上办案成为律师参与诉讼新常态。

四、夯实法治根基,积极助推社会治理现代化

参与和推动诉源治理。创新发展新时代“枫桥经验”,法官进网格参与化解纠纷 59.2 万起,南京、扬州法院 3.7 万余人次到网格社区参与疫情防控、维护抗疫秩序。深化一站式多元解纷,强化诉讼与非诉讼衔接,诉前成功解纷

37.3万起,增长85.7%。推行"示范诉讼+集中调解"机制,解决一个、化解一片。沛县法院通过示范调解"一揽子"化解3696户村民土地补偿纠纷。针对办案中发现的社会治理问题隐患,发送司法建议1524份,向党委政府报送专项报告821份,盐城法院建立"平安月报"制度,苏州法院创设全国首个县域基层治理司法指数,促进行业和基层治理。

加强人民法庭建设。发挥人民法庭前沿阵地作用,审结案件30.1万件,以"乡土司法"促进乡风文明。深化"一法庭一品牌"创建,"大玫法官说家事""乡村法官驿站"等一批品牌深受群众欢迎。加强巡回审判,一枚国徽、一张桌子、一把法槌就地开庭1802场;宿迁骆马湖旅游法庭、赣榆渔家法庭把矛盾纠纷化解在港口码头、田间地头,马锡五审判方式在新时代焕发新活力。

推进行政争议实质化解。一审审结行政案件1.7万件,其中协调化解4251件。妥善审结城建类案件4239件,保障京沪高速扩容等重大工程项目顺利实施。联合司法厅健全行政机关负责人出庭应诉制度,出庭应诉率94.8%,盐城地区达100%。深化行政诉讼法律援助试点,提供援助的案件增长82.6%。向省委省政府报送行政审判年报,省政府常务会议研究年报意见建议;南通中院与依法治市办在全国首创行政行为自我纠正制度,促进源头化解争议,服务法治政府建设。

促进诚信社会建设。弘扬契约精神,一审审结合同案件61.4万件,维护守约方合法权益。严惩制售假冒伪劣商品行为,双善公司销售假冒"星巴克"咖啡,流入18个省份,无锡中院判处惩罚性赔偿2172万元。制定防范和惩治虚假诉讼实施意见,开展专项整治,严惩逃废债、"套路贷"等行为。分级分类惩戒失信行为,发布失信被执行人信息21.6万人次,限制消费40.2万人次,以拒执罪判处172人。完善守信激励修复机制,将已履行义务的11.3万人及时移出"失信黑名单"。镇江、南通、泰州、盐城等地法院深入开展与个人破产制度功能相当的改革试点,共为67名诚信的创业失利者提供东山再起的机会。

弘扬中华优秀传统文化和社会主义核心价值观。通过审理案件、发布案例、普法宣传,以公正裁判引领社会风尚。深化家事审判改革,融情于法,寓教于审,运用心理咨询、专业调解等方式化解矛盾,维护家庭和谐,弘扬文明家风;签发人身安全保护令 281 份,以法治力量摁住家暴的“拳头”。推进社会主义核心价值观融入裁判说理,“法结”“心结”同解,引导社会向上向善。泰州中院审结“女童热心助人致伤案”,判决 5 岁女童善意助人不担责,弘扬助人为乐精神。南通中院审结“老人超市拿鸡蛋被拦猝死案”,认定超市尽到安保义务,无须赔偿,杜绝“谁受伤谁有理”的“和稀泥”做法,1300 万网友观看庭审直播,引发微博话题 3 次冲上热搜榜,阅读量达 5.7 亿次。成立中国法学会江苏案例研究基地,定期发布法治与德治相结合典型案例。制定法院“八五”普法规划,直播庭审 63.7 万场,以《民法典》为重点宣讲法治 6000 余场,发布新闻 691 场,与省妇联、广电总台等单位推出全国首部《民法典》普法剧《第十五法庭》,一堂堂生动的普法公开课,为法安天下、德润人心贡献了司法力量。

五、深化司法改革,不断提高审判质效和司法公信力

强化制约监督。坚持质量重于泰山,树牢“100 - 1 = 0”意识,健全司法责任体系和权力运行机制,出台加强审判管理 14 条意见,压实院庭长办案和监督管理双重职责。完善法律统一适用机制,制定审理指南等 7 份业务文件,上线类案检索系统,智能推送类似案例,促进类案同判。发挥审判对侦查、起诉的制约作用,启动非法证据排除程序 98 次,依法宣告 7 件公诉案被告人无罪,裁定准予撤回刑事起诉、抗诉 105 件,切实保障人权。对改判、发回重审案件组织专项评查,推动法官惩戒制度实质化运行。

提高审判效率。以改革寻求破解人案矛盾。深化繁简分流改革,简易程序适用率上升 8.4 个百分点,总结改革成果,为《民事诉讼法》修改贡献了江苏智慧。以集中送达改革破解送达难,集中送达成功率 83.9%,半数以上案件实现电子即时送达。优化审判团队配置,充实法官助理和书记员,推广审判辅助事务集约化管理,严格审限管理,加快办案节奏,案件平均审理时间减少 18 天。开展一年以上未结案件专项清理整治,此类案件减少 42.2%。全省法官人均办案 296.1 件,增长 16.6%。

深化智慧法院建设。制定信息化建设五年发展规划,运用科技手段提升审判质效,努力创造更高水平数字正义。健全电子证据、线上开庭规则,在线庭审10.7万场、在线调解19.1万件、网上查控165.1万件次。上线院庭长监督管理系统,智能管控案件流程节点,实现全程留痕、实时查询、及时追溯,让有权必有责、用权受监督落到实处。推广执行案件一键生成文书、一键网络查控、一键上网拍卖系统,大幅提升执行效率。江苏法院在智慧法院评价中居全国第二位,入选国家区块链创新应用试点。

六、全面从严管党治院,努力锻造忠诚干净担当法院队伍

开展党史学习教育。结合法院实际开展党史学习培训和庆祝建党百年活动,引导全体干警学党史、悟思想、办实事、开新局。举办学习"七一"重要讲话和六中全会精神专题研讨班,开办"75号青年学堂",开展"老法院人讲优良传统"等活动,组织1.4万人次到红色教育基地实境见学,传承红色基因,赓续红色血脉。持续提升基层组织力,新沂法院机关党委获评"全国先进基层党组织"。融合推进"两在两同"建新功行动和"我为群众办实事"实践活动,办理实事2127件,为群众解决了一批"急难愁盼"问题。

开展队伍教育整顿。自下而上分两批次开展了一场刀刃向内、刮骨疗毒式的自我革命。将政治教育、警示教育、英模教育贯穿始终,组织开展140多场政治轮训,集中宣传85名身边的先进典型,忠诚根基更加牢固。坚决清除害群之马,深挖彻查问题线索,查处利用司法权违纪违法人员72人,18人受到刑事处罚,对25名违纪违法的法官强制退额,让队伍肌体更加健康。坚决整治顽瘴痼疾,开展大排查大起底,广泛征求代表委员等意见建议,公布顽疾整治清单,完成284项整改任务。针对违规过问、说情打招呼,开展违反"三个规定"专项整治,广大干警"逢问必记"意识普遍增强;排查近30年来"减假暂"案件80余万件,依法纠正违规违法案件77件。会同司法厅开展"明镜"智能化排查,开发"特殊代理人风险预警"系统,防范离任人员违规代理案件。出台江苏法院八条禁令等28项制度机制,扎牢司法权运行的制度铁笼。

加强司法能力建设。制定"十四五"人才发展规划,完善审判业务专家培养管理机制,选调名校优生42人,遴选入额422人。强化专业训练和实践锻炼,组织培训14万余人次,完善交流轮岗制度,选派年轻干部到审执一线墩苗历练。4 场庭审、8 篇文书获评全国百优;3 个案件入选全国法院年度十大案件,10 个案例入选最高人民法院指导性案例和公报案例,均居全国首位。

自觉接受监督。向各级人大、政协报告专项工作 332 次,邀请代表委员监督、见证审判执行活动 13605 人次,省“两会”交办的建议、提案全部办结,满意率 100%。南京中院创新人大代表选案旁听评议庭审机制,得到全国人大常委会主要领导批示肯定。自觉接受检察监督,审结刑事抗诉案件 207 件,改判、发回重审 83 件;审结民事、行政抗诉案件 115 件,改判、发回重审、调解 92 件;审结各类再审检察建议 811 件,采纳 433 件。

各位代表,过去的一年,广大法院干警忠诚履职践行初心使命,拼搏担当守护公平正义。他们中,有超负荷工作倒在执行路上的优秀共产党员杨增超,有揣着胃癌晚期诊断书坚守审判台的戴宜,有跳入冰冷河水勇救女童的全国“平安英雄”杜晓庞。全年共有 282 个集体、692 名个人受到中央、最高人民法院和省有关部门表彰,42 项工作受到省级以上领导批示肯定,26 项工作在全国性会议上作经验交流。全省法院工作的发展进步,离不开省委坚强领导、省人大及其常委会有力监督、省政府大力支持、省政协民主监督、省监委和省检察院监督,离不开市县党政机关和各级人大代表、政协委员以及社会各界关心支持。在此,我谨代表省法院一并表示衷心的感谢和崇高的敬意!

我们清醒地认识到,法院工作还存在一些问题和不足,主要是服务高质量发展的实效还要增强,一些案件审判质量、效率、效果离人民群众期盼还有差距;司法责任体系和审判权制约监督机制仍需完善,司法作风和干警违纪违法问题仍然存在;人案矛盾仍然突出,高层次专业化审判人才培养力度有待加大。对此,我们将采取有力措施,努力加以解决。

2022 年全省法院工作总体安排

新的一年,我们将坚持以习近平新时代中国特色社会主义思想为指导,深入贯彻习近平法治思想,全面贯彻党的十九大、十九届历次全会和省第十四次党代会精神,持续推进法院工作高质量发展,为坚决扛起“争当表率、争做示范、走在前列”光荣使命,奋力谱写“强富美高”新江苏现代化建设新篇章提供有力司法保障。

一是以更高站位强化政治建设。紧扣筑牢政治忠诚，常态化开展党史学习教育，组织开展“深刻领悟‘两个确立’，坚决做到‘两个维护’”主题教育，始终做到维护核心、绝对忠诚、听党指挥、勇于担当。推进“两个坚持”专题教育常态化，坚持党对法院工作绝对领导，坚持走中国特色社会主义法治道路。

二是以更强担当服务发展大局。聚焦提升法治和诚信核心竞争力，推进南京法治园区建设，积极参与优化营商环境提升行动；加强产权司法保护，促进企业家依法经营、放手发展；加强新领域新业态和“卡脖子”关键核心技术司法保护，服务科技自立自强和数字经济发展；加强环境资源专门化审判和流域区域司法协作，服务生态优先绿色发展；提升涉外司法质效，努力建设国际商事争端解决新高地。依法惩治刑事犯罪，常态化扫黑除恶，防范化解矛盾风险，维护社会安全稳定。

三是以更实举措践行为民宗旨。树牢正确司法理念，兼顾国法天理人情，准确适用《民法典》，加强民生司法保护，扎实促进共同富裕，努力满足人民群众对美好生活的向往。巩固一站式建设成果，推进“切实解决执行难”，开展“为群众办实事示范法院”创建活动，让人民群众切实感受到公平正义就在身边。

四是以更大力度推进司法改革。深入推进审级职能定位改革和司法责任体系建设，完善司法权运行和制约监督机制。深化以审判为中心的刑事诉讼制度改革，严格依法适用认罪认罚从宽制度。加强智慧法院建设，以科技促公正、向科技要效率。

五是以更严要求锻造过硬队伍。巩固深化队伍教育整顿成果，以党建带队建促审判，健全完善高素质审判人才选拔培养机制，充实审判辅助力量。驰而不息正风肃纪反腐，让制度长牙带电、铁规发力生威。坚持严管厚爱结合，加强依法履职激励保障。

各位代表，新的一年，我们将在省委坚强领导下，在省人大及其常委会有力监督下，认真落实本次大会决议，以钉钉子精神做好工作，以高质量司法的实际行动迎接党的二十大胜利召开！

附录6

江苏省高级人民法院关于全省法院司法公开工作情况的报告

——2018年9月18日在江苏省第十三届人民代表大会常务委员会第五次会议上

江苏省高级人民法院院长　夏道虎

主任、各位副主任、秘书长、各位委员：

根据本次会议安排，我代表江苏省高级人民法院报告全省法院司法公开工作情况，请审议。

党的十八大以来，全省法院认真贯彻落实习近平新时代中国特色社会主义思想，在各级党委的坚强领导、人大及其常委会的有力监督、政府的大力支持下，紧紧围绕"努力让人民群众在每一个司法案件中感受到公平正义"的目标，坚持司法为民公正司法，自觉践行主动、依法、全面、实质公开理念，全方位、深层次推进司法公开，着力构建开放、动态、透明、便民的阳光司法机制，积极打造高质量司法，不断提升司法公信力，取得良好成效。主要做法是：

一、全力打造司法公开平台，不断增强司法工作透明度

积极回应人民群众对司法公开的新期待，充分运用信息化手段，深入推进司法公开"四大平台"建设，努力让公平正义以看得见的方式实现。

——全力打造审判流程公开平台。在全国率先建成统一的审判流程公开平台，推出全国首个移动互联"微法院"平台，通过网站、短信、微信等多种渠道推送案件流程信息，变当事人千方百计打听案件进展为法院主动向当事人告知。全面公开立案范围、立案流程、诉讼费用标准和案件受理情况等信息,推行权利告知、风险提示、诉讼引导等措施,让当事人明明白白行使诉权。完善网上查询服务功能,当事人及其代理人可以凭有效证件号码随时登录互联网平台,查询有关送达、开庭、审限变更、结案等12类审判流程信息,足不出户就可以及时了解案件进展情况。截至今年8月31日,累计公开971万件案件的审判流程信息,推送短信1144万条,极大地方便了当事人诉讼。在全国率先启动"诉讼案件正卷同步向当事人公开制度"改革试点工作,通过电子卷宗同步公开,实现当事人网上证据交换、网上阅卷、网上送达。

——全力打造庭审活动公开平台。全面推进庭审网络直播,率先在全国实现庭审直播常态化。截至今年8月31日,全省法院通过"江苏庭审直播网"累计直播39.7万场,点击观看量3.73亿人次,占全国法院直播案件总量的28%,直播数量居全国法院第一位。全省法院院庭长带头开展庭审直播,累计直播数量177306件。落实庭审旁听制度,提前公示开庭信息,简化旁听条件和程序,群众持身份证即可旁听庭审,充分保障当事人及其近亲属、社会公众、媒体记者旁听权利。建成全省审判机关、检察机关、刑罚执行机关互联互通的减刑假释信息化协同办案平台,健全完善减刑假释案件审理网上公示、开庭公告、庭审直播、文书上网等制度,坚决杜绝高墙内的"暗箱操作"。今年8月,中国社科院发布《人民法院庭审公开第三方评估报告》,江苏高院2017年度庭审公开评估质量居全国各高级法院第一位。

——全力打造裁判文书公开平台。开发裁判文书上网隐名软件,对裁判文书中的个人信息进行技术处理,依法保障当事人的隐私权。提供裁判文书智能检索服务,更好满足各界公众对裁判文书的多样化需求。强化裁判文书说理工作,注重释疑解惑,提升公众对裁判的认可度。截至今年8月31日,在中国裁判文书网累计公开裁判文书356.2万篇,公开数量居全国法院第三位。

——全力打造执行信息公开平台。全面推进执行指挥中心建设,全省三级法院均已建成执行信息公开平台,当事人可在网上便捷查询执行案件办理情况、未结案件被执行人信息和失信被执行人名单等内容。建立完善网络查控系统,连通3819家金融机构,扩大信息查询范围,对各种财产形式做到"一网打尽”,并与有关部门联网共享被执行人信息,实现网络查控、远程指挥等功能。为执行人员配置4G执法单兵系统,实现执行现场与指挥中心的实时连线,确保执行工作全程透明可控。深化网络司法拍卖机制改革,全省三级法院全部入驻淘宝网司法拍卖平台,拍卖环节全部在互联网上面向社会公开进行,有效防范了串通投标、低价处置、暗箱操作等违规行为,实现了零佣金、零投诉、零违纪,拍卖成交量和成交金额大幅提升。截至今年8月31日,上网拍品累计54671件,成交金额总计1696.71亿元,单件拍品成交价最高达到26.33亿元。

二、进一步畅通司法公开渠道,不断拓展司法公开广度深度

坚持以人民为中心的发展理念,积极创新司法公开方式方法,不断满足群众多元司法需求,让人民群众在司法公开中有更多获得感。

——进一步推动诉讼服务透明化便捷化。全省三级法院全部建成集立案、导诉、咨询、收费为一体的诉讼服务中心,设置自助诉讼服务终端、LED显示屏、电子触摸屏,为群众查询案件信息、了解诉讼程序提供便利。以立案信息公开巩固立案登记制改革成效,全省法院当场登记立案率始终保持在95%以上。推出手机App诉讼服务客户端,当事人通过智能手机可以对案件信息进行实时查询。开通“12368”诉讼服务热线,提供案件办理查询、问题举报、工作建议、联系法官等多项服务。截至今年8月31日,全省法院累计接听服务热线97万次。开通互联网律师专用通道,方便律师依法履职,全省法院通过互联网登记立案503721件。

——进一步丰富完善传统司法公开方式。全省三级法院均开通门户网站,不断完善网站功能,及时向社会全方位公开人民法院基本情况、规章制度、工作动态、重大案件等基本信息,司法信息公开范围不断扩大。省法院门户网站每年发布各类司法信息14万余条。截至今年8月31日,省法院在《江苏省高级人民法院公报》公开发布司法规范性文件106件、典型案例420个,其中有70个案例被最高人民法院确定为指导性案例或入选《最高人民法院公报》,入选数量位居全国法院第一位。针对环境资源保护、妇女儿童权益保护、消费者权益保护、打击毒品犯罪等工作,各级法院及时发布司法审判白皮书、举行新闻发布会,主动通报法院工作情况。截至今年8月31日,全省法院共举办新闻发布会2500余场次。

——进一步推动司法公开与新媒体深度融合。主动适应新媒体发展,充分融合报纸、杂志、微博、微信、客户端、直播平台等多种载体,及时向社会发布司法信息,初步实现了司法公开从纸质到电子、从静态到动态、从广电报纸到网站视频的转型升级。目前,全省各级法院微博微信均已开通,并入驻网易号、头条号、澎湃问政等平台,省法院新浪官方微博关注人数91万。"江苏高院""南京中院"微信公众号被最高人民法院评为2017年度全国法院十佳微信公众号。借助新型传播形式,融合网络、电视、报纸等各类媒体,在全国首创执行行动"全媒体网络直播",被最高人民法院在全国推广。截至今年8月31日,全省法院组织直播执行行动213场,累计吸引围观网民2.18亿人次。直播曝光的"奢侈'包包女'拒不执行判决被搜查案",引起社会强烈反响,入选最高人民法院与央视等单位联合评选的"2017年推动法治进程十大案件"。

三、健全完善司法公开机制,主动接受社会各界监督

自觉增强主动公开、主动接受监督意识,使司法公开成为每个法院、每个法官的自觉行动,让法官习惯于在接受监督的环境下工作。

——健全完善人大代表、政协委员沟通联络和法院开放机制。坚持"请进来、走出去",广泛听取人大代表、政协委员意见建议,改进法院工作。组织开展"代表委员看法院暨媒体集中采访活动",利用"国家宪法日""法院开放日"开展主题宣传,广泛邀请人大代表、政协委员以及社会各界人士走进法院"零距离"参与法院活动、监督法院工作。截至今年8月31日,全省法院共邀请人大代表、政协委员旁听庭审55942人次,办理建议提案1650件。组织开展破解执行难专项联络活动,邀请代表委员现场参与、见证执行工作35450人次。今年5月,省法院首次邀请11名全国和省人大代表、政协委员列席审判委员会,参与讨论司法业务指导性文件。盐城、徐州、宿迁等市连续多年开展"千名代表听百案"活动,听取人大代表对庭审情况的评议意见。完善特邀监督员制度,主动通报法院工作情况,自觉接受监督,全省法院共聘请特邀监督员 3031 名。南京中院连续五年开展“邀请十万群众进法院”活动，受到最高人民法院和省委政法委主要领导批示肯定。

——健全完善公开透明的审判权力运行机制。以信息化手段规范权力运行，通过类案不同判智能监测系统、可视化审判管理监督平台、审判业绩考评系统等多种方式，实现案件审判全程留痕，真正将审判权关进制度的铁笼。积极推进诉讼档案同步数字化工作，通过互联网将庭审笔录向当事人及其诉讼代理人公开，更加主动高效地接受当事人和上级法院监督，进一步增强办案透明度。全省法院建成科技法庭 3287 个，实现庭审活动同步录音录像、同步记录、同步向诉讼参与人显示，庭审规范化、公开化水平有效提升。建立纪检监察举报网站，开通 24 小时举报录音电话，及时办理举报投诉，强化对审判执行活动的监督。建立统一的委托鉴定机构信息平台，鉴定机构网上注册，当事人网上选择，程序公开透明，有效防范了鉴定环节的权力寻租，目前已有 1604 家鉴定机构在平台上注册。

——健全完善社会广泛参与司法机制。改革法官遴选选任机制，设立有人大代表、政协委员、律师、法学专家等各界代表参加的法官遴选委员会，有效提升了法官遴选选任的社会认可度。在各级法院诉讼服务中心设立人民调解工作室和律师工作站，充分利用退休干部、教师等“乡贤”社会力量和各类调解组织参与矛盾纠纷多元化解，大力推进“无讼社区(村居)”建设，取得良好成效。在全国率先探索由司法行政机关选任、人大任命、人民法院使用的人民陪审员“选用分离”模式，保障人民陪审员来源的广泛性、代表性，让更多普通群众有机会参与案件审理。目前，全省法院共有人民陪审员 14220 名。建立环境资源、知识产权审判领域技术专家辅助审判机制，协助解决事实认定中的专业难题。今年 8 月，省法院、省司法厅、省律协联合出台《关于开展申请律师执业人员到法院担任实习法官助理的实施意见》，率先在全国试行实习律师到法院实习制度。

四、全面拓展司法公开功能，大力弘扬社会主义核心价值观

充分发挥司法的教育、评价、指引、规范功能，坚持以公正裁判传播法治理念、树立行为规则、引领社会风尚，促进提升社会治理法治化水平。

——积极传播法治精神。落实“谁执法谁普法”责任,以深化司法公开为抓手,引导群众理性表达诉求、依法维护权益,促进形成讲规则、守规则和按规则办事的良好习惯。常州法院精心打造“法治大讲堂”,扬州法院深入开展“法律六进”活动,通过法官讲法、以案释法等方式,传播法律知识,提升法治意识。启东市法院与市妇联连续24年举办幸福家庭讲习班,深入12个乡镇、139个村居现场公开开庭审理家事案件600余件,成为我省知名法治品牌。针对审判中发现的新情况新问题及时向有关方面发送司法建议,促进提升社会治理水平。截至今年8月31日,全省法院共发出司法建议7528条;有950个案例在《今日说法》等央视栏目播出。泰州中院审理的省政府作为原告提起的环境损害赔偿案,30多家新闻媒体进行集中报道,受到社会普遍好评。全省各基层法院积极开展巡回审判工作,深入乡镇、社区审理案件,扩大法治宣传,推动形成尊法学法守法用法的良好氛围。

——不断优化营商环境。今年5月,省法院公开发布《关于精心打造高质量司法服务和保障江苏高质量发展走在前列的实施意见》;无锡、淮安、扬州、南通、镇江等中院制定出台加强产权司法保护、支持中小微企业健康发展、服务乡村振兴战略、保障江淮生态大走廊建设等司法规范性文件,为当地经济健康发展提供有力司法保障。各地法院定期发布金融、破产、行政、公司纠纷案件等审判白皮书及典型案例,及时公开裁判标准,依法维护市场秩序。坚持谦抑、审慎、善意、文明、规范办案理念,营造法治化营商环境,让企业家专心创业、放心投资、安心经营。加大对知名商业品牌的保护力度,截至今年8月31日,省法院通过知识产权蓝皮书、江苏高院微信公众号公开发布知识产权保护典型案例378个。连云港中院设立中哈国际物流基地“一带一路”巡回法庭,成功举办首届新亚欧陆海联运通道司法协作研讨会,为“一带一路”建设提供法治护航。

——弘扬良好社会风尚。依法公开审理涉及家庭美德、商业信用、环境公益等与社会风尚密切相关的案件,强化规则意识,倡导契约精神,维护公序良俗。无锡中院审理的在全国具有较大影响的冷冻胚胎监管权和处置权纠纷案、南通中院审理的生父母向养父母索要孩子案、徐州市铜山区法院审理的全国首例由民政部门申请撤销监护人资格案等，充分体现了法理情的高度融合，赢得社会广泛好评。组织拍摄《回家》《金鱼之恋》《谁之过》等微电影、公益广告，弘扬职业道德、社会公德、家庭美德。有两部微电影、微视频分别荣获最高人民法院2018年度十佳微电影、十佳微视频。淮安中院依法公开开庭审理全国首例侵犯英烈名誉民事公益诉讼案，坚决维护英烈形象。大力宣传陈燕萍、姜霜菊等全国重大典型，会同省委宣传部、新华报业集团、江苏广电总台等单位和部门评选“江苏最美法官”“江苏优秀女法官”，展示新时代人民法官司法为民、公正司法的良好形象。

——促进诚信体系建设。依法制裁违约失信行为，引导和警示市场主体诚实守信经营。依法规制知假买假、消费欺诈等行为，积极营造公平诚信的消费环境。推动将虚假诉讼、恶意诉讼、滥用诉权等诉讼失信行为纳入社会征信系统，助力“诚信江苏”建设。南通市港闸区法院对陆红霞等滥用诉权行为作出的裁判被《最高人民法院公报》发布，成为全国法院依法制裁滥用诉权的重要指引。省委办公厅、省政府办公厅在全国率先出台《关于建立对失信被执行人联合惩戒机制的实施意见》，联合55家实施单位，重点实施68项联动信用惩戒措施，涵盖30多个重点领域，全面限制被执行人乘坐飞机高铁、高消费、担任企业高管、参加招投标、对外投资、出国出境等行为，积极构建“一处失信、处处受限”的信用惩戒大格局，赢得社会普遍理解与支持。各地法院通过繁华地带大屏幕、公交地铁视频、互联网、微信、社区（村居）公告栏等载体公布“黑名单”，形成了有力的执行威慑态势。截至今年8月31日，累计发布失信被执行人名单126.1万例，共计135万人次被限制购买机票，51.6万人次被限制购买动车、高铁票，31.8万名失信被执行人迫于信用惩戒压力自动履行义务。

总体来看，全省法院深化司法公开取得积极进展，实现了从被动公开向主动公开转变、从结果公开向全程公开转变、从法院单向公开向法院与社会互动公开转变，既有力推进了法院各项工作，也有效增进了人民群众对法院工作的理解、信任和支持。一是促进了司法公正。深化司法公开使司法活动特别是案件审理进程更加公开透明、文明规范，审判管理和内外监督机制更加完善。在案件数量继续增长、审判工作压力不断加大的情况下，全省法院审判质量效率总体保持良好运行态势，全省法院案件审限内结案率保持在95%以上，一审服判息诉率87%以上，涉诉信访总量连续9年呈现下降态势。二是提升了队伍素质。深化司法公开对法官司法能力和水平提出了更高要求，特别是庭审公开、裁判文书公开等举措，倒逼法官提升司法能力。同时，通过深化司法公开使审判权在阳光下运行，全程接受各方面监督，督促广大法官严格规范司法行为，推动了司法作风的转变，促进了司法公正高效廉洁。2017年，人民群众对全省政法机关和政法队伍的满意率达90.91%，创历史新高，广大法官作出了应有贡献。三是提升了司法公信力。通过各项司法公开措施的落实，有力推动了司法改革的全面深化和司法体制机制创新，让人民群众感受到了人民法院审判执行、司法改革、队伍建设、信息化建设等方面的新变化和新气象，为法院工作持续发展营造了良好的舆论氛围和外部环境，司法公信力得到进一步提升。据2018年中国社科院调查统计，省法院、南京中院、徐州中院司法透明度指数位居全国法院前列。四是增强了人民群众获得感。通过司法公开，让当事人少花钱、少跑腿、少受累，使司法过程和司法结果更加透明，增强了当事人的诉讼预期，人民群众“看到了”也就“放心了”。今年5月，江苏省人大常委会组织对全省法院执行工作进行测评投票，满意度达到98.11%。五是促进了法治江苏建设。深化司法公开，推动了法治宣传教育的深入开展，增强了人民群众的法律意识、规则意识、诚信意识，对引导人民群众以法治思维和法治方式维护自身合法权益产生积极推动作用，促进了自觉守法、遇事找法、解决问题用法、化解矛盾靠法的法治环境的形成。

对全省法院司法公开工作，省人大及其常委会和地方各级人大非常重视，给予大力支持。各级人大代表依法履行监督职责，积极建言献策，有力促进了司法公开和全省法院各项工作的发展。在此，我代表省法院，向省人大及其常委会和地方各级人大，向全省人大代表表示衷心的感谢！

在看到成绩的同时，我们也清醒认识到，司法公开工作中还存在一些问题和困难，主要包括：一是对司法公开重要性认识不足问题仍然存在，有的法院在落实公开工作要求时被动应付、等待观望，公开不及时、不全面。有的法官认为司法公开增加了工作量,存在消极情绪。二是部分法院信息公开不够充分、不够平衡,个别法院仍然存在庭审直播和裁判文书选择性公开问题,司法政务信息公开力度不大、更新不及时,影响司法公开工作的深入推进。三是司法公开的标准、范围需进一步明确,如何更好地平衡深化司法公开与保护国家秘密、审判秘密、商业秘密、当事人有关信息之间的关系,保障审判执行工作健康有序开展,有待在实践中探索完善。四是司法公开的功能效果仍有拓展空间,司法公开的内容主要侧重于审理流程、裁判文书、执行等信息的单向上传,但在收集民意、纠纷化解等双向互动方面的作用发挥不够。对此,我们将高度重视,采取切实有效措施,努力加以解决。

下一步,全省法院将始终坚持以习近平新时代中国特色社会主义思想为指导,在省委坚强领导和省人大及其常委会有力监督下,以全面深化司法改革为契机,进一步深化司法公开,推进审判体系和审判能力现代化,更好满足人民群众多元司法需求。

一是进一步明确司法公开的目标任务。深化司法公开是落实宪法法律原则的重大举措,是提升司法公信力的重要内容,是更好满足人民群众多元司法需求的有效途径。我们将结合解放思想大讨论活动,教育引导各级法院和广大法官始终坚持以人民为中心发展理念,进一步畅通司法公开渠道,最大限度保障人民群众知情权、参与权、表达权和监督权。始终坚持以公开促公正、以透明保廉洁,倒逼审判人员规范司法行为、增强司法能力、保持司法廉洁,真正让暗箱操作没有空间,让司法腐败无法藏身。始终坚持以司法公开引领社会风尚、营造法治环境、推动社会诚信、维护市场秩序,积极促进法治江苏建设,提升法治核心竞争力,努力将司法公开做成党委政府认可、社会公众认可、当事人认可的江苏法院响亮品牌。

二是进一步加强司法公开平台建设。优化整合司法公开四大平台资源,在全省法院一体建立功能更加完善、服务更加便捷的统一的司法公开网,更好地服务人民群众、服务法官办案、服务经济社会发展。进一步增强司法公开的层次性和针对性,区分当事人、律师、人大代表、政协委员、社会公众等不同主体,规范公开形式,明确公开内容,满足多元需求,全方位提升司法公开质量。充分发挥司法教育引领示范功能,进一步提升重大典型案件的关注度和影响力,努力将庭审打造为全民、全社会接受诚信教育、增强法治意识的重要场所。

三是进一步完善司法公开制度机制。加强司法公开的规范化、制度化建设,强化司法公开考核,组织开展司法公开效果第三方评估,促进提升司法公开水平。强化对下监督和分类指导,将司法公开纳入案件评查、审务督察、司法巡查范围,督促各级法院将司法公开各项要求落实到位,对工作相对滞后法院进行督察督办。妥善处理司法公开与保护秘密的关系,依法加强对国家秘密、审判秘密、商业秘密、当事人有关信息的保护。积极争取各方面关心支持,采取切实有效措施,不断完善硬件设施和技术条件,加强信息化人才队伍建设,为司法公开提供有力保障。

四是进一步拓展司法公开社会效果。积极融入全省政法大数据共享应用服务平台,加强对司法信息的分析研究,及时发现经济社会形势的发展变化以及社会治理中存在的问题,并提出有针对性的意见建议,为党委政府决策提供参考,促进国家治理体系和治理能力现代化。进一步挖掘庭审公开、裁判文书公开等法治公开课功能作用,加强官网、微博、微信等平台应用,讲好法院故事,传递法治声音,促进法治建设。联合新闻媒体对典型案件进行深度解读,不断扩大法治宣传效果,积极弘扬社会主义核心价值观。

主任、副主任、秘书长、各位委员,这次省人大常委会专题听取审议全省法院推进司法公开工作情况的报告,充分体现了省人大常委会对全省法院工作的关心、支持。我们将认真落实审议意见,坚持问题导向,努力补齐短板,创新方式方法,继续推进司法公开,努力促进司法公正,不断提升司法公信力,为江苏高质量发展走在前列作出新的更大贡献!

附录 7

江苏省高级人民法院关于全省法院商事审判工作情况的报告

——2019 年 5 月 28 日在江苏省第十三届人民代表大会常务委员会第九次会议上

江苏省高级人民法院院长　夏道虎

主任、各位副主任、秘书长、各位委员：

根据本次会议安排，我代表江苏省高级人民法院报告全省法院商事审判工作情况，请予审议。

党的十八大以来，中央、省委高度重视营商环境建设，对优化营商环境作出一系列重大决策部署。习近平总书记强调，法治是最好的营商环境。全省各级法院坚持以习近平新时代中国特色社会主义思想为指导，在各级党委的坚强领导、人大及其常委会的有力监督下，紧紧围绕推动高质量发展走在前列工作大局，牢牢坚持司法为民、公正司法工作主线，充分发挥商事审判职能作用，依法平等保护市场主体合法权利，妥善化解各类商事纠纷，推动优化法治化、国际化、便利化营商环境，为我省经济社会持续健康发展提供了有力司法服务和保障。2016 年至 2019 年 4 月底，全省法院共受理各类商事案件 948496 件，占受理案件总量的 27.75%，标的总金额 7748.30 亿元，审结 867884 件。

一、自觉践行新发展理念，以更高站位提升商事审判服务中心工作的针对性实效性

推进高质量发展走在前列离不开坚强的法治保障。全省法院始终坚持围绕中心服务大局,自觉践行创新、协调、绿色、开放、共享的新发展理念,强化责任担当,依法履职尽责,切实做到高质量发展推进到哪里、司法服务和保障就跟进到哪里。

——紧扣高质量发展更新司法理念。牢固树立谦抑、审慎、善意、文明、规范的办案理念,尊重合同自由和意思自治,尊重市场主体的交易习惯和商业判断,以市场自治为原则,以司法适度介入为手段,保障交易安全,提高交易效率。牢固树立依法、平等、全面保护的理念,坚持严格公正司法,确保各类市场主体诉讼地位平等、法律适用平等,维护各类商事主体合法权益。牢固树立规则治理理念,充分发挥司法裁判的示范、引领和保障作用,通过司法裁判引导商事主体强化规则意识,规范市场行为,维护市场秩序,促进市场诚信。准确把握商事审判"调""判"关系,坚持能调则调、当判则判、以判示调,以判决形式确立规则、规范行为,以调解的独特优势化解矛盾、解决纠纷。

——紧扣重大决策部署出台司法政策。制定服务和保障江苏高质量发展走在前列、服务乡村振兴战略、加强产权司法保护、营造企业家创新创业良好法治环境、为民营经济发展提供有力司法服务和保障、加强破产审判服务保障供给侧结构性改革等一系列司法政策性文件,确保中央、省委重大决策部署在全省法院落地见效。各地法院也制定出台加强产权司法保护、支持中小微企业健康发展、促进金融秩序稳定、加强生态环境保护等方面的规范性文件。根据市委安排,宿迁中院院长在全市民营企业座谈会上专题解读服务保障民营经济发展12条司法保障措施。今年3月,省法院党组在全省法院部署开展以"打造高质量司法"为主题的专题调研,努力提高司法服务经济发展的前瞻性针对性,不断增强司法贡献度。

——紧扣商事主体需求优化司法服务。针对诉讼中发现的法律风险,及时发送司法建议,促进政府依法行政、企业合法经营。省法院反映南京多家知名企业因资金链风险引发多起诉讼的情况报告,受到省委娄勤俭书记重视并作出批示。完善网上跨域立案登记系统,畅通商事案件的立案通道,提升诉讼服务水平。按照商事审判案由分类,定期发布全省法院公司、金融、破产、保险、知识产权等审判白皮书以及典型案例,为市场主体提供行为与规则指引。加强与工商联、商会、企业的沟通联系，无锡中院开展“连心富民、联企强市”、连云港中院开展“法进千企”、淮安中院开展“法润民企”等活动，通过法律培训、提供咨询等方式，帮助企业解决实际困难。

二、充分发挥商事审判职能作用，以更实举措营造法治化营商环境

依法公正审理各类商事案件，有效维护公平竞争的市场秩序，积极营造稳定、公平、透明、可预期的营商环境。

——依法平等保护市场主体产权和合法权益，推动营造公平公正的法治环境。找准商事审判保护企业产权、服务实体经济发展的切入点和着力点，依法平等保护各类产权主体，妥善平衡各方利益，增强社会信心，形成良好预期。依法公平公正审理、执行涉民营企业刑事、民事、行政案件，严格区分经济纠纷与经济犯罪的界限，坚决防止把经济纠纷认定为刑事犯罪，坚决防止利用刑事手段干预经济纠纷；依法慎用强制措施和查封、扣押、冻结措施，尽最大可能保障企业的正常生产经营；加大涉产权冤错案件依法甄别、审理力度，让企业家专心创业、放心投资、安心经营，让财产更加安全、让权利更有保障。对存在资金链风险的涉诉民营企业，有针对性地采取司法保护措施，做好集中管辖等工作，推动化解金融债务风险。共审结涉企合同类纠纷 473695 件，涉及标的金额 6361.17 亿元。

——依法审理涉公司纠纷案件，推动营造规范有序的经营环境。依法全面保护股东知情权、公司利润分配权、股权优先购买权等股东权利，加大中小股东保护力度。审结林方清诉常熟市凯莱实业有限公司等公司解散纠纷案，依法支持股东诉讼请求，判决解散公司，入选最高人民法院指导性案例，成为裁判同类案件的全国性示范。审结上市公司因虚假陈述、操纵市场、内幕交易等欺诈行为引发的赔偿案件 5909 件，有力规范证券市场秩序，维护投资者合法权益。依法审结不正当竞争纠纷和垄断纠纷案件 782 件，保障市场主体公平有序参与市场竞争。依法审理涉企环境资源案件，支持检察机关、社会公益团体等提起环境公益诉讼，践行恢复性司法理念，有效扭转“守法成本高，违法成本低”，破坏市场良性运转的不良现象。省法院二审审结的省政府作为原告提起的生态环境损害赔偿案，判决被告企业分期赔偿环境修复费用

5400余万元,既惩罚了企业违法行为,又维护了正常运营,入选最高人民法院、中央电视台2018年度十大推进法治进程案件和2018年度人民法院十大民事行政案件。审结劳动争议案件180252件,依法合理平衡劳动者和用工单位合法权益,帮助企业有效解决用工难题。

——依法审理知识产权案件,推动营造充满活力的创新环境。牢固树立最严格知识产权保护理念,充分发挥知识产权司法保护主导作用,共受理知识产权案件49426件,审结44272件,受理和审结数长期位居全国前列。对重复侵权、恶意侵权等行为,加大惩罚性赔偿力度,审结涉巴洛克地板侵害商标权及不正当竞争纠纷案,全额支持权利人主张的1000万元赔偿,让侵权者付出高额的侵权成本。依法适用诉讼禁令及强制措施,对深圳新平衡公司拒不履行知识产权诉中禁令行为,按法定最高限额处以100万元罚款,切实维护司法权威。探索完善知识产权侵权责任承担方式,在涉"樱花"侵害商标权及不正当竞争纠纷案中,依法判令侵权公司法定代表人对公司侵权行为承担连带责任。实施知识产权审判精品战略,"茅盾手稿案"等近40件案件先后入选全国法院年度知识产权司法保护十大案件和50件典型案例,数量位居全国法院前列。南京中院出台服务保障创新名城建设26项措施,着力打造值得当事人信赖的国际知识产权争端解决"优选地"。

——依法审理涉外涉港澳台商事案件,推动营造开放透明的投资环境。严格贯彻中外当事人平等保护原则,服务保障全方位高水平对外开放,共审结涉外涉港澳台商事案件3702件。主动融入"一带一路"建设,省法院发布服务保障"一带一路"建设十大典型案例,连云港中院牵头全国21家沿线法院建立司法协作机制,在中哈物流合作基地成立全国首个"一带一路"巡回法庭,为"一带一路"建设提供法治护航。在全国首次基于互惠原则裁定承认和执行新加坡高等法院商事判决,有力推进"一带一路"沿线国之间在商事判决承认和执行领域的司法合作实践,入选最高人民法院公布的涉"一带一路"建设典型案例。加强国际司法协助,严格依照与其他国家和地区缔结或者共同参加的司法协助条约,办理文书送达、调查取证等司法协助请求事项,为国(境)内外当事人提供高效、快捷的司法服务,共办理国际、区际司法协助案件

2147件。我省法院判决被外国法院承认和执行取得新进展,以色列最高法院、美国加利福尼亚州中区联邦地区法院分别承认和执行南通中院、苏州工业园区法院作出的判决,司法裁判国际公信力持续提升。

——依法审理金融类纠纷案件,推动营造安全稳定的融资环境。紧紧围绕"服务实体经济、防控金融风险、深化金融改革"三项任务,充分发挥金融审判职能作用,促进金融稳定健康发展,共审结金融借款案件159630件,标的金额3187.47亿元。严格按照民间借贷利率保护限额规定,规制小贷公司等高息借贷行为,依法遏制高利贷和投机化倾向;妥善审理股权融资、保理合同、让与担保等新类型纠纷案件,不轻易否定合同效力,推动解决民营企业"融资难、融资贵"问题,助力实体经济发展。积极参与防范和处置非法金融活动风险攻坚战,审结非法吸收公众存款、贷款诈骗、信用卡诈骗、票据诈骗等扰乱、破坏金融市场秩序刑事案件3716件。组织开展民间借贷涉"套路贷"专项整治活动,发现案件可能涉嫌"套路贷"、非法放贷等情形的,及时将线索移送公安机关处理,主动向公安机关移送涉嫌"套路贷"案件1554件。省法院建立疑似职业放贷人名录制度,推动规范民间借贷行为;会同金融监管机构建立维护金融安全工作联席会议制度,依法规制以金融创新为名掩盖金融风险、规避金融监管、进行制度套利的金融违规行为,有效维护融资市场秩序。

——依法审理破产案件,推动营造优胜劣汰的市场环境。依法妥善处置"僵尸企业",推动动能转换,促进产业升级,共受理各类企业破产案件5974件,审结4396件,化解破产债权2078.91亿元,妥善安置和分流职工40.68万人,清偿职工债权89.85亿元,盘活土地和房产4400.11万平方米。积极运用重整、和解等程序帮助123家陷入困境的企业涅槃重生,长航油运、无锡尚德、霞客环保、舜天船舶、扬州大洋等一批大中型知名企业通过破产重整获得新生,创造多个全国首例。长航油运重整案系全国首例退市央企破产重整案,重整让长航油运115.46亿元债权得到全额保护,3064名职工以及12.1万户中小股东权益得到维护,重整后的长航油运连续三年实现盈利,2019年成为A股首家退市后重新上市的企业。扬州大洋船厂重整案引入租赁经营方式恢复生产,实现破产不停产,近万名职工工作岗位得到保留,经营能力得以持续。探索重整式清算，按照“营业跟着资产走，人员跟着营业走”原则，保留企业经营价值。南通明德重工破产清算案参照重整程序招募投资人，投资人购得企业全部财产，并获得企业船舶订单、人力资源以及销售渠道，清算功能与重整目标得以统一，实现“腾笼换凤”。省法院向省委报送《关于充分发挥企业破产制度功能推动经济更高质量发展的报告》，在省政府主要领导推动下，省政府办公厅研究出台关于建立企业破产处置协调联动机制的文件，在省级层面率先推动实现企业破产处置工作市场化、法治化、常态化。苏州市吴江区法院创造“移得了、破得掉”的执转破“吴江经验”，加速僵尸企业出清，加快要素释放，受到最高人民法院和省委主要领导批示肯定，并入选全国法院司法改革案例。2018 年，“企业破产办理”指标被首次列入全省营商环境评价体系。

——依法审理涉企行政案件，推动营造亲清新型的政商环境。充分发挥行政审判职能作用，监督行政机关履行法定职责，支持和服务“放管服”改革，审结各类涉企行政案件 9904 件。严格涉企行政登记、行政征收、行政处罚司法审查标准，依法纠正侵犯企业和企业家合法权益的行政行为，在丹阳市珥陵镇鸿润超市诉该市市场监督管理局行政登记案中，纠正丹阳市政府违反市场平等准入、公平待遇原则的“红头文件”，维护企业合法权益，被评为最高人民法院十大经济行政典型案例。推进诚信政府建设，依法审理招商引资行政协议案件，省法院审结的崔龙书诉丰县人民政府行政允诺案，依法纠正县政府随意解释招商引资奖励条件的不当行为，入选最高人民法院公报案例。

——依法制裁企业失信行为，推动营造守信践诺的诚信环境。强化对守法守信行为的保护，加大对违约失信行为的制裁，维护诚实守信的市场交易秩序。昆山广标精密机械有限公司恶意提出管辖权异议，昆山法院对其处以 5 万元罚款，经法官普法教育，当事人主动认错、缴纳罚款。发布打击“拒执罪”十大典型案例，营造尊重生效判决、崇尚诚实守信的良好氛围，敦促被执行企业牢固树立诚信意识，自觉履行法定义务。加大对虚假诉讼行为打击力度，防范和制裁恶意利用诉讼打击竞争企业、损害企业信誉行为。徐州中院推动将虚假诉讼、恶意诉讼、滥用诉权等诉讼失信行为纳入社会征信系统。

宿迁中院发布虚假诉讼典型案例，依法对两公司隐瞒事实、串通作证的行为各处以10万元罚款。

三、深化商事审判综合配套改革，以更大力度提升司法质效水平

适应司法体制改革新要求，坚持问题导向和效果导向，深入推进商事审判领域各项重点改革，不断提升商事审判工作水平。

——推进商事审判组织体系改革。今年1月，省法院对民商事审判内设机构职能进行优化调整，按照案件类别形成民一庭至民六庭的审判格局，提升民商事审判专业化水平。各中级、基层法院积极探索设立金融、破产、劳动争议、环境资源等专业审判庭，逐步形成定位科学、职能明确、运行高效的商事审判组织体系。在南京、苏州设立跨区划管辖的知识产权法庭，发挥集中管辖优势，提升专利等技术类案件审理水平。筹备设立南京海事法院，建立健全海事海商审判体系，服务保障我省海洋经济健康发展。最高人民法院批准在南京设立全国首家集中管辖的环境资源法庭，跨行政区划管辖全省中级法院环境资源案件；以生态功能区为单位设立九个基层法院环境资源法庭，实现跨行政区划管辖全省全部基层法院环境资源案件，构建起集中管辖、专业审理的环境资源审判体系。

——推进统一法律适用机制改革。全面落实司法责任制，注重发挥院庭长监督管理职能，完善审判委员会、商事专业法官会议工作机制，规范法官自由裁量权，从源头上、制度上有效防范错案发生。加强对下业务指导，编发涉及合同、保险、借贷、破产、房地产等类案审理指南，确立类案裁判标准，统一案件裁判尺度。定期对全省法院商事审判情况进行分析、通报，对发回、改判、再审商事案件进行质量评查，提升审判质量。以信息化手段规范审判权力运行，通过类案不同判智能监测系统、可视化审判管理监督平台等多种途径，实现案件审判全流程监管。

——推进商事案件繁简分流机制改革。全省各级法院均成立民商事案件速裁组织，形成"法官+法官助理+书记员"团队作战模式，实现商事案件的高效办理。积极运用小额速裁、简易程序等高效化解商事纠纷，保障商事主体合法权益及时实现。制定出台金融借款纠纷案件要素式审判规范指引，

指导基层法院开展审判方式改革，提升审判效率。大力推行示范判决，在审理“雅百特”“长春生物”等上市公司因虚假陈述引发的群体性民事赔偿案件中，选择具有代表性的个案作出示范判决，推动纠纷批量化解。大力加强智慧法院建设，苏州中院推广商事审判裁判文书自动生成系统，无锡中院全面推开司法文书电子送达，有效缓解人案矛盾。

——推进商事纠纷多元化解机制改革。创新发展新时代“枫桥经验”，扩大常驻调解机构数量，实现全省各级法院“一站一室”建设全覆盖。加强与司法行政机关、律师协会、仲裁机构等单位合作，推动诉前调解、仲裁、公证等与诉讼的有机衔接，引导企业以较小成本多渠道、多途径解决商事纠纷。省法院先后会同江苏银保监局、江苏证监局、省工商联出台保险纠纷、证券期货纠纷、民营经济领域纠纷诉调对接规范性文件，推动商事纠纷多元化解。保险诉调对接网络已实现省域全覆盖，成为保险纠纷诉调对接机制江苏特色品牌。泰州中院被最高人民法院和银保监会评为全国保险纠纷诉讼与调解对接机制建设示范法院。无锡、常州、淮安、徐州等地法院与当地有关部门建立商事纠纷诉调对接工作机制，提升涉企纠纷多元化解工作实效。今年有32家基层法院受理民商事案件数量呈下降趋势。

——推进商事案件执行体制机制改革。推动“基本解决执行难”改革措施落地见效，促进商事裁判胜诉当事人权益及时实现。推进建立失信联合惩戒机制，2017年省委、省政府在全国率先出台意见，完善让失信主体“一处失信、处处受限”的信用惩戒大格局，失信被执行人乘坐飞机高铁、进行高消费、担任企业高管、参加招投标、对外投资、出国出境以及贷款等均受到限制。累计发布失信被执行人名单113.17万例，33.86万名失信被执行人迫于信用惩戒压力自动履行了义务。深入推进执行财产处置机制改革，保障胜诉当事人权益实现最大化。通过网络司法拍卖共成交标的物59643件，成交金额1799亿元，为当事人节约佣金约54亿元，其中成交土地使用权727宗、商业用房5878处、工业用房1309处，有力促进了市场生产要素流转和产能出清。

——推动提升商事审判队伍职业素养。加强员额法官教育培训工作，定期举办商事审判培训、专题研讨、视频培训，创新运用“法官教法官”模式，提升商事法官庭审驾驭能力、裁判说理能力和法律适用能力。推进高素质法官培养平台建设,积极开展岗位练兵、学术研讨等活动,培养适应江苏改革开放要求、具有国际视野的商事审判人才。全省法院商事审判条线涌现出陆晓燕、俞水娟等全国模范法官、江苏最美法官;省法院先后有5位商事法官被授予"全国审判业务专家"称号。严格落实中央八项规定精神,深化司法作风建设,把整治突出问题、规范司法行为贯穿到商事审判全过程,坚决杜绝人情案、关系案、金钱案。

对全省法院商事审判工作,全省各级人大及其常委会非常重视,给予了大力支持。各级人大代表依法履行监督职责,积极建言献策,有力促进了商事审判和全省法院各项工作的发展。在此,我代表省法院,向省人大及其常委会和市县各级人大,向全省人大代表表示衷心的感谢!

我们清醒认识到,商事审判与市场主体的新需求、新期待相比,与面临的新形势、新任务相比,还存在不少困难和问题,需要引起高度重视。一是审判质效有待提升。商事领域的新类型案件、疑难复杂案件不断出现,审判难度加大;裁判标准不统一的问题仍然突出,类案异判影响司法权威和公信。二是商事审判能力有待提高。有的法官不注重业务学习和知识更新,司法能力尚不能完全适应新形势要求,办理新类型和重大疑难复杂案件的能力不足。三是商事审判工作机制有待健全。商事纠纷多元化解推进力度需要进一步加大,商事解纷资源没有得到系统整合,符合市场主体司法需求的诉讼服务工作机制需要进一步完善。四是党风廉政建设有待加强。有的法院司法责任制改革落实不到位,监督制约机制仍需加强,少数商事法官以案谋私、贪赃枉法,个别法官甚至充当黑恶势力保护伞,严重损害司法公信力,等等。对此,我们将高度重视,采取切实有效措施,努力加以解决。

今年是新中国成立70周年,是全面建成小康社会关键之年。在中美经贸摩擦加剧,经济运行稳中有变、变中有忧,外部环境复杂严峻,经济下行压力加大的新形势下,商事审判工作面临新挑战新任务。全省法院将始终坚持以习近平新时代中国特色社会主义思想为指导,准确把握中央关于当前经济形势的科学判断,聚焦省委推进高质量发展走在前列战略部署,积极打造高质量司法，努力营造法治化营商环境，促进经济社会持续健康发展。

一是进一步增强服务中心工作的精准性。大力推进南京法治园区项目建设，加快组建南京海事法院、南京环境资源法庭，积极争取在江苏设立知识产权法院、环境资源法院，推动打造江苏法治高地，吸引集聚更多优质司法资源，努力让法治成为江苏发展核心竞争力的重要标志。主动适应宏观经济形势的发展变化，发挥商事审判职能作用，服务保障“三大攻坚战”，加强产权司法保护，为企业家创新创业营造良好法治环境。服务供给侧结构性改革，推动在江苏设立破产法庭，完善府院协调联动机制，强化破产审判工作，有效促进市场出清。加大涉企执行力度，依法运用强制措施，提升查人找物实效，切实维护企业胜诉权益。

二是进一步提升商事审判质量和效率。全面深化司法责任制综合配套改革，保障商事法官依法履职尽责，持续强化审判监督管理，严把商事案件审判质量关。全面加强商事审判重点难点热点问题调查研究，及时出台规范性文件、编写类案审理指南、发布典型案例、加强审判运行态势分析和案件质量评查，统一裁判尺度，加强对下监督指导。严格审限管理和流程节点跟踪，定期通报商事审判质效指标，防止案件久拖不决。

三是进一步完善商事审判工作机制。强化商事案件诉源治理，坚持把非诉讼纠纷解决机制挺在前面，协同调解组织、行业协会、商会、公证、仲裁等组织机构，完善有机衔接、相互协调的商事纠纷多元化解机制，引导当事人理性选择纠纷解决方式，推动高效、低成本化解商事纠纷。推进商事案件庭审方式改革，充分发挥小额诉讼程序、简易程序制度优势，提升案件审判效率。完善诉讼服务工作机制，了解并积极回应企业司法需求，提升诉讼服务质量，切实增强商事主体的司法获得感。

四是进一步加强商事审判队伍建设。坚持问题导向、需求导向，着力培养高层次、复合型商事审判人才，提升应对重大疑难复杂案件的能力水平。针对商事审判涉案标的大、围猎风险高的特点，完善廉政风险防控机制，以零容忍态度惩治司法腐败，发现一起查处一起，绝不手软，绝不护短。持续深化司法公开，坚持以公开促公正、以透明保廉洁。自觉接受各界监督，主动听取人大代表、政协委员和企业家代表意见建议，不断加强和改进全省法院商事审判工作。坚持不懈推进商事审判队伍革命化、正规化、专业化、职业化建设，努力打造让党放心、让人民满意、忠诚可靠、清正廉洁的商事审判队伍。

主任、各位副主任、秘书长、各位委员，营商环境是一个国家和地区的重要软实力，也是核心竞争力，优化营商环境就是解放生产力、提高竞争力。我们将以此次专题审议为契机，认真贯彻落实审议意见，进一步加强商事审判工作，为加快建设"强富美高"新江苏、推进高质量发展走在前列提供更加坚强有力的司法保障！

附录 8

江苏省高级人民法院关于全省法院知识产权审判工作情况的报告

——2020 年 9 月 22 日在江苏省第十三届人民代表大会常务委员会第十八次会议上

江苏省高级人民法院院长　夏道虎

主任、各位副主任、秘书长、各位委员：

根据本次会议安排，我代表江苏省高级人民法院报告全省法院知识产权审判工作情况，请予审议。

加强知识产权保护，是完善产权保护制度最重要的内容，也是提高中国经济竞争力最大的激励。人民法院知识产权审判工作，事关创新驱动发展战略实施，事关经济社会文化发展繁荣，事关国内国际两个大局。党的十九大以来，全省各级法院坚持以习近平新时代中国特色社会主义思想为指导，在各级人大及其常委会的有力监督下，坚决贯彻省委关于实行最严格知识产权保护的决策部署，忠实履行审判职责，充分发挥知识产权司法保护主导作用，为加快推进江苏引领型知识产权强省建设，切实优化创新环境和营商环境，提供了有力司法服务和保障。2018 年到 2020 年 8 月底，全省法院共受理各类知识产权案件 53732 件，审结 45485 件，年均分别增长 21.84% 和 22.68%。近年来，我省知识产权审判工作得到最高人民法院周强院长和省政府吴政隆省长批示肯定，华为、腾讯、香奈儿、西门子等国内外知名企业主动选择在我省提起诉讼，江苏知识产权司法保护“高地”初步形成。

一、践行新发展理念，切实担负推动创新发展职责使命

——围绕创新发展优化司法理念。紧紧围绕“江苏自主创新特别是建立自主可控的现代产业体系要走在全国前列”的目标要求，确立最严格知识产权司法保护理念，持续强化创新、权利、惩罚、效率和诚信导向，最大限度激发创新创业动力。着力增强司法保护的稳定性和导向性，统一裁判尺度，明确保护范围，最大限度为利益攸关方提供明确稳定、可期待的预期。着力增强司法保护的实效性和全面性，降低维权成本，加大赔偿力度，最大限度为权利人提供全方位和系统有效的救济。着力增强司法保护的终局性和权威性，完善审判机制，健全保护体系，最大限度提升知识产权保护的整体效能。

——围绕创新发展出台司法政策。制定实行最严格知识产权司法保护服务高质量发展等一系列司法政策性文件，推动中央、省委重大决策部署落地落实。南京、苏州、连云港中院分别制定服务自贸试验区创新发展意见，南京、苏州中院分别制定服务保障创新名城建设和苏南国家自主创新示范区建设具体措施，无锡、泰州中院分别制定服务物联网产业和医药产业发展意见，有力服务保障各地特色产业的创新发展。

——围绕创新发展强化司法引领。加强业务指导，制定知识产权犯罪量刑指引、商业秘密案件审理指南等多份规范性意见，统一裁判尺度。实施精细化裁判，打造精品案例，强化案例指引，明确权利保护边界和竞争行为边界，为市场主体提供明确清晰的规则导向。2018 年以来，共有 6 件知识产权案例入选最高人民法院指导性案例、公报案例和中国法院十大知识产权案件，2 篇案例入选世界知识产权组织首部 30 件典型案例集。加强司法宣传，连续十一年向社会发布司法保护蓝皮书和十大案例，持续开展“4·26 世界知识产权日”宣传活动，通过以案释法讲好精彩故事，彰显惩治侵权、弘扬诚信、保护创新的鲜明态度，引导公众尊重知识、尊重创造，让创新在全社会蔚然成风。

二、依法审理技术类案件，有效服务科技创新发展

加大科技保护力度，依法保障科技供给，审结技术类案件 6354 件，促进提升核心竞争力，推动实现创新驱动内涵型增长。

——加强科技创新成果保护。依法保护重大创造性和实用性发明成果，推动行业技术标准升级、产业更新换代，有效促进我省自主可控的现代产业体系建设。加强涉生物医药、集成电路、人工智能等战略性新兴产业专利纠纷案件审判工作，依法支持我国企业使用国外标准必要专利，推动解决“卡脖子”问题。审结华为公司诉英国康文森公司确认不侵犯专利权纠纷案，率先判决确定华为公司使用康文森公司 4G 专利的费率计算方式，有效维护司法主权和中国企业合法权益，促进我国智能手机产业发展。

——推进智力成果流转应用。依法规范智力成果从创造到转化应用各环节的法律关系、利益分配和责任承担，促进创新技术和知识产权自由流动，有效推动智力成果转化为先进生产力，提升产业链水平。2018 年以来，审结技术合同案件 944 件。在合肥科大公司与扬子江海陵药业公司技术委托开发合同纠纷案中，积极促成双方和解，激活了搁置近 5 年的药品创新成果转化进程。审结天隆种业公司与徐农种业公司相互侵犯植物新品种权纠纷案，在全国首次判决适用强制许可制度，判令双方相互授权许可使用父本、母本，既有效促进了优良杂交水稻的推广生产，又充分保障了广大农民共享科技成果，该案入选最高人民法院指导性案例，成为裁判同类案件的全国性示范。

——激发企业创新主体活力。综合运用刑事、民事司法措施保护企业创新成果，有效推动企业成为创新要素集成、科技成果转化的生力军。全省法院累计审理涉及侵犯“好孩子”集团专利案件 59 件，依法保护其专利技术，该公司发展成为全球最大的婴儿车供应商。依法审理涉及企业科技创新融资、科研成果产业化等案件，充分尊重研发规律和创新成果市场价值，依法纾解企业创新融资困境。审结省高新技术创业服务中心与绿扬生物公司技术开发合同纠纷案，判决明确创新发展资金具有公共政策属性，依法确认不考虑研发风险的“保本付息”合同条款无效，有效降低绿扬公司新药研发风险负担。妥善审理职务发明专利纠纷案件，促进创新成果产权化产业化。审结恒听电子公司与李某、周某职务发明奖励纠纷，判决确认 48 项专利为职务发明，专利权归公司所有，公司向李某、周某给予奖励，实现了对发明人和企业创新的双向激励。

三、依法审理破坏竞争类案件，营造公平有序的市场环境

严厉打击不正当竞争和垄断行为，审结相关案件896件，依法促进创新要素市场化配置。

——加大商业标识保护力度。加强对知名商标、老字号、地理标志的保护，依法制裁恶意抢注、仿冒搭车、“傍名牌”等不诚信行为，促进品牌培育创新，推动形成品牌优势。2018年以来，审结商标案件14926件。针对“洋河”驰名商标在牛奶制品上被恶意注册使用的情形，依法给予“洋河”驰名商标跨类保护，并判决禁止侵权人使用其恶意注册的“洋河 Yanghe”商标，从源头上避免驰名商标再次受到侵害。严厉打击制售假冒注册商标商品行为，有力保障我省“波司登”“恒顺”等知名品牌做大做强。

——加强商业秘密保护。依法制裁侵犯技术秘密和经营信息行为，有效保护商业秘密安全，增强企业创新创业安全感、获得感。2018年以来，审结相关案件192件。严厉打击侵犯商业秘密犯罪行为，审结王庆峰等人侵犯商业秘密罪案，对窃取技术资料的王庆峰等人依法予以严惩，有力保护了江苏圣奥公司世界领先的橡胶防老剂技术秘密，有效维护了企业核心竞争力。加强诉讼阶段商业秘密保护，综合运用签订保密承诺书、判决书隐去“秘密点”等方式，有效避免二次泄密。积极延伸司法职能，针对一些涉案企业保密措施存在漏洞等问题，及时发送司法建议，推动加强对商业秘密的有效管理、使用和保护。

——有效制止市场垄断行为。依法制裁损害竞争、滥用市场支配地位等行为，妥善审理因新技术、新产品、新商业模式引发的垄断纠纷案件，正确划定合法竞争与违法垄断边界，维护市场公平竞争秩序。一审审结国内首起利用原料药技术实施市场垄断案件，依法确认合肥医工公司、恩瑞特公司滥用市场支配地位，判令赔偿扬子江药业公司经济损失6800余万元，维护医药市场秩序，促进企业新药技术研发。

四、依法审理著作权类案件，促进文化繁荣发展

加大著作权司法保护力度，审结著作权类案件19376件，服务保障文化强省建设。

——保护文化艺术创作。依法保护著作权,保障文化创作源泉充分涌流,促进繁荣文艺创作。在玄霆公司诉百度公司侵害著作权纠纷案中,依法认定百度公司帮助他人转载网络小说行为构成侵权,促进了网络文学创作繁荣发展。严厉打击非法信息传播行为,2018 年以来,审结信息网络传播权纠纷案件 5526 件。淮安中院审结 BT 天堂网站侵犯著作权犯罪案,依法严惩非法传播影视作品行为,维护影视产业市场秩序,该案微博点击量超 2 亿次,被评为"全国打击侵权盗版十大案件",该院被国家版权局评为"查处侵权盗版案件有功单位一等奖"。

——服务文化创意产业发展。大力加强文化创意、数字出版、动漫游戏、数据库等新兴文化产业的著作权保护,统筹兼顾创作者、传播者和社会公众的利益,促进新兴业态规范发展。在涉"鬼吹灯"系列作品名称保护案中,依法保护网络运营者的商业改编、开发推广权益,促进网络文学和影视产业健康发展。审结"花千骨"游戏作品侵权案,在国内首次判决保护游戏规则的特定呈现方式,促进网游产业健康发展,该案入选 2019 年度中国法院十大知识产权案件。

——促进文化遗产传承利用。坚持传承与创新、保护与利用并重原则,积极保护非物质文化遗产,推动传统文化创造性转化、创新性发展,助力打造具有江苏特色、富有影响力的文化品牌。审结著名文学家茅盾手稿拍卖著作权纠纷案,妥善平衡所有权人与著作权人的合法权益,该案入选中国法院十大知识产权案件。在一起苏绣绣品著作权侵权纠纷案中,充分保护刺绣人再创作成果,为使用底稿作品明确了规则,促进了刺绣文化的传承,拓宽了刺绣产业的发展空间,让优秀传统文化在新时代焕发新生机。

五、增强司法能力,提升知识产权司法保护整体效能

——完善知识产权司法保护体系。江苏是全国最早建立专门审判机构,开启知识产权专业化审判的省份,13 个中级法院和 38 个基层法院享有知识产权案件管辖权。充分发挥南京、苏州知识产权法庭集中管辖制度优势,着力打造"知识产权法庭 + 巡回审判"模式,初步实现了审理专门化、管辖集中化、程序集约化和人员专业化。2018 年以来,南京、苏州知识产权法庭共审结技术类案件5810件，年均增长25.08%。深入推进知识产权民事、刑事、行政“三合一”审判工作，统一办案标准，提升保护水平，相关工作经验被最高人民法院向全国推广。充分发挥行为保全、财产保全、证据保全等临时保护机制作用，满足当事人及时有效保护权利的需要。2019年，全省逾93%的诉中证据保全申请获法院支持，超2/3的禁令申请获得批准。加强长三角知识产权一体化保护，去年7月，长三角四地高院知识产权庭签署司法保护交流合作协议，本月中旬，四地高院和知识产权局又在南京签署推进长三角一体化科技创新知识产权保护备忘录，共同为科技创新赋能，为一体化发展护航。

——推进知识产权诉讼机制改革。针对“举证难”问题，完善证据规则，依法支持利用区块链等现代技术收集、固定和调取电子证据，最大限度减轻权利人举证负担。针对“赔偿低”问题，完善侵权损害赔偿机制，对于重复侵权、链条式侵权等恶意侵权行为，依法适用惩罚性赔偿，提高侵权人违法成本，让权利价值得到充分体现。2018年以来，全省共有133件案件适用惩罚性赔偿。在“小米”商标被侵权案中，全额支持权利人5000多万元的诉讼请求，是全国判决惩罚性赔偿数额最高的案件，被评为2019年中国十大最具研究价值的知识产权案例。针对“周期长”问题，推行示范判决、先行判决，加强诉调对接，提升解纷效率。2018年以来，根据示范判决快速化解涉KTV著作权纠纷2408件，促进了卡拉OK行业健康发展。针对“查明难”问题，完善技术事实查明机制，着力构建技术调查、技术咨询、专家陪审和技术鉴定“四位一体”事实调查认定体系，为快速有效查明案件事实提供技术支撑。2018年以来，全省技术调查官共出庭601次，出具咨询意见书383份。

——加强知识产权审判队伍建设。加强思想政治建设，坚持以习近平新时代中国特色社会主义思想武装头脑、指导实践、推动工作，引导干警强化政治意识、站稳政治立场。加强业务能力建设，积极选派优秀法官到最高人民法院、国家专利复审委员会挂职交流，建立法官导师制度，定期举办法官沙龙，加强司法调研工作，着力提升法官专业素能。省法院完成全国人大法工委和最高人民法院委托的多项重大调研课题，成果分别被新修订的专利法和多部司法解释吸收。加强国际交流合作，选派11名法官参加国际学术交流活动,充分展示了我国严格保护知识产权的良好形象,有力提升了江苏法院知识产权司法保护的国际影响力。近年来,省法院知识产权庭被评为国家知识产权战略实施工作先进集体、全国法院审判工作先进集体,王小莉等4名法官被评为全国模范法官、全国审判业务专家或国家知识产权领军人才,36名法官被授予省知识产权领军人才、骨干人才称号。

对全省法院知识产权审判工作,全省各级人大及其常委会非常重视,给予了大力支持。各级人大代表依法履行监督职责,积极建言献策,有力促进了知识产权审判和全省法院各项工作的发展。在此,我代表省法院,向全省各级人大及其常委会和人大代表表示衷心的感谢!

我们清醒认识到,知识产权审判与创新主体的新需求、新期待相比,与创新发展的新形势、新任务相比,还存在不少问题和困难。一是认识和把握大局的能力有待增强。少数法官不能适应复杂多变的国际形势和快速发展的科技创新带来的新挑战,研究新情况、解决新问题的能力还不够强,尚不能充分兼顾法律效果、政治效果和社会效果的统一。二是审判质效有待提升。少数案件裁判标准不统一的现象依然存在,类案异判影响司法公信,审理周期长的问题尚未完全解决。三是审判体系有待完善。集中管辖相关配套制度还需进一步健全,管辖布局还有进一步优化调整的空间。对此,我们将高度重视,采取切实有效措施,努力加以解决。

当前,我省高质量发展正处在"补链强链"率先实现新发展格局、提高自主创新能力勇当科技和产业创新开路先锋、稳外资稳外贸巩固扩大江苏开放优势的重要时期。国内国际两个大局的深刻变化、我省创新驱动发展的迫切需求,对全省法院知识产权审判工作提出了新挑战、新要求。全省法院将坚持以新思想解放思想、统一思想,坚决贯彻中央"严保护、大保护、快保护、同保护"部署要求,坚持"司法主导、严格保护、分类施策、比例协调"司法政策,深化高质量司法实践,充分发挥审判职能作用,积极营造尊重知识价值、推动创新发展的法治化营商环境。

一是进一步提高知识产权审判政治站位。自觉把知识产权审判工作置于践行总体国家安全观、服务保障经济社会发展、构建新发展格局中谋划思考,深刻认识知识产权审判对于提升国家战略实力、应对国际复杂局势的重要意义,从执行党中央决策、实施国家战略、服务对外斗争的高度来推进知识产权审判工作,不断提升对敏感复杂知识产权案事件的敏感性与鉴别力,切实把“维护国家核心利益、捍卫我国司法主权为首要遵循”的要求落到实处。

二是进一步增强知识产权审判服务大局精准性。充分发挥知识产权司法保护主导作用,依法促进科技创新尤其是原始创新,助力打赢关键核心技术攻坚战,切实维护企业创新权益,弘扬科学家和企业家精神,激发市场主体创新活力,依法促进产业链创新链深度融合。聚焦更高水平开放型经济发展新要求,依法平等保护中外当事人,持续加强涉外知识产权案件审判工作和国际交流合作,不断提高知识产权司法保护国际影响力,努力打造国际知识产权争端解决“优选地”。聚焦长三角一体化发展,积极推进异地司法保全、司法与执法衔接共治等机制建设,推动长三角知识产权司法与行政一体化保护。

三是进一步完善知识产权审判工作机制。深入推进知识产权审判体系和审判能力现代化建设,推动设立具有知识产权审判职能的自贸试验区法庭,继续争取在江苏设立知识产权法院,健全专门化审判体系,深化“三合一”机制改革。加强对下监督指导,及时出台规范性文件、发布典型案例,统一裁判尺度。严格审限管理,定期通报质效指标,推动权利保护更加高效便捷。完善诉讼服务工作机制,积极回应创新主体司法需求,提升诉讼服务质量。

四是进一步加强知识产权审判队伍建设。准确把握知识产权审判专业性、前沿性和国际性特点,有针对性地开展政治历练、专业训练、实践锻炼,着力打造一支政治坚定、顾全大局、精通法律、熟悉技术,既熟悉中国国情又具有全球视野的专家型、复合型审判队伍。

主任、各位副主任、秘书长、各位委员,创新永无止境,司法任重道远。我们将以此次专题审议为契机,认真贯彻落实审议意见,不断开创知识产权审判工作新局面,为推动“强富美高”新江苏建设再出发、推进高质量发展走在前列提供更加坚强有力的司法保障!

附录 9

江苏省高级人民法院关于全省法院环境资源审判工作情况的报告

——2021 年 9 月 26 日在江苏省第十三届人民代表大会常务委员会第二十五次会议上

江苏省高级人民法院院长　夏道虎

主任、各位副主任、秘书长、各位委员：

根据本次会议安排，我代表江苏省高级人民法院报告全省法院环境资源审判工作情况，请予审议。

建设生态文明，关系人民福祉，关乎民族未来。党的十九大以来，全省法院坚持以习近平新时代中国特色社会主义思想为指导，深入贯彻习近平生态文明思想和习近平法治思想，贯彻落实省委省政府关于建设美丽江苏的决策部署，在各级人大及其常委会的有力监督下，忠实履行环境资源审判职责，为深入推进美丽江苏建设，更好推动高质量发展、满足人民群众美好生活需要，提供了有力司法服务和保障。2018 年到 2021 年 8 月，共受理环境资源类案件 30104 件，审结 28969 件。其中，刑事案件 4912 件，民事案件 16642 件，行政案件 6900 件，环境民事公益诉讼案件 480 件（社会组织提起 57 件、检察机关提起 415 件、省、市级政府或其指定的部门提起生态环境损害赔偿诉讼 8 件）、环境行政公益诉讼案件 35 件。近年来，我省法院在全国率先建立了专门化环境资源审判体系，妥善审理了一批在国内和国际上具有影响力的重大案件，多次得到最高法院和省委主要领导批示肯定，省法院在世界环境司法大会上介绍“江苏经验”。

一、勇于改革创新，更好担负服务美丽江苏建设职责使命

——更新司法理念。牢固树立生态优先、绿色发展理念，充分运用司法智慧，妥善平衡各方利益，协同推进生态环境高水平保护和经济高质量发展。牢固树立最严格司法保护理念，加大对破坏生态环境违法犯罪惩治力度，让污染者付出沉重代价，切实增强法律实施刚性和权威性。牢固树立恢复性司法理念，坚持把生态环境有效修复摆在压倒性位置，将污染者的修复行为和修复效果作为量刑和确定赔偿责任的重要衡量因素。牢固树立系统性保护理念，针对生态环境污染流动性、扩散性特点，探索创新裁判执行方式，促进山水林田湖草沙一体保护。

——创新审判机制。根据我省拥江滨海、河湖众多、水网密布的生态环境特点和司法保护实际需求，于 2019 年 1 月启动新一轮改革，以生态功能区为单位，设立长江流域、太湖流域等 9 个基层环境资源法庭，跨设区市集中管辖全省基层法院环境案件，经最高法院批准，设立南京环境资源法庭，集中管辖 9 个法庭上诉案件和全省中级法院一审环境案件，创建了环境资源审判“9 +1”机制。新机制实行生态功能区集中管辖，解决司法保护碎片化问题，促进生态环境系统保护与整体保护；实行跨行政区划集中管辖，解决诉讼“主客场”问题，营造良好绿色营商环境；实行刑事、民事、行政“三合一”审判方式，解决责任追究片面化问题，提升审判专业化水平。“9 +1”机制改革模式，获评全省政法工作优秀创新成果特等奖，最高法院推荐上海、广东、浙江等 19 个省(市)高院前来专项考察，中央深改委办公室向全国转发推介。

——创新裁判规则。创设了一批具有全国影响力的裁判规则，实现惩治违法犯罪、赔偿经济损失、修复生态环境“一判三赢”的效果。在常隆公司环境污染案中，首创“技改抵扣”方式，判决准许以技术改造资金抵扣部分损害赔偿资金，引导企业引进先进生产工艺和设备，有效减少环境污染，被最高法院向全国推广。在全国首例由省政府作为原告提起的海德公司公益诉讼案件中，首创“分期付款”方式，判决准许企业分期缴纳环境修复费用，推进破解“案件执行企业经营难、案件不执行环境修复难”的“两难”问题。在胜科公司

公益诉讼案中,首创"现金 + 全域修复"赔偿方式,依法准许排污企业以实施替代性生态修复项目的方式抵扣部分损害赔偿金,促进实现"一地污染、全域修复"。在赵某等人非法采砂案中,确立全链条追责裁判规则,依法追究非法盗采、运输、销售等各环节犯罪行为人的刑事责任和生态修复责任,斩断破坏生态环境非法利益链。在王某非法采矿公益诉讼案中,确立生态环境损失整体性认定规则,判令侵权人承担自然资源直接损失和生态要素间接损失,显著提高违法成本。

二、践行"两山"理念,服务保障经济绿色转型发展

——推动传统产业转型升级。依法支持行政执法部门关停高能耗、高污染企业,办结环保非诉执行案件 5064 件,促进"重化围江""散乱污危"小化工整治。督促企业严格遵守国家环保新规,大吉公司未及时进行环保达标技术升级,被一家社会组织提起公益诉讼,省法院判决该企业承担 556 万元生态修复责任。充分发挥破产重整等法律制度功能,助推钢铁、石化、建材、印染等重点传统行业改造升级,促进节能减排、低碳发展。溧阳法院在"申特系"企业破产重整案中,帮助该企业引入投资 284 亿元,形成千亿级新产能,实现由高污染、高能耗向低排放、低能耗、智能化的升级蜕变。

——支持新兴产业绿色发展。强化绿色制造关键核心技术保护,服务保障节能环保、生物医药等绿色战略性新兴产业发展。江南环保公司脱硫除尘超低排放工艺技术秘密被侵害,南京中院一审全额支持该公司 9600 万元赔偿请求,最大力度保护企业环保创新技术。依法审理涉太阳能、风能等产业发展相关案件,妥善化解协鑫光伏、金风科技等知名龙头新能源企业纠纷,服务保障我省清洁低碳能源产业发展。推动集成电路、智能制造等企业绿色运转,长江第一法庭在苏阳电子公司污染环境案件中,提出环保风险隐患整改建议,促使企业投入 550 余万元全面升级环保设备,企业效益逐年提升。

——服务保障生态经济发展。依法规范生态产品价值实现的市场化路径,有效畅通"绿水青山"转化为"金山银山"的法治通道,保障生态经济化。服务乡村振兴,妥善审理农地"三权分置"案件,严厉打击非法占用、污染耕地行为,严守耕地红线,促进农业规模化经营和产业化发展。山水湾公司承包镇江丹徒前隍村900亩土地,已投入3亿元开发特色农业,但因迟交承包费引发解除合同纠纷,镇江中院依法促成调解,承包协议得以继续履行,保障了村民收入和企业发展,促进了乡村生态环境和基础设施的改善。依法支持特色农业发展,盱眙法院设立龙虾水产养殖巡回法庭,高效化解涉龙虾养殖纠纷,服务保障盱眙打造百亿级龙虾产业。在黄海森林公园、天目湖等旅游景点设立巡回法庭,就地化解生态旅游、休闲康养等纠纷,促进生态与旅游产业深度融合。

三、维护群众环境权益,促进美丽宜居城乡建设

——积极参与环境污染治理。依法保障省委省政府"263专项行动",助力打赢污染防治攻坚战,制定环境污染刑事、民事案件审理指南、指导性意见等13份,审结各类环境污染案件1378件,刑事制裁2328人,禁止破坏生态环境的767名罪犯再次从事相关行业,判处赔偿修复费用9.1亿元。淮北丘岗法庭在一起环境行政公益诉讼案中,不仅促使涉案油泥得到及时清理,而且从制度上明确了环保机关对危险废物跨域污染的属地处置职责。服务美丽田园乡村建设,着力破解黑臭水体、垃圾污染等群众反映强烈的突出问题。王某等人将3140吨省外生活和建筑垃圾非法倾倒在南通海门某农场,造成严重污染,长江第二法庭对王某等人依法从严刑事追究,并判令赔偿环境损失。妥善审理"邻避"案件,平衡个体权益与公共利益,明确企业、政府法律责任,保障公众环境知情权、参与权。在光大公司垃圾焚烧发电项目环评许可案中,判令企业全面实时公开生产排放信息,解除群众后顾之忧。

——依法保护水韵江苏人文之美。坚持文化为魂、生态优先,增强生态文化资源司法保护针对性实效性,促进优秀地域文化传承利用。苏州中院牵头大运河(苏州段)沿线6家法院建立协作机制,提升河道治理、水上运输和文化遗产保护案件办理效果。鼎鸿公司将含铜蚀刻废液排入大运河,太湖法庭在判令其承担刑事责任的同时,要求该企业安装运行环保设备,切实消除污染源。苏州姑苏法院与太湖流域12家检察院建立司法协作机制,与省太湖渔管办等部门建立联合保护机制,共同守护大美太湖。黄海湿地法庭妥善办理"退渔还湿"案件132件,在丹顶鹤保护区等地设立5个司法保护基地,精心呵护全国唯一世界湿地自然遗产。

——大力倡导绿色文明新风。强化环境司法宣传,常态化发布年度环境资源审判白皮书及典型案例,大力宣传民法典“绿色原则”“绿色条款”;着力打造生态环境“法治课堂”,让“小案件”发挥“大效应”;开展巡回审判603次,推动环境司法进乡村、进社区、进学校,努力让绿色生产生活方式成为全社会自觉行动。开展庭审直播4819场,全国第1000万场庭审直播在南京环境资源法庭举行,央视《新闻联播》等主流媒体集中报道。灌河法庭在线审理仰某等人祭祀失火烧毁山林案,判令补种树苗2000棵,引导生态祭祀、安全用火良好风尚,央视新闻官方微博发起的专门话题登上热搜榜,点击量突破9000万。淮北丘岗法庭组织大中小学师生、农贸市场业主等数十万人在线观看史某非法狩猎案庭审,引导“拒食野味、健康饮食”文明生活方式。

四、坚持系统保护,促进生态环境质量整体提升

——服务保障长江大保护。落实共抓大保护、不搞大开发要求,制定贯彻长江保护法具体实施意见,采取14项措施,加大长江流域司法保护力度。落实“长江十年禁渔”重大决策,联合相关部门制定专门意见,审结涉长江非法捕捞案件489件,助力扭转长江生态功能恶化和生物资源衰退趋势。南京环境资源法庭审结特大非法捕捞长江鳗鱼苗案,在全国首次判决鳗鱼苗收购者、贩卖者与非法捕捞者承担连带责任,从源头上切断非法利益链。严厉打击非法采砂行为,审结涉相关案件214件,有力保护长江生态资源。齐某等人盗采长江江砂217万吨,形成打砂、运砂、销售产业链,情节严重,镇江法院依法对齐某等14名被告人予以严惩,有力震慑了非法采砂行为。南京海事法院与省交通运输厅、江苏海事局共同采取9项举措,促进绿色航运发展、保障黄金水道安全。该院通过示范庭审,促进38起长江“三无”船舶行政争议实质化解。妥善处理中国香港籍危化品船诉前扣押案,顺利完成卸货洗舱,并移泊太仓港危险品锚地,最大限度排除安全隐患。中宣部、最高法院组织6省部分全国人大代表和政协委员,在江苏开展“司法护航美丽长江”集中调研宣传活动,在长江新济洲司法研究修复基地举办新闻发布会,充分展示了江苏法院长江大保护成效。

——立体修复受损生态环境。坚持因地制宜、因案施策，创新执行方式，及时有效修复生态环境。首创“异地补植”执行方式，对于无法原地修复生态环境的，判令异地植树造林，共补种、管护林木823亩。首创“劳务代偿”执行方式，对于经济赔偿能力不足的，判令从事环保劳动服务。推广“增殖放流”执行方式，对于损害水体生态环境的，判令增殖放流鱼虾苗，共放流840万尾。建立完善“恢复性司法实践+社会化综合治理”审判结果执行机制，建立28个生态环境司法修复基地。长江新济洲司法修复基地聚焦系统修复，着力打造长江下游水生植物种质资源库，推进生物多样性保护。在连云港建立全国首个海洋牧场环境司法执行基地，运用生态损害赔偿资金，实施人工鱼礁、海藻场建设等修复项目。

——依法维护生物多样性。贯彻《江苏省野生动物保护条例》，审结涉野生动物保护刑事案件896件，民事公益诉讼案件86件，强化物种多样性和生态系统多样性保护。南京环境资源法庭与红山动物园共同设立生物多样性保护司法实践基地，合力救助野生动物。李某非法捕捞致一条中华鲟死亡，长江第二法庭依法判处其有期徒刑1年4个月，成为《世界环境司法大会昆明宣言》后，首个产生重要影响的示范案例。严厉打击非法贩运、收售濒危野生动植物及其制品行为，在一起走私珍贵濒危野生动物制品刑事案件中，被告人走私象牙共计70段、重约563千克，案值约2347万元，南京环境资源法庭依法判处被告人有期徒刑11年6个月，有力践行我国坚决履行生物多样性保护的庄严承诺。

五、增强司法能力，提升环境司法保护整体效能

——构建多元共治格局。加强与公安、检察机关司法协作，强化工作联动、矛盾联排、纠纷联处，增强环境司法保护合力。健全环境执法司法联动机制，加强与自然资源、生态环境、海洋渔业等相关单位协作配合，深化执法司法“两法衔接”。南京环境资源法庭在高邮湖畔审理特大电捕鱼案，农业农村部组织21个省200多位渔业主管部门负责人旁听庭审，并集中销毁非法捕捞器材，促进了环境司法与执法的有效互动。淮安中院推动建成全国首个凹土协同保护机制，有效保护“万土之王”。积极延伸司法职能，发送司法建议43

份,促进环境治理。南京环境资源法庭就环境行政体制改革后行政处罚程序新情况新问题,向省生态环境厅发送司法建议,促进规范有关生态环境行政处罚程序。

——健全审判工作机制。建立科学"外脑"帮助机制,聘请包括5名两院院士在内的76位知名环境资源自然科学、法学专家组成专家库,为案件审理提供科学意见;选取具有环境专业技术知识的陪审员参与案件审理;聘请专业人士担任技术调查官,参与调查取证、制定修复方案,检查验收修复结果,帮助厘清案件事实,着力提升审判专业化水平。推动构建长三角一体化环境资源司法协助机制,联合发布相关典型案例,促进法律适用统一,加强四地法院跨域立案、诉讼服务、跨域执行协作,努力为长三角生态绿色一体化发展提供一站式、无差别、高质量司法服务。

——打造审判人才高地。持续加强素能提升,更加注重专业骨干、领军人才培养,涌现出"全国审判业务专家""全国法院办案标兵"等优秀法官。举办全国生态环境法治研讨会,承办全国大学生环境资源模拟法庭大赛,推动理论和实务深度交流,提升江苏环境司法影响力。系统总结环境资源创新成果,编写出版《中国环境司法改革之江苏实践》(中、英文版),向国内外展示江苏环资审判改革经验。着力打造精品案件,3个案件入选全国推进法治进程十大案件,2个案件入选"最高法院指导性案例",3个案件入选中国最具影响力的十大环境资源案例,16个案件入选全国法院各类年度十大案件,3个案件入选联合国环境规划署首批中国环境司法十大案例。在最高法院全国环境资源审判优秀业务成果评选中,江苏获奖总数、等次连续四届居全国第一位。

对全省法院环境资源审判工作,全省各级人大及其常委会非常重视,给予了大力支持。各级人大代表依法履行监督职责,325名人大代表视察环境资源审判工作,积极建言献策,有力促进了全省法院工作的发展。在此,我代表省法院,向全省各级人大及其常委会和人大代表表示衷心的感谢!

我们清醒认识到,环境资源审判同推进美丽江苏建设的新形势、新任务相比,同人民群众的新需求、新期待相比,还存在一些不足和差距。一是服务大局的能力水平需要进一步增强。少数法官运用司法手段解决生态环境突出问题的能力还不够强,办理环境资源重大疑难复杂案件、新领域新类型案件水平还有待提高,尚不能充分实现政治效果、法律效果、社会效果、生态效果的有机统一。二是制约审判质效的问题需要进一步破解。环境资源案件证据收集固定难、损害鉴定评估机构少、鉴定周期长、修复性判决结果执行难等问题依然较为突出,影响案件审判质效。三是融入现代环境治理体系需要进一步加快。环境资源案件多元化解机制有待完善,执法司法衔接机制有待健全,执法司法标准有待进一步统一。对此,我们将高度重视,采取切实有效措施,努力加以解决。

我省作为经济大省、资源能源消费和碳排放大省,当前正处在大力推动减污降碳协同增效、全面推动绿色低碳发展的重要时期。省委十三届十次全会提出要“打造美丽中国现实样板,在率先建设人与自然和谐共生的现代化上走在前列”。我们将坚持以习近平新时代中国特色社会主义思想为指导,学习贯彻习近平总书记“七一”重要讲话精神,深入践行习近平生态文明思想和习近平法治思想,锚定美丽江苏建设目标,充分发挥审判职能作用,高起点全面推进环境资源审判工作,更好服务保障更加美丽、更加宜居、更加令人向往的“强富美高”新江苏建设。

一是紧扣大局,进一步提升环境司法贡献度。聚焦建设更加绿色低碳的美丽江苏,提升环境违法成本,支持绿色技术创新,保障重点流域区域治理,服务绿色低碳循环发展,促进发展方式全面绿色转型。开展碳排放、碳交易法律问题专项调研,依法审理碳排放配额交易案件,促进发挥市场机制作用,推动温室气体减排。依法惩处侵害群众环境权益行为,强化环境司法群众参与,切实满足人民群众日益增长的优美生态环境需要。贯彻落实民法典绿色原则,强化对节约资源、循环利用的司法指引,提高资源利用效率,促进形成绿色生产方式,引导人民群众形成简约适度、绿色低碳生活方式。

二是深化改革,进一步推进环境司法现代化。持续解放思想、开拓进取,推进我省环境资源审判探索性、创新性、引领性发展,创造更多环境资源审判“江苏经验”。巩固深化“9+1”机制改革,优化环境资源审判体系。创新完善“技改抵扣”等裁判规则和方式,健全完善裁判结果执行机制,进一步提升环境司法效能。建立健全审判管理信息平台,不断提升环境资源审判信息化水平。强化与社会组织公益诉讼、检察公益诉讼、生态环境损害赔偿诉讼制度协同,完善司法执法职责衔接,让环境司法成为政府、企业、公众之间环境治理互动平台。

三是建强队伍,进一步锻造环境司法硬功夫。准确把握环境资源审判专业性、复杂性、融合性特点,前瞻性思考、全局性谋划推进环境资源审判专业化建设。加大培训力度,健全人才培养和储备规划,探索建立法官跨区域挂职审理环境资源案件制度,着力培养既精通环境法专业领域又熟悉相关经济、社会以及环境科学知识的专家型法官队伍。实施精品审判战略,打造更多环境资源审判精品案例,引领环境司法发展,讲好江苏环境司法故事,为完善环境法治贡献更多江苏智慧。积极参与全球环境治理,深化环境司法国际交流合作,拓展法官国际视野,提升我省环境司法在建立完善可持续发展规则体系方面的国际影响力。

主任、各位副主任、秘书长、各位委员,我们将以此次专题审议为契机,认真贯彻落实审议意见,不断开创环境资源审判工作新局面,为充分彰显我省自然生态之美、城乡宜居之美、水韵人文之美、绿色发展之美,共创人与人、人与自然和谐共生的美丽幸福家园,谱写"强富美高"新江苏建设的现代化篇章,提供更加坚强有力的司法保障!

附录 10

江苏省高级人民法院关于全省法院海事审判工作情况的报告

——2022 年 9 月 27 日在江苏省第十三届人民代表大会常务委员会第三十二次会议上

江苏省高级人民法院院长　夏道虎

主任、各位副主任、秘书长、各位委员：

根据本次会议安排，我代表江苏省高级人民法院报告全省法院海事审判工作情况，请予审议。

海洋是高质量发展战略要地，海事司法是经略海洋、管控海洋的重要组成部分。近年来，全省法院坚持以习近平新时代中国特色社会主义思想为指导，认真贯彻落实习近平法治思想和习近平总书记关于建设海洋强国的重要指示精神，紧紧围绕共建"一带一路"、长江经济带发展、长三角一体化发展等国家重大战略实施，聚焦海洋强省建设目标任务，充分发挥海事审判职能作用，着力提升海事司法能力水平，实现了海事审判工作良好开局。2019 年 12 月至 2022 年 8 月，共受理各类海事案件 7474 件，审结 6149 件；南京海事法院收结案数量在全国 11 家海事法院中位居前四，相关工作连续两年被写入最高人民法院工作报告，创新举措被最高人民法院和省委主要领导批示肯定。

一、忠诚履行职责使命，全面扛起服务海洋强国建设重任

——高起点构建海事审判体系。江苏是海洋大省、航运大省、造船大省、外贸大省，区位优越、资源丰富，海洋经济发展潜力巨大，活跃的海洋经济使海事案件总量较大。在省委、省人大、省政府和省政协的高度重视、广大代表委员长期强烈呼吁下，2019年年底，南京海事法院正式获批成立。两年多来，南京海事法院锚定“努力打造全国一流乃至在国际上有影响力的海事法院”目标，立足拥江辖海区位优势，结合全省港航船舶产业和沿海沿江经济发展等特点，在连云港、南通、泰州、苏州设立4个派出法庭，形成海事审判“1+4”工作格局，全面管辖江苏沿海、长江和大运河水域的海事案件；省法院明确民事审判第四庭归口办理海事案件，加强对海事审判工作的监督指导，形成了江河湖海一体管辖、富有江苏特色的海事审判体系。

——树立正确海事司法理念。贯彻总体国家安全观，服务海洋强国建设，牢固树立海洋命运共同体理念和大国司法理念，统筹推进国内法治和涉外法治。注重维护国家利益，强化国家主权意识，依法行使海事司法管辖权，积极参与应对长臂管辖、平行诉讼等涉外法律斗争，坚定维护“蓝色国土”安全。注重依法平等保护，善意履行国际条约义务，平等保护中外海事当事人合法权益，维护公平公正的国际贸易投资秩序，着力营造市场化法治化国际化营商环境。注重全面对接国际海事规则，积极参与涉外法律体系建设，持续深化国际海事司法交流合作，不断提升中国海事司法国际影响力和公信力。

——制定完善海事司法政策。省法院制定出台积极参与国际海事司法中心建设12条意见、服务保障更高水平对外开放的工作纪要，健全涉外海事审判工作机制，助力开放强省和海洋强省建设。南京海事法院先后出台服务保障“强富美高”新江苏建设再出发的实施意见等多份司法文件，持续完善海事司法服务举措，护航共建“一带一路”、长江经济带发展、长三角一体化发展等国家重大战略在我省落地落实。新冠疫情暴发以来，全省海事审判条线及时发布应对疫情、稳企发展司法对策27项，依法维护航运和贸易秩序，助力港航船舶企业纾困解难。

二、提高司法服务效能，护航我省海洋经济高质量发展

——优化法治化营商环境。南京海事法院开展“优化法治化营商环境大走访大调研”，深入130余家涉海企业了解发展经营状况和海事司法需求，编发《航运、港口、物流、造船等行业法律风险提示手册》2000余份，向20多家港航船舶企业发出司法建议，指导企业规范经营，帮助解决实际困难；与海事行政部门建立联合奖惩工作机制，将 366 个严重失信主体纳入信用“黑名单”；开展港航船舶企业信用修复专项行动，依法帮助 4 家符合条件的被执行企业修复失信信息，为涉海企业诚信经营、健康发展营造良好法治环境。泰州口岸船舶公司原系国内民营造船十强企业，因资金链断裂陷入破产困境，法院创造性地采取先行交船、获取船款的执行方式，帮助企业盘活资金、成功重整，不仅渡过生死难关，而且新接订单排到 3 年之后。

——服务保障船舶海工产业发展。加强与船舶工业行业主管部门、行业协会交流协作，妥善审理船舶设计、造船技术、高端船舶等相关案件 1018 件，依法保护船舶知识产权，助力船舶企业规模化智能化品牌化建设，促进现代船舶产业转型升级、健康发展，为加快打造世界级船舶海工先进制造业集群贡献司法力量。南通通德船舶修造公司成立 20 多年无一涉诉案件，受疫情和国际航运市场波动影响经营困难，引发系列债务纠纷，法院引导企业运用以物抵债、执行担保等方式，一揽子化解 17 起纠纷，实现脱困重生。

——服务保障港口航道建设和发展。依法保障沿海沿江港口和航道建设，审理涉港口航道疏浚、码头建造等案件 98 件，准确查明工程质量争议，维护港口航道建设工程市场秩序，助力港口转型升级。依法维护港口运营管理秩序，审理涉港口货物装卸、保管及仓储作业等案件 155 件。在吕四港港口货物装卸作业纠纷案中，依法准确界定作业人员工作内容和职责，规范港口作业秩序，敦促港口作业主体严格遵守安全生产管理规定，为港口企业安全生产提供规范指引。

——服务保障航运物流业发展。着力化解水上运输矛盾纠纷，审理涉海上货物运输、货运代理等案件 1084 件，积极服务陆海、江海、河海联运，保障航运贸易健康发展。依法规范航运秩序，完善案件裁判规则，精心审理一起进口玉米短量引发的国际海上货物运输合同纠纷案，依法界定大宗散货海运损耗合理范围，判令承运人赔偿损失，保护收货人合法权益，为解决海上运输货物短量纠纷提供规则示范。保障供应链畅通稳定，充分发挥海事特别程序高效优势，妥善化解一系列受新冠疫情影响的海上货物运输合同纠纷。浙江物产道富公司托运钢坯因疫情滞留港口,引发运费纠纷,被承运人留置1500余吨。南京海事法院发出海事强制令,依法裁定承运人先行放货,既减少了船货双方的损失,又促进了疫情期间物流畅通。

——服务海洋现代产业体系建设。服务海洋战略性新兴产业发展,依法审理涉海上风电、海洋生物医药等产业发展相关案件,支持海洋科技自主创新,为培育壮大海洋新产业、新业态保驾护航。服务滨海旅游业发展,维护旅游安全、规范旅游市场秩序,在审理涉邮轮旅游客源补贴纠纷案中,判令违约方按合同约定支付补贴款,促进旅行社拓展客源市场,推动邮轮旅游发展。服务航运金融业发展,妥善审理船舶营运借款合同纠纷、海上保险纠纷、船舶融资租赁合同纠纷等涉航运金融纠纷案件292件。上海郁州海运公司以"云港之星"轮因大风搁浅受损为由申请理赔,被拒后诉至法院,法院创新运用"船讯网"电子海图定位、轨迹分析功能,依法查明事实、厘清责任,驳回其诉讼请求,有效制止了保险索赔欺诈行为,维护了海上保险行业理赔秩序。

三、强化涉外司法职能,服务保障更高水平对外开放

——坚决维护海事司法主权。积极行使海事司法管辖权,审慎处理管辖争议,对外方当事人以租约仲裁条款并入提单为由、抗辩中国法院没有管辖权的7起海上货物运输合同纠纷案件,依法驳回管辖权异议,有力维护国家司法主权。新冠疫情期间,一些国外法院和仲裁机构停摆,南京海事法院以优质诉讼服务和良好司法公信赢得外方当事人信赖、主动选择在江苏解决纠纷。在一起国际船舶建造合同纠纷案件中,挪威船东主动将争议解决方式由伦敦仲裁变更到南京海事法院诉讼并约定适用中国法律,法院仅用27天即化解了这起持续5年多的国际纠纷,高效专业的司法素养受到外方当事人由衷赞许。目前,已有6起案件外方当事人主动选择或者变更管辖到南京海事法院诉讼。

——服务保障对外开放重大战略。助力"一带一路"交汇点建设,南京海事法院牵头建立服务保障"一带一路"法庭联盟,形成"商事+海事+环保+港建"领域权益一体化协同保障工作格局;审理涉"一带一路"沿线国家案件98件,涉及签约国家20个,标的额18.84亿元;通过新闻发布和个案通报,帮助企业增强合规经营意识和依法维权意识,提高“走出去”能力,更好参与国际竞争。促进 RCEP 高质量实施,南京海事法院在全国率先出台服务保障 RCEP 实施的 16 条司法举措,依法公正高效审理涉 RCEP 成员国案件 84 件,标的额 21 亿元,在促进高标准的国际贸易自由化、便利化中展现了司法担当。在一起日本海外仓货柜抵达前丢失索赔案中,依法判令货运代理公司按出口报关价赔偿丢失货物损失,为区域内同类贸易纠纷解决提供了规则指引,为解决 RCEP 成员国间贸易问题提供了有益借鉴。服务自贸试验区高质量发展,南京海事法院就涉自贸试验区案件组织专题调研,针对自贸试验区“负面清单”等特殊监管政策提出海事司法对策,形成《自贸试验区海事案件疑难问题研究》等专题调研报告,为党委政府决策提供参考。

——全面对接国际海事法律规则。在涉外海事审判中,正确适用国际条约,尊重国际惯例,发挥司法裁判规则指引作用,引导企业接轨国际规则、提升国际化水平。一艘巴拿马籍货轮与我国货轮在江苏海域发生碰撞,因损失赔偿纠纷诉至法院,南京海事法院依据《1972 年国际海上避碰规则公约》,合理界定事故责任、明确赔偿数额,得到双方当事人一致认可。妥善审理巴拿马 NHE 航运公司申请承认与执行外国仲裁裁决案,准确适用《纽约公约》有关规定,依法支持英国仲裁裁决,充分展示了中国司法对国际法义务的善意履行。

四、加强涉海环境资源保护,服务海洋生态文明建设

——加强海洋生态环境司法保护。坚持司法协同保护,南京海事法院与上海、宁波、厦门海事法院签署共同保护东海海洋资源与生态环境框架协议,统一司法标准,促进海域合理开发和可持续利用。严惩盗采海砂、非法捕捞等破坏海洋生态的行为,全省法院审理相关案件 120 件,判处罚金 2 亿余元、判令当事人承担生态修复费用 1.3 亿余元。推进海洋生态环境司法修复基地建设,在连云港建立全国首个海洋牧场环境司法执行基地,总面积 4000 公顷,运用生态损害赔偿资金,实施人工鱼礁、海藻场建设、渔业资源环境监测评估等修复项目。审结全国首例适用民法典保护海洋生态环境案,依据环境公益侵权诉讼新规则,判令非法捕捞 2800 公斤黄蛤的被告人,以公益劳动折抵生态损害赔偿,让环境“破坏者”变成“守护者”,被交汇点新闻等主流媒体全程直播报道,取得良好社会效果。

——加强湿地和滩涂司法保护。坚持依法管海用海,审理涉海域使用权等纠纷案件287件,促进提高湿地滩涂生物多样性和生态质量。围绕我省沿海滩涂科学合理利用,南京海事法院与南京信息工程大学开展联合调研,形成5篇决策咨询报告,被省委、省政府领导批示肯定。在连云港高公岛紫菜养殖非法占海系列案件中,依法支持行政机关对非法占用海域采取强制执行,累计清退非法养殖面积近4500亩,有效改善了近海环境。加强沿海湿地保护,黄海湿地环资法庭在条子泥、丹顶鹤保护区、麋鹿保护区等地设立7个司法保护实践基地,与11家法院签署《黄海湿地环境资源保护司法协作协议》,与上海崇明、江阴、如皋等6家法院协作推进长江口生态绿色一体化保护,入选最高人民法院服务和保障长三角一体化发展典型案例。

——服务长江生态保护和绿色发展。认真贯彻落实长江保护法,联合自然资源、生态环境、水利、海洋渔业等部门加强环境资源执法司法联动,审理涉长江水域货物运输、船舶碰撞等纠纷案件389件,促进绿色航运发展,保障黄金水道安全。妥善处理中国香港籍危化品船诉前扣押案,顺利完成卸货洗舱,并移泊太仓港危险品锚地,最大限度排除安全隐患。依法支持长江“三无”船舶清零攻坚,南京海事法院通过示范庭审,促进38起长江“三无”船舶行政争议实质化解。积极参与长江水上过驳作业专项整治行动,协同相关部门完善整治方案,推动整治行动依法规范开展,源头防范了行政争议的发生,实现长江江苏段存在近40年的水上过驳作业全面取缔、700台过驳浮吊全面清零。

五、践行司法为民宗旨,不断满足群众多元司法需求

——强化涉海民生权益保障。针对海域管辖范围广、船员渔民流动性大、海事案件异地申请立案多等情况,优化诉讼服务举措,支持邮寄、网上、跨域等多种方式立案,更好方便群众诉讼。针对跨境诉讼委托手续公证认证难题,创新运用线上代理见证功能,为多名因疫情滞留境外的中国船员解决跨境立案“燃眉之急”。针对船员群体远离陆地、漂泊海上特点,联合江苏海事局成立全国首家省级船员权益保护中心，发布服务保障船员权益十大举措，在沿江沿海分设6个船员权益保护工作站，为全省25万名船员提供便捷司法服务。加强民生司法保护，依法审结船员劳务、渔民人身损害等涉民生海事案件697件，妥善处理因疫情隔离引发的船员劳务纠纷，依法支持船员隔离期间工资报酬，维护船员劳动权益。

——创新发展“海上枫桥经验”。针对水上管理机构多元、海事治理格局复杂等情况，南京海事法院联合省交通厅等10家单位搭建“1+10”海事司法与行政执法协作机制，形成海事纠纷源头治理和多元化解的江苏品牌。加强与中国海事仲裁委、南京仲裁委合作，推动诉讼、仲裁、调解有效衔接，半数以上海事一审案件通过调解或和解结案，实现“案结事了”。推动海事纠纷一站式化解，构建16个一站式解纷中心，覆盖涉渔矛盾、水上交通事故、国际航运物流、港口贸易四大主要纠纷类型，聘请来自交通、海事等部门116名专家担任特邀调解员，聘任67名一线海事执法人员担任协助执行员，诉前化解案件455件，帮助当事人及时获得赔偿款、挽回损失近8000万元。南京海事法院特邀调解员祁洪桂扎根基层、用心用情化解纠纷的事迹受到最高人民法院肯定和推介。积极开展巡回审判，在大丰港、洋口港、吕四港等重点港口设立10个巡回审判点（基地），累计巡回开庭106次，为275名当事人免去奔波诉讼之累，推动纠纷源头治理、就地化解。

——全力兑现胜诉权益。强化执行攻坚，执结海事案件1917件，执行到位2.5亿元，依法扣押各类船舶337艘，其中外国籍、港澳台船舶13艘。健全外部协作机制，南京海事法院联合省交通厅、江苏海事局等单位，建成全国首个“点对点”船舶在线执行查控系统和港口货物执行查控平台，实现江河湖海船舶“一键扣押”。在一起国际货物运输合同纠纷案件中，通过船舶执行查控系统实时锁定涉案外轮航行轨迹，在外轮进入中国港口48小时内即完成扣押，最终促成双方和解，以最快速度实现当事人合法权益。

六、实施精品战略，着力提升海事司法国际影响力公信力

——完善海事审判机制。健全海事案件审理机制，聘请国际贸易、海上运输、渔业纠纷等专业领域60名专家学者提供专业咨询，开通外文海事专业数据库，探索境外远程证据质证、中英双语询问等机制，着力提升海事审判工作质效。健全外国法查明和适用机制，选聘国内外30多位知名专家，组建江苏法院外国法查明专家库，制定实施外国法查明工作操作规程，努力破解海事审判外国法查明难、适用难问题。在一起国际多式联运合同纠纷案件中，南京海事法院准确查明并适用墨西哥法律关于货损赔偿责任限额的规定作出判决，双方当事人服判息诉并自动履行到位。健全精品案件培育机制，南京海事法院出台实施海事审判精品战略打造精品案件的意见，坚持精品案件发现、审理、总结、转化全周期培育，精心审理新类型和疑难复杂案件，总结提炼裁判规则，先后推出45个海事典型案例，连续2年有案例入选全国海事审判十大典型案例，3个案例入选省法院公报参阅案例。

——打造高素质海事审判队伍。加强政治建设，教育引导干警胸怀“国之大者”，提高运用法治思维和法治手段参与国际竞争与合作的能力。创新人才培养路径，明确“懂法律、懂外语、懂海洋、懂贸易、懂航运”复合型海事审判人才培养目标，多渠道引进、选拔高素质海事审判人才。强化专业能力建设，启动“海法菁英”培养计划，开设“海事大讲堂”，组建青年翻译小组，组织干警登船实习、参加海上安全技能培训，选派干警到最高人民法院跟班学习、到其他海事法院短期交流，与大连海事大学、上海海事大学等联合开展专门培养项目，着力提升干警综合素能。近年来，全省海事审判条线1名法官获评全国审判业务专家、8名法官获评全省审判业务专家，1名法官荣获人民法院涉外商事海事审判工作先进个人。

——积极开展对外交流合作。参与国际规则研究制定，组织参加海商法国际研讨，参加《船舶司法出售国际效力公约》草案研讨，提升中国海事司法话语权。加大海事司法宣传力度，开设南京海事法院中英文网站，定期录制英文版《海法之声》，推介中国司法制度和精品案例，拍摄《北极星号》微电影，获评全国法院“金法槌奖”二等奖、平安江苏“三微”比赛一等奖，讲好中国海事司法故事。推动设立江苏省法学会海商法学研究会，搭建涉外海事法治人才交流和实践平台；组织开展“国际海事司法中心建设”专题研讨，为打造国际海事纠纷解决优选地提供智力支撑。

两年多来，全省法院海事审判工作的良好开局，得到了省人大及其常委会的有力支持和监督，得到了各级人大代表和社会各界的倾情关心和支持，在此，我代表省法院表示衷心感谢！

我们也清醒认识到，江苏海事审判工作仍处于开局起步阶段，还存在不少问题和不足：一是服务大局的效能需要进一步增强，海事审判工作还不能完全适应建设海洋强国、海洋强省，推进更高水平对外开放的新期待新要求，少数法官把握和服务大局的意识和能力有待增强；二是海事审判工作机制和审判质效需要进一步完善，涉外送达难、外国法查明难、调查取证难、审理周期长等问题仍不同程度存在，精品案件培育力度还要加大；三是队伍素质需要进一步提高，高素质海事审判人才相对缺乏，审判经验相对不足，有的法官处理新型、复杂案件的能力水平有待提升；四是基层基础建设需要进一步加强，南京海事法院及其派出法庭基础建设仍需加大力度。对此，我们将切实采取措施，努力加以解决。

江苏是全国陆海内外联动、东西双向互济开放格局的战略要冲，担负着“高质量打造沿海海洋经济隆起带”重任，省委、省政府作出发展海洋经济、加快建设海洋强省的决策部署。我们将坚持以习近平新时代中国特色社会主义思想为指导，深入学习贯彻习近平法治思想，树牢海洋命运共同体理念，认真落实中央、省委决策部署，充分发挥海事审判职能作用，为海洋强国、海洋强省建设提供高质量司法服务和保障。

一是坚持聚焦大局，进一步提高海事司法贡献度。紧扣建设国际海事司法中心目标任务，依法履行海事审判职责，服务国家重大战略在江苏落地落实，服务推进更高水平对外开放，加大对港航、船舶建造、海工装备等产业服务力度，助力我省海洋经济高质量发展。

二是坚持改革创新，进一步优化海事审判体系。积极探索海事审判“三审合一”改革，依靠制度机制创新破解涉外海事审判工作难题，深化具有海事特色的一站式多元解纷和诉讼服务体系建设，加强大数据、云计算、人工智能等前沿技术在海事审判领域应用，促进海事审判体系和审判能力现代化。

三是坚持世界眼光，进一步提升海事司法国际公信力。着力打造国际海事纠纷解决优选地，发挥有重大国际影响的司法案件在国际规则制定、填补国际法空白领域方面的作用，深化国际司法交流合作，加强国际传播能力建设，提升海事司法软实力。

四是坚持立足长远，进一步加强高素质海事审判队伍建设。切实把讲政治要求贯穿海事审判人才培养全过程，提高维护国家主权、安全和发展利益的能力，大力实施海事审判精品战略，全面加强海事审判专业化建设，努力锻造一支政治过硬、业务精良、清正廉洁、具有国际视野的高素质海事审判队伍。

主任、各位副主任、秘书长、各位委员，我们将以此次专题审议为契机，认真贯彻落实审议意见，不断开创海事审判工作新局面，服务保障海洋强国、海洋强省建设，为我省担起“勇挑大梁”重大责任，更好“扛起新使命、谱写新篇章”贡献海事司法力量，以实际行动迎接党的二十大胜利召开。